Couvertures supérieure et inférieure manquantes

NOTRE-DAME

ANGEVINE

NOTRE-DAME ANGEVINE

OU

TRAITÉ HISTORIQUE, CHRONOLOGIQUE ET MORAL

DE L'ORIGINE ET DE L'ANTIQUITÉ DE LA CATHÉDRALE D'ANGERS
DES ABBAYES, PRIEURÉS, ÉGLISES COLLÉGIALES ET PAROISSIALES, MONASTÈRES
ET CHAPELLES BATIES ET DÉDIÉES EN ANJOU EN L'HONNEUR DE DIEU
SOUS L'INVOCATION
DE LA TRÈS SAINTE VIERGE MARIE
MÈRE DE DIEU
COMME AUSSI DE SES IMAGES MIRACULEUSES RÉVÉRÉES EN CETTE PROVINCE

PAR

Joseph GRANDET

Publié pour la première fois, d'après le manuscrit original

par

M. Albert LEMARCHAND

Bibliothécaire en chef de la ville d'Angers

ANGERS

IMPRIMERIE-LIBRAIRIE GERMAIN ET G. GRASSIN

RUE SAINT-LAUD

1884

AVANT-PROPOS

Tous ceux qui s'intéressent à l'histoire ecclésiastique de l'Anjou connaissent le nom de Joseph Grandet et tiennent en haute estime les ouvrages qu'il a laissés.

Né à Angers en 1646, Grandet fut curé de Sainte-Croix d'Angers, puis directeur du Séminaire de cette ville, et mourut en 1724. C'était un prêtre de vie simple et austère, fortement attaché aux saines doctrines de l'Église romaine, et qui se montra l'un des adversaires les plus résolus de la secte Janséniste.

Il avait d'ailleurs la passion de l'étude, et tout le temps que ne lui prenait pas l'exercice de son ministère sacerdotal, il l'employait à recueillir les traditions religieuses, à compulser les cartulaires des abbayes et les archives des paroisses du diocèse auquel il appartenait.

Ses écrits constituent un trésor considérable de recherches, comme peu de provinces en possèdent, et beaucoup de ses manuscrits ont été sauvés de la ruine par M. Toussaint Grille. Il nous manque plusieurs volumes de son vaste recueil intitulé : *Mémoires pour servir à l'histoire ecclésiastique de l'Anjou;* mais la bibliothèque d'Angers conserve, sous le n° 621, son *Traité historique de toutes les églises d'Anjou dédiées à la sainte Vierge,* et c'est ce précieux travail que nous reproduisons ici, d'après la copie corrigée de sa main. Les membres de notre clergé, si pieux et si savant, accueilleront en particulier avec sympathie, nous n'en doutons pas, cette instructive publication.

Albert LEMARCHAND.

NOTRE-DAME ANGEVINE

OU

TRAITÉ HISTORIQUE, CHRONOLOGIQUE ET MORAL

DE

L'ORIGINE ET DE L'ANTIQUITÉ DE LA CATHÉDRALE D'ANGERS,
DES ABBAYES, PRIEUREZ, ÉGLISES COLLÉGIALES ET PAROISSIALES, MONASTÈRES
ET CHAPELLES BATIES ET DÉDIÉES EN ANJOU EN L'HONNEUR DE DIEU

SOUS L'INVOCATION

DE LA TRÈS-SAINTE VIERGE MARIE
MÈRE DE DIEU

COMME AUSSI DE SES IMAGES MIRACULEUSES RÉVÉRÉES EN CETTE PROVINCE.

PRÉFACE.

Si la France est le royaume de toute la chrétienté où les rois et les sujets ont eu, dès les premiers siècles, une vénération plus particulière pour la très Sainte Vierge, l'on peut dire que l'Anjou est la province de ce royaume où les évêques, les comtes, les ducs, et les peuples se sont toujours distinguez par leur culte envers cette reyne du ciel et de la terre. Il semble même que la divine Marie a pris plaisir en tous les siècles à honorer les Angevins d'une protection toute spéciale, et qu'en reconnoissance de la piété qu'ils ont eue pour elle, elle a bien voulu passer pour une de leurs concitoyennes, en se faisant appeler *Angevine*. Car ce mot est aujourd'huy tellement consacré en Anjou, que qui dit *L'Angevine* dit *Notre Dame*, ou du moins ne fait pas entendre autre chose que la Feste de la Nativité de la Très Sainte Vierge.

Qu'il n'y ait point de province dans le royaume où les princes et les peuples se soient plus distinguez par leur piété envers Marie, il est facile de le prouver. Car où pourroit-on trouver un autre diocèse où l'on ait bâty un si grand nombre d'églises collégiales et paroissiales, et fondé tant d'abbayes, de prieurez et de chapelles en son honneur qu'on en a bâty en Anjou, ainsy que nous verrons dans la suite de cet ouvrage, que je n'ay entrepris que pour porter mes compatriotes, surtout les ecclésiastiques, à continuer et même à augmenter leur ferveur à honorer la reyne du clergé? Car si les hommes étoient assez ingrats et méconnoissans pour oublier ou pour taire ses bienfaits, tous ces grands bâtimens et ces anciens monumens de la religion de nos ancestres seroient toujours des bouches, muettes mais éloquentes, qui, en blâmant d'un côté leur ingratitude, publieroient de l'autre aux siècles à venir les grandeurs de la divine Marie et les faveurs qu'elle a faites à l'Anjou : *Etiam si isti tacuerint lapides clamabunt.* Car les exemples et les actions ont plus de force pour persuader que les paroles, et, lorsque nous verrons que dans tous les siècles, les rois, les ducs et les peuples d'Anjou ont donné la meilleure partie de leurs biens pour fonder des églises, afin de perpétuer leur culte religieux envers la Mère de Dieu, qui est-ce d'entre nous qui pourroit lui refuser ses respects, son amour et sa confiance?

Au reste, le dessein de cet ouvrage n'est pas nouveau, et je ne fais qu'imiter, en l'exécutant, de grands hommes et de graves autheurs, comme le P. Poirée, jésuite (1), dans son livre intitulé *La Triple Couronne,* et le P. Canisius, de la même compagnie, dans son ouvrage intitulé *Mariale* (2), où ils parlent de toutes les églises dédiées à Dieu sous l'invocation de la Sainte Vierge par tout l'univers, dont ils ont pu avoir connoissance ; je ne fais que

---

(1) Il s'agit ici du R. P. François Poiret, né à Vesoul, en 1584. Son livre de la *Triple Couronne de la bienheureuse Vierge, Mère de Dieu* a eu plusieurs éditions. La première date de 1630. Il y en a une de 1848 (3 vol. in-8°), qui a été publiée par les soins des RR. PP. bénédictins de Solesmes, avec préface signée de dom Fr. Prosper Guéranger. (A. L.)

(2) L'ouvrage du R. P. Pierre Canisius est intitulé : *De Maria Virgine incomparabili, et Dei genitrice sacrosancta libri quinque.* Ingolstadii, 1577. In-fol. (A. L.)

suivre la piété du savant Juste Lipse, qui a fait une si belle description de l'église de Notre-Dame de Hall en Flandre, et le Père de Bralion, prêtre de l'Oratoire, qui a donné au public l'histoire des églises de Rome dédiées à Notre Dame, dans le curieux traité qu'il a fait imprimer à Paris chez Couterot en 1655, intitulé *Les curiositez de l'une et l'autre Rome.*

Pour rendre cet ouvrage aussi utile qu'agréable, j'ay joint, à la fin de chaque chapitre, les plus beaux traits que j'aye pu trouver dans l'histoire ecclésiastique et dans les auteurs qui ont été les plus dévots à la divine Marie, afin de porter les lecteurs à honorer ses grandeurs, à invoquer ses pouvoirs, mais surtout à imiter ses vertus, afin qu'un ouvrage qui paroitra d'abord assez stérile, produise néanmoins dans l'esprit et dans le cœur des Angevins les fruits d'une véritable et solide dévotion envers la Sainte Vierge.

LIVRE PREMIER

LE CULTE DE LA SAINTE VIERGE

DANS L'ÉGLISE D'ANGERS

CHAPITRE PREMIER.

D'où vient ce mot Notre Dame Angevine.

Le sçavant René Chopin, avocat au Parlement, illustre Angevin, donne deux étymologies à ce nom *Notre Dame Angevine*. La première est qu'ordinairement en Anjou, et de tous tems, on a mis le terme de la Nativité de la Ste Vierge pour payer les cens et rentes dus par les vassaux à leurs seigneurs. La seconde est une tradition très ancienne que la feste de la Nativité de la Ste Vierge a été appelée en Anjou Notre Dame Angevine, parce que, sous le règne de Clodion le Chevelu, roy de France, et du tems d'Hengiste, Saxon, premier consul ou comte d'Anjou (1), Saint Maurille, quatrième évêque, d'Angers fut inspiré de Dieu de faire solenniser publiquement en son diocèse la feste de la Nativité de Notre Dame, le 8 de septembre, et que, depuis ce tems là, on a toujours appelé cette feste Notre Dame Angevine, parcequ'elle avoit commencé à être célébrée la première fois en Anjou.

Bourdigné, cité par Chopin (ch. x, p. 1), parle de cette feste en ces termes : « Je ne vueille omettre que St Maurille étoit de si grande sainteté de vie, que le Saint-Esprit fut vu descendre sur luy en forme d'une colombe blanche, et à luy fut, ainsi que plusieurs veulent dire, divinement révélé la feste de la Nativité de Notre Dame devoir estre en septembre, huitième du mois, célébrée, parquoy la dite feste de la Nativité prit son nom de l'Angevine, combien qu'aucuns y allèguent d'autres raisons. »

Hiret, dans son livre des *Antiquités d'Anjou*, pag. 33, de la première édition (2), en parle dans ces termes : « On tient que St Maurille eut en révélation que l'on eut à faire la feste de la Nativité de la Vierge Marie le 8 septembre ; les Angevins

---

(1) Erreur empruntée aux *Chroniques* de Bourdigné. Voy. Part. I, ch. 2. (A. L.)
(2) Cette première édition est de 1605. (A. L.)

appellent cette feste Angevine ; et, pour ce, est il vraisemblable quelle a été premièrement gardée en Anjou. »

Mr Ménage, dans son livre des *Etymologies françoises* (1), sur ce mot Angevine, dit que Chopin, Bourdigné et Hiret se trompent, parce qu'il est certain que cette feste n'étoit point encore du tems de Charlemagne, c'est à dire 400 ans après St Maurille, comme il se voit par le Concile de Mayence, tenu l'an 813 (can. XXXVI), et par le Cartulaire de cet empereur, où il n'est fait mention, entre les festes de la Ste Vierge, que de celles de l'Assomption et de la Purification. Mr Ménage ajoute que St Augustin nous assure même (Serm. XX et XXI *de Sanctis*) que de son tems on ne célébroit la feste de la Nativité d'aucun saint que de Jésus Christ et de St Jean Baptiste ; que Fulbert, évêque de Chartres, si dévot à la Ste Vierge, qui vivoit en 1020, témoigne aussi que la feste de la Nativité de Notre Dame n'est pas ancienne, et que, de son tems seulement, la dévotion des peuples, non contents des anciennes festes de Notre Dame, l'avoit fait ajouter nouvellement à toutes les autres ; et il prétend que St Fulbert est le premier des françois qui a parlé de cette feste.

Mais il est facile de répondre aux objections de Mr Ménage, en disant que St Augustin, le Concile de Mayence et Fulbert ne veulent parler que des festes qui étoient receûes et célébrées dans toute l'Eglise universelle, et non des festes locales et particulières de chaque diocèse, et que si la Nativité de la Ste Vierge n'a été solennisée, dans les premiers siècles, que dans l'église particulière d'Anjou, d'où elle a été nommée Angevine, ils n'ont eu garde d'en parler.

Aussi le P. Thomassin, dans le sçavant Traité qu'il a fait des Festes (2), parlant de celle de la Nativité de Notre Dame, dit quelle a bien pu commencer à être célébrée en Anjou avant les autres provinces, parcequ'elle est nommée Angevine. En effet, nous trouvons, dans des titres très anciens, qu'elle est appelée par

---

(1) L'ouvrage de Gilles Ménage est intitulé : *Dictionnaire étymologique, ou Origines de la langue françoise*. Paris, 1694. In-fol. (A. L.)

(2) *Traité des fêtes de l'Eglise*, par le P. Louis Thomassin. Paris, 1697. In-4r. (A. L.)

excellente *Feria Andegavensis*. Les pères et les Conciles n'ont eu garde de parler des festes locales qu'ils ne connoissoient pas. Par exemple, dira-t-on que les festes de S⁺ Maurille, de S⁺ Aubin et de S⁺ Lezin, évêques d'Angers, ne se célébroient pas en Anjou dès les premiers siècles, parceque le Concile de Mayence et les Capitulaires de Charlemagne n'en parlent point. La piété des Angevins a canonisé ces Saints immédiatement après leur mort, à cause du grand nombre de miracles qui se faisoient à leurs tombeaux, et cela suffisoit alors pour faire des festes et chanter des offices en leur honneur, ainsy qu'il s'est pratiqué partout, à l'égard des patrons de chaque diocèse.

Le P. Gonon, celestin de Bruges, dans son livre intitulé *Chronicon Sanctissimæ Deiparæ Virginis* (1), estime que la feste de la Nativité de Notre Dame se célébroit, dans quelques églises particulières, même du tems des Apôtres, quoy qu'elle ne le fut pas encore dans l'Eglise universelle.

Le cardinal Baronius, dans ses notes sur le Martyrologe Romain, prouve doctement que cette feste commença dans toute l'Eglise, immédiatement après le Concile d'Ephèse, c'est à dire vers l'an 436, ce qui ne seroit pas bien éloigné du tems de S⁺ Maurille.

Platina et Ciaconius, dans la vie d'Innocent IV, pape, nous assurent qu'après la mort de Célestin IV, qui arriva au mois d'octobre 1241, le Conclave étant assemblé fut vingt et un mois troublé par les factions de Frédéric II, empereur, et que le Sacré Collége, fatigué de tous ces retardemens, fit vœu que, s'il plaisoit à Dieu de donner la paix et un Pape à l'Eglise, celuy qui seroit élu ordonneroit que la feste de la Nativité de Notre Dame seroit chomée avec octave par toute la Chrétienté; qu'aussitôt que ce vœu fut fait on élut pape, d'un consentement unanime, le 24 juin 1243, après vingt mois de vacance du Saint-Siége, le cardinal Synibaldus (2), qui prist le nom d'Innocent IV, et fit ensuite publier la bulle pour la célébration de la feste de la Nativité de

---

(1) Lyon, 1617. In-4°. (A. L.)
(2) Sinibalde de Fiesque. (A. L.)

la Sainte Vierge, et que, comme l'élection de ce pape avait causé beaucoup de joye à tout le monde, il composa cette antienne, qu'il fit mettre dans l'office du jour, qui commence par ces mots : *Nativitas tua, o Virgo gloriosa, gaudium annuntiavit universo mundo*, etc.

La révélation faite à S¹ Maurille pour solenniser cette feste n'est pas sans exemple, car Vincent évêque de Beauvais (lib. VI *Specul. exempl.* ch. 65) rapporte qu'un dévot religieux entendoit tous les ans, le huitième de septembre, les concerts harmonieux des Anges ; et qu'en ayant demandé la cause, Dieu luy avoit fait connoître qu'ils célébroient la feste de la Nativité de Marie, qui n'avoit pas encore été proposée à toute l'Eglise. Quoiqu'il en soit, c'est une tradition fort ancienne dans l'Anjou, que S¹ Maurille est auteur de cette feste, et il n'y a nul inconvénient de l'attribuer à ce saint évêque pour son église particulière.

La troisième étymologie de ce mot Notre Dame Angevine est tirée du livre de M¹ Eveillon, intitulé *Apologia pro Sancto Renato*, (page 243), où il explique deux vers de Théodulphe, évêque d'Orléans, lequel, dans un poëme qu'il composa dans sa prison, à Angers, en l'année 818, faisant la description de tout le clergé de cette ville, qui assista, avec Louis le Débonnaire, fils de l'empereur Charlemagne, à la procession des Rameaux, parle ainsy de Notre-Dame de la Charité du Ronceray :

> Plebsque salutiferæ præcurrit ab æde Mariæ
> Huc quam transmittit pons Medmana tuus.

Sur quoy M. Eveillon dit deux choses. La première, que Notre-Dame du Ronceray est appelée *salutifera*, c'est à dire miraculeuse ou faisant des miracles, parcequ'autrefois il y avoit grand concours de peuples dans la chapelle sous terre de Notre-Dame du Ronceray, à l'occasion de grand nombre de guérisons miraculeuses qui s'y faisoient par l'intercession de Notre Dame. La seconde, qu'elle a été nommée par antonomasie, ou par excellence, Notre-Dame d'Angers ou Notre Dame Angevine, comme il paroit par plusieurs titres où l'abbesse du Ronceray prend la qualité d'abbesse de la Bienheureuse Marie d'Angers (*Abbatissa Beatæ*

Mariæ Andegavensis) (1). Peut être même est-ce aussi à cause de la cathédrale d'Angers, dédiée à la Sainte Vierge, comme nous dirons cy après, qu'elle se nomme Notre-Dame Angevine.

Mais sans m'arrêter à toutes ces étymologies, quoy que très curieuses et fort probables, j'aime mieux dire que la Sainte Vierge est appelée Notre Dame Angevine, non seulement en Anjou, mais encore au Poitou, au Mayne, en Normandie et en Bretagne, ainsy que le remarque M. Ménage, pour deux raisons principales qui conviennent mieux à mon sujet. La première, à cause de la dévotion particulière que les peuples, et surtout le clergé d'Anjou, ont eu de tous tems à la très digne Mère de Dieu. La seconde, à cause de la protection et des grâces spéciales que la Sainte Vierge Marie a obtenues de Dieu dans tous les siècles, en faveur des Angevins. En voicy la preuve.

---

(1) Nous dirons icy en passant que l'abbaye du Ronceray d'Angers est une des plus anciennes, des plus riches et des plus nobles du royaume ; qu'elle a été fondée par les comtes d'Anjou dès le vi⁰ siècle, à l'occasion d'une petite image de Notre Dame qu'on y voit encore, de cuivre doré, assise dans une espèce de throne et qui tient l'enfant Dieu, revêtu d'une petite robe, sur ses genoux, ayant l'une et l'autre des couronnes ou diadèmes autour de la teste ; laquelle image, suivant la tradition, fut trouvée dans une ronce, d'où elle fut nommée du Ronceray ; et, par un miracle toujours subsistant, cette ronce s'y voit encor plantée dans la muraille de cette chapelle sous terre, faite de pierres à chaux et à sable, et quoy qu'elle n'ait aucune hauteur de terre ny humeur, elle ne laisse pas d'être toujours verte et de pousser des branches qui pénétreroient au travers de la vitre, si on n'avait soin de les couper de tems en tems, et quoy que très souvent on ait tenté d'en arracher toutes les racines et d'en extirper jusqu'aux dernières fibres, elle n'en pousse que mieux l'année d'après. On ne reçoit que des Dames pour être religieuses dans cette abbaye, et il faut faire preuve de leur noblesse. Foulques Nerra, comte d'Anjou, fit rebâtir cette abbaye, qui était [tombée] de vétusté, et établit quatre chanoines pour administrer les sacremens aux Dames religieuses qui y étoient déjà ; et ce prince dit, dans l'acte de sa fondation, que cette abbaye étoit alors très célèbre, à cause des miracles qui se faisoient en ce lieu (*Basilicam virtutibus et mirabilibus signis præclaram*), et que S⁺ Aubin y mena, en 530, S⁺ Mars, évêque de Nantes, S⁺ Victor ou S⁺ Innocent, évêque du Mans, S⁺ Lo, évêque de Coutances, et S⁺ Melaine, évêque de Rennes ; que ce dernier, ayant célébré les divins Mystères, donna à la fin de sa messe les eulogies qu'il avoit bénies aux autres évêques, en signe de l'union et de la charité qui doit être entre les évêques, et que c'est de là que cette abbaye a pris le nom de Notre Dame de la Charité du Ronceray (*Eulogiam caritatis contradidit, et ob hanc causam ab hinc locus iste Caritatis nomen obtinuit*). Ce fut Hubert de Vendôme qui, en 1028, dédia l'église du Ronceray, qui est audessus de cette crypte souterraine, et Calixte II, pape, qui en consacra l'autel, en 1119.

CHAPITRE II.

Dévotion des évêques et du clergé d'Anjou envers la Sainte Vierge Marie, Mère de Dieu.

Les evêques, les comtes et les peuples d'Anjou ont eu, dès les premiers siècles, une dévotion particulière envers la divine Marie. Défensor, premier evêque d'Angers, dédia à Dieu, sous l'invocation de Notre Dame, la cathédrale, ainsi qu'avoit fait S¹ Julien celle du Mans. S¹ Maurille bâtit en son honneur une église à Chalonnes, et une autre à Angers, comme nous verrons cy-après. S¹ Aubin avoit tant de dévotion pour cette Mère de miséricorde, qu'il mena plusieurs evêques en la chapelle de Notre Dame du Ronceray, où S¹ Melaine les communia tous de sa main, en signe de l'union et de la charité pastorale qui doit être entre les évêques, d'où cette église a depuis été appelée Notre Dame de la Charité. Tous leurs successeurs se sont distinguez par leur pieté envers la Reyne du ciel et de la terre. On voit, sur l'un des deux bouts de l'étole de S¹ Lézin, évêque d'Angers, qui se conserve depuis onze cents ans entière, avec sa chasuble, dans l'église collégiale de Saint-Julien, la figure d'Eve séduite par le serpent, avec ces mots *per Evam perditio*; et, sur l'autre bout, l'ange Gabriel, qui annonce l'Incarnation à Notre Dame, avec ces paroles *per Mariam recuperatio*. S¹ Hilaire, originaire d'Anjou (1), fit bâtir la petite chapelle de Notre Dame du Verger, où est présentement l'abbaye S¹ Aubin.

Le chapitre de l'église cathédrale d'Angers a donné dans tous les siècles des marques de son culte et de sa vénération envers la divine Marie. Il fit publier, le 9 de Novembre 1439, à une procession générale, le décret de son Immaculée Conception, fait par le Concile de Bâle, le 15 des kalendes d'octobre 1439.

---

(1) Suivant Du Saussay (*Martyrol. gall.* I, 29), saint Hilaire, évêque de Poitiers, serait né dans le bourg de Cléré, près de Passavant, en Anjou. (A. L.)

A l'exemple du Concile de Clermont, le concile de Tours, tenu dans la cathédrale d'Angers, l'an 1565, ordonna qu'on célébreroit l'office de la Sainte Vierge, dans toute la province, les jours de férie, et ce décret s'observe exactement dans l'église d'Angers. En plusieurs églises collégiales d'Anjou, la coutume étoit de commencer tous les offices de l'année par ces paroles *Ave Maria, gratia plena*, avant de dire *Domine labia mea aperies*, ce qui s'observe encore à S¹ Julien.

Le vingt quatrième aoust 1482, Jean de la Vignole, doyen de l'église d'Angers, donna l'image d'argent massif, de grandeur naturelle, qui est sur le grand autel de l'église d'Angers, du côté de l'Evangile, comme patronne. En 1562 les huguenots étant entrez dans la cathédrale, firent tous leurs efforts pour arracher cette figure, qui étoit fortement attachée. Mais les chanoines s'y opposèrent. L'image de S¹ Maurice, de même matière, aussi de grandeur naturelle, est du côté de l'Epitre et pèse 64 marcs, 7 onces, six gros, et y a été mise en l'année 1510. Et c'est la représentation de ces deux images que l'on voit à côté l'une de l'autre, au commencement de l'ancien Missel et du Bréviaire nouveau.

Le 23 Aoust 1483, Simon Bordier, chanoine d'Angers, donna cent écus d'or, pour faire une image d'argent massif de la Sainte Vierge, tenant l'enfant Jésus entre ses bras, avec deux anges à genoux, à ses pieds, de même matière; et c'étoit cette image que l'on avoit coutume autrefois de porter processionnellement de la cathédrale en différentes églises de la ville, dans le tems des nécessitez publiques. Les deux premiers archidiacres furent députez pour la porter sur un brancard, le 13 décembre 1584, dans l'église de Notre Dame du Ronceray, pour remercier Dieu de ce qu'il avoit délivré les habitants d'Angers et de la province de la peste, et le grand-archidiacre y célébra la sainte messe. (*Et ad deferendum imaginem Deiparæ Virginis Mariæ Domini archid. commissi fuerunt*).

Le 20 may 1583, on fit encore une procession générale dans l'église du Ronceray, pour demander à Dieu du beau tems.

Le premier avril 1585, on en fit une au même lieu, pour remercier Dieu de la convalescence du duc d'Anjou, qui avoit pensé mourir à Chateauthierry (*In qua imago Deiparæ Virginis deferetur*).

Le 18 may 1584, on la porta en procession autour de la ville, pour demander à Dieu l'extirpation de l'hérésie des Calvinistes, chaque chanoine ayant des chandelles allumées à la main.

Il paroît encore que MM. de la cathédrale n'ont rien épargné pour témoigner leur vénération a la très Sainte Vierge, car il est marqué sur leurs registres que le 22 juin 1585, le chapitre fit acheter dix sept aunes d'une étoffe précieuse, qui coutait vingt huit écus l'aune, pour faire des ornemens pour les festes de Notre Dame.

Lorsque les chanoines demandoient permission au chapitre de sortir de la ville, ils ne l'obtenoient que jusques aux festes de Notre Dame ; aux quelles ils étoient obligez de revenir en ville, afin de les célébrer avec plus de solennité.

Leur première maison canoniale est dédiée à la Sainte Vierge, et s'appelle la Maison de Notre Dame.

Le premier canonicat de la cathédrale d'Angers est aussi dédié à la Sainte Vierge, et s'appelle la Prébende de Notre Dame.

CHAPITRE III.

Dévotion des comtes et des peuples d'Anjou envers la Sainte Vierge Marie, Mère de Dieu.

Nos comtes d'Anjou n'ont en rien cédé sur ce point aux prélats; car, dans le livre intitulé *Gesta consulum Andegavensium*, que l'on conserve manuscrit dans les archives du chapitre S¹ Laud, traduit par M. de Marolles, abbé de Villeloin, et imprimé dans le X° tome des Spicilèges du père Dachery, bénédictin, il est dit que Geoffroy Grisegonelle, comte d'Anjou, qui vivoit au dixième siècle, étant sur le point de combattre en duel une espèce de géant nommé Bertold, ennemy de la France, la reyne, parente du comte d'Anjou, luy envoya une partie de la ceinture de la Bienheureuse Vierge Marie, qui étoit dans sa chapelle et que Charles le Chauve avoit apportée de Constantinople, lui ordonnant de la mettre autour de son cou, espérant qu'avec un bouclier si précieux, il remporteroit la victoire; ce que Geoffroy ayant fait, il tua Bertold et mit toute son armée en déroute. Le comte prenant congé du roy et de la reyne, ne leur demanda pour toute récompense que la ceinture de la Vierge, qu'il obtint, et la mit dans l'église Notre-Dame de Loches qu'il avoit fondée, et où il avoit étably des chanoines qui y conservent encore cette précieuse relique.

Dagobert, quinzième comte d'Anjou, fit bâtir et fonda le prieuré conventuel de Cunault sur Loire, vers l'année 630, en l'honneur de la Très Sainte Vierge, et y mit des religieux bénédictins. L'église en est très magnifique et il y a beaucoup de cathédrales en France qui ne sont pas si belles. Ce prince se plaisoit si fort en ce lieu que quand il étoit en Anjou, il y faisoit sa demeure ordinaire. On y voit encore son palais. Ce mot Cunault disent nos etymologistes, vient *a cunis* ou *cunabulis*, parceque ce monastère avoit été destiné pour honorer le berceau du fils de Dieu.

Charlemagne, vingt neuvième comte d'Anjou, fit bâtir la chapelle du Marilais, en l'honneur de Notre Dame, en action de grâces d'une victoire qu'il remporta contre les Bretons, par l'intercession de la S¹ᵉ Vierge, dans une prée, où elle est bâtie, d'où la chapelle a pris son nom *Maria illic est*, comme qui diroit « Marie illec est. »

Foulques Nerra fit bâtir l'église et le monastère de Notre-Dame du Ronceray, et y donna de grands revenus pour le fonder.

En 1028, Geoffroy Martel, comte d'Anjou, son fils, et Agnès, son épouse, fondèrent la célèbre abbaye de Notre-Dame de Saintes, en l'honneur de la Sainte Vierge.

Foulques Réchin, comte d'Anjou, fut un des principaux fondateurs de l'abbaye Notre-Dame de Fontevrault, que Robert d'Arbrissel avoit établie en 1117, pour honorer la maternité de la Sainte Vierge, et la supériorité qu'elle avoit sur S¹ Jean. Ce prince y donna les péages du Pont de Cé, que le roy Louis XIV a changés depuis avec une rente de 365 septiers de froment, à prendre sur le comté de Beaufort. Ce Foulques Réchin alloit souvent avec sa femme et ses enfants visiter cette abbaye.

Louis XI, par la cession du duché d'Anjou que lui fit son nepveu René, roy de Sicile, fonda, dans l'église de Notre-Dame du Puy en Anjou, un collége de 12 chanoines et de 24 semi prebendez, pour chanter les louanges de Dieu et de Notre Dame en cette église, où la ceinture de la S¹ᵉ Vierge est conservée depuis plusieurs siècles, et il donna un très riche reliquaire pour la renfermer.

Le même Louis XI fonda aussi 12 chanoines à Notre-Dame de Béhuard en Anjou. Mais sa fondation n'ayant pas été exécutée, Charles VIII son fils la changea en des services qui se font en la chapelle de Béhuard, pour les roys de France. Ce prince étant en Anjou y alloit souvent. Il fonda aussi l'abbaye de Notre-Dame de Clery, au diocèse d'Orléans, où il voulut être enterré.

Foulques V, roy de Jerusalem, fils de Foulques Réchin, ayant gagné une grande bataille au siége d'Alençon, dans le Perche, contre Henry Iᵉʳ, roy d'Angleterre, manda aux moines qui étoient au dessus du chateau du Perche de célébrer avec toute la révérence possible une messe en l'honneur de la Sainte Vierge, en action de grâces de la victoire qu'il avoit remportée, parceque c'étoit le samedy qui est le jour que l'on honore avec plus de dévotion la mémoire de la Mère de Dieu.

René, roy de Sicile, est dépeint presque partout un chapelet à la main, avec cette devise : *Dévot luy suis*, et il avoit fait graver autour de sa couronne d'or massif, que l'on conserve dans le trésor de l'abbaye du Ronceray, ces paroles *Ave Maria gratia plena;* et il est rapporté, dans l'Histoire de Provence (1), qu'il fit punir sévèrement un misérable qui avoit profané une image de Notre Dame ; et l'on voit à Baugé, dans la chapelle du Petit-Mont, tous les mystères de la Mère de Dieu peints de la main de ce prince sur les murailles.

Paul II, pape, ayant envoyé un morceau des habits de la Ste Vierge au même roy, par son ambassadeur nommé Perrot, il fit aussitôt présent a l'abbaye de Notre-Dame du Ronceray de cette précieuse relique, l'ayant fait enchâsser dans un très beau reliquaire d'un ouvrage merveilleux, orné de quantité de pierreries, et la translation en fut faite du château d'Angers dans l'abbaye du Ronceray, avec beaucoup de solennité, et le roy assista, avec la reyne, à la procession, le 21 février 1470.

Les peuples suivent ordinairement les inclinations de leurs princes, bonnes ou mauvaises. Ainsy il ne faut pas s'étonner si les Angevins, voyant tant de religion dans leurs comtes et dans leurs ducs envers la Ste Vierge, se sont efforcez, dans tous les tems et par tout l'Anjou, de la révérer par une infinité de pratiques également pieuses et solides, tantôt en bâtissant des chapelles et des oratoires à son honneur; tantôt en plaçant ses images aux coins des rues et dans les carrefours des places publiques, en sorte qu'il n'y a guère de paroisses en Anjou où l'on ne voye quelques images de Notre Dame sur les grands chemins; quelquefois en y faisant des pélérinages à pied; souvent en y donnant des cierges et des ornements précieux, et y faisant célébrer des messes. Et il est arrivé, comme nous verrons ailleurs, que le concours y a été si grand qu'on est venu au Puy, à Saumur, au Marilais, et ailleurs, de différentes provinces, et même de différens royaumes, pour célébrer ses festes et pour invoquer sa toute puissante protection.

---

(1) *Hist. et Chron. de Provence*, de César Nostradamus. Lyon, 1614, in-fol. Page 569. (A. L.)

CHAPITRE IV.

La Sainte Vierge a toujours protégé les Angevins.

Toutes les grâces que Dieu a accordées aux Angevins, depuis les premiers siècles, par l'intercession de la Divine Marie, sont des preuves certaines des bontez qu'elle a toujours eues pour ce peuple choisi, et s'il n'y a pas de provinces dans le royaume où il y ait plus d'églises bâties en son honneur qu'en Anjou, il n'y en a point aussi où il se trouve plus grand nombre d'images miraculeuses de la Ste Vierge, en présence desquelles il se soit fait plus de miracles, en faveur de ceux qui y sont allez invoquer son secours. Telles sont les images de la Vierge que l'on révère au Ronceray, que Théodulphe appelle pour cet effet *Virgo salutifera*, dès le neuvième siècle ; l'image de Notre-Dame des Ardilliers, à Saumur ; l'image de Notre-Dame de Cunault ; l'image de Notre-Dame-Sous-Terre ; l'image de Notre-Dame de la Crue ; l'image de Notre-Dame du Marilais ; l'image de Notre-Dame de la Réale ; l'image de Notre-Dame du Puy ; l'image de Notre-Dame du Chesne ; l'image de Notre-Dame du Lude, et celle de Notre-Dame de Béhuard, et quantité d'autres dont nous parlerons ci après. Les vœux de cire de toutes sortes d'espèces, les bâtons, les potences, les tableaux et les inscriptions qu'ont fait attacher aux murailles de ces chapelles ceux qui ont été guéris, prouvent certainement que la Sainte Vierge n'est pas sans grande raison appelée Angevine, puisqu'elle a une véritable tendresse de mère pour tous les Angevins, et qu'elle a toujours été sensible à leurs misères, de quelque nature qu'elles ayent été. Car on voit que Dieu, par son intercession, a rendu la vue aux aveugles, la parole aux muets, le mouvement aux paralytiques, l'ouye aux sourds, et même la vie aux morts, dans ses chapelles.

CHAPITRE V.

Le diocèse et toutes les villes d'Anjou sont consacrés à Notre Dame.

Trois choses très remarquables prouvent que le diocèse et toutes les villes de l'Anjou sont consacrées à la Ste Vierge.

La première est qu'il semble que la divine Marie a pris plaisir de faire placer, au milieu et aux quatre coins du diocèse d'Anjou, quatre de ses églises, et quatre de ses images miraculeuses, qui sont autant de forteresses imprenables et de boulevards inaccessibles, qui servent a le défendre de ses ennemis visibles et invisibles (*Turris fortitudinis a facie inimici*). Aussi voyons nous que depuis qu'elles y ont été bâties, la peste, la guerre et la famine n'y ont pas été si fréquentes. L'église de Villevesque (*Villa Episcopi*) où les évêques d'Angers faisoient autrefois un long séjour, a été constamment dédiée a Notre Dame, ainsy qu'on le prouve par d'anciens titres; et elle est directement placée au milieu, et comme au centre du diocèse, où toutes les autres viennent aboutir, comme les lignes d'une circonférence. Il y a encore quatre églises de Notre Dame aux quatre coins du diocèse; car, du côté de l'Orient, est l'église de Notre-Dame des Ardilliers à Saumur; du côté d'Occident est Notre-Dame de la Crûe, près de Craon; du côté du Septentrion, est Notre-Dame du Chesne; du côté du Mydy, est Notre-Dame de Doué. Et, afin qu'il ne manquât rien aux fortifications de la charité de Marie envers les Angevins, et pour rendre l'Anjou invincible à ses ennemis, elle s'est encore mise comme un mur et un avant-garde sur les confins de la province, et dans les paroisses voisines, hors du diocèse, pour leur plus grande sureté. Telle est Notre-Dame du Puy, dans le diocèse de Poitiers; Notre-Dame de Fontevrault, du côté de Tours; Notre-Dame du Chesne, du côté du Mans; Notre-Dame des Gardes, du côté de la Rochelle;

Notre-Dame du Marilais, du côté de Nantes ; de sorte que l'on peut dire que la Sainte Vierge veut présider de toutes parts à ce diocèse, qui lui est très cher, et en estre comme la gouvernante et la gardienne.

La seconde chose qui mérite d'être remarquée, est que la ville d'Angers a cela de commun avec toute la province, qu'on voit, au milieu et aux quatre coins de l'enceinte de ses murailles, les plus anciennes et les plus belles églises dédiées à Notre Dame. La cathédrale, qui luy fut consacrée par Défensor, notre premier évêque, est au milieu de la cité, sur une eminence d'où on peut dire qu'elle regarde toute la ville (*totam prospicit urbem*). Quatre autres de ses églises sont aux quatre coins d'Angers, sçavoir : l'église de Notre-Dame du Ronceray, du côté de l'Orient ; Notre-Dame de l'Eviere, du côté de l'Occident ; Notre-Dame du Verger, du côté du Mydy ; Notre-Dame des Cordeliers, du côté du Septentrion. Et de trente et une églises qui sont dans Angers, il y en a seize dediées à Notre Dame ; en sorte que la ville peut être apellée, ainsi que celle de Constantinople, la Ville de Marie (Παρθενοπολις, *Civitas Mariæ*).

Baronius remarque que cette ville impériale fut consacrée à la mère de Dieu par le grand Constantin, qui y fit bâtir en son honneur ce fameux temple des *Blaquernes* (1), et, s'il m'est permis de faire une allusion assez heureuse au nom de ce pieux empereur, ce fut aussi un autre Constantin, doyen du parlement de Bretagne, et grand doyen de la cathédrale, qui a fait, pour ainsy dire, la dédicace extérieure de la ville d'Angers, et en a fait prendre possession à la Sainte Vierge, d'une manière éclatante et visible ; car, en l'année 1650, étant allé à son abbaye de St Jean de Chartres, il fut touché de voir des images de Notre Dame sur toutes les portes de la ville de Chartres ; à son retour il fut inspiré d'en faire placer aussi sur toutes les portes de la cité d'Angers ; prévenu par la mort, il ne put exécuter ce pieux dessein ; mais il légua une somme d'argent par son testament, pour l'accomplir. Mr Denyau, docteur de Sorbonne, son nepveu,

---

(1. Voy. à ce mot le Dict. de Morery.

à qui il avait résigné son doyenné et sa prébende de la cathédrale, en qualité d'exécuteur testamentaire, suivant les intentions pieuses de son oncle, fit, en l'année 1652, placer trois belles figures de Notre Dame, de grandeur naturelle, tenant entre ses bras l'Enfant Dieu, en trois niches d'architecture, sur les trois portes de la cité d'Angers, qui est l'ancienne ville et la demeure des chanoines, avec des inscription tirées de l'Ecriture et gravées en lettres d'or sur du marbre ; sçavoir : une, sur la porte de la Vieille-Chartre, avec cette devise *Protegam civitatem hanc propter nomen meum, et propter te.* (*IV. Reg. c. 19. v. 34*) ; la seconde, sur la porte de la montée St Maurice, avec ces paroles tirées de *Judith* (Ch. 15. v. 10) *Tu gloria Hierusalem, tu honorificentia populi, benedicta tu a Domino* ; et la troisième, sur la porte qu'on appelle la porte Angevine, avec ces mots tirés de *Judith* (Ch. 8. v. 22.) *Dominare nostri tu et filius tuus* ; ce qui produit un bon effet, car les peuples ornent ces figures les jours des fêtes de Notre Dame, y mettent des fleurs et des cierges, et on les y a vus souvent chanter à genoux les Litanies de la Ste Vierge.

De dix neuf abbayes qui sont en Anjou, tant d'hommes que de filles, il y en a onze fondées en l'honneur de la Ste Vierge : 1° l'abbaye de Notre-Dame du Ronceray ; 2° l'abbaye de Notre-Dame Du Perray-Neuf, proche de Précigné, ordre de Premontré ; 3° l'abbaye du Perray-Vieux, proche Angers, ordre de Cisteaux ; 4° l'abbaye de Notre-Dame de Bellefontaine, ordre des Feuillans ; 5° l'abbaye de Notre-Dame de la Boissière, ordre de Cisteaux ; 6° l'abbaye de Notre-Dame du Louroux, ordre des Bernardins ; 7° l'abbaye de Notre-Dame de Pontron ordre de Cisteaux ; 8° l'abbaye de Notre-Dame de Chaloché, ordre de Cisteaux ; 9° l'abbaye de Fontevrault ; 10° l'abbaye de Notre-Dame de la Roë, ordre des Chanoines Réguliers ; 11° l'abbaye de Toussaint d'Angers, dont la fondation porte qu'elle est dédiée *in honore beatissimæ genitricis Dei Mariæ et omnium sanctorum.*

La troisième chose qui est très remarquable, c'est que de vingt deux villes qui sont en Anjou, il y en a 19 qui reconnoissent la Ste Vierge pour patronne ; car leurs premières églises, qui sont les plus anciennes, ont été fondées en son honneur. Il y a même beaucoup d'apparence que ces villes n'ont été bâties peu à peu qu'à l'occasion des maisons ou des hostelleries qu'on faisoit autour de ces chapelles pour loger les pelerins qui y venoient invoquer la Mère de Dieu, ou du moins qu'elles y ont donné beaucoup d'accroissement. Car il seroit facile de prouver que la plupart de ces églises etoient bâties avant les villes qui y sont présentement, marque qu'on y honoroit déjà la S⁺ᵉ Vierge. Telles sont les églises : 1° de Notre-Dame de Nantilly et des Ardilliers, à Saumur ; 2° Notre-Dame du Genetay, à Chateaugontier; 3° Notre-Dame des Vertus, au Lude ; 4° Notre-Dame du Chef-du-Pont, à La Flèche ; 5° Notre-Dame de Durestal; 6° Notre-Dame de Beaulieu, a Candé ; 7° Notre-Dame du Puy ; 8° Notre-Dame du Petit-Mont, à Baugé ; 9° Notre-Dame de Chemillé ; 10° Notre-Dame de Chalonnes ; 11° Notre-Dame de Beaufort ; 12° l'église de Notre-Dame de Beaupréau; 13° Notre-Dame de Chateauneuf; 14° Notre-Dame d'Ingrandes ; 15° Notre-Dame de Doué ; 16° Notre-Dame de Longué ; 17° Notre-Dame de Jarzé ; 18° Notre-Dame du Chateau de Montreuil-Bellay ; 19° Notre-Dame du Pinelier, au cymetière de Segré.

CHAPITRE VI.

La cathédrale d'Angers est dédiée à Notre-Dame.

Bien qu'on appelle communément la cathédrale d'Angers Saint Maurice, il est pourtant certain qu'elle a été dédiée à Dieu sous l'invocation de la Très Sainte Vierge, vers l'an 350, par Défensor, son premier évêque. Nous avons plusieurs preuves de cette vérité. La première est la tradition du chapitre d'Angers et de toute la province ; et cette tradition est appuyée sur la pratique des évêques des premiers siècles, qui dédioient presque toutes les églises qu'ils fondoient à Notre-Dame, à S⁺ Pierre ou à S⁺ Etienne ; d'où vient que Papirius Masso a remarqué, dans le petit traité qu'il a fait, intitulé *Notitia episcopatuum Galliæ* (1), que, des 125 évêchez et archevêchez de France, il y en a 34 dédiez à Notre-Dame, 9 à S⁺ Pierre, et 13 à S⁺ Etienne. Au nombre de ces 34, il n'a pas compris plusieurs cathédrales, lesquelles constamment ont été dédiées, dès leur origine, à la S⁺ᵉ Vierge, et qui ont depuis changé de nom pour des raisons particulières. Telle est la cathédrale de l'église primatiale de Lyon, la plus ancienne du royaume, laquelle, selon le même auteur, fut d'abord dédiée à la Sainte Vierge, bien qu'elle se nomme présentement Saint-Jean de Lyon. Telle est l'église du Mans, laquelle fut d'abord dédiée par S⁺ Julien en l'honneur de la Sainte Vierge et de S⁺ Pierre, quoiqu'elle s'appelle présentement Saint-Julien, à cause de la translation qui a été faite du corps de ce saint. Car l'Histoire des évêques du Mans nous apprend que Défensor, ayant donné son palais a S⁺ Julien pour en faire une église, il la dédia à Notre-Dame. Quelque tems après, l'église du Mans changea encore de

---

(1) Ce traité, dédié par Papirius Masso aux évêques et au clergé de France, assemblés à Paris en 1605, a été imprimé par Du Chesne, dans le premier tome de son recueil : *Historiæ Francorum scriptores...* Parisiis, apud Seb Cramoisy, 1636-1649, 5 vol. in-fol.

nom, et reçeut celuy de Saint-Gervais et Saint-Protais, à cause des reliques de ces saints martyrs qu'on y apporta; d'où vient que Charlemagne, dans un acte qu'il fit en faveur de l'église du Mans, daté le 8 des kalendes de may, l'an 11 de son empire et le 34e de son règne en France, appelle les chanoines du Mans *Canonici Stæ Mariæ et Sti Gervasii*.

Il est donc très probable que le même Défensor, qui avait assisté à la dédicace de l'église du Mans en l'honneur de Notre-Dame, dédia luy même la cathédrale d'Angers à la Ste Vierge, lorsqu'il en fut fait évêque, à l'exemple de St Julien qui l'avoit converti à la foy.

2° Par un acte de Robert, roy de France, de l'année 1001, qui confirme les dons que Rainaud, évêque d'Angers, a faits à l'abbaye de Saint-Serge lès Angers, les chanoines d'Angers, aussi bien que ceux du Mans, sont appelez *Canonici Sanctæ Mariæ et Sti Mauritii*.

3° Foulques Nerra, comte d'Anjou, dans un acte daté du 17 janvier de l'an 1000, dit qu'il restitue à la Ste Vierge et à St Maurice certaines choses qu'il avoit usurpées sur la cathédrale d'Angers (*Restituo sanctæ matri ecclesiæ Dei genitricis et sancto Mauricio....*)

4° Le même Foulques Nerra, dans un autre acte, daté du mois de mars 1003, par lequel il donne quelques exemptions et priviléges à la cathédrale d'Angers, en appelle l'église et ses dépendances le Cloître de la Bienheureuse Marie et de St Maurice (*Claustrum beatæ Mariæ et sancti Mauricii*).

5° Henry 1er, roy de France, en 1030, confirmant les dons que Hubert de Vendôme avoit faits à l'église d'Angers, dit expressément que cet évêque l'avoit fondée et dédiée en l'honneur de Notre-Dame et de St Maurice. Voicy les paroles très remarquables des Lettres patentes du roy Henry premier : *Charissimus et admodum reverentissimus nobis Hubertus, episcopus Andegavensis, matris ecclesiæ in honorem et memoriam sanctæ Dei genitricis Mariæ beatique martyris Mauricii fundata.*

6° Guillaume Le Maire, l'un des plus sçavants évêques d'Angers, dans un titre fait au mois de mars de l'année 1206, en faveur de son église, dit que c'est une tradition très ancienne en Anjou que la cathédrale d'Angers a été premièrement dédiée à Notre-Dame et ensuite à S⁺ Maurice.

7° Michel Loyseau, évêque d'Angers, dans l'acte de donation qu'il a fait à l'église d'Angers des dixmes de Vallées, pour fonder le pain du chapitre, en date du mois d'avril 1259, dit que la cathédrale d'Angers a été dédiée en l'honneur de Dieu et de la glorieuse Vierge Marie, de S⁺ Maurice et de ses compagnons, aussi bien que de S⁺ Maurille et de S⁺ René.

8° Louis XIV, roy de France, rend un témoignage authentique de cette vérité, dans un arrest qu'il donna au profit du chapitre d'Angers, à Saint Germain en Laye, au mois d'aoust 1670, dans son conseil d'état et privé, en ces termes :

« .... Il n'y a rien où consiste plus véritablement le corps de
» l'estat ecclésiastique, ny où se maintienne davantage le prin-
» cipal exercice de la religion qu'ès églises cathédrales, entre
» lesquelles est celle de notre ville d'Angers, laquelle étant
» consacrée a Dieu sous l'invocation de la Sainte Vierge Marie,
» et du triomphant martyr S⁺ Maurice, chef de cette généreuse
» légion des Thébains, a été fondée par l'empereur Charle-
» magne, nostre prédécesseur, ornée de beaux et grands privi-
» lèges par les ducs d'Anjou, et depuis par autres roys, aussi
» nos prédécesseurs, laquelle, à ce sujet, s'appelle la Chapelle
» des roys de France, dont nous sommes le premier chanoine ;
» ces prérogatives ayant esté acquises par la considération de
» l'antiquité et de la succession de tant de saints prélats qui l'ont
» gouvernée, de la continuation, observance de la discipline
» canonique, et de la piété qui reluit dans les fonctions d'icelles,
» comme aussi dans l'office qui s'y chante et célèbre, tant de jour
» que de nuict avec tant d'ordre, de bienséance, gravité que
» dévotion exemplaire.... »

Cet éloge, donné par le plus grand des rois à la cathédrale d'Angers, est si grand et si magnifique, et répond si bien à la dignité du sujet, qu'il n'y a rien à y ajouter. La description que nous faisons de cette église lui servira seulement d'explication et de commentaire.

9° L'image de la Sainte Vierge est placée sur le grand autel, du côté de l'Evangile, non seulement comme Mère de Dieu, à qui la première place appartient au dessus de tous les saints, mais encore comme patronne de l'église. Et c'est pour cette raison que, dans tous les missels et les bréviaires d'Anjou, on voit aussi l'image de Notre-Dame imprimée du côté droit, sur le premier feuillet, et celle de St Maurice, à gauche.

10° La dixième preuve, la plus forte de toutes, que la cathédrale d'Angers est dédiée à Notre-Dame, se tire de l'ancienne coutume qu'ont les chanoines d'aller après vespres, tous les dimanches, en station dans la nef, depuis le troisième dimanche après la Pentecôte jusques au premier dimanche d'aoust, et d'y chanter l'antienne du troisième nocturne de l'office de l'Assomption : *Succurre nobis, Genitrix Christi, miseris ad te confugientibus* : Et, après les versets et les répons propres, l'officiant chante cette oraison qui est également belle et dévote : « Seigneur Jesus Christ, qui êtes la voye de tous les saints qui viennent à vous, et qui leur avez fait part de la joye de votre gloire éternelle, vous avez consacré ce temple à l'honneur de votre nom, sous l'invocation et la protection de la Sainte Vierge Marie, mère de Dieu, et des saints Maurice et ses compagnons, et de St Maurille. »

11° Louis XIII, roy de France, ayant par son édit du 10 février 1638, mis sa personne et son royaume sous la protection de la Sainte Vierge, ordonna que, dans les églises épiscopales qui ne seroient point dédiées à la Sainte Vierge, on lui dédiât la principale chapelle des dites églises, pour y être fait les cérémonies qui se pratiquent après la messe, le jour de la feste de 'Assomption, et qu'on y élevat un autel. Or, comme l'église de Saint-Maurice est dédiée à Notre-Dame, le chapitre de la cathédrale d'Angers n'a jamais fait cette cérémonie à un autre autel qu'au grand autel, parce qu'il reconnoist qu'il est dédié à Dieu sous l'invocation de Notre-Dame.

12° Le P. Cellot, jésuite, habile poëte fit, en 1628, un poëme en vers latins qu'il dédia à Mr Claude de Rueil, évêque d'Angers, et à son chapitre, intitulé *Mauritiados libri tres* (1), à la louange de l'église cathédrale de S¹ Maurice d'Angers, dans lequel il fait, par une agréable figure nommée prosopopée, parler le fameux temple à Notre-Dame, qu'elle reconnoist pour sa mère, pour sa patronne, et pour son avocate, pour luy demander un évêque en la place de Prosper qui venait de mourir. L'église de S¹ Maurice apostrophe donc la Sainte Vierge en ces termes :

Terrarum, cœli que potens, quam rebus acerbis
Perfugium esse dedit summi moderator Olympi,
Aspice ferales cultus viduamque clienti
Da mater, si quid merui, solatia : sponsus
Heu ! mihi Prosperius, fatis ereptus iniquis
Evolat ad superos, et vestra pace potitur.
. . . .
Pone modum lacrymis : tibi me Defensor alumnam
Tradidit, et magnam signari Virgine jussit.
Inde ego te Dominam primis experta periclis
Advenio supplex, et cognita Numina posco.
Andecavi peccant pietate, meique verendum
Pro se quisque parant rectorem imponere templis (2).
. . . .
. . . . Jubar exere cælo
Mater, et orbatos specta placabilis Andes.
Novi equidem, tibi nostra placent sacraria Virgo :
Te præter Dominam Ligeris fuat, et tua quondam
Subjectus miti vestigia flumine lambet.
. . . .
Audiit atque oculis Virgo quibus astra serenat
Aspexit Nympham, indique hæc pectore verba
Nota decus Gallorum, et magnis condita sedes
Prosulibus, quæ te mœrentem damna fatigant ?
Æternos sub Sole dies, et nescia mortis

---

(1) *Mauritiados* Andegavensis libri III..., auctore P. Ludovico CELLOTIO. — *Flexiæ*, apud Gervasium Laboe et Guyot, 1622, in-4°. — Cet ouvrage se trouve à la Bibliothèque d'Angers, où il est classé sous le n° 1826, de la section des Belles-lettres (A. L).
(2) Page 26.

Corpora operosi ? Sudatorumne laborum
Invidia est positis transire ad præmia membris ?
Non satis humana quod nobilitate potentem
Sarta tibi dedit auctorem, quem stemmate virtus
Clarior, æthereos meritum transmisit in axes ?
Nec tibi, nec populi votis Apothemius unquam
Defuerit, morbisque potens, et febris anhelæ.
Hos inter Martyr partem Thebaeus habebit
Quem properare vides. Dixit, templique repente
Transfertur latus in dextrum : stat gemmea sedes
Mauritio ad lævam ; pariles fulgentibus astris
Circumstant socii, parmæque atque arma coruscant..... (1).

Le poëte, dans ces derniers vers, fait allusion à la situation où sont placées les images de la Sainte Vierge et de Saint Maurice, sur le grand autel de la cathédrale d'Angers, l'une à la droite et l'autre à la gauche.

Il ne faut pas s'étonner si les églises du Mans et d'Angers ont été dédiées à Notre-Dame, parceque la tradition et les historiens ecclésiastiques nous assurent que la plupart des églises de la chrétienté luy ont été dédiées dès le commencement du christianisme (2) ; que Saint Pierre, après l'Ascension, l'an 69 de notre Seigneur, luy consacra la chambre où le mystère de l'Incarnation lui fut annoncé, et qui est aujourd'huy Notre-Dame de Lorette ; que Notre-Dame du Pilier, si fameuse en Espagne, lui fut dédiée du tems de St Jacques l'apôtre ; que St Grégoire, envoyé par St Pierre en Gaule, l'an 40, luy dédia l'église du Puy en Velay, dont il fut le premier évêque ; qu'Evodius, septième évêque du Puy, la fit rebâtir en l'honneur de Notre-Dame, en l'an 221 ; que St Materne, disciple de St Pierre, dédia à Tongres, en Flandre, une église à Notre-Dame, en l'an 67, laquelle on tient avoir été

---

(1) Page 81.
(2) On prétend que l'église cathédrale d'Avignon fut dédiée à Notre-Dame, de son vivant ; d'où vient qu'on a écrit en lettres gothiques ces paroles au haut du portail de cette cathédrale : *Virgini nondum assumptæ.*

la première bâtie en son honneur audelà des Alpes ; que Calixte Ier, pape, dédia, audelà du Tibre, une église à Notre-Dame en Cosmedin, en 200. Quoiqu'il en soit de ces traditions, on ne peut pas nier que Constantin, dans le quatrième siècle, n'ait fait bâtir ce fameux temple des Blaquernes (1), à Constantinople, en l'honneur de la Sainte Vierge, dont Grégoire de Tours (lib. I des *Miracles des Saints*, ch. IX) assure que cet empereur ayant fait venir, pour l'orner, des colonnes de marbre d'une si prodigieuse grandeur qu'elles avoient seize pieds de tour, les ouvriers faisoient tous les jours des efforts inutiles pour les poser sur leurs bases ; que la Sainte Vierge apparut une nuit en songe à l'architecte, et luy dit de ne se point affliger ; qu'il devoit faire des cordes, des poulies et des machines, pour les suspendre d'une certaine façon qu'elle luy montra, luy ordonnant ensuite de se servir de trois petits enfans pour les élever, et qu'il en viendroit à bout ; ce que l'architecte ayant exécuté, ainsy que la Sainte Vierge le luy avoit dit, tout le monde admira le lendemain comme un miracle que trois enfans eussent pu élever ces colonnes, en une heure, que les hommes les plus forts n'avoient pu élever en plusieurs semaines.

L'histoire de France marque que, dans le cinquième siècle, St Remy inspira à Clovis de bâtir l'église de Laon et celle de Strasbourg, en l'honneur de la Sainte Vierge. Mais, sans aller chercher des preuves étrangères, n'en avons nous pas dans la ville d'Angers même, qu'on consacroit des églises à Notre-Dame dès les premiers siècles, puisque nous prouverons dans la suite de cette histoire que les chapelles du Ronceray et de Notre-Dame du Verger luy ont été dédiée dès le quatrième siècle ? Et quel inconvénient y a-t-il plus de dédier une cathédrale à Notre-Dame que des églises particulières, vu qu'en ce tems là les unes n'étoient guère plus publiques que les autres, à cause que les chrétiens persécutez s'y assembloient en secret ?

---

(1) Nom d'un des anciens faubourgs de Constantinople. Voy. à ce mot le Dictionnaire de Trévoux (A. L.).

CHAPITRE VII.

D'ou vient que la cathédrale d'Angers, étant dédiée à Notre-Dame, s'appelle l'église de Saint Maurice.

Il n'est pas extraordinaire que la cathédrale d'Angers, ayant été d'abord dédiée à Notre-Dame, ait quitté son nom pour prendre celuy de Saint Maurice. Le même sort est arrivé à plusieurs églises en Anjou et hors de l'Anjou, les quelles constamment étoient dédiées à Notre-Dame, dès le commencement de leur fondation, qui ont changé de nom et de patron; car, bien que la Sainte Vierge soit la plus noble et la plus excellente de toutes les créatures, et audessus de tous les saints qui luy doivent céder en tout, néanmoins différentes raisons ont donné lieu à ces changements. Mais la plus commune est la translation des reliques de quelques saints apportées de nouveau en ces églises.

L'église collégiale de Saint Maurille avoit été certainement dédiée à Notre-Dame par S' Maurille, comme nous le ferons voir dans la suite; mais elle prit le nom de ce saint évêque, lorsque son corps y fut inhumé.

Les églises de Villevêque et de Vauchrétien, en Anjou, reconnoissent, il y a plusieurs siècles, Notre-Dame pour patronne, et, présentement la première est dédiée à S' Pierre, et la seconde a longtemps invoqué S' Laurent pour le sien. Cet usage n'est pas particulier au diocèse d'Anjou; il est commun à la plupart des églises de la chrétienté, même aux églises cathédrales, comme nous avons fait voir dans le chapitre précédent, car les églises de Lyon et du Mans, ayant été consacrées à Dieu sous l'invocation de la Sainte Vierge, par leurs fondateurs, n'ont pas laissé d'être appelées dans la suite l'une du nom de Saint-Jean, et l'autre du nom de Saint-Julien. Cela supposé, il faut maintenant examiner pourquoy l'église d'Angers, ayant été dédiée d'abord à Notre-Dame, ne s'appelle plus aujourd'hui que l'église de Saint Maurice.

La raison en est rapportée par M. Eveillon, dans la réponse

qu'il fit, de la part du chapitre d'Angers, au livre intitulé *Plainte apologétique*, pour M. de Miron, évêque d'Angers (1), où ce savant homme dit (pag. 20) que S⁺ Martin, revenant de Rome et passant par le lieu où S⁺ Maurice et ses compagnons avoient souffert le martyre, se mit en prière pour obtenir de Dieu quelques reliques du sang que ces généreux deffenseurs de la foy avoient répandu dans le champ de bataille, et ayant levé un gazon, il en sortit un ruisseau de sang qu'il ramassa dans un vase, et l'ayant ensuite partagé en trois fioles, il en retint une qu'il porta toujours sur soy pendant sa vie, et voulut qu'on la mit dans son tombeau après sa mort ; il donna la seconde à l'église de Tours, et la troisième à l'église d'Angers, et consacra l'une et l'autre en l'honneur de S⁺ Maurice et de ses compagnons.

M. Eveillon apporte cinq preuves de ce fait.

La première est la tradition constante et non interrompue de ces deux églises, qui ont toujours cru ces faits.

La seconde est une lettre des doyen et chanoines de Chateauneuf, c'est à dire de l'église de Saint-Martin de Tours, rapportée par Sirius au 22 septembre, où il est dit que S⁺ Martin, retournant à Tours, porta avec luy ce sang plus vermeil qu'une rose, et le mit avec de beaucoup décence en plusieurs vases, dont il donna l'un à son église métropole, et l'autre à celle d'Angers, qui luy est sujette, et la consacra en l'honneur de S⁺ Maurice et de ses compagnons.

La troisième, qu'il se fait tous les ans dans l'église de Tours une feste de la réception de cette relique du sang de S⁺ Maurice, au 12⁰ de may.

La quatrième est qu'il y a un office solennel pour cette feste, rapporté dans le bréviaire de Tours, où il est dit, dans les leçons propres du second nocturne, que S⁺ Martin, revenant de Rome à Tours, ayant passé les Alpes, il s'arrêta dans la plaine où la sainte Légion des Thébains, dont S⁺ Maurice étoit le chef, avoit souffert le martyre pour la foy de Jesus Christ, par l'ordre de l'empereur Maximien ; que là, le saint archevêque s'étant mis à

---

(1) Response du Chapitre.... au livre de la *Plainte apologétique*. — Paris, 1626 ; in-8°. — La *Plainte apologétique* pour M⁺ l'évêque d'Angers, (Angers, 1625, in-8°) est un ouvrage de Claude Ménard (A. L.)

genoux, il avoit demandé à Dieu avec instance qu'il plût luy faire connoître en quel endroit étoient les reliques du sang de ces saints martyrs, et que tout aussitôt il lui parut une rosée de sang sur les herbes de ce champ de bataille, dont le saint remplit trois fioles (*tres ampullas*), dont il mit la première dans son église métropolitaine de Tours, et la dédia en l'honneur de Saint Maurice, et qu'il destina la seconde pour l'église d'Angers, qui fut aussi depuis bâtie et consacrée en l'honneur de S⁺ Maurice.

La cinquième est qu'outre la feste et l'office ci-dessus, les chanoines de Tours faisoient autrefois un serment, lors de leur réception, de ne point prester, donner ny aliéner en façon quelconque, ny permettre qu'on transportât à personne ny dans quelqu'autre église que ce fut, les reliques du sang précieux de S⁺ Maurice contenu dans des boëtes, en quelque petite quantité que ce fut.

Le sixième argument est qu'on célèbre aussi, dans l'église collégiale de Candes-sous-Montsoreau, qui est bâtie dans le lieu même où mourut S⁺ Martin, la feste de la réception du sang de S⁺ Maurice, le 12 may, avec le même office composé dans les mêmes termes que celuy de l'église métropolitaine de Tours, que nous venons de rapporter; excepté qu'à la fin de la sixième leçon du second nocturne, où il est dit qu'une de ces fioles fut donnée à la métropole de Tours, la seconde à l'église d'Angers, on y ajoute que, quand S⁺ Martin fut mort et son âme élevée au ciel, on envoya à l'église de Candes la troisième fiole, qu'il avoit ordonné qu'on enterrât avec luy.

A ces six argumens, j'en ajouterai un septième qui me paroit très fort, tiré de Grégoire de Tours, lequel dit (*Hist. Francor.*, lib. X, cap. XIX) que son église ayant été toute ruinée par le feu, il la fit rebâtir plus grande et plus haute qu'elle n'étoit auparavant, et qu'il la dédia l'an XIX de son pontificat, et y avoit trouvé des reliques de S⁺ Maurice qui y étoient depuis très longtems, ainsy qu'il l'avoit appris des prêtres les plus anciens du lieu.

Huitièmement, le nom même de Saint-Maurice, que l'église cathédrale de Tours a porté durant tant de siècles, est une preuve inconstestable de ce fait; car il est certain, suivant la remarque de M. de Tillemont, que ce n'est que depuis l'année 1360 qu'elle a commencé de s'appeler l'église de Saint-Gatien. Aussi tous les conciles tenus à Tours sont datés de l'église de Saint-Maurice (*in ecclesia Sancti Mauritii*), ce qui a donné occasion à deux sçavants hommes de se méprendre en citant deux conciles de Tours. Le premier est le cardinal Baronius qui, parlant du concile de Tours, assemblé dans l'église de Saint-Maurice, où présida le pape Alexandre III, en 1163, dit qu'au lieu de *in aede S^{ti} Mauritii* il faut lire *in aede S^{ti} Martini*. Le second est Christianus Lupus qui, parlant du Concile cinquième de Tours, dit qu'il le faut appeler *Concilium Andegavense*, parce qu'il est daté *in ecclesia S^{ti} Mauritii*, ne sachant pas apparemment que l'église de Tours étoit dédiée à St Maurice.

Nous tirons un neuvième témoignage de cette vérité de la feste de la réception des reliques du chef de Saint Innocent, l'un des compagnons de St Maurice, qui se célèbre en l'église d'Angers le 6 septembre; car il est dit, dans le propre du second nocturne de cette feste, que la vénération de St Maurice et de ses compagnons a consacré les commencemens de l'église naissante d'Angers, et que St Martin y ayant donné une fiole pleine du sang de St Maurice, qu'il avoit reçue par miracle, ce fut comme un gage de la protection que St Maurice devoit donner à tout l'Anjou, et de la religion que tout l'Anjou devoit avoir pour St Maurice.

Dixièmement, nous lisons dans les registres de la cathédrale d'Angers, que le 4 novembre 1486, Amaury Denyau y donna un reliquaire d'argent, pesant dix marcs, représentant la figure de St Martin, au bas de laquelle est une fiole où est renfermé le sang de St Maurice, que ce saint archevêque a donné à l'église d'Angers.

Ç'a donc été une tradition de tous les siècles que St Martin a donné ce sang à l'église de Tours et à l'église d'Angers, et, bien qu'il n'en soit rien dit dans sa vie composée par Sévère Sulpice, par Fortunat et par St Paulin, la tradition suffit pour le prouver, puisqu'elle est autorisée par une feste, par un office public, par un serment solennel, par l'exposition de la relique à la vénération des peuples, et par la dénomination de deux cathédrales.

CHAPITRE VIII.

Des différentes dédicaces de l'église d'Angers.

La cathédrale d'Angers a été dédiée par trois fois. La première dédicace s'en fit, comme nous avons dit, à la Très Sainte Vierge, par Défensor, notre premier évêque, vers l'année 350, peu de tems après qu'il fut consacré luy même. Mais il y a apparence que la consécration n'en fut pas solennelle, ny dans les formes prescrites par l'Eglise, puisque, près de trente ans après, S¹ Martin la consacra de nouveau ; à moins qu'on ne dise que cette première église, dédiée à Notre Dame, fut détruite de façon qu'elle eut perdu sa consécration, et que les peuples en ayant fait bâtir une autre plus grande, S¹ Martin vint à Angers pour la consacrer en l'honneur de S¹ Maurice, y ayant donné du sang de ce saint martyr.

Quelques uns ont cru, comme M. Le Loyer, conseiller au Présidial d'Angers, scavant auteur, que Défensor se servit d'abord d'un temple dédié à une fausse divinité, que les Romains avoient bâti dans la cité d'Angers, et qu'il en fit sa cathédrale : cela peut être, mais il l'avance sans preuve. Il est très probable que cette église n'étoit pas alors ny si grande, ny si magnifique qu'elle est présentement, et que si Défensor la fit bâtir, ce fut d'une manière proportionnée et à la pauvreté de son évêché, et au petit nombre de son peuple, ainsy que faisoient les premiers apôtres de chaque diocèze, qui ne bâtissoient leurs cathédrales que de bois, en des lieux ecartez et souterrains. Ce fut quelques années après que Constantin eut permis de bâtir des églises au vray Dieu et de luy rendre un culte public.

L'église d'Angers ne porta le nom de Notre-Dame que sous le pontificat de trois évêques, Défensor, Apothême et Prosper.

La seconde dédicace s'en fit après leur mort, vers l'année 396, par S¹ Martin, archevêque de Tour métropolitain, qui la consacra solennellement et en personne, en y donnant des reliques de S¹ Maurice et de ses compagnons, d'où elle a tiré son nom, ainsy que nous avons dit dans le chapitre précédent ; et il y a bien apparence que tous les évêques de la province et même les évêques voisins se trouvèrent à cette dédicace, suivant la coutume de ce tems là ; car c'était à l'occasion de ces assemblées de prélats, qui venoient à la consécration des évêques leurs confrères, ou de leurs églises, que se tenoient souvent les conciles et qu'on y régloit tout ce qui regardoit la discipline ecclesiastique.

La troisième dédicace de l'église d'Angers se fit en 1030, par Hubert de Vendôme, évêque d'Angers, lequel la rebâtit dès les fondemens, par les soins et les secours de son père, Hubert, vicomte de Vendôme, et par les libéralitez de sa mère Emme, femme d'une grande piété. Les termes de l'acte de cette dédicace, que Hubert en fit dresser, nous apprend : 1° Que lors, la cathédrale d'Angers tomboit en ruines, de vétusté et par les embrasemens qu'elle avoit soufferts ; 2° qu'il la fit réparer dans sa première beauté et solidité (*in antiquum soliditatis sive pulchritudinis statum*) ; 3° et qu'elle avoit été déjà ruinée plusieurs fois ; 4° que la cérémonie s'en fit le 16° d'août, c'est à dire le lendemain de la feste de l'Assomption de la Sainte Vierge ; 5° qu'il la dota de bons revenus ; 6° que la feste de cette dédicace fut très solennelle ; Hubert y convia, non seulement les évêques suffragants de la province de Touraine, mais encore ses voisins ; car nous apprenons que l'évêque de Poitiers y fut invité, par la lettre qu'il en écrivit à Hubert, pour s'excuser d'y venir, sur ce que les affaires du duc d'Aquitaine ne le luy permettoient pas ; cette lettre se trouve la 118° entre les épitres de Fulbert, évêque de Chartres.

M. Arthaud, dans ses mémoires sur la vie de S¹ Maurille, prétend que, quoyque la dédicace de l'église d'Angers faite par Hubert de Vendôme, le 16 août, soit la seule dont nous ayons la date, néanmoins il est certain qu'il en a été fait depuis deux ou trois autres consécrations. La première, quand elle fut voutée, sous le pontificat de Normand de Doué, et de ses successeurs.

La seconde, quand elle fut augmentée du chœur, du chevet et des croisées, sons les pontificats de Raoul de Beaumont, de Guillaume de Chemillé, de Guillaume de Beaumont et de Michel Loyseau. Mais il n'y a point d'apparence, car la voûte, le chevet et les croisées ne sont pas des parties si considérables que la nef, et apparemment, lorsqu'on bâtit la voûte, le chevet et les croisées, cette nef subsistoit encore de la même manière que Hubert de Vendôme l'avoit fait bâtir, et que nous la voyons présentement. En ce cas, il ne fallut pas en faire une seconde consécration, parce que la moindre partie suivit la consécration de la plus grande; suivant nos rubriquaires, qui disent qu'une très grande muraille consacrée communique sa consécration à une plus petite qui luy est jointe.

Le même M. Arthaud ajoute qu'il y a lieu de croire que ces mêmes consécrations ont été faites à pareil jour que celle de Hubert de Vendôme, puisqu'on n'en solennise pas les festes à différens jours; qu'il y a même apparence que Hubert eut ce respect pour St Martin de ne pas dédier sa cathédrale à un autre jour que ce saint archevêque avoit fait, aussi pour ne pas multiplier les festes qui étoient très rares dans la primitive église. Quoy qu'il en soit, la feste de la dédicace d'Angers a été toujours très solennelle; car autrefois, par un abus que l'on a réformé depuis quelques années, l'octave de cette dédicace concouroit avec celle de la feste de l'Assomption de Notre Dame. L'on en faisoit l'office tout entier préférablement à l'office de l'Assomption, dont on ne faisoit qu'une simple mémoire. On presche encore tous les ans, le jour de la dédicace, dans la cathédrale d'Angers, marque de sa solennité.

CHAPITRE IX.

Que l'église de St Maurice a été de tous temps la cathédrale et le siège de nos évêques.

Il est indubitable que l'église de S¹ Maurice a toujours été la cathédrale. C'est la tradition de toute la province, qui est soutenue par des titres authentiques de presque tous les siècles.

La tradition des églises de Tours et d'Angers est que S¹ Martin, qui fut consacré archevêque en 370, donna à l'église d'Angers une fiole du sang de S¹ Maurice ; d'où elle a tiré son nom, ainsy que nous avons vu dans les chapitres précédents, et d'où on doit conclure :

1° que c'était la cathédrale d'Angers à laquelle S¹ Martin donna une partie du sang de S¹ Maurice ;

2° que l'église qui étoit pour lors la cathédrale est celle là même qui fut dédiée à ce saint martyr par S¹ Martin ;

3° qu'elle étoit déjà cathédrale avant que S¹ Martin l'eut dédiée à S¹ Maurice. Aussi Ermericus, moine (1), dans l'histoire qu'il a faite de la translation du saint corps de S¹ Maurille, de l'église qui porte son nom, sous l'évêque Nefingus, par l'ordre de Charles le Chauve, dans celle de S¹ Maurice, dit que ce saint corps fut mis décemment, après sa mort, dans l'église qui luy avait servy de siège épiscopal pendant sa vie.

En 770, Charlemagne, donna le petit monastère de l'église de S¹ Etienne à l'église de S¹ Maurice, où Maurille présidoit en qualité d'évêque pour l'entretien du luminaire.

Il y a un acte de Louis le Débonnaire, daté du 9 des kalendes de janvier, où Arglure (2), prédécesseur de Dodo, qui fut élu évêque en 837, est appelé le siège canonique du vénérable évêché d'Angers, dédié à S¹ Maurice.

Le même Louis le Débonnaire, dans un acte daté le troisième de son empire, le 10 des kalendes de novembre, dit que Saint Benoist, évêque d'Angers, préside à l'église de S¹ Maurice.

---

(1) *Hermericus* ou *Harmerus*. Voy. *Acta sanctorum*. Sept. IV, p. 68. (A. L.)
(2) Ou *Argleaire*. (A. L.)

Charles le Chauve, dans un acte daté l'an quatrième de son règne, qui répond à l'année 841, confirmant les privilèges accordez à l'église d'Angers, fondée en l'honneur de S¹ Maurice, à laquelle préside l'évêque Dodon, par ses prédécesseurs Louis le Débonnaire, son père, Charlemagne son grand-père, et Pépin son bisaïeul, dit qu'il y a eu là des chanoines ou clercs réguliers, qu'il appelle frères, qui de tems immémorial y servent Dieu.

Rayno, évêque d'Angers, qui fut élu en 880, a dressé un acte de vendition d'un certain emplacement dans la cité à tous les fidèles ecclésiastiques qui prennent soin de l'église mère dédiée à S¹ Maurice.

Nefingus, évêque d'Angers, qui vivoit en l'année 966, dans le don qu'il fit à l'abbaye de S¹ Aubin, du port du Pont de Cé, appelle son église « l'église qui est dédiée à S¹ Maurice. »

Renaud, prédécesseur de Hubert de Vendôme, dans un acte qu'il fait en 1001, pour restituer quelques églises à son chapitre, la qualifie de l'évêché de S¹ Maurice.

En 1030, Hubert de Vendôme, évêque d'Angers, la dédia, après l'avoir fait bâtir de neuf, et, dans l'acte de la dédicace, elle est nommée le siége épiscopal, et il est dit qu'elle étoit très ancienne, puisqu'elle tomboit de vétusté.

Ajoutez à toutes ces preuves : 1° que les cathédrales ont toujours été mises dans l'enceinte des villes; 2° dans les lieux les plus éminens; 3° jamais dans les faubourgs. Or, constamment (1), il n'y avoit alors de ville à Angers que ce que nous appelons la Cité, dont l'enceinte étoit très peu spacieuse, d'où vient que Talase, évêque d'Angers, souscrivant au concile de Vannes, où il n'avoit pu assister, et que les pères du concile luy avoient envoyé à Angers, en 471, pour le signer, dit qu'il l'a lû, qu'il y a consenti, et qu'il le signa dans sa petite ville (*in civitatula mea*); d'où l'on infère que la cathédrale étoit dans la Cité, et que le palais de l'évêque étoit tout proche de la cathédrale ; d'où vient que, dans le langage de Grégoire de Tours, elle est appelée *Domus ecclesiae*, quand elle fut brûlée sous Chilpéric, encore payen, environ l'an 573.

---

(1) Certainement.

Réponse aux objections que l'église de St Maurice n'a pas toujours été la cathédrale.

Le sieur Ménard, lieutenant de la Prévosté d'Angers, est le premier qui a inventé que l'église de Saint-Maurice n'a pas été la cathédrale ; que les évêques d'Angers n'ont point eu de siège fixe dans les premiers siècles, et que l'église de Saint-Pierre servoit de cathédrale à St Maurille, l'église de Saint-Saturnin à St Maimbœuf, l'église de Saint-Jean-Baptiste à St Lezin, l'église de Saint-Aubin à Eutropius et à Nefingus, l'église de Saint-Serge à Eusèbe Brunon et à Hubert de Vendôme. Mais cette opinion est insoutenable, et le sieur Ménard ne l'a jamais avancée, dans la *Plainte Apologétique* qu'il fit imprimer à Angers, en 1624, que pour défendre l'entreprise de messire Charles de Miron, évêque d'Angers, contre son chapitre, qui s'opposoit à ce que ledit seigneur évêque transférât le siège épiscopal de l'église de Saint-Maurice en celle de Saint-Pierre, et qui y alla le jeudy-saint consacrer le saint chresme. Mais le grand archidiacre, ayant refusé de l'assister, il l'excommunia, ce qui fit un grand scandale et un terrible schisme dans le diocèse d'Anjou, dont nous parlerons ailleurs.

Les preuves qu'apporte le sieur Ménard de son sentiment sont si foibles qu'elles se détruisent d'elles-mêmes (pages 121, 122, 138, 139, 140, 141, 142 et 143).

Par exemple, il se sert de ces deux raisons pour prouver que l'église de Saint-Pierre a été la cathédrale (page 139). La première, que ce fut en l'église Saint-Pierre que St Maurille ressuscita St René. La seconde, qu'on y voit encore la chaire qui servoit pour prescher à St Maurille et à ses successeurs jusques à St Aubin. A quoy il est facile de répondre, avec M. Eveillon : 1° que si toutes les églises où les saints ont fait des miracles étoient cathédrales, il y auroit bien des cathédrales au monde ; 2° qu'on ne trouve aucun titre où l'église de Saint-Pierre soit qualifiée de cathédrale ou de siège épiscopal ; 3° qu'il n'y a nulle apparance que la chaire que l'on conserve à Saint-Pierre ait servy pour prescher à S¹ Maurille, et que quand cela seroit, on n'en pourroit pas conclure que cette église fut la cathédrale, puisque les évêques ont droit de prescher partout dans leur diocèse, et qu'effectivement ils preschent en beaucoup d'autres endroits que leurs cathédrales.

Le sieur Ménard dit (page 140) que ce fut à la réquisition de Geoffroy Grisegonelle et d'Adèle son épouse, que Nefingus, évêque d'Angers, transporta les chanoines, qui étoient auparavant à Saint-Aubin, en l'église de Saint-Maurice, en y établissant son trône et son chapitre. Il est vray que Nefingus, évêque d'Angers, en 966, chassa les chanoines de Saint-Aubin, pour y mettre des religieux de S¹ Benoît, sous l'abbé Vilboldus, parceque, dit le titre, ces chanoines s'y comportoient mal ; mais il n'est point dit que l'évêque ait transporté les chanoines de Saint-Aubin à Saint-Maurice, et certes, il n'auroit pas fait par là un grand présent à sa cathédrale, de lui donner de pareils chanoines, qu'il étoit obligé de chasser de Saint-Aubin, à cause de leur mauvaise vie.

Il y a même un autre acte, passé entre les religieux de Saint-Aubin et l'église de Saint-Maurice, qui prouve invinciblement que l'église de Saint-Maurice étoit déjà la cathédrale, et que, de tems immémorial, les chanoines de Saint-Aubin avoient de certains privilèges dans l'église de Saint-Maurice, comme de prescher au jour des Rameaux, faire les sépultures des évêques d'Angers, commencer le chant, et faire l'office de chantre à Saint-Maurice ; et le titre de cet acte est *Charta Nefingi, Andecavorum episcopi, de privilegiis beati Albini, quae habet in ecclesia Sancti Mauricii.*

Or, si l'église de Saint-Aubin avoit été la cathédrale, ç'auroit été à l'église de Saint-Maurice à avoir des privilèges en l'église de Saint-Aubin, et non à Saint-Aubin à en avoir à Saint-Maurice.

Le sieur Ménard prétend encore que l'église de Saint-Maimbœuf a été la cathédrale, parceque ce saint l'ayant bâtie y choisit sa demeure et sa sépulture.

Il est vray que S¹ Maimbœuf fit bâtir une église et un monastère en l'honneur de S¹ Saturnin, et qu'il y mit des religieux pour avoir soin des pauvres.

C'étoit donc plutôt un hospital qu'une cathédrale. Quelques-uns ont eu plus de raison de dire que Saint-Pierre étoit la cathédrale, parceque S¹ Maimbœuf bâtit un hospital auprès, la coutume des évêques et de la primitive église étant de bâtir des hospitaux proche les cathédrales, afin que les fidèles pussent joindre l'aumône à la prière, les églises cathédrales étant des maisons d'oraisons. C'est ainsy que nous voyons les hospitaux de Tours, de Paris, d'Orléans, bâtis proche les cathédrales. Mais, outre que cette règle n'est pas universelle, c'est qu'il y a bien pu avoir quelque hostel-Dieu ou hospice pour les pauvres, dans le voisinage de Saint-Maurice, qui a été détruit depuis. Les Filles Dieu, qui furent établies pour avoir soin des pauvres, du tems de S¹ Louis, demeuroient constamment dans la cité, dans le lieu où est présentement la maison canoniale de M. Du Mesnil. Et le chantre Girard ne fit-il pas, dans le douzième siècle, bâtir un azile pour retirer les pauvres, dans le lieu où est présentement l'abbaye de Toussaint, dont il donna l'administration aux chanoines de la cathédrale ? L'auteur de la Vie de S¹ Maimbœuf dit qu'il habitoit souvent dans ce monastère, pour y vaquer avec plus de liberté et plus en secret à l'oraison, et qu'il y avoit choysi le lieu de sa sépulture.

Il n'est pas dit un seul mot, en cet endroit, de l'établissement de la cathédrale. Plusieurs grands évêques ont souvent, par humilité et par charité, choysi des hospitaux pour leur demeure; mais ils ne laissoient pas pour cela d'aller faire leurs fonctions épiscopales dans leurs églises cathédrales.

S'il est dit que S¹ Maimbœuf avoit choysi pour le lieu de sa sépulture l'église de Saint-Saturnin, on doit inférer qu'elle n'étoit pas la cathédrale ; car, dans le sixième siècle, où vivoit S¹ Maimbœuf, on enterroit encore personne dans les églises particulières, et encore moins dans les cathédrales, pas même les empereurs ny les souverains pontifes. Et on remarque, dans la Vie des évêques du Mans, comme une chose extraordinaire, que Geoffroy, comte du Mayne et d'Anjou, fut enterré le premier dans l'église de Saint-Julien ; et, dans la Vie des évêques d'Angers, qu'Ulger a été le premier qui a été enterré, non pas dans la cathédrale, mais à l'entrée du cloître de Saint-Maurice, dans le douzième siècle. De sorte que le sieur Ménard se trompe dans ce fait, aussi bien qu'en celuy où il avance que S¹ Lézin, ayant fait bâtir le monastère de Saint-Jean-Baptiste, maintenant appelé Saint-Julien, il y mit sa chaire épiscopale ou la cathédrale, et il apporte pour raison, et pour un argument muet, sa sépulture qui y est, et ses vêtemens épiscopaux que nous y voyons exposez à nos yeux, aux jours plus solennels de l'année. Mais il faut au contraire conclure que ce n'étoit point la cathédrale, parcequ'il étoit alors défendu d'enterrer qui que ce soit dans les villes. Les cymetières ou les catacombes des chrétiens étoient très distinguez et même séparez des églises cathédrales, à cause de la mauvaise odeur et de l'infection des corps ; et qu'au contraire, c'étoit un usage universel de bâtir les cathédrales dans les villes.

Ajoutez à toutes ces raisons que si les églises de Saint Pierre et de Saint-Maimbeuf avoient été quelquefois cathédrales, elles auroient retenu quelques privilèges, et des préséances pardessus les autres églises, dans les assemblées ; qu'elles auraient le pas dans les processions audessus des autres collégiales. Or, nous voyons tout au contraire : 1° que les églises collégiales de Saint-Laud et de Saint Martin ont la préséance et le pas audessus des églises de Saint-Jean-Baptiste, de Saint-Pierre et de Saint-Maimbeuf ; 2° elles auroient, sans doute retenu cette qualité dans les anciens titres ; 3° nos anciens historiens en feroient quelque mention, et, comme nous ne voyons aucun titre ny aucun historien qui en parle, c'est une marque évidente qu'elles n'ont jamais joui de ce privilège. De plus, si les chanoines de Saint-Maurille vont faire l'office et assister à la messe dans la cathédrale, le jour de la feste de de S¹ Maurille et de S¹ André, où ils tiennent la main gauche au chœur, ce n'est pas parceque les églises de Saint-Aubin ou de Saint-Maurille ont eu quelquefois l'honneur d'être le siège épiscopal des évêques d'Angers ; mais c'est par des transactions particulières, que les évêques ont faites, tant avec les chanoines de l'église collégiale de Saint-

Maurille, qu'avec les religieux de l'abbaye royale de Saint-Aubin, afin de rendre les offices des festes de la cathédrale cy-dessus nommées plus solennelles, par le concours des chanoines et des religieux de plusieurs églises avec les chanoines de la cathédrale, ainsy que nous dirons ailleurs, et ainsy qu'il se pratique dans les autres cathédrales du royaume, notamment en celle du Mans, où la veille de S. Julien, depuis le soir jusques au matin du lendemain, les ecclésiastiques des anciennes églises du Mans viennent en procession, les unes après les autres, à la cathédrale chanter, chacun un nocturne, depuis le soir de la veille jusques au lendemain matin ; ce qui se pratique encore aujourd'hui, depuis que le corps de St Julien a été transféré, en 1201, de la grande crypte de l'église de Saint-Pierre du Pré en celle de la cathédrale, qui changea alors son nom de la Sainte-Vierge et de Saint-Gervais en celuy de Saint-Julien (1).

---

(1) Chastelain. Martyrol. 27 janvier.

CHAPITRE X.

Des anciens bâtimens de l'église d'Angers et des differens accidens qui luy sont arrivés.

Il faut des siècles entiers pour bâtir des églises cathédrales aussi magnifiques qu'est celle d'Angers, qui n'a été achevée que dans l'espace de trois à quatre cents ans. Il n'y a que des empereurs ou des roys qui puissent entreprendre ces grandes basiliques, qui sont comme le centre de la religion de tout un diocèse.

Dans la primitive église, les évêques, ainsy que nous avons déjà dit, ne faisoient que des chapelles ou des oratoires, et encore dans des lieux écartez et souterrains, à cause de la persécution des infidèles ; en sorte qu'on peut leur appliquer ces vers du poëte, parlant des premiers temples des faux dieux, qui n'étant faits eux-mêmes que de briques ou d'argile, ne dédaignoient pas des temples de pareille matière, faits sans art, et qui n'ont été dorés que longtemps après :

> *Fictilibus crevere Diis haec aurea templa*
> *Nec fuit opprobrio facta sine arte casa.*

La première église cathédrale d'Angers, bâtie par Défensor, en l'honneur de Notre-Dame, et ensuite consacrée par St Martin sous l'invocation de St Maurice, ne subsista pas longtemps ; car nous apprenons de Grégoire de Tours (1), que Childéric, encore payen, père de Clovis I, roy chrétien, ayant pris la ville d'Angers sur le comte Paul, en fit brûler l'église et même la maison de l'évêque qui étoit proche (*Magno ea die incendio domus ecclesiæ concremata est*). Je sçay que, dans le langage des auteurs ecclésiastiques, surtout de Grégoire de Tours, ce mot *domus ecclesiæ*

---

(1) *Hist. Franc.* lib. II, cap. 18.

signifie la maison de l'évêque et non pas son église. Mais, comme les maisons des évêques étoient ordinairement adjacentes à leurs églises, il y a apparence que l'une n'a pas été brûlée sans l'autre, ce que ce mot *concremata est* signifie assez clairement, ce qui arriva, selon le P. Taraut, en l'an 473, selon Sigebert, en 480, et selon le P. Le Cointe, l'an 476.

On ne sçait point par qui l'église d'Angers fût rebâtie après cet embrasement. Il y a apparence qu'elle fut commencée par les soins d'Eustoche, évêque d'Angers, élu en l'an 500, après Fumère (1) et peut-être achevée par le zèle de S' Aubin, son successeur en 530.

Car si elle n'avoit pas été rebâtie et dotée en ce tems là, il est à croire que Clovis I, roy chrétien, qu'on croit être le fondateur de Saint-Serge, ou Childebert, qui fit construire, le vingtième de son règne, c'est-à-dire vers 530, l'abbaye de Saint-Germain d'Auxerre, qui porte aujourd'hui le nom de Saint-Aubin, auroient plutôt fait travailler à la construction de l'église cathédrale d'Angers, parce qu'elle étoit plus nécessaire qu'aucune autre, ou au moins, que l'une des deux églises de Saint-Serge ou de Saint-Aubin auroit servy de cathédrale, ce qui n'est pourtant pas véritable, comme nous l'avons fait voir dans le chapitre précédent.

Bourdigné, dans ses Chroniques d'Anjou (2ᵉ part., fol. 38), dit que quelques uns, se fondant sur une ancienne chronique, ont voulu dire qu'avant Pépin et Charlemagne, il y avoit, dans le lieu où est présentement la cathédrale, une église ou chapelle et même un monastère dédié en l'honneur de S' Maurice, où vivoient de certains moines, et même qu'il s'y faisoit des miracles dès le temps de l'empereur Zenon, qui vivoit vers l'an de N. S. 474; mais cela n'est point certain.

Ce que nous savons de vray est que la ville d'Angers a été plusieurs fois assiégée, prise, pillée, saccagée et brûlée, tantôt par les roys de France, tantôt par les roys d'Angleterre, quelquefois par les Bretons et souvent par les Danois ou Normands,

---

(1) Fumerius ou Eumerius.

qui étoient païens et idolastres; et ainsy il n'y a pas lieu de douter que l'église cathédrale n'ait eu le même sort que la ville, et que ce peuple infidèle, en haine de la religion, ne l'ait détruite ou brûlée. Il ne faut donc pas s'étonner de ce qu'il nous reste si peu d'actes qui nous parlent de nos anciens évêques, et de ce qui s'est passé de leur tems. Et c'est même une espèce de miracle qu'on ait pu conserver ceux de Pépin, de Charlemagne, de Louis le Débonnaire et de Charles le Chauve, si entiers que le P. Mabillon, en les voyant, dit en les baisant qu'il n'y en avoit point de plus beaux en aucune cathédrale du royaume, si ce n'est à Autun. Mais ces titres ne parlent que des privilèges accordez ou de quelques dons faits au chapitre d'Angers par ces empereurs, et non de sa fondation et de ses bâtiments.

En 1030, Hubert de Vendôme, évêque d'Angers, la fit rebâtir et la fit dédier, et convia plusieurs évêques d'assister à la cérémonie de la dédicace. L'évêque de Poitiers (1), s'excusa de s'y trouver. Sa lettre se trouve parmi celles de Fulbert.

Huit ans après, elle fut encore brûlée. On prétend que Foulques Nerra, comte d'Anjou, y mit le feu, pour faire brûler son épouse Elisabeth, qu'il soupçonnait de lui être infidèle. Mais cela ne peut être vray, quoique nos annalistes le disent, parce que le *Chronicon Andegavense*, tiré de Saint-Aubin, dit : *Prima incensio urbis Andecavi quæ evenit paucis diebus post combustionem comitissæ Elisabeth* (2).

---

(1) Isambert I.
(2) Labbe, *Nova bibliotheca*, t. I, p. 275.

CHAPITRE XI.

On examine si Charlemagne est fondateur de la cathédrale d'Angers, et s'il l'a fait bâtir.

Soit que la cathédrale d'Angers n'eut pas été rebâtie bien magnifiquement, après les incendies dont nous avons parlé, soit que l'ayant été, elle menaçât ruine, ou ne fut pas assez grande pour contenir tous les fidèles dont le nombre avoit beaucoup augmenté par la conversion de tout l'Anjou, nos annalistes, surtout Hiret, dans ses *Antiquitez* (pag. 66), assure que Pépin, maire du Palais, 23º roy de France, et 28º comte d'Anjou, commença à bâtir l'église de Saint-Maurice vers l'an 750. Et ils ajoutent que Charlemagne, son fils, 29º comte d'Anjou, acheva de la faire bâtir, son père ne l'ayant pu faire, étant prévenu par sa mort, qui arriva le 24 septembre 768. C'est une tradition constante de l'église d'Angers, que Charlemagne est son fondateur, et, dans tous les procès que le chapitre a eus, en différens siècles, contre ses évêques et autres personnes, au parlement et ailleurs, les chanoines ont toujours soutenu et fait soutenir dans leurs plaidoyers, que leur cathédrale avoit été bâtie et fondée par cet empereur. Mre René Choppin, fameux avocat du Parlement de Paris, dans son livre *De sacra politia*, le soutient comme une vérité constante, et l'infère d'un titre de cet empereur, daté de l'an II de son règne, c'est à dire de l'année 770, parlequel Charlemagne donne à l'église d'Angers le petit monastère de Saint-Etienne, hors et proche les murs de la ville, pour l'entretien du luminaire de la cathédrale ; mais il n'y est pas dit que Charlemagne l'ait fait bâtir. *Majus quippe Andium delubrum a Carolo Magno constructum fuisse constat*, dit Choppin. Il n'y en a aucun titre dans les archives du chapitre. Mais il suffit que cet empereur y ait fait des dons et accordé des privilèges, pour en être appelé le fondateur, ainsi que le reconnoit luy-même

Louis XIV, roy de France, dans l'énoncé de l'arrest rendu en son conseil privé, en 1665, en faveur du dit chapitre.

Mais, qu'oy qu'il n'y ait aucun acte pour prouver que Charlemagne a fait bâtir ce temple, il est assez vraisemblable que c'est par ses libéralitez et par sa magnificence qu'il a été construit, avec beaucoup de solidité et de beauté, ainsy que porte le titre de Hubert de Vendôme (*in antiquum soliditatis et pulchritudinis statum*), parce qu'il est constant que la piété de Charlemagne l'a porté à faire faire des églises magnifiques en plusieurs endroits du royaume, et notamment, en Anjou, l'abbaye de Saint-Florent le Vieux, dont il fit enrichir l'église de plusieurs colonnes de marbre, et la chapelle de Notre-Dame du Marilais, ainsy que nous verrons ailleurs.

Hiret nous assure que, du règne de Charlemagne, les Bretons se rebellèrent contre les François; que le roy vint à Angers pour donner ordre à cette révolte; qu'il y amena la reyne Armenias (Il se trompe, c'est Hildegarde); et que ce fut en ce tems-là que le roy et la reyne firent achever l'église de Saint-Maurice et bâtir l'abbaye de Saint-Florent, sur la rivière de Loyre.

Dupleix et Sainte-Marthe disent que les Bretons se révoltèrent en 786, et que Charlemagne n'envoya contre eux que Andulphe, son grand maître d'hôtel, pour les réduire à leur devoir.

Un auteur, dont M. Pithou a publié l'histoire, dit qu'environ l'an 800, Charlemagne ayant fait une revue des côtes de l'Océan gaulois et y ayant mis des garnisons, il s'envint à Tours visiter le tombeau de St Martin, à l'église duquel il fit de très grands dons des terres et des seigneuries qui sont en Anjou. Et ce fut peut-être à son passage par Angers, qu'il en fit bâtir et parachever l'église.

Quoy qu'il en soit, le chapitre d'Angers s'est senti si redevable à cet empereur, qu'il l'a toujours regardé comme son fondateur, et a fait incrire, dans sa kalende ou son martyrologe, le décès de la reyne Hildegarde, sa femme, arrivé le 30 avril 784, afin qu'elle participât, en qualité de sa bienfaitrice, aux prières de l'église d'Angers.

CHAPITRE XII.

L'église de Saint-Maurice est rebâtie par Hubert de Vendôme, et, peu de temps après, brûlée, et ensuite recommencée, et peu à peu achevée. Énumération de toutes ses différentes parties.

Nous avons déjà dit que l'église d'Angers, que nous supposons avoir été bâtie par Charlemagne, vers l'année 772 ou 780, ayant souffert divers embrasemens et tombant en ruine de vétusté, Hubert de Vendôme, évêque d'Angers, aydé des libéralités de son père, le vicomte de Vendôme, et de sa mère Emine (1), entreprit de la faire rebâtir aussi belle et aussi solide qu'elle avoit été dans les siècles passés, et il y a apparence qu'il entreprit cet ouvrage, si digne de la piété d'un grand évêque, dès le commencement de son pontificat, qui fut en l'année 1010. Car l'église étant achevée et en état d'être dédiée en 1030, c'est peu que vingt ans pour venir à bout d'un pareil ouvrage, et encore fallut-il bien se hâter. Mais ce prélat n'eut pas longtems la consolation de jouir du fruit de ses travaux; car, si nous en croyons la Chronique de Maillezais ou de Saint-Maixent, le premier jour d'octobre de l'année 1036, il y eut embrasement si universel dans la ville d'Angers, que l'église matrice, c'est-à-dire la cathédrale, fut consommée par le feu, aussi bien que toutes les maisons qui étoient dans l'enceinte de la cité. On ne sait pas par qui ensuite l'église de Saint-Maurice fut rebâtie, si ce ne fut par le même Hubert de Vendôme, qui vécut encore onze ans après cet incendie; car il ne mourut qu'en l'année 1047, ayant été évêque trente-sept ans.

Comme il étoit riche, homme de qualité et zélé, il put au moins recommencer cette basilique en se servant des fonde-

---

(1) Hamelina.

mens et des murailles qui avaient demeuré, et laisser le reste à achever au zèle et à la piété des évêques, des comtes et des peuples d'Anjou ; car elle fut longtems sans croisées, sans chœur, sans voûte et sans vitres.

Quoy qu'il en soit, il est assez probable qu'elle fut réédifiée peu de tems après, de la même grandeur et de la même structure que nous la voyons aujourd'huy, c'est-à-dire de 46 toises de longueur de dedans en dedans sans la gallerie, sur huit toises de largeur, montant à treize toises de hauteur, depuis le pavé jusques au haut de la voûte sur le chœur.

Nous apprenons de l'Eloge de Normand de Doué, évêque d'Angers, qui mourut l'an 1153, qu'avant son pontificat elle n'étoit encore lambrissée que de bois, et que ce lambris étant pourri, ce prélat commença à la faire voûter de pierres et y dépensa 800 livres.

La calende de l'église d'Angers dit qu'un de ses chanoines, nommé Hugues de Semblancé, qui vivoit du tems d'Ulger, prédécesseur de Normand de Doué, fit faire toutes les vitres de la nef, excepté trois, qui sont d'un ouvrage et d'un dessin merveilleux.

Mais alors l'église ne contenoit que ce qui en fait aujourd'hui la nef, et l'ancien chœur, avec la voûte, sur lequel est le petit clocher. Les deux croisées d'à côté, où sont les chapelles des chevaliers et des évêques, n'ont été faites que sur la fin du XIIe siècle, et le chevet où est présentement le chœur n'a été bâti que sur la fin du XIIIe.

Ces mots *Nobile cœpit opus*, qu'on lit dans l'épitaphe de Raoul de Beaumont, qui tint le siège depuis l'an 1178 jusques en l'an 1198, nous font croire qu'il fut le premier évêque qui commença le chœur et les deux ailes.

Guillaume de Beaumont, son neveu et son successeur dans l'évêché d'Angers, donna, en l'an 1236, une portion de son palais épiscopal, pour faire la croisée de la chapelle des évêques, où est enterré le bienheureux Michel, semblable à celle des chevaliers, qui fut faite la première, mais à condition que le chapitre seroit tenu de luy faire faire à ses dépens un escalier et une porte pour entrer de l'évêché dans la cathédrale, et d'entretenir ce qui resteroit du palais épiscopal. Ce prélat contribua aussi beaucoup de son fonds à un si grand ouvrage, si nous en croyons son Eloge.

Ce fut par les soins d'Etienne d'Azaire, chanoine et fabriqueur de la dite église, que cet ouvrage fut conduit et achevé. Il mourut le premier octobre 1249. Le chapitre, en reconnoissance de ses services et de ses libéralitez, luy a fait faire un bel éloge qui est écrit sur ses registres.

Charles, comte d'Anjou, accorda au chapitre, en l'année 1264, permission de prendre une rue remplie d'ordures, qui étoit alors entre l'église de Sainte-Croix et la cathédrale (*multis sordibus obrutum*) pour amplifier et augmenter l'église Saint-Maurice, et c'est dans cette rue qu'on a allongé la dite église et bâty le chevet, et qu'on a accru le cymetière des paroisses de Sainte-Croix et de Saint-Maurice. Il y a grande apparence que la sacristie a été faite avec le chevet de l'église, et que l'on bâtit le chapitre en même tems que la chapelle des chevaliers.

Feu messire René Breslay, autrefois chanoine et grand archidiacre de l'église d'Angers, aumônier du roy, puis évêque de Troyes, fit faire les autels de la chapelle des évêques. Son nepveu, Etienne Renaut, chanoine, les fit dorer, et messire Henri Arnauld, évêque d'Angers, les consacra le 19 juin 1651.

Le vestibule ou galerie qui est devant l'église a été fait du tems de Foulques de Mathefelon, qui a été trente-deux ans évêque d'Angers, et qui fut élu en 1323. Il a douze toises de longueur sur quatre de largeur. On y a bâti, à main droite, une petite chapelle dédiée en l'honneur de Notre-Dame de Mont Joye. On y voit un tableau où Notre Seigneur est représenté dans son apparition à la sainte Vierge, après sa résurrection. Ce vestibule servoit autrefois à l'official de l'évêque ou du chapitre, qui y avoit sa chaire et y tenoit sa juridiction. Il servoit aussi, selon M. Artaud, à mettre les pénitents qui étoient dans les pleurs ; car il nous assure que, de son tems et au commencement du dernier siècle, on observoit encore, dans l'église d'Angers, l'ancienne coutume de la primitive église pour la pénitence publique ; en sorte qu'au commencement du Carême, les pénitens publics étoient sous ce vestibule, n'osant entrer dans l'église pour assister aux divins mystères, et que le Jeudy-Saint, l'évêque leur donnait l'absolution dans l'église. Mais, parce que les coupables des plus grands crimes ne se présentoient pas pour demander la pénitence publique, et qu'il n'y avoit que quelques pauvres femmes de la campagne qui par malheur avoient étouffé leurs enfants qu'elles avoient mis à coucher avec elles, avant qu'ils eussent un an, cette coutume a été abrogée.

On doit à la libéralité de Guillaume Fournier, trésorier et chanoine de l'église d'Angers, le parvis, autrefois pavé de pierres de taille, qui est devant l'église, dans lequel il avoit fait bâtir une chapelle, environ l'an 1469, où il fut enterré ; on y voyoit autrefois une chaire de pierre en saillie sur le parvis, attachée au mur de cette chapelle, qui servoit pour prescher le peuple, aux grandes solennitez.

Mais le chapitre ayant reçu diverses plaintes, qu'on commettoit beaucoup d'impuretez et d'ordures dans cette chapelle, qu'on ne pouvoit aisément tenir fermée, il la fit abattre en l'année 1683, et fit transporter décemment les ossements de Guillaume Fournier dans une châsse de bois, dans l'église, sous le degré par lequel on va à la bibliothèque, et on fit un service solemnel à la cathédrale, à cette translation, pour le repos de l'âme de cet insigne bienfaiteur.

Comme ce pavé du parvis de pierre de taille étoit ruiné, la même année 1683, le chapitre le fit refaire de pierres de grison, en la forme qu'on le voit présentement. En même temps l'église cathédrale fut aussi pavée de grandes pierres de taille, tout à neuf. M⁰ Jean Guérin, chanoine, donna 600 livres au chapitre pour ayder à faire cette réparation, qui coûta près de dix mille livres.

Les trois clochers de Saint-Maurice n'étoient anciennement couverts que de charpente et d'ardoise, comme il paroit par leur figure qui est peinte au grand tableau qu'on voit au tombeau du roy René de Sicile, où est une mort couronnée, à côté du grand autel de la cathédrale. Mais ayant été brulez, le samedy

18 octobre 1533, par la faute des valets du sécrétain, ils furent refaits avec la tour du milieu, en 1540, par la libéralité de François de Châteaubriant, doyen de ladite église, qui est enterré dans la nef, proche le lieu où étoit l'autel de Notre-Dame, sous une tombe de cuivre, et a une épitaphe attachée contre la muraille.

Cet incendie brûla entièrement la charpente et le clocher gauche, avec une partie de la charpente du clocher droit, et fit fondre les cloches nommées Marie, Renée, Pucelle, les ordinaires, Fouquet et Robert, et brûla toute la couverture de la nef. Le lendemain, on fit le service aux Jacobins, où on le fit aussi quand les hérétiques se rendirent maîtres de l'église d'Angers, le 16 octobre 1562.

Les trois clochers de l'église d'Angers, dont deux sont en pyramide, et celuy du milieu en forme de tour, passent pour une merveille de l'art, car celuy du milieu, étant appuyé sur les fondemens des deux autres, qui sont plus étroits par le bas que par le haut, au sortir de terre et sur deux arcades, l'une d'un grand vitrail et l'autre du portail de l'église, semblent être comme suspendus en l'air ; aussi plusieurs étrangers les appellent dans leurs itinéraires « trois tours en l'air. » Sur le frontispice de ces trois clochers sont les images de S¹ Maurice et de sept de ses compagnons, Exupère, Candide, Victor, Innocent, Vital, etc., en relief, avec ces paroles gravées au dessus : *Da pacem, Domine, in diebus nostris; dissipa gentes quæ bella volunt.* 1540.

Il y a dans ces clochers quatre grosses cloches qui se sonnent en les foulant avec les pieds, sçavoir : Guillaume, qui fut fondue du tems de Guillaume Ruzé, évêque d'Angers ; Innocente, Maurice et Andrée. Il y a aussi deux ordinaires, nommées Maurille et Renée, qui se sonnent avec des cordes. Il y a de plus Adam, qu'on appelle le Petit-Saint, et deux échilettes. Dans la tour du milieu est l'horloge qui est une fort belle pièce ; en sorte que la sonnerie de l'église de Saint-Maurice est une des plus belles de France, et on ne peut rien entendre de plus harmonieux ny de mieux concerté, quand toutes ces cloches sonnent ensemble aux grandes solemnitez.

Description de l'église d'Angers telle qu'elle étoit avant le changement du grand autel, fait, en 1699, par Messire Michel Le Pelletier, évêque d'Angers.

LES ORGUES.

Il y avoit depuis longtems, sur le portail de l'église d'Angers, au bas de la nef, d'anciennes orgues, qui furent réparées le 13 novembre 1442, et le marché fut fait, pour les entretenir jusques à trente ans, à trois livres onze sols par an.

Mais, ces orgues n'étant pas assez magnifiques, la reine Anne de Bretagne envoya Ponthus Jousseaulme, excellent facteur d'orgues, qui avoit fait faire celles de Notre-Dame de Clery et de Saint-Sauveur de Blois, pour faire les grandes orgues à Angers. On fit marché avec luy, le 5 juillet 1511, à un pain de chapitre tous les jours, et 450 écus d'or et son logement, et ce pour la façon seulement, le chapitre fournissant de toutes matières. On acheta 1093 livres d'étain à 18 livres le cent, qui se monte en tout à 196 livres 14 sols 9 deniers.

Le 15 décembre 1511, Olivier Barrault, donna les deux piliers qui supportent les deux buffets des pédales.

La menuiserie en fut marchandée 400 livres, le 8 aout 1511.

La toile et la peinture des rideaux de la grande orgue ont coûté 21 livres 14 sols, le cinquième avril 1513.

LA NEF.

Du côté droit de la nef de l'église est, en entrant, la porte de la paroisse Saint-Maurice; un peu audelà, est l'autel de Saint-André, qui a servy autrefois d'autel de paroisse, et, entre cette porte et l'autel, est un ouvrage de menuiserie au bout duquel il y a un porte-livres et des fenestres; sur ledit ouvrage il y a plusieurs figures représentées, dans les panneaux duquel est au plus haut une Vierge peinte qui a sur ses genoux un enfant qui se tire une épine du pied ; il y a au second une figure d'un saint abbé qui présente à la Vierge un abbé en chape, peint en adorateur ; aux troisième et quatrième panneaux, est l'image de sainte Catherine.

Derrière l'autel Saint-André, il y a un tombeau simple, élevé, qu'on encense aux O O (1) pendant l'Avent. Au pied de ce tombeau, est une petite porte pour aller dans les cloîtres ; puis l'on voit, sous une arcade, le tombeau d'Ulger, évêque d'Angers, qui est le premier qui ait été enterré dans l'église, et qui mourut en l'année 1148. Sa figure est émaillée sur du cuivre, avec une mitre en forme de bonnet carré, et une chasuble ronde à l'antique retroussée par dessus les bras. Derrière son tombeau est la chapelle de Job, où on entre par les cloîtres. Au bout du dit tombeau, est l'autel de Saint-Mathurin ; c'est Mathurin de Brie, de la maison de Serrant, qui l'a fait faire ; il fit réformer l'arcade où est le tombeau d'Ulger, pour la faire de même ordre d'architecture que le dit autel de Saint-Mathurin.

Au delà du pilier, se trouve la porte de la chapelle Saint-Jean, bâtie sous Louis XI, par le même architecte qui a bâti celle de Béhuard. L'on ne sait pas certainement le nom du chanoine qui l'a fait faire ; peut-être qu'il s'est fait peindre dans le vitrail d'icelle, où sont ses armes « d'argent à la bande d'azur chargée de trois merlettes d'or, » qui est le blason des armes de la maison Du Mortier du Mesnil. Et par les conclusions du chapitre, il paroit que, le 20 mars 1500, Jean du Mesnil fut reçu à la prébende de Jean de Beauvau ; mais il la résigna à Mre Guy Pierres le Jeune, l'année suivante. Il fut reçu le 3 janvier 1501. Il n'y a guère d'apparence qu'il ait fait faire cette chapelle en si peu de tems, à moins qu'il ait donné un fonds pour la bâtir, après qu'il eut quitté sa prébende. Il y a dans cette chapelle d'excellens tableaux, de la main de Poussin, peintre italien (2), qui ont été donnez et apportez d'Italie par Jean de la Barre, tréso-

---

(1) On désigne ainsi des Antiennes qui commencent par la lettre O. (A. L.)
(2) Nicolas Poussin, était né, comme on sait, près de la petite ville des Andelys, dans l'Eure. (A. L.)

rier de l'église d'Angers, dont l'un représente un christ portant sa croix, avec une Vierge et un saint Jean. Le christ a été biffé et ratissé à coups de couteau par un envieux à qui on ne voulut point le vendre. Dans l'autre, est peint un saint Maurice qui présente à Jésus-Christ le dit Jean de la Barre. Ce dernier y a été mis depuis peu, et il étoit à celui des autels de la chapelle des évêques qui étoit le plus proche du chœur. Le chiffre de 1656, qui est au dessus de l'autel de la chapelle de Saint-Jean, y a été mis quand elle fut blanchie et tirée à parpain.

Au bout de la nef, du côté droit, il y avoit un autel de la Vierge, qui faisoit face dans la nef, où le sous-sacriste, tous les jours, à la fin du petit-seing du matin, disoit la sainte messe. L'image de la Vierge qui étoit sur cet autel a été donnée au Bon-Pasteur.

Du côté gauche de la nef, il y avoit un bénitier de fonte que les curés de Saint-Maurice doivent entretenir d'eau bénite, et pour y avoir manqué, ils ont été plusieurs fois condamnez à l'amende. Auprès du dit bénitier, est un pareil tombeau qu'on encense aussi aux O O (1) pendant l'Avent; puis il y a, tout proche, la Chapelle Sainte-Anne, qui est contigue à l'église, bâtie par Hugues Fresneau en l'an 1456, et est enterré sous cette tombe élevée qui joint la marche de l'autel. Au haut de la voûte de cette chapelle, l'on voit les armes de M. Hardouin de Bueil. Et en 1583, au mois de septembre, le concile provincial de Tours y fut achevé. Le lieu où est cette chapelle étoit autrefois un appentis où logeoit le sécretain. A côté de cette chapelle, il y a dans la nef l'autel de la Circoncision, et derrière cet autel est une porte qui ouvroit sur le parterre de l'évêché, par laquelle la grosse cloche, nommée Guillaume, ayant été fondue dans ce parterre, entra dans l'église. Ensuite est l'autel de Saint-Gatien et de Saint-Maur, derrière lequel l'on voit deux tombeaux sous une arcade, l'un de Raoul de Beaumont, évêque d'Angers, qui est le plus près de la muraille, à côté duquel est le tombeau de

---

(1) Voy. la note (1), page 55.

Hugues Odard, aussi évêque d'Angers, où l'on voit sa figure en relief, de marbre blanc.

Au pied de ces tombeaux, est l'autel de Saint-Séréné, et à côté duquel il y a, dans une lame de cuivre, une longue épitaphe qui porte que Jacques de Mandon, chanoine et curé, a fait bâtir cet autel, et y a fondé tous les jours une messe, et deux le dimanche, le 25 novembre 1555. Il y avoit fait poser un bénitier pour y faire l'aspersion après le *Subvenite* qu'on y doit chanter; le bénitier n'y est plus.

Cet autel joint et aboutit au pilier où est attachée la chaire pour prescher. Au bout de la nef, du même côté, il y avoit aussi l'autel de Saint-Luc, faisant face dans la nef, où, pendant le tems de l'Avent et du Carême, M. le curé de la paroisse de Saint-Maurice, après matines du chœur, vers les sept heures, disoit sa messe paroissiale, tous les dimanches seulement, où les paroissiens assistoient, pendant laquelle un religieux Jacobin preschoit, ce qui servoit de prône.

A côté du dit autel, proche le mur, étoit un troisième tombeau, simple et élevé, pareil aux deux autres et qu'on encense pareillement aux O O (1). Il a été rompu dans ce changement icy, et on y a trouvé des ossements et une chasuble couleur violette. On n'a encore pu savoir de qui sont ces trois tombeaux.

Ces sept autels qui étoient dans la nef servoient de stations pendant la quinzaine de Pâques, afin de gagner les indulgences accordées par notre Saint-Père le pape, à ceux de la Confrairie de Saint-René, fort célèbre dans l'église d'Angers.

Au bout de la nef, au dessus des autels de la Sainte-Vierge et de Saint-Luc, étoit le Jubé, où l'on chantoit les épîtres et les évangiles et répons. Sur le jubé, vers la nef, étoit le crucifix, qui étoit de bois couvert d'argent, de la longueur de six pieds, que Michel Grolleau donna le 3 décembre 1460. Il y avoit un diadème d'argent sur la teste du Crucifix, pesant quatre marcs, que le doyen de la Vignolle donna le pénultième juillet 1483. Sous le crucifix, le curé de la paroisse Saint-Maurice devoit

---

(1) Voy. la note (1), page 55.

tenir trois cierges allumez à toutes les stations que fesoit le chœur dans la nef. Cela fut ordonné par une conclusion du chapitre, le 9 septembre 1467. Guillaume Fouquet de la Varenne, évêque d'Angers, étoit enterré sous le crucifix, sous une tombe plate de marbre noir.

Entre les autels de la Vierge et de Saint-Luc, étoit la porte du chœur, par laquelle les chanoines seuls, avoient la permission d'entrer pendant les grands offices ; et, à côté des dits autels, il y avoit deux petites portes de fer, l'une à côté de l'autel de la Sainte Vierge, par laquelle on entroit dans la Chapelle des chevaliers, et l'autre porte à côté de l'autel de Saint-Luc, par laquelle on entroit dans la Chapelle des évêques. Au dessus de cette petite porte, il y avoit le petit orgue qu'on touchoit les samedis et les dimanches ordinaires et aux grandes festes, où le petit chœur de musique chantoit. Cet orgue tenoit au pilier qui sépare la nef d'avec la chapelle des évêques. A côté de cet orgue, il y avoit dans la nef une tour de bois dans laquelle étoit autrefois une horloge qui servoit à régler les heures du chœur. Elle a été vendue depuis quelque tems. Le sacristain a couché longtemps sous ce petit orgue, au dessous de la soufflerie qui, après que la dite horloge fut vendue, fut transportée dans cette tour.

LES DEUX AILES.

Le chapitre a fait bâtir les deux ailes de l'église. Elles furent commencées l'an 1236, et achevées avec les chaises du chœur, l'an 1240, par la conduite du dit D'Azaire. Guillaume de Beaumont, évêque d'Angers, donna une petite portion de son palais épiscopal, pour bâtir l'aile qu'on appelle la Chapelle des évêques. Dans la transaction, il est dit que le Chapitre seroit tenu de lay faire faire, aux dépens de la fabrique, un degré et une porte, pour aller de l'église en son palais épiscopal, et d'appuyer et faire subsister ce qui resteroit de son palais.

Dans la chapelle des évêques, il y a trois magnifiques autels bâtis de nouveau par M⁹ʳ René de Breslay, évêque de Troyes ; le premier proche l'évêché est de Saint-Étienne ; celuy du milieu, de Saint-Sébastien, et le troisième de Saint-Nicolas.

Le 31 mars 1451, l'évêque d'Orange consacra ces autels nouvellement bâtis, et qui fut leur première institution.

Plusieurs évêques sont enterrés dans la dite chapelle, où l'on voit leurs tombeaux. Le bienheureux Jean Michel est sous le tombeau élevé et grillé. Au dessus, celuy de Jean de Beauvau est contre le mur du côté de l'évêché. Joignant l'autel qui est le plus proche de l'évêché, est un petit caveau ou enfeu de feu M⁹ʳ Hardouin de Bueil, qui a été ouvert quand on a bâti les autels, et l'on trouva le corps de ce prélat revêtu de ses ornemens pontificaux, étendu sur une grille de fer, et sur cette cave, il y avoit une châsse de bois qu'on ôta quand on fit cet autel. Auprès de celuy de M. de Beauvau, est celuy de M⁹ʳ Gabriel Bouvery. Puis, au bas du degré, est celuy de M. Henry Arnault, proche le superbe tombeau de M. Claude de Rueil, où se voit sa figure en marbre blanc très artistement travaillée après le naturel, avec son tableau en plate peinture, au milieu de cinq tableaux, ceux de ses deux oncles, Guillaume Ruzé, son prédécesseur, et Martin les Ruzé. Puis, suit celuy de Jean Olivier, qui est au milieu, et le plus beau des trois pour son architecture, étant enrichi de plusieurs antiques têtes de mort couronnées, tant des plus fameux et illustres hommes que femmes de l'antiquité, avec une infinité de sçavantes inscriptions, tant latines que grecques, dont il y en a plusieurs en des rouleaux entortillez, portés par des anges, au fronton du dit tombeau ; dans le deuxième de ces rouleaux sont trois lettres majuscules D. M. S., lesquelles on explique de cette sorte *Diis manibus salutem*, et dans les deux autres V. S. F., *Ut salvus fiam*. Puis se voit le tombeau de Jean de Rely, qui est de marbre noir, sur le bord duquel se lit son épitaphe en lettres gothiques. Au haut de ce mausolée, se voit une image de S⁹ Martin à cheval, marque de la dévotion qu'il avoit à ce saint, pour avoir été doyen de Saint-Martin de Tours, aussi bien qu'à S⁹ Paul, par lequel il est présenté à un Christ portant sa croix, dans un tableau où il est peint à genoux, avec un aumonier derrière luy, aussi à genoux, portant une aumusse noire, et une mort qui le darde par derrière.

Dans la chapelle des chevaliers, qui est l'aile droite, il y a quatre autels : l'un de Saint-Louis, bâti par René Haures, archidiacre de l'église d'Angers ; le deuxième de Sainte-Catherine, bâty par un de la Barre ; le troisième, de l'Annonciation, bâty par Jean de Breillerons, gentilhomme breton et chanoine d'Angers ; le quatrième est de la Compassion de la Vierge, bâty par Jean Du Marc, doyen de l'église d'Angers, qui, étant mort, après avoir été nommé à l'évêché de Dol avant sa consécration, fut mis dans le mausolée qui est dans la dite chapelle, où se voit sa figure après le naturel, ayant la mitre à ses pieds et sur la teste. Il étoit encore représenté en bronze à côté du dit autel. La chapelle étoit ceinte d'un ouvrage de cuivre bien travaillé, qui a été détruit et vendu la somme de huit cents livres, dans ce changement icy, en 1699.

A côté de la dite chapelle, sous la rose du vitrail, est un autel qui fut autrefois de Saint-Thibault, et a été changé en l'autel de Saint-Maurice, dans l'institution de l'ordre des chevaliers du croissant par René, roy de Sicile et de Jérusalem et duc d'Anjou. Sur ledit autel, est une figure de Saint-Maurice armée, autour du bouclier de laquelle se lit, tout au long, l'oraison du commun des martyrs *Præsta quæsumus*, et où est inséré le nom de S. Maurice. A côté du dit autel, est la porte du Chapitre, à côté de laquelle se voit un ouvrage de menuiserie où sont peints les globes célestes, avec plusieurs inscriptions ; de plus il y est point un docteur revêtu de sa robe de cérémonie, rouge et fourrée. Puis, suit la porte à sortir dans les cloîtres ; ensuite les degrés à monter dans la galerie et ancienne bibliothèque qui fut faite l'an 1438, qui contenoit tout le côté proche la Chapelle des Chevaliers ; mais on en a ôté une moitié pour en faire un cabinet, au logis canonial de Saint-Jacques, et l'autre moitié est démeurée, et on y monte par le même degré qui est dans la Chapelle des Chevaliers, sous lequel ont été transportés les ossemens de Guillaume Fournier, trésorier et chanoine de l'église d'Angers, qui avoit été enterré dans une chapelle qui étoit dans le parvis, devant l'église, laquelle il avoit fait faire avec le parvis de pierres qui étoit aussi au devant de l'église, où il y avoit une chaire de prédicateur, l'an 1469.

LE CHŒUR.

En entrant dans l'église, vous voyez le chœur, qui étoit au bout de la nef et au milieu des deux ailes dont il faisoit la séparation, et empeschoit de voir le grand autel, lorsqu'on étoit dans la nef; le dit chœur étoit de bois. Il y avoit de chaque coté deux rangs de formes, autrement stalles. Guillaume de Beaumont en fit faire la menuiserie avec les chaises, qui furent achevées l'an 1240, l'année de son décès, par la conduite du dit Dazaire.

L'aigle qui étoit dans le chœur fut achetée 230 livres royaux, le 3 juillet 1434. Au pied de l'aigle, vers le milieu du chœur, le dit Guillaume de Beaumont, évêque d'Angers, fut enterré, l'an 1240; où l'on voyoit sa figure en relief, de cuivre et son épitaphe tout à l'entour. Mʳ Michel Le Pelletier, à présent évêque d'Angers, dans ce changement, fit ouvrir son tombeau, qui est un enfeu; mais on y a rien trouvé.

Au pied de ce tombeau, est celuy de Nicolas Gealant, aussi évêque d'Angers, couvert d'une tombe de cuivre plate, où l'on voyoit sa figure, avec son épitaphe tout à l'entour. L'on tient que Guillaume Le Maire, son successeur immédiat et qui avoit été son pénitencier, y fut aussi enterré, proche le dit Nicolas; d'autres croyent qu'il gist à Morannes. On a aussi, dans ce changement, ouvert le tombeau dudit Nicolas Gealant; on y a trouvé des ossemens, sa mitre blanche, qui étoit celle avec laquelle il avoit été consacré, sa crosse de bois couverte de cuivre, une patène, un calice de plomb dans lequel on avoit mis du vin, et, sur la patène, du pain; mais le pain et le vin étoient consommez, et il n'en est resté aucune marque; on a encore trouvé, au-dessus de sa teste, une lampe de verre avec une mèche; l'huile étoit toute consommée. Tout cela étoit en terre depuis l'année 1290, que le dit Nicolas Gealant mourut, c'est à dire, depuis 400 ans.

Le cœur de Louis premier, roy de Jérusalem et de Sicile, duc d'Anjou et de Touraine et comte du Mayne, qui étoit décédé le 20 septembre, en la ville de Saint-Nicolas-de-Bar, fut enterré au chœur de l'église d'Angers, l'an 1384. Ses entrailles avoient été mises dans l'église de Saint-Martin de Tours. Le cœur étoit dans une boîte d'argent, enfermée dans une autre boîte de cyprès, qui étoit dans un cercueil de plomb. Les pompes funèbres furent si magnifiques, tant pour le luminaire que pour les tentures, qu'on ne croit pas qu'il y en ait eu jamais de semblables à Angers. Au bout des chaises du chœur, du coté droit proche la sacristie, étoit le trône de M⁰ᵉ l'évêque d'Angers, dans lequel il y avoit trois chaises, l'une pour le seigneur évêque, et les deux autres pour un chanoine député du Chapitre, et le grand pénitencier, qui l'assistent quand il officie pontificalement, lequel pénitencier lui oste et met sa mitre sur la teste.

Guillaume Fouquet de La Varanne, évêque d'Angers, a fait faire ce trône, vis à vis duquel il y avoit un buffet dans lequel on serroit les livres du chœur.

Autour du chœur il y avoit une tapisserie représentant la vie de Saint Maurice, laquelle fut faite l'an 1459. Hugues Fresneau donna deux cents écus pour la payer; il en fallut encore quarante. Au-dessus de la menuiserie, tout autour du chœur, on allumoit vingt-six cierges aux festes de Saint Maurice et de la Dédicace. Dans la dite église, il y avoit un des plus beaux luminaires de France, et on mettoit autant de cierges dans un rateau, qu'il y avoit d'années que l'évêque avoit pris possession de l'évêché.

Le chœur étoit fermé par le haut, du coté du grand autel, avec des grilles de fer, et la porte étoit aussi de fer, par laquelle entroient tous les chapelains.

LE CHEVET DE L'ÉGLISE.

A la sortie du chœur, devant le grand autel, il y avoit un pilier de marbre blanc, sur lequel étoit une petite torche dans laquelle tous les ans, à la feste de Pâques, l'on représentoit une histoire de la Bible, en figures de cire semblables à celles du Grand Sacre, et audessus de cette torche l'on mettoit le cierge pascal.

Au pied de ce pilier étoit un tombeau de marbre noir, dans lequel fut inhumée Marie de Bretagne, femme de Louis Ier, roy de Sicile et de Jérusalem, duc d'Anjou, laquelle mourut l'an 1404.

Un peu plus loin étoit le grand autel, tout au milieu du chevet, aux cotés duquel il y avoit des siéges de bois, et entre autres, du coté de l'Epitre, il y avoit trois chaises distinctes, pour le célèbrant, ses diacre et sous-diacre. Il y avoit encore, de chaque costé de l'autel, quatre angelots de cuivre, élevez sur des colonnes de cuivre ; ces angelots coûtèrent 120 livres, le 2 décembre 1408, et furent faits à Paris. Ils tenoient chacun un chandelier dans la main et un cierge dedans. Sur le grand autel, du coté de l'Evangile, il y avoit une image de la Vierge, d'argent doré. Le doyen de la Vignolle légua 300 écus d'or pour la faire, et parceque cette somme ne suffisoit pas, il donna de plus cent écus, et a requis que, pour ces cent écus de plus, on chante un *Regina cœli*, après complies, avec l'oraison, ce qui a été ainsy arresté le 22 juillet 1482. Sur le coté de l'Epitre, il y avoit une image d'argent de Saint Maurice, qui fut faite de la lampe d'argent qu'avoit donnée Fournier, le 30 Aoust 1507. Elle devoit peser 50 marcs. Il en coûta deux écus et demy de façon, par chaque marc. L'image fut faite à Tours par Hansmagolt Gernedins (?), et livrée au chapitre, le 21 mars 1510 ; elle pèse 64 marcs 7 onces 6 gros et demy, et revient à 569 livres 16 sols 2 deniers de façon.

Tout au haut, au milieu et au haut du grand autel, étoit une châsse de Saint Maurille, très précieuse et très magnifique, de huit pieds de long, soutenue par quatre piliers de cuivre, de dix pieds de haut, et un piédestal, qui y fut posée du tems de M. de Beauvau, évêque d'Angers. Au travers de cette châsse étoit une vergette de fer-blanc doré, au bout de laquelle, en façon d'une crosse, étoit suspendu le Saint Cyboire, dans lequel étoit le Saint-Sacrement, qu'un ange d'argent doré tenoit entre ses mains, avancé sur l'autel d'environ deux pieds ; laquelle custode fut donnée par René de la Barre, le 30 mars 1497; elle pèse six marcs cinq onces, et l'ange qui la porte pèse aussi six marcs. Olivier Le Prince, chantre, donna 100 livres pour aider à la faire, le 3 septembre 1475.

Dans le fond de l'autel, à chaque coté de la châsse Saint-Maurille, étoit un cierge; puis les deux figures cy-dessus, et ensuite quatre autres cierges.

Au dessus de l'autel, il y avoit un dais où est représenté le Père éternel avec les quatre évangélistes, entouré d'un tour de velours vert, avec sa crespine aux armes du chapitre et du roy, soutenu par des cordes qui pendoient de la voûte. Au devant de l'autel, étoit aussi suspendu un chandelier d'argent à six branches, donné par Guillaume Fournier, pesant trente quatre marcs, des branches duquel on fit faire de petits bassins pour mettre des cierges, le 16 janvier 1487. Il y avoit d'ordinaire six bassins suspendus avec des cierges, et, aux festes principales, on attachoit encore quatre autres bassins pour mettre aussi quatre cierges.

Ce grand autel fut fait l'an 1475, le 3 novembre, et coûta deux cent trente sept livres huit sols quatre deniers. Il étoit flanqué de deux arcades de pierres qui étoient soutenues, d'un bout, sur le grand autel, et de l'autre, contre le pilier qui soutient la voûte. Au dessus de ces arcades, pour amortissement, étoient deux boules assez grosses sur lesquelles étoient élevées deux croix de bois doré tournées, et audessus étoient de petits chandeliers ou rateaux pour mettre les cierges cy-dessus. Sous l'autel étoit un petit caveau dans lequel on descendoit par cinq ou six dégrez; au milieu étoit un pilier qui soutenoit la table du grand autel. On prétend que ce caveau n'étoit pas à d'autre usage que pour empêcher l'humidité de l'autel. Dans le chevet de l'église, derrière le grand autel, étoit l'autel de Saint-René, lequel on ornoit le Jeudy-Saint, pour reposer le Saint-Sacrement. A cet autel étoit un tableau qui représentoit un cardinal, qu'on croit être le cardinal Baluë, évêque d'Angers. Au dessus de ce même autel, étoient deux châsses dans lesquelles étoient les reliques de S¹ René et S¹ Serené, et entrautres, des habits de la Sainte Vierge et autres diverses reliques.

LES DEUX COTÉS DU CHEVET DE L'ÉGLISE.

Du coté droit, après qu'on étoit sorti de la Chapelle des chevaliers par une petite porte de fer, pour aller au grand autel, étoit, en entrant, la porte de la sacristie, laquelle selon toutes les apparences avoit été faite avec le chevet de l'église. Proche cette porte, étoit un tombeau de pierres élevées, qu'on croit être de Raoul de Machecoul, évêque d'Angers, au bout duquel, contre le pilier, est une petite fenestre dans laquelle l'on mettoit une hydrie ou cruche de porphyre, l'une des cinq en lesquelles Notre Seigneur changea l'eau en vin, aux noces de Cana en Galilée ; laquelle René, duc d'Anjou, donna à l'église d'Angers le 19 septembre 1450. Un peu au-dessus, proche le pilier, étoit le tombeau de Foulques de Mathefelon, de marbre noir, où l'on voyait sa figure en relief, aussi de marbre blanc, et son épitaphe.

Au pied de ce tombeau, contre le mur de l'église, étoit une cuve ou un grand vase de porphyre ou de jaspe, élevé sur trois ou quatre marches, où étoient la figure de trois lyons, aussi donnés par René, Duc d'Anjou, que l'on prétend avoir servy de Baptistère. Ceux qui aiment les fables peuvent ajouter foy à Bourdigné, qui dit que Marsilius, payen, qui a fait bâtir la ville de Marseille, fut baptisé dedans, quand il fut converty par la Madeleine. Un peu plus loin de ce vase, proche l'autel Saint-René, il y avoit une image de la Vierge, en bosse, qui s'appeloit Notre-Dame de Bonne-Conduite. Elle étoit sur une élévation contre le mur, en façon d'autel, devant laquelle étoit une lampe.

Du coté gauche du chevet, après qu'on étoit sorti de la chapelle des évêques, aussi par une petite porte de fer, l'on trouvoit d'abord, contre le mur, l'épitaphe de M. Constantin, doyen d'Angers, proche le magnifique tombeau de René, duc d'Anjou, roy de Sicile et de Jérusalem, vis à vis la sacristie. Ce tombeau de René, duc d'Anjou, est enfoncé dans l'épaisseur du mur, où l'on voit peinte une mort couronnée, revestue d'un manteau royal, et une couronne tombant de sa teste, au bas de laquelle est une inscription. Ce tombeau est enrichi de peintures avec ses armes et devises; la première desquelles est un chapelet de patenostres, avec cette inscription *Dévot luy suis*; la seconde devise est un réchaud de feu ardent, avec l'inscription *D'ardent désir*; la troisième est un arc rompu, avec cette inscription italienne: *Arco per lentare piaga non sana*. Ce rare tableau de la mort couronnée n'est pas de la main du roy René, dernier duc d'Anjou, comme quelques uns croyent; mais il a été fait par un étranger nommé Gilbert Vandelan, allemand de nation, qui se maria à Angers, duquel tous les Vandelan sont issus (1).

Isabelle de Lorraine, première femme du roy René, fut premièrement inhumée dans ce tombeau; puis Marguerite, reine d'Angleterre, fille du dit René, y fut déposée le 26 aoust 1248. Ensuite René, duc d'Anjou, y fut enterré, après lequel Jeanne de Laval, sa seconde femme, fut inhumée auprès de son mary, le 21 janvier 1498. Et l'on voit sur ce tombeau, la figure du roy René, duc d'Anjou, en relief, de marbre blanc, avec celle de sa seconde femme Jeanne de Laval, aussi en relief de marbre blanc. Quelques-uns croyent que c'est Isabelle de Lorraine qui y est représentée, et assurent que Jeanne de Laval fut inhumée dans le tombeau de marbre noir, avec Marie de Bretagne. Au bout de ce tombeau est le trésor, audessus de la porte duquel est représenté le Jugement, avec un Christ dans le milieu, qui juge, et, sous le Christ, est un ange qui sépare les bons d'avec les méchants; l'on voit à la droite, les bons aller en paradis, qui est là représenté, et les reprouvez à la gauche se presser les uns les autres pour se précipiter dans l'enfer, qui est aussi représenté d'une manière fort naturelle. Audessus, sont les neuf chœurs des anges sur la teste desquels sont les figures de quelques apôtres, avec les armes du duc d'Anjou René: c'est luy qui a fait faire ce reliquaire.

Proche la porte du trésor, il y avoit un autel de marbre noir,

---

(1) Voyez, sur les Vandelan ou Vandelinet, les *Artistes peintres angevins, d'après les Archives angevines*, par M. Célestin Port. Revue des Sociétés savantes, 5ᵉ série, t. III, 1872. (A. L.)

que le bon roy René, duc d'Anjou, avoit fait faire, où étoit sa représentation en marbre blanc, présenté par saint Michel à Jésus-Christ crucifié, qui étoit au cadre du milieu, avec son manteau ducal. Et à cet autel, qui est de la chapelle de Rivette, Jeanne de Laval a fondé la messe tous les jours de l'année, pour son mary et pour elle, et cette chapelle, que présente le duc de la Trimouille, vaut près de 1500 livres de rente. Derrière cet autel il y avoit une châsse de bois sur les tombeaux de Louis second et Louis troisième, ducs d'Anjou et rois de Sicile et de Jérusalem, audessus de laquelle étoient autrefois des rateaux suspendus, aussi comme de l'autre côté, où s'attachoient les vœux de cire qu'on présentoit à l'autel de Saint-René, pendant la fervente dévotion qu'on avoit à ce saint.

CHAPITRE XIII.

Du palais épiscopal joignant l'église d'Angers. Pourquoy elle est appelée la Chapelle des rois de France.

Comme dans l'arrest du conseil d'état et privé, rendu à Saint-Germain-en-Laye, le roy y étant, au profit du chapitre d'Angers, au mois d'aoust de l'année 1670, il est dit que la cathédrale a été ornée de beaux et grands priviléges par les ducs d'Anjou, et depuis par autres rois, laquelle à ce sujet s'appelle la Chapelle des rois de France, il faut examiner quelles sont les raisons pour lesquelles elle porte ce titre « Chapelle des rois de France. » J'en trouve trois.

La première est celle que Louis XIV en rend lui-même dans son arrest, sçavoir qu'elle a été ornée de beaux et grands priviléges par les ducs d'Anjou et autres rois de France.

La seconde, que, n'y ayant aucun pilier dans la nef qui soutienne la voute, elle ne passe que pour une chapelle, et on dit communément que c'est la plus belle chapelle qui soit en France, parce qu'en effet il n'y en a point de si grande ny de si magnifique, et, parce que les rois en sont fondateurs, elle est pour cela appelée la Chapelle des rois de France.

La troisième est parceque le palais des comtes d'Anjou étant contigu et attenant à l'église de Saint-Maurice, il y a bien de l'apparence qu'ils y alloient entendre la sainte messe, et qu'ils n'avoient point d'autre chapelle. Peut-être même qu'après que les comtes d'Anjou eurent embrassé la foy, ils firent une chapelle pour leur palais, dans l'emplacement où est aujourd'hui l'église, et qu'ils la donnèrent dans la suite pour servir de cathédrale, longtemps avant qu'ils eussent donné leur palais à l'évêque pour luy servir d'évêché.

Bourdigné et Hiret se trompent quand ils disent que Charlemagne donna son palais royal aux évêques d'Angers, pour en faire l'évêché. Il ne le fut que longtemps après la mort de Charlemagne, qui arriva en 814. Car nous trouvons, dans un des cartulaires de l'église d'Angers, un acte par lequel Eudes, comte d'Anjou, proposa à Dodon, évêque d'Angers, de faire un échange du palais royal avec un emplacement ou espace de terre appartenant à l'évêque et au chapitre, sur une éminence. Cet échange étoit pour la commodité de l'évêque, qui par là demeureroit auprès de son église, et pour l'avantage de la ville ayant besoin d'un château qui dominât sur toute la ville et sur la rivière de Mayne à venir de Bretagne, pour empescher les incursions des ennemis et des barbares qui étoient fort fréquentes en ce tems-là.

Cet échange fut exécuté, puis ratifié et autorisé par Charles le Chauve, l'onzième de son règne, c'est-à-dire l'an 851.

Ce palais ou château qui étoit proche la cathédrale avoit été bâty par les Romains qui y tenoient toujours un préteur ou officier qui rendoit la justice au peuple et en recevoit les tributs. La prison étoit dans le lieu où est présentement la Porte Angevine, et Théodulphe, évêque d'Orléans, y fut fait prisonnier en l'an 873. Son antiquité paroît encore par les murailles du côté de la Place Neuve, qui sont de briques et d'un ciment bien plus dur que la pierre. Il étoit bâty alors, comme il est aujourd'huy, sur une éminence ou une hauteur, ce qui se justifie par la fondation du prieuré de la Fougereuse, diocèse de La Rochelle, fondé par Guy de la Fougereuse, sous Louis le Débonnaire, en l'année 820; dans laquelle fondation il est dit que les terres qu'il donne à ce prieuré relèvent de Thierry (*Theodoricus*), comte d'Anjou, à cause de son château d'Angers, situé dans un lieu éminent (*in eminenti loco*). Or ce château n'étoit pas encore bâty où il est présentement, mais dans le lieu où est l'évêché.

Nous apprenons aussi, d'un ancien titre de l'abbaye de Saint-Aubin, de l'année 1080, qu'il y avoit un Capitole au château d'Angers (1), et par conséquent un temple de faux dieux; car Eumenius le Rhéteur nous assure, dans son *Panégyrique*, que les Romains bâtissoient leur principal temple dans les Capitoles, ainsy qu'ils avoient fait à Rome dans un lieu élevé, en sorte qu'ils étoient, dit-il, placez entre les yeux des hommes pour attirer

---

(1) Voyez, sur le prétendu *Capitole* d'Angers, *Notices archéologiques*, par G. D'ESPINAY, 1re série; Angers, Barassé, 1876, in-8°; pages 56 et suiv. (A. L.).

leur respect vers les dieux, et entre les yeux des dieux pour attirer leurs regards favorables sur les hommes. Et il est si vray qu'ils bâtissoient des temples en l'honneur de Jupiter dans les Capitoles, que le concile d'Elvire, canon 69, défend aux chrétiens d'y monter pour y offrir des sacrifices « *Ne quis ad idolum Capitolii accedat.* » Ainsy avoient-ils fait bâtir des Capitoles à Narbonne et à Toulouse, dont parle Sydoine Apollinaire, à Cologne et à Bezançon, et il est fort probable que les Romains qui aimoient l'Anjou, avoient décoré la ville d'Angers de tous les ornemens qui rendoient celle de Rome si fameuse par tout l'univers. Or ces principaux ornemens étoient le Capitole, les amphithéâtres, les bains et les aqueducs, que l'on voit encore à Angers. Cette vérité est encore attestée par Minutius Félix, dans son *Octavius*, où il assure que, par toutes les villes et provinces que les Romains gentils avoient soumis à leur domination, ils y avoient établi les mêmes temples, les mêmes cérémonies et les mêmes idoles qu'à Rome. En sorte qu'ils avoient, pour ainsy dire, fait leurs dieux citoyens et bourgeois des villes qu'ils avoient conquises. Ainsy il est très probable que le palais des Romains à Angers servoit de Capitole et de temple où l'on adoroit le dieu Apollon ou bien Jupiter Capitolin. M. Le Loyer, dit que c'étoit le dieu des Andoüillers (1) ; mais comme il n'est point parlé de cette divinité dans les auteurs, nous aimons mieux dire que c'est Jupiter. Quoy qu'il en soit, il y a apparence que Défensor consacra ce temple au vray Dieu, et que les comtes d'Anjou, demeurant dans leur château, n'avoient point alors d'autre chapelle que la cathédrale. Aussi, depuis que l'Anjou a été réuni à la couronne, les rois de France, étant à Angers, sont souvent venus à la cathédrale assister aux divins mystères et à la célébration des divins offices, entr'autres Charles VII, qui étoit au chœur à matines, d'où elle a été à bon droit nommée la Chapelle des rois de France.

---

(1) Le dieu protecteur des Andes, dit M. Toussaint Grille. Voy. *Collection de notes sur l'Anjou*, à la Bibliothèque d'Angers, S M. 129. (A. L.)

CHAPITRE XIV.

D'où vient que les rois de France sont appelés « Premiers chanoines de la cathédrale d'Angers ! » Quels sont les rois qui y ont fait leur entrée, et les cérémonies qu'on observe pour les y recevoir.

Bien que les laïques ne doivent exercer aucune fonction dans l'Eglise, néanmoins les rois très chrétiens, ayant été sacrez, et étant protecteurs des églises de leur royaume, de la plupart desquelles ils sont fondateurs, ils ont droit d'obtenir des prébendes dans les cathédrales, et même dans quelques collégiales, et d'en estre les premiers chanoines. Panorme (1), habile canoniste, fait mention de ce privilége du roy de France et assure qu'il est chanoine de l'église collégiale de Saint-Hilaire de Poitiers. M. Ferraut, sçavant angevin, procureur du roy au Mans, du tems de Louis XII, dit, dans le livre qu'il a fait des Droits et des priviléges du royaume de France (2), que le roy très chrétien a une prébende dans les églises cathédrales du Mans et d'Angers, et dans l'église de Saint-Martin de Tours ; qu'il en laisse le revenu aux chanoines actuellement résidens lorsqu'il est absent, et qu'il en reçoit les distributions manuelles, comme un chanoine, lorsqu'il est présent.

Il ajoute que, comme abbé, il préside au chapitre de Saint-Hilaire de Poitiers, et qu'à l'entrée de Sa Majesté en la dite église, lui est offert le surplis, avec la chape et l'aumusse par le trésorier, qui est la première dignité après le roy ; et, dans les lettres de Louis XI, en date du mois de septembre 1475, portant exemption en faveur du chapitre de Saint-Martin de Tours, de toutes impositions, il est dit que les rois ses prédécesseurs ont décoré cette église de plusieurs grands priviléges, entre toutes

---

(1) Nicolas de Tudeschis, archev. de Palerme, au xv⁰ siècle. (A. L.).

(2) *De juribus et privilegiis lictorum et regni Franciae*; Parisiis, apud J. Petit, 1520; in-8°. Voyez le *Dict. hist. de l'Anjou*, par M. Célestin Port, II, 144. (A. L.).

celles du royaume; qu'ils y ont toujours eu la dignité d'abbé, comme en étant les premiers titulaires après les souverains pontifes; et il ne faut pas s'en étonner, car en 887, le chapitre de Saint-Martin de Tours accorda à Ingelger, comte d'Anjou, et à ses successeurs, la dignité de chanoine en leur église, en reconnoissance de ce que ce prince leur avait fait restituer le corps de saint Martin par le chapitre d'Auxerre.

Ferraut dit, dans ce même traité, qu'il paroît par un acte du 19 décembre 1437, que le roy est aussi chanoine à Lyon, à Tours, à Angers, à Saint-Quentin, à Clery, à Aix en Provence, et autres églises, et, à ce propos, il cite ce qu'a dit Jean-Baptiste Fulgosius (1), dans son traité *De dictis memorabilibus* (2), sur la fin du chapitre *De Religione*. « Nous finirons, dit-il, le chapitre qui
» concerne les choses de la religion, en disant que de nos jours
» nous avons vu que les rois de France, faisant leurs entrées
» dans les cathédrales de leur royaume, sont reçus au nombre
» des chanoines ordinaires, et que, nonobstant cette souveraine
» puissance qu'ils possèdent et qui les distingue des autres rois,
» ils se dépouillent de leurs ornemens royaux pour se revêtir
» d'un surplis et d'une aumusse et des autres marques spéci-
» fiques des chanoines assistant ainsi au chœur; et non seule-
» ment ils n'estiment point que ce soit une chose indigne de
» leur majesté d'y paroître dans cet habit, mais au contraire ils
» estiment à grand honneur d'être revêtus de l'habit ecclésias-
» tique et par là faire en quelque façon revivre l'ancienne cou-
» tume qu'on avoit autrefois de joindre la royauté au sacerdoce;
» et ils sont à peu près dans cet état comme David dont nous
» lisons, livre second des Rois, chapitre VI, v. 14, qu'il mar-
» choit devant l'arche revêtu de l'éphod de lin, qui étoit le vête-
» ment du grand prêtre. »

En effet les rois de France, non seulement sont oints, comme les prêtres, de l'huile de la Sainte Ampoule, le jour de leur sacre, mais on les revêt d'une tunique de diacre, semée de fleurs de

---

(1) Jean-Baptiste Fregose, doge de Gênes, en 1478. (A. L.).
(2) *De dictis factisque memorabilibus collectanea*, Milan, 1509. In-fol. (A. L.).

lys d'or, on leur présente l'Evangile et le corporal à baiser, et encore on les communie sous les deux espèces du pain et du vin, et le roy prend lui-même dans le calice celle du vin avec un chalumeau d'or. J'ay même oüy dire qu'autrefois l'empereur et le roy de France avoient servy de diacre et sous-diacre au pape à l'autel.

Ainsy le roy de France retient donc encore quelque chose de la dignité de prêtre, et le privilége spécifique que Dieu luy a donné de guérir des écrouelles, qui sont une espèce de lèpre qui ne se guérissoit, dans l'Ancien Testament, que lorsqu'on s'étoit fait voir au prêtre, suivant cette parole du Sauveur : *Ostende te sacerdoti*. Ainsi, il ne faut pas s'étonner si le roy possède la dignité de premier chanoine dans la cathédrale d'Angers et dans plusieurs autres de son royaume.

Voyons présentement quelles sont les cérémonies qu'on observe à son entrée dans la cathédrale. Nous ne pouvons mieux les apprendre que d'un récit qui est écrit sur les registres du chapitre, de tout ce qui se passa à l'entrée de Charles VII. Le voicy :

CÉRÉMONIES OBSERVÉES A L'ENTRÉE DE CHARLES VII EN L'ÉGLISE D'ANGERS.

Sachent tous présens et à venir que le quatorzième du mois de novembre de l'année 1424, sous le pontificat de Notre Saint Père le Pape Martin V, Messire Hardouin de Bueil étant évêque d'Angers, Charles VII, par la grâce de Dieu, roy de France très chrétien, l'année seconde de son règne, ayant succédé au royaume comme héritier de la couronne de son père Charles VI, entra dans la ville d'Angers sur les trois heures après midy, par le portail de Saint-Aubin, étant accompagné de grand nombre d'évêques, de seigneurs et de gentilshommes; le clergé, la noblesse et le peuple alla au-devant de Sa Majesté, et il fut reçu dans la ville, dans l'ordre qui suit :

Mr l'évêque d'Angers, accompagné de grand nombre d'abbez, de docteurs et de toutes sortes d'ecclésiastiques constituez en dignités, et d'autres personnes notables; le maire et capitaine général de la ville, accompagné de plusieurs magistrats, de bourgeois et autres officiers de justice en grand nombre ; les magistrats habillez de robes de soye de couleur rouge allèrent audevant de Sa Majesté à cheval jusqu'au Pont-de-Cé, lesquels ayant tous fait la révérence au roy, ainsy qu'il convenoit, chacun selon son rang, le conduisirent jusqu'à la ville, marchant devant luy.

Les religieux mendians vinrent processionnellement à sa rencontre jusqu'à la Croix Montaillie (1) et quand Sa Majesté y fut arrivée toutes les cloches des églises de la ville commencèrent à sonner et ne cessèrent point jusqu'à ce que la cérémonie de l'entrée du roy fut finie, et tous les religieux mendians se mirent en haye des deux côtés de la rue, suivant leur rang ; là se joignirent à eux toutes les églises collégiales, mais les chanoines de la cathédrale attendirent Sa Majesté à leur église ; après les chanoines des collégiales succédèrent les religieux de Saint Benoist ayant des chapes de soye, et s'arrêtèrent en station au même endroit que les autres, et de la même manière, chantant tous des répons convenables à la cérémonie, jusqu'à ce que le roy eut passé au milieu d'eux avec tout son cortège. Ensuite étoit le recteur, les docteurs et tous les suppôts de l'Université à attendre Sa Majesté dans la place qui est entre la porte et le fauxbourg de Brescigné et tous se présentèrent devant le roy en luy faisant une profonde révérence. Le recteur s'avança et arrêta le cheval de Sa Majesté par la bride, et fit sa harangue, tous les docteurs avec leurs bedeaux leurs masses et leurs bonnets, marchant avec beaucoup d'ordre. A l'entrée de la ville, six bourgeois mirent le roy sous un dais de drap d'or très magnifique et le conduisirent depuis la porte Saint-Aubin, par la rue Saint-Aubin, par la place Neuve et par la porte Angevine jusques à la cathédrale que ces prédécesseurs roys avoient fondée, toutes les rues par où il passa étant tendues de riches tapisseries. Sa Majesté descendit de cheval à la porte de la galerie de Saint-Maurice, et là l'Université et tous les autres corps de la ville ayant salué Sa Majesté, s'en retournèrent en leur maison.

---

(1) Voyez le *Dict. hist. de l'Anjou*, par M. Célestin Port, art, *Croix-Montaillié*, I, 797. (A. L.)

Cependant l'évêque, vêtu de ses habits pontificaux, accompagné de deux diacres et d'autant de sous-diacres, revêtus de tuniques et de dalmatiques, portant la croix, le texte des Evangiles couvert d'or, les enfants de chœur, revêtus de dalmatiques, portant l'eau bénite, les cierges, l'encens et les encensoirs, et le reste des dignitez des chanoines, des chapelains et autres officiers du chœur revestus de chapes d'or et de soye, l'évêque donna de l'eau bénite au roy et présenta à Sa Majesté à baiser la grande croix d'or dans laquelle est enchâssé un morceau de la Vraye Croix, et le texte de l'Evangile; ensuite il revêtit le roy des habits ecclésiastiques, c'est à dire d'un surplis, d'une aumusse et d'une chape d'or, après quoy le roy entra dans l'église, accompagné de l'évêque et du chapitre, les officiers chantant des antiennes convenables, avec le son des cloches et des orgues ; puis on le fit passer au milieu du chœur, qui étoit fort orné, où il prit une place de chanoine, après quoy l'évêque et le chapitre le conduisirent au grand autel qui étoit orné de toutes les reliques du trésor, de vases d'or et d'argent, et de tout ce qu'on avoit de plus précieux. Sa Majesté s'agenouilla devant le milieu de l'autel, sur un prie-Dieu, et se prosterna trois fois contre terre ; ensuite l'évêque lui fit baiser les reliques qui étoient sur l'autel après quoy le roy confirma tous les priviléges, les libertez et les droits de l'église d'Angers, de vive voix, et donna des lettres patentes pour les confirmer, et ensuite il fit le serment ou la jurande qui suit, lisant dans le livre couvert d'or en ces termes : « Nous roy
» de France par la grâce de Dieu, voulons conserver les privi-
» léges, les libertez et les droits de l'église d'Angers fondée par
» les roys nos prédécesseurs. »

QUELS SONT LES EMPEREURS ET LES ROYS QUI ONT ÉTÉ REÇUS DANS LA CATHÉDRALE D'ANGERS EN QUALITÉ DE CHANOINES.

Les historiens de France et nos annalistes d'Anjou ne font aucune mention que les roys qui ont été comtes d'Anjou, soient venus à Angers avant Pépin, roy d'Aquitaine, lequel ils prétendent avoir commencé à bâtir la cathédrale d'Angers vers l'année 750, laquelle fut achevée par son fils Charlemagne, vers l'année 770, le second de son règne. Mais, comme nous n'en avons pas de preuves certaines, nous commencerons par Louis le Débonnaire, fils de Charlemagne, empereur, lequel constamment vint à Angers vers l'année 818, et fit son entrée dans la cathédrale, puisqu'il marcha le jour du dimanche des Rameaux à la procession qui se fait de l'église de Saint-Maurice dans l'église de Saint-Michel du Tertre. Cet empereur, ayant entendu les vers que Théodulphe, évêque d'Orléans, qui étoit prisonnier dans les prisons de l'évêché d'Angers, chanta sur la feste, *Gloria laus et honor, etc.*, en fut si charmé qu'il donna la liberté à cet évêque et fit adopter ce poëme par toute l'église, pour composer l'office du dimanche des Rameaux.

Charles le Chauve, fils de Louis le Débonnaire, vint plusieurs fois à Angers; mais entr'autres il y fut reçu en triomphe, après en avoir chassé les Normands en l'année 873, et il procura qu'on apportât le corps de saint Maurille, du lieu où il avoit été enterré, dans la cathédrale, et fit aussi faire la translation des châsses des corps de saint Aubin et de saint Lezin qu'on avoit mis en terre pour les préserver de la fureur des Normands, ainsy que nous en assure Aymoin (lib. V, c. 31, *De gestis Francorum*).

L'an 1106, le roy Philippe Auguste, accompagné de Bertrade qu'il avoit enlevée à Foulques Réchin, son époux, vint à Angers, et y fut reçu très magnifiquement le 6 des ides d'octobre, et ce fut apperemment cette année là qu'on prétend que Bertrade fit rebâtir l'église d'Angers et fit construire le château flanqué de douze grosses tours, tel que nous le voyons, par les libéralitez de Philippe Auguste, et pour tâcher de rentrer dans les bonnes grâces de Foulques Réchin son légitime mary, à qui ces édifices, qui décoroient la capitale d'une province dont il étoit souverain, ne pouvoient être que très agréables.

Saint Louis assiégea la ville d'Angers et la prit en 1232, et fit transporter les chanoines du château dans l'église Saint-Germain, à présent dite l'église collégiale de Saint-Laud, de peur, dît le titre, que la garnison du château ne nuisît au chapitre et que le chapitre ne fut nuisible à la garnison du château.

Charles VII vint trois fois à Angers. La première, en l'année 1422, à la prière de la reine Yolande, duchesse d'Anjou, sa belle-mère, tant pour la visiter que pour mettre en sûreté le pays d'Anjou qui étoit ravagé par les Anglois. Il avoit tant de dévotion à l'église de Saint-Maurice, qu'il y alloit tous les jours entendre l'office divin, étant fort édifié du bel ordre et des cérémonies qu'il y voyoit observer. Avant que de partir, il donna à cette cathédrale une belle tenture de tapisserie, relevée de soye et d'or, qui a servy longtemps à orner le chevet de l'église, depuis l'autel de Saint-René jusques à l'entrée du chœur.

Charles VII revint encore à Angers en l'année 1426 et fit quelque séjour à Saumur, où le duc de Bretagne lui fit serment de fidélité et hommage de toutes ses seigneuries.

Le même roy, selon Bourdigné, revint encore à Angers en 1440, et y fut reçu à peu près de la même manière qu'est le cérémonial ci-dessus, qui a été apparemment le même pour tous les autres roys.

Louis XI, roy de France, vint à Angers en 1473, avec une armée de cinquante mille hommes, pour combattre le duc de Bretagne, qui, redoutant une si grande puissance, vint faire sa paix à Angers, et se soumit au roy.

Peu de tems après, Louis XI fit encore un second voyage à Angers pour gagner le cœur des habitans, chez lesquels il alloit souvent manger très familièrement. Il y revint aussi en 1474 et se saisit tout à fait de la ville et du château d'Angers, et y laissa pour gouverneur Guillaume de Cerizay, et le fit le premier maire de la ville, après avoir érigé la mairie où il institua un maire et vingt quatre échevins, pour gagner le cœur des peuples.

Charles VIII vint à Angers en 1488, pour être plus proche de son armée, qui remporta une célèbre victoire sur le duc de Bretagne et le prince, à la célèbre journée de Saint-Aubin du Cormier, le 28 juillet 1488.

Le mariage de Louis XII étant fait avec Anne de Bretagne, Sa Majesté vint à Angers en visitant quelques places de son royaume.

L'an 1509, Louis XII revint encore à Angers avec la reyne, pour accomplir le vœu qu'ils avoient fait à Dieu, en l'honneur de saint René, pour obtenir un dauphin, lequel leur ayant été accordé par l'intercession de ce grand saint, ils furent l'en remercier dans l'église cathédrale de Saint-Maurice, où ils avoient fait faire, l'année d'auparavant, une neufvaine de messes à cette intention ; ils y firent leurs dévotions avec beaucoup de piété.

En 1518, le roy François I*er* vint à Angers et y séjourna deux mois. Bourdigné écrit fort au long la réception qu'on lui fit, qui étoit très magnifique.

En 1551, le roy Henry II vint à Angers, au mois de juin, avec la reyne, et assista à la procession du Sacre.

Charles IX vint à Angers en 1564.

Henry III et la reyne mère, en 1577, firent leur entrée à Angers.

Henry IV vint à Angers en 1600, et mit la première pierre au couvent des Capucins.

Louis XIII, âgé de quatorze ans, vint à Angers le huitième jour d'aoust 1614, après avoir parcouru les principales places de Bretagne.

Le 16 d'octobre 1619, Marie de Médicis, veuve de Henry IV, et mère du roy Louis XIII, fit son entrée dans la cathédrale et vint prendre possession du gouvernement d'Anjou qui lui avoit été donné pour douaire. Elle logea au Logis Barrault, fit plus d'un an de séjour à Angers, où sa paix avec le roy son fils fut négociée par le père de Bérulle, depuis cardinal, instituteur de l'Oratoire, le père Joseph, capucin, et l'évêque de Luçon, depuis cardinal de Richelieu, après que le roy Louis XIII eût pris la petite ville du Pont de Cé. La première entrevue du roy et de la reyne mère, après cette réconciliation, fût au château de Brissac.

CHAPITRE XV.

Priviléges accordés et dons faits à l'église d'Angers par les empereurs, les roys de France et les comtes d'Anjou.

L'empereur Charlemagne, en 770, donna à l'église de Saint-Maurice, ainsy qu'avoient déjà fait ses prédécesseurs, le petit monastère de Saint-Etienne, qui étoit proche les murs et sous la ville d'Angers, pour l'entretien du luminaire, et cela à la prière de Mauriole, évêque d'Angers.

En 817, Louis le Débonnaire, empereur auguste, fils de Charlemagne, exempta de la juridiction séculière tous les hommes, les terres et seigneuries de l'église Saint-Maurice, et lui donna droit d'avoir trois bateaux sur la rivière de Loire, exempta le chapitre de tous autres droits et redevances, comme de payer les tributs, loger des gens de guerre, envoyer des hommes à l'armée. L'acte porte que c'est à la prière de saint Benoist, évêque d'Angers, et que les roys de France y ont donné plusieurs grands priviléges dans les siècles précédens.

En 837, Pépin, roy d'Aquitaine, donna à l'église d'Angers la moitié de tous les péages, ports, marchez d'Angers, et droit sur les navires de tout l'Anjou, à la prière de Dodon, évêque d'Angers.

Par un titre de Charles le Chauve, en date du 6 des ides de février, l'an troisième de son règne, c'est à dire l'an 843, donné à Limoges, il est dit que non seulement son père, son ayeul et son bisayeul avoient donné plusieurs possessions et priviléges à l'église de Saint-Maurice, mais que les rois qui avoient précédé Louis le Débonnaire, Charlemagne et Pépin, avoient fait la même chose, c'est à dire que, depuis l'établissement de la monarchie françoise, des rois et les empereurs en avoient été les fondateurs.

Le même Charles le Chauve, le 16 des kalendes de may, le

trente deuxième de son règne, c'est à dire l'an 872, donna à l'église d'Angers, sous le pontificat de Dodon, le village appelé *Joviniacum*, c'est peut-être Joué, qui est encore au chapitre qui en présente la cure; mais pourtant le titre porte *in pago Bagennensi*, qui marqueroit un autre diocèse (1).

Odon ou Eudes, roy de France, fils de Robert le Fort, le 2 des ides de juillet, l'an huitième de son règne, c'est à dire l'an 894, donne un village nommé Epinats, *Spinacium* (2), auquel est joint Douces, qui vaut bien 6000 livres de rente, Raynon étant alors évêque d'Angers.

Environ l'an 1093, Foulques le Jeune, comte d'Anjou, donna pouvoir aux chanoines d'avoir un change de monnoye.

En 1100, Foulques Réchin, comte d'Anjou, donna, à la prière d'Ermengarde, sa sœur, qui fut mariée à Conan, duc de Bretagne, la seigneurie et la terre du Plessis-Grammoire.

Raynault de Martigné, évêque d'Angers, qui fut élu en 1102, donna à l'église d'Angers, par l'avis et du consentement de Henry 1.y d'Angleterre, quinze marcs d'argent, payables tous les ans en Angleterre, que ce prince luy avoit donnés.

En 1229, saint Louis exempta le chapitre, et tous les chanoines de l'église d'Angers, de payer certains droits qu'il avoit imposés, pour deux ans seulement, sur les terres et sur les vignes des habitans d'Angers, dans la quinte de la ville.

---

(1) Le diplôme de Charles le Chauve, dont parle ici Grandet, porte : *quamdam villam, nomine Gomimiacum, in pago Bargamensi sitam*. Voyez Dom Bouquet, Recueil des histor. des Gaules, VIII, p. 638. (A. L.).

(2) La charte de Eudes (895) porte : *Villam nomine Sapinatum*. Voyez Dom Bouquet, Recueil des histor. des Gaules, IX, p. 464.

LIVRE II.

—

LA CATHÉDRALE D'ANGERS

CHAPITRE PREMIER.

De la cathédrale d'Angers premièrement dédiée à Notre-Dame.

I. — L'église cathédrale d'Angers est une des plus belles et des plus anciennes du royaume. Elle se nomme la Chapelle des rois de France, qui en sont les premiers chanoines. Quand ils y font leur première entrée, on leur donne le surplis et l'aumusse, le pain de chapitre et les autres distributions, comme à un chanoine, et ils font serment d'en conserver les droits, les libertez et les priviléges. Elle se vante d'avoir été dédiée à Dieu sous l'invocation de la sainte Vierge, par Defensor, son premier évêque, qui la consacra à la reyne du ciel et de la terre, à l'exemple de saint Julien, premier évêque du Mans; car Defensor, prince ou gouverneur du Mans (*Cenomanicæ civitatis princeps*) ayant été converty à la foy et baptisé avec sa femme, Doda, par saint Julien, il donna son palais à saint Julien pour en faire sa cathédrale, qui, selon tous les titres du chapitre du Mans, fut premièrement dédiée à Notre-Dame, ensuite à saint Gervais, et puis à saint Julien, dont elle porte présentement le nom.

II. — Quelques-uns pensent que Defensor se servit, pour faire la première église de son diocèse, d'un temple dédié aux faux dieux, qui étoit proche le palais où les Romains exerçoient la justice et recevoient les tributs des peuples, bâty dans le lieu le plus éminent de la cité, qu'on appeloit le Capitole, où est présentement le palais épiscopal. Cela peut être; mais nous n'en avons pas de preuve. On ne peut conclure de là qu'il fut fort magnifique dans son commencement; car le poëte nous apprend que les temples des faux dieux, bâtis sans façon et sans art, ressembloient alors aux idoles qu'on y adoroit, qui n'étoient faites que de terre, et qui ne furent faites d'or, d'argent et de pierres précieuses que longtemps après :

Fictilibus crevere diis hæc aurea templa
Nec fuit opprobrio facta sine arte casa (1).

III. — Il n'est pas facile de dire précisément le tems auquel la cathédrale d'Angers fut bâtie, non plus que celle du Mans. Je sais que la tradition du chapitre du Mans est que saint Julien y fut envoyé par saint Pierre, vers l'année 45 de Notre Seigneur, et qu'il étoit Simon le lépreux, converty au christianisme et ordonné évêque par cet apôtre, ou qu'il tenoit au moins sa mission de saint Clément qui l'envoya dans les Gaules sous Domitien, l'an 99 de l'ère chrétienne ; mais cette opinion souffre des difficultez auxquelles il n'est pas possible de rien répondre qui soit raisonnable.

IV. — La première est qu'il n'y a jamais eu aucun martyr au Mayne, en Anjou ny en Touraine, preuve que l'Evangile n'y a été presché qu'après que Constantin eut été baptisé, et eut permis de bâtir des églises au vray Dieu et d'exercer publiquement le culte de la religion chrétienne, vers l'année 325, suivant Baronius, n'y ayant aucune apparence que nos provinces, soumises aux Romains, eussent été exemptes de la persécution qu'ils exerçoient avec tant de cruauté dans les autres provinces des Gaules, surtout à Lyon et à Vienne, dès l'année 177.

V. — La seconde raison est que si le Mayne et l'Anjou avoient été chrétiens dès les premiers siècles, il faudrait que ces diocèses eussent été près de 200 ans sans évêques, ou que ceux dont les noms se sont conservez jusques à nous eussent vescu chacun plus de cent ans, ce qui n'est pas probable, ainsy que nous le ferons voir ailleurs.

VI. — La troisième est que, selon Grégoire de Tours, qui avoit intérest de conserver l'antiquité, aussi bien que la dignité de son siége, S¹ Gatien n'ayant été fait premier évêque de Tours que sous le règne de Dèce, vers l'année 252 ; S¹ Lidoire le

---

(1) Ovide.

deuxième qu'en 330, l'évêché de Tours ayant vaqué trente-sept ans, et S¹ Martin, le troisième évêque, en 370, il faudroit que l'Anjou et le Mayne eussent reçu la foy près de trois cents ans avant leur métropole, et que les filles eussent été chrétiennes avant que leur mère fut au monde, ce qui est absurde, dans l'ordre de la grâce, aussi bien que dans l'ordre de la nature.

VII. — Nous embrassons donc volontiers l'opinion de M⁽ʳᵉ⁾ Arnauld, évêque d'Angers, qui, dans la liste chronologique des évêques d'Angers qu'il a fait imprimer à la fin de la compilation de ses ordonnances, ne fait commencer l'épiscopat de Defensor qu'en l'an 350. On pourra objecter que le Defensor, comte du Mayne, n'est pas le Defensor évêque d'Angers, ny le Defensor qui a assisté et qui s'est opposé à l'élection de S¹ Martin, en 370. Mais, comme il n'est point nécessaire de multiplier les êtres ny les personnes sans nécessité, et que d'ailleurs ces trois Defensor, que nous trouvons distinctement marqués dans nos histoires du Mayne et d'Anjou, peuvent bien sans inconvénient être identifiés dans une même personne, nous croyons qu'il est plus probable que S¹ Julien n'est venu au Mans qu'en l'an 302, qu'il y a vécu 47 ans trois mois quelques jours; qu'il a converti Defensor vers l'année 330, âgé d'environ 25 ans; qu'il l'envoya ensuite prescher l'Evangile en Anjou; que Defensor étoit encore au Mans lorsque S¹ Julien mourut en 349, en la paroisse Saint-Marceau, puis qu'il prit soin de ses obsèques, après que ce saint luy eut apparu; qu'il vint ensuite achever, ou peut-être commencer sa mission en Anjou; qu'il en fut élu et consacré évêque par S¹ Lidoire, évêque de Tours, en 350; qu'il bâtit la cathédrale d'Angers et la dédia à Notre Dame vers 351; qu'il assista comme suffragant de la métropole de Tours, en l'année 370, à l'élection de S¹ Martin, et qu'il s'y opposa, par principe de conscience, par la raison qu'apporte Sévère Sulpice, qui est que S¹ Martin étoit très-malpropre et avoit un extérieur sordide condamné par les canons.

VIII. — Que l'église cathédrale d'Angers ait été dédiée dès son commencement à la sainte Vierge, on n'en peut pas douter; car, quoy qu'elle changea bientôt son nom de Notre-Dame en celuy de Saint-Maurice, pour les raisons que nous dirons cy-après, les évêques, les chanoines et les comtes d'Anjou, qui ont toujours eu une dévotion spéciale pour la sainte Vierge, ont laissé de siècle en siècle, des actes authentiques pour conserver la mémoire de la dédicace que fit Defensor de son église à la très-digne mère de Dieu.

IX. — Par un acte de Robert, roy de France, qui confirme, en l'année 1001, des dons faits par Raynand, évêque d'Angers, à l'abbaye de Saint-Serge, les chanoines d'Angers sont appelez *Canonici Sanctæ Mariæ et Sancti Mauritii.*

Par un autre acte de Foulques Nerra, comte d'Anjou, en date du 17 janvier de l'an 1000, il est dit que ce prince restitue à la Sainte Vierge et à saint Maurice certaines terres qu'il avoit usurpées sur le chapitre (*Restituo sanctæ Matri Ecclesiæ Dei genitricis et sancto Mauritio*).

Henry 1er, roy de France, confirmant les dons que Hubert de Vendôme avoit faits à l'église d'Angers, dit, en termes formels, qu'elle a été fondée en l'honneur de Notre Dame et de saint Maurice. Voicy les paroles des lettres-patentes de ce prince, qui sont de l'année 1030 : *Hubertus, episcopus matris ecclesiæ Andegavensis, in honorem sanctæ Dei genitricis Mariæ beatique martyris Mauritii fundatæ.*

Michel Loyseau, dans l'acte de donation qu'il fait à l'église d'Angers dont il étoit évêque, en date du mois d'avril 1259, des dixmes de Vallées pour fonder le pain de chapitre, dit que la cathédrale est dédiée à Dieu et en l'honneur de la glorieuse Vierge sa mère (*ad honorem Dei et ejus genitricis gloriosissimæ Virginis Mariæ fundata est*).

Guillaume Le Maire, évêque d'Angers, dans un autre acte qu'il fit en faveur de son église, en date du mois de mars de l'année 1296, dit que c'est une tradition très-ancienne en Anjou, que la cathédrale d'Angers a été premièrement dédiée à Notre Dame et ensuite à saint Maurice (*Basilica Andegavensis in beatissimæ Virginis nomine, ut dicitur ab olim primitus fabricata, nunc sub gloriosi martyris Mauritii titulo nominata*).

X. — Deux choses confirment cette ancienne tradition. La

première est que l'image de la sainte Vierge, d'argent doré massif et de grandeur naturelle, est placée sur le grand autel du côté de l'Evangile, non-seulement comme mère de Dieu à qui la première place appartient au-dessus de tous les saints, mais encore patronne de l'église; et c'est pour la même raison que, dans tous les bréviaires et missels d'Anjou, on a fait graver au commencement la figure des clochers de l'église cathédrale d'Angers, et au côté droit l'image de Notre Dame, et au côté gauche, l'image de S¹ Maurice. La seconde est que les chanoines d'Angers observent de temps immémorial la coutume d'aller tous les dimanches, après tierce, en station dans la nef, depuis le troisième dimanche d'après la Pentecôte jusques au premier dimanche d'aoust, et d'y chanter l'antienne *Succurre nobis, genitrix Christi, miseris ad te confugientibus*, les versets et les répons propres à cette belle oraison, où il est dit que l'église d'Angers est dédiée à Notre Dame : *Via sanctorum omnium, Domine Jesu Christe, qui ad te venientibus æternæ claritatis gaudia largiris aditum templi hujus quod ad honorem nominis tui sub patrocinio sanctæ Dei genitricis Mariæ et beatissimorum consecrasti.*

XI. — Il n'y a donc aucun lieu de douter que l'église d'Angers n'ait été dédiée par Defensor, dès le commencement de sa première fondation à Notre Dame, tant parce qu'il suivait en cela l'exemple de saint Julien, son maître, que parce que c'étoit la coutume des évêques de la primitive église d'Angers de dédier leurs cathédrales à la sainte Vierge, ainsy que nous avons fait voir ailleurs. Mais on s'étonnera sans doute que l'église d'Angers ait sitôt perdu son nom, pour le changer en celuy de Saint-Maurice, dont le culte est beaucoup inférieur à celuy de la divine Marie, et on souhaitera en savoir la cause. La voicy.

XII. — C'est une tradition constante, dans les églises de Tours et d'Angers, que saint Martin, revenant de Rome, passa par le lieu d'Agaunum où étoit déjà un monastère bâti en l'honneur de saint Maurice et de ses compagnons; qu'il y demanda des reliques de ces saints martyrs, qu'on luy refusa ; que, plein de confiance en Dieu, il fut sur le champ de bataille où ces généreux défenseurs de la foy avoient répandu leur sang ; qu'ayant fait sa prière, il leva un gazon ; qu'il sortit de terre un ruisseau de sang ; qu'il le reçut dans un vase ; qu'il le partagea ensuite dans trois fioles dont il donna la première à son église métropolitaine de Tours, qui constamment a porté le nom de Saint-Maurice plusieurs siècles ; qu'il distribua la seconde à l'église d'Angers, et la vint consacrer en personne, comme métropolitain, en l'honneur de ce saint martyr et de ses compagnons ; qu'il porta toujours la troisième sur soy, et voulut qu'on l'enterrât avec luy après sa mort.

XIII. — Ce fait passe pour constant dans les églises de Tours et d'Angers. Surius le rapporte au 22 septembre, avec une lettre du doyen de Saint-Martin de Tours, qui en fait mention. Six argumens semblent en prouver la vérité d'une manière invincible. Le premier est qu'il se fait tous les ans à Tours une feste de la réception de ce sang, au 12 may. Le second, qu'on en chante l'office où le fait est rapporté dans les leçons propres. Le troisième, qu'on expose cette relique et à Angers et à Tours à la vénération publique. Le quatrième, qu'autrefois les chanoines de Tours fesoient un serment, avant leur réception, de ne jamais donner, vendre, aliéner ny transporter hors de leur église, le sang de saint Maurice. Le cinquième, qu'il s'en fait aussi une feste et un office, le 12 may, dans l'église de Candes près Montsoreau, où saint Martin mourut ; qu'il est dit, dans une des leçons propres, qu'après la mort de saint Martin, on y rapporta cette troisième fiole qu'on avoit trouvée sur luy. Le sixième est que Grégoire de Tours, qui vivoit dans le sixième siècle et sur la fin du cinquième, assure qu'ayant fait rebâtir et élever la cathédrale, il y trouva des reliques de saint Maurice, que les plus anciens prêtres luy assurèrent être là de tems immémorial. Ainsy, une feste, un office, l'exposition des reliques, un serment solennel, la dénomination de deux cathédrales ne sont-ce pas des preuves plus que suffisantes pour autoriser contre les incrédules un fait qui n'a rien que d'édifiant ?

XIV. — La tradition de l'église d'Angers est que St Martin vint à Angers apporter luy-même cette fiole ; qu'il en consacra solennellement l'église, y ayant apparemment appelé les suffragans de la province, ainsy qu'il se pratiquoit dans l'Orient, à la dédicace des basiliques où les évêques assemblez tenoient souvent des conciles pour décider les questions de foy et régler ce qui regardoit la discipline de l'église.

XV. — Le temps de cette seconde dédicace de l'église d'Angers par S¹ Martin n'est pas certain ; mais, pour ne luy pas faire multiplier sans nécessité ses voyages en Anjou, M. Arthaud et quelques historiens modernes d'Anjou, estiment qu'il la fit en 397, en revenant du Mans où il avoit été assisté à la mort de S¹ Victor, évêque du Mans, et présidé à l'élection de Victor, son successeur ; que ce fut dans son chemin, à une lieue de La Flèche, qu'il fit sortir une fontaine, où le monastère des Bénédictines, appelé la Fontaine Saint-Martin, a été fondé depuis par Foulques Réchin, en 1160 ; qu'arrivant cette même année 397 à Angers, il assista encore à la mort de Prosper, qui avoit été élu évêque, en 388, après S¹ Apothème ; qu'il est probable que le nombre des chrétiens ayant beaucoup augmenté, ce Prosper avoit aussi fait augmenter son église pendant les neuf ans qu'avoit duré son épiscopat ; que S¹ Martin ayant trouvé son église nouvellement bâtie, il l'avoit consacrée en l'honneur de saint Maurice et de ses compagnons ; qu'en même temps, s'agissant de donner un nouvel évêque à l'église d'Angers, qui étoit veuve par la mort de Prosper, il fit assembler le clergé et le peuple pour choisir un évêque, et que, les sentimens étant partagez, il les réunit tous en faveur de S¹ Maurille, les assurant que Dieu l'avoit choisy pour être leur pasteur. Si cela est, la consécration de l'église matérielle d'Angers fut suivie de près de la consécration du père de l'église spirituelle ; car, S¹ Martin imposa les mains, en 397 ou 398 à S¹ Maurille, dans la nouvelle basilique de Saint-Maurice, et Fortunat nous assure que S¹ Martin avoit coutume de dire que le Saint-Esprit avoit été vu par toute l'assemblée, s'asseoir sur la teste de S¹ Maurille, en forme de colombe, lorsqu'il l'ordonna évêque.

XVI. — L'église de Saint-Maurice a toujours été l'église cathédrale. La tradition l'enseigne ; la possession immémoriale luy sert de titre. Saint Martin l'a consacrée pour telle, en luy donnant du sang de ce saint martyr, qui a fait prendre le même nom de Saint-Maurice pendant plusieurs siècles à l'église métropolitaine de Tours. Sa situation en est une preuve; car nous voyons que toutes les cathédrales du monde chrétien sont situées dans l'enceinte des murailles des villes, dans les lieux les plus éminens, et non dans les faux-bourgs. Toutes les donations des empereurs et des rois appellent Saint-Maurice *Sancta mater ecclesia. Ecclesiæ Sancti Mauritii, cui præest venerabilis vir Mauriolus*, dit un titre de Charlemagne de l'année 770.

XVII. — Ménard et Hiret se sont trompez quand ils ont prétendu que l'église abbatiale de Saint-Aubin, et les collégiales de Saint-Pierre et de Saint-Maurille avoient été successivement la cathédrale d'Angers. Cela ne peut être : 1° parce que ces églises sont bien plus modernes que l'église de Saint-Maurice ; 2° parce qu'il n'y a pas plus de 300 ans qu'elles étoient dans les fauxbourgs ; 3° parce qu'elles n'ont retenu aucune préséance ny prérogatives sur les autres églises; et, si elles avoient été honorées du titre de cathédrale, elles auroient au moins conservé le pas après Saint-Maurice, dans les actions publiques, ce qui n'est pas. Dire que plusieurs de nos évêques ont été enterrez à Saint-Maurille et à Saint-Pierre, n'est pas un argument qu'elles aient été cathédrales; c'est au contraire une preuve qu'elles ne l'étoient pas, parce qu'il étoit alors défendu d'enterrer dans les villes et dans les églises les corps des morts de quelque qualité qu'ils fussent, puisque Ulger, mort en 1149, est le premier évêque d'Angers qui ait été enterré en la cathédrale, et encore n'a-t-on mis son corps que sous une arcade du cloître, à l'entrée d'une petite porte, de manière qu'on peut dire qu'il n'est pas dans l'église, et on remarque, comme une chose extraordinaire que Geoffroy, comte du Mayne et d'Anjou, mort au Mans, ait été enterré le premier dans la cathédrale, en 1180.

XVIII. — Cette première église cathédrale, bâtie par Defensor, en l'honneur de Notre Dame, en 351, et consacrée par saint Martin, sous l'invocation de saint Maurice, en 397, ne subsista pas longtemps ; car nous apprenons de Grégoire de Tours que

Childéric encore païen, père de Clovis, premier roy chrétien, ayant assiégé et pris la ville d'Orléans, où étoit Odoacre, roy des Saxons, il poursuivit Odoacre, qu'il avoit mis en fuite, jusques à Angers, où ne l'ayant pas trouvé, il en assiégea la ville, et l'ayant forcée de se rendre, il y tua le comte Paul qui y commandoit pour les Romains en qualité de gouverneur, et en fit brûler l'église et même la maison de l'évêque qui étoit alors Fumère (*magno ea die incendio domus ecclesiæ concremata est*). Je sais que, dans le langage des auteurs ecclésiastiques, ce mot *domus ecclesiæ* ne veut pas dire l'église où s'assemblent les fidèles, mais la maison où demeuroit l'évêque avec son clergé. Mais comme le palais épiscopal étoit ordinairement contigu à la cathédrale, il y a apparence que la maison de l'évêque d'Angers fut alors brûlée avec son église, ce que ce mot *concremata est* semble insinuer assez clairement (*concremata*, con) qui diroit la maison brûlée avec l'église). Cet incendie arriva, selon le P. le Cointe, dans son Histoire ecclésiastique de l'église gallicane (1), en l'année 476, et, selon Sigebert, en 480. Quoiqu'il en soit, ce grand événement sert d'époque à l'établissement de la monarchie Françoise et à l'extinction de l'empire Romain dans les Gaules; de sorte qu'on peut dire que, ce jour fameux de l'incendie de la cathédrale de Saint-Maurice, Angers devint le berceau des François et le tombeau des Romains; car ce jour-là, dit Aymoin, Childéric étendit les limites du royaume de France jusques à Orléans et à Angers, dont la ville depuis ce temps a toujours été aux François, les Romains en ayant été chassez.

XIX. — On ne sait point par qui l'église d'Angers fut rebâtie après cet embrasement. Il y a apparence qu'elle fut commencée par les soins d'Eustoche, élu évêque d'Angers après Fumère, en l'année 500, et peut-être achevée avant le pontificat de St Aubin, qui commença l'an 530. Car, s'il n'y avait point eu alors de cathédrale à Angers, Childebert, qui donna ordre,

---

(1) *Annales ecclesiastici Francorum ab anno Christi 417 ad ann. 845.* — Parisiis, 1665, 1683. — 8 vol. in-fol. (A. L.)

l'an 536, à S¹ Germain, depuis évêque de Paris, son grand aumônier, de faire bâtir aux portes d'Angers cette fameuse abbaye en l'honneur de S¹ Germain d'Auxerre, qui porte présentement le nom de Saint-Aubin, n'auroit pas manqué à exercer sa magnificence royale pour le bâtiment d'une église cathédrale qui étoit plus nécessaire qu'une église abbatiale.

XX. — Je ne sais où Bourdigné et Hiret ont pris ce qu'ils disent dans leurs Annales d'Anjou, qu'avant Pépin et Charlemagne, il y avoit, dans le lieu où est présentement l'église de Saint-Maurice, une chapelle et même un monastère dédié en l'honneur de ce saint martyr, où vivoient de certains moines, et qu'il s'y faisoit des miracles, sous l'empereur Zenon, qui vivoit en 474. Il n'y a jamais eu de moines dans la cathédrale d'Angers, mais bien des chanoines qui vivoient en communauté sans faire aucuns vœux, dans la maison et sous les yeux de l'évêque, dont les revenus étaient unis avec ceux de son chapitre, et divisez en trois portions, ainsy que dans les autres cathédrales du royaume, dont la première étoit pour la subsistance de l'évêque et de son clergé ; la seconde pour faire des aumônes aux pauvres, aux veuves et aux orphelins ; et la troisième étoit employée aux réparations et à l'entretien de l'église. Cette vie commune et régulière a subsisté dans la cathédrale d'Angers, avec beaucoup d'édification, jusques à l'onzième siècle, ainsy que nous dirons ailleurs.

XXI. — Bourdigné et Hiret ajoutent que Pépin, maire du palais, vingt-troisième roy de France et vingt-huitième comte d'Anjou, commença à rebâtir l'église de Saint-Maurice vers l'an 750, et que Charlemagne, son fils, vingt-neufvième comte d'Anjou, qui donna cette province à Milon, en lui faisant épouser sa sœur, acheva de la faire bâtir, son père ne l'ayant pu, étant prévenu par sa mort, qui arriva le 24 septembre 768. Quoique nous n'ayons aucuns titres ni auteurs contemporains qui rapportent ces faits, néanmoins ils paroîtront fort probables à ceux qui considéreront : 1° que c'est la tradition de l'église d'Angers qui, dans tous les procès qu'elle a eus au Parlement et ailleurs, a toujours soutenu que l'empereur Charlemagne, étoit son fondateur, ainsy que

Choppin, savant jurisconsulte et fameux avocat au Parlement de Paris, le rapporte; 2° que ce grand empereur avoit une dévotion particulière à faire bâtir des églises dans toute l'étendue de son empire, en ayant fait construire vingt quatre, autant qu'il y a de lettres dans l'alphabet, ayant ordonné qu'on y donnât une lettre d'or du poids d'une livre, par laquelle commençoit le nom de l'église qu'il avoit fait bâtir, et de ce nombre est l'abbaye de Saint-Florent à qui il laissa la lettre F; 3° il a fait d'autres dons en Touraine et en Anjou, et même à la cathédrale d'Angers. Ainsy on peut croire que si Charlemagne n'a pas fait bâtir cette cathédrale à l'entier, il a au moins contribué par ses libéralitez à la rendre solide et magnifique; car Hubert de Vendôme, dès le commencement de son pontificat, en 1010, voyant qu'elle étoit prête à tomber de vétusté et à cause des incendies qu'elle avoit soufferts pendant près de trois siècles, aidé des libéralitez de son père, le vicomte de Vendôme, et par la piété de sa mère Emme, il entreprit de rétablir ce grand édifice et de le faire aussi solide et aussi beau qu'il étoit, lorsque les empereurs Charlemagne, Louis le Débonnaire, son fils, et Charles le Chauve, l'eurent mis dans sa perfection, avant qu'elle eût été ruinée par les incendies et par les guerres. (*In antiquum soliditatis et pulchritudinis statum*). Et pour cela, pendant vingt ans, il n'omit rien de tout ce qui pouvoit contribuer à un ouvrage, si nécessaire à la gloire de Dieu et à l'édification de l'église; car les cathédrales sont le centre, le modèle et l'abrégé de la religion de tout un diocèse. Enfin il la mit en état d'être dédiée le 16 août, lendemain de l'Assomption de l'année 1030, et, afin de rendre cette cérémonie plus auguste, non-seulement il y convia tous les évêques suffragants de la métropole de Tours, mais encore tous les évêques voisins de son diocèse; car nous trouvons, parmi les épîtres de Fulbert, évêque de Chartres, une lettre de l'évêque de Poitiers, qui s'excuse auprès de Hubert, évêque d'Angers, de ce qu'il ne peut venir à la dédicace de son église, en étant empesché par les affaires du comte de Poitiers, son souverain.

Non-seulement Hubert fit bâtir l'église d'Angers à ses frais, mais il la dota de bons revenus, et Henry Ier, roy de France, en confirma les dons qu'il y fit par ses lettres-patentes.

XXII. — Cet évêque n'eut pas longtemps la consolation de voir son ouvrage achevé; car la Chronique d'Angers, tirée de l'abbaye de Saint-Aubin et imprimée par le P. Labbe, assure que la cathédrale d'Angers fut entièrement détruite par le feu, en l'année 1038, huit ans après que Hubert l'avoit fait dédier. Les évêques, ses successeurs, et le comte d'Anjou firent tous leurs efforts pour la rétablir; mais ce n'a été qu'après plusieurs siècles qu'on l'a mise dans l'état où nous la voyons. Toutes les parties de ce grand corps n'ont été faites que les unes après les autres, de cent ans en cent ans. Les évêques, les comtes d'Anjou, le chapitre et même la province, ont contribué à l'envi à la construction de ce tabernacle, comme autrefois les femmes des Hébreux; mais ce ne fut pas avec tant d'abondance qu'il fallut que les nouveaux Moyses ou les conducteurs du peuple de Dieu fussent obligés de rendre les dons qu'on y faisoit. La voûte de la nef ne fut bâtie que par Normand de Doué et elle coûta 800 livres. Guillaume de Beaumont donna une portion de son évêché, pour faire la chapelle des évêques. Charles Ier, comte d'Anjou, permit en l'an 1262, qu'on prit une rue qui étoit entre la cathédrale et l'église de Sainte-Croix, pour faire le chevet de l'église. Le chœur ne fut construit, par les soins du sieur D'Azaire, chanoine fabriqueur, que l'an (1237). Le chanoine Semblancé donna les vitres en (1170?). François de Châteaubriand fit faire les tours et les clochers de pierres en 1540, qui n'étoient que de charpente et couverts d'ardoises sous René, roy de Sicile, ainsy qu'on les voit peints dans le tableau de son mausolée.

XXIII. — Nos annalistes nous assurent que Foulques Nerra, comte d'Anjou, qui mourut en 1040, ayant fait brûler l'église de Saint-Maurice avec sa femme Elisabeth, qui s'y étoit réfugiée, comme il la poursuivoit pour un adultère dont elle étoit accusée, quelques années après, Bertrade de Montfort, femme de Foulques Réchin, comte d'Anjou, enlevée à son mary par Philippe, roy de France, qui l'avoit épousée après avoir répudié sa femme légitime Berthe de Hollande, avoit fait rebâtir le château d'Angers et l'église cathédrale, pour consoler son époux du chagrin que lui causoit son divorce, en embellissant la ville dont il étoit souverain, et aussi pour expier en quelque manière un crime qui scandalisoit toute l'église, pour lequel elle avoit été excommuniée par le pape Pascal II, avec Philippe, roy de France; mais ces faits n'étant pas assez certains ny rapportés par des auteurs contemporains, on est pas obligé de les croire.

CHAPITRE II.

Diverses particularités qui rendent la cathédrale d'Angers l'une des plus considérables du royaume.

Cent choses méritent d'être observées dans la cathédrale d'Angers, qui la distinguent et qui la rendent l'une des plus considérables du royaume. De ce nombre sont ses dignitez, ses chanoines, son chapitre, son exemption de la juridiction de l'évêque; sa loi diocésaine sur cinq paroisses; l'ancienne manière de vivre des chanoines; leur exactitude à observer les règles et la discipline canonique; les grands hommes qui ont été parmi eux; le droit qu'ont les dignitez de porter la robe rouge à l'église, les grandes festes, pendant l'office; leurs statuts, leur bibliothèque; la beauté des cérémonies de l'église, ses ornements, ses images, ses festages, son association avec plusieurs autres cathédrales; ses priviléges, ses revenus, ses processions, ses fondations; ses orgues, sa psallette, sa musique, ses officiers, ses chapelles; les bénéfices cures qu'elle présente; sa sonnerie, ses cloches, ses clochers, son vestibule, son parvis ou placis, ses tombeaux, son bréviaire, son missel; l'ordre du Croissant qui y a été institué; les conciles provinciaux qui y ont été tenus, les priviléges qui y ont été accordés par les papes et par les rois; les entrées qu'y ont faites, en divers siècles, plusieurs souverains pontifes, plusieurs rois et reynes, et même des empereurs qui ont toujours tenu à honneur d'en être les premiers chanoines, d'y porter le surplis et l'aumusse et de faire serment d'en conserver les droits; l'association de la cathédrale avec les religieux de Saint-Aubin et les chanoines de Saint-Maurille, qui ont coutume d'y venir chanter l'office à certains jours; ses festes pontificales; le droit qu'a l'évêque d'être assisté pontificalement par douze curez de la ville, revestus de chasubles, qu'on appelle *presbyteri cardinales;* le droit qu'a la cathédrale d'obliger quatre curez à porter, cinq festes l'année, la relique de S¹ Serené à ses processions.

Toutes ces choses mériteroient, sans doute, des chapitres entiers, pour les traiter un peu à fond, d'une manière agréable et utile ; mais nous n'en parlerons ici qu'en passant, nous réservant d'en parler ailleurs plus au long, afin de ne pas perdre de vue notre but principal, qui est de faire voir la dévotion que l'église d'Angers a toujours conservée pour la sainte Vierge, qu'elle regarde comme sa patrone.

DIGNITEZ DE LA CATHÉDRALE D'ANGERS.

Il y a huit dignitez dans l'église cathédrale d'Angers, sçavoir :

1° Le doyen, qui est électif par le Chapitre, qui a seul droit d'entrer en chapitre, de résigner et de présider. Il a deux chaises au chœur, où il reçoit tous les honneurs. Il prétend n'être point obligé à la résidence, s'il n'est chanoine par une sentence arbitrale. On ne l'oblige effectivement, comme doyen, qu'à la grand'messe et à vespres. Le doyen obtient des bulles du pape en cour de Rome, soit qu'on lui résigne, soit qu'on permute, qui luy coûtent 500 livres. Il faut être gradué pour obtenir cette dignité, avant qu'elle vaque. Ce n'est que depuis un ou deux siècles qu'on a commencé à résigner le doyenné. Une maison particulière luy est assignée, quand il est chanoine.

2° Trois archidiacres, dont le premier s'appelle le Grand Archidiacre et est la seconde dignité, et les deux autres, nommés, l'un d'Outre-Loire et l'autre d'Outre-Maine, sont très-anciens. Ils ont droit de visite dans de certains districts ; les curez leur doivent leurs prestations, à ce qu'ils prétendent, à raison de leur dignité, et pour soutenir les charges, même quand ils ne font pas leurs visites. Ils avoient autrefois juridiction contentieuse, droit de faire passer des actes en leur présence. Ce droit se réduit présentement à faire des procès-verbaux de visite qu'ils mettent au secrétariat de l'évêché. Ces trois archidiacres ont conservé le droit de *remittimus*, c'est-à-dire d'examiner les curez de leur district, avant que l'évêque qui les leur renvoye leur donne un visa, et les curez sont obligez de leur payer chacun 3 livres 4 sols, en les renvoyant vers l'évêque.

3° Le trésorier est la troisième dignité après le grand archidiacre. Son bénéfice vaut près de 3000 livres de rente. Il a un fief dans la ville, qui s'étend seulement dans la nef, le cloître, le parvis et placitre et porche de l'église, et ses officiers y exercent la juridiction temporelle en cas de délit. Quant à sa juridiction spirituelle, elle ne s'étend que sur les paroisses de Sorges et de Saint-Sylvain, qu'il fait exercer par son official. De plus il a droit de recevoir à la maîtrise tous les ciriers de la ville, confirmé par lettres-patentes de plusieurs rois, et par arrest contradictoire du Parlement, rendu contre le sieur juge de la prévôté, qui le luy contestoit en l'année 1702, par lequel arrest les ciriers sont tenus de luy donner chacun une livre de bougie et il peut commettre un des ciriers pour vendre les chandelles de voyage dans toutes les églises du diocèse, à l'exclusion de tout autre. Les curez de tout le diocèse sont obligés de luy payer certains droits. Il y eut autrefois grande contestation, entre le trésorier et ...., touchant la longueur des chandelles, que le trésorier faisoit vendre, et, par arrest, il fut ordonné que les mesures ou les échantillons en seroient attachés aux portes de trois églises de la ville, savoir de l'église cathédrale, de l'église du Ronceray et de Saint-Julien. Le trésorier étoit autrefois un laïque qui avoit soin des reliques, des vases, des ornemens de l'église, et ils étoient si puissants qu'ils ont fondé plusieurs paroisses en différents siècles, telles que sont le Lion-d'Angers, Saint-Marcel de Briolay. Il a longtemps disputé la préséance au grand archidiacre, qui l'a enfin obtenue sur luy par transaction. Il ne prétend point être obligé à la résidence s'il n'est chanoine. Il a son grand vicaire et son official séparé de celuy du chapitre. Il avoit autrefois obligation de fournir tout le luminaire de la cathédrale et droit de recevoir toutes les oblations qui se faisoient il y a deux siècles très-abondamment au tombeau du bienheureux Michel, à cause des miracles qui s'y opéroient, et à la confrairie de Saint-René. Le chapitre voyant que le revenu étoit grand, le déchargea de l'obligation de fournir le luminaire qui se montoit à plus de 1500 livres en argent et du soin de sonner les cloches, moyennant 60 livres de rente, et retint les offrandes; mais, la dévotion des peuples ayant diminué, les offrandes ont cessé, et l'obligation de fournir le luminaire a demeuré. Les curez du diocèse doivent chacun 5 sols au trésorier; il a une ferme de 1000 livres à Loiré, où il lui est dû 80 septiers de froment.

4° Le chantre est la quatrième dignité, qui a droit de présider au chœur, quand il a son bâton, les jours de grande feste. Il reçoit les honneurs du chœur, en corrige les abus, annonce les antiennes à l'évêque, qui se lève de son siége pour les recevoir. Il a un bonnet particulier pendant tout l'office, qu'il porte toujours sur la teste sans se découvrir, même pendant la consécration de la messe, lequel bonnet est composé d'une étoffe rouge couverte d'une coeffe de toile filée très-fine. On n'en sait pas trop l'origine. Ce bonnet n'est pas ancien; c'étoit autrefois un amy qui le mettoit et l'attachoit avec des cordons. Le chantre avoit autrefois juridiction.

La cinquième dignité est le Maître-Ecole ou Ecolastre, à la dignité duquel est annexée celle de chancelier de l'Université, où il préside en l'absence du Recteur. Il a droit de donner aux bacheliers en droit la bénédiction de licence, dans la cathédrale, et d'en recevoir les droits. Il a un bedeau et un sceau particulier. Il est nommé dans les anciens titres *Rector studii Andegavensis*. Il prétend qu'il étoit autrefois recteur de l'Université; il a la première place après luy dans les colléges. Eugène IV, par sa bulle, a réglé ses fonctions. Sa fonction étoit autrefois d'enseigner les jeunes chanoines, de leur apprendre à chanter les leçons au chœur. Il n'a point droit, non plus que les autres dignitez, d'entrer au chapitre, s'il n'est chanoine. Il paroit, par le décret d'union, qu'il prenoit chez luy, en pension, les enfans des princes et des comtes d'Anjou pour les enseigner. Hugues de Mathefelon, unit à la dignité de Maître-école (1337) la cure de Melay et le doyenné rural de Chemillé, qui luy donne droit de visite sur vingt et tant de paroisses. Il y a eu de grands hommes dans l'église d'Angers qui ont possédé cette dignité;

tels qu'étoient Ulger, évêque d'Angers; Marbodus, évêque de Rennes; on prétend même que Robert d'Arbrissel l'étoit, lorsqu'il enseigna la théologie à Angers.

6° Le pénitentier a droit d'absoudre des cas réservez et de donner pouvoir aux prêtres et aux curez d'en absoudre les pénitents qu'ils leurs renvoyent et qui se sont adressez à luy. Il est à côté de l'évêque quand il officie pontificalement, et luy oste et remet sa mitre; aussi il est appelé dans les anciens titres: *Capellanus episcopi*. Sa juridiction est ordinaire et non déléguée. Sa dignité est ancienne dans les cathédrales; car nous lisons dans l'histoire ecclésiastique de Socrate, que les Novatiens ne voulant pas qu'on reçût à la pénitence les chrétiens qui avoient renié la foy durant la persécution de Dèce, l'Eglise ajouta à l'ancien catalogue des officiers de chaque cathédrale, des pénitentiers auxquels tous les pécheurs pouvoient s'adresser pour recevoir l'absolution de leurs crimes et qu'on en établit un dans l'église de Constantinople. Celuy d'Angers a droit de recevoir les offrandes d'argent qui se font aux messes pontificales des évêques et celles qu'offrent les abbez quand ils sont bénis par l'évêque, et le tapis de pied sur lequel ils s'agenouillent. L'église paroissiale d'Argenton a été unie à sa dignité pour en augmenter le revenu et luy aider à faire les charges, par le pape.........., en l'année .... Il y commet un prêtre pour les desservir, auquel il donne 300 livres. Toutes ces dignitez ont droit de porter une soutane rouge sous leur surplis, à l'office des grandes festes, comme à Paris et ailleurs.

DE L'ORIGINE DES CHANOINES DE LA CATHÉDRALE D'ANGERS; DE LEUR MANIÈRE DE VIVRE EN COMMUN ET DE LEUR NOMBRE.

Il y a trente chanoines dans la cathédrale d'Angers. Il est probable qu'ils n'étoient pas si grand nombre dès le commencement, et qu'il ne s'est accru qu'à mesure que les chrétiens et les revenus du chapitre ont augmenté. Avant le cinq ou sixième siècle, on ne se servoit point du nom de chanoines, mais seulement de celuy de clercs (*clerici ecclesiæ*). C'est ainsi qu'on doit entendre ce qui est dit dans la vie de saint René, que saint Maurille le fit chanoine de son église *clericus ecclesiæ*. D'abord les cathédrales n'étoient pas dans des lieux fixes. Le petit nombre des chrétiens obligeoit les évêques de résider en plusieurs lieux. Quand la foy se fut établie partout, ils choisirent les villes capitales pour leur résidence; on mit des bornes à leurs diocèses; ils s'assignèrent eux-mêmes une église particulière, pour y faire leurs fonctions, où ils mirent leur siége, qu'ils appelèrent pour cela la cathédrale et on portoit leur chaire partout où ils alloient. Ce n'étoit d'abord, à proprement parler, que des paroisses où les fidèles s'assembloient pour entendre la parole de Dieu et recevoir les sacrements, de sorte que les évêques faisoient les fonctions de curez dans la ville de leur résidence. Ils donnoient le baptême, ainsi que saint Maurille fit à saint René, et disoient seuls la messe. Il y a encore à Parme, en Italie, un fameux baptistère où on porte tous les enfans de la ville. On garde en France, dans la cathédrale de Noyon, les Saintes-Huiles pour les donner à tous les malades de la ville (1). Les clercs ou les chanoines n'étoient donc pas fixes dans les cathédrales. L'évêque les menoit souvent en mission, à la campagne, avec lui, pour prescher la parole de Dieu et administrer les sacrements, et là les fidèles s'assembloient de tout un canton, particulièrement les festes grandes de l'année, ainsy qu'il est ordonné par le premier concile d'Orléans, tenu en 517. *Principales festivitates sub presentia episcopi teneant ubi sanctum decet esse con-*

---

(1) Dans un missel de la cathédrale d'Angers, sous l'épiscopat de Geoffroy de Tours ou de Mayenne et le règne de Philippe, qui vivoient à la fin de l'onzième siècle, lequel missel est actuellement (1728) entre les mains de M. Le Marié, chanoine de l'église d'Angers, à la rubrique du Jeudi-Saint, au lavement des pieds, il est dit que les chanoines, après le lavement des pieds de 60 pauvres, alloient au réfectoire dîner ensemble, et, après le dîner, l'évêque ou le doyen lavoit les pieds aux chanoines. Dans le même missel on trouve une messe *pro incolumitate monasterii*, ce qui se doit entendre du chapitre, dont les chanoines vivoient en commun.

Ce missel marque des préfaces particulières à toutes les festes et à tous les jours de caresme, et met S. Maurille et S. René dans le canon de la messe (*Note de J. Grandet*).

ventum. C'est ce qui s'appelloit faire des stations; mais on ne les mettait jamais dans les monastères, de peur de troubler leur solitude, suivant la défense de saint Grégoire, ce qui donna lieu à leurs exemptions.

La cathédrale de Laon est une des premières où saint Remy ait fondé un collège de clercs et de chanoines. Ainsy les cathédrales, qui sont les conseils des évêques, étoient d'abord à peu près ambulantes, comme les parlements qui suivoient nos rois partout où ils alloient, pendant plusieurs siècles.

Les chapitres composés de chanoines ne furent fixés et arrêtez que lorsqu'on commença à chanter régulièrement des psaumes et des hymnes dans l'église latine, dont la coutume en fut apportée d'Orient, où elle se pratiquoit, ainsi que nous l'apprenons de saint Augustin (Confes. lib. I) qui dit qu'elle fut introduite pour empescher le peuple de s'ennuyer à l'église. *Tunc hymni et psalmi ut canerentur secundum morem orientalium partium ne populus mœrore tabesceret institutum est.* Or, comme le clergé n'étoit pas assez nombreux pour chanter ces psaumes; que même il étoit obligé de s'absenter pour suivre l'évêque dans ses missions, on fit venir des religieux des monastères, même des clercs du diocèse, par semaine, pour chanter l'office dans les églises matrices, ce qui se pratiquoit dans l'église d'Auxerre, l'an 600, sous le pontificat de Tétrique, qui prescrivit un règlement pour que les clercs des autres églises de son diocèse vinssent chanter tour à tour en sa cathédrale. Une des raisons qu'en rend le concile d'Epaune, tenu au royaume de Bourgogne, en l'an 517, est, parce qu'il y avoit des reliques des saints dans les cathédrales, auxquelles il falloit que les clercs du lieu ou des environs vinssent rendre l'honneur qu'elles méritoient. *Sanctorum reliquiæ in oratoriis villaribus non ponantur nisi forte clericos cujuscumque parochiæ vicinos esse contingat qui sacris cineribus psallendi frequentia famulentur.*

On commença vers le sixième ou septième siècle à établir et à faire demeurer, proche les cathédrales, dans les maisons des évêques, qui étoient appelées *episcopia*, des clercs chanoines fixes et résidents, à deux fins. La première pour y élever de jeunes clercs à la piété et aux bonnes lettres, comme dans un séminaire, afin de les rendre capables de servir les diocèses, ainsi qu'il est prescrit dans le concile de Tolède, tenu l'an 531, qui dit que ceux que la volonté des parents destinent dès le bas-âge à l'état ecclésiastique, doivent demeurer dans la maison et sous les yeux de l'évêque, dès qu'ils sont tonsurez, afin d'être instruits par celuy que l'évêque mettra à leur teste, *de his quos voluntas parentum primis infantiæ annis clericatus officio mancipavit, observandum ut mox dum detensi fuerint in domo ecclesiæ sub episcopali presentia a præposito sibi debeant erudiri.* Nous lisons dans Grégoire de Tours, que saint Patrocle, étant jeune, fut élevé en l'évêché de Bourges, sous la conduite de l'archidiacre. La seconde fin étoit pour y chanter les offices divins, suivant l'ordonnance du pape Damase et du concile d'Epaune, et ces clercs commencèrent alors à s'appeler *clerici canonici*, comme on le remarque dans le troisième concile d'Orléans, tenu en l'année 538, où se trouva saint Aubin, évêque d'Angers, en personne. Comme il avoit demeuré plus de quarante ans, en qualité de simple religieux ou d'abbé, dans le monastère de Cincilly, et qu'on l'en tira comme par force pour le faire évêque ; il y a bien de l'apparence que ce fut saint Aubin qui fut un des plus zélés promoteurs du décret de ce concile touchant la vie commune des clercs de sa cathédrale, et qui fut le premier à l'établir dans son évêché, en appelant avec luy ses chanoines, tant pour obéir au décret du concile, que pour suivre son grand attrait pour la vie régulière. Peut-être même qu'avant, saint Maurille, qui avoit demeuré plusieurs années dans la communauté de Saint-Martin, à Tours, avoit déjà commencé. En ayant déjà formé une à Chalonnes, il n'aura pas manqué d'en établir aussi une à Angers, où elle étoit plus nécessaire. Quoy qu'il en soit, nous lisons, dans la vie de saint Baud ou de saint Baudin, archevêque de Tours, qu'un an après le concile d'Orléans, c'est-à-dire en 539, ayant un nombre suffisant de prêtres pour l'assister dans les fonctions de son diocèse, il en choisit cinquante pour célébrer les offices divins dans sa cathédrale et les fit vivre en communauté, leur assignant des revenus suffisants pour leur subsistance, ce qui est confirmé par Grégoire de Tours, qui dit que *instituit mensam canonicorum*. Saint Lubin, évêque de Chartres, grand ami de saint Aubin, avec lequel il fut voir le grand évêque saint Césaire d'Arles, institua dans son église soixante-douze chanoines, à l'exemple des soixante-douze disciples. Dans le même siècle, et peu d'années après, Fortunat remarqua la même chose de l'église de Paris, sous saint Germain qui en étoit évêque..... Il est donc certain que ce fut immédiatement après le troisième concile d'Orléans que la vie commune commença dans le Chapitre d'Angers, et que saint Baud ayant fait observer le décret dans sa cathédrale, il le fit ensuite pratiquer dans toutes les églises de la métropole de Touraine, et, suivant Yves de Chartres, qui étoit très-versé dans la connoissance des canons et de la discipline de l'église, on ne fesoit point de curez dans les diocèses que ceux que l'on tiroit de ce séminaire épiscopal pour leur confier le soin des âmes (*Nullus rector animarum a primitiis ecclesiæ temporibus nisi de communi vita assumptus constituebatur*. C. 215).

Ces chanoines vivoient donc en commun avec l'évêque. La manse épiscopale et la manse du chapitre étoient confondues ensemble ; les revenus ecclésiastiques servoient à trois usages, à faire subsister le clergé, à assister les pauvres et à entretenir et à réparer les églises. Ils avoient des cloîtres, un dortoir et un réfectoire commun, et, quoyqu'ils ne fissent aucun vœu, ils observoient les règles et les trois vœux de chasteté, de pauvreté, d'obéissance, avec la même régularité que les religieux. Saint Augustin dressa à Hippone un modèle si parfait de cette observation canonique que ses disciples en établirent la pratique en plusieurs provinces, non-seulement en Afrique *non solum in Africa*, dit Possidonius, en la Vie de saint Augustin, mais même au delà des mers *in partibus transmarinis*, comme en Italie, où l'on prétend que saint Gélase, disciple de saint Augustin, l'établit à Rome, en l'église de Latran. De là elle passa en France, car saint Borie l'établit à Uzès, dont il fut élu évêque, où elle subsiste encore. Tous les biens étoient communs entre l'évêque et les chanoines, et le partage des manses ne s'est introduit que vers le onzième siècle, ainsy que nous le ferons voir ci-après.

Ils avoient des économes et des céleriers qui distribuoient ces biens avec égalité et charité, suivant les nécessités d'un chacun. S. Laumer, qui fesoit cet office à Chartres, est loué, par l'auteur de sa vie, de ce qu'il n'étoit ni prodigue ni avare, mais de ce qu'il distribuoit à tous les frères leurs besoins avec prudence. *Summa prudentia et paterno affectu cunctis fratribus ita subministrabat ut res necessarias nequaquam illis subtraheret, nec cuiquam se prodigum præberet.*

Cette pratique de la vie commune fut plusieurs siècles en vigueur dans plus de soixante cathédrales de France. Elle subsistoit encore du tems de Pépin et de Charlemagne, dans la cathédrale d'Angers; car, dans des titres des donations que Pépin, roy d'Aquitaine, Charlemagne, son fils, Louis le Débonnaire et Charles le Chauve ont faites à la cathédrale d'Angers, il est dit que c'est pour y faire subsister les chanoines, qu'ils appellent frères et qui vivoient, de tems immémorial, en commun dans la cathédrale d'Angers. Voicy les termes de l'acte de Pépin, roy d'Aquitaine, dans l'année 837 où il nomme l'église de Saint-Maurice, congrégation et monastère, *congregationem et monasterium Sancti Mauritii.* Le roy Eudes, par un acte daté de Tours l'an VII de son règne, dit qu'il donna le village d'Epinats (1) et la terre de Doulces à Raynon, évêque d'Angers, *ad stipendia fratrum in ibi Deo et Sancto Mauritio militantium,* pour la subsistance des frères, c'est-à-dire des chanoines qui y vivent en communauté.

Charles le Chauve, par un acte daté de Limoges, en l'année 843, confirme tous les dons faits par les rois ses prédécesseurs, *in usibus et stipendiis ejusdem loci rectorum et fratrum in ibi Deo infinita per tempora famulantium.* Il paroît par ce titre que les chanoines de Saint-Maurice vivoient en commun, de tems immémorial, comme frères, et qu'ils avoient des personnes préposées pour les enseigner et les diriger, ainsy que le prouvent ces deux mots *rectorum et fratrum.*

---

(1) Voy. la note (2), p. 99.

Cette pratique de la vie commune ne subsiste pas toujours dans les cathédrales. Il s'y glissa du relâchement, aussi bien que dans les ordres les plus réguliers ; plusieurs la quittèrent vers la fin du septième siècle, et peut-être que ceux d'Angers n'en furent pas plus exempts que les autres. On entreprit de les réformer. L'empereur Charlemagne assembla pour cet effet plusieurs conciles, l'an 813, à Mayence, à Tours, à Rheims, à Arles et à Châlon-sur-Saône, où il fut ordonné, surtout en celuy de Mayence, *ut canonici clerici canonice vivant, ut simul manducent et dormiant*. Le concile provincial de Tours, tenu l'an ....., ordonne la même chose, et, pour faire observer ces règlements, l'empereur envoya des commissaires dans toutes les provinces de l'empire, qu'on appelloit *missi Dominici*.

La mort de Charlemagne, survenue en 814, retarda l'exécution d'un louable dessein. C'est pourquoy Louis le Débonnaire, son fils, assembla un concile général à Aix la Chapelle, en 816. Almaric, diacre de l'église de Metz, proposa la règle des chanoines, selon qu'elle se pratiquoit en son église, et elle y fut approuvée et ordonnée en ces termes. *Claustra in quibus clero canonice vivendum firmis undique circumdent munitionibus, ut nulli omnino intrandi vel exeundi nisi per portum pateat aditus ; sint etiam interius dormitoria, refectoria, cellararia et coetera habitationes usibus fratrum in una societate viventium necessariæ.* Et c'est sans doute de là qu'est venue la coutume de fermer les portes des cloîtres et même de la cité dans l'enclos de laquelle étoit le chapitre des chanoines.

On a cru que Godegrand, évêque de Metz, parent de Charlemagne, étoit l'auteur de la règle des chanoines qu'Almaric avoit proposée dans le concile d'Aix la Chapelle et qui y fut acceptée et ordonnée ; mais cette règle ayant été trouvée depuis quelques années à Rome, dans un vieux manuscrit, avec ces paroles au commencement de la préface : *Incipit regula vitæ canonicæ juxta ecclesiam romanam*, il y a plus d'apparence que Godegrand l'avoit apporté de Rome dans un voyage qu'il y fit, et qu'elle étoit observée par les chanoines de Saint-Jean de Latran. Il est probable qu'après la tenue des conciles de Mayence et de Tours, on l'envoya dans les chapitres de France et spécialement à Angers, où le chanoine régulier qui a fait un traité de l'origine et du gouvernement des cathédrales et des chanoines réguliers, nous assure que la règle de Godegrand s'observoit, et peut-être en a-t-on trouvé quelques exemplaires manuscrits dans la bibliothèque lorsqu'elle subsistoit encore.

Ce rétablissement de la vie commune ne se fit pas tout d'un coup dans toutes les cathédrales du royaume, mais successivement. Les tems étoient fâcheux et les provinces désolées par les barbares, et par les peuples du nord qui pilloient tous les biens ecclésiastiques, ravageoient les églises mêmes et faisoient fuir les évêques et les chanoines. En 794, Franco, évêque du Mans, forma le dessein de bâtir un réfectoire, des cloîtres et des lieux réguliers, pour que ses chanoines pussent vivre en communauté, proche l'église, et assister plus commodément à l'office; mais la mort l'empêcha de l'exécuter. Saint Aldric, son successeur, qui fut élu évêque du Mans en 832, reprit ce dessein et l'exécuta; il acheta des maisons proche sa cathédrale pour loger ses chanoines, leur donna la sienne et ne s'y réserva qu'un appartement fort étroit pour vivre avec eux *edificia satis oportuna ut tunc usus habebat construxit*.

Raynon, évêque d'Angers, à la prière duquel Eudes, roi de France, avoit donné la terre d'Epinats, de laquelle dépendent aujourd'hui trois paroisses, Doulces, Montfort et Brossay, sur lesquelles le chapitre prend toutes les dixmes affermées près de 6000 livres, ne se contenta pas d'avoir procuré le moyen de subsister à ses chanoines. Il voulut encore les loger commodément. Leurs maisons ayant été ruinées par les incursions des barbares, ou brûlées par les incendies, et ses prédécesseurs ayant négligé de les réparer, il leur donna des places et des cours pour y faire des maisons et des cloîtres. L'acte n'est point daté; mais il ne peut être que de la fin du IX° siècle.

Avant le X° siècle, le chapitre de Saint-Maurice étoit déjà composé de sept dignitez et de trente chanoines; car, dans un acte de Raynon, qui vivoit en 905, nous trouvons trois archi-diacres, signez, le doyen et le trésorier, en ces termes: *Ermenulfus*, *archidiaconus; Boso, archidiaconus et decanus; Bartharius archiclavis; Aldricus, archid.* En 1003, Hildeman prend la qualité d'archidiacre et de chancelier. En la donation que Foulques le Roux, comte d'Anjou, fit en 929, de Saint-Rémy-la-Varenne à l'abbaye de Saint-Aubin, Bernon prend la qualité de chantre et de secrétaire du chapitre : *Berno cantor scripsit.*

Qu'ils fussent déjà trente chanoines, nous n'en pouvons douter; car il paraît par un acte de Geoffroy de Mayenne, évêque d'Angers, en date du 10 juin 1096, que les chanoines de sa cathédrale s'étoient plaints à luy de leur petit nombre; qu'ils mouroient bien plus souvent que les chanoines et les moines des autres églises; que leur nombre de trente étoit odieux et à rejeter, non-seulement par ce qu'il ne se trouvoit dans aucune autre église que dans celle d'Angers, mais que les laïques mêmes n'osoient vendre ni acheter par le nombre de trente, parce que Notre Seigneur avoit été vendu trente deniers d'argent. Pour ces raisons ils le supplioient de leur accorder la grâce d'augmenter leur chapitre de dix prébendes, de leur propre fonds, à condition qu'ils en auroient la disposition, et qu'après la mort de chaque chanoine le chapitre choisiroit qui bon luy sembleroit en sa place ; ce que l'évêque leur accorda, en signant l'acte avec son anneau d'or, qu'il tira de sa main. Cet acte n'a pourtant pas été exécuté.

Trois choses sont à remarquer sur le nombre des chanoines de la cathédrale d'Angers; la première est que si d'un côté ce nombre a augmenté par la fondation de la prébende sacerdotale qu'on attribue à Ulger, évêque d'Angers, on le diminua de l'autre par l'union que Hardouin de Bueil fit d'une prébende à la Psallette, en l'année ...... La seconde, que toutes les prébendes de Saint-Maurice étoient dès le commencement de leur fondation en la présentation et collation de l'évêque, puisque les chanoines demandent à Geoffroy de Mayenne la disposition de celles qu'ils veulent fonder de nouveau. La troisième est que de ces trente prébendes il y en a une qui est unie à l'abbé de Toussaint, qui est chanoine-né de la cathédrale, car, comme ce fut Girard, chantre de l'église d'Angers, qui fonda un hôpital dans le lieu où est présentement l'abbaye de Toussaint, dont il donna l'administration à son chapitre en mourant, qu'on y mit ensuite des religieux, et que ce monastère ayant été érigé en abbaye, le chapitre d'Angers s'y est toujours conservé quelque droit ; car le droit des élections subsistant encore, les religieux, l'abbaye vacante par la mort de l'abbé, étoient obligez d'apporter sa crosse au chapitre, de luy demander permission d'élire un nouvel abbé, lequel après son élection étoit aussi tenu de venir demander sa crosse au chapitre, comme la tenant de sa juridiction et la recevant pour ainsi dire de sa main.

Il y a encore une prébende à la présentation de l'abbé de Saint-Serge, pour la présentation de laquelle il y a eu pendant plusieurs siècles de grands procez entre l'évêque, le chapitre et l'abbé de Saint-Serge, qui ont enfin été terminez à l'avantage de cet abbé qui est en possession de présenter de plein droit une prébende de Saint-Maurice dont il a la collation. MM. Dumesnil et l'abbé du Bailleul, derniers titulaires, n'ont point pris de visa de l'évêque.

DE LA PRÉBENDE SACERDOTALE.

Dans le chapitre d'Angers, se voyoit autrefois un tableau d'Ulger, évêque d'Angers, qui fut élu en 1133 et mourut en 1140, au bas duquel étoient ces mots : *Ulgerius fundator prebendæ sacerdotalis.* Avant Clément V et Boniface VII il n'est point parlé dans les décrétales de prébendes sacerdotales. C'est apparemment parce qu'au commencement le nombre des fidèles étant petit, il n'y avoit que l'évêque à célébrer les divins mystères en son église et le doyen en son absence. Dans la suite, les doyens ayant trop d'occupations, il fallut ériger des prébendes sacerdotales, les chanoines n'étant pas prêtres, pour dire les messes, les festes solennelles, en l'absence de l'évêque et du doyen. Quelques-uns prétendent que celle d'Angers n'étoit qu'un office qui s'est érigé insensiblement en prébende. En effet, elle est appelée sur les registres *prebenda aliarum prebendarum serva.* Il est obligé d'officier les veilles de toutes les festes à cinq chapes, lorsque MM. ne pouvoient faire l'office. Étant une fois installé dans les hautes chaires, il ne peut plus monter par droit d'antiquité. Sa place est fixe quand il officie; il doit se tenir sur le pont en chape, et non derrière, au costé du chantre comme les autres chanoines. M. Valtère qui la possédoit, étant mort le 5 aoust 1700, M. l'abbé de La Gilière, comme chanoine semainier, la présenta à M. Duplanty, son cousin, qui a seulement les quatre moindres. Il en demanda les provisions au chapitre, qui la confère de plein droit. Le chapitre demanda trois jours pour délibérer, parce qu'il leur sembloit qu'il falloit être actuellement prêtre pour la posséder, et que, depuis deux cents ans, il paroit par leurs registres qu'elle n'a jamais été conférée qu'à un prêtre actuellement en état de servir l'église. Les titres sont perdus et s'ils ne trouvent point la fondation, ils s'en tiendront au droit commun, qui marque qu'il suffit qu'on ait vingt-quatre ans commencez pour pouvoir posséder des cures et des bénéfices sacerdotaux. Le chapitre, au bout de trois jours, l'a conférée au sieur Duplanty; mais M. Clavet, théologal, homme habile, fit écrire contre, sa protestation disant qu'elle doit être conférée à un homme actuellement prêtre; qu'il n'en est pas de cette prébende comme des autres bénéfices sacerdotaux; il suffit qu'on soit prêtre dans l'an et cependant les fonctions peuvent être suppléés par quelqu'un qui ne soit pas curé; mais que les fonctions de cette prébende ne peuvent être suppléés; ny par les chapelains ou bas officiers, parce qu'on ne les y souffriroit pas, ny par les chanoines parce qu'ils ne voudroient pas se ravaler et s'abaisser à ces fonctions, et que d'ailleurs on n'étoit pas sûr qu'il fut prêtre dans l'an, que c'étoit donner atteinte à l'institution de cette prébende. Pour éviter un procez, M. Duplanty, a permuté sa prébende avec un chanoine prêtre.

DE LA PRÉBENDE THÉOLOGALE.

Le concile de Latran avoit ordonné qu'on n'érigeât des théologales que dans les métropoles. Le concile de Bâle, tenu en l'année 1431, étendit ce décret à toutes les cathédrales des simples évêchez, afin qu'il y eut des théologiens qui fussent obligez d'enseigner l'Ecriture sainte aux chanoines et prescher les dimanches la parole de Dieu au peuple. Jean Michel, évêque d'Angers, qui fut élu en 1439, érigea par son décret une prébende en théologale et le premier qui la posséda fut Mathieu Ménage, chanoine, homme d'un grand mérite, qui fut député de son chapitre au concile de Bâle, et le concile luy fit l'honneur de le députer vers le pape Eugène IV, pour les affaires de l'Eglise, avec quelques autres docteurs. Par les décrets des conciles et les ordonnances de nos rois, les théologaux sont obligez de faire deux fois par semaine leçon de l'Ecriture sainte et de prescher tous les dimanches. Ce décret a été bien mal exécuté par tous les théologaux d'Angers, jusques à M. Claude Clavel, docteur de Sorbonne, qui s'en est acquitté dignement pendant dix ans qu'il a été théologal. Alexandre Garande, antépénultième théologal, ne prescha et n'enseigna jamais une seule fois. Gervais Chardon, chanoine de Saint-Maurille, prit un dévolu sur luy; mais, comme il avoit été conseiller au grand conseil et qu'il avoit beaucoup d'amis, on maintint Alexandre Garande dans son silence respectueux. Pierre Garande, son oncle, théologal devant luy vouloit toujours prescher et preschoit mal. Le chapitre luy ordonna plusieurs fois de se taire, comme il paroist par les registres de la cathédrale. Ainsy va le monde; l'un se taisoit et on vouloit qu'il parlât; l'autre parloit et on vouloit qu'il se tût. Il ne faudroit donner ces employs qu'à des gens habiles et capables de s'en acquiter à la gloire de Dieu et à l'utilité du prochain.

QUESTION CURIEUSE, SAVOIR SI LE ROI A EU AUTREFOIS LA NOMINATION DES PRÉBENDES DE LA CATHÉDRALE D'ANGERS.

Quoy que l'église cathédrale d'Angers soit de fondation royale, les comtes d'Anjou, nos anciens souverains et les rois de France, depuis que l'Anjou a été plusieurs fois réuny à la couronne et à leur domaine, n'ont pas pour cela été fondateurs ny présentateurs d'aucune prébende, mais seulement les évêques seuls qui présentent

26 canonicats de la cathédrale. L'abbé de Saint-Serge en présente un, le chapitre présente la prébende sacerdotale, et, comme nous l'avons dit, il y en a un uny à l'abbaye de Toussaint. L'abbé de Saint-Florent présentoit autrefois une des prébendes ; mais, soit qu'il ait cédé ou changé ce droit, ou qu'il en ait été privé par arrest, il est certain qui ne l'a plus. Ce qui donne lieu à faire cette question est un rescrit d'Honoré III, pape, rapporté dans les Décrétales au titre *De prebendis*, chap. III, adressé aux doyens et chapitre d'Angers, par lequel Sa Sainteté se plaint des chanoines d'Angers, de ce qu'ils n'ont pas présenté la première prébende vacante dans leur chapitre à un clerc que le pape leur avoit nommé. Le chapitre apportant pour raison de son refus de ce que le doyenné et les prébendes étoient dans la présentation du roy, le pape traite cette raison de frivole : *frivola est hæc ratio*. On prétend que ces grâces exceptionnelles par lesquelles les papes demandoient souvent aux cathédrales, dans ces tems-là, des prébendes pour leurs créatures, ont cessé en France par la cathédrale d'Angers qui s'y opposa fortement. Nous ne voyons pas que les comtes d'Anjou ayent jamais présenté les prébendes de Saint-Maurice ; elles ont été de tems immémorial dans la présentation des évêques qui les ont apparemment fondées du revenu de leur manse épiscapale, à moins qu'on ne voulut dire que les comtes, qui sont en partie fondateurs du chapitre, par les dons qu'ils ont faits, n'eussent cédé aux évêques leurs droits, ce qui ne paroist par aucun titre. Il y a bien de l'apparence que le chapitre alléguoit sans scrupule cette raison au pape Honoré III, bien qu'elle ne fut pas appuyée sur la vérité, afin de se défaire de ses importunités, car il paroist par ce rescrit que Sa Sainteté avoit demandé cette prébende jusques à trois fois. Quelques auteurs disent plus vraisemblablement que Honoré III ne s'adressoit pas au chapitre de Saint-Maurice, mais seulement au chapitre de Saint-Martin ou de Saint-Laud, qui sont des chapitres royaux dont le roy a la présentation de toutes les prébendes, et que ce mot du rescrit d'Honoré III adressé *ad capitulum ecclesiæ Andegavensis* ne signifie pas le chapitre de l'église d'Angers, mais le chapitre d'une église d'Anjou, ce qui est assez ordinaire dans le

style de la cour de Rome, particulièrement dans les siècles passez. Il est facile de conjecturer que les évêques d'Angers sont fondateurs de toutes les prébendes qu'ils présentent dans l'église Saint-Maurice, car saint Maurille ayant fondé un monastère à Chalonnes, saint Lézin ayant fondé le monastère de Saint-Jean-Baptiste, saint Maimbœuf celuy de Saint-Saturnin, Eusèbe Brunon et Hubert de Vendôme ayant fondé en partie l'abbaye de Saint-Serge, il n'y a pas lieu de douter qu'eux-mêmes ou leurs successeurs n'ayent fondé les prébendes de leurs cathédrales qui étoient plus nécessaires à leur église que des abbayes et des monastères. Et parmi tous les titres du chapitre, nous n'en trouvons aucun où il soit dit que les comtes d'Anjou y ayent fondé aucunes prébendes.

EN QUEL TEMS LA MANSE ÉPISCOPALE A ÉTÉ SÉPARÉE DE LA MANSE CAPITULAIRE D'ANGERS.

Si la manse ou la table ont été communes pendant plusieurs siècles entre le chapitre et l'évêque d'Angers, la juridiction et le gouvernement l'étoient aussi; l'évêque ne fesoit rien que du consentement et par l'avis du chapitre, et le chapitre n'entreprenoit rien que dépendamment de l'évêque. Les chanoines étoient comme les grands vicaires et les officiaux nés de l'évêque; toutes les grandes affaires et tous les différends se terminoient en présence de l'évêque dans le chapitre. Cette communauté de biens spirituels et temporels continua, avec l'édification de toute l'église, dans toutes les cathédrales de la métropole de Tours, jusques au milieu du neuvième siècle, et même jusques au commencement du dixième. Deux raisons principales furent la cause de la séparation. La première, les hostilités des barbares; la seconde l'ambition des évêques qui aliénoient, dissipoient les biens de leurs églises et n'en donnoient qu'une portion médiocre aux chanoines. Roger ayant été envoyé au Mans, par Charles le Gros, pour soumettre la ville qui tenoit le parti d'Eudes, fils de Robert le Fort, y trouva de la résistance; il se déchaîna contre l'évêque Gonthère ou Gonthier, il chassa les chanoines de leur cloître pour loger ses soldats, fit servir l'église cathédrale d'écurie à ses chevaux, et enfin il obligea l'évêque et le chapitre de sortir de la ville, après la ruine des lieux réguliers que les barbares démolissoient ; il étoit difficile d'en faire de nouveaux ou de réparer les anciens ; on ne savait plus ce que c'étoit que dortoirs, que cloîtres, que réfectoires. Ce fut la raison qui porta d'abord Avesgaud, évêque du Mans à commencer le partage des deux manses entre luy et son chapitre, vers l'an 1020. Pendant que l'esprit apostolique, qui mettoit tous les cœurs de l'évêque et des chanoines, encore plus que leurs biens, en commun, régna parmi eux ; rien n'étoit plus édifiant, et l'on voyoit avec joye dans toutes les cathédrales renaître la ferveur et le détachement des premiers chrétiens ; mais depuis, les évêques se laissèrent aller au torrent du monde, et de l'ambition ; ils ne faisoient qu'une médiocre part à leurs chanoines des biens dont ils avoient l'entière disposition ; les chanoines du Mans s'en plaignirent et demandèrent le partage des biens ecclésiastiques ; car, outre que leurs revenus avoient été beaucoup diminués par le mauvais usage qu'en avoit fait Badegisile, Joseph Gauslin et Sigefroy, évêques du Mans qui étoient des pasteurs mercenaires qui cherchoient plutôt leurs intérêts que ceux de Jésus-Christ. Avesgaud avoit aliéné lui-même les biens de son église, en vendant à ses sœurs, Hildeburge et Godechilde, deux églises dépendant de sa cathédrale, pour une somme modique, sous prétexte d'une nécessité pressante ; ainsy Avesgaud fut contraint de séparer les deux manses ; Gervais, successeur d'Avesgaud, confirma ce partage.

Il y a bien de l'apparence que les mêmes raisons obligèrent les chanoines d'Angers à demander la séparation des deux manses, mais ce fut plus d'un siècle après ; car nous apprenons, d'un titre tiré du cartulaire de Saint-Maurice, que Foulques II, comte d'Anjou, prétendant que si luy ou un de ses sujets avoient quelques différends avec un chanoine de Saint-Maurice, il devoit être jugé en sa cour par ses officiers Raynaud, évêque, Guillaume, doyen, Geoffroy, trésorier, etc. accompagnez de Marbodus, évêque de Rennes, allèrent trouver le comte en sa cour, ou en présence de plusieurs personnes de qualité, ils luy justifièrent qu'un chanoine ne pouvoit être jugé que par l'évêque, le doyen et son chapitre, dans le chapitre même, à quoy le comte consentit ; ce qui justifie que l'évêque étoit encore le chef du chapitre ; que sa juridiction n'en étoit pas distincte, puisqu'il l'exerçoit conjointement avec luy contre les chanoines.

Ce qui prouve qu'environ 1104, la manse du chapitre étoit distincte de l'évêque et que leur juridiction n'étoit plus commune, c'est qu'il paroist, par plusieurs actes, que le chapitre excommunie et achète des terres indépendamment de l'évêque, et que l'évêque demande par grâce au chapitre qu'on fasse les mêmes prières et les mêmes aumônes pour luy après sa mort qu'on fesoit pour un chanoine.

Car nous apprenons, par un acte fait en chapitre, le 29 mars 1104, que Renaud Garenger, appuyé de l'autorité de Foulques, comte d'Anjou, ayant usurpé des terres et des vignes, qu'une veuve, nommée Blanche, avoit données à l'église d'Angers pour participer, son mary et elle, aux prières des chanoines, le chapitre excommunia, sans la participation de l'évêque, ce Garenger, lequel, touché de Dieu, reconnut sa faute, vint au chapitre, demanda l'absolution qu'il reçut, restitua les vignes et donna 6 sols de cens au chapitre, sur divers héritages de la dite Blanche, sans qu'il y soit fait aucune mention de l'évêque. Ils jouissoient donc déjà de la loy diocésaine et de la juridiction épiscopale, puisqu'ils avoient pouvoir d'excommunier.

Mais il n'y avoit pas longtems, il y a apparence même que ce fut Renaud de Martigné qui consentit le premier que les chanoines et le chapitre de Saint-Maurice fut exempt de sa juridiction, peut-être pour gagner leur amitié et se réconcilier avec eux, parce qu'ils s'étoient fortement opposez à son élection, n'ayant pas été faite, suivant les canons, par le clergé, mais seulement par la noblesse et le peuple, en l'année 1102, sans la participation du clergé.

Au moins voyons-nous que le premier et le plus ancien titre dont le chapitre d'Angers s'est servi, dans les différends qu'ils ont eu avec les évêques d'Angers pour prouver qu'ils étoient exemps de leur juridiction, est un acte par lequel Raynault de Martigné reconnoit que l'évêque d'Angers ne pouvoit rien demander par force aux personnes qui demeuroient dans la terre des chanoines de Saint-Maurice, et qu'il n'a aucune juridiction sur leurs officiers.

Et par ce même acte, qui n'est point daté, il leur octroya tous ses droits en présence de Geoffroy, doyen; d'Ulger, archidiacre; de Richard, archidiacre; Normand, archidiacre; Albéric Othbert et Helderic, archiprêtre.

Mais ce qui prouve invinciblement que l'évêque se séparoit alors de son chapitre et cessoit pour ainsy dire d'être de leur corps, c'est que les chanoines, par le même acte, accordèrent au dit Renaud de Martigné, leur évêque, de célébrer des messes et de faire des prières pour luy après sa mort, pendant trente jours, comme ils faisoient pour un de leurs confrères décédé, et de nourrir un pauvre, chacun desdits trente jours, et ensuite d'en nourrir treize en tous ses anniversaires, ce qu'il auroit eu de droit sans le demander, s'il avoit été uny au chapitre, et ils luy octroyèrent encore autre chose. Cet acte est seulement marqué d'un signe de croix par Raynaud; quoiqu'il soit sans date il est facile de juger qu'il n'a pas été fait des premières années du pontificat de ce prélat, puisque nul de ceux qui étoient doyens et archidiacre, quand il fut élu évêque, n'y est nommé et que c'en sont d'autres.

Il paroit encore par un acte du 6 des ides d'octobre 1104, que la manse et portion du chapitre étoit distincte de celle de l'évêque, et que le chapitre faisoit corps à part et qu'il étoit exempt de la juridiction épiscopale; car il est dit qu'en présence de Raynaud, évêque, et de Richard, doyen de la cathédrale, d'Etienne, chantre et autres chanoines, le chapitre accepta la moitié d'un moulin à Doué, qui étoit près de l'église, où il est à remarquer que l'évêque n'y est établi que comme présent.

Mais quoyqu'alors la juridiction de l'évêque fut séparée et distincte de celle du chapitre, la communauté et la table commune subsistèrent encore plusieurs années après ce partage, entre les chanoines, car nous apprenons du cartulaire de l'église d'Angers que le même Raynaud n'étant pas satisfait des prières que l'on faisoit dans l'église d'Angers, tant pour les évêques que pour les chanoines décédez, en ce qu'on ne faisoit aucune distribution aux pauvres les jours de leur anniversaire, Raynaud, évêque, entra dans le chapitre le 5ᵉ jour de novembre 1107, où presque tous les chanoines étoient assemblez, leur proposa de donner le jour de la sépulture et de l'anniversaire de tous les chanoines qui étoient déjà décédez et qui décéderoient à l'avenir dont ils avoient le nom dans leur martyrologe, pour en faire mémoire, une portion aux pauvres, et pour l'anniversaire d'un évêque une double portion pour l'exécution de quoy il promit au chapitre de donner tant qu'il vivroit, aux dispensateurs de la célérerie du dit chapitre autant de pain et de vin qu'il en faudroit, ne voulant pas pourtant sur cela imposer aucune obligation à ses successeurs, mais seulement leur en donner l'exemple. Cette demande ayant été jugée pieuse et raisonnable, il fut conclu : 1° que le semainier, dorénavant, qui devoit faire la leçon au chapitre, prit garde au nombre des bienfaiteurs décédez; 2° qu'il demandât pareil nombre de portions de pain et de vin au célérier et des autres choses qu'on auroit préparées pour servir au réfectoire; 3° qu'il les servit ce jour-là à de pauvres clercs ou laïques, au choix du doyen et de luy semainier, qui seroient reçus à la table pour manger avec les chanoines ; 4° que tous les ans, le lendemain de la feste de tous les Saints, jour de la commémoration des trépassez, ce décret ou ordonnance du chapitre seroit lue pour seconde leçon au chapitre, en présence de tous les chanoines, afin que la mémoire s'en conservât parmi eux et qu'ils fussent excités à l'exécuter. Cet acte est au cartulaire de l'église d'Angers, fol. 89, en date du 4 novembre 1107.

DE LA JURIDICTION DU CHAPITRE ET DE SA LOI DIOCÉSAINE EXEMPTE DE CELLE DE L'ÉVÊQUE.

La séparation de la manse épiscopale d'avec la manse capitulaire a été suivie de près de l'exemption de la juridiction de l'évêque, dans la plupart des chapitres, et de la loi diocésaine;

les mêmes raisons qui obligeoient les chanoines de demander que leurs biens fussent distinguez de ceux de l'évêque les portoit en même tems à secouer le joug de leur autorité et de leur juridiction. Comme la plupart, dans le X⁰ siècle et dans les siècles suivants, menoient une vie déréglée et exerçoient une domination étrange sur le clergé, les papes et les rois n'eurent pas de peine à exempter les chapitres de la juridiction des évêques et à les tirer du droit commun, et cela pour donner un frein à la licence des prélats ; ceux qui aspiroient à la prélature consentoient par avance, afin de briguer les voix des chapitres pour leur élection. Grégoire VII donna, à Avignon, durant le schisme dans le VII⁰ siècle, des bulles d'exemption aux chapitres pour se faire des créatures et étendre par là sa juridiction contre l'anti-pape engageant plusieurs églises dans son obédience. Le chapitre d'Angers a sans doute commencé d'être exempt de la juridiction de ses évêques pour les mêmes raisons ; il n'est pas aisé de fixer précisément l'époque de sa loy diocésaine, si ce n'est au tems de Raynaud de Martigné, ainsi que nous l'avons dit, vers l'année 1104. Le chapitre a eu soin, de tems en tems, de la faire confirmer par plusieurs bulles des papes et par des arrests du Parlement.

Deux choses empeschent que cette loi diocésaine du chapitre d'Angers n'ait été si odieuse à ses évêques que celle des autres cathédrales ; la première, parce qu'elle ne s'étend que sur six paroisses, deux en ville, Saint-Maurille et Saint-Evroult, et quatre à la campagne, Chemiré, Bourg-l'Evêque, le Plessis-Grammoire et Saint-Denis-d'Anjou ; il paroît néanmoins que les chanoines avoient encore juridiction sur Montreuil-Bellay dans le XII⁰ siècle ; car Giraud de Berlay, voulant exiger une paroisse dans la chapelle de son château et y instituer un prêtre pour administrer les sacrements et avoir des fonts de baptême, présenta requête au chapitre d'Angers qui lui accorda cette permission sans la participation de l'évêque. La seconde chose, c'est que le chapitre d'Angers ne dépend pas immédiatement du Saint-Siége ; mais il est sujet à la juridiction de l'archevêque de Tours qui y a droit de visite, de connoître par appel des causes du chapitre et d'en corriger les abus s'il s'y en glissoit.

Ces deux raisons n'ont pas empêché que les évêques d'Angers n'ayent souvent attaqué cette juridiction du chapitre, entr'autres Jean de Beauvau, Jean Olivier et Charles de Miron ; mais le chapitre s'est toujours vigoureusement deffendu, sans perdre le respect dû aux prélats ; il a conservé ses droits et les a fait confirmer par des arrêts ou par des transactions intervenues sur leurs différends. Jean de Beauvau ayant fait emprisonner un des officiers du chapitre, le chapitre le revendiqua, et sa vie n'étant pas irréprochable, cette contravention fut cause que le chapitre le déféra au pape, qui le déposa après l'avoir excommunié. Charles de Miron porta son ressentiment si loin contre le chapitre qu'il excommunia l'un de ses archidiacres, qui n'avoit pas voulu l'assister à la consécration des saintes huiles, en l'église de Saint-Pierre, où de son autorité privée il avoit transféré son siége épiscopal. Jamais on n'a vu un schisme pareil ni un si grand scandale. L'évêque et le chapitre portèrent deux hosties à la procession du Sacre, en l'année 1636 ; il défendit aux religieuses du Ronceray, sous peine d'excommunication, d'ouvrir leur chœur pour laisser passer, le jour du Sacre, la procession à l'ordinaire, et le magistrat en fit briser les portes, ainsy que nous verrons ailleurs.

Messire Michel Le Pelletier présentement évêque, en 1705, est bien éloigné de cet esprit ; car il entretient une merveilleuse intelligence avec son chapitre, qui agit d'un si grand concert avec luy, que vous diriez que leur juridiction n'est point distincte. En cela il vérifie ce qu'il dit le jour où il prit possession de son évêché, le 10 janvier 1693 ; car lorsqu'il eut prêté le serment ordinaire, comme le font les évêques, de conserver les droits, les priviléges et les immunitez de son église, on lui demanda suivant la coutume, à l'entrée du vestibule de l'église de Saint-Maurice : *Est ne ingressus tuus pacificus ?* il répond jusques à trois fois : *Ita pacificus, pacificus et maxime pacificus.*

La juridiction réside dans le chapitre assemblé ; ils ont un official, un promoteur ; ils donnent des démissions, des dispenses de bancs de mariage, des monitoires, des approbations pour confesser dans toute l'étendue de leurs six paroisses. Le doyen et les chanoines ont droit de choisir quel confesseur il leur plaît et de l'approuver pour eux seulement; ils sont obligés de faire des mandemens conformes à ceux de l'évêque, touchant la discipline ecclésiastique des paroisses.

Dans le dernier siècle, la plupart des cathédrales ont perdu leur exemption de la juridiction des évêques, aussi bien que leur loi diocésaine, et on les a réduites au droit commun; de ce nombre ont été les chapitres des métropoles de Sens et de Tours, et des cathédrales du Mans et de Chartres, et actuellement M. l'archevêque de Tours plaide au Parlement pour soumettre l'église de Saint-Martin à sa juridiction. Si cette exemption, aussi fortifiée qu'elle est par l'autorité des papes et des rois ne peut se défendre, il n'y en aura plus au monde qui puisse résister aux évêques; car l'église de Saint-Martin prétend être un membre du Saint-Siége et une portion du diocèse du pape et de l'évêché de Rome, l'évêché qu'on appelloit autrefois martinopole, distingué de celuy de Tours, ayant été incorporé avec celui de Rome.

LIVRE III.

ÉGLISES ABBATIALES

A NOTRE-DAME EN ANJOU

N.-D. DE LA CHARITÉ DU RONCERAY

Fondation de cette abbaye.

Le Ronceray est une des plus anciennes, des plus nobles et des plus riches abbayes du royaume. Son antiquité se prouve par la petite chapelle souterraine, dédiée à Notre-Dame, où on descend par dix ou douze marches, à l'entrée du cloître. Elle paroît avoir été bâtie il y a plus de mille ans. Sa voûte est soutenue par quatre rangs de piliers, douze de chaque côté, d'une architecture très-antique. A côté, sont deux autres petites chapelles fort obscures, où il y a des autels en forme carrée; sur l'autel de la chapelle du milieu est l'image de Notre-Dame, d'environ un pied de hauteur, qui est de cuivre, qui paraît avoir été dorée; elle est assise dans une chaise sur une espèce de trône, elle porte l'enfant Dieu sur ses genoux, vêtu d'une petite robe; le fils et la mère ont chacun une couronne sur la teste en forme de cercle; les traits de l'un et de l'autre sont fort effacez, et les yeux n'ont pas été fondus avec le corps des figures; mais ils sont des pièces de rapport et mis dans la teste après coup, ce qui marque la grande antiquité. Foulques Nerra marque, dans sa fondation, qu'ayant fait rebâtir l'église du Ronceray il avoit conservé avec respect cette église souterraine comme un monument singulier d'antiquité et de religion, *hanc Beatæ Mariæ basilicam, usque ad fundum erutam, a fundo paulo nobilitius reduximus ad integrum, reservato tantum altari quod usque in præsentem diem apparet de sublus in cryptis.* Au-dessus de cette chapelle de Notre-Dame est la grande église du Ronceray, dont la nef fut dédiée par Hubert de Vendôme, évêque d'Angers, en 1028, et le grand autel consacré par Calixte II, pape, en l'année 1119, étant à Angers, après la consécration duquel, le pape fut prêcher le peuple au cymetière de Saint-Laurent, où toutes les religieuses l'accompagnèrent; nous avons l'acte qui en fut dressé, où il est dit que le Saint-Père, à l'exemple de Jacob, faisant voyage, érigea une pierre en titre ou plutôt consacra un autel à la gloire du vrai Dieu, repandant l'huile sacrée dessus.

Foulques Nerra, comte d'Anjou, fit rebâtir cette église dès les fondemens, en 1028, laquelle avoit apparemment été ruinée de vétusté ou par les guerres, et y fonda quatre prêtres pour faire le service divin, qui ont été depuis faits chanoines de l'église paroissiale de la Trinité, auxquels on en ajouta trois autres qu'on n'appeloit que vicaires perpétuels, de sorte que, par une nouveauté monstrueuse, il y avoit sept curés dans cette paroisse occupez à y administrer les sacremens, savoir : les quatre chanoines aux religieuses, les sept ensemble au peuple de la paroisse, où il y a plus de dix mille communians. Jusqu'en l'année 1701, que messire Michel Lepelletier, évêque d'Angers, réduisit ces sept curés à une.

III. — Il y avoit déjà des religieuses au Ronceray avant le xᵉ siècle, car l'acte de la dédicace porte que Hubert de Vendôme, évêque, consacra l'église du monastère de la bienheureuse Marie de la Charité, en l'année 1028, pour les vierges consacrées à Dieu qui y demeuroient déjà; en voicy les termes : *Anno ab Incarnatione domini nostri J. C. veri Dei Verbi ex intemerata Virgine 1028. 2. Idus Julii congregata ad tam solemne gaudium multitudine Andegavorum, Hubertus, venerabilis Andegavorum episcopus, monasterium Beatæ Mariæ Charitatis virginibus ibidem ad Dei servitium dispositis festiva dedicatione consecravit.* Et l'acte de la fondation de Foulques Nerra porte : *Statuentes ibi esse. 4. Sacerdotes ad serviendum Deo nocte et die et monialibus inibi habitantibus.* Il n'est pas facile de dire par quel évêque, ni en quel tems ces religieuses furent établies au

Ronceray. S'il étoit permis de deviner, nous dirions que ce fut saint Aubin qui mit en ce monastère ces sacrées vestales, et qu'il fut leur chercher la règle que saint Césaire, évêque d'Arles, venoit de faire pour celles de son diocèse, quand il fut voir ce saint prélat avec saint Léobin ; mais nous n'avons garde de donner une opinion qui paroit vraysemblable, pour une vérité certaine.

IV. — Il se faisoit des miracles avant le VIIIe siècle dans cette chapelle ; car Théodulphe, évêque d'Orléans, qui étoit prisonnier à Angers, par ordre de Louis le Débonnaire, dans la description qu'il fait des églises dont les prêtres allèrent le dimanche des Rameaux en procession à Saint-Michel du Tertre, appelle Notre-Dame du Ronceray miraculeuse, *Virgo salutifera*, et Foulques Nerra, dans l'acte de sa fondation, dit que cette basilique étoit fameuse par le grand nombre de miracles qui s'y étoient opérés ; *Hanc itaque basilicam Dei filii in præsens virtutibus et mirabilibus signis præclaram*.

V. — On y venoit de toutes parts invoquer le secours de la Mère de Dieu ; le concours de toutes sortes de personnes y étoit si grand, dès le commencement du VIe siècle, que St Aubin, ayant reçu visite, vers l'année 530, de St Melaine, évêque de Rennes, de St Mars, évêque de Nantes, de S^t Lô, évêque de Coutances et de St Innocent, évêque du Mans (car ce ne peut être St Victor) ; il mena ces saints prélats dans la petite chapelle du Ronceray, pour y rendre leurs devoirs à la Mère de Dieu. Les savants ont regardé cette assemblée de prélats en ce lieu comme un espèce de petit concile. St Aubin déféra tout l'honneur à St Melaine, comme à son hôte et le plus ancien, et luy fit célébrer les divins mystères, le mercredy des cendres, au commencement du carême, dans cette chapelle. L'acte de fondation de Foulques Nerra, en l'an 1028, porte que St Melaine, ayant consacré le corps de Jésus Christ, *consecrato corpore Christi*, et la messe étant achevée, *et missa expleta*, il distribua les eulogies qui étoient de pain béni, à ses confrères, en signe de la charité et de l'union qui doit être entre les évêques, et que c'est de là que l'abbaye du

Ronceray a pris le nom de Notre-Dame de la Charité. Ces paroles que beaucoup de savants ont rapportées dans leurs ouvrages sont trop remarquables pour les omettre en cet endroit : *in quo (altari de subtus in cryptis) beatus Melanius in quadragesimæ capite sacrato Christi corpore, missa expleta, electo Dei Albino, Victori (il faut lire Innocentio), Launo, Marso eulogiam charitatis contradidit, et ob hanc causam ab hinc locus iste Charitatis nomen obtinuit.*

VI. — Foulques Nerra fait ensuite mention d'un miracle qui arriva en cette occasion et dont la tradition avoit conservé la mémoire, ou de vive voix ou par écrit, jusques à son règne, savoir que Saint Mars, évêque de Nantes, gardant trop scrupuleusement le jeune du carême, ne voulut pas manger cette eulogie, de peur de le rompre, et que l'ayant tirée de sa bouche, il la cacha dans son sein, et qu'en punition de sa négligence ou du mépris qu'il faisoit d'une cérémonie si sainte et pratiquée par toute l'église, cette eulogie fut changée en serpent, et qu'ayant découvert sa faute, à S¹ Melaine il en reçut la pénitence et l'absolution, *de quibus beatus Marsus Paulo abstinentior eulogiam in sinum ab ore dejectam in ydrum statim vehementissime conversam Dei servo Melanio in ipso reditu clare non potuit*. Je sais que quelques critiques révoquent cette histoire en doute ; nous en ferons l'apologie ailleurs.

Autres étymologies du nom de l'abbaye de Notre-Dame de la Charité du Ronceray.

I. — On peut encore dire que l'abbaye du Ronceray est appelée Notre-Dame de la Charité pour deux raisons : la première, parce que Foulques Nerra y a fondé des aumônes de bled pour douze écoliers, qui leur sont distribuées pendant le temps de leurs études ; un des ces écoliers en a jusques à cinq septiers et est obligé de servir la messe qui se doit dire tous les dimanches devant l'abbesse qui présente ces aumones comme un espèce de bénéfice ou de titre, dont les écoliers sont pourtant obligés de faire démission entre ses mains lorsqu'ils ont achevé leurs études, pour les présenter à d'autres. La seconde raison est parceque la comtesse Hildegarde, femme de Foulques Nerra, a aussi fondé dans la dite abbaye, une distribution de douze septiers de froment en petits pains qu'on appelle « fouasses de la comtesse, » qui se fait tous les ans, le mardy de la semaine sainte à la porte de l'abbaye, sur lesquels pains est empreinte la figure d'un agneau pascal, et on ne distribue ces pains qu'après qu'un chanoine de la Trinité en a fait la bénédiction, avec une cérémonie dont les paroles et le rit sont particulières, ce qui fait qu'on les garde par religion, qu'on les trempe dans de l'eau à boire pour guérir de la fièvre, et même, les derniers siècles, on avoit coutume de s'en servir d'une manière superstitieuse ; car, quand un homme était noyé, lorsqu'on ne pouvait trouver son corps, on enfonçoit une chandelle bénite allumée sur un de ces pains qu'on mettoit sur la rivière où l'homme s'était noyé, le vulgaire prétendant que le pain s'arrêtoit au lieu où étoit son corps.

II. — Quoyqu'il en soit on voit l'image de Notre-Dame sur le grand autel du Ronceray, au pied de laquelle sont représentez en relief plusieurs petits enfants qui, ayant le visage et les mains élevées vers elle, semblent lui demander la charité.

III. — Le nom du Ronceray, *Beata Maria de Roncerie*, a été donné à cette abbaye parce qu'on a trouvé l'image dont nous avons parlé ci-dessus, dans un buisson de ronces et d'épines, ou bien, suivant une autre tradition, parce que les premiers chrétiens d'Angers étant assemblés dans cette chapelle souterraine dédiée à Notre Dame, pour célébrer les divins mystères, et les payens les cherchant pour les prendre, ils en furent préservez, la chapelle ayant été entourée de ronces et d'épines qui crurent tout à coup par dessus, lesquelles les payens ayant pris pour un buisson, ils furent obligés de s'en retourner.

IV. — Quoiqu'il en soit de cette tradition, il est certain que, de tems immémorial, il y a au Ronceray une ronce vis-à-vis le vitrail de la chapelle sous-terre, toujours verte, plantée dans la muraille, qui y paroît merveilleusement conservée; car quoiqu'elle ne semble pas pouvoir tirer aucune humeur de la terre, étant plantée dans une muraille faite de pierres, de chaux et de sable comme les autres, et quelques efforts qu'on ait faits plus d'une fois pour l'arracher, même jusques aux racines, elle n'en repousse que mieux, et elle étend si fort ses branches que plusieurs personnes assurent l'avoir vue percer les lozanges de la vitre et venir imperceptiblement embrasser l'image sur l'autel, comme pour l'honorer et luy rendre ses hommages, ce que j'ai vu moi-même, en 1700, y étant allé dire la Sainte Messe.

V. — Cette tradition paroît d'autant plus croyable qu'elle est appuyée d'une infinité d'exemples de la plupart des images de la sainte Vierge qu'on révère, non seulement en France, mais par toute la chrétienté, dont les unes s'appellent *Notre Dame des Orties, de Urtica*, parce qu'on a trouvé son image dans des orties; *Notre Dame du Pilier*, en Espagne, parce qu'on l'a trouvée sur un pilier; *Notre Dame du Genetay*, à Châteaugontier, parce qu'on l'a trouvée dans des genêts; *Notre Dame de Nantilly*, à Saumur, parce qu'on l'a trouvée dans un champ semé de lentilles; *Notre Dame des Ardilliers*, dans la même ville, parce qu'on a trouvé l'image dans la terre d'argile.

VI. — Dieu se plaît à faire éclater sa puissance dans les plus petites choses, suivant cette parole de S' Paul: *Infirma mundi elegit Deus ut confundat fortia.*

Du gouvernement de l'abbaye du Ronceray.

I. — Le gouvernement de cette abbaye est tout à fait extraordinaire pour la réception des religieuses, leur habit, leur clôture, leur nourriture, leur noviciat, leur profession, leur règle; nous n'avons rien, je pense, de semblable en France.

II. — On n'y reçoit que des filles de qualité; on fait preuve de leur noblesse, comme pour être chevalier de Malthe, avant que de les recevoir. La fondation n'est pourtant pas faite pour des demoiselles seulement; mais c'est l'usage. Comme l'abbaye est riche, on les recevoit autrefois toutes gratuitement; on prend présentement des pensions et des dots, comme ailleurs. L'abbaye vaut plus de 30,000 livres de rente.

III. — Leur nombre ne passe pas 40 religieuses de chœur. Elles vivent présentement toutes en communauté, sous une abbesse qu'elles élisoient anciennement et qui est présentement nommée par le roy. Autrefois la plupart vivoient en particulier, surtout les prieures, et chacune avoit sa servante.

IV. — Elles font profession de la règle mitigée de Saint-Benoît, qui est pourtant assez austère; car elles se lèvent à minuit, pour chanter l'office, et jeûnent trois fois la semaine, le mercredy, le vendredy et le samedy; elles sont fort exactes au chœur et à leurs observances; elles chantent un beau plain-chant; certains jours il leur est permis de manger du potage gras, mais non pas de la viande.

V. — Elles sont sujettes à la visite de l'évêque d'Angers, comme il paroit par plusieurs procès-verbaux de visite que l'on conserve dans les registres de l'évêché; mais, depuis un siècle, les évêques d'Angers, par la considération qu'ils ont eue pour les abbesses, n'ont point usé de ce droit; aussi n'a-t-il pas été nécessaire; car de vie d'homme on n'a entendu dire qu'aucune religieuse se soit mal comportée; elles vivent toutes avec beaucoup de régularité et en filles de qualité.

VI. — Leur habit est noir, mais d'une forme particulière,

surtout leur coiffure, qui est de toile empesée assez large, à trois faces, au milieu de laquelle est leur visage, avec une guimpe qui leur prend au-dessous du menton; sur cette coiffure, qui cache tous les cheveux, elles ont un voile noir; les jours de grandes festes, elles ont au chœur un habit de cérémonie avec de grandes manches trainant jusqu'à terre, doublées d'un linge fin plissé et empesé.

VII. — Elles n'ont jamais observé aucune clôture que celle de l'enceinte des murailles de leur maison, c'est à dire qu'elles n'ont point de grilles. Autrefois elles sortoient en ville, alloient aux processions de la cathédrale, où elles tenoient la gauche, et même chanter le *si Irenile* sur le corps des chanoines de Saint-Maurice, quand ils étoient décédez. Cette coutume étoit si religieusement observée que, quand elles y manquoient, on faisoit des conclusions en chapitre de la cathédrale pour les en avertir. Les chanoines, à leur tour, alloient à l'enterrement des religieuses. Présentement elles ne sortent jamais en ville. On leur rendoit visite jusque dans leurs chambres; présentement elles descendent au parloir bas où il n'y a point de clotures. Elles mangent avec leurs parents à même table, quand ils les viennent voir de loin, avec la permission de l'abbesse. Quelques évêques ont tenté de leur faire prendre la grille et la clôture; elles s'y sont opposées; M. Henry Arnauld, évêque d'Angers, voulut les entreprendre sur ce fait; il y eut beaucoup de procédures inutiles de part et d'autre; enfin il exigea de l'abbesse, par un acte, qu'elle ne recevrait plus, à l'avenir aucune religieuse qu'elle ne promit d'embrasser la clôture, et il promit de son côté qu'il laisseroit les anciennes mourir en paix. Depuis ce tems-là on n'a reçu aucune professe.

VIII. — Le noviciat dure autant qu'il plait à l'abbesse, quelque fois plus de quinze et vingt ans; on ne reçoit jamais une seule novice à faire les vœux; on attend qu'elles soient dix ou douze ensemble; la cérémonie en est des plus magnifiques et coûte beaucoup; l'évêque seul a coutume de la faire, suivant le pontifical; il les conduit toutes au chœur de l'église paroissiale de la Trinité, où elles font leurs vœux solennels entre ses mains;

il officie pontificalement ; chacune des novices a une couronne précieuse de perles et de diamants sur la teste. C'est un spectacle pour toute la ville et toute la paroisse, d'autant plus beau qu'il est rare. Je ne crois pas que, depuis près de trente ans, il soit arrivé ; car, madame Charlotte de Grammont, qui en est abbesse depuis vingt ans, n'a encore reçu aucune professe.

IX. — Après que les jeunes novices ont passé quelques années dans leur premier noviciat, on les met dans un second, qui est plus exact, et on nomme Italières celles qui y sont reçues ; on aurait peine à dire quelle est l'origine de cette coutume et l'étymologie de ce mot Italières. M. l'abbé d'Anières, Noë René Courau, fort versé dans la règle de Saint Benoist dont il faisoit profession, m'a dit qu'il croyoit qu'elle venoit de ce que la règle de Saint Benoist porte qu'on recevra des filles fort jeunes dans les monastères ; qu'elles y seront élevées dès leur bas âge, et que l'abbesse voulant les recevoir les mènera à l'autel, prendra un bout de la nappe de l'autel qu'elle leur mettra sur la teste, comme pour leur servir de voile, et comme on attendoit à faire faire profession à ces jeunes filles qu'elles eussent atteint l'âge convenable, qu'on en recevoit grand nombre à la fois, que cette règle a commencé à être observée en Italie, peut être est-ce pour cela qu'on les appelle Italières.

X. — Il y a cinq prieurez de filles dépendant du Ronceray, qui étoient autrefois des obédiences amovibles où l'abbesse les envoyait pour en faire valoir les biens. Mais, dans la suite des temps, elles sont devenues des titres, comme tous les autres prieurez d'hommes de l'ordre de Saint Benoist. L'abbesse les présente ; ils se resignent en Cour de Rome, et les titulaires jouissoient autrefois du revenu, sans en rendre compte à l'abbesse, et, nonobstant, cela elles étoient nourries et entretenues sur les biens de la manse abbatiale ; mais dame Charlotte de Grammont, qui gouverne présentement ce monastère, en 1704, avec beaucoup de piété, voulant remédier à cet abus contraire au vœu de pauvreté, se pourvut, en 1690, au Conseil d'état, pour faire réunir ces prieurez à sa manse abbatiale, où, après longue procédure, le roy ayant nommé M⁶ʳ l'archevêque de Paris, le Père La Chaise, son confesseur, et deux conseillers d'état pour commissaires, rendit un arrest contradictoire par lequel il ordonna, que les dits prieurez demeureroient titres ; que les religieuses qui en seroient pourvues pourroient les résigner ; que, mort avenant sans résignation, l'abbesse se pourvoieroit vers les ordinaires des lieux pour en faire l'union à sa manse abbatiale, si bon lui sembloit ; que cependant elles lui payeroient 3000 livres de pension pour elles cinq, et qu'elles lui rendroient compte de l'usage qu'elles feroient du reste de leur revenu. Les noms de ces prieurez sont : Avénières, à Laval ; Courtamont, au diocèse de Nantes ; Seiches, Mareil et Saint-Lambert-du-Lattay, au diocèse d'Anjou.

XI. — Dans un titre de Nicolas Gellant, évêque qui vivoit au douzième siècle, par lequel il fait visite au Ronceray, il ordonne que les religieuses qui sont dans leurs prieurez, viendront tous les ans, le premier samedy de caresme, à l'abbaye du Ronceray, rendre compte de leur conduite à l'abbesse, et qu'elles apporteront leurs vieux habits, autrement qu'elles n'en auront point de neufs.

XII. — Vers l'année 1109, l'abbesse Tedburge et ses religieuses voulurent bâtir une église paroissiale dédiée à St Jacques, dans un des faubourgs de la ville ; le chapitre de Saint-Pierre s'y opposa, disant qu'elles ne le pouvoient sans leur permission, parce que le lieu où elles vouloient faire bâtir cette église étoit dans leur fief et même de la paroisse de Saint-Pierre, aussi bien que le terrain où étoit bâtie l'abbaye du Ronceray, et qu'il étoit de notoriété publique que, pour reconnoissance de la féodalité du chapitre, elles lui payoient tous les ans, à la feste de l'Assomption, cinq sols et cent chandelles : *In quorum parochia abbatiam beatæ Mariæ Charitatis sicut et abbatiam Sancti Nicolai constat esse fundatam ob cujus etiam rei recognitionem jam dictæ sanctimoniales in festivitatem Assumptionis Beatæ Mariæ centum candelas et quinque solidos supradictis canonicis annuatim persolvebant.* Raynaud de Martigné, évêque d'Angers, voyant que ce procès entre des chanoines et des religieuses faisoit beaucoup de bruit dans son diocèse, et que le payement de ces cent chandelles leur étoit incommode et une source de procès, les accorda ensemble à deux conditions : la première, que les religieuses, au lieu de cent chandelles, payeroient tous les ans 4 livres en argent au chapitre de Saint-Pierre, à la feste de la Nativité de Notre-Dame, et qu'en reconnoissance du domaine et droit paroissial qu'avoient les dits chanoines sur l'abbaye du Ronceray, *hanc quoque dignitatem atque dominium Canonici beati Petri in abbatia sanctæ Mariæ Andegavensis pro jure parochiali quod in ea habent obtineant*, il fut dit que, toutesfois et quantes que le chapitre de Saint-Pierre iroit processionnellement en l'église du Ronceray, pour quelque convoy ou enterrement, ils feroient l'office et auroient la préséance au dessus de toutes autres processions, excepté celle de la cathédrale de Saint-Maurice, comme si c'eut été dans leur église propre. *Quotiescumque processio eorum causa obsequii alicujus funeri ad ecclesiam sanctimonialium convenerit, officium inibi exsequiale plenarie ut in sua ecclesia super alias omnes processiones quæ affuerit et celebrabit excepta tum modo Beati Mauritii processione.* La seconde, qu'à la feste de S¹ Pierre le chapitre députeroit deux de ses chanoines à l'abbesse, pour demander les plus beaux ornements de leur sacristie qu'il leur plairait choisir pour célébrer la feste de S¹ Pierre, comme si c'eut été dans leur église propre ; après laquelle ils seroient obligés de les rendre, et, moyennant ces deux conditions, les chanoines de Saint-Pierre permirent aux religieuses de bâtir l'église de Saint-Jacques ; l'acte en fut passé l'an 1110, l'an huitième du pontificat de Raynaud.

XIII. — Cette coutume de prester des ornements à Saint-Pierre, le jour de sa feste, s'est pratiquée pendant plusieurs siècles ; mais les religieuses voyant les inconvéniens qui en arrivoient ont mieux aimé donner une chape en propre à l'église de Saint-Pierre, à chaque mutation d'abbesse, ce qui c'est pratiqué par les dernières qui en ont pris possession : Simonne Maillé et Antoinette Dupuy.

XIV. — Il y a dans le trésor de l'église du Ronceray des reliques très précieuses, mais entre autres des langes de Notre Seigneur, qui sont enfermez dans un reliquaire de vermeil que tient un ange entre ses mains, et des vêtemens de la Sainte

Vierge, qui y furent donnés par René, roy de Jérusalem et de Sicile, duc d'Anjou. Voici l'histoire du don et de la translation de cette relique, faite en l'église du Ronceray le 21 février 1470, tirée du procès verbal qui en fut dressé ce jour-là, où il est dit que le Roy René, ayant envoyé Jean Perrotté, professeur en théologie, son confesseur, à Rome, vers le pape Paul second, en qualité d'ambassadeur, pour quelques affaires importantes à l'Église et à ses royaumes, le pape Paul second écrivit au roy un bref par lequel Sa Sainteté lui dit qu'il a reçu de bon cœur les présens que Sa Majesté lui a envoyés, lesquels il lui aurait renvoyés, s'il n'avait point craint de l'offenser, parce qu'il n'en recevoit jamais de personne; mais qu'en reconnoissance, il lui envoye aussi une croix d'or assez grande enrichie de perles et de diamans, *in qua*, dit le pape, *posuimus de ligno sanctissimæ Crucis et de indumento Beatæ Virginis Mariæ pro devotione tua*, dans laquelle croix il a mis de la Vraie-Croix et des habits de Notre-Dame. Le bref est daté du 9e mai 1469. L'acte ajoute que le roy ayant déjà donné la portion de la Vraie-Croix où Notre Seigneur a été attaché, à l'église de Sainte-Croix d'Angers, pour y être révérée par le peuple, le même roy, voulant gratifier le monastère et l'église de Notre-Dame du Ronceray d'Angers pour laquelle il a toujours eu beaucoup d'attachement, dont les ducs d'Anjou, ses prédécesseurs, sont fondateurs, il avoit aussi résolu, pour faire honorer en ce lieu la très digne Mère de Dieu, pour laquelle il a une dévotion singulière, de donner la relique des habits de Notre-Dame que lui a envoyée le pape, au dit monastère et aux religieuses du Ronceray, dont l'abbesse s'appeloit alors Aliénor de Champaigné, entre les mains de laquelle il la mit enchâssée dans la croix d'or ci-dessus envoyée par Paul second, avec défense de la montrer à découvert, à moins que ce ne fut par l'ordre exprès des souverains pontifes, des roys de France ou des ducs d'Anjou, et avec ordre de la mettre dans une fenestre fermée de grilles de fer à trois clefs, d'où elle ne seroit tirée qu'une fois l'an, le jour de l'Assomption, pour la montrer et la faire révérer au peuple; et il dit que la dite relique demeurera sur l'autel du château, jusques à ce que la chasse d'argent où il la vouloit mettre fut achevée, qui pèse plus de vingt marcs d'argent et qui est d'un très bel ouvrage, et qu'enfin, le jour de la feste de l'Annonciation suivante, toutes les églises de la ville, tant la cathédrale que les autres assemblées, elle fut processionnellement portée au Ronceray par Oliverius Principis, chantre, et par Robert Britonis, chanoine de la cathédrale; le roy et la reyne assistant à la procession avec une multitude innombrable de peuple; qu'en suite la châsse fut mise au pied d'une image de Notre-Dame, dans cette fenestre de fer à trois clefs dont le roy donna la première à l'abbesse, la seconde à la doyenne, et la troisième aux officiers de la Chambre des comptes, et fonda une lampe ardente pour bruler jour et nuit devant cette relique.

René, roy de Jérusalem et de Sicile, étoit très-dévot à la Sainte Vierge, et on le peint ordinairement un chapelet à la main, avec cette devise : « Devot luy suis. » Après avoir été sacré roy, il apporta sa couronne, qui est de pur or, au Ronceray, comme pour la mettre aux pieds de la Sainte Vierge; on la voit dans le trésor, avec ces paroles gravées tout autour : *Ave Maria gratia plena etc...*

NOTRE-DAME DE LA ROË

Fondation de cette abbaye.

Les commencemens de l'abbaye de Notre-Dame de la Roë sont tout à fait admirables, et il n'y a guère de plus beaux événemens, dans l'histoire ecclésiastique d'Anjou, que ce qui a donné lieu à son établissement, qui s'est fait par une providence spéciale de Dieu. Voicy le fait : Robert d'Arbrissel, après la mort de Silvestre, évêque de Rennes, dont il étoit official, grand vicaire, archiprêtre diocésain, alla à Angers, en 1090, où Ulger et Marbodus, archidiacres de l'église d'Angers, dont le premier fut deppis évêque de la même ville, et le second évêque de Rennes, jetoient les fondemens de cette université florissante qui y a été depuis établie, en y faisant venir tout ce qu'ils pouvoient trouver de gens sçavans, pour y enseigner la philosophie et les lettres saintes. Robert d'Arbrissel, qui avoit parfaitement bien fait ses études à Paris, régenta la théologie à Angers avec applaudissement, non pas en qualité de maître-école, comme l'a dit M. Ménage en son *Histoire de Sablé*, page 129, mais en qualité de docteur particulier. C'étoit un homme très austère et qui tendoit à la plus haute perfection du christianisme et du sacerdoce, ce qui fit, qu'après un an ou deux, il quitta la régence pour embrasser la vie solitaire. Sortant d'Angers il se retira dans la forêt de Craon, à douze lieues d'Angers, où il se bâtit un hermitage, en l'année 1092; il y prescha la pénitence et en pratiqua une très austère, ne mangeant que des racines et n'étant couvert que d'un cilice. La vie qu'il menoit en ce désert étoit si édifiante qu'elle attira auprès de luy tous les solitaires du royaume, et il s'y en rangea un si grand nombre que la forêt de Craon ne pouvait plus les contenir.

Robert fut obligé dans la suite de les disperser en diverses provinces du Mayne, de Bretagne, du Perche, du Poitou, de Normandie, de Berry, où il s'établit diverses colonies de solitaires sorties de cette forêt; en sorte que toutes les abbayes formées en ce tems-là reconnoissent pour instituteurs, fondateurs, les disciples de Robert d'Arbrissel, comme l'Etoille, Fongonbaut, Tyron, etc. Robert s'associa à Bernard d'Abbeville, Renaut de la Fustaye et Vital de Mortain, homme d'une vertu éminente, pour la conduite de tous ces anachorètes. Plusieurs d'entre eux lui ayant témoigné qu'ils souhaitoient vivre dans une communauté éloignez du monde, Robert pensa leur faire bâtir un couvent dans la forêt de Craon, et à leur donner la règle de S¹ Augustin ; ils choisirent pour cela le lieu de la Roë, où quantité de personnes venoient entendre ses prédications, qui touchoient si vivement les cœurs qu'on lui appliqua ce petit mot du prophète, *vox tonitrui tui in rota*, et on disoit que sa voix étoit comme une voix de tonnerre qui brisoit les cœurs sous la roue, tant elle leur inspiroit une vive contrition et une grande douleur de leurs crimes. La réputation de Robert et des miracles que Dieu faisoit par luy se répandit de tous cotez. Urbain II, pape, étant venu à Angers en 1096, après la tenue du concile de Clermont, en Auvergne, souhaita qu'il preschât devant Sa Sainteté à la dédicace de l'église de Saint-Nicolas-lès-Angers, qu'il consacra, à la prière de Foulques Réchin, comte d'Anjou, le 10 des ides de février 1096. Le pape fut si satisfait de sa prédication qu'il lui donna la qualité de missionnaire apostolique, pour prescher la parole de Dieu dans tout le monde chrétien. Cependant Robert retourna dans la forêt de Craon pour achever son monastère, et, comme il étoit fort dévot à la Sainte Vierge, il voulut que l'église et le couvent fussent mis sous la protection de la très-digne Mère de Dieu et de S¹ Jean l'Evangéliste. D'abord les bâtiments n'en furent pas magnifiques ; mais Renaut de Craon, fils de Robert, surnommé le Bourguignon, ayant voulu être le fondateur de cette abbaye, leur donna la forêt toute entière et plusieurs terres dans le voisinage pour la doter, estimant un grand honneur que ces saints anachorètes fussent venus s'établir sur ses terres, et leur fit bâtir une église, en l'honneur et sous l'invocation de la très Sainte Vierge, et mit les religieux sous la règle de St Augustin. *Quoddam boscum meum Credonensi castro primum ad ædificandam ibi ecclesiam beatæ et gloriosæ Virginis Mariæ de jure meo in jus canonicorum sub beati Augustini regula in eadem ecclesia degentium perpetuo transfundo ita solidum quod a consuetudinibus omnibus exceptum qualiter a Fulcone Andegavensis comite juniore solidum et quietum illud usque in præsentem diem tenui et teneo.* D'où vient que cette église, qui est aujourd'hui l'abbaye de la Roë, a été souvent appelée l'église de Sainte-Marie-du-Bois. M. Baluze a fait imprimer, dans le IIe vol. de ses Mélanges, le titre de cette donation, dit M. Ménage ; mais il l'a mal datée de l'année 1093 ; elle ne fut faite qu'en l'année 1096, le lendemain de la dédicace de Saint-Nicolas d'Angers, par le pape Urbain II, ainsi que porte le titre : *Datum Andegavensis XI, idus februarii in crastino dedicationis basilicae sancti Nicolai*, laquelle dédicace fut faite à Angers par le pape Urbain II le 12 février de l'année 1096, et c'est d'où vient que tant d'archevêques, d'évêques et de cardinaux, qui étoient à la suite du pape, ont souscrit à l'acte qui en fut fait dans la chambre en présence de Geoffroy de Mayenne, évêque d'Angers. *Actum in camera et in domini Gaufridi episcopi presentia* scavoir : Hugues, archevêque de Lyon ; Amatus, archevêque de Bordeaux et légat du Saint-Siége ; Gauter, évêque d'Albe ; Yves, évêque de Chartres ; Hoellus, évêque du Mans ; etc. ; Aldebert, primat de Bourges ; Guy, archevêque de Vienne ; Giraud, évêque de Maurienne. Cette même donation fut confirmée à Tours, dans le Concile provincial qu'Urbain II y tint le 21 mars de la même année 1096, célébrant pontificalement la Sainte Messe, ayant la teste couronnée de palmes, dans l'église de Saint-Martin de Tours. Deux ans après cette donation, Geoffroy de Mayenne, évêque d'Angers, qui l'avoit approuvée, vint faire la dédicace de cette église de la Roë, à la prière de Robert d'Arbrissel et de tous ses chanoines ; il en bénit le cimetière et en consacra l'église en l'honneur de la très-glorieuse Vierge Marie, et commanda à tous les prêtres du Craonnois de visiter la dite église tous les ans à pareil jour de sa consécration qui fut le 7 des calandes de may 1099. La cérémonie de la dédicace de cette église fut très solennelle; car tous les barons d'alentour y assistèrent, et les seigneurs de la Guerche, de Vitray et de Pouancé y signalèrent leur piété, non seulement par leur présence, mais par des dons qu'ils y firent. M. Ménage dit que Robert, dans sa *Gallia christiana* (1), s'est trompé en disant que la consécration de l'église de la Roë fut faite en 1099, par Renaut de Martigné, évêque d'Angers, parce que ce Renaut, suivant la chronique de Saint-Aubin d'Angers, ne fut consacré évêque qu'en 1102, ou, selon une autre chronique d'Anjou, qu'en 1106. M. Pavillon, pag. 540, des Preuves de la vie de Robert d'Arbrissel, remarque fort judicieusement, que le titre de cette donation ne peut même avoir été rédigé par écrit qu'en 1102, y étant fait mention de Renaut de Martigné, évêque, lequel ne fut élu évêque d'Angers que cette année là, à cause de l'opposition faite à son élection par son chapitre et par Geoffroy de Vendôme. Mais Jean Hiret s'est encore bien plus étrangement trompé, pag. 116, de la première édition des Antiquitez d'Anjou appelant le fondateur de l'abbaye de la Roë, *Albros de Bourgognino*.

Robert d'Arbrissel fut fait le premier abbé de la Roë; il donna des règles admirables à tous ses religieux, qu'il instruisoit encore mieux par ses exemples que par ses paroles; mais il fut bientôt obligé de les quitter pour exercer la qualité de missionnaire apostolique que lui avoit donnée le pape. Il laissa en sa place un excellent supérieur, et en peu de tems cette abbaye devint une des plus célèbres du royaume. Robert fut de province en province annoncer le royaume de Dieu et partout ses missions étoient accompagnées de prodiges de grâces par la conversion des pécheurs qui venoient l'entendre, ainsy qu'on peut voir dans sa vie.

On croit que cette abbaye est dédiée à la Sainte vierge et à

---

(1) *Gallia Christiana, in qua regni Franciae, ditionumque vicinorum dioeceses, et in iis praesules discribuntur.* Auctore Claud. ROBERTO — *Parisiis apud Sebast. Cramoisy,* 1626, in-fol. (A. L.)

St Jean l'Evangéliste, et est appelée du nom de la Roë parce qu'elle est comme dans le centre de je ne sais combien de paroisses qui en dépendent, et comme au milieu de la plupart des biens qui y ont été donnez par des personnes de qualité et qui y aboutissent comme les rayons d'une rouë au moyeu, ou les lignes au centre; on voit aussi de petites roues d'architecture sur le portail de l'église de la Roë, qu'il y a bien 600 ans qui est bâtie, et qui en sont comme les armes parlantes.

Differens seigneurs d'Anjou, de Bretagne ou d'ailleurs ont donné de leurs biens pour fonder cette abbaye, qui est riche. Les chanoines réguliers de Saint-Augustin de la Congrégation de Sainte-Geneviève la possèdent présentement; leurs bâtimens étaient si vieux qu'ils tomboient en décadence en 1700; ils ont entrepris de la faire rebâtir, et quand elle sera achevée elle sera une des plus belles abbayes de France. Le bâtiment en sera d'autant plus considérable qu'ils n'avoient pas les matières à place et qu'elles leur ont beaucoup couté à faire venir par charroy; les murs sont de tuffau et de brique; ce qui les rend fort agréables à la vue, ce sont deux gros pavillons quarrez qui leur couteront bien quarante mille écus. On y voit encore des restes de l'ancienne église qui fut dédiée très solennellement par Geoffroy de Mayenne, évêque d'Angers, l'an 1099. L'église moderne, telle qu'on la voit, est très belle, surtout le chœur, où il y a près de 70 chaises très bien travaillées, marque que la communauté a été autrefois fort nombreuse; le sanctuaire est un des plus beaux qu'on puisse voir; il y a des vitraux peints que les connaisseurs estiment être un chef-d'œuvre de l'art, en sorte qu'il n'y a rien de si beau en France. C'est l'abbé Le Clerc qui l'a fait bâtir; son sépulchre fut ruiné par les huguenots en 1562; ils firent ôter les figures de son mausolée, avec des bœufs; il y avoit aussi, à main gauche du grand autel, un reliquaire magnifique; ces misérables, également impies et barbares, emportèrent ou brûlèrent toutes les reliques, de sorte qu'il n'y en reste aucune.

De cette abbaye dépendent plus de soixante bénéfices, tant chapelles, prieurez, que cures en différentes provinces; c'est l'abbé qui les présente et qui étoit autrefois obligé de ne les présenter qu'à des sujets de l'abbaye, ce qui étoit gênant; mais messire Charles Sublet D'Heudicourt, présentement abbé commendataire, a fait un concordat avec les religieux, environ l'année 1698, par lequel ils lui laissent la liberté de choisir, dans toute la Congrégation de Sainte-Geneviève, les sujets qu'il trouvera les plus dignes.

Par fondation, les religieux son obligez de distribuer toute l'année, deux fois la semaine, 900 boisseaux de bled, mesure de Craon, pesant 60 livres, en pains de demi livre chacun, à tous les pauvres qui se trouvent à leur porte; tous les mardis gras, la viande de six veaux; tous les jours de jeudy saint, une cuillerée de feuves, un hareng, de la morue et un pain d'une livre à chaque pauvre, et il s'y en trouve quelquefois plus de douze cents qui viennent de plus de trente paroisses à la ronde; je crois que ces aumones contribuent à rendre les paysans du Craonnais pauvres et fainéans; il les faudroit faire d'une manière plus utile.

La cure de la paroisse de la Roë est annexée à l'abbaye; le prieur en est curé-né; il n'y a que trois cents communians.

NOTRE-DAME DE FONTEVRAULT

Fondation de cette abbaye.

Nous avons dit, dans la fondation de Notre-Dame de la Roë, que Robert d'Arbrissel avoit presché devant le pape Urbain II, à la dédicace de Saint-Nicolas d'Angers, avec l'applaudissement de toute la cour romaine, en sorte qu'il sembloit, dit Baudry, évêque de Dol, dans sa vie, que le Saint Esprit eut parlé par sa bouche devant une si auguste et si nombreuse assemblée, qu'elle sembloit plutôt de tout l'univers que d'une feste particulière. Sa Sainteté, au rapport de Guillaume de Neubourg, lib., ch. xv, lui donna la qualité de missionnaire et de prédicateur apostolique par tout le monde chrétien. Robert, pour remplir les devoirs de cette importante commission, alla prescher avec deux ou trois compagnons presque dans toutes les provinces du royaume. Au sortir des forêts de Craon, il commença par annoncer l'évangile dans le diocèse de Poitiers, sur les confins de Tours et d'Anjou, dans le lieu appelé Fontevrault, *Fons Ebraldi*, ainsi nommé, selon la tradition, parce qu'un voleur de grand chemin, nommé Evrault, se retiroit ordinairement proche cette fontaine. Le concours de ceux qui vinrent entendre Robert fut si grand que les villes, les monastères et les familles devenoient déserts pour peupler les bois d'auditeurs; en sorte qu'au rapport de quelques auteurs, il y eut cinq à six mille personnes des deux sexes, de tout âge et de toutes conditions qui se rangèrent auprès de luy, sans vouloir le quitter, tant ils étoient charmez de ses paroles et des exemples de sa bonne vie. Robert voyant des effets si prodigieux de la grâce, pensa à en rendre le fruit permanent, en faisant faire à cette grande troupe des tentes et des pavillons, pour loger les deux sexes séparément. Il leur prescrivit des règles pour la prière, le travail et le silence, et leur marqua des heures pour se rendre à l'oratoire qu'il avoit fait bâtir dans ces bois. L'ordre qu'il avoit prescrit fut si bien gardé qu'insensiblement il se forma une communauté dont il paroissoit bien que le Saint Esprit étoit également l'instituteur et le directeur. Robert ne voulut d'abord que faire camper tous ces solitaires, afin d'éprouver leur fidélité et de les pouvoir congédier dans la suite, s'il eut vu que leur première ferveur n'eut pas été persévérante; mais enfin voyant que le grand nombre de ces néophytes, la différence de leur sexe et de leurs états, bien loin de nuire à la régularité ne faisoit au contraire que l'augmenter, et que, sans y penser, il s'en formoit une communauté à peu près semblable au chariot d'Ezéchiel, qui, pour être attelé d'animaux de si différentes espèces, très contraires dans leurs inclinations, ne laissoit pas de marcher, sans détourner ni à droite ni à gauche, et sans reculer, parce que, selon la belle pensée de saint Grégoire, l'unité de l'esprit de Dieu étoit dans les roues, qui fesoit remuer tout l'équipage : *Spiritus Dei erat in rotis*; Robert, dis-je, voyant de même sa communauté composée de malades et de lépreux, de pécheurs qui vouloient se convertir, d'âmes justes qui tendoient à la perfection, marcher d'un pas égal et uniforme, parce que l'esprit de Dieu lui donnoit le mouvement, ne douta point que Dieu ne voulut assembler tous ces différens membres dans un corps; néanmoins ce sage abbé, dont la charité étoit si universelle et si abondante qu'elle luy faisoit recevoir toutes sortes de personnes, sains et malades, riches et pauvres, justes et pécheurs, vit bien que cela pouvoit avoir de grands inconvéniens dans la suite; c'est pourquoi il partagea sa communauté en trois classes, et fit comme trois monastères dans l'enclos du même bois de Fontevrault; dans un, il mit les malades lépreux dans une espèce d'hopital qu'il dédia à saint Lazare; dans le second, il mit les filles et femmes débauchées qui vouloient se convertir, et le dédia à Sainte Madelaine; dans le troisième, il renferma les vierges saintes qui tendoient à la perfection et le dédia en l'honneur de la maternité de la très Sainte Vierge; il n'y avoit pourtant qu'une même porte pour ces trois monastères à laquelle il avoit donné le beau nom d'Athanasis, c'est-à-dire de l'entrée de l'immortalité, et pour honorer la supériorité que la divine Marie avoit exercée sur Saint-Jean, en vertu de cette parole que Jésus-Christ lui avoit dite sur l'arbre de la croix : *Mulier, ecce filius tuus, fili, ecce mater tua*, il voulut que, par un institut tout nouveau et qui n'avoit point de semblable dans l'église, les religieux fussent soumis à l'abbesse pour honorer la maternité de Notre-Dame. Pétronille de Chemillé fut la première abbesse de ce fameux monastère. Dieu approuva visiblement cet institut ; car plusieurs grands seigneurs, les roys de France et d'Angleterre, surtout nos comtes d'Anjou en voulurent être fondateurs.

Foulques Réchin, comte d'Anjou, ayant appris par la renommée les prodiges que Dieu faisoit dans le désert de Fontevrault par les soins de Robert, et les vertus admirables qu'y pratiquoient ses religieuses, prévenu d'estime pour luy depuis qu'il l'avoit entendu prescher avec applaudissement devant le pape Urbain II, vint à Fontevrault, accompagné des princes Geoffroy et Foulques, ses enfants ; il y vit tant de merveilles et y remarqua tant de choses extraordinaires qu'il en fut charmé et il fit à cette maison de grands dons, non seulement pour fournir aux frais des bâtiments, mais encore pour la nourriture de toutes ses religieuses. Son fils Foulques le jeune qui luy succéda luy accorda aussi de grands priviléges et luy fit de grands dons. La reine Bertrade et le comte d'Anjou le vinrent voir dans la suite, et, quoique le bienheureux Robert eut tant témoigné de fermeté au Concile de Poitiers, contre le mariage incestueux de cette princesse, elle ne laissa pas de luy faire plusieurs visites de suite, et ayant eu plusieurs conférences avec ce saint homme sur la grandeur et l'énormité du scandale qu'elle avoit causé dans tout le royaume, elle se résolut enfin de quitter le monde et de se retirer dans le monastère de Fontevrault, pour y faire une austère pénitence ; et, au lieu de la couronne qu'elle avoit tant ambitionnée, elle lui demanda un voile. Robert la reçut à bras ouverts, et, comme elle avoit à huit lieues de Paris, proche la ville de Montfort, au diocèse de Chartres, une maison appelée Haute-Bruyère, elle luy fit présent de cette maison, pour en faire un couvent, et ajouta à ce don ce que le roy Philippe son époux, lui avait assigné dans la Touraine pour partie de son douaire, et cela du consentement du roy Louis, successeur de Philippe. Cette conversion surprit beaucoup de personnes, et elle fut d'autant plus admirable que Bertrade étoit encore dans la fleur de son âge et de sa beauté; ainsi on peut dire que la conversion de Bertrade est comme le chef-d'œuvre de Robert et la principale de ses victoires, et il gagna sur son cœur ce que quatre conciles n'avoient pu faire. Son exemple fut suivi de plusieurs princesses, entr'autres d'Hermengarde d'Anjou, sa belle fille, et de Mathilde d'Anjou, sa petite fille, après qu'elle fut veuve du roy Adeling, héritier présomptif d'Angleterre.

Le comte et la comtesse d'Anjou ayant appris l'élection que l'on fit de la bienheureuse Pétronille, pour première abbesse, vinrent la féliciter et luy firent un présent qui surpassoit tous ceux qu'ils avoient fait jusques alors à la maison de Fontevrault, car ils luy donnèrent certains domaines sis au Pont-de-Cé, qui étoient d'un si grand revenu qu'ils ont été donnez en échange pour une rente de 400 septiers de froment assignez sur la comté de Beaufort.

Pierre, évêque de Poitiers, alla à Rome pour obtenir la confirmation de cet institut du pape Paschal second, en 1106, qui a été depuis approuvé par plus de vingt papes; ce saint prélat dit tant de bien, à Sa Sainteté, du bienheureux Robert, des miracles que la grâce faisoit par les prédications de cet homme apostolique sur le cœur des pécheurs, qu'il obtint du Saint-Siége, plus facilement qu'il ne pensoit, une bulle par laquelle le pape approuvoit l'ordre de Fontevrault et les constitutions qui s'y gardent; il l'apporta sur la fin de l'année 1106. Robert la fit recevoir en son monastère par ses religieuses, avec tout le respect et la vénération dus au Saint-Siége. Quelque tems après, Girard, évêque d'Angoulême, qui étoit alors en une réputation extraordinaire, ayant été fait légat de la part du pape Paschal II, écrivit une lettre circulaire, en faveur du monastère de Fontevrault, à tous les évêques de sa légation, afin de leur demander de faire faire des quêtes dans leur diocèse, pour achever les bâtiments de ce nouvel ordre qui étoit encore assez pauvre. Cette lettre eut tout l'effet qu'on en pouvoit attendre; chacun y apporta de toute part, et, en peu de tems, l'abbaye de Fontevrault devint riche de plus de cent mille livres de rente. Les seigneurs de Monbazon, de Mirebeau, de Montsoreau, de Craon, de Chemillé, de Montreuil-Bellay et une infinité d'autres y firent de grands dons, mais surtout les comtes d'Anjou et de Bretagne.

Le pape Calixte II y vint en personne et dédia l'église de Fontevrault en l'honneur de la Sainte Vierge, le 17 octobre 1119, et ayant présidé à un chapitre général qu'il tint dans ce couvent, il en approuva les constitutions. Cinq reines se sont fait religieuses de l'ordre de Fontevrault, quatorze princesses, entre lesquelles il y en a eu cinq du nom et du sang des Bourbons qui en ont été abbesses; deux rois d'Angleterre, Henry II et Richard Cœur-de-Lion, ont choisy le lieu de leur sépulture dans cette église. Plus de cent maisons de cet ordre se sont établies en diverses provinces de France et d'Angleterre. Tous les grands hommes, depuis l'onzième siècle ont parlé avec éloge de cet institut et de son fondateur, et, de son tems, l'abbé Suger dit qu'il y avoit au moins cinq mille religieuses de cet ordre, qui a été tout consacré pour honorer jusques à la fin du monde la divine maternité de Marie, ainsi que d'autres ordres ont été établis dans l'église de Dieu, les uns pour honorer ces mystères, comme sa Conception immaculée, son Annonciation, sa Visitation et son Assomption; les autres, pour honorer ses saintes vertus, ainsi qu'a été fondé l'ordre de l'Annonciade par la bienheureuse Jeanne de France.

Quelques-uns ont trouvé à redire que Robert d'Arbrissel ait soumis des religieux à des femmes. La bénédiction qu'il a plu à Dieu de donner à cet ordre depuis plus de sept siècles, l'approbation des souverains pontifes et la multiplication de cet institut en tant de provinces, prouvent manifestement que ce saint homme avoit été inspiré de Dieu, pour faire honorer la maternité de sa divine mère, et la supériorité qu'elle avoit sur

S⁺ Jean et même sur Jésus-Christ, suivant cette parole *Et erat subditus illis*.

Robert, consacrant l'abbaye de la Roë à la Sainte Vierge et à S⁺ Jean l'Évangéliste, considérant qu'il n'y avoit point encore de religion établie dans l'église en l'honneur de la maternité de la Sainte Vierge, eut la pensée de fonder un ordre pour la faire honorer, et, comme si ces paroles se fussent adressées à luy : *Inspice et fac secundum exemplar quod tibi monstratum in monte*, il souhaita d'exécuter, en sa personne et en celle de ses disciples, les paroles du testament du Fils de Dieu, et renouveler dans l'église cette mystérieuse alliance que le Divin Sauveur, mourant sur la croix, avoit formée entre Marie et saint Jean et entre saint Jean et Marie, leur disant : *Mulier, ecce filius tuus; fili, ecce mater tua*. Et, comme après ces paroles du Sauveur, saint Jean rendit à Notre Dame tous les devoirs qu'un fils doit à sa mère et qu'un inférieur doit à sa supérieure, et que la Sainte Vierge eut réciproquement toutes les tendresses et l'affection envers S⁺ Jean qu'une mère peut avoir pour son fils, notre Robert voulut faire revivre cette miraculeuse maternité et conserver à jamais l'image de cette soumission volontaire que le disciple bien aimé rendit à la Vierge, en qualité de fils adoptif. Se voyant entouré d'hommes et de femmes, il voulut fonder une communauté composée des deux sexes dont l'un surpassant de beaucoup l'autre en nombre, représentât la divine maternité de Marie, et l'autre tint la place de S⁺ Jean, dont l'un, fît la fonction de mère et l'autre celle de fils, et, tout ainsi qu'une mère durant la minorité de ses enfants a l'administration de leurs biens et une autorité entière sur leur personne; que même la divine Marie a exercé cette autorité sur S⁺ Jean, mais même sur Jésus-Christ, *et erat subditus illis*, notre patriarche, désirant imiter l'humilité et la soumission de S⁺ Jean, fît renoncer ses religieux aux avantages de leur sexe et à la disposition de leurs biens qui jusques alors étoient communs, et les rendit par ce moyen comme des enfants, ou, pour mieux dire, comme des pupilles de la Vierge, en les obligeant à faire vœu d'obéissance à l'abbesse de la congrégation, dont il leur donna le premier l'exemple, suivant l'auteur de sa vie, André, *me et meas earum potestati subdidi* (1). Quoique cet ordre soit bien extraordinaire et qu'il n'ait point d'exemple dans l'église, Dieu et ses vicaires en terre l'ont approuvé; Dieu, par la bénédiction qu'il a répandue sur ce saint ordre, qui a plus de cent maisons dans l'Europe, et le souverain pontife qui l'a confirmé et y accorde de grands priviléges.

Robert préposa, à la tête de cette sainte troupe de vierges et et de femmes veuves, deux illustres et très-saintes angevines, la bienheureuse Hersende de Champagne, proche parente du comte d'Anjou et veuve de Guillaume, seigneur de Montsoreau, à laquelle il donna pour coadjutrice la bienheureuse Pétronille, aussi veuve du baron de Chemillé; toutes deux filles et femmes de souverains dans la province; et il donna un saint homme, nommé André, pour prieur de la communauté des religieux.

---

(1) *Les dernières années de la vie et la très-sainte mort du bienheureux Robert d'Arbrissel......* Par le R. P. frère ANDRÉ. — In-4°. (A. L.)

NOTRE-DAME DU LOUROUX

Fondation de cette abbaye.

L'abbaye de Notre-Dame du Louroux, *de Oratorio*, est située dans la paroisse de Vernantes, à laquelle est uni l'archiprêtré de Bourgueil, sur la rivière du Latan qui passe dans son enclos et va se perdre dans l'Authion. L'auteur des *Annales de Citeaux*, page 132, numéro 7, an 1121, dit qu'elle fut fondée par Foulques, comte d'Anjou, roy de Jerusalem et par Heremburge, sa femme, pour des moines de Citeaux, et il cite Guillaume de Nangis en ces termes : *De ea Guillielmus de Nangia paucis in chronico, anno Christi 1121, in episcopatu Andegavensi abbatia Oratorii a Fulcone, comite Andegavensi, et uxore ejus Heremburge fundatur.* Cet auteur la met la neufvième fille de Citeaux ; il dit qu'elle a eu deux noms, de la Charité ou du Louroux, comme qui diroit de l'Oratoire ou de l'Oraison. *Illud binæ minæ Charitate alioquin dicitur huic una tantum vox ab oratione vocabulo mutuato nomen dedit.* La fondation ne se trouve plus dans les archives de cette abbaye, à cause de la guerre entre les Anglois et les François qui la brulèrent et la ruinèrent de fond en comble, en indignation de la maison d'Anjou dont ils prétendoient la succession, aussi bien que du Mayne et de la Touraine. Il ne reste plus des anciens lieux réguliers qu'un grand réfectoire, éloigné de cent pas de la maison. L'abbaye du Louroux s'étant peu à peu relevée de ses ruines, par les liberalitez des comtes d'Anjou et des seigneurs circonvoisins, fut rebâtie en citadelle, quelques siècles après sa première fondation, pour la parer des courses des Anglois, telle qu'on la voit à présent, avec doubles fossez, doubles ponts-levis ; les comtes d'Anjou y entretenoient même une garnison de soldats, du tems des guerres avec les Anglois. Le plus ancien titre qui se trouve du débris de cette abbaye, est une transaction, en date de 1146, faite entre Geoffroy, duc de Normandie et comte d'Anjou, fils de Foulques et d'Heremburge, fondateurs de cette abbaye, et Foulques, abbé du Louroux et ses religieux, par laquelle il paraît, qu'étant survenu entre ce prince et cet abbé un grand différend, au sujet de la moitié de la terre *de Cuverniaco*, et du village de Saint-Nicolas, au diocèse du Mans, que Foulques, comte d'Anjou et Heremburge, sa femme, leur avoient donné pour fonder cette abbaye, Geoffroy retira des mains de l'abbé cette moitié de seigneurie de Cuverniac, et luy donna en échange huit livres de rente annuelle, de la monnoye du Mans, à prendre sur les tailles du Mans, payables chaque année à la fête de Noël, pour l'entretien du luminaire de l'église du Louroux, dans laquelle Geoffroy dit que sa mère Heremburge étoit enterrée, de laquelle les religieux du Louroux conservent les ossements dans un coffret de sapin, en une fenestre, à côté de l'Évangile : *Octo libras Cenomanensis monetae in Natali Domini totas in simul reddendas ad luminare ecclesiae de Oruturio faciendum pro animabus patris et matris meae, quae in eadem ecclesia jacet sepulta;* et le titre porte qu'il céda ensuite cette moitié de terre et le village en question à Hugues de Cleers, sénéchal de La Flèche, *seneschalco de Fissa*, pour le récompenser de ses services, et pour qu'en qualité de son homme-lige, il demeurât toujours dans son château de Selonne pour le garder. *Ego vero antedicta medietaria Fulconi de Cleers ejusdemque haeredibus per ipsum pro suo servitio habendas concessi ipse quaedam pro hoc dono meus liges homo fieret perpetuamque stationem in castro Seloniae etiam mihi pepigit faciendam;* et il est marqué que cette transaction fut faite en présence de Guillaume, évêque du Mans, de Robert Burgery, chantre, de Philippes, archidiacre de l'église du Mans, de Foulques, premier abbé de Pontron, l'année même que ce Geoffroy, comte d'Anjou se croisa pour aller à la Terre Sainte avec grand nombre de gentilshommes et de seigneurs angevins, *anno quo cum pluribus aliis viris illustribus crucem sumpsit Gaufredus, Normaniae dux et Andega-*

verum comes; et il est marqué que cette transaction fut ensuite portée dans le chapitre de l'abbaye du Louroux pour être acceptée par l'abbé et les religieux. Elle finit par ces mots : *In nomine Domine nostri Jesu Christi, filii Dei, amen.*

En l'année 1223, Honoré III, pape, mit cette abbaye avec tous ses biens, dont il fait le détail dans sa bulle, sous la protection du Saint-Siège; *Et monasterium*, dit ce pape, *Sanctae Dei Genitricis Virginis Mariae de Oratorio in quo divino estis mancipati obsequio sub beati Petri et nostra protectione suscipimus.* Le même auteur des *Chroniques de Citeaux*, ci-dessus allégué, dit qu'il est fait une honorable et ample mention de cette abbaye du Louroux, dans les lettres des papes Honoré III et Grégoire VIII; qu'elle n'est taxée, dans les registres de la chambre apostolique, que 250 florins; qu'Innocent IV écrivit à l'abbé du Louroux, au diocèse d'Anjou, des lettres datées de Lyon, le 13 des calendes de Janvier, l'an 2 de son pontificat : *In litteris Honorii Gregoriique illius papae tertii hujus novi monasterii mentio ejus neque exigua neque indecora.*

Cette abbaye fut autrefois considérable; car les abbayes de Pontron, du Perray au Nonnains en Anjou, de Bellebranche, de Bonlieu et de la Virginité, au Mayne, et de Boumay en Touraine en dépendoient, et les abbés du Louroux avoient autrefois inspection sur ces abbayes, et plusieurs autres, au nombre de dix-sept, en sorte qu'elle étoit comme le chef-lieu d'une congrégation.

Saint Bernard a écrit autrefois à un abbé du Louroux; sa lettre manuscrite est dans l'abbaye de la Boissière, sur le couvercle d'un graduel ou d'un antiphonaire.

Il paroit, par les titres de l'abbaye du Louroux, que Charles VI, roy de France, y a demeuré trois mois. Ce fut apparemment dans le tems qu'il fuyoit la fureur des Anglois qui avoient envahy son royaume, ou qu'il avoit l'esprit aliéné.

Il y a deux grandes châsses entre l'autel et le chœur, pleines de reliques et d'ossemens de saints, que les Anglois laissèrent, après en avoir volé les châsses d'argent où elles étoient enfermées; on y voit entr'autres un morceau du crâne de saint

Chrysostôme, qui a été tiré du chef de ce saint qui est à Paris, aux Bernardins, et qui est en si grande vénération en Sorbonne, que tous les ans, le jour de sa fête, la faculté y va processionnellement entendre la sainte messe ; une relique du chef de sainte Claire et du bras de sainte Julienne. Il y a dans l'église un très beau mausolée, d'un seigneur de la maison du Bellay.

NOTRE-DAME DE LA BOISSIÈRE

Fondation de cette abbaye.

Le même auteur des Chroniques de l'ordre de Citeaux nous assure, n° 6, que l'abbaye de Notre-Dame de la Boissière, en latin *de Buxeria*, au diocèse d'Anjou, fut fondée en 1131, le 15e jour de juillet, sans nommer le fondateur. Claude et Robert de Sainte-Marthe disent qu'elle a été une des trente abbayes dépendantes de la congrégation de Savigné, laquelle Serlo, homme d'une grande sainteté qui en étoit abbé, soumit, avec trente autres qui en dépendent, à l'ordre et au monastère de Clairvaux, entre les mains de saint Bernard, en présence d'Eugène III, qui présidoit en 1148 au chapitre général de Citeaux, bien moins comme pape que comme simple religieux de ce monastère, d'où il avoit été tiré ; que l'abbaye de la Boissière fut soumise à la congrégation de Savigné pendant 17 ans quelques mois, et qu'elle se trouve insérée au nombre des abbayes de Cisteaux dans la chronologie de l'ordre, dès l'an 1131. En l'an 1226, Grégoire VIII mit l'abbaye de la Boissière sous la protection de la sainte Vierge, et lui accorda les mêmes priviléges que son prédécesseur Honoré III avoit accordés à l'abbaye du Louroux, savoir : qu'aucun évêque ne pourroit contraindre ses religieux de comparoître au synode ou devant les juges séculiers, aussi bien dans les affaires qui regarderoient leurs biens, qu'en celles qui toucheroient leurs personnes ; qu'il ne pourroit aller chez eux, soit pour conférer les saints ordres, soit pour y traiter ses affaires ou célébrer quelques assemblées publiques ; qu'il ne pourroit empêcher l'élection régulière des abbez, ni contre les statuts de Cisteaux, établir ou rejeter ceux qui auroient été élus pour un temps ; que si leur évêque refusoit de bénir leur abbé, en ayant été convenablement requis, et de leur rendre les autres devoirs épiscopaux, il seroit permis à l'abbé de bénir ses novices et d'exercer ses autres fonctions, pourvu qu'il fût prêtre, et à eux de recevoir d'un autre ce qui leur auroit été injustement refusé de leur propre évêque ; que les évêques, en recevant la profession des abbez, devant ou après leur bénédiction, se contenteroient de la forme ordinaire, qui est que les abbez fassent profession, *salvo ordine suo*, sans en exiger aucune autre contraire aux statuts de l'ordre ; que l'évêque diocésain ne prendroit rien d'eux pour la consécration des autels et des églises, pour les saintes Huiles ou l'administration d'aucun sacrement, sous quel prétexte que ce soit, de coutume ou autre ; que s'il refusoit de le faire gratis, il pourroit s'adresser à tout autre évêque approuvé du Saint Siége ; que, vacant le siége de leur résidence, ils pourroient recevoir tous les droits épiscopaux des prélats leurs voisins, sans préjudice néanmoins des diocésains à venir ; que, comme le diocésain n'a pas toujours la commodité, s'il passoit quelque évêque approuvé du Saint Siége et à eux connu, il pourroit, de l'autorité du Saint Siége, faire chez eux la bénédiction des vases et des habits, la consécration des autels et l'ordination des religieux ; qu'en cas que les évêques ou autres chefs d'église prononçassent, contre leur monastère ou contre les personnes qui y demeureroient, ou même contre leurs sujets, sentence d'excommunication, suspenses ou interdit, à l'occasion des priviléges ci-dessus, ou contre leurs bienfaiteurs, pour leur avoir conféré quelque bénéfice, rendu service ou aidé à travailler aux jours de fêtes pour les peuples, mais de travail pour eux, qu'en ce cas, dis-je, la sentence est déclarée nulle, et que les rescrits n'auront aucune force, qui seront obtenus contre la teneur des présentes et où sera supprimé le nom *Cisterciensis ordinis*; enfin qu'au tems d'un interdit commun du territoire, il leur serait permis de célébrer les divins offices au dedans de leur monastère, refusant seulement l'entrée à tous excommuniez et interdits. Tous ces priviléges ne sont plus en usage en France.

Il paroît, par une bulle d'Eugène III, donnée à Rome en l'an 1104, le 2 des ides d'Avril, indiction 15, l'an VIII de son pontifical, que ce pape met l'abbaye de la Boissière sous la protection du Saint Siége. Tous les auteurs ci-dessus se sont trompez, quand ils ont dit que l'abbaye de la Boissière avoit été bâtie en l'an 1131, puisque le Saint Siége la met sous sa protection dès l'an 1105, et il y a bien de l'apparence que les religieux de la filiation de Savigné, en Normandie, ont bâti l'abbaye *de Buxeria* vers la fin de l'onzième siècle, sur le fonds qui leur avoit été donné par Nigelle, sa femme et ses enfants, seigneurs de Daon et de Denezé, où cette abbaye est bâtie ; car il paroit, par un ancien acte de cette abbaye, qu'il leur fut donné permission du dit Nigelle, de prendre des pierres sur son fonds pour la bâtir ; aussi les seigneurs de Denezé se prétendent fondateurs de cette abbaye, et les dons qu'ils y firent ont été autorisez par Geoffroy, comte d'Anjou.

Ce qui rend cet abbaye très considérable est une portion insigne qu'elle possède de la Vraye Croix, qui leur fut donnée en 1244, par Jean d'Alleia (d'Alluze), chevalier, seigneur des paroisses de Chasteaux et de Saint-Christophe, revenant du voyage de la Terre Sainte, lequel, ainsi que porte le titre original conservé dans la ditte abbaye l'avoit reçu, dans l'isle de Crète, en la ville de Candie, le jour de la feste des saints Hippolyte et ses compagnons, de l'année 1241, de Thomas, évêque de Hyerapetre et d'Arcadie, lequel assure qu'elle lui avoit été donnée autrefois par Gervais, patriarche de Constantinople, laquelle Emmanuel, empereur de Constantinople, portoit à la guerre contre les ennemis du nom chrétien ; et ce Jean d'Alleya donna à la dite abbaye 60 sols, de la monnoye de Tours, à prendre sur les droits qu'il avoit sur les foires de Saint-Christophe, pour fonder trois lampes ardentes qui devoient être allumées nuit et jour devant le sanctuaire ou reliquaire qu'il avoit fait bâtir, pour mettre cette portion de la Vraye Croix qui est large de près de deux doigts et longue d'un demi pied. On prétend qu'un de nos comtes d'Anjou l'a fait enrichir, comme elle est, de pierres précieuses et de diamans, et orner de deux crucifix d'or pur qui sont appliquez dessus et dessous le bas de la Vraye Croix, qui est d'un bois noir rougeâtre et à deux croisons en forme de croix de Lorraine ; on la baise tout à nu, et on la met, quand on l'expose, sur un piédestal de vermeil doré. La tradition de l'abbaye de la Boissière porte que ce comte d'Anjou, pour le récompenser de ce précieux reliquaire, obtint des religieux deux morceaux de bois de cette Vraye Croix, qui en furent coupés quand il la fallut tailler pour la mettre en l'état qu'elle est, et qu'il en fit présent aux chanoines de l'église royale et collégiale de Saint-Laud ; mais il n'y en a aucun titre dans l'abbaye ni dans le chapitre de Saint-Laud. L'église de cette abbaye de la Boissière est ancienne et a deux grandes croisées ; le sanctuaire est magnifique ; les religieux de Cisteaux qui y sont présentement y ont fait placer, entre le chœur et le sanctuaire, quatre figures des quatre docteurs de l'église latine sur quatre piédestaux, et les figures des quatre évangélistes, dans le sanctuaire, de grandeur naturelle, qui font un très bel effet. Ils conservent aussi un bras de saint Gervais, sur lequel paroissent encore quelque chair, et les nerfs tous entiers.

NOTRE-DAME DU PERRAY-AUX-NONAINS

PRÈS ANGERS

Fondation de cette abbaye.

Pierre Eveillard, conseiller au présidial d'Angers, dans son livre mss. *Du Ressort de la juridiction du présidial d'Angers*, Scevole et Louis de Sainte-Marthe, dans leur Gallia Christiana, au tome des abbayes, ont écrit que, Robert de Sablé, en 1120, fonda l'abbaye du Perray aux Nonains ; en quoi, dit M. Ménage (1), ils se sont étrangement mépris, parce que l'abbaye du Perray, dont Robert de Sablé est le fondateur, est une abbaye d'hommes de l'ordre de Prémontré, dans le voisinage de Sablé, qui fut fondée en 1189 ; que les Sainte-Marthe se sont mépris de même en disant que cette abbaye du Perray-Neuf étoit de l'ordre de Cisteaux parce que l'abbaye du Perray-aux-Nonains est une abbaye de filles, de l'ordre de Cîteaux, dans le voisinage d'Angers, à la distinction de laquelle l'autre abbaye est appelée du Perray-Neuf, parce qu'elle est bien moins ancienne. M. Ménage assure qu'il a vu des titres où le Perray-Neuf est appelé le Perray-Blanc, ce qui confirme, dit-il, l'opinion de ceux qu ont écrit qu'il y avoit autrefois des bénédictins dans l'abbaye du Perray aux Nonains, et que c'est sans doute sur cette opinion que Hiret, dans ses Antiquités d'Anjou, a écrit qu'elle

---

(1) *Histoire de Sablé*, p. 160.

est de l'ordre de Saint-Benoît. Il y a moyen d'accorder tous ces auteurs ensemble, en disant que Robert III a fondé l'abbaye du Perray-Neuf en 1189, et que son père, Robert de Sablé, deuxième du nom, a fondé l'abbaye du Perray-aux-Nonains ; car nous lisons, dans les titres originaux de cette dernière abbaye, que Robert de Sablé, seigneur baron de Briolay, fit don de terres dans les paroisses d'Ecouflant, de Vauchrétien, de Saint-Sylvain et de Pellouailles, pour la fondation d'une abbaye de l'ordre de Saint Benoît, en 1120, dont le monastère et l'église furent bâtis en l'honneur de la Très Sainte Vierge, dans la paroisse d'Ecouflant, à une lieue d'Angers ; que ce don fut accepté par l'abbé de Bellefontaine qui y envoya des religieux bénédictins, qui demeuroient alors dans cette abbaye, qui a été depuis donnée aux religieux Feuillants sortis autrefois de l'ordre de Cisteaux, qui y demeurent présentement, diocèse de la Rochelle ; que Marguerite de Sablé, épouse de Guillaume des Roches, sénéchal d'Anjou, augmenta cette fondation de plusieurs dons, en la paroisse d'Ecouflant, en 1208 ; qu'Anne de Champagne, issue de la maison de Sablé, veuve du baron de Rais et de la maison de la Suze, donna en 1481, à l'abbaye du Perray, une rente considérable en grains à prendre sur sa terre de Meigné-sur-Vallon, province du Maine ; que les religieux bénédictins du Perray, ne vivant pas bien, s'étant beaucoup endettez, à cause de la grande dissipation qu'ils avoient faite de leurs biens, Mathilde, vicomtesse de Beaumont et dame de Montrichard en Touraine, ayant compassion de l'état pitoyable où cette abbaye étoit réduite, étant peut-être au droit des fondateurs, s'adressa au pape Innocent III, en 1246, pour qu'il lui plût mettre des religieuses de l'ordre de Cisteaux en cette abbaye, en la place des religieux bénédictins qui y étoient, à la charge d'en acquitter les dettes et d'en augmenter le revenu, ce qui lui fut accordé par bulle expresse donnée à Lyon l'an deuxième de son pontificat, adressée à Michel Loyseau, évêque d'Angers pour s'informer de la vérité du fait exposé dans la supplique de Mathilde, laquelle bulle fut ensuite fulminée par Odon ou Eudes, archevêque de Lyon, légat du Saint Siège, qui étoit à Angers la même année 1246.

Ensuite de quoy la dite vicomtesse de Beaumont demanda, au chapitre général de l'ordre de Cisteaux, des religieuses pour mettre dans ce monastère du Perray, où elles furent introduites l'année suivante 1247 ; et c'est d'où vient que l'abbaye a toujours été depuis nommée le Perray aux Nonains.

Que leur introduction dans cette abbaye fut ensuite approuvée et confirmée, avec tous leurs priviléges, par Boniface VIII, Clément VI, Calixte III et Martin V, qui mirent cette abbaye et tous les biens qui en dépendent sous la protection du Saint Siége.

Il y a, dans cette église du Perray, une image de Notre-Dame qu'on nomme Notre-Dame-des-Miracles, qu'on dit avoir été trouvée dans ce lieu avant la fondation de cette abbaye, et en la présence de laquelle il se faisoit des miracles.

Environ l'an 1618, Anne d'Autriche, reine de France, obtint une bulle du pape Urbain VIII, adressée au cardinal de la Rochefoucault pour réformer les quatre anciens ordres religieux en France ; en vertu de laquelle ayant fait, en 1621, quelques réglemens pour la réformation de l'ordre de Cisteaux, quelques religieuses du Perray, voulant s'y conformer s'adressèrent à Catherine Liquet, veuve de Simon de Goubis, conseiller au présidial d'Angers, pour leur en faciliter le moyen. Elle présenta requête pour cet effet au cardinal de Richelieu, élu abbé général de Cisteaux, en 1637, et en obtint la permission de fonder un prieuré conventuel, ce qu'elle fit la même année, dans les Lices d'Angers, et, en ayant obtenu la confirmation du roy Louis XIII, par lettres patentes, cinq religieuses du Perray y furent transférées du consentement de dame Catherine de Vassé, leur abbesse, et y furent établies par dom Nicolas Cousin, docteur en théologie, en vertu d'une commission du cardinal de Richelieu, et élurent pour leur prieure la sœur de Goubiz, belle-sœur de Catherine Liquet, leur fondatrice.

La dite fondation ne fut d'abord que de 600 livres de rentes, en faveur de sœur Marie de Goubiz, Jeanne Antier, Anne Martineau, Anne Boislève, Louise d'Angrie, Françoise Martineau et Renée Verdier, toutes religieuses professes du Perray aux Nonains qui furent transférées au dit prieuré, avec leurs pensions viagères.

NOTRE-DAME DE PONTRON

Fondation de cette abbaye.

L'abbaye de Pontron, en latin *Pontis Octranni*, est ainsi appelée, disent nos annalistes, parce qu'un voleur nommé Octran demeuroit ordinairement dans les bois où elle a été bâtie depuis. Nous apprenons, du cartulaire de Pontron, qu'en l'année 1134, sous le pontificat d'Innocent II, pape, Louis VIII étant roy de France, et Geoffroy II, fils de Foulques, roy de Jérusalem, comte d'Anjou, et Ulger, évêque d'Angers ; un certain hermite, nommé Clément, vint habiter les déserts de ce bois, qui est dans la paroisse du Louroux-Béconnois, et que trois gentilshommes, dont le premier se nommait Hubert du Louroux, le second Savary de la Povèze, et le troisième Isambert de la Lande, lui donnèrent des terres et de l'argent pour bâtir un hermitage en ce lieu, afin de faire un lieu d'oraison d'une caverne de voleurs. Ce Clément, qui étoit prêtre et homme de bien s'associa plusieurs solitaires, qui vivoient en ce lieu avec beaucoup d'édification : *Visum est ei in eodem loco plures aggregare ad serviendum Deo*. Mais, voyant que leur état n'avoit pas de stabilité et qu'il sortoit alors une infinité de ruisseaux de la source féconde, ou plutôt du grand fleuve de l'abbaye de Cisteaux, il eut la pensée d'appeler en ce lieu des religieux de cet ordre, qui vivoient dans une grande réputation de sainteté, et de leur faire bâtir une abbaye ; mais comme le lieu où il demeuroit étoit trop petit pour exécuter ce grand dessein, il fut trouver deux personnes de qualité qui demeuroient dans son voisinage, sçavoir : Herbert le Roux et Raynault du Pinelier, *Raynaldum de Pineleria*, leur demandant, pour construire la dite abbaye, un grand espace de terres incultes et pleines de bois, qui est au delà d'un ruisseau nommé Ver, Vetra, Verno, sur lequel il y a quatre étangs, et qui se perd dans celui de Fosse, et celui de Fosse dans la rivière de Loire à Chantocé; Herbert le Roux et Raynault du Pinelier, louant le dessein de Clément, lui accordèrent ce qu'il demandoit, et firent approuver la donation qu'ils lui firent de cette terre inculte par Josselin et Thomas de Bescon, seigneurs suzerains de cette terre. Dieu donna tant de bénédiction à l'entreprise de Clément, que, le jour de la Pentecôte de la même année, Josselin de Bescon vint entendre la messe de Clément dans sa petite chapelle, et, après lui avoir fait bénir les armes dont il se devoit servir dans le voyage de la Terre Sainte qu'il étoit sur le point d'entreprendre, s'étant enrôlé dans la croisade, lui donna une maison de son fief, et indemnisa tous les dons qui lui avoient déjà été faits ou qui pourroient dans la suite être faits à son abbaye, les loua et les confirma en présence de Savary de la Pouèze, de Maurice du Louroux, d'Herbert le Roux, et de son fils Hubert, de Raynault du Pinelier, Bochard et Hugues, frères de Josselin, et Amburge, femme de Herbert le Roux; David, son fils, et Hermengarde, épouse de Raynault du Pinelier, et Haloury, son frère, étant absents, lorsque cette donation fut faite, voulurent aussi la ratifier et l'approuver après leur retour.

Tous ces dons étant ainsi faits et confirmez, Clément fut trouver Martin, abbé du Louroux, en la paroisse de Vernantes, qui n'étoit fondée que depuis treize ans, et le pria d'accepter tous ces dons dont il s'offrit de lui faire une cession, pour y bâtir un monastère de l'ordre de Cisteaux, qui étoit alors fort florissant. Martin ayant accepté l'offre de Clément, ils furent tous deux trouver Ulger, évêque d'Angers, pour lui demander son consentement, qu'il leur accorda volontiers, et leur remit même tous les droits qui lui pouvoient appartenir, à cause de sa dignité épiscopale. Ils furent ensuite trouver Josselin du Bois, qui étoit encore à Angers et qui céda et investit l'abbé Martin de tout ce qu'il avoit donné à Clément, en lui mettant la mitre sur la teste : *per mitram Guitonis de supra pontem* ; cérémonie qui s'observoit alors lorsqu'on mettoit un abbé en possession d'un bien destiné pour l'église, et cela en présence de plusieurs témoins très qualifiez.

L'abbé Martin vint ensuite à Pontron et y amena quelques religieux qui y commencèrent d'observer la règle, et fit ensuite élire en sa place Foulques pour premier abbé.

La réputation de la bonne vie de ces religieux se répandit bientôt de tous cotez, et plusieurs seigneurs de l'ancienne maison de la Tourlandry, de Bourmont, de la Cornuaille, limitrophes de Pontron, de Candé, *modo* de Bourbon-Condé, de la Roche d'Iré, de Laval, du Bourg d'Iré, de Craon, seigneur de Mortier Croole, de Chateau-Fromont, en la paroisse de la Roussière, duché de Bretagne, de Vern, de Saint-Herbelon, de Maumusson, d'Ancenis, maréchal de Rieux, celui d'Oudon et autres grands seigneurs circonvoisins firent de grands dons à cette abbaye, et en augmentèrent beaucoup la fondation, tant étoit grande pour lors la réputation de saint Bernard qui preschoit la croisade. Il y a une chose très remarquable, dans l'un des titres de cette abbaye, qu'il ne faut pas omettre ici, qui est que plusieurs gentilshommes et seigneurs angevins, ayant dessein d'entreprendre le voyage de la Terre Sainte et de se croiser, vinrent dans l'église de Notre-Dame de Pontron, pour y faire bénir leurs drapeaux et mettre leurs armes, leur voyage et leur personne sous la protection de la Sainte Vierge, et se recommander aux prières des religieux de Pontron ; que, pour attirer d'avantage la bénédiction du ciel, ils joignirent l'aumône à la prière et firent don de plusieurs terres et métayeries ; qu'au retour de la Terre Sainte, ils vinrent remercier Dieu et Notre-Dame du succès de leur voyage, et il est marqué, dans ces mêmes actes, que quelques uns demandèrent en grâce aux religieux de rentrer en possession de leurs métayeries, parce qu'ils avoient, dirent-ils, besoin de la paille pour leurs chevaux ; mais ils s'engagèrent de faire des rentes de bled en échange aux religieux, ce qui leur étoit plus commode.

Les seigneurs de Montjean, si célèbres dans les guerres d'Italie, devenus seigneurs de Bescon ou par alliance ou par achat, sont reconnus pour fondateurs de cette abbaye, et, en cette qualité, ont choisy leur sépulture dans l'église de Pontron, où il y a deux mausolées de leur famille à costé du grand autel.

NOTRE-DAME DU PERRAY-NEUF

Fondation de cette abbaye.

Robert de Sablé, troisième du nom, avec Hersende sa mère, et Clémence sa femme, firent la fondation, en l'honneur de la Sainte Vierge, d'une abbaye de religieux de Prémontré, en 1189, au lieu appelé le Bois-Renou, autrement le Gaut, proche Sablé, *Boscus Ranulfi* ; duquel lieu cette abbaye fut ensuite transférée, en 1200, au Perray-Neuf où elle est présentement, par Guillaume des Roches, son gendre, le titre porte que Pierre de Brion fut fondateur de cette abbaye pour un tiers. Voici les termes de cette fondation : *Universitati fidelium per praesens scriptum notum fiat quod Robertus de Sabolio et Hersent mater ejus, et Clementia, uxor ejus, et Petrus de Brion, fundaverunt abbatiam in honore Beatæ Virginis Mariæ, pro animabus suis et animabus antecessorum suorum, in loco qui dicebatur Boscus Ranulfi. Ita quod Robertus, dominus de Sabolio, in duabus abbatiæ partibus fundator existeret. Petrus vero de Brion in tertia.* Et pour faire l'anniversaire de Clémence son épouse, il donna aux chanoines réguliers de l'ordre de Prémontré, au jour de la feste de la Circoncision, depuis les premières vespres jusques à la nuit du jour suivant, tous les revenus qui lui appartenoient dans l'espace d'une lieue autour de Sablé, dans les moulins, fours, passages, marchés, coutumes, péages et généralement tout ce qui pourroit lui appartenir dans le temps de la nuit et du jour de cette feste. Il donna aussi à cette abbaye, pour le repos de l'âme de sa femme, dix livres de monnoye d'Anjou ; voici les termes : *Ad faciendum autem annuatim anniversarium Clementiæ uxoris* suæ supradictis dedit canonicis in die Circoncisionis a signo vesperarum donec nox claudat diem in crastinum, omnes reditus de Sabolio in molendinis, et furnis, et passagio, et foro, et costuma, et telonio, et in omnibus redditibus et eventibus qui acciderint in spatio prædictæ noctis et diei infra spatium unius lucæ circa Sabolium. Dedit etiam supradictus Robertus de Sabolio prædictæ abbatiæ pro anima Clementiæ uxoris suæ X libras Andegavenses, etc.......

NOTRE-DAME DE NYDOISEAU

Fondation de cette abbaye.

I. — L'abbaye de Nydoiseau doit, après Dieu, sa fondation au bienheureux Salomon, l'un des compagnons de Robert d'Arbrissel, fondateur de l'ordre de Fontevrault, lequel ayant demeuré quelque temps dans la forêt de Craon avec une troupe innombrable de solitaires, se sépara d'eux pour aller faire les fonctions de missionnaire et de prédicateur apostolique que lui avoit données le pape Urbain II, et, comme ces solitaires furent en si grand nombre dans la forêt de Craon qu'ils ne purent pas tous y demeurer, ils se dispersèrent en différents cantons du royaume et y établirent des hermitages qui ont donné lieu, comme nous avons vu, à la fondation des plus considérables abbayes du royaume. Dans cette transmigration, Salomon, déjà vieux, vint s'établir dans un bois nommé Nydoiseau, sur la rivière d'Oudon, vers l'année 1109, et non pas 1115 comme dit Hiret, et, comme il vivoit dans une grande réputation de sainteté et austérité de vie, il fut envoyé quérir par M⁰ Gaultier de Nydoiseau, chevalier et seigneur du lieu, et par Mathilde, sa femme, lesquels sachant qu'il n'avoit aucun fonds pour subsister, lui offrirent de quoi vivre à cause de sa bonne vie; mais il les remercia, leur disant qu'il avoit quitté tous ses biens pour embrasser la pauvreté.

Quelques jours après, Salomon se servant de la bonté de ce seigneur lui persuada de bâtir une abbaye auprès de son château, pour loger grand nombre de veuves et de filles qui l'avoient suivi dans le désert pour la direction desquelles Dieu lui avoit donné une grâce spéciale, *ubi virgines devotæ possent caste et religiose juxta facultatem loci Deo deservire;* ce sont les termes du cartulaire de cette abbaye. Ce que le dit seigneur de Nydoiseau et son épouse Mathilde lui accordèrent volontiers, pour l'amour de Dieu et en vue de la récompense éternelle, *intuitu pietatis et remunerationis æternæ*, et aussi pour seconder les pieuses intentions de Salomon, qui avoit déjà fait bâtir ailleurs d'autres monastères pour retirer du monde des personnes du sexe et consacrer des épouses à Jésus-Christ, *Salomon, religiosus vir, qui erat extructor et ædificator cœnobiorum et locorum ad opus ancillarum Dei utilium.*

II. — Pour l'exécution d'un si pieux dessein, Gautier demanda le droit d'indemnité à Suhard de la Barre, seigneur de Saint-Aubin-du-Pavoil, duquel la seigneurie de Nydoiseau dépendoit, et la permission à Marbeuf, évêque de Rennes, alors vicaire-général du diocèse d'Angers en l'absence de Raynaut de Martigné, qui étoit allé à Rome, et le droit d'amortissement à Foulques, comte d'Anjou. Yves de la Jaille, fils de Bernard de Bouillé, s'opposa d'abord à ce qu'il fut bâti un autel nouveau, c'est-à-dire érigé une paroisse nouvelle en ce lieu, attendu que Nydoiseau étoit de la paroisse de Saint-Aubin-du-Pavoil, qui étoit dans son fief; mais ce différend fut bientôt accordé et pacifié par Gérard, évêque d'Angoulesme; Hildebert, évêque du Mans; Marbodus, évêque de Rennes; Raynaut, évêque d'Angers; lesquels s'étant tous trouvé ensemble à Angers, Gautier leur en parla et donna deux journaux de terre pour l'emplacement, et Bernard de Bouillé, la moitié des dixmes de la Chapelle-Hulin, pour commencer la fondation, dont l'acte porte que Gautier montra les bornes de la terre, de l'eau et déserts légués, desquels il mit les servantes de Dieu en possession. Ainsi Gautier ayant aplani toutes les difficultés ne pensa plus qu'à jeter les fondements de ce nouveau monastère. Le cartulaire dit que Raynaut posa la première pierre; Bernard de Bouillé la seconde, et que la troisième et quatrième fut mise par Yves de la Jaille et son fils aîné. Hiret dit, page 118, que ce fut Salomon qui mit la première pierre; Gautier, la seconde; Suhard et ses deux fils les deux autres; mais il y a plus d'apparence de s'en rapporter à ce que dit le cartulaire qu'à ce que dit Hiret.

III. — Raynaud, évêque d'Angers, qui avoit cette fondation fort à cœur, vint consacrer cette église, dès qu'elle fut bâtie, et la bénit sous l'invocation de Notre-Dame-de-la-Pitié ou de la Compassion de Notre-Dame, et on bâtit une autre église, dédiée à saint Serened, attenant celle des religieuses où on établit, comme au Ronceray, quatre curez et quatre chapelains pour servir à l'alternative l'abbaye et la paroisse, à la charge d'administrer les sacrements aux religieux et aux habitants de Nydoiseau.

IV. — Un an après la dédicace de cette église, Raynaud vint encore pour bénir les religieuses qui étoient déjà dans ce monastère ; la cérémonie en fut très-solennelle par le concours d'une infinité de personnes de qualité et une multitude de peuple qui y vint de toutes parts. Ce prélat y fit une prédication très-touchante, dans laquelle il exhorta les assistants de contribuer à cette fondation, et leur marqua le jour de la Décollation de saint Jean-Baptiste pour célébrer tous les ans l'anniversaire de cette cérémonie et leur donna des indulgences de quarante jours.

V. — Cette exhortation fut si efficace que chacun à l'envi donna de ses biens pour augmenter cette nouvelle maison. Mais entre tous, celui qui signala davantage sa libéralité fut un seigneur des plus qualifiés du pays, nommé Gaultier Hait, de Pouancé, dont la généalogie est dans l'*Histoire de Bretagne*, par Du Pas, page 51, lequel fit ce jour-là une fondation très-considérable en faveur des religieuses de Nydoiseau et en mit l'acte sur l'autel entre les mains de l'évêque ; après quoi il se fit toutes les années suivantes un concours de peuple en l'église de Nydoiseau, avec une ferveur si grande qu'ils y venoient nuds pieds pour implorer le secours de la Sainte Vierge. Le cartulaire remarque que Geoffroy, fils de Gaultier de Pouancé, y vint de cette sorte, nuds pieds, avec ses gens de guerre, le jour du Vendredy-Saint, pour y adorer la Vraie Croix, depuis Pouancé jusques à Nydoiseau distant de quatre lieues de Pouancé.

VI. — Foulques, comte d'Anjou, non content d'avoir donné le droit d'amortissement, tant de la seigneurie de Nydoiseau, laquelle relevoit et étoit tenue nuement de lui, dans laquelle il y a une moyenne et basse justice, que des autres choses qui leurs avoient été léguées en son comté ou qui le servoient à l'avenir, accorda encore à la dite abbaye, en présence de Berthe, sa mère, comtesse d'Anjou, tout le droit qu'il avoit sur le sel du marché et château de Segré.

VII. — Salomon, ayant fait achever le bâtiment de l'église du nouveau monastère, aperçut que le château du seigneur de Bouillé, qui étoit proche, seroit très-incommode à ses religieuses, tant à cause de sa hauteur qui dominait sur elles, que de sa proximité qui les exposeroit toujours à de fréquentes visites ; c'est pourquoi il entreprit de le persuader de le faire abattre ; la chose étoit difficile; mais que ne peut point le zèle de la maison de Dieu! Après avoir longtemps recommandé la chose à Dieu dans ses prières, il engagea le bienheureux Robert d'Arbrissel, qui l'étoit venu voir et qui avoit un grand ascendant sur les esprits, de représenter au seigneur de Bouillé le préjudice que faisoit ce château au monastère; il porta en même temps l'évêque Raynaud de lui en parler ; de sorte que ce seigneur, qui avoit beaucoup de piété, se laissa persuader non seulement d'abattre son château; mais il fit plus qu'on ne lui avoit demandé, car il donna le reste de sa terre aux religieuses, de peur que ce ne fut dans la suite un sujet de contestation entre ces religieuses et ses descendants, afin qu'elles pussent seules en jouir en paix.

VIII. — Mais ce qui est le plus surprenant et qui marque l'abondance de la grâce qui animoit les actions et les paroles du bienheureux Salomon, est que Gautier et Mathilde, sa femme, après avoir donné presque tout leurs biens à cette abbaye, y donnèrent encore leurs personnes en se consacrant à Dieu d'un mutuel consentement; prenant tous deux le même jour le saint habit de religion, Gautier de Nydoiseau celui d'ermite, pour vivre en la compagnie de Salomon, et Mathilde, sa femme, celui de religieuse, sous la conduite d'Eremburge, première abbesse, et, après avoir vécu très saintement quelques années dans cette abbaye, comme ils avoient été pendant leur vie très unis par la sainteté du mariage et par les liens de la charité vraiment conjugale, ils le furent encore dans leur mort, car Dieu les appela en même jour de cette vie mortelle à une meilleure, et ils furent tous deux inhumez dans un même tombeau.

IX. — A l'exemple de Gautier et de Mathilde, quantité de personnes de qualité, encore plus illustres par leurs vertus que par leur naissance, de l'un et de l'autre sexe, se rendirent, les uns religieux ermites, et les autres religieuses dans cette abbaye; de sorte, qu'en peu de tems, cette abbaye devint l'une des plus considérables et des plus fréquentées de la province. On ne peut douter qu'il n'y ait eu, dans le premier établissement de l'abbaye de Nydoiseau, des religieux anachorètes aussi bien que des religieuses, ainsi qu'à Fontevrault; car la donation de Nydoiseau en parle, et il y a même des dixmes dont ils recevoient les rentes annuelles pour leur subsistance. On ne sait pas précisément jusques à quel tems ces religieux ou solitaires ont subsisté en cet endroit; mais le nom de plusieurs de ces ermites se voit sur le martyrologe ou l'obituaire des dames, depuis le commencement de leur fondation jusques au tems d'Orinde, cinquième abbesse. Il y est parlé entr'autres d'un ermite nommé Mathieu, qui vivoit encore l'an 1209, du tems de Julienne, septième abbesse, et on ne sait point le tems auquel, ny pourquoi on a cessé de recevoir des religieux et des ermites en cette maison. Il y a bien de l'apparence que ces religieux dépendoient de l'abbesse aussi bien que les religieuses, ainsi qu'à Fontevrault; néanmoins nous ne voyons pas que la règle et les constitutions de Robert d'Arbrissel qui se pratiquent à Fontevrault ayent jamais été reçues à Nydoiseau, ni que cette abbaye ait été jamais dépendante de celle de Fontevrault. Nous apprenons, au contraire, par la bulle d'Innocent II, pape, adressée à Aremburge, seconde abbesse de Nydoiseau, en l'an 1141, qu'elle vivoit déjà sous la règle de Saint-Benoist, et que, conformément à icelle, les religieuses devoient élire leurs abbesses à la pluralité des voix, quand elles étoient mortes *Obeunte vero te*, dit le pape, *ne ejusdem loci abbatissa vel suarum qualibet succedentium nulla ubi qualibet subreptionis astutia seu violentia praeponatur, sed quam sorores communi assensu vel sororum pars consilii sanioris, secundum Dei timorem et beati Benedicti regulam providerint eligendam.*

Luce II, pape, dans une autre bulle qu'il adressa à Orinde, cinquième abbesse du monastère de Notre-Dame de Nydoiseau, en date du 10 septembre 1184, confirme cette vérité que les religieuses de cette abbaye ont toujours fait profession de la règle de Saint-Benoist. Les termes de cette bulle sont trop beaux pour ne pas les rapporter ici : *Prudentibus virginibus quæ sub habitu religionis accensis lampadibus per opera sanctitatis jugiter se præparant ire obviam sponso apostolicum debemus auxilium impertiri ;* et après avoir mis ce monastère sous la protection du Saint-Siége et celle de saint Pierre et de saint Paul, il ordonne que la règle de Saint-Benoist qui s'observe dans ce monastère y soit inviolablement gardée : *Imprimis siquidem statuentes ut ordo monasticus qui secundum Deum et beati Benedicti regulam in præfato monasterio institutus esse dignoscitur perpetuis ibidem temporibus inviolabiliter observetur.*

X. — Il est à remarquer qu'il n'y a aucune date, ni de mois, ni d'année, dans la donation de Gautier; mais il est dit que Gautier de Nydoiseau investit de son don le docte et pieux Marbodus, lequel après avoir été vingt-sept ans évêque de Rennes se fit religieux à Saint-Aubin d'Angers, et auquel, pour ses rares vertus, fut confié le gouvernement du diocèse d'Angers, pendant l'absence de Raynaud de Martigné qui étoit allé à Rome. Et au cartulaire de l'église d'Angers, fol. 62, il se trouve une donation du Plessis-Grammoire, faite à la dite église par Foulques, comte d'Anjou, Marbodus gouvernant l'évêché d'Angers, lequel accepta cette donation qui est datée du 12 avril, l'an de Notre-Seigneur 1109. Et ainsi on peut raisonnablement conjecturer que la dite donation de Gautier a été faite en la même année 1109. De plus, MM. de Sainte-Marthe, disent dans leur *Gallia Christiana*, que le dit Marbodus gouverna l'évêché d'Angers pendant la même année 1109; ce qui fait voir que Hiret s'est trompé lorsqu'il dit, dans ses *Antiquitez d'Anjou*, que Salomon étoit venu demeurer à Nydoiseau, en 1115.

XI. — Il n'est guère plus aisé de dire en quelle année mourut Salomon. Il est parlé de lui dans l'*Histoire de Fontevrault*, faite par M. Pavillon, pages 44, 45, 47, 302, 402, 543, etc. Cet auteur croit qu'il mourut, l'an 1120, le 19ᵉ de novembre, et dit que le sieur Hiret, en son Histoire d'Anjou, l'a fait mourir longtemps devant; mais l'un et l'autre se sont trompez, comme il se prouve par le don des dixmes de Jalory, où il est dit que Salomon se transporta avec Guy d'Alnet à la cour de haut et puissant seigneur Alard, et que Guy investit Salomon de son don; ce qui fut fait, Louis-le-Jeune régnant en France, qui ne commença à régner qu'en l'an 1138 et finit en 1143 (1); ce qui prouve que Salomon vivoit encore en ce tems-là; mais il n'est pas possible de dire justement l'année de son décès.

XII. — Les anciens religieux de la royale abbaye de Saint-Serge d'Angers tiennent par tradition, sans pourtant qu'il y en ait rien d'écrit dans leurs cartulaires ni dans leurs archives, qu'au commencement de la fondation de leur abbaye il y avoit double communauté d'hommes et de filles, ainsi qu'il se pratiquoit en plusieurs autres maisons de l'ordre, et, pour preuve de cela, il n'y a pas longtemps qu'ils faisoient voir, dans leurs anciens bâtimens, une vieille muraille qui faisoit la clôture du jardin de la sacristie, dans laquelle il y avoit apparence de fenestres d'un vieux dortoir qu'ils disoient être celuy des filles religieuses de leur abbaye, qui furent disoient-ils, transférées dans l'abbaye de Nydoiseau pour en faire l'établissement.

XIII. — Les dames religieuses du Ronceray se vantent, au contraire, que leur abbaye a fondé celle de Nydoiseau, et qu'Eremburge qui fut la première abbesse en avoit été tirée; et pour preuve convaincante de cela, elles assurent qu'elle est écrite sur leur obituaire, ce qui ne s'est jamais fait que pour des dames du Ronceray. On ne sait rien, du reste, ni de la maison, ni du pays de cette Eremburge, mais seulement qu'elle étoit d'une éminente vertu, ayant été choisie entre toutes les autres pour commencer ce grand ouvrage.

XIV. — Cette abbaye posséda de grands biens, beaucoup de prieurez, et eut la présentation de beaucoup de cures dès le commencement de son établissement; ce qui paroit par l'énu-

---

(1) Louis VII, le Jeune, a régné de 1137 à 1180. (A. L.)

mération et le détail des biens appartenant à cette abbaye que les papes Innocent II et Luce II mettent sous la protection du Saint-Siége dès l'année 1141 et 1184, c'est-à-dire environ trente ans après sa fondation, entre lesquelles le pape Innocent II, nomme le Bois-Herbaut, le Bon-Conseil, La Lande-aux-Nonains, Dougillare ou Dugillar, Messangrin, Lozere, Villeneuve, Calumnié, c'est apparemment Challain, Anguillare, l'église Saint-Vincent et celle de Saint-Aubin-du-Pavoil. Luce II, ajoute la dixme du marché de Chanteussé, le prieuré des Lochereaux, le lieu de Chalonge, l'église de Sainte-Magdeleine de Segré, l'église de Notre-Dame de Challain, l'église de Saint-Martin d'Ambillou, l'église de Saint-Martin de Ferché (*de Fercheco*), qu'Etienne, d'heureuse mémoire, évêque de Rennes, avoit donnée à la pauvre petite église d'Anguillar, pour aider à subsister à celles qui y étoient ; le lieu qui s'appelle Lorci, les lieux qui s'appellent Boisle, Sainte-Geneviève, Moricon, l'église de Soucelle, de Sainte-Croix, la Chapelle, *Capellam Hugolini*, c'est la Chapelle-Hullin ; plus 40 sols de monnoye d'Anjou sur l'église de la Magdeleine de Segré ; 30 sols sur l'église de Saint-Aubin-du-Pavoil ; 100 sols sur l'église de Challain ; dans l'église de Saint-Martin d'Ambillou, la moitié des oblations aux festes annuelles ; dans l'église de Soucelles, la moitié de toutes les oblations qui se font à La Lande.

XV. — Il est à remarquer que le pape Luce II leur donne le droit de présentation de toutes ces églises paroissiales, et à l'évêque d'Angers la collation, *ut parrochialibus ecclesiis quas habetis liceat vobis sacerdotes eligere et episcopo dioecesano praesentare quibus si idonei fuerint episcopus curam animarum committat*.

XVI. — La cloture ne fut pas mise dans ce monastère ; les religieuses sortoient et alloient en obédience dans de petits monastères à la campagne, en faire valoir le revenu, et, bien que ces religieuses se soient toujours comportées avec grande régularité, la fréquentation qu'elles avoient avec les séculiers les fit beaucoup déchoir de leur première ferveur ; le relâchement se glissa peu à peu parmi elles ; elles eurent besoin de réforme.

Guyonne de la Courbe du Bellay tenta, mais en vain, de l'introduire dans l'abbaye de Nydoiseau ; n'ayant pas assez de vigueur elle n'en put venir à bout ; elle aima mieux se retirer, avec une pension de 3000 livres, dans l'abbaye de Beaumont-les-Tours, et donna sa démission de l'abbaye de Nydoiseau, l'année même qu'elle en avoit été pourvue par brevet du roi. Après cette démission volontaire, Sa Majesté en pourvut la dame Françoise Roy, religieuse professe du monastère de Notre-Dame de Nevers, ordre de Saint-Benoist, laquelle obtint des bulles en cour de Rome, du pape Paul V, en date du 29 juillet 1616, et ne prit possession par procureur, l'année suivante, que le 3e janvier 1617 ; plusieurs oppositions ayant été faites à sa nomination, elle ne fut bénie à la Trinité de Poitiers, par Mre Louis Chasteigner de la Rocheposé, évêque de Poitiers, que le 20 mars 1618.

XVII. — Le 6 avril suivant elle fut reçue au chapitre de l'abbaye de Nydoiseau en qualité d'abbesse. Comme elle avoit un grand zèle pour la régularité, peu de temps après elle établit la clôture, fit faire des parloirs, des grilles et tous les autres lieux réguliers. Elle trouva d'abord de grands obstacles dans l'exécution de ses desseins ; mais sa patience et sa douceur l'en firent venir à bout.

XVIII. — Il y avoit de grands désordres dans cette abbaye avant que Mme Roy y arrivât ; les religieuses sortoient hors de leur couvent et alloient voir les séculiers, et les séculiers venoient voir les religieuses et manger avec elles dans les chambres ; quand elles entendirent parler de réforme elles y apportèrent toute l'opposition imaginable ; une troupe de gentilshommes de leurs amis se mirent aux avenues du couvent, à main armée, pour empescher qu'on apportât les grilles et autres choses nécessaires à la clôture et rompirent le pont pour les empescher de passer ; mais leurs précautions furent inutiles ; l'abbesse les prit avec tant de douceur qu'elle en gagna une partie ; car, le premier jour, s'étant retirée à l'écart dans le jardin avec une religieuse qu'elle avoit amenée auprès d'une fontaine, et n'ayant mangé que du pain et bu que de l'eau pure, en présence de leur crucifix, cette action en toucha plusieurs ; l'abbesse laissa la liberté à toutes de faire ce qu'elles voudroient; celles qui voulurent embrasser la réforme y furent reçues; les plus opiniâtres aimèrent mieux sortir et aller dans les prieurez dépendants de la maison, aux Locheraux et à La Lande-aux-Nonains où elles sont mortes. En sorte que, de dix seulement, qu'elles étoient quand M⁻ Françoise Roy y vint, il n'en resta que trois dans le monastère, avec lesquelles elle établit enfin heureusement la réforme qu'elle avoit pratiquée deux ans entiers dans le monastère de la Trinité de Poitiers, en attendant que la maison fut en paix.

XIX. — Et comme la multitude des cures et des curez, et le voisinage de l'église paroissiale de cette abbaye avoient beaucoup contribué au désordre de la maison, elle présenta requeste à M⁻ Claude de Rueil, évêque d'Angers, pour faire réunir ces quatre cures en une, ce qui fut fait du consentement des paroissiens; et on donna 400 livres de portion congrue au curé en héritage, et on bâtit une nouvelle église paroissiale au haut du bourg de Nydoiseau, qui fut dédiée à saint Pierre.

XX. — On a eu de tous tems une dévotion singulière en cette abbaye envers la Sainte Vierge, sous le titre de Notre-Dame-de-Pitié. Les armes de la maison sont une image de la Vierge dont le cœur est percé de sept épées, et la devise *Tuam ipsius animam doloris gladius pertransivit*. On y célèbre toutes les festes de Notre-Dame avec beaucoup de piété et de religion, mais entre autres celle de la Conception immaculée de Notre-Dame y tient le premier rang; car, depuis l'année 1573, que dame Madeleine du Bellay, abbesse de Nydoiseau, avoit grande dévotion au mystère, grand nombre d'ecclésiastiques du voisinage viennent, dès la veille de la feste, avec plusieurs religieux Jacobins de Craon, Cordeliers des Anges, et chantent les premières vespres devant le grand autel, après lesquelles les religieuses chantent les leurs dans leur chœur; ensuite les ecclésiastiques et les religieux commencent matines très-solennelles, qui durent bien avant dans la nuit; puis les religieuses disent les leurs, se lèvent de grand matin pour dire prime, tierce, sexte; après quoi les prestres et les religieux chantent neuf grandes-messes, ce qui dure tout le matin et toute l'après-midi jusques après les secondes vespres, en sorte que ce jour-là, jour et nuit il y a dans l'église *laus perennis*, un office perpétuel.

XXI. — Madame Françoise Roy, ayant fait rebâtir le grand autel de cette abbaye, il fut dédié de rechef à Notre-Dame, suivant l'acte que voici :

« Le dimanche, premier jour d'août, an de Notre Seigneur 1627, sous le pontificat d'Urbain VIII, pape, et le règne de Louis XIII, roy de France, le siége épiscopal d'Angers étant vacant, le grand autel de cette église, de nouveau rebâti par révérende dame Françoise Roy, abbesse, aidée de la libéralité de feu messire Charles Roy, prestre, conseiller du roy en la cour de Parlement de Paris et abbé commandataire de Saint-Sevère, son frère, fut dédié sous le nom et invocation de Notre-Dame, par révérend père en Dieu, messire Guillaume Leprêtre, évêque de Cornouaille, et en ycelui enfermées des reliques du chef de saint Innocent, martyr de la légion de Thèbes, tirées du trésor de l'église d'Angers, comme plus à plein est contenu aux procès-verbaux qui en furent faits. Signé : *Joannes Ollivier fecit.* »

FRANCISCA ROY.

Hujus loci abbatissa, mulier illa fortis
    Procul et de Nivernii finibus
    Haud sine providente numine inventa.
Quam lugent indigenae, advenae stupent,
    Beant superi, posteri colent.
Minore sui parte, qua mori potuit, sic jacet.
    Sursum quo aspiravit assurectura
    Ad fixas beatae aeternitatis mansiones.
Hos cineres venerare, hospes, — has odorare fragantias
Et sparsis virgineo super loculo floribus
    Abi.
Utinam sic victurus, et revicturus.
    Fuit annis 61, præfuit 26.
    Defuit 21 maii, an. 1643
    R. I. P. (*Req. in pace*).

SANCTIS MANIBUS.

Quo te viator pedes, secundus hic lapis
    Etiamnum vocat
        Heu!
Ludovica illa Bellaea a Palude
   Virtute pariter ut stirpe nobilis
   Grandaeva meritis non annis
   Trophaeum mortis. Spolium libitinae jacet.
Quomodo vita, sic mors
Vita qualem pauci vivere, vixisse omnes cuperent.
   Mors! qualem contingere
      Felicitas.
Viden' ut cordis jugis serenitas oris suavitas
   Frontis verecundia, oculorum pudor
Genarum macies, linguae temperantia
   Virtutes! Olim suae nunc solae
     Prope lugentes silent.
R. D. Roy 25 ann. partis abbatialis socia.
   At meritorum ubique conscia
   Vix 15 menses deinde abbatissa
     Decessit
Neutra ut fato, sic tumulo divelli potuit
   Ne mors divideret quas vita sociavit,
Neutra alibi quam in choro condi debuit
   Quia utraque, cor omnium fuit
   Utraque chorum virtutum, et virginum fovit
   Haec maxime, velut in opere quod extruxit
Sic sorori soror, Carl. priorissa, moerens.
   Sic matri filiae, chorus omnis
   Aeternitatis candidatae
     Parentant.
Obiit 2 Aug. 1644, aetatis suae 42.
    R. I. P. (*Req. in pace.*)

NOTRE-DAME DE CHALOCHÉ.

Fondation de cette abbaye.

Claude et Robert de Sainte-Marthe disent que l'abbaye de Chaloché étoit la troisième fille de la Congrégation de Savigny. Elle fut fondée vers l'année 1115, par Hugues, baron de Mathefelon, Jeanne de Sablé, sa femme, et Thibaut, leur fils. Les descendants des maisons de Mathefelon et de Sablé firent ensuite de grands dons à cette abbaye et en augmentèrent beaucoup la fondation.

L'église de Notre-Dame de l'abbaye de Chaloché fut dédiée par Guillaume de Beaumont, évêque d'Angers, le XIII des calendes de septembre 1223; l'acte en est attaché à un pilier de la dite église en ces termes: *Anno ab Incarnatione Domini 1223, XIII kal. Sept. dedicata est ecclesia de Chalochaeio in honorem Dei Genitricis semper Virginis Mariae, et omnium sanctorum, a domino Guillermo de Sancta Susanna, gratia Dei Andegavensi episcopo, ad petitionem domini Guillermi Piscis abbatis.*

NOTRE-DAME DE BELLEFONTAINE.

Fondation de cette abbaye.

L'abbaye de Bellefontaine relève d'Anjou, pour le temporel, et du diocèse de la Rochelle pour le spirituel. Elle est très-ancienne ; on ne sait point au vrai quel en est le fondateur ; la tradition veut que ce soit Charlemagne. Une fontaine, que l'on prétend miraculeuse et qui est dans les bois, à deux cents pas de l'église, lui a donné son nom. Il s'y fait de grandes assemblées, les festes de Notre-Dame ; on prétend que plusieurs malades ayant bu de l'eau de cette fontaine et eu recours à Notre-Dame, y ont été guéris de différentes maladies. Autrefois, des religieux de Saint-Benoist occupaient cette abbaye ; avant le XII° siècle, l'abbé de Bellefontaine en avoit même envoyé une colonie à l'abbaye du Perray, près Angers, pour fonder ce monastère ; mais ayant dissipé tout leur bien, Mathilde, vicomtesse de Beaumont, y mit des religieuses de l'ordre de Cisteaux et paya leurs dettes. Il y a soixante ans que N. Sublet, abbé de Vendôme et de Bellefontaine y introduisit la réforme de l'ordre ou congrégation de Notre-Dame-des-Feuillants auquel il avoit dévotion, par ce qu'il avoit deux sœurs Feuillantines. Elle est limitrophe de trois provinces, l'Anjou, la Bretagne et le Poitou. Il y a une confrairie très-ancienne érigée en cette abbaye, où se sont enrôlés beaucoup d'évêques, entre autres Guillaume, évêque de Poitiers, et Guillaume, évêque d'Angers et Louis Sequin, évêque de Mégare, avec plusieurs personnes de la première qualité des deux sexes, des maisons de Bretagne, de Chemillé, de Cholet, de Maulévrier, etc.; il y a même des paroisses d'Anjou toutes entières qui s'y sont enrôlées, comme Beaupréau, Andrezé, la Chapelle-du-Genet, Melay, Jallais, La Poitevinière,

La Jubaudière ; il y a des statuts approuvés par Monseigneur l'évêque de La Rochelle et imprimez à Angers, chez Yvain, en 1656, par les soins d'Antoine de Saint-Front, prieur des Feillants de Notre-Dame-de-Bellefontaine. Le pape Innocent X y accorda des indulgences que Monseigneur de La Rochelle a approuvées et permis qu'on les publiât le 16 mai 1656. L'abbaye a été autrefois très-riche, et plusieurs seigneurs des provinces voisines y avoient donné dix-huit cents septiers de bled de rente ; les guerres et le malheurs des temps en ont fait perdre tous les titres et la plupart des revenus. Cette abbaye est forte et bien bâtie ; elle a autrefois tenu le siége pendant trois jours contre les huguenots qui l'assiégèrent sous la conduite du marquis de Goulaines, leur chef, vers l'année 1562 ; mais elle se défendit si bien qu'il fut obligé de lever le siége. Jean Taillandeau, religieux bénédictin, sacristain de cette abbaye, qui avoit un zèle particulier pour la dévotion et le culte de la Très Sainte Vierge et contre les huguenots, a fait diverses peintures fort dévotes dans ce couvent, entr'autres une où le siége de Bellefontaine est représenté avec l'image de la Sainte Vierge au-dessus et cette inscription au-dessous : *Dissipa gentes quae bella volunt*. Elle est appelée *Castrum bellafontanense*. La congrégation de Notre-Dame des Feillants n'est qu'une réforme de l'ordre de saint Benoist faite par Jean de la Barrière, abbé dans le diocèse de Rieux, dans le tems que Calvin preschoit sa religion prétendue réformée en France. L'auteur des *Annales de Cisteaux* dit qu'ils sont appelés Foillants parce qu'on trouva dans leur abbaye un arbre sur les foilles duquel étoit la figure de Notre Dame. L'église est belle, bien voûtée ; le prince de la Roche sur Yon, fondateur de Beaupréau y est enterré. Il n'y a présentement que douze religieux ; la maison est toute entière de bois et c'est un fort beau désert. L'abbaye vaut de 1000 à 1200 livres de revenu ; mais comme les meilleures choses dégénèrent en mauvaises, et que le démon, qui se plaît à moissonner là où il n'a point semé, fait célébrer ses festes au milieu des solennités de celles de Jésus-Christ et de ses saints, il seroit à souhaiter que la foire et les assemblées qui se font à cette fontaine le jour de l'Assomption de Notre

Dame, fussent abolies, parce qu'il s'y commet mille désordres; la plupart des pèlerins qui y viennent de trente lieues, passant ce saint jour en danses, en jeux et en ivrogneries, au grand scandale de la religion; et l'abbatiale même a servi longtemps de cabaret et de lieu de retraite à des ivrognes et à des gens débauchés.

Le   1720, Mʳ d'Entragues (1), évêque de Lectoure, abbé de Bellefontaine, mourut subitement en son abbaye; son corps fut inhumé, par le curé du Maye où est situé l'abbaye, sans aucune cérémonie. Cet évêque étoit fort contre la constitution de Clément XI..... (2).

---

(1) Louis III d'Illiers d'Entragues, mort au mois d'août 1730. (A. L.)
(2) La célèbre constitution *Unigenitus*. (A. L.)

NOTRE-DAME D'ASNIÈRES

Fondation de cette abbaye.

On peut dire que le père Bernard de Tyron, d'Abbeville, est comme l'instituteur, le fondateur, et le premier supérieur de l'abbaye d'Asnières. Ce grand homme qui mérite de passer pour le précurseur de saint Bernard de Clairvaux, à cause du rapport qui se trouve entre leurs noms, leur sainteté et leur emploi, ayant été obligé de quitter l'abbaye de Saint-Cyprien de Poitiers, où il avoit fait profession, vint sur la fin de l'onzième siècle en Anjou, trouver le bienheureux Robert d'Arbrissel, qui menoit alors une vie admirable dans la forêt de Craon, avec un grand nombre de solitaires. Il y passa quelque tems, et fut en Bretagne pour mener encore une vie plus retirée. L'abbé de Saint-Cyprien l'ayant sû, vint l'y trouver et l'obligea de retourner dans son premier monastère que les religieux de Cluny vouloient soumettre à leur congrégation. Bernard s'y opposa de toutes ses forces; il fut à Rome en habit d'hermite, où, ayant fait paroître une constance admirable au pape Paschal II, Sa Sainteté fut contrainte de l'admirer et de changer les premières impressions qu'on lui avoit données de sa conduite, et ayant sû qu'il avoit été seul avec Robert d'Arbrissel au concile de Poitiers, en 1100, qui avoit eu la fermeté de publier la bulle d'excommunication contre le roy Philippe et Bertrade, il déclara que le monastère de Saint-Cyprien étoit exempt de la juridiction de Cluny et fit l'honneur à Bernard de le faire manger à sa table, de lui offrir un chapeau de cardinal et les premières charges de l'état ecclésiastique ; mais Bernard ayant refusé tous ces honneurs se contenta du titre de prédicateur et de missionnaire apostolique et s'en revint dans l'abbaye de Saint-Cyprien exercer la qualité d'abbé ; mais n'ayant pu faire accepter sa réforme à ses religieux, qui la trouvaient plus insupportable que la juridiction de Cluny, il sortit une seconde fois de son abbaye pour aller chercher une autre solitude où il put vivre plus en paix. Il fut dans le diocèse de Chartres, où le grand Yves de Chartres étoit alors évêque ; il fit bientôt une étroite amitié avec ce saint prélat qui, pour l'arrêter dans son diocèse, lui donna, en 1109, la forêt de Tyron, dépendante de son évêché, afin de la défricher et d'y bâtir un monastère qu'il dédia à saint Sauveur.

Là, comme partout ailleurs, il eut la gloire d'être aimé des princes et des rois, de recevoir même quelques-unes de leurs visites ; Henry Ier, roy d'Angleterre, eut la curiosité d'aller le voir à Tyron et lui fit de grands dons, aussi bien que Rotrou, comte du Perche, pour contribuer à l'établissement de son monastère. Louis le Gros, roy de France, souhaita plusieurs fois d'avoir quelques heures de son entretien, et, pour attirer la grâce de Dieu sur sa famille royale, il le pria de tenir sur les fonts de baptême les princes Philippe et Louis, ses enfants, qui furent rois l'un après l'autre.

La réputation des vertus de Bernard attira tant de personnes qui vouloient se consacrer à Dieu sous sa conduite, que si nous en voulons croire les historiens, il s'en trouva plus de dix mille qui lui aidèrent à défricher la terre et à abattre la forêt de Tyron, de manière que n'ayant pas de lieu régulier assez grand pour les recevoir tous, il fut obligé, ainsi que l'avoit été le bienheureux Robert d'Arbrissel dans la forêt de Craon, d'en faire différentes colonies et de les disperser dans tout le royaume, de sorte que de son vivant et en moins de dix ans après la fondation de l'abbaye de Tyron, il établit en divers diocèses plus de cinquante autres monastères ; mais entre tous ceux-là, il y en eut six dont il forma une congrégation de laquelle l'abbaye de Tyron fut comme le chef et la mère. L'abbaye d'Asnières fut la première, la Pelisse la seconde, et Ferrières, qui n'est qu'à deux lieues d'Asnières, la troisième. Les abbés de ces sept abbayes avoient coutume de s'assembler et de tenir de tems en tems des chapitres généraux dans l'abbaye de Tyron pour maintenir le bon ordre dans leurs monastères, et l'on voit encore dans le chapitre de Tyron sept siéges où étoient placez ces sept abbés, avec les inscriptions, dont la première après celle de l'abbé de Tyron est ainsi : *Hic sedet abbas de Asneriis;* la seconde : *Hic sedet abbas de Ferreriis,* etc.

Cette congrégation a été florissante pendant plusieurs siècles, et saint Bernard en parle très avantageusement dans une de ses lettres ; il paroist même, par la grandeur des cloîtres, des dortoirs et du réfectoire, qui ont été ruinés par les huguenots sur la fin du dernier siècle, qu'il y avoit très grand nombre de religieux dans l'abbaye d'Asnières, et que la régularité y étoit très bien observée. L'église, qui est dédiée en l'honneur de la Très Sainte Vierge, est grande et belle et d'une architecture recherchée ; Giraud de Berlay la dota et l'enrichit de plusieurs dons en l'année 1133, c'est-à-dire vingt-quatre ans après la fondation de l'abbaye de Tyron, et c'est de l'acte qu'il en fit en présence de l'archevêque de Bordeaux, de Geoffroy, comte d'Anjou, et d'Ulger, évêque d'Angers, et de beaucoup d'autres grands seigneurs sous le règne de Louis VIII, roy de France, que nous apprenons que les religieux de Tyron étoient déjà dans l'abbaye d'Asnières lorsqu'il la fonda. En voici les termes : *In nomine sanctae et individuae Trinitatis, ego Giraudus Monstrolii dominus omnibus praesentem carthulam inspicientibus notum facio quod ego pro redemptione animae meae omniumque praedecessorum meorum salute, cum assensu et voluntate dilectae uxoris meae, Adae nomine, dedi in eleemosinam Deo et B. Mariae de Asneriis et monachis de Tyron ibidem Deo servientibus in fundatione ejusdem ecclesiae,* etc.

Il y a même bien de l'apparence qu'avant cette fondation l'église d'Asnières avoit déjà été bâtie par ce Giraud, et que notre Bernard en avoit été le premier abbé ; car il est dit dans un ancien cartulaire de la dite abbaye, qui est sans date...... *Nec silentio praetereundum est quod praefatus Giraudus Berlay, construens ecclesiam in honorem sanctae Dei Genitricis Mariae apud Asnieras, dedit eidem ecclesiae, praesente domino Bernardo ejusdem monasterii primo abbate, totam terram quam habebat*, etc... et comme la mort du bienheureux Bernard arriva le 25 avril 1116, deux mois après celle du bienheureux Robert d'Arbrissel, son maître, s'il a été présent lorsque Giraud fit les premiers dons à l'abbaye d'Asnières, il faut que les religieux de Tyron y soient venus environ l'année 1112 ou 1113.

Quoiqu'il en soit, Berlay, fils de Giraud, ratifia cette fondation après la mort de son père, et six de ses descendants, qui ont possédé la terre de Montreuil-Bellay, y ont fait de grands dons, jusqu'en 1227, que Montreuil-Bellay passa dans la maison des vicomtes de Melun, par le moyen de Adam de Melun qui épousa Agnès de Berlay, héritière du nom, des armes et de la dite terre, jusques en 1422, que Jeanne de Melun, héritière de Montreuil, épousa Jacques de Harcourt, par lequel la dite terre entra dans la maison de Harcourt, et en fut possédée jusques au tems de Jean Dunois, qui épousa Marie de Harcourt en 1439. François, comte de Dunois et de Longueville, son fils, succéda en 1488 à Jeanne de Harcourt, sa cousine germaine, fille de Guillaume de Harcourt; de sorte que Montreuil-Bellay a été à la maison de Longueville jusques en 1664, que feu M. le maréchal de la Meilleraye l'acheta, et c'est d'où vient que l'abbaye d'Asnières a été le lieu de la sépulture de grand nombre de seigneurs des maisons de Montreuil-Bellay, des vicomtes de Melun et des comtes d'Harcourt et de la Haye, qui sont morts en Anjou; et on voit encore, dans l'église de l'abbaye d'Asnières, des restes de leurs tombeaux qui sont échappés des ravages des guerres, de la longueur des tems et de l'hérésie. En voici quelques épitaphes:

Et juxta eam

Jacet Stephanus puer filius Adami, vicecomitis de Melun et domino de Montrolio...... Cette Agnès est la dernière du nom de Berlay qui porta la terre dans la maison de Melun.

Sub hoc saxeo sepulchro reconditur corpus generosissimi, veneratissimi, opulentissimique domini Jacobi de Harcour, militis strenuissimi, Alexandri mors quondam...... Le reste est rompu.

Les armes d'Harcourt, qui sont de gueules à deux faces d'or, sont sur ce tombeau ; autour de l'écusson il y a une couronne d'épines, avec ces mots : *Couronne sur toutes*,...... pour marquer que ceux de ce nom ont été à la conquête de la Terre-Sainte.

Hic jacet Guido de Haya, miles, de quo habemus duo sextaria frumenti..... De la Haye étoit de la grande et illustre famille de la Haye, qui a pour armes des fasces et des merlettes.

Hic jacet Guillelmus, undecimus hujus monasterii abbas.

Hic jacet Amelina de Haya, de qua habemus sexaginta sol.

Hic jacet frater Joannes de Monte Sorelli.

Hic jacet, juxta Guillelmum abbatem, Aimericus de Montreuil, miles.

Hic jacet...... de Poceio, miles...... Pocé est un château appartenant à Monsieur le Prince.

Il y a quantité d'autres épitaphes, mais qui ne se peuvent plus lire...... L'on voit encore de vieilles effigies d'abbés sur de vieux tombeaux ; mais l'écriture n'en est pas non plus lisible.

ABBAYE DE TOUSSAINTS

Fondation de cette abbaye.

L'abbaye de Toussaints, de l'ordre des Chanoines réguliers, reconnoist pour fondateur, Girard, chantre et chanoine de l'église cathédrale d'Angers qui la fit bâtir proche les murs, hors de la ville, dans un fauxbourg proche de la porte de Hugon, *prope portam Hugonis* (1), en l'honneur de tous les saints et nommément de la Très Sainte Vierge qui est la reyne de tous les saints ; aussi voit-on une image de la Sainte Vierge sur la porte de la dite église, à costé de laquelle sont deux anges qui la couronnent. Le 13 des kalendes d'avril de l'année 1028, l'église fut dédiée par Hubert de Vendôme, évêque d'Angers ; Foulques Nerra, comte d'Anjou, assista à la cérémonie. L'intention de Girard, chantre, ne fut d'abord que de bâtir un hôpital pour y recevoir les pauvres malades et les pèlerins ; il y assigna des revenus suffisants pour la subsistance de deux prêtres qui auroient soin de leur administrer les sacrements, d'enterrer les morts et d'y faire le divin sacrifice ; il ordonna que cet hôpital fut sujet à la juridiction, à l'administration et visite de l'évêque et du chapitre d'Angers qui voulurent bien s'en charger.

L'an 1048, Geoffroy Martel, comte d'Anjou, qui cherchait à unir le plus de bénéfices qu'il pouvoit à l'abbaye de Vendôme et à celle de l'Esvière, qui étoit son chef-d'œuvre, obtint aisément du chapitre de Saint-Maurice que les religieux qui étoient à l'Esvière vinssent demeurer en l'église de Toussaints, qu'il

---

(1) Ou Porte de la Vieille Chartre. Voir la *Description de la Ville d'Angers*, par l'éan de la Tuilerie ; édition de M. C. Port, page 100. (A. L.)

reconnoît dans le titre de leur translation avoir été fondée par Girard, chantre de Saint-Maurice, *in honorem et memoriam sanctae Dei Genitricis et Sanctorum Omnium dedicata*. Son prétexte fut que ces religieux étoient trop sujets aux grandes guerres et à l'inondation des pluyes à l'Esvière, et, que l'administration du bien des pauvres ne se faisoit pas bien, et pour obtenir plus aisément l'investiture de cette abbaye pour des religieux de l'ordre de Saint-Benoist, il exempta le chapitre de Saint-Maurice de payer plusieurs impôts fort onéreux, que Foulques Nerra, son père, avoit mis sur les terres du chapitre d'Espinats, de Montfort et de Doulces, et à condition que les religieux de Vendôme prendroient des dits pauvres et seroient toujours sous la juridiction du chapitre; Brunon évêque d'Angers, et Bérenger archidiacre, qui devint peu d'années après hérétique, ont signé dans le titre de cette translation. Les moynes de Vendôme furent environ 16 ans possesseurs de cet hôpital; mais l'année 1108, sous Raynaud de Martigné, évêque d'Angers, les moines de Vendôme ayant fait rebâtir le prieuré de l'Esvière, l'abbé Odéric vint avec ses religieux au chapitre de Saint-Maurice et y fit une démission volontaire de l'église de Toussaint entre les mains des chanoines, soit qu'il eut trop peu de revenus pour les faire subsister, soit que le soin des malades ne fut pas conforme à l'esprit de leur institut, ce qui obligea l'évêque Raynaud de Martigné de penser à y mettre des chanoines réguliers, tant pour avoir soin des pauvres, que pour en faire le service. *Ibidem canonicos regulares collocare disposuimus, qui divino officio invigilantes pauperes infirmos visitarent et mortuos sepelirent.*

Geoffroy, abbé de Vendôme, vint à Angers et s'opposa à l'introduction des chanoines réguliers dans cet hôpital, disant qu'il appartenoit à son abbaye, et qu'Odéric n'avoit pas le droit d'en faire la concession, comme il avoit fait sans le consentement de son chapitre. Ce différend se termina bientôt après à deux conditions, la première que si les chanoines réguliers ne venoient pas à Toussaints, ou que les chanoines de Saint-Maurice ne prissent pas soin eux-mêmes de l'administration du temporel, elle retourneroit de droit à l'abbé de Vendôme, et leur accord fut fait dans le chapitre de Saint-Maurice en 1108.

Les chanoines réguliers prirent donc possession de l'église de Toussaints en 1114, et y firent fleurir leur ordre qui étoit beaucoup déchu en France et qui ne commençoit qu'à respirer par les soins et les exemples du grand Yves, évêque de Chartres, et ce fut à proprement parler en ce tems que cette église fut érigée en abbaye, dont Robert fut le premier abbé, sous Ulger, évêque d'Angers.

Le chapitre d'Angers fut si content de leur conduite en cette abbaye, qu'il représenta requeste au pape Clément, disant que Girard, chantre de leur église, avoit fondé en l'honneur de Dieu, de la Bienheureuse Vierge Marie et de tous les saints, une église laquelle, par l'accroissement de la dévotion des fidèles, avoit été érigée en abbaye, sous la règle de saint Augustin, et que, pour mémoire de l'intention du fondateur, qui avoit mis cette église sous la conduite et la juridiction du chapitre d'Angers, quand l'abbé venoit à mourir ou à faire démission, on avoit coutume de porter sa crosse dans le chapitre, qu'on y gardoit jusques à ce qu'il y en eut un autre élu, qui la venoit recevoir, comme de la main du chapitre, qui avoit droit de députer l'un de son corps pour se trouver à l'élection, et qui y avoit voix délibérative, et que cette confraternité et union, entre l'abbaye de Toussaints et l'église cathédrale s'étoit toujours maintenue, et que pour l'augmenter et l'entretenir ils supplièrent Sa Sainteté de faire l'abbé de Toussaints l'un des chanoines de la cathédrale et de lui donner la première prébende vacante et l'unir à son abbaye, sans qu'à l'avenir l'évêque ou le chapitre en pussent disposer autrement. Cette bulle est donnée à Avignon, le 3 des nones de juin 1352.

Et depuis ce tems-là l'abbé de Toussaints a toujours été chanoine né de la cathédrale d'Angers dans le chapitre de laquelle on a porté la crosse lorsqu'il étoit mort et que l'élection des abbés étoit en vigueur.

Ulger, évêque d'Angers, donna quatorze églises à l'abbaye de Toussaints, dont la présentation appartient encore à l'abbé; savoir : les cures de Beaufort, de Tiercé, de Juigné-sur-Mayne, de Villemoisan, de Trélazé, de Saint-Augustin près Angers, de Lasse, de la Lande-Chasle, de Chemiré, de Jumelles; les prieurez cures de Gée, Fontaine-Milon, Saint-Jean-des-Mauvrets et Saint-Georges-du-Bois sont présentez par les seigneurs des lieux; mais ils ne doivent les présenter qu'à un religieux de Toussaints.

Les chanoines réguliers vécurent à Toussaints avec édification pendant plusieurs siècles; mais enfin le relâchement qui est si ordinaire à la fragilité humaine, se glissa parmi eux, et ils en étoient venus à un tel point sur la fin du XVI° siècle, que le jeu et la débauche étoit leur occupation ordinaire; ils ne vivoient plus en communauté, mais chacun demeuroit en son particulier avec une servante; ils n'observoient aucun vœu, ne portoient pas même la soutane, et ils n'avoient rien de régulier que leur nom. Dieu eut pourtant compassion de l'état déplorable où ils étoient réduits; il suscita sur la fin du XVI° siècle Philippe Gallet, qui vint au monde, le 6 décembre 1576, pour leur servir de réformateur; on lui procura une place à Toussaints à l'âge de huit ans, son père étant mort et ayant laissé sa mère peu avancée dans la fortune, il n'apprit parmi eux que le chant et la grammaire, car ils n'avoient point de noviciat, et si Dieu ne lui avoit, dès son bas âge, inspiré une piété tendre, il ne l'auroit jamais apprise de ses maîtres. Il fit profession à l'âge de 16 ans. Etant tombé malade à l'âge de 18 ans, on lui laissa une cruche de vin proche son lit pour étancher sa soif dans l'ardeur de sa fièvre, tant les chanoines étoient persuadez que c'étoit un bon remède; il s'enivra et en eut tant de confusion qu'il fit vœu de ne boire de vin de cinq ans; il l'accomplit, quelque raillerie qu'il put subir de la part de ses confrères qui admiroient sa vertu qu'ils ne vouloient pas suivre, et le firent bientôt maître des novices. Il étudia les humanitez et la philosophie au collége d'Anjou; il y prit des grades; le prieur étant mort dans un mois de graduez, son prieuré étant un titre, le père Gallet requit sa place en vertu de ses degrez; la communauté s'y opposa et on lui osta la charge des novices, craignant que le père Gallet ne mit la réforme parmi eux. Il perdit son procès au présidial d'Angers; les servantes des chanoines dansèrent toute la nuit en signe de réjouissance; il en appela au Parlement, par l'avis du père Suffren, confesseur de la reine de Médicis, qui étoit alors à Angers. Ce père lui donna des lettres de recommandation pour ses juges qui, persuadés de la droiture de ses intentions, rendirent un arrest en sa faveur, au mois d'août de l'année 1620, après quoi il vint prendre possession de son prieuré où il trouva de très grands obstacles à tout le bien qu'il vouloit établir. Nicolas Fournier, religieux de Saint-Vaast, qui avoit quitté son monastère à cause des règlements qui y régnoient, vint se joindre au père Gallet ; deux jeunes religieux de Toussaints, savoir Jacques Guérin et Jacques Le Frère, secondèrent le père Gallet dans l'exécution de ses bons desseins et ils commencèrent tous quatre à mener une vie régulière et à rétablir la communauté qui étoit détruite depuis longtems.

Le démon, jaloux du bien que faisoit cette réforme, prévit bien qu'elle alloit ruiner son ouvrage en cette abbaye, s'il la souffrait, et s'y opposa de toutes ses forces. C'est pourquoi il suscita un procès au père Gallet, de la part des anciens, qui l'obligea à aller à Paris en 1623, pour se défendre. Il apprit en plaidant que les chanoines réguliers de Saint-Vincent de Senlis, s'étoient réformés depuis peu ; il fut les voir et fut très-édifié de leur manière de vie, et fit transcrire leurs constitutions pour les faire observer à Angers ; il obtint un arrest avantageux. En s'en revenant, il passa par Chartres, où il conta tout ce qu'il avoit vu à Senlis à M. l'évêque nommé Eléonor d'Estampes de Valancé qu'il avoit connu en Anjou, à Bourgueil, dont il étoit abbé. Ce prélat, qui gémissoit sur le dérèglement de la vie libertine que menoient alors les chanoines réguliers de l'abbaye de Saint-Jean de Chartres, résolut d'y faire le lendemain sa visite dans les formes ; il y mena le père Gallet ; ils y trouvèrent tant de désordre que ce prélat engagea le père Gallet de retourner à Senlis pour lui faire venir des réformez. Le père Gallet y fut et obtint, avec peine, les pères Baudouin, Branche et Guérin, que M. l'évêque de Chartres établit à l'abbaye de Saint-Jean de Chartres, le 20 mars 1624. Le père Gallet prescha à la cérémonie et revint à Angers avec une lettre du cardinal de la

Rochefoucault, abbé de Sainte-Geneviève à qui le pape Grégoire XV, par un bref, avoit donné pouvoir de réformer l'ordre des chanoines réguliers en France ; il apporta aussi les sages règlements que ce pieux cardinal avoit faits pour ce grand dessein, pour les faire observer à Toussaints.

Le père Gallet trouva d'abord de grandes résistances de la part des anciens religieux qui ne vouloient point suivre d'autre règle que leur caprice et leurs plaisirs ; ils se moquèrent de la lettre du cardinal et de ses règlements, mais il leur en écrivit une plus forte par laquelle Son Eminence menaçoit de les châtier s'ils étoient plus longtems rebelles. Cette lettre les rendit un peu plus traitables.

Mre Charles Miron, évêque d'Angers, que le pape et le roy avoient nommé commissaire en cette partie, aida puissamment le père Gallet dans son entreprise ; car ce prélat, avec M. Cospeau, évêque de Nantes, obligea M. Merceron, abbé de Toussaints, chanoine de la cathédrale d'Angers et grand vicaire de M. de Miron, de faire une transaction avec le père Gallet, par laquelle il lui cédait son abbatiale, ses jardins et la disposition des places et des offices de son abbaye, moyennant quoi le père Gallet s'obligea de lui payer une pension annuelle, de le décharger des réparations et du soin de la sacristie. C'étoit là un coup de partie, après lequel le père Gallet pensa solidement à rétablir la vie commune à Toussaints et à reprendre l'habit blanc, marque de l'innocence, que les anciens avoient changé dans le noir, preuve de leur libertinage. Il prit pour cela le tems que la peste qui ravageoit tout en Anjou, en 1626, avoit enlevé un de ses religieux, et il alla faire une retraite à Juigné-Benay, prieuré dépendant de Toussaints à trois lieues d'Angers, avec ses autres confrères. Ils y renouvelèrent leurs vœux, promirent tous d'observer les constitutions qu'il avoit apportées de Senlis, et prirent l'habit blanc et revinrent à Angers. Quand les anciens les virent en cet habit, ils en furent si surpris et si choquez qu'ils ne voulurent avoir aucune communication avec eux, pas même à l'église. Ils se séparèrent entièrement de leur compagnie, ainsi qu'auroient fait des corbeaux d'avec des colombes.

Ils leur intentèrent plusieurs procès, tant sur l'habit que sur la réforme et sur d'autres pretentions et firent intervenir le chapitre de Saint-Maurice comme ayant droit à cette abbaye, pour s'opposer, disoient-ils, à ces nouveautez. Le père Gallet députa le père Guérin à Paris pour solliciter ces procès, qui ne tendaient tous qu'à favoriser la continuation du libertinage et détruire la réforme; il obtint trois arrests contre ces brouillons qui ne se tinrent pas encore battus, car voyant que le père Gallet vouloit faire bâtir un dortoir pour loger commodément ses religieux et des jeunes gens qui postuloient avec ferveur pour entrer dans sa maison, ils s'opposèrent à ce qu'il démolit les anciens bâtiments ruineux (1) pour en construire de nouveaux, et firent ordonner au présidial qu'avant de passer outre, il fourniroit caution de 4,000 livres. Il la trouva et jeta les fondements de son nouvel édifice dont M. Merceron, abbé de Toussaints, mit la première pierre le 14 septembre 1627. Cependant quelques anciens étant morts et ayant laissé leurs places et leurs offices vacants, le père Gallet jugea à propos de recevoir des novices dont il donna le soin au père Jacques Fournier, qu'il établit sous-prieur.

Ils firent en peu de tems un si grand profit sous la conduite du père Gallet et sous la direction du père Fournier, qu'il en est sorti de très-saints religieux aussi distinguez par leurs vertus que par leur science et qui ont rendu de grands services à la Congrégation et à l'Eglise, tels qu'ont été les pères Frontéau et Loypaut. Il les portoit à une grande mortification, tant du corps que de l'esprit, surtout à celle des passions des sens et de l'humeur et à se faire violence en tous ch... l'oraison et à une union parfaite avec Dieu, par la pratique de toutes les vertus chrétiennes et religieuses; de sorte qu'il les fit arriver en peu de tems à une haute perfection, et la maison de Toussaints, qui avoit été le scandale de la ville, devint un grand sujet d'édification.

Le père Gallet, voyant la bénédiction que Dieu donnait à son entreprise, pensa aux moyens de la rendre solide, dont le principal étoit d'unir sa maison à la Congrégation qui s'étoit formée sous

---

(1) Menaçant ruine. Voir le Dict. de Trévoux. (A. L.)

l'autorité du cardinal de la Rochefoucault, par les religieux de Sainte-Geneviève et de Saint-Vincent de Senlis. Il avoit même prié le père Faure qui en étoit alors supérieur général, d'envoyer deux des siens à Angers pour vivre avec eux et leur enseigner toutes les observances de la réforme; il fut pour cet effet à Paris au chapitre général tenu à Sainte-Geneviève en 1632, à dessein d'obtenir cette union. On la lui accorda à trois conditions, la première qu'il se demettrait de son titre de prieur; la seconde, qu'il ne recevrait plus à l'habit ni à la profession aucun religieux; la troisième, qu'il ne feroit point prendre de degrez en théologie à ses religieux.

Les conditions lui ayant paru un peu dures, surtout la dernière, l'union fut différée jusques au mois de juillet de l'année 1634, que le père Faure qui était venu à Angers, en qualité de général, la conclut avec le père Gallet et ses religieux, de la manière du monde la plus agréable et la plus avantageuse pour la maison de Toussaints et pour la Congrégation; ils le reconnurent tous pour leur supérieur et renouvelèrent leurs vœux entre ses mains; le père Gallet se démit de sa qualité de prieur, déclarant de vive voix et par écrit qu'il souhaitait être amovible, ainsi que les autres supérieurs de la Congrégation, prenant une commission du père général pour en administrer la charge.

ABBAYE DE SAINT-AUBIN D'ANGERS

Fondation de cette abbaye.

La dévotion à Notre-Dame est aussi ancienne que le Christianisme dans la ville d'Angers, et les peuples n'ont pas plutôt connu le vrai Dieu qu'ils ont honoré sa sainte mère ; car, outre la cathédrale, que Défensor dédia à la divine Marie vers l'année 950, comme nous l'avons fait voir ailleurs, la petite chapelle qui est sous le grand autel de l'abbaye de Saint-Aubin autrefois appelée Notre-Dame du Verger, ainsi que nous en assure Jean Hiret, page 80 du livre de ses Antiquitez d'Anjou, fut bâtie par le grand docteur de l'Eglise, saint Hilaire, évêque de Poitiers, en l'an 345, et Bourdigné, chap. 1er de la seconde partie, fol. 27 de ses Annales d'Anjou, dit que ce grand saint la dota et l'enrichit de plusieurs possessions. En effet, dans la quatrième charte du prieuré de Méron en Poitou, Geoffroy Grisegonnelle, comte d'Anjou, assure que de son tems, on tenoit par tradition que saint Hilaire avoit donné à l'abbaye de Saint-Aubin, c'est-à-dire à l'église qui étoit pour lors dans le même lieu où l'abbaye de Saint-Aubin a été bastie, la terre de Méron qui vaut 4,000 livres de rentes à l'abbé et aux religieux. Ainsi on peut dire avec vérité que l'abbaye de Saint-Aubin a été dédiée à Notre-Dame dès son commencement, puisqu'elle a été bâtie dans un lieu qui, dès l'année 356, était déjà consacré à la Sainte-Vierge.

II. — En effet, Neflagus, évêque d'Angers nous apprend, dans l'acte qu'il fit en 972, pour confirmer les priviléges de l'abbaye de Saint-Aubin, que ce fut saint Germain, grand aumônier de Childebert, roi de France et qui n'étoit pas encore à Paris, qui, par l'ordre du roy, fit bâtir l'abbaye qui porte maintenant le nom de Saint-Aubin. Voicy les paroles de Nefingus : *Sciant igitur successores nostri ecclesiam beati Albini quæ a sancto Germano, Parisiensi episcopo, voluntate et imperio Childeberti regis, ante portam Andegavensem versus orientem fundata est.*

III. — Nefingus ne dit point que S¹ Germain fit dédier cette église en l'honneur d'un autre S¹ Germain d'Auxerre, quoy que la tradition nous l'assure; mais comme S¹ Germain prit grand soin de conserver la chapelle de Notre-Dame-du-Verger, la laissant toute entière sous le grand autel, telle qu'on la voit présentement avec les piliers de la voûte qui sont d'une ancienne architecture, il y a bien de l'apparence qu'il la dédia d'abord à la très-digne Mère de Dieu, qui étoit déjà en possession de ce lieu il y avoit plus de deux siècles, puisque S¹ Hilaire l'avoit fait bâtir en 356 et que S¹ Germain n'avoit fondé la dite abbaye, suivant Bourdigné, qu'en 534.

IV. — Ce que j'avance n'est pas appuyé d'une simple conjecture. Il y a quatre preuves qui peuvent passer pour des démonstrations en cette matière.

La première est que, dans l'acte de profession des religieux de Saint-Aubin, on mettait autrefois qu'elle avoit été faite dans le monastère dédié en l'honneur du Sauveur du monde et de sa Très-Sainte Mère. *In hoc cœnobio constructo in honorem Salvatoris mundi et beatissimæ Virginis.*

La seconde est que, dans l'acte de l'élection de l'abbé Jean de Tinteniac, qui fut faite le 23 aoust de l'an 1493, il est dit expressément qu'elle se fit pour remplir le monastère vacant de la bienheureuse Vierge Marie, autrement dite de Saint-Aubin. *Cunctis sit notum quod, vacante monasterio insigni Beatae Mariae alias beati Albini Andegavensis ordinis sancti Benedicti....*

La troisième preuve est qu'on a toujours regardé la sainte Vierge comme la principale patronne de l'église de cette abbaye et que de tems immémorial on voit son image, d'argent doré, de la hauteur de quatre pieds, sur le contretable du grand autel, au milieu du lieu le plus éminent, immédiatement au-dessous du Saint-Sacrement qui est suspendu.

La quatrième est la dévotion extraordinaire qu'on a toujours eue en cette abbaye pour la sainte Vierge, en sorte qu'il n'y a peut-être pas d'église, non seulement dans l'Anjou mais dans tout le royaume, où elle soit honorée d'un culte plus particulier ; car, en l'an 1151, Robert, abbé, fit faire une conclusion capitulaire, du consentement unanime de tous ses religieux, par laquelle il fut ordonné qu'on célébreroit la feste de l'Assomption de Notre-Dame avec les mêmes solennités que celles de Pâques, de la Pentecôte et de Noël, c'est-à-dire pendant quatre jours, en chape, ainsi qu'il est expliqué dans la conclusion qui se trouve écrite dans le plus ancien et le plus gros martyrologe de cette abbaye, en ces termes : *Quoniam indesinenter labitur humana mortalitas, memoriae posteritatis nostrae litterisque quibus eadem viget memoria mandamus quod Robertus, abbas B. Albini, scilicet vir virtute religionis approbatus cum totius ecclesiae communi capitulo festum de Assumptione benedictae Virginis Mariae, et genitricis filii Dei firmiter stabilivit, stabiliter que firmavit pro religionis augmento solemniter celebrari, sicut Pascha vel Pentecostem vel Natale Domini, quatuor scilicet diebus in cappis, cum omnibus consuetudinibus suis et per omnia consimili praenominatarum solemnitatum et ratione.*

Or la coutume étoit, dans beaucoup de diocèses, que le mercredi d'après les festes de Pâques fut chomé et festé, ainsi que les trois jours précédents.

V. — On fait encore dans l'église Saint-Aubin, le jour de la feste de l'Assomption, deux processions, l'une avant la messe et l'autre après vespres, où l'on chante les litanies de Notre-Dame, et l'on fait une station dans sa chapelle, où l'on chante l'*Inviolata*, et un salut après complies, fondé par frère René Le Bel, hostelier de cette abbaye, et, outre le luminaire des plus grandes festes, on allume sur l'autel de Notre-Dame trois gros cierges dès les premières vespres, que l'on laisse brûler jusques après les secondes du jour, ce qu'on fait pareillement aux festes de la Purification, de la Nativité, et ce jour, le curé de Saint-Michel-de-la-Paluds doit amener processionnellement son peuple en la dite chapelle.

La veille même de la feste de l'Assomption et le jour de son octave se solennise comme les festes de seconde classe, avec chapes, chants, sonnerie, luminaire et processions extraordinaires, ce qui a été fondé dès l'an 1279, par frère Pierre de la Maison, sacriste, et, dans l'ancien ordre du divin service, il est prescrit qu'on doit transférer les festes doubles qui arrivent pendant l'octave de l'Assomption, ainsi que pendant les octaves de Pâques, de l'Epiphanie, de la Pentecôte, marque d'une solennité si grande qu'on n'en trouvera peut-être pas de semblables dans aucun monastère.

Les autres festes de Notre-Dame, comme la Purification, l'Annonciation, la Compassion, la Visitation, la Nativité, la Présentation et la Conception, sont célébrées dans l'église de Saint-Aubin d'une manière véritablement moins solennelle que l'Assomption, mais pourtant d'une façon très-distinguée des autres festes qui arrivent pendant tout le cours de l'année, car il y a procession ces jours-là avant la grande messe où on porte une image de Notre-Dame, d'argent doré, d'un pied et demi de hauteur.

Le jour de l'Annonciation, outre le luminaire dont on a parlé ci-dessus, on allume 52 cierges autour du chœur dans les galeries d'en haut, qui demeurent ainsi allumez depuis les premières vespres de la veille jusques après complies du jour de la feste, jour et nuit, par une ancienne fondation.

De plus on chantoit tous les jours la messe de Notre-Dame à l'issue des matines, en sa chapelle, où il y a jour et nuit une lampe ardente, et tous les samedis deux cierges de deux livres chacun doivent être allumez pendant la messe de la Sainte Vierge, et aux autres festes solennelles ; il y a de plus un grand cierge dans un bassin attaché devant le dit autel qui doit être allumé tous les samedis pendant la messe de Notre-Dame et toutes les festes depuis les premières vespres jusques aux complies du jour.

Toutes ces illuminations, toutes ces processions et toutes ces solennitez extraordinaires que l'on fait en l'église de Saint-Aubin, aux festes de Notre-Dame, prouvent que l'on la regarde comme la principale patronne de cette abbaye dont il faut que nous fassions l'histoire de ses commencemens, de ses progrès et de son état présent.

VI. — La petite chapelle de Notre-Dame du Verger étoit donc bastie, ainsi que nous avons dit, par saint Hilaire, évêque de Poitiers, aux portes et dans les fauxbourg de la ville d'Angers dès l'année 356, et ce grand docteur de l'église avoit donné la terre de Néron, en Poitou, pour y entretenir un chapelain et pour en faire le service.

Le lecteur s'étonnera peut-être et aura peine à croire que saint Hilaire soit venu en Anjou fonder une église à Angers, où il semble qu'il n'avoit aucune raison de faire cette fondation; mais son doute sera dissipé quand il saura que saint Hilaire étoit Angevin, étant né dans la paroisse de Cléré-sous-Passavant, à une lieue de Doué, laquelle est de la province d'Anjou pour le temporel. Son père, saint Francaire, y est mort et il n'y a pas longtemps que l'on fit la translation de ses reliques dans l'église de Cléré. On voit encore le château de Muret, où l'on prétend que saint Hilaire est né. Nous en parlerons ailleurs plus amplement. Ainsi il ne faut pas s'étonner si saint Hilaire voulut honorer la capitale d'une province qu'il regardoit comme sa mère, d'une église dédiée à Notre-Dame, surtout dans un tems où la foi ne commençoit qu'à s'établir; peut-être même que Defensor l'avoit convié d'y venir prescher.

Quoi qu'il en soit, cette petite chapelle a toujours été cultivée et servie. Elle étoit presque bâtie sous terre et on y descend encore par dix ou douze marches à la façon des anciennes basiliques que l'on faisoit ainsi souterraines, tant pour procurer du recueillement aux fidèles par le silence et l'obscurité qui accompagnoient toutes leurs prières, que pour les cacher aux infidèles. Elle est voûtée, et sa voûte est soutenue de deux piliers entre lesquels est l'autel, au milieu de la chapelle qui est presque de forme ronde, avec une grande image de Notre-Dame, sur l'autel, d'une façon moderne.

Cette chapelle, pendant deux siècles, faisoit la troisième qui étoit dédiée à Notre-Dame dans la ville d'Angers, savoir : la cathédrale et le Ronceray.

VII. — Childebert, roi de France, qui étoit venu à Angers, voulut y fonder une abbaye en l'honneur de saint Germain d'Auxerre, il en donna la commission à saint Germain qui fut depuis évêque de Paris, son grand aumônier. La situation de la chapelle de Notre-Dame du Verger, qui est au soleil levant et proche la ville, lui parut très-avantageuse pour cette fondation. Mais le fondateur de cette petite chapelle, son antiquité et le nom de Marie, la lui rendirent trop vénérable pour la détruire; il voulut la conserver et qu'en servant pour ainsi dire de base et de fondement à l'édifice qu'il vouloit élever dessus elle en devint plus considérable. Il prit donc grand soin et donna ordre qu'on bâtit le grand autel de la nouvelle église sur cette petite chapelle où on descendroit par deux escaliers.

VIII. — Ce seroit ici le lieu d'examiner pourquoi, dans les vieux cartulaires de Saint-Aubin, cette petite chapelle de Notre-Dame du Verger est appelée *Confessio;* mais il suffit de savoir que ce mot *confessio*, dans les auteurs ecclésiastiques, signifie un lieu souterrain où on met les reliques des saints qui ont confessé le nom de Jésus-Christ.

IX. — L'auteur de l'Histoire manuscrite de Saint-Aubin prétend que l'abbaye qui fut dédiée à Notre-Dame et à saint Germain d'Auxerre ne fut achevée qu'en l'année 555. Mais elle ne porta pas longtemps le nom ni de l'un ni de l'autre; car saint Aubin, évêque d'Angers, étant mort en l'année 550, et son corps ayant été inhumé dans la chapelle souterraine ou crypte de l'église de Saint-Pierre, il se fit tant de miracles à son tombeau que cinq ans après sa mort, c'est-à-dire en l'année 555, Eutrope, son successeur, aidé de saint Germain, jugea à propos de faire la translation du corps de ce saint évêque et de le mettre dans la nouvelle église que saint Germain venoit de faire bâtir. La cérémonie s'en fit par les évêques de la province, en l'année 555, et ce ne fut pas sans un dessein particulier de la Providence que ce saint évêque pendant sa vie avoit tant de dévotion à la sainte Vierge et tant de zèle pour la pureté conjugale qu'il fit condamner les noces incestueuses au troisième concile d'Orléans, tenu en 538, fut mis après sa mort dans une chapelle dédiée à la mère de toute pureté, et l'on voit encore son tombeau appuyé d'un bout sur l'autel de Notre-Dame et de l'autre à la muraille.

Il se fit tant de miracles à cette translation que l'on n'a depuis appelé cette abbaye que du nom de Saint-Aubin.

X. — Dieu, dans la suite des siècles, a répandu sur cette abbaye de très-grandes bénédictions, tant par la sainteté des religieux qui y ont demeuré que par les donations considérables qui y ont été faites par les empereurs, les rois de France et les comtes d'Anjou, en sorte qu'elle est la première abbaye et la plus riche de la province.

XI. — La règle de saint Benoist ayant été apportée en France par saint Maur, et ayant commencé en Anjou en 543, dix ou douze ans avant que l'abbaye de saint Aubin fut achevée, il y a bien de l'apparence que Childebert, roy de France, y mit d'abord des religieux de cet ordre pour la gouverner.

LIVRE IV

ÉGLISES DES MONASTÈRES

DÉDIÉS

A NOTRE-DAME EN ANJOU

NOTRE-DAME DE RECOUVERTE

Il y avoit autrefois dans la cité une petite chapelle très-ancienne bâtie en l'honneur de Notre-Dame.

Nous apprenons du cartulaire de Saint-Aubin qu'elle appartenoit originairement à l'abbaye de Saint-Aubin et s'appeloit *Beata Maria de Recooperta*, Notre-Dame de Recouverte ; quelques autres titres portent *Beata Maria de Recuperata*, comme qui diroit *recuperatae salutis*.

Les chanoines de l'abbaye de la Roë ayant été appelés à Angers quelque tems après la fondation de l'abbaye de la Roë, qui fut faite en 1096, demeurèrent plusieurs années dans la maison d'Hildegarius, trésorier de l'église d'Angers, mais n'ayant point d'église pour faire l'office divin, ils demandèrent cette chapelle à Robert, abbé de Saint-Aubin, qui la leur accorda avec beaucoup de bonté, en l'année 1141, à la charge seulement d'une légère reconnoissance qui étoit de donner chacun an, à la sacristie de Saint-Aubin, demi poids de cire, que l'on trouve avoir été évalué dans la suite des tems à la somme de quatre livres, puis à celle de quarante sols. Nous lisons dans un vieux cartulaire qui contient le dénombrement des biens et des revenus du prieuré-cure de Saint-Aignan, qui en est la présentation de l'abbé de la Roë, que frère Guillaume Frigidi, prieur, la fit bâtir avant que les Jacobins y fussent établis, parce qu'elle étoit preste à tomber de vétusté et qu'il y avoit danger d'être écrasé sous ses ruines lorsqu'on y entroit. Voici les termes de ce cartulaire : *Frater Guillelmus Frigidi, tunc prior prioratus ecclesiae parochialis sancti Agniani in civitate Andegavensi et a prima fundatione Beatae Mariae fundata erat ab antiquo ubi est monasterium fratrum predicatorum Jacobinorum, et erat nuncupata Beatae Mariae Discoperta, incipit dictus prior reedificare et reparare de novo totam ecclesiam et de hoc facere necessitas erat valde magna qua ipse prior nec alter plus audebant in dictam ecclesiam moram facere nec servitium divinum frequentare propter periculum mortis;* et il est dit dans ce même cartulaire que ce fut un gentilhomme de bien qui donna le conseil au prieur de rétablir l'église de Notre-Dame de *Recoperta* et qu'il l'aida même beaucoup de ses biens dans cette entreprise, parce que pendant toute sa vie il avoit beaucoup aimé et honoré cette chapelle : *In omni vita sua dilexit et honoravit dictam ecclesiam.*

Nous apprenons aussi des registres de l'église d'Angers, que les chanoines de la cathédrale alloient les festes en procession en cette chapelle où il y avoit plusieurs chanoines réguliers dépendant de l'abbaye de la Roë. Ce qui se prouve par un manuscrit très-ancien qui est dans la bibliothèque de l'abbaye de Savigny en Normandie, diocèse d'Avranches, ordre de Cisteaux, composé par un religieux qui dit être de Notre-Dame de *Recoperta* à Angers.

L'ordre de Saint-Dominique commença à s'établir en plusieurs villes de ce royaume, avec beaucoup de bénédictions, en l'année 1220 (1)..... Guillaume de Beaumont, évêque d'Angers, demanda à ce saint de ses religieux pour en faire un établissement dans la ville de sa résidence. Saint Dominique lui en envoya, vers l'année 1220, et pour marque de son affection, ce prélat voulut les placer auprès de sa cathédrale dans la cité, au lieu où était bâtie la petite chapelle de Notre-Dame de *Recoperta* dont nous venons de parler (2); l'on voit encore, proche les cloîtres des Jacobins, cette chapelle que l'on y conserve comme un monument d'antiquité, et on lit sur la porte, en lettres gothiques, ces paroles tirées du premier des Machabées, chap. III : *Sicut fuerit voluntas in cœlo sic fiat;* faisant illusion à celles que prononça la sainte Vierge quand elle fut saluée par l'ange Gabriel : *Fiat mihi secundum verbum tuum.* Preuve que cette chapelle étoit

---

(1) Saint Dominique mourut à Boulogne en Italie le 4 aoust de l'an 1221. Le pape Grégoire IX le canonisa le 3e juillet de l'an 1235.

(2) Depuis 1720 on y bâti une maison (note de Cl.-Gabr. Poquet de Livonnière.)

dédiée au mystère de l'Incarnation du Fils de Dieu et de l'Annonciation de sa divine Mère.

Il y a bien de l'apparence que ce fut en ce temps que l'on transporta l'église et le prieuré des Chanoines réguliers de l'abbaye de la Roë, de la chapelle de Notre-Dame de Recouverte en celle de Saint-Aignan, et qu'on bâtit leur église sous l'invocation de ce saint évêque d'Orléans, proche le château où elle est présentement.

Il paroît, par un acte de Guillaume de Beaumont, de l'an 1225, qu'une femme nommée Amelotte, leur vendit sa maison et une place voisine de leur couvent, qui étoit proche la maison d'un clerc nommé Herminel; et, par un autre titre de l'année 1227, on voit qu'il étoit dû 40 sols aux religieux de Saint-Aubin, de pension annuelle, pour la raison que nous avons rapportée ci-dessus, et que, pour les amortir, Guillaume de Beaumont remit le droit de procuration que les moines de Saint-Aubin devoient aux évêques d'Angers à raison du prieuré de Combrée.

Michel Loyseau succéda à Guillaume de Beaumont qui mourut en 1240, non-seulement dans l'évêché d'Angers, mais encore dans le zèle qu'il avoit eu pour l'établissement des frères Jacobins, car la tradition de leur monastère est que pour leur faire des bâtiments plus spacieux, il changea avec le chapitre trois maisons canoniales qu'il leur donna et voulut être enterré dans leur église.

Après sa mort, qui arriva l'an 1260, on voit son tombeau dans le chœur des Jacobins avec cette épitaphe :

Villa creavit Avis Michaelem hic tumulatum
Et dedit Andegavis dominus sibi pontificatum.
Doctrina clarus, cunctis dulcedine charus,
Ecclesiae tutor, patrum probitate sequutor.
Summe Deus cœli qui laesus cuspide teli
Clamasti ter Heli, veniam des huic Michaeli.
Funus Avis villae Michaelis sic cape, mille
Miscе annis bis centum, trigintaque bis, unum.

Les chanoines de la cathédrale vont tous les ans chanter un *Libera* sur sa fosse, le mercredi des Cendres.

Depuis ce tems, M. Lasnier de Leffretière a bâti dans leur église (1640) la chapelle du Rosaire qui est très-magnifique.

Le chapitre de la cathédrale a souvent transféré l'office canonial de l'église de Saint-Maurice en celle des Jacobins, particulièrement lorsque messire Michel Lepelletier y fit faire l'autel à la romaine, en 1699. Le chapitre a aussi fait une transaction avec les religieux pour fournir, tous les Avents et les Carêmes, un prédicateur à la cathédrale (1).

Le cardinal de Turre Cremata, célèbre Jacobin, qui se signala dans le concile de Florence pour la réunion des Arméniens avec l'église latine et qui fut appelé le Défenseur de la foi par le pape, vint à Angers de la part de Sa Sainteté, en qualité de légat, trouver le roi Charles VII qui étoit à Angers, et ce grand homme reçut dans le couvent des Jacobins le chapeau de cardinal. Ce fait est exprimé dans l'un des vitraux du chœur de leur église en ces termes :

Reverendus pater Joanes de Turre Cremata, ordinis praedicatorum S^{ti} *palatii magister summi pontificis Eugenii papae quarti, orator ad christianissimum regem Franciae Carolum VII existens in hoc conventu recepit nuntium assumptionis suae ad cardinalatum, sub titulo S*^{ti} *Sixti, die sexagesima januarii, anno Domini 1440, obiit ann. 1468, a Pio V pontifice protector fidei nuncupatus.*

---

(1) Il n'y a point eu de transaction et la chaire leur fut ôtée par la cathédrale en l'année 1710, et depuis il y a eu des jésuites, des capucins et des prêtres séculiers qui y ont prêché. Ils ont prétendu qu'une fondation de 100 livres de rente faite en l'an   pour le prédicateur jacobin en la cathédrale devoit leur demeurer.

Le chapitre se choqua de ce qu'un de leurs pères qui devait prêcher le carême, en leur faisant compliment leur avoit dit : *Ne forte veniant Romani et u... ...ni locum nostrum.*

NOTRE-DAME DES CARMES D'ANGERS

La Sainte Vierge a toujours été fort honorée dans l'église des Carmes d'Angers, sous le titre de Notre-Dame de Recouvrance, *de Recuperantia*, comme qui diroit *a recuperata salute*, parce que son image qui a quatre pieds de hauteur la représente enceinte de Notre Sauveur.

Cette image est aussi ancienne que l'établissement des Carmes à Angers, et sa vénération ne l'est pas moins. Ces religieux furent reçus par Guillaume de Beaumont, évêque d'Angers, environ l'an 1237. Ils se logèrent d'abord dans la commanderie de Saint-Laud, pendant qu'on leur trouveroit un lieu propre pour bâtir leur monastère. Ce fut au lieu de Casenoüe (Caseneuve), où est à présent l'académie, auprès de l'Esvière, qui étoit autrefois l'hôtel de Rohan ou des princes de Guémené. On y voit encore une petite chapelle avec un autel, qu'on dit être la chapelle des Carmes; car les religieux de cet ordre ont pour maxime et pour règle que dans leur établissement après avoir fait construire un autel et un tabernacle pour le Très-Saint Sacrement, ils travaillent à une chapelle ou autel en l'honneur de la Sainte Vierge, leur singulière patronne.

Les Carmes demeurèrent à la Casenoüe plus de cent ans, pendant lequels ils eurent un diférend avec le curé de Saint-Germain en Saint-Laud, apparemment au sujet des oblations; mais Guillaume Le Maire, évêque d'Angers, les accommoda en 1293, ordonnant que les Carmes payeroient au curé de Saint-Germain la somme de dix livres par an pour le dédommagement de ces offrandes. Ils étoient cependant fort incommodés en ce lieu qui est hors ville, à cause des guerres continuelles qui étoient entre les ducs d'Anjou et les ducs de Bretagne; car les Bretons s'emparoient de leur couvent pour battre et assiéger le château, et les religieux avoient même peine à subsister étant éloignés du secours des habitants. Ils demandèrent donc permission au pape Clément VI de quitter ce lieu et de chercher à se loger dans la ville. Clément adressa sa bulle à l'évêque d'Angers, qui étoit alors Foulques de Mathefelon, par laquelle il consentit que les Carmes quittassent Casenouë, si leurs raisons étoient véritables, et ordonna que l'évêque les plaçât en quelque endroit de la ville. La bulle est datée d'Avignon, an X du pontificat de Clément, c'est-à-dire 1352, au mois de mai. Onze ans se passèrent encore pendant lesquels Foulques pensoit à satisfaire à sa commission, et les religieux à chercher dans la ville un lieu qui fut propre à bâtir un monastère. Enfin, l'an 1363, une veuve, nommée Thyephaine du Moussay, leur donna une maison avec un appenty et une cour, dans le lieu où ils sont présentement, proche la rivière de Mayne, dont voici l'acte :

« Sachent tous présents et avenir que je, Thyephaine du Moussay,
» jadis femme de feu Basin le monnoyeur, paroisienne à présent
» de Notre-Dame d'Angers, connoist et confesse de bonne, pure
» et libérale volonté, sans fraude, sans barat et sans aucun
» pourfricement que pour la grande dévotion et parfaite volonté
» que j'ai à Dieu et à la benoîte sainte Vierge Marie et à toute le
» célestielle compagnie de paradis, et pour l'accroissement et
» augmentation du divin service, par la teneur des présentes, je
» donne et octroie pour Dieu et en pure et pertuelle aumône et
» à toujours mais perpétuellement à religieux mandiants et pour
» les frères et couvent de Notre-Dame du Carme, demourans
» près Angers, hors les murs de la ville et de la cité, un héber-
» gement o (avec) les courtils d'une part et d'autre, si comme ils
» se poursuivent et comportent, et un grand appentif double
» touchant et appoyant à une salle laquelle me demeure...... En
» témoing de ce, j'ai donné aux dits religieux les présentes
» scellées de mon propre scel avec les sceaux établis aux contrats
» d'Angers, par M. le duc d'Anjou, lesquels y ont été mis et
» apposez à ma requête le jour de la Nativité de Notre Seigneur,
» l'an 1363. »

Ce don de Thyephaine fut confirmé et amorti peu après par Louis de France, duc d'Anjou, comte du Mayne, etc., lequel déclara qu'il vouloit être fondateur de l'église des Carmes. En effet, il fit bâtir l'ancienne église qui sert à présent de cimetière ou de chapitre et y fonda depuis un anniversaire, le jour de saint Louis, pour la rente de 35 sols, qui lui étoient dus pour la maison de Thyephaine et qu'il remit aux religieux. Il donna aussi l'emplacement du cloître autour duquel on voit encore ses armes d'Anjou, aussi bien qu'à la voûte du chapitre, et à ses quatre clefs. Ce don de Louis se trouve loué et approuvé par lettres-patentes de Charles cinquième, roy de France, données à Paris, l'an 1369.

Après le don de Thyephaine, les Pères Carmes, suivant la constitution de Grégoire VIII, s'adressèrent à Urbain V, pape, pour lui demander la permission de bâtir. Urbain établit l'abbé de Saint-Nicolas avec le chantre et le maistre école de la cathédrale d'Angers, ses commissaires apostoliques en cette partie de la bulle qu'il leur adressa d'Avignon, en 1364, la troisième année de son pontificat. Ceux-ci commencèrent à s'acquitter de leur commission; mais ce ne fut pas sans traverses. Le curé et le sacristain de Notre-Dame d'Angers, les Augustins et les Filles-Dieu ou Beguardes s'opposèrent à ce nouvel établissement; les premiers alléguoient le tort que leur église en souffriroit; les autres, appuyés sur la constitution de Clément IV, soutenoient qu'il falloit entre les maisons des mendiants 300 cannes de distance, laquelle ne s'y trouvoit pas; enfin les Beguardes ou Filles-Dieu prétendoient que ce monastère seroit trop proche du leur. Ces obstacles furent néanmoins bientôt levés; la distance de 300 cannes ne regardoit point les Filles-Dieu, parce que une grande rue les séparoit et qu'on ne pouvoit voir les uns chez les autres; elle ne favorisoit pas plus les Augustins vu que Clément IV lui-même avoit réduit le nombre de 300 cannes à celui de 140, et que les commissaires ayant fait mesurer la distance entre les deux couvents, celui des Augustins et celui des Carmes qu'on vouloit bâtir, il se trouva 214 cannes par l'air et 210 par terre; la canne étoit d'une aune et demie, mesure d'Angers. Pour ce qui est de l'opposition du curé et du sacristain de Notre-Dame, elle n'empêcha pas non plus qu'on ne bâtît, quoiqu'ensuite le procès ait duré longtems et ait fait beaucoup de mal aux Carmes. Il ne s'agissoit pas de l'établissement du couvent, mais de la trentième partie des oblations que le curé et le sacristain demandoient. Ils étoient prêts d'aller plaider à Rome, lorsque messire Hardouin du Bueil, évêque d'Angers, leur fit faire une transaction par laquelle les religieux Carmes donnèrent cent écus d'or dont le sacriste fut obligé d'acheter un fond pour les sacristes ses successeurs ; ce fut en 1409. La transaction fut ratifiée par les parties et par l'évêque.

Après que l'église et les lieux réguliers furent en état dans le nouveau monastère, les religieux quittèrent Casenouë pour y venir et apportèrent avec eux l'image de Notre-Dame, dite de Recouvrance, laquelle avoit déjà été révérée à Casenouë sous le nom de Notre-Dame du Carme, comme il paroît par la donaison de Thyephaine ; elle continua de l'être dans la nouvelle église.

En 1562, les Huguenots après être sortis de l'église cathédrale où ils avoient brisé les images et brûlé les reliques de saint René, allèrent aux Carmes, tous furieux, où ayant pillé ce qu'ils purent et brûlé quelques images, ils prirent celle de Notre-Dame, lui mirent la corde au cou et la traînèrent ignominieusement jusques au pont d'où ils la jetèrent dans la rivière pour en ensevelir la mémoire; mais on la trouva peu après à la faveur d'une crue, à la porte même de sa chapelle où elle fut portée comme par miracle, au grand contentement des religieux et des catholiques.

Vers l'an 1646, on fit une procession solennelle où cette image fut portée comme en triomphe, et pour lui faire réparation d'honneur, et on la plaça à l'autel de la chapelle où on la voit présentement, qui avoit été bâtie de neuf en son honneur.

Quelques personnes ayant trouvé à redire qu'on eût fait tant d'honneur à l'image de Notre-Dame, un religieux de ce couvent fit imprimer à Angers, un livre chez Yvain, en 1657, pour défendre cette cérémonie, intitulée : *Entretiens ou conférences d'un voyageur avec un habitant d'Angers, touchant le culte des saintes images et principalement de la Vierge.*

Les peuples d'Anjou, tant de la ville que de la campagne, y ont toujours eu une singulière dévotion, depuis plus de 300 ans, par le moyen d'une confrairie établie par Hardouin de Bueil, évêque d'Angers, qui s'est étendue en plusieurs paroisses d'Anjou, et même au-delà du diocèse, à Nantes, à la Rochelle. Cette confrairie a été confirmée par cinq papes qui ont donné aux confrères les mêmes indulgences qu'ils ont coutume d'accorder à ceux qui font personnellement le voyage de Rome ; elle est approuvée par vingt-quatre évêques d'Angers qui y ont fait aussi plusieurs grâces, et, pour porter les peuples à s'y faire enrôler, ils en ont voulu être eux-mêmes, disant dans leurs mandemens : *Cujus quidem confratriae nos ipsi sumus*, et ils exhortent les peuples à y donner de la cire et de l'huile pour entretenir le luminaire, et du lin pour faire des nappes d'autel, et pour y entretenir l'office divin qui s'est toujours fait en cette église avec beaucoup de dévotion et de grandeur. Ils obligent aussi chaque fidèle à donner par an cinq deniers, ce qu'ils appellent *pia charitatis subsidia*. Autrefois les curez et vicaires de la ville exhortoient leur peuple à s'y faire enrôler et s'y enroloient eux-mêmes. Il y avoit peu d'habitans à Angers qui ne vinssent, au moins une fois la semaine, y rendre leurs devoirs à la Sainte Vierge; certains jours on y voyoit plus de 30 processions, tant de la ville que de la campagne. Messire Claude de Rueil, évêque d'Angers, y alloit tous les samedis de l'année entendre ou dire la sainte messe ; et, quand il ne le pouvoit le matin il y alloit l'après-midi assister aux Litanies qui s'y chantoient.

On y voit encore quantité de marques de cette dévotion et des secours extraordinaires que les fidèles en ont ressenti. Il y a entr'autre deux figures de cire de hauteur naturelle et à genoux, lesquelles sont de deux duchesses d'Anjou. Selon la tradition et dans le trésor, on y garde un habit tout tissu de fil d'or, que le bienheureux Charles de Blois, duc de Bretagne, se voyant blessé à mort d'un coup de lance, en la bataille d'Auray en Bretagne, dont l'église dédiée à sainte Anne est servie par des Carmes, légua à Notre-Dame de Recouvrance d'Angers, pour marque de sa dévotion ; le coup de lance y paroit et il y a un petit parchemin qui fait foi de la haire qu'on trouva sur le corps de ce prince par-dessous cet habit précieux. Il y a dans le même trésor un petit navire de vermeil fait par des gens sauvés du naufrage par l'assistance de la Sainte Vierge dite de Recouvrance. Plusieurs personnes des premières familles d'Angers y ont choisi le lieu de leur sépulture et fait des fondations ; entre lesquels Messire Hercule de Charnacé et Jeanne de Brezé, son épouse ont signalé leur dévotion en faisant construire le grand autel de cette église magnifique, et en y fondant un sermon pour chaque jour des octaves de l'Assomption, et ordonnant enfin qu'après leur mort, leurs cœurs y fussent apportés. Voici l'inscription qu'on y lit sur deux tables de marbre noir, à côté du grand autel, à main gauche.

M. S.

HAUT ET PUISSANT SEIGNEUR MESSIRE HERCULE DE CHARNACÉ, SEIGNEUR DU DIT LIEU GASTINES ET PLESSIS, GENTILHOMME ORDINAIRE DE LA CHAMBRE DU ROY, CONSEILLER D'ÉTAT, MARÉCHAL DE CAMP, GOUVERNEUR DE LA VILLE ET CHASTEAU DE CLERMONT EN ERGONE, MAISTRE DE CAMP DE RÉGIMENT DE PIED D'UNE COMPAIGNIE DE CHEVAUX LÉGERS ENTRETENUS, AMBASSADEUR EXTRAORDINAIRE VERS LES ROIS DE SUÈDE ET POLOGNE, ORDINAIRE VERS LES PROVINCES-UNIES, PAR TESTAMENT OLOGRAPHE DU 7ᵉ MAY 1621, A CHOISY, POUR DÉPOT DES CŒURS DE LUY ET DE HAUTE ET PUISSANTE DAME JEANNE DE BREZÉ, SON ÉPOUSE, CE LIEU, AUX PIEDS SACRÉS DE LA VIERGE ; DONNE POUR PARTIE DE LA CONSTRUCTION DE CET AUTEL 2,500 LIVRES.

N.-D.-DU-CHEF-DU-PONT ET LE MONASTÈRE DES CARMES A LA FLÈCHE

La tradition des habitants de La Flèche est que Jean de La Flèche, *Joannes de Fissa*, fit bâtir cette ville, qui porte son nom, au milieu de l'onzième siècle, proche de son château.

Il est probable qu'il n'y avoit alors point d'autre église à La Flèche que l'église de Saint-Oüen et une petite chapelle dédiée à Notre-Dame, bâtie pour la commodité du seigneur, dans son château situé au commencement et à l'entrée du pont, sur la rivière du Loir, du côté de la ville, et qui pour cela a été dans la suite appelée Notre-Dame-du-Chef-du-Pont.

Il paroit, par un acte tiré du trésor de l'abbaye de Saint-Aubin d'Angers, que ce Jean de La Flèche appela les religieux de Saint-Aubin dans la ville de La Flèche, et qu'il leur donna l'église de Saint-Oüen et la chapelle de Notre-Dame du Château, tant pour y faire le service que pour y administrer les sacrements aux peuples. Voici les termes de l'acte qu'on peut appeler la fondation de la cure et du prieuré de La Flèche, en date du 2 des ides de février de l'année 1087, sous le règne de Philippe-Auguste, l'an 19ᵉ de Foulques le jeune, comte d'Anjou : *Scribimus itaque quod quidam vir nobilis et miles egregius, cui nomen est Joannes de Fissa, largitus est de honore suo aliquid Deo et S. Albino et ejus monachis.... In proprium igitur dedit ecclesiam Sancti Audoeni sicut et ipse habebat et capellam suam quo in castello ejus sita est et constructa in honorem Sanctae Mariae Virginis.*

L'église de Saint-Thomas n'étoit pas encore bâtie, et il paroit, par un autre acte tiré du même trésor de l'abbaye de Saint-Aubin, que ce fut Elie de La Flèche, comte du Mayne, fils de Jean, qui, en l'année 1110, la fit bâtir en l'honneur de cet apôtre, à qui il avoit dévotion, puisqu'il faisoit célébrer tous les ans sa fête dans la chapelle de son château. Et cet Elie de La Flèche donna aussi à l'abbé et aux moines ladite église de Saint-Thomas. Voici les termes de la donation, qui sont très-remarquables : *Anno Incarnationis Dominicae 1110, 12 nov. donavit Elias, Comes Ccenomanensis, Deo et Sancto Albino ac monachis ejus, pro remedio animae suae et parentum ejus medietatem feriae beati Thomae apostoli quam ipse apud castrum Fissae in festivitate ejusdem apostoli cui novam ibidem extruxerat ecclesiam, per singulos annos instituerat agi investivit ipse, M. abbatem in festivitate supra dicta apud idem castrum in domo monachorum.* Ces derniers termes prouvent que le lieu de la résidence des moines étoit alors dans le château de La Flèche, et que quelque tems après ils en sortirent pour aller demeurer en la ville proche l'église Saint-Thomas.

Mais plus d'un siècle après, l'église paroissiale demeura dans la chapelle de Notre-Dame du château de La Flèche; car nous trouvons, dans le dixième tome du Spicilège du père Dachery, page 277, que, dans l'année 1291, Guillaume Le Maire, évêque d'Angers, donna commission à Jean Bonncin, d'entendre les comptes de la fabrique de l'église paroissiale de Notre-Dame de La Flèche, le vendredy d'après le dimanche de la Quasimodo. En voici les termes : *Anno Domini 1291, die Veneris post Quasimodo, deputavimus et constituimus Joannem Boncin, procuratorem fabricae ecclesiae Beatae Mariae de Fissa*, d'où on infère que l'église de Notre-Dame-du-Chef-du-Pont étoit encore en ce temps là l'église paroissiale, car nous ne voyons pas qu'il y ait eu d'autre église à La Flèche que celle dédiée à Notre-Dame.

Quoiqu'il en soit, pendant plusieurs siècles, la dévotion des peuples envers Notre-Dame de la Flèche a été si grande, et les secours favorables qu'ils en recevoient si fréquents, que plusieurs personnes y ont fondé jusques au nombre de sept chapelles, pour y avoir un nombre de prêtres suffisant pour satisfaire et aider la dévotion de tous ceux qui fréquentoient ce saint lieu; et c'est ce qui prouve encore l'opinion qu'on a que ce fut une paroisse. De ces sept chapelles on ne trouve les titres que de quatre, à savoir : de Saint-Jean l'Evangéliste, de Saint-Charles, de Sainte-Anne et de Sainte-Catherine. Il y en eut une fondée par Jean le Vicomte et Nicolas son fils, dont le temporel se trouve amorti et indemnisé par Philippe de Vallois, roy de France, en 1336. Il y a un autre amortissement d'une petite place vide proche la chapelle du Chef-du-Pont, qui est fait par René, duc d'Alençon, comte du Perche, et Vicomte de Beaumont, dont l'acte finit par ces mots : *Donné en notre ville de La Flèche, le 2 de septembre 1478.* Quant à présent, le temporel de toutes ces chapelles, excepté des deux dernières Sainte-Anne et Sainte-Catherine, a été usurpé. Sainte-Anne est encore un titre de bénéfice et Sainte-Catherine a été annexée à la mense des religieux carmes qui s'y sont établis, comme nous verrons ci-après. Pendant les guerres civiles de la Ligue, le gouverneur du château, craignant que la chapelle de Notre-Dame ne fût fortifiée pour attaquer et battre son château, forma le dessein de la brûler, et, de fait, la tradition est qu'il fit mettre quantité de fagots pour y allumer le feu, mais que sa femme, ayant monté sur ce bûcher, dit qu'on la brûleroit plutôt que la chapelle de la Vierge ; cette résolution si généreuse obligea son mari de changer de sentiment.

M. de la Pommeraye, gentilhomme, fils de cette dame, déclara, en 1657, au R. P. Michel, religieux carme, nommé dans le monde le sieur de la Gânerie, Fléchois digne de foi, que la raison de sa mère fut qu'elle prévoyoit qu'un jour il y auroit en ce lieu des religieux qui honoreroient Dieu et sa Sainte Mère. En effet, l'église de Notre-Dame-du-Chef-du-Pont fut donnée par une assemblée de la ville aux religieux de Cisteaux, en 1623, le 28 octobre, sous le bon plaisir du roy Louis XIII, d'heureuse mémoire, lequel en fit expédier des lettres patentes, le 23 juin 1633, par lesquelles Sa Majesté accorde à l'ordre de Cisteaux l'église de Notre-Dame, etc., consistant en demi arpent de terre ou environ, avec 10 ou 12 livres de rentes, qui étoit tout le fonds de la chapelle ; mais ces religieux ne s'en accommodant pas et ne pensant déjà plus à s'établir à La Flèche, les carmes, qui y étoient depuis quelque tems dans un lieu fort étroit et mal sain, eurent recours à M. le cardinal, duc de Richelieu, pour lors abbé et général de Cisteaux, pour obtenir de lui la chapelle du Chef-du-Pont. Son Éminence commit des personnes pour examiner l'affaire, et, sur leur rapport, et sur l'avis de ceux de l'ordre à qui il appartenoit d'en connoître, elle commit à cet effet, le 20 novembre 1640, dom Joseph Arnolphin, docteur de Sorbonne, coadjuteur de l'abbaye de Châtillon, proviseur du collège des Bénédictins de Paris, et vicaire-général de Cisteaux en l'Isle de France, avec dom Placide, procureur-général du même ordre. En conséquence du pouvoir qu'ils avaient reçu, ces commissaires commencèrent, dès le mois suivant, c'est-à-dire le premier jour de décembre de la même année, cédèrent aux religieux Carmes de Touraine, en la personne du R. P. Séraphin de Jésus, prieur de Josselin, et du P. Hyppolite de Sainte-Marthe, procureur-syndic, l'église de Notre-Dame-du-Chef-du-Pont, avec ses circonstances et dépendances et les 10 ou 12 livres de rente; l'acte en fut passé par devant Caron et Cousinet, notaires, gardes-notes au Chastelet de Paris, et ensuite accepté par les gouverneur et principaux de La Flèche, puis enfin, confirmé par les lettres-patentes de Louis treizième, en la même année. Toutes les formalitez ayant été exactement observées, Messire Claude de Rueil, évêque d'Angers, consentit que les Carmes quittassent leur première demeure pour aller au Chef-du-Pont, qu'ils y bâtissent un monastère et y entretinssent la dévotion à la Sainte Vierge, ce qu'ils ont fait avec tant de succès que leur couvent est un des plus beaux de la province; le cloître entr'autres est d'une beauté toute particulière, car la rivière du Loir passe au milieu du cloître et les eaux lui servent de préau ou de parterre, au milieu duquel on a élevé une pyramide au haut de laquelle l'image de Notre-Dame a été placée.

De tous les miracles que Dieu a opérés en ce lieu, selon la tradition, on en a très-peu laissé par écrit; on voit seulement, au côté de la chapelle, un ancien tableau qui représente un peuple nombreux tendant les bras à une Vierge accompagnée d'anges, et au bas sont les armes de la ville; ces vers sont écrits au-dessous.

> Miraculeuse main qui, d'un pouvoir suprême,
> Avez chassé la peste, avez dompté la mort,
> Recevez dans vos bras le peuple qui vous ayme,
> Il ne pouvoit choisir un plus fidèle port.
> Est-il rien de plus sûr que le port de Dieu même?

Ce sont les habitants de La Flèche qui, s'étant recommandez à la Sainte Vierge en un tems de peste, ils en furent délivrez et firent faire ce tableau par reconnoissance.

Au pilier de la même chapelle, proche la porte, il y a un autre vieux tableau où est peinte une vierge et un homme qui lui présente un enfant mort, et une femme vêtue à l'antique qui prie la Sainte Vierge ; il y a au bas :

Antoine Odiau, âgé de vingt mois, ayant été plus de deux heures dans cette rivière, fut enfin trouvé et porté mort devant cette image de Notre-Dame-du-Chef-du-Pont, où la vie lui fut aussitôt rendue, le 14 may 1594.

On a des authentiques de miracles plus modernes. Une femme nommée Madeleine Poupart, femme d'un tailleur appelé Antoine Guy, a déclaré, par un acte signé de dix personnes témoins du fait, qu'à l'âge de dix à onze ans, ayant une maladie que les médecins jugeoient être une paralysie incurable, elle en fut parfaitement guérie, après une neuvaine, ce qui arriva en 1680.

Un prêtre de La Flèche, nommé Jacques Davy, a certifié, par son seing, deux guérisons miraculeuses faites par les mérites de la Sainte Vierge, honorée dans l'église des Carmes de La Flèche, l'une sur lui-même, dans son bas âge, et l'autre dont il est témoin et pour laquelle il avoit dit les neuf messes.

ÉGLISE ET COUVENT DE N.-D.-DES-GARDES EN ANJOU.

Messire Antoine de l'Epronnière, seigneur de la Roche-Bardou, du Pineau et autres lieux, de l'une des plus anciennes et des plus nobles familles d'Anjou, eut la dévotion de faire le voyage de la Terre-Sainte, vers l'année 1480, et s'en revenant en France, par mer, le vaisseau où il était fut attaqué par des corsaires infidèles; il fut fait prisonnier, avec tous ceux qui étaient avec lui. Ce gentilhomme étant trop éloigné de son pays pour faire savoir à ses parents l'état où il étoit réduit, il gémit longtems dans sa captivité. Enfin, voyant que le secours des hommes lui manquoit, il eut recours à Dieu, et fut inspiré de faire vœu que, s'il recouvroit la liberté, il feroit bâtir une chapelle en l'honneur de la Très Sainte Vierge, dans le lieu le plus éminent de toutes ses terres. Dieu exauça sa prière; car à peine eut-il fait ce vœu qu'il fut délivré de son esclavage d'une manière toute miraculeuse, dont les circonstances ne nous sont pas connues. Dès qu'il fut de retour dans sa maison, il pensa à exécuter la promesse qu'il avoit faite à Dieu et résolut de bâtir une petite chapelle en l'honneur de sa très-digne Mère, et, pour cet effet, il choisit le sommet d'une éminence ou petite montagne située en l'une de ses terres nommée le Puy-de-la-Garde, en la paroisse de Saint-Georges, en la province d'Anjou, diocèse de Maillezais, maintenant de la Rochelle; voulant ainsi que la reine du ciel et de la terre, tenant le plus haut lieu de tout ce qui lui appartenoit, présidât également à tous ses biens et à sa personne. Cette montagne étoit autrefois déserte, inhabitable, couverte de bois et même inaccessible et sujette à toutes les injures de l'air pendant l'hiver et fort éloignée de voisinage; les villes de Chemillé, de Vezins et de La Tour étant à une grande lieue de distance; mais, en récompense, la situation en est admirable; le paysage en est fort orné; on y découvre de loin des bois, des villes, des prairies, des rivières et tout ce qui peut rendre une vue charmante. Ce fut en ce lieu qu'Antoine de l'Epronnière commença à bâtir sa chapelle en l'honneur de Notre-Dame. Elle ne fut pas d'abord magnifique, car il ne la fit qu'en façon d'arceau ou d'une arcade de 12 à 15 pieds de longueur et de largeur, sur laquelle il fit poser la charpente le huitième jour d'octobre, feste de saint Fulgence, de l'année 1481, par Jean Godin, charpentier de la paroisse de Coron, qui l'avoit faite, et dans cette chapelle il fit dresser un petit autel sur lequel il fit placer une image de la Vierge Marie, tenant sur le bras droit l'enfant Jésus et portant un sceptre de la main gauche, pour marquer l'empire qu'elle a au ciel et en la terre, sur les anges et sur les hommes. Cette image que l'on voit encore sur le grand autel de Notre-Dame-des-Gardes, étoit d'une beauté si grande et d'une majesté si ravissante qu'elle charmoit les yeux et les cœurs de ceux qui la regardoient, et on assure que son seul aspect a porté beaucoup de personnes à verser des torrents de larmes de joie en sa présence.

A peine cette petite chapelle fut bâtie en l'honneur de la mère de Dieu, que les peuples d'alentour vinrent la visiter et y faire leur prière. La Sainte Vierge récompensa bientôt ces pèlerins de de leur dévotion; car plusieurs qui étoient malades furent guéris; le bruit des miracles qui s'y firent se répandit partout; on y venoit en foule de toute part. Un bon prêtre du voisinage, nommé Jean, fut inspiré de se faire chapelain de cette chapelle, d'y dire des évangiles et faire des instructions aux peuples pour les porter à la solide dévotion envers la Sainte Vierge.

Et ce qui est bien remarquable, c'est que successivement et de tems en tems, il y a toujours eu quelques pieux serviteurs de la très-sainte Vierge qui, en habit de religieux ou d'hermite, ont voulu passer une partie de leur vie en ce saint lieu, en sorte que, pendant plus d'un siècle, l'un venant à manquer, l'autre lui succédait et prenoit sa place, et ces pieux solitaires ont été comme les précurseurs des hermites du grand saint Augustin qui sont venus dans la suite s'établir à Notre-Dame-des-Gardes pour avoir soin de sa chapelle, ainsi que nous dirons tantôt.

Le dernier de ces dévôts serviteurs de la mère de Dieu, et qui s'y est davantage distingué par sa piété, fut un bonhomme nommé Jean Taillandeau, de la paroisse de Melay en Anjou (d'autres disent de Montilliers), lequel, après la mort de sa femme, dont il n'eut pas d'enfants, voulut, à l'exemple de saint Patrice, Romain, dont nous parle l'histoire ecclésiastique, faire la croix de Jésus-Christ et sa sainte Mère, héritiers de tous ses biens, assez considérables pour un homme de sa condition qui étoit médiocre; son zèle le porta, sur la fin de l'autre siècle, après que la fureur des guerres civiles que les Calvinistes avoient excitée fut passée, de remettre sur pied et de rétablir, dans l'Anjou et dans toutes les paroisses voisines de l'Anjou, toutes les croix publiques des grands chemins et des carrefours qui avoient été abattues et brisées par les hérétiques, et même celles que la vétusté avoit détruites, les faisant rétablir à ses frais en bois et en pierre, ainsi qu'elles avoient été auparavant. Il fit aussi rebâtir toutes les chapelles champêtres et autres lieux de dévotion qui avoient été pareillement démolis ou qui étoient tombés en ruine à cause de leur antiquité. Mais il affectionnoit surtout les chapelles et les lieux où la Sainte Vierge avoit autrefois été honorée, où les peuples venoient lui rendre hommage. Entre toutes les autres, il signala son zèle à l'égard de la chapelle de Notre-Dame-des-Gardes; car non-seulement il l'augmenta et l'amplifia, quant à l'édifice, mais il l'enrichit d'ornemens et se consacra entièrement à son service, pendant plusieurs années qu'il demeura auprès en habit d'hermite, étant presque jour et nuit en prière aux pieds de cette image, et, pour témoigner davantage sa piété envers la Divine Marie, il donna 160 (livres), pour fonder à perpétuité quelques messes dans cette dévote chapelle, les jours des festes de Notre-Dame, et, pour se consacrer plus particulièrement au service de la Sainte Vierge, il se fit religieux avant sa mort, dans l'abbaye de Notre-Dame de Belle-Fontaine, où étoient alors des anciens bénédictins et où ont été mis depuis les pères Feuillans, qui sont tous consacrés à Notre-Dame.

Le concours des peuples qui venoient en foule à Notre-Dame-des-Gardes, attirés par la multitude des miracles qui s'y faisoient, fut si grand que la chapelle devenoit de jour en jour trop petite pour contenir tous les pèlerins; on fut obligé de l'accroître jusques à quatre fois, et toujours elle ne se trouvoit pas assez spacieuse, jusques à ce qu'enfin on la batit telle qu'elle est; encore ne suffit-elle pas pour contenir tous ceux qui y viennent surtout les festes de Notre-Dame. Les grandes offrandes qui y étoient faites par toutes sortes de personnes riches et pauvres furent si abondantes qu'elles fournirent non-seulement de quoy augmenter les bâtimens, mais encore pour faire subsister plusieurs prêtres qui y vinrent par l'ordre de M⁵ l'évêque de Maillezais, et du consentement du curé du Puy-de-la-Garde, célébrer les messes et dire les évangiles.

Le gouvernement de cette chapelle subsista, de la manière que nous venons de dire, jusques sur la fin du xvɪᵉ siècle; mais il n'étoit pas possible qu'il demeurât ainsi longtems sans l'attacher d'une manière solide à quelque communauté de religieux qui en prissent soin. M. Dupineau, successeur du bien, du nom et du zèle de messire Antoine de l'Épronnière, jeta les yeux sur le père Chapouin, Recollet, homme d'esprit et de piété qui commençoit alors la réforme de sa province au couvent de la Basmette à demi-lieue d'Angers, et lui offrit la chapelle de Notre-Dame-des-Gardes, l'assurant qu'il lui feroit bâtir un couvent. Mais le père Chapouin ne voulut pas accepter cette offre, et remercia M. Dupineau, apportant pour raison que ses religieux faisant profession de très-grande pauvreté, n'acceptant ni rentes ni fondations, il falloit que leur couvent fut bâti plus proche de quelque grosse ville que n'étoit Notre-Dame-des-Gardes afin de pouvoir aller à la queste; et en même temps le père Chapouin inspira à M. Dupineau la pensée de s'adresser aux religieux Augustins du couvent de Poitiers, dont le prieur, nommé le père Guillaume Martin, entreprenoit aussi la réforme avec le R. P. Rabache, de la province de Bourges, qui la mit au couvent des Augustins d'Angers, où il est mort en odeur de sainteté. M. Dupineau écouta cette proposition comme avantagouse à ses pieux desseins et écrivit en même temps au père Martin Guillaume, prieur des Augustins de Poitiers, pour le prier de le venir trouver à sa terre du Pineau, située en la paroisse de Thouarcé, pour lui communiquer une affaire qui regardoit la gloire de Dieu et le bien de son ordre; le père y vint aussitôt: M. Dupineau lui fit l'histoire de l'établissement de la chapelle de Notre-Dame-des-Gardes, des miracles qui s'y faisoient, du grand concours de peuples qui y venoient et y faisoient des offrandes abondantes, le pria d'accepter le soin de cette chapelle et lui promit, pour l'y engager davantage de lui donner un emplacement et toute l'étendue de terre qui seroit nécessaire pour y faire bâtir un monastère pour ses religieux, et même des maisons pour loger les pèlerins.

Le père Guillaume Martin, qui étoit fort dévot à la très-immaculée Vierge Mère de Dieu, fut ravi de cette proposition, d'autant plus que le bien qu'on lui offroit s'appeloit Notre-Dame-de-la-Garde ou Notre-Dame-des-Gardes, parce que la Sainte Vierge seroit la mère, la tutrice et la gardienne de la réforme et de la discipline régulière qu'il avoit déjà commencé d'introduire avec beaucoup de succès dans la communauté dont il étoit prieur, aidé des soins et du zèle du R. P. Rabache, son très-cher père et fidèle compagnon.

A peine fut-il retourné à Poitiers qu'il proposa cet établissement à sa communauté, qui l'accepta, et en parla à M⁰ʳ Henri d'Escoubleau, évêque de Maillezais qui l'approuva et enfin le père Guillaume Martin, assisté de quatre religieux, prit possession de la dite chapelle et du lieu marqué, pour y bâtir un couvent, le vingtième jour de mars 1604; et, le neuvième jour de février suivant, avec la permission de M⁰ʳ l'évêque, on mit pour la première fois le Très-Saint Sacrement dans le tabernacle sur l'autel de la dite chapelle, au grand contentement du peuple et des gentilshommes d'alentour qui vinrent tous à la cérémonie, qui s'en fit avec beaucoup de solennité, et témoignèrent leur joie du bonheur qu'ils avoient de posséder, d'avoir Notre Seigneur Jésus-Christ et sa Sainte Mère, si proches voisins de leurs terres et châteaux; la plupart contribuèrent de leurs biens pour la fondation du monastère, entre autre MM. de Milpieds.

Dans ces commencemens, il n'y avoit aucune maison commode où les religieux pussent loger; mais M. Dupineau, leur fondateur, les reçut dans son château de Bouzillé, paroisse de Melay, jusques à ce qu'on leur eût préparé des lieux réguliers. Du château de Bouzillé ils alloient tous quatre dire la messe et faire le service divin à la chapelle de Notre-Dame-des-Gardes, et M. Dupineau ne se mettoit jamais à table qu'ils ne fussent retournez, pour manger avec eux.

Un corps de logis étant bâti d'une manière assez commode pour loger ces quatre religieux, ils s'y retirèrent aussitôt pour y observer leur règle avec exactitude. Le fondateur les y accompagna, les larmes aux yeux du déplaisir qu'il avoit de les voir sortir de sa maison sur laquelle il lui sembloit avec raison qu'ils attiroient la bénédiction du ciel par leurs prières, et voulant toujours exercer la qualité de père à leur égard, il les régala dans leur nouvelle maison, le premier jour qu'ils y entrèrent, et afin que la joye et la feste en fût plus solennelle, il convia toute la noblesse d'alentour d'estre du festin, et, après le repas, il leur fit présent de tout le linge, de la vaisselle, de la batterie de cuisine et de tous les autres ustensiles qui avoient servi au dîner pour commencer leur ménage, ne voulant pas qu'on rapportât quoique ce soit de tout ce qu'il avoit fourni. Il continua cette même charité pendant toute sa vie à l'égard de ces religieux. Dame Gilberte de Vaugirault, son épouse et tous leurs enfants ne leur cédèrent en rien, dans les libéralitez qu'ils firent à ce monastère, lesquelles ont été comme une semence de prospérité et de bénédiction dans leur famille; car la Sainte Vierge, ne voulant pas se laisser vaincre en largesses, l'a comblée de biens, de manière qu'elle est encore aujourd'hui une des plus riches de la province.

Comme tous les établissements qui regardent la gloire de Dieu souffrent toujours de grandes oppositions, celui-ci n'en fut pas exempt. Maître Mathieu Marchand, curé de Saint-Georges-du-Puy-de-la-Garde et ses prêtres qui avoient coutume de recevoir les offrandes qui étoient faites à cette chapelle, voyant que les religieux alloient désormais les toucher à leur préjudice, s'opposèrent de toutes leurs forces, l'année suivante, à l'introduction des Augustins dans cette chapelle; les firent appeler en complainte devant l'official de Maillezais et cependant par provision continuèrent d'aller toujours dans la chapelle y recevoir les offrandes et dire les évangiles. M. de l'Epronnière, comme fondateur, intervint dans la cause; M⁺ᵉ Hilaire Pommerays, docteur de Sorbonne, grand-vicaire de M⁺ l'évêque de Maillezais et son official, ayant examiné les raisons de part et d'autre, rendit une sentence, le 21ᵉ jour de mars 1608, également juste et judicieuse, par laquelle le droit du curé de Saint-Georges et ceux des religieux furent conservés; car, après avoir prononcé que les religieux Augustins avoient été légitimement et canoniquement pourvus de la chapelle de Notre-Dame-des-Gardes, que le sieur Dupineau en étoit fondateur et patron, il ordonna que les offrandes et oblations données et les aumônes faites par les fidèles chrétiens depuis l'institution et prise de possession des religieux, leur appartenoient aussi bien que celles qui seroient faites à l'avenir à la dite chapelle, en donnant et payant par les dits religieux au dit curé de Saint-Georges, chacun an et à ses successeurs, la somme de six livres tournois, au terme et feste de Notre-Dame-Angevine; qu'en outre les dits religieux seroient tenus et obligés de faire prédication au dit Saint-Georges, le jour de la Feste-Dieu, et d'assister le même jour à la procession du Sacre, en la dite église paroissiale, de laisser le maître autel de leur église libre une fois l'an quand il plairoit au dit curé y aller en procession, leur en donnant avis un jour auparavant, si mieux ils n'aimoient convenir d'un jour en particulier; à la charge aussi que les dits religieux entretiendraient en leur église de Notre-Dame-des-Gardes trois autels garnis de linge et autres ornements, fourniroient de pain, de vin et luminaire pour célébrer toutes les messes, que tous les prêtres séculiers, tant de la dite paroisse de Saint-Georges qu'autres, qui viendroient y célébrer la messe à l'intention des fidèles qui les en auroient requis.

Un jugement si sage, auquel toutes les parties se soumirent volontiers, remit la paix, l'union et l'intelligence entre le clergé de la paroisse de Saint-Georges et les religieux du monastère; le peuple en fut édifié et Dieu continua à verser sur ce saint lieu ses bénédictions ordinaires par l'intercession de Notre-Dame. Les gens de bien et quantité de personnes de qualité y firent des dons considérables pour augmenter le couvent et la chapelle qui, quoiqu'agrandie jusques à quatre fois, devenoit toujours trop petite, et on commença à bâtir une église dans les formes et dans l'état qu'on la voit aujourd'hui ; l'arceau ou l'ancienne petite chapelle se trouva justement en la place où est à présent bâtie la chapelle fondée par M{{me}} la baronne de Vezins, douairière de La Tourlandry, qui forme une des ailes ou croisées de l'église et dans la suite fut bâti un grand et beau couvent, avec tous les lieux réguliers, où l'on a toujours vu 25 et 30 religieux vivant dans l'exacte observance de leurs règles.

Il seroit trop long de raconter tous les miracles que Dieu a faits dans cette chapelle depuis que ces pères y sont établis. Il suffit de savoir que des aveugles y ont recouvert la vue ; que des paralytiques y ont été guéris ; que des gens estropiez de naissance ou par accidens y ont recouvert l'usage de leurs membres ; que plusieurs personnes tombées dans des puits ou dans la rivière ont été préservées du naufrage ; mais ce qui est plus considérable, c'est que des pécheurs endurcis, qui n'avoient point été à confesse depuis vingt et trente ans, y sont venus confesser leurs péchez et ont donné de véritables marques de pénitence. Un gentilhomme huguenot, étant un jour entré dans l'église de Notre-Dame-des-Gardes, fut tellement touché intérieurement du désir de sa conversion qu'il s'agenouilla au milieu de la nef et demeura assez longtemps en prière ; deux gentilshommes de sa suite, qui l'avoient vu à genoux, en furent extrêmement surpris, et lui en ayant demandé la cause, il leur dit franchement, qu'étant pécheur, il espéroit obtenir de Dieu le pardon de ses péchez par l'intercession de sa divine mère, et, sans leur rien dire davantage, il fut trouver M. Dupineau en son château de Bouzillé, lui dit qu'étant entré en la chapelle de Notre-Dame, il avoit senti au dedans de lui-même une vertu si forte et si puissante qu'elle l'avoit contraint de se mettre à genoux devant l'image de Notre-Dame, comme malgré lui, et qu'ensuite son cœur sentit une telle joye, et son esprit fut éclairé d'une si grande lumière, qu'il connut distinctement qu'il n'étoit pas dans la voye du salut. Il demanda à se faire instruire ; on lui donna un père capucin qui lui ayant fait voir la fausseté de sa religion et la vérité de la nôtre, il fit son abjuration entre ses mains, et depuis il a vécu et est mort en bon catholique. M. Charon rapporte ce miracle dans son Calendrier historique au 13 décembre, p. 841.

La plupart des miracles ont été certifiés par les personnes mêmes à qui ils sont arrivés, sur les informations que Monseigneur l'évêque de Maillezais en a fait faire, et, quelque temps après, par Mre René Moreau, bachelier de Sorbonne, curé de Saint-Michel-du-May, en vertu d'une commission à lui donnée par Monseigneur l'évêque de Maillezais, en 1643.

NOTRE-DAME-DES-ANGES, PRÈS PARIS.

Trois marchands angevins, s'en retournant d'une foire, furent arrestez et dépouillez dans une forest, à cinq lieues de Paris, par des voleurs qui les lièrent ensuite chacun au pied d'un arbre, où ils furent quelques jours dans une extrême nécessité, mais ayant eu recours à la sainte Vierge, avec promesse de bâtir tous trois ensemble une chapelle en son nom, ils virent, la nuit suivante, comme de jeunes personnes parfaitement belles, qui les délièrent; après quoi, voulant accomplir leur vœu, ils commencèrent à bâtir la chapelle à qui ils donnèrent le nom de Notre-Dame-des-Anges, à cause de la vision qu'ils avoient eue. Voici ce qu'on en lit dans la même chapelle auprès de l'image, de Notre-Dame : « En l'an mil deux cent, trois marchands angevins, passant dans ce bois furent pris des voleurs et attachez à des arbres où ils demeurèrent un jour et une nuit : se voyant en tel danger, se vouèrent à la très-sainte Vierge; incontinent un ange les délivra, et, en reconnaissance du bienfait reçu, ils dressèrent un petit autel et y mirent cette image de leur bienfaitrice. Depuis, les miracles et les guérisons ont été si fréquentes et si grandes que l'on a bâti cette chapelle qui s'augmente de plus en plus par la libéralité des pèlerins. Ce sont les chanoines réguliers de Sainte-Geneviève qui prennent soin de cette chapelle, à quatre lieues de Paris. »

NOTRE-DAME-DES-ANGES, EN ANJOU,

où sont les cordeliers de l'Observance

Le couvent de Notre-Dame-des-Anges en Anjou, fut bâti et fondé au commencement du XVIe siècle par Pierre de Rohan, comte de Gié, vicomte de Fronsac, maréchal de France, lequel avoit épousé en premières noces Françoise de Porhouet. La tradition vulgaire dit que cette dame avoit fait vœu de faire bâtir ce monastère sous le titre de Notre-Dame-des-Anges, pendant que son mari étoit en voyage à Saint-Jacques en Galice, pour demander à Dieu la conversion de sa personne et son retour; du moins voit-on des coquilles et un bourdon à ses armes, qui sont aux vitraux et aux chaises du chœur de l'église. Une autre tradition porte que Françoise de Porhouet, n'ayant point d'enfant, elle fit vœu de bâtir ce couvent pour en obtenir un, et que sa prière ayant été exaucée, la mort prévint l'effet de sa promesse, ce qui porta le maréchal son mari à l'accomplir pour elle. Quoi qu'il en soit, il est toujours certain que Pierre de Rohan ayant choisi un lieu propre pour bâtir, auprès de son château de Mortier-Crolle, en Craonnais, il en obtint la permission du pape Alexandre par une bulle du 31 mars 1500, la dixième année de son pontificat; cette bulle s'adresse à l'official d'Angers, à qui Sa Sainteté enjoint de laisser bâtir un monastère auprès de Mortier-Crolle, avec une église, un petit clocher, une cloche, un cloître, un réfectoire, un dortoir, avec des jardins et autres commoditez nécessaires pour un couvent; d'en laisser en outre prendre possession aux frères Mineurs de l'Observance, et de les soumettre, par l'autorité du Saint-Siége, au provincial de la province de Touraine, comme les autres monastères de l'ordre, et cela nonobstant la constitution de Boniface VIII, qui défend aux religieux de cet ordre et aux autres mendiants de recevoir de nouvelles maisons ou de changer les anciennes sans une permission spéciale du Saint-Siége, qui fasse mention expresse de cette défense, et nonobstant toute autre constitution apostolique, jurement de l'ordre même, confirmé par les papes, ou autre coutume contraire à cette fondation, pourvu néanmoins qu'elle se fît sans autre préjudice d'aucun particulier, et que, selon l'exposé de Pierre de Rohan, ce fût de son bien propre et de ceux qu'il avoit reçus de Françoise de Porhouet, sa défunte femme.

Alexandre accorde de plus aux religieux de cette maison toutes les libertez, priviléges, etc., dont jouissent les autres maisons de l'ordre par la grâce du Saint-Siége, les chargeant seulement, et ceux qui viendroient après eux, de prier particulièrement pour leurs fondateurs et leurs descendants, et de les associer aux mérites de leurs bonnes œuvres. Il n'est point parlé en cette bulle du vœu de Mme de Rohan; il est seulement dit que Pierre, touché de dévotion, désirant changer ses biens temporels et passagers en des biens éternels et célestes, vouloit bâtir de ses biens et de ceux de sa défunte femme, un monastère pour les frères mineurs, appelez de l'Observance, auxquels il portoit une affection toute particulière à cause de leur vie exemplaire et de leur dévotion et assiduité à prescher la parole de Dieu, à célébrer les divins offices, à entendre les confessions, enfin à travailler sans cesse pour gagner des âmes à Dieu. M. de Rohan, avec cette permission, commença à leur faire bâtir un couvent, et en 1504, messire François de Rohan, son fils, archevêque de Lyon et évêque d'Angers, faisant la visite de son diocèse d'Angers, se trouva au nouveau monastère des Anges, le sixième jour d'octobre; il y fit en faveur des religieux un mandement à tous ses curez, portant ordre de les laisser prescher dans leurs églises et faire la queste dans leurs paroisses, de les recommander même à leurs paroissiens et de reprendre comme des médisans ceux qui diroient qu'il ne sont pas du nombre des Quatre Mendians; enfin, en 1512, le bâtiment étant achevé et la maison suffisamment meublée, le même François de Rohan, archevêque et comte de Lyon, primat des Gaules et évêque d'Angers, donna pouvoir à l'évêque de Léon, *Leonensi episcopo*, de consacrer l'église, ce qu'il fit au nom de Notre-Dame-des-Anges, le 23e jour de novembre de la même année 1512. Sept ans après, savoir en 1519, Pierre de Rohan obtint des indulgences à perpétuité de cent jours, pour ceux qui, s'étant confessés ou ayant dessein de le faire, visiteroient l'église des Anges et y feroient quelques aumônes pour la perfection et ameublement du monastère. Il les obtint du cardinal Christophe de Forliero, depuis peu général de tout l'ordre et le premier de l'Observance, lequel étoit pour lors à Paris en qualité de commissaire apostolique de Léon X en France.

La dévotion à la sainte Vierge a toujours continué dans cette église, et elle est encore aujourd'hui fort fréquentée, surtout les jours de feste de la sainte Vierge. Les souverains pontifes y ont accordé plusieurs indulgences plénières. Paul V, en 1617, le 12 de janvier, pour la feste de la Visitation de Notre-Dame, le même, en 1619, le 25 octobre pour la feste de l'Assomption; Urbain VIII, le 15 juin 1624, pour le jour de la Conception, le même Urbain VIIIe, en 1634, le 8 février, pour le jour de la Nativité ; auxquelles fêtes les fidèles, pour gagner l'indulgence, étant vraiment contrits, confessez et communiez, doivent visiter dévotement l'église de Notre-Dame-des-Anges, depuis les premières vespres jusques au soleil couchant du jour de la feste et y faire leur prière pour la concorde entre les princes chrétiens, pour l'extirpation des hérésies et pour l'exaltation de notre mère la sainte Église. Alexandre VII, par un bref du 15 janvier 1660, accorda pareille indulgence à tous ceux qui, pendant le chapitre provincial, tenu au couvent des Anges, visiteroient dévotement l'église du même lieu. Au pied de la bulle de Paul V, de 1617, est le visa de Guillaume, évêque d'Angers, et au pied de celle d'Alexandre VII est celui de Henry, aussi évêque d'Angers. Le mandement fait en faveur des religieux des Anges, en 1504, par l'évêque d'Angers dont nous avons déjà parlé, fut confirmé par une sauvegarde ou sentence du sénéchal d'Anjou, du 28 janvier 1549, à Angers, avec ordre à tous ses officiers de les maintenir contre de certains hérétiques et autres gens entachez de nouvelle doctrine; et à messieurs les curez de les recevoir, ayant des mandements de l'évêque d'Angers, avec injonction au premier huissier sur ce requis de publier la sentence dans les halles de Châteaugontier et partout ailleurs où besoin sera. Le sénéchal était Jean de Daillon, comte du Lude, conseiller et gentilhomme de la Chambre du roi, capitaine de cinquante hommes d'armes, lequel avoit été élu commissaire en cette partie avec M. Christophe de Pincé, lieutenant-général-criminel. On faisoit apparemment en ce tems-là de la peine à ces religieux. Ils ont une épine de la couronne de Notre Seigneur pour relique dans leur église. Leur maison est bâtie dans une très-belle situation, moitié dans la paroisse de l'Hôtellerie-de-Flée, moitié dans la paroisse de Saint-Quentin.

NOTRE-DAME-DU-CALVAIRE D'ANGERS.

Avant que de rapporter la fondation du Calvaire d'Angers en particulier, il est bon de dire quelque chose de cette nouvelle congrégation en général.

L'ordre ou la congrégation du Calvaire est originairement sorti de celui de Fontevrault, dont Sixte V a dit, dans une bulle, que Jésus-Christ en avoit formé le projet sur le Calvaire, lorsqu'il recommanda sa divine Mère à saint Jean et saint Jean à sa mère. Cette congrégation s'établit en France, en 1617, par les soins et le zèle de Mme Antoinette d'Orléans. Cette princesse naquit en 1572, de Léonor d'Orléans, duc de Longueville, et de Marie de Bourbon ; celle-ci étant encore enceinte d'elle l'avoit vouée à l'ordre de Saint-Benoist ; mais quand elle eut atteint l'âge de 16 ans, elle ne laissa pas de la marier avec Charles de Gondy, marquis de Belle-Isle, fils aîné d'Albert, duc de Retz, maréchal de France. Antoinette, qui ne s'étoit mariée que contre son gré, se voyant libre à l'âge de 24 ans, par la mort de M. de Gondy, son époux, qui ne lui laissa que deux garçons, elle se fit religieuse malgré ses parents, premièrement aux Feuillantines de Toulouse dont elle fut supérieure, et ensuite à Fontevrault, par le commandement du pape Paul V, qui le lui avoit fait à la prière de Henri IV. La maison de Fontevrault ayant besoin de réforme, on voulut la faire coadjutrice de Mme Eléonore de Bourbon, sa tante, qui l'étoit aussi d'Henri IV, qui en étoit abbesse et fort zélée pour la réforme ; mais comme les anciennes, liguées contre l'abbesse, remplissoient la maison de trouble, Antoinette, qui aimoit la paix et qui n'y étoit venue qu'avec répugnance, vouloit s'en retourner à Toulouse, nonobstant les remontrances de Madame sa tante, du Père Joseph, capucin, du père Balsamot, fameux jésuite, et surtout de M. l'évêque de Luçon, depuis cardinal de

Richelieu. Il fallut un bref de Paul V, qui lui commandoit d'accepter la coadjutorerie de Fontevrault, sous peine d'excommunication; encore voulut-elle exposer les raisons qu'elle avoit de refuser, à Sa Sainteté, lesquelles n'étant pas approuvées, il fallut enfin obéir.

Depuis, elle ne cessa point de solliciter secrètement sa liberté auprès du Saint-Siége. Elle l'obtint enfin par le moyen du cardinal de Joyeuse, en 1611, après la mort de sa tante, qui arriva le 20 de mars de la même année. Elle remit les clefs de l'abbaye entre les mains de la grande prieure, Mme de Lavedan, autrement Louise de Bourbon, qui fut élue abbesse en sa place, et ainsi préférant l'humilité et la pauvreté de la croix à la plus noble et la plus riche crosse de France, Antoinette se retira à l'encloître où elle avoit laissé la bonne odeur de ses rares vertus, en allant de Toulouse à Fontevrault et où on eût bien voulu la faire supérieure.

M. l'évêque de Luçon l'y accompagna et elle y fut reçue comme un ange. Elle travailla pendant sept ans de toutes ses forces à réformer l'ordre de Fontevraux et à élever beaucoup de filles qui y venoient, des plus illustres maisons de Poitou, de Bretagne et des provinces voisines, se ranger auprès d'elle; elle les porta à un si haut degré de perfection, que par les soins et les avis du père Joseph, provincial des capucins de Touraine, elles demandèrent à pratiquer la règle de Saint-Benoist sans aucun adoucissement.

Comme on les demandoit déjà de toutes parts à Mme d'Orléans pour leur fonder des maisons à cause de la grande réputation de leur sainteté et de leur réforme, le père Joseph lui proposa de se retirer à Poitiers avec celles de ses filles qui voudroient suivre la règle de Saint-Benoist dans toute son étendue, et d'en former une nouvelle congrégation. Antoinette approuva fort ce dessein et après l'avoir beaucoup recommandé à Dieu, le père Joseph le proposa à messire Louis Châtaignier de la Rocheposay, évêque de Poitiers, qui l'approuva. Il fut ensuite trouver le père général des capucins à Gênes, pour avoir la permission de travailler à cette grande affaire, de là, il alla à Rome où il exposa au pape; Paul V, le généreux dessein de la princesse d'Orléans de quitter l'ordre de Fontevraux pour mener une vie plus austère en celui de Saint-Benoist, l'assurant qu'elle désiroit que cette congrégation eût la très-digne Mère de Dieu au pied de la croix compatissant aux douleurs de Jésus-Christ, pour patronne spéciale, et pour fin de l'institut de demander incessamment la délivrance des Saints-Lieux des mains des infidèles.

Le pape approuvant ce pieux dessein, en fit expédier un bref le 6 avril de l'an 1617, lequel fut vérifié et confirmé par lettres-patentes du roy, le 4 octobre de la même année.

Le vingt-quatrième jour du même mois, Antoinette, en conséquence, sortit de l'encloître avec 24 religieuses pour venir à Poitiers. Mgr l'évêque les y reçut avec bonté, et le même jour elles furent mises en possession du couvent que la même princesse y avoit fait bâtir ; le logement et la nourriture y furent d'abord si pauvres, les austérités et les macérations très-fréquentes, de sorte qu'il en mourut cinq en six mois, entre lesquelles fut Mme d'Orléans, qui, outre qu'elle étoit accablée par ses austérités ordinaires, s'étoit encore fort fatiguée par le soin des malades. Sa mort arriva le 24 avril 1618, et bien loin que ces saintes filles murmurassent contre le père Joseph, comme les Israélites fesoient contre Moïse, de les avoir tirés de l'Egypte du monde pour les faire mourir de faim dans le désert, elles en bénissoient Dieu.

Cependant la mort d'Antoinette, qui étoit comme l'âme de cette communauté naissante, fit croire aux gens du monde que cette entreprise alloit échouer ; car, outre cette perte, Mme de Fontevrault avoit appelé du bref comme d'abus au Parlement, prétendant qu'il étoit subreptice, parce qu'il avoit été obtenu sans sa participation ; d'ailleurs le monastère de Poitiers n'étoit point encore achevé, et les religieuses n'avoient aucune règle, ni constitution approuvée du Saint-Siége ; mais Dieu qui vouloit avoir toute la gloire de cet établissement l'acheva par sa providence en 1621 ; car le pape Grégoire XV donna la bulle d'érection pour la congrégation du Calvaire après qu'on eût tenté en vain d'unir cette maison à l'ordre des Feuillants, et de la laisser dans la dépendance de l'abbaye de Fontevrault ; les religieuses y portèrent néanmoins l'habit de Fontevrault jusques en 1621, aussi bien que celles du Calvaire d'Angers, qui fut érigé en 1619.

On avoit parlé à Mme d'Orléans dès le temps même qu'elle étoit à l'encloître, avant de venir à Poitiers, de fonder une maison du Calvaire à Angers; mais elle différa, étant encore dans la dépendance de Mme de Fontevrault, n'ayant pas d'ailleurs toutes les assurances nécessaires de la part du pape et du roy ; quand elle les eut reçues, elle eut fondé le monastère elle-même en personne, si elle n'eût été prévenue de la mort ; mais la gloire de Dieu qu'on recherchoit à Angers dans cet établissement et la part qu'on espéroit avoir aux prières et aux mérites de ces saintes filles firent trouver de nouveaux moyens. Plusieurs personnes de qualité s'y affectionnèrent, surtout M. Dutertre-Ménard, lieutenant de la prévôté d'Angers, dont la science et la piété correspondoient à son zèle, y employa tous ses soins. Il obtint d'abord une permission de Guillaume Fouquet, évêque d'Angers, le 23 avril 1619, pour y faire venir un certain nombre de religieuses du Calvaire de Poitiers, après quoi il alla aussitôt à Poitiers, et, en l'absence du père Joseph qui étoit à Paris, il déclara le sujet de son voyage à la Révérende Mère Gabrielle de Saint-Benoist, prieure des Calvairiennes, et à quelques-unes des plus anciennes du monastère, lesquelles, bien assurées des intentions de leur instituteur et même du choix qu'il vouloit faire des religieuses de cette nouvelle colonie, crurent ne devoir pas perdre une si belle occasion.

D'ailleurs, un ecclésiastique arriva en ce temps-là à Poitiers, de la part du cardinal de Retz, évêque de Paris et beau-frère de Mme d'Orléans, avec ordre de les assister dans l'affaire de cette fondation et d'en parler aux évêques de Poitiers et d'Angers. De sorte que, sans attendre la réponse du père Joseph, qui ne croyoit pas le voyage des religieuses si pressé et ne savoit point en quel terme étoit l'acte de permission qu'avoit donné M. d'Angers ; on se rendit aux instances de M. Ménard, et les religieuses désignées pour l'Anjou signèrent l'acte, sans prendre garde qu'il les soumettoit absolument à la juridiction de l'ordinaire, sans espérance d'obtenir jamais de privilèges et d'exemptions à ce contraires.

Elles partirent donc de Poitiers, au nombre de quatre, dont la première, qui depuis a été générale de la congrégation, fut établie prieure. C'étoit la Révérende Mère Marie-Michel du Saint-Esprit, les trois autres s'appeloient : Marie Ménard de Saint-Joseph, Jeanne Planchette de Saint-Paul et Claude de Gyrois de Saint-François.

N'ayant point encore de supérieure déterminée, parce que les Feuillants, sous la conduite desquels Paul V les avoit mises dans son bref ne les avoient pas entièrement acceptées, elles sortirent sous l'obéissance de M. l'évêque de Poitiers, en la compagnie d'une dame de qualité à qui la mère prieure les avoit confiées. Comme il falloit passer près de Fontevrault et qu'on y appréhendoit quelque surprise ou violence, supposé que Madame l'abbesse eût appris ce qui se passoit, M. Ménard fut d'avis avec d'autres qu'on les fît escorter par des gens de justice bien armés pour éviter ces inconvéniens; mais il n'en arriva cependant aucun et elles arrivèrent fort heureusement à Angers le 30 avril 1619, trois jours après leur départ de Poitiers, et M. l'évêque les reçut avec de grands témoignages de bonté; il les honora de sa visite et leur fit offre de sa protection. Dès le lendemain, le Saint-Sacrement fut exposé dans la chapelle de leur hospice, lequel étoit proche de l'église de la Trinité, en un lieu peu avantageux et très-incommode; aussi n'y demeurèrent-elles pas longtemps.

Cette nouvelle fondation eut d'abord de très-grands obstacles à surmonter. Mme de Fontevrault d'une part, et les pères Feuillants de l'autre en furent les causes principales ; néanmoins les difficultés furent levées dans l'année même ; Mme de Fontevrault qui avoit déjà formé opposition contre les Calvairiennes et leur institut, prit feu sur le nouvel établissement d'Angers. M. Gautier, conseiller et chef de son conseil, à qui on avoit caché la sortie des religieuses de Poitiers, où il arriva le même jour qu'elles devoient partir pour Angers et qui s'en informoit sur quelque bruit qui en avoit couru, ayant su depuis certainement qu'elles y étoient déjà arrivées, en fit d'abord ses plaintes à M. de Poitiers, de qui n'ayant pas eu satisfaction, il vint à Angers où il ne fut pas mieux reçu ; M. Fouquet, évêque d'Angers n'ajoutant aucune foi aux calomnies dont il chargeoit ces religieuses ; au contraire, il alla lui-même leur en donner avis pour les encourager, et ayant fait ouvrir la grille pour voir leur habit qui étoit encore celui de Fontevrault, il reconnut qu'elles n'étoient rien moins que des apostates qui eussent quitté leurs habits en chemin, comme M. Gautier vouloit faire croire qu'elles avoient fait. L'abbesse, de son côté, n'épargna rien pour empêcher l'évêque d'Angers, le présidial et le corps de ville, de donner leur consentement à la réception de ces religieuses, et les poursuites étoient d'autant plus à craindre que le bref du pape sur lequel M. d'Angers se fondoit en les recevant, n'avoit point encore été vérifié au conseil du roy. Mais le père Joseph, qui étoit auprès de Sa Majesté, ayant obtenu des lettres-patentes en leur faveur le 21 de mai 1619, à Amboise, et une dépêche du 8 juin suivant, donnée à Tours, pour assigner au grand conseil où Mme de Fontevrault avoit, nonobstant les patentes, fait donner assignation. Elle vit bien que le roy protégeoit ces filles, et que la reine qui les aimoit en vouloit avoir un couvent en Anjou. C'est pourquoi elle se laissa facilement fléchir par les sollicitations de M. Bouteiller, chanoine de Notre-Dame de Paris que la reine lui avoit envoyé exprès, qui fut depuis évêque d'Aire et l'un des supérieurs de la congrégation, et par les supplications du père Joseph qui étoit son parent et qui la disposa à se démettre de toutes les prétentions qu'elle avoit sur les religieuses du Calvaire. Elle le fit par un acte authentique, le neuvième de juillet de la même année 1619, entre les mains de M. Bouteiller, et de l'avis de ses assistantes et de son conseil, elle obligea cependant les Calvairiennes à restituer les biens meubles et deniers qu'elles pouvoient avoir, appartenant à l'ordre de Fontevrault, et en fit une condition essentielle à leur séparation.

Enfin, en l'année suivante, tout fut arrêté sans crainte retours par la transaction que les religieuses de l'encloître firent avec celles du Calvaire de Poitiers et d'Angers, pour ce qui pouvoit leur être dû.

Le cardinal de Retz et le père Joseph avoient si bien fait auprès de l'abbesse, qu'elle avoit enfin accordé la permission de faire cette translation, après laquelle elle leur écrivit une lettre pleine de tendresse dont le dessus porte : A mes bonnes filles les religieuses du Calvaire de Poitiers, signée Louise de Bourbon, abbesse de Fontevrault; et au bas : à Fontevrault, ce 23 juillet 1620.

Cet obstacle levé, celui que les Feuillants avoient apporté à la nouvelle fondation ne l'étoit pas encore. Ces pères, que Paul V avoit établis supérieurs et directeurs du Calvaire, s'offensèrent fort de ce que, sans leur participation, on avoit commencé un nouvel établissement. Ils déclarèrent excommuniées celles qui étoient sorties, et la supérieure qui les avoit envoyées, et désistèrent de les confesser pendant quinze jours, jusques à ce qu'enfin M. de Poitiers les excusa, disant : que bien loin de les empêcher d'aller à cette fondation, il eût voulu qu'elles eussent eu des couvents dans toutes les villes de son diocèse, ce qui calma un peu l'esprit des Feuillants. En effet, elles ne l'avoient pas fait par mépris, mais sachant bien qu'ils y seroient contraires, parce que leur dessein étoit de se charger, avec le tems, de la maison de Poitiers et d'en faire s'ils pouvoient un couvent de Feuillantines, en l'habit desquelles Mme d'Orléans y avoit vécu et y étoit morte; mais ne se sentant pas appelées à cet ordre, elles ne voulurent pas s'y engager dans le tems que Dieu leur faisoit connaître qu'il demandoit autre chose d'elles.

Enfin le différend cessa, premièrement parce, depuis la signification du bref de Paul V, qui avoit été donné le 14 décembre 1617, ces Calvairiennes n'avoient fait aucune instance pour être incorporées dans la congrégation des Feuillants ; secondement, parce ces pères, après un chapitre général, refusèrent la supériorité, disant qu'outre qu'ils n'en avoient pas été requis, ils n'eussent pas voulu se charger d'une congrégation toute entière, mais seulement de la seule maison du Calvaire de Poitiers.

Après ces démêlés finis, la fondation d'Angers fut bientôt conclue. Sitôt que la reyne mère eut reçu la démission que Mme de Fontevrault avoit faite de ses droits sur le Calvaire, Sa Majesté l'envoya aux religieuses, et écrivit en même temps à l'évêque d'Angers et à Messieurs du présidial et du corps de ville, afin qu'ils missent la dernière main à cet établissement ; ce qu'ils firent le 2 octobre 1619. La reyne promit aussi aux religieuses d'employer son autorité pour les soustraire à la juridiction de l'ordinaire lorsqu'elles auroient obtenu du Saint-Siége leur bulle d'érection. Sa Majesté vint demeurer à Angers dès la même année, et sur la fin, c'est-à-dire le 22e jour de décembre, elle voulut elle-même planter la croix au lieu qui étoit destiné pour leur bâtiment. Elle se fit assister des princes et des princesses qui étoient à sa cour, de l'évêque et de tout le clergé séculier et régulier de la ville, qui s'étoit rendu dans l'église de la Trinité où le père Suffren, jésuite, confesseur de Sa Majesté, prêcha avec beaucoup d'éloquence en sa présence sur le sujet de la cérémonie et sur l'institut du Calvaire ; après quoi toutes les processions de la ville, en chantant des psaumes et des hymnes, marchèrent en ordre vers le lieu assigné, suivies de l'évêque d'Angers et de la reyne avec toute sa cour ; la reyne planta la croix, prenant le titre de fondatrice ; mais comme ce lieu n'étoit pas commode pour y bâtir un couvent, on en choisit depuis un autre nommé Belle-Poigne, près la porte Lyonnaise, paroisse de la Trinité, et la croix y fut transportée le 25 avril de l'année suivante 1620, par Pierre de Rohan, prince de Guéméné, et Antoinette de Bretagne, son épouse, bienfaiteurs du monastère, qui mirent en même temps la première pierre du bâtiment en présence de l'évêque revêtu de ses habits pontificaux, lequel fit toutes les cérémonies accoutumées en semblables rencontres. Le couvent fut bâti en moins de trois ans, et plusieurs saintes filles poussées du désir de la perfection s'y rendirent en peu de temps.

En cette année 1620, les Calvairiennes reçurent du père Joseph un sommaire de constitution, selon le projet qu'il en avoit formé avec Mme d'Orléans. Elles vouèrent aussi solennellement entre ses mains l'observance de la règle exacte de Saint-Benoist, selon que le bref de Paul V leur en avoit donné, ce qu'elles n'avoient point encore fait ; elles élurent aussi une mère directrice ou supérieure de la congrégation, qui fut la R. M. Gabrielle de Saint-Benoist, qui étoit la première des 24 qui sortirent de l'encloître avec Mme d'Orléans, et qui exerça cette charge l'espace de neuf ans.

En 1621, le 22 mars, Grégoire XV, à l'instance de Louis XIII et de la reyne mère, accorda la bulle d'érection du Calvaire en congrégation ; il leur y marque pour supérieurs messire Henry de Gondy, cardinal de Retz, Jean, archevêque de Sens, et le supérieur des bénédictins réformés en France ; il leur donne la faculté d'élire une directrice et des prieures triennales qui pourront être continuées trois autres années ; il approuve leur constitution et rend leur maison régulière, et leurs personnes jouissant de tous les droits, exemptions, etc., accordées par le Saint-Siége à l'ordre de Saint-Benoist ; il leur accorde indulgence plénière à la prise d'habit, à la profession et à l'article de la mort, et à tous les fidèles qui visiteront leurs églises le lundi de Pâques et les jours de Noël et de l'Assomption, depuis les premières vespres jusques au soleil couché du lendemain, en la manière ordinaire.

Le roi ayant reçu la bulle, il la confirma par ses lettres-patentes et l'approuva au mois de juin de la même année 1621, permettant aux religieuses du Calvaire de fonder des maisons partout son royaume où on les recevroit. Mais comme ces lettres, à cause des guerres civiles des huguenots, ne purent être lues, publiées et enregistrées dans l'an de leur impétration, comme elles le devoient pour être valides, il fallut en obtenir d'autres de relief de surannation, qui furent accordées par le roy le 12 de mars 1624, à Paris ; mais celles-ci n'ayant point encore eu leur effet, par la négligence de ceux qui en étoient chargés, il en fallut avoir d'autres pour la seconde fois ; elles sont du 5 mars 1626 ; après quoi les religieuses ayant présenté requête à la cour, les lettres-patentes du mois de juin 1621 furent vérifiées et enregistrées en Parlement, à la requête du procureur-général, le 9 mai 1626.

Pendant tout ce tems les Calvairiennes d'Angers demeuroient sujettes à l'ordinaire par l'acte de leur réception, quoique de cœur et d'esprit elles désirassent fortement d'être réunies à leur sœurs de Poitiers, pour ne faire qu'un corps de religion ; c'est pour cela qu'elles avoient une parfaite correspondance avec elles et qu'elles avoient part à tout ce qui se passoit ; car les évêques d'Angers ne prirent jamais aucune connoissance de leur manière de vivre, par autorité, et n'exerçoient aucun acte de juridiction extraordinaire sur elles. Il est vrai que MM. de Miron et de Rueil, successeurs de Guillaume Fouquet de la Varenne, voulurent plusieurs fois les inquiéter là-dessus ; mais ils furent toujours retenus par la crainte d'offenser la reyne qui leur parla et écrivit plusieurs fois sur ce sujet, en faveur des religieuses. Tout ce que celles-ci appréhendoient étoit d'être surprises ; car M. de Myron, qui étoit un esprit puissant et extrêmement jaloux de ses droits, tâcha plusieurs fois de leur persuader qu'il leur étoit plus avantageux d'être soumis aux évêques, et désapprouvoit ouvertement tous les points les plus essentiels de la congrégation, menaçant d'en écrire et de s'en plaindre au pape, et même de faire joindre les autres évêques à son sentiment, pour ruiner un établissement qu'il ne jugeoit pas canonique. Mais ce ne furent que de fausses alarmes ; la protection de la reyne et les soins du père Joseph qui s'étoit rendu recommandable à Rome et dans le royaume, détournèrent toujours l'orage. La reyne, en 1624, obtint enfin, par ses instances, la bulle *Dum inter mentis nostræ arcana* du pape Urbain VIIIe, par laquelle l'érection du Calvaire est confirmée, et les Calvairiennes d'Angers soustraites à la juridiction de l'évêque, avec défense, sous peine d'excommunication, à qui que ce soit, d'y contrevenir en quelque façon que ce puisse être. On peut dire que cette bulle est la base de la congrégation ; car, n'ayant encore que trois maisons, si celle d'Angers qui étoit la deuxième n'eût été exempte, les autres évêques eussent depuis fait la même chose, et l'union du Calvaire eût été défaite. Les religieuses d'Angers, ayant reçu cette bulle, présentèrent une requête fort respectueuse à M. Claude de Rueil, évêque d'Angers, qui l'avoit été de Bayonne, lui alléguant l'exemple de ses confrères, qui avoient consenti que les autres maisons fussent exemptes de leur juridiction, comme il étoit porté dans la bulle de Grégoire XV. M. de Rueil, voyant qu'il n'y avoit plus moyen de résister à toutes les puissances, répondit favorablement à leur requête, par un acte du 27 décembre 1631, dérogeant à celui de leur réception, qui avoit été fait douze ans auparavant.

L'habit de ces religieuses est de couleur minime ; leurs manteaux et leurs scapulaires sont noirs; elles ont une ceinture de corde de crin, et portent des soques de bois; elles gardent rigoureusement l'étroite règle de Saint-Benoist et les constitutions qu'elles ont reçues du père Joseph et qui ont été approuvées par le Saint-Siége. Elles furent imprimées en 1634, pour la seconde fois, et il y eut peu de chose de changé pour les élections.

Depuis ce tems-là ces religieuses ont vécu et vivent encore dans l'étroite observance de leurs règles; elles ont reçu les filles de la première qualité de la province qui, malgré l'austérité de la règle et la délicatesse de leur tempérament, y ont vécu comme des anges.

Elles ont un fort grand enclos, une belle église et une maison très-régulière.

NOTRE-DAME-DE-GRACE DE BAUGÉ

L'établissement du prieuré conventuel des bénédictines de Baugé se fit en 1620, de la manière que je le vas dire. Deux filles de qualité de la même ville, savoir Marie Guerrier et Anne Maillard, qui venoient de passer treize mois aux Capucines de Paris, se sentirent pressées du désir de la vie religieuse et de fonder un monastère à Baugé où il n'y en avoit point encore ; mais elles y voyoient peu d'apparence, leurs moyens n'étant pas suffisans pour faire réussir cette entreprise ; néanmoins, ayant été encouragées par une cordelière, sœur de Marie Guerrier, qu'elles furent voir à La Flèche, elles résolurent d'acheter à Baugé la maison des Épinettes, qui appartenoit à une nommée M⁽ᵐᵉ⁾ Boysard, et qui leur sembloit propre pour leur dessein. Elles assemblèrent pour cet effet trois ou quatre de leurs parents avec la propriétaire de cette maison, chez M. Maillard, père d'une des deux ; mais on ne fit rien pour cette fois. Sans se rebuter elles jetèrent les yeux sur un de leurs amis, M. Leroyer, homme fort intelligent dans les affaires, pour lui demander son assistance en celle-ci ; mais auparavant elles allèrent à Saumur demander celle de Notre-Dame. A leur retour, elles en parlèrent à M. Leroyer et à M. Des Granges, frère de Marie Guerrier, lesquels en firent la proposition à M. de Rumet, alors lieutenant-général de Baugé, qui y entra parfaitement. M. Leroyer, ayant demandé que ce fussent des Ursulines, ils vinrent en 1619, au mois de mars, offrir la place à celles d'Angers, lesquelles envoyèrent deux de leurs religieuses, avec leur confesseur, voir la maison qu'on leur offrait ; elles la jugèrent assez commode ; mais elles la demandoient gratis, et ces messieurs vouloient au moins la place de deux filles sans en rien prendre, ce que les religieuses n'acceptant pas, elles s'en retournèrent sans rien faire. M. de

Ramet fit assembler sur cela les conseillers et ensuite les habitans à l'Hôtel-de-Ville; mais ce fut inutilement, car les conditions n'y furent point reçues. M. Leroyer qui avoit pris la chose à cœur ne se rebuta point; mais il prit la maison de Mᵐᵉ Boysard à 200 livres de rente foncière, en attendant une occasion favorable à son dessein. Dès la même année 1619, ces trois messieurs allèrent à Poitiers trouver Mᵐᵉ Guichard de Bourbon, abbesse de la Trinité, et lui demander de ses religieuses. Elle leur en accorda fort obligeamment et leur promit d'y en envoyer, lorsque toutes choses seroient prêtes pour les loger; de là ils vinrent à Angers rendre compte de leur voyage à messire Guillaume Fouquet de la Varenne, alors évêque, et obtinrent de Sa Grandeur un décret pour l'établissement de ce monastère, portant permission aux habitans des paroisses de Baugé, surtout aux procureurs des paroisses de Saint-Pierre et de Saint-Laurent de faire venir à Baugé six religieuses de Poitiers, à condition qu'elles lui seroient soumises immédiatement et à ses successeurs, tant pour la juridiction que pour la visite et correction, et qu'elles leur payeroient tous les ans un écu d'or, le jour de la saint Maurice; le même décret porte que les religieuses éliront tous les trois ans une prieure qui sera ensuite tenue de se faire confirmer et approuver par un mandement de l'évêque. Avec cette permission de Monsieur d'Angers, on commença à faire accommoder la maison en hospice, selon que Mᵐᵉ de la Trinité de Poitiers l'avoit marqué. Elle fut cependant plus d'un an en doute si elle devoit y mettre la règle exacte de Saint-Benoist, ou bien la mitigée. Enfin, suivant le conseil de plusieurs personnes de probité, elle envoya passer le contrat suivant la règle mitigée, avec les trois messieurs dont nous avons parlé, ce qui fut exécuté; après quoi Mᵐᵉ l'abbesse donna procuration au R. Père prieur des Augustins d'Angers et à M. Ménard, juge de la prévôté, pour voir si tout étoit en état dans l'hospice de Baugé pour recevoir ses religieuses, et après en avoir eux-mêmes porté la réponse favorable à l'abbesse, elle les chargea de faire acheter les choses nécessaires pour les loger selon les règles de la sainte pauvreté.

Ces six religieuses furent : Jeanne de Brillat de Saint-Augustin; Marguerite de Poncher de Saint-Jean-l'Évangéliste; Françoise Filebert de Saint-Alexis; Marthe Le Nain de Saint-Nicolas; Marie de Saint-Benoist, et la sœur Charlotte, converse ; toutes filles très-zélées pour la perfection de leur état et très-propres à établir un monastère. Elles reçurent de leur abbesse 300 livres seulement, avec, chacune, des pensions fort modiques ; la mère Saint-Augustin fut établie prieure, et, comme elle désiroit fort de garder la première règle de Saint-Benoist, elle obtint permission d'aller, avec deux de ses compagnes, chez les Calvairiennes de Poitiers, qui s'y étoient établies depuis deux ou trois ans, pour apprendre leur institut, et au mois de septembre 1620, elles partirent pour venir à Baugé, accompagnées des trois Messieurs ci-dessus, à qui, M⁻ l'abbesse, informée de nouveau de toutes choses par le R. P. Joseph de Paris, capucin, avoit mandé de les venir prendre. Elles y arrivèrent le 22 du même mois, à l'exception de la mère de Saint-Jean qui étoit allée avec d'autres à Nyoiseau, où l'abbesse les avoit demandées pour l'aider à y mettre la réforme, et qui n'arriva que trois jours après. On alla processionnellement au-devant d'elles jusques au-delà du pont Clouët où il se trouva une infinité de monde.

A la descente du carrosse, M. le curé de la ville, qui s'appeloit René Soffier, leur donna la croix à baiser, fit sa harangue et dit qu'il les recevoit au nom de Monseigneur l'évêque d'Angers. De là, on les conduisit à la principale église ; les Capucins marchoient les premiers, suivis du clergé et des religieuses qui alloient deux à deux, voilées et revêtues de leurs robes, et après elles, toute la justice en bon ordre. Il étoit environ six heures du soir, on chantoit des psaumes en musique pendant la procession, et lorsqu'on fut à l'église on y chanta le *Te Deum* fort solennellement ; on y devoit prescher mais il étoit trop tard. On les mena ensuite en leur hospice, au son de toutes les cloches, qui dura près de trois heures, en chantant le psaume *Laudate Dominum de cælis*, qui fut suivi de quelques hymnes en leur petite chapelle.

Elles commencèrent l'observance dès le soir, et le lendemain, à sept heures du matin, M. le curé y chanta la messe du Saint-Esprit, à laquelle elles communièrent, et posa le Saint-Sacrement sur l'autel. Ensuite elles reçurent les visites de Messieurs de la ville qui les vinrent haranguer. Elles étoient pauvres jusqu'à être obligées de se servir de morceaux de bans liez ensemble pour s'asseoir au chœur, et d'emprunter de la vaisselle de terre des pères Capucins ; mais elles se réjouissoient d'être semblables à Jésus-Christ pauvre, au sortir d'un lieu où elles n'avoient manqué de rien.

Trois jours après leur arrivée, elles reçurent deux filles. Le R. P. Renier, prieur des bénédictins de Nouailles, qui avoit accompagné ces religieuses dans leur voyage, alla aussitôt à Angers pour avoir la permission de faire élire une prieure ; il l'obtint, et la mère Saint-Augustin fut élue par cette communauté naissante. C'étoit une religieuse douée de toutes les vertus propres à son état ; elle étoit prudente, douce, charitable, affable et ferme pour l'observance de la régularité ; aussi fut-elle continuée dans sa charge, pendant treize ans pour la première fois, et pendant vingt ans pour une seconde fois, qui commença en 1648. Elle mourut le 15° de may 1668, après avoir gouverné cette maison environ trente-quatre ans en qualité de supérieure, où elle s'est attiré l'amour et l'estime, non-seulement de ses filles, mais encore de tous ceux qui avoient l'honneur de la connaître et surtout de Messeigneurs les évêques d'Angers qui, à sa considération, ont toléré pendant sa vie, l'observance de la première règle dans ce monastère, comme nous verrons ci-après.

Ce monastère fut fondé en une année très-chère, la grêle qui étoit tombée grosse comme des œufs ayant ruiné tous les biens de la campagne et même plusieurs logis entre lesquels l'église et le couvent des pères capucins furent découverts jusques aux lattes, mais celui des religieuses fut conservé, ce qu'on regarda comme une protection toute particulière de la Sainte Vierge à qui on avoit dédié la petite chapelle sous le titre de l'Assomption de Notre-Dame de Grâce.

Le premier contrat qui avoit été fait pour la règle mitigée fut cassé peu de tems après l'établissement, et on en fit un autre pour la règle exacte et l'indépendance du couvent de la Trinité de Poitiers, les religieuses ayant reçu pour cela la procuration de leur abbesse avant de la quitter. Elles passèrent aussi un nouveau contract avec Mme Boisard, par lequel elle reçoit 160 livres pour le fond de sa maison et leur en laisse 100 pour deux basses messes à perpétuité, et deux vigiles à trois leçons. Elle avoit reçu par un premier contract le droit de fondatrice et devoit être enterrée au couvent, et cependant ne donnoit que sa maison. En 1623, Madame de la Trinité vint visiter ses filles et y donna l'habit à trois autres; Mgr d'Angers y fit aussi sa visite en 1630. Ce fut en cette année que l'on commença le bâtiment régulier; Mgr l'abbé de Birague y mit la première pierre, le 3me de mars, assisté de deux paroisses qui y vinrent processionnellement; on bénit la première pierre et on y planta la croix.

Il arriva en ce tems une chose fort remarquable. Il y avoit dans l'hospice une source d'eau comme d'une fontaine, dans un caveau, où on descendoit par cinq ou six marches au dessous de la cave ordinaire; elle fournissoit ordinairement peu d'eau et le plus souvent elle tarissoit; surtout il y en avoit très-peu quand on commença à bâtir et on eût bien souhaité qu'elle en fournit pour tout le bâtiment; il vint en pensée à la mère de Saint-Augustin, alors prieure, d'y mener sa communauté en procession pour demander à Dieu qu'il la continuât; elles furent exaucées, car après y avoir jeté de l'eau bénite, la source devint si abondante qu'elle surpassa non-seulement les six degrés mais la cave même et monta jusques aux degrés de dehors, en sorte qu'il fallut mettre des planches pour la puiser; on en trouvoit l'eau si bonne que de plusieurs endroits de la ville on y venoit, et les religieuses en burent fort longtemps. La crue dura pendant l'espace de plusieurs années que l'on travailla au bâtiment; enfin on la fit recombler parce qu'elle étoit sous le chœur, et depuis ce tems-là on n'a pu retrouver cette fontaine, quoi qu'on l'ait recherchée.

En 1639, au mois d'octobre, M. Arthaud, grand archidiacre

d'Angers, bénit la chapelle de Saint-Joseph, qui est dans l'église. Il y célébra la messe de Saint-Joseph qui fut chantée en musique par deux paroisses de la ville et du Vieil-Baugé. Il posa le Saint-Sacrement et la dédia à la sainte Vierge et à saint Joseph. L'église fut bénite en 1643, le 21 novembre, par M. Cherbonnier, curé de la ville, qui y chanta la messe, assisté du même clergé. Elle fut consacrée avec grande solennité, le 8 novembre 1673, par Messire Henri Arnauld, évêque d'Angers.

Comme la mère de Saint-Augustin et ses compagnes désiroient non-seulement vivre dans l'étroite observance, mais aussi l'établir dans cette maison, elles firent venir deux religieuses du calvaire de Paris, en 1638, le seizième jour d'août, avec la permission de M. l'évêque d'Angers, qui d'ailleurs n'avoit pas de répugnance à ce qu'elles demandoient, pourvu qu'elles demeurassent sous son autorité, outre qu'il en avoit été prié par Son Éminence, Monsieur le cardinal; une des deux fut établie prieure. Elles s'appeloient de Saint-François et de Sainte-Agathe.

Ayant fait de tems en tems des tentatives pour obtenir des évêques d'Angers la permission de s'unir à la congrégation du Calvaire, et ne l'ayant jamais pu avoir, pas même par l'entremise de la reyne mère, qu'elles firent supplier étant à Saumur, par le père Joseph de Paris, capucin, de demander cette union à Mʳ Arnauld qui venoit d'être nommé à l'évêché d'Angers et qui fit réponse qu'il donneroit plutôt sa crosse; désespérant de voir l'accomplissement de leurs vœux, les deux calvairiennes de Paris s'en retournèrent. M. Arnauld, qui depuis différa de mettre la mitigation à cause de la mère de Saint-Augustin, ne laissoit pas cependant de modérer de tems en tems quelque chose dans ses visites, parce que personne ne se présentant pour être reçue religieuse, à cause de l'austérité de la règle, le nombre en diminuoit peu à peu.

L'année d'après la mort de la Révérende mère de Saint-Augustin, savoir en 1669, M. Arnauld donna le 24 décembre, des constitutions par écrit à ce monastère, par lesquelles il les mitigea en la viande et en les jeûnes et leur envoya un modèle d'habit religieux semblable à celui des dames de Nydoyseau.

Sa grandeur fit imprimer les mêmes constitutions en 1678, et les apporta à la communauté en venant faire sa visite. Les religieuses, capitulairement assemblées, les reçurent de sa main, à genoux et en ordre, l'une après l'autre, avec commandement de les garder sans y rien ajouter ni diminuer. L'écu d'or qu'elles devoient payer à l'évêque d'Angers tous les ans, leur a été remis dans les formes par M. Arnauld, et, depuis lui, par messire Michel Le Peletier, à présent évêque d'Angers, son successeur.

Pour peu qu'il tonne, de jour ou de nuit, on s'assemble au chœur, au son des cloches et on y récite des prières en public avec beaucoup de ferveur.

Elles ont cette dévotion depuis un accident qui leur arriva en 1676, au mois de juin, et qui leur a laissé une grande appréhension du tonnerre. Le 15ᵉ jour du mois, au soir, étant à table, le tonnerre entra dans le réfectoire par l'endroit d'une vitre cassée, en forme d'une boule de feu grosse comme un boisseau; il fit le tour du réfectoire tout le long des murailles, pendant que les religieuses demeuroient prosternées à demi mortes; de là, il passa dans la cuisine et, par-dessus la cellerière qui étoit aussi prosternée, renversa une sœur qui tenoit une poêle dans sa main, fit le tour des cloîtres, remonta ensuite par-dessus la maison qu'il découvrit en partie, repassa par une fenestre en enlevant des morceaux considérables, renversa par terre la sœur infirmière, monta dans la cheminée de l'infirmerie dont il fit tomber de grosses pierres aux pieds d'une bonne mère impotente qui ne put se remuer et cependant ne reçut aucun mal; de la cheminée il passa dans un grand grenier dont il endommagea les charpentes et puis il disparut, laissant le monastère tout en feu; les religieuses sortirent promptement du réfectoire, ayant perdu l'envie de souper et s'en allèrent au chœur, toutes interdites, remercier Dieu de ce que personne n'avoit reçu d'autre mal que la peur, dans une conjoncture dont les sujets leur devoient être naturellement si funestes. Le bâtiment n'a été achevé que depuis l'an 1680. Elles ont beaucoup augmenté leur enclos, de sorte qu'à présent elles traversent la rue par une cave souterraine et sont bornées par un étang qui est là auprès, et dont elles ont fait entrer chez elles un fort beau canal. Elles ont sur l'autel de leur chœur une image de la sainte Vierge à laquelle le peuple a grande dévotion ; on lui présente des vœux de cire et des cierges ; on y a recours dans les nécessités pressantes. Les Ursulines d'Angers ont beaucoup regretté cette place ; elles la firent demander lorsqu'on commençoit à y préparer un hospice, et voulurent se rendre aux propositions qu'on leur avoit faites ; mais on les remercia ; depuis ce tems-là elles ont essayé plusieurs fois de s'y établir, mais inutilement.

LES CARMÉLITES D'ANGERS.

L'ordre des carmélites de la réforme de Sainte-Thérèse ne fut pas plus tôt établi en France, par le zèle et les soins de Mlle Acarie, dite la Mère de l'Incarnation, et de M. de Bérulle, qui fit pour cela deux voyages en Espagne et en amena six religieuses à Paris, en 1604, qu'on le vit se répandre en différens endroits, sous le nom de la Congrégation de France. Marie de Myron, comtesse de Caraval, eut désir de lui fonder une maison dans Angers. Elle offroit pour cela six cents livres de rente amortissable à neuf mille livres. C'étoit peu pour la fondation d'un monastère; cependant M. de Bérulle, M. Duval et M. Gallement, prêtres et docteurs de Sorbonne, établis par le pape Clément VIII, supérieur des carmélites de France, l'acceptèrent, se fiant plus sur la Providence de Dieu que sur les secours humains, et cette fondation fut faite du consentement de Louis XIII, roi de France, et en vertu de ses lettres patentes du mois de mars 1624, données au camp de La Rochelle. Les supérieurs firent choix de cinq religieuses d'une grande vertu pour les envoyer commencer cet établissement, qui s'appeloient : la mère Renée de Jésus-Maria, qu'ils nommèrent pour supérieure, la mère Madeleine de l'Incarnation, la sœur Marthe de Saint-Joseph, la sœur Marguerite de Jésus-Maria, et la sœur Marie de l'Incarnation, fille du comte de Caylus; celle-ci étoit professe du couvent de la Mère de Dieu, rue Chapon; trois autres étoient du couvent d'Orléans et la cinquième de celui de Tours. Ces saintes filles arrivèrent à Angers le dix-septième de janvier 1626, pleines de zèle et d'amour pour la pauvreté et dans des sentimens de confiance fort semblables à ceux de leur institutrice, sainte Thérèse; elles y trouvèrent Mme de Caraval, leur fondatrice, à l'agonie; le lendemain, elles furent conduites au logis Barrault qui étoit le lieu destiné pour leur clôture, par Messire Charles de Myron, évêque d'Angers, et Philippe Cospean, évêque de Nantes; lesquels, après le *Te Deum* chanté, bénirent et arrestèrent la cloture en leur enjoignant étroitement de la garder. La cérémonie s'en fit en présence des principaux de la ville et d'un nombre infini de peuple qui y étoit accouru. Le logis Barrault où est à présent fondé le séminaire de Messire Michel Le Peletier, évêque d'Angers, étoit en ce tems la maison de la reine Marie de Médicis, mère de Louis XIII, gouvernante d'Anjou, qu'elle avoit pour son douaire. Comme cette princesse avoit pris sous sa protection les religieuses carmélites, obtenu du roi la permission de leur établissement et mandé aux maire et échevins d'Angers de les bien recevoir, elle voulut encore leur témoigner son amitié en leur permettant d'être trois ans dans sa maison sans en rien payer. Elles y reçurent, de la part de Mme de Caraval, les vases sacrés et les ornements nécessaires pour leur chapelle, avec les ameublements convenables à leur personne et à leur nombre, lequel s'augmenta bientôt par la réception de sept autres filles qui furent des sujets admirables pour leur vertu et leur charité envers Dieu. Ces sept furent : Marie du Saint-Sacrement, fille de M. Bouclé, avocat au siège présidial d'Angers; Renée de la Mère de Dieu, fille de Messire du Laurent, seigneur de la Crilloire et de Soulangé, gentilhomme Poitevin, Françoise de Jésus-Maria, fille de Messire Le Feuvre de Laubrière, conseiller au Parlement de Rennes; Marie de la Croix, fille de M. de la Vachère, Anne de l'Incarnation, fille de M. Dumesnil, avocat du roi et conseiller au présidial d'Angers; Marie de la Trinité, fille du sieur de Voisiné, et Marthe de Jésus-Maria, fille de M. Renaut, avocat au Mans. Elles demeurèrent toutes ensemble au logis Barrault, un peu plus de trois ans; ensuite elles furent à la maison de la Gannerie où sont à présent les Pénitentes. Ce fut là qu'elles reçurent, en 1629, la visite du R. P. Jacques du Chesne de l'Oratoire, commis pour cette fonction par les trois supérieurs qui résidoient à Paris. Il rapporta qu'il avoit trouvé beaucoup de ferveur et de sainteté, avec une pauvreté grande à proportion. Il n'en faut pas être surpris, car leur fondation, qui n'était déjà pas trop avantageuse, le devint encore moins dans la suite par l'état des affaires de Madame de Caraval, qui fit qu'au lieu de neuf mille livres pour l'amortissement de la rente de 600 livres, on n'en toucha que cinq mille. Le visiteur ayant donc fait connoître aux supérieurs l'état de cette maison, ceux-ci donnèrent obédience en deux tems différents, à trois religieuses du couvent de Paris pour se venir rendre conventuelles en celui d'Angers. Elles s'appeloient : Marie de la Nativité, Marie de Jésus et Charlotte de la Croix : celle-ci étoit fille de Duplessis Mornay ; la première étoit déjà professe ; la seconde n'étoit encore que novice. Elles vinrent donc à la Gannerie, et y apportèrent onze mille livres pour aider à la subsistance de cette maison. M⁻ l'abbesse du Ronceray, à la sollicitation de M⁻ de Combalet qui étoit pour lors à Angers, leur ayant vendu sa maison du Pié Gaillard, située sur la rue Lyonnaise, les carmélites quittèrent celle de la Gannerie pour venir y faire leur demeure. Elles souffrirent pendant longtemps de grandes incommodités dans cette maison qui n'avoit rien de commode pour une communauté ; il falloit, de jour et de nuit, qu'elles traversassent en tous tems une grande cour pour se rendre à leur chœur, qui auparavant servoit d'écurie et n'avoit point d'autre plancher ni couverture que l'ardoise, et qu'elles couchassent dans des greniers exposés à tous les vents, leurs cellules n'étant séparées que par des linceuls tendus. Enfin elles étoient réduites à mener une vie très-pauvre, ayant mis tous leurs fonds à acheter cette maison. Leur pauvreté fut si extrême que la mère Renée de la Mère de Dieu, tante du marquis de la Porte, qu'on avoit choisie pour faire acheter les provisions et de quoi nourrir la communauté, étoit souvent obligée d'aller au jardin dès 4 heures du matin cueillir des herbes et de les envoyer vendre au marché pour leur aider à subsister ; d'où on peut juger quels mets elles pouvoient avoir pour le prix de telles denrées. Cependant, au milieu de ces misères, elles étoient si gaies et si contentes qu'on voyoit aisément qu'elles aimoient mieux leur état que tout ce que le monde a de plus riche et de plus délicieux ; aussi la grâce suppléoit abondamment aux nécessités ; elles en étoient si remplies qu'elles eussent oublié le boire et le manger, si l'obéissance jointe à la nécessité ne les y eût contraintes, et alors elles le faisoient si frugalement qu'on peut dire qu'elles étoient toujours plus redevables de leur subsistance à la grâce de Dieu qu'à la nourriture qu'elles prenoient. C'est de là que ces douceurs ayant cessé peu à peu, à mesure que les commodités leur venoient avec le bien, elles repassoient depuis, dans l'amertume de leur âme, ces jours de félicité où elles se trouvoient comme transportées de la terre au ciel et trouvoient leurs délices dans leurs propres travaux, et elles ne purent s'empêcher de témoigner souvent à leurs filles le sentiment qu'elles en avoient (1).

(1) En 1722 et 1723, il y eut un grand différend aux Carmélites d'Angers, au sujet de la réélection de la mère de Racapé de Magnane, qui avoit déjà été trois fois supérieure. Cinq religieuses, à la tête desquelles étoient les mères du Hardas et de Danne-Audouin, prétendirent qu'elle n'avoit pas été élue selon les constitutions de leur ordre, qui demandent les trois quarts des voix pour une réélection, et seulement une voix plus que la moitié pour la première élection d'une supérieure; il n'y avoit eu qu'onze religieuses à l'élire de dix-neuf religieuses vocales qui eussent droit de donner leur voix. M. Babin, maitre-école, grand vicaire de Monseigneur et doyen de la Faculté de théologie, présidoit à leur élection comme supérieur local, et M. Le Large, leur confesseur, qui m'ont assuré avoir lu jusques à deux fois dans le scrutin quatorze voix pour la mère de Magnane, qui avoit fort sollicité qu'on ne pensât pas à elle pour une seconde élection à cause de ses infirmités. Ainsi nulle brigue de sa part. Après l'élection qui ne fut faite qu'au sixième scrutin, le *Te Deum* fut chanté, toutes les religieuses, selon la coutume, embrassèrent la supérieure, et lui obéirent pendant cinq ou six mois. Cependant cinq ou six des religieuses disent qu'elles avoient écrit à M. Perrochel, leur supérieur général à Paris, que l'élection n'avoit pas été régulière et selon les constitutions, parce que la mère de Magnane n'avoit eu qu'onze voix, ce qu'elles n'avoient pourtant pu connoître qu'en demandant longtemps après à toutes les vocales, à qui elles avoient donné leur voix. M. Perrochel leur manda, disent-elles, de garder le silence jusqu'au tems de sa visite et qu'il examineroit alors toutes choses. C'est pourquoi elles ne réclamèrent point dans le tems prescrit par les canons contre l'élection.

M. Perrochel étant venu huit mois après, c'est-à-dire au mois de septembre de l'année 1722, ayant écouté les cinq religieuses entêtées sans parler de son dessein à M. Babin, supérieur, principal intéressé, qui leur avoit donné plus de 1500 livres pour l'établissement de leur église, et sans garder aucunes formalités en pareil cas requises, déclara en plein chapitre l'élection de la mère de Magnane nulle, et la nomma pourtant pour supérieure pendant tout ce temps-là. Cette conduite fit grand bruit à Angers et à Paris; la famille de Magnane qui est illustre s'en plaignit hautement; le marquis de Magnane, frère de la prieure, qui étoit à Paris, en parla à M. le nonce du pape, qui écrivit à M. l'évêque d'Angers d'examiner de près cette affaire afin que, sur son rapport, il pût décider. M. d'Angers fut aux renseignements et pendant cinq jours examina les raisons pour et contre, d'au-

Dieu a fait sentir, en mettant ce monastère au point où il est maintenant, que ce n'est pas en vain qu'on avoit mis en lui toute sa confiance dans les commencements. Chaque prieure fit travailler au bâtiment peu à peu, selon qu'il leur venoit des filles, et on a souvent remarqué que la dépense qu'on y faisoit, et pour la subsistance des religieuses, surpassoit de beaucoup les revenus ; et ce qui fait encore voir davantage les bontés de Dieu sur cette maison, c'est que, quand elle étoit réduite à n'avoir pas un denier pour acheter de quoi vivre, des pauvres et des gens de rien y apportoient ce qu'ils pouvoient avoir d'argent, disant qu'on leur rendroit quand on pourroit.

---

tant plus exactement que l'honneur de M. Babin, son grand vicaire, y étoit intéressé, et il manda à M. le nonce que l'élection lui avoit paru fort régulière, ce qui fit que M. le nonce la confirma. Mais le sieur Perrochel ayant soutenu que les nonces n'avoient point de juridiction en France et ne pouvoient rien statuer qui pût venir au for contentieux, on prit le parti d'envoyer sur les lieux l'abbé Rochette, docteur de Sorbonne, autrefois grand vicaire à Clermont en Auvergne, l'un des trois vicaires généraux des carmélites de France, nommé par le Saint-Siége, lequel étant venu à Angers dans l'année 1723, et ayant examiné l'affaire juridiquement et entendu toutes les parties et leurs raisons, confirma par écrit l'élection de la mère de Magnane, et en conséquence voulut procéder à l'élection d'une sous-prieure ; mais les cinq rebelles n'ayant pas voulu y assister, disant que la prieure avoit été déposée par M. Perrochel, quoiqu'il n'eût gardé aucunes formalités ni de règles ni de justice, il les priva des sacrements et de toutes voix actives et passives, en sorte qu'elles furent plus de quatre ou cinq mois sans communier. Mgr l'évêque d'Angers interdit même un augustin qui alloit les confesser et qui n'étoit point approuvé pour les religieuses.

Enfin Mgr l'évêque d'Angers étant allé à Paris au mois de janvier 1724, pour y faire l'oraison funèbre de M. le duc d'Orléans, régent de France, qu'il prononça à Saint-Denis, le 4 février, il demanda au roi, de concert avec M. le nonce, deux lettres de cachet pour exiler ces deux religieuses, la mère du Hardas à Rennes, aux Carmélites ; la mère de Danne, à Nantes. Mais M. Perrochel ayant fait élire la mère du Hardas prieure des carmélites de Dieppe en Normandie, on fit changer le lieu.

C'est ainsi que finit cette affaire qui a duré près de trois ans. *Tantæ ne animis cœlestibus iræ.* Nota : Que les constitutions des carmélites n'obligent pas même à péché véniel, et que, pour les observer, elles ont peut-être commis ou fait commettre plus de mille péchés mortels.

NOTRE-DAME DE LA FIDÉLITÉ A SAUMUR.

Pierre de Laval, baron de Lezé, marquis de Trèves, et Isabelle de Rochechoüart de Mortemart, sa femme, ayant obtenu des lettres patentes du roy, passèrent, en 1618, le contrat de fondation. Ils y disent que, touchez de dévotion, ils fondent, au bourg de Trèves, un prieuré conventuel de religieuses bénédictines où l'on garde la même observance régulière qu'en l'abbaye de Sainte-Croix de Poitiers. Après avoir spécifié les biens qu'ils donnent pour cette fondation, ils ajoutent qu'ils se réservent le droit de patronage et de présentation, pour eux durant leur vie et pour leurs aînez après leur mort, et que pour prieure ils présentent Catherine de Laval, leur fille, religieuse professe de Sainte-Croix.

Après que ce contrat eut été confirmé et homologué par Guillaume Fouquet de la Varenne, évêque d'Angers, Catherine de Laval fut transférée au nouveau prieuré, avec la permission de son abbesse et de l'évêque de Poitiers. Gabrielle de Laval, sa sœur, la suivit; elle étoit novice depuis dix-huit mois à Sainte-Croix, et le marquis leur père avoit différé sa profession, afin qu'elle put la faire au nouveau monastère; elle y a vécu sous le nom de la mère de Lezé jusques à sa mort qui arriva l'an 1673. Et parce qu'elle étoit fille du fondateur, on l'a toujours respectée presque comme la fondatrice. Catherine apporta avec soi la règle qui depuis a été en usage à la Fidélité et qui porte ce titre : *Règle des filles religieuses de l'ordre de Saint-Benoist pour le vénérable monastère de Sainte-Croix de Poitiers.* Cette abbaye est une des plus anciennes de France, parce qu'elle fut fondée par sainte Radegonde, femme du roi Clotaire Ier; et si l'on veut savoir combien elle étoit considérable dès le huitième et neuvième siècle, il n'y a qu'à lire ce que le Père Mabillon en écrit dans le premier tome des *Analecta*, à l'occasion de quelques capitulaires de Louis le Débonnaire, qu'il a fait imprimer.

Catherine prit possession du prieuré le 1er janvier 1619, en présence d'un grand nombre de personnes de qualité, invitées à la cérémonie. Les exercices réguliers commencèrent aussi ce jour là dans le monastère, où il n'y eut d'abord que la prieure et deux novices. A ces trois se joignirent deux vertueuses religieuses, l'une de Fontevraud, l'autre de la Trinité de Poitiers. On les avoit demandées à leurs abbesses pour aider à former la communauté naissante.

Les premières années après l'établissement il ne se passa rien de considérable, sinon qu'on reçut des filles pour être religieuses, et qu'en 1623, on prit l'habit et le scapulaire noir, comme à Montmartre ; on quitta l'habit de Sainte-Croix de Poitiers, qui consistoit en une robe blanche, un rochet de toile et un grand habit noir pour l'église, comme en portent les religieuses de Fontevraud.

Ce fut aussi vers ce temps que le marquis et la marquise de Laval étant morts, Hilaire de Laval, leur fils et frère de la prieure, hérita de la qualité de fondateur, selon les clauses du contrat de la fondation.

En 1626, on fut contraint de transférer la communauté de Trèves à Saumur. Les raisons qui obligèrent à cette translation furent que les débordements de la rivière de Loire ruinoient souvent les murailles de clôture ; que, pour rendre les appartements du bâtiment propres à bien entretenir la régularité d'une communauté, il auroit plus coûté à les réparer qu'à acheter des maisons dans quelques villes ; que les religieuses vivroient plus sûrement, plus honnestement et plus commodément dans une ville que dans ce village où il falloit faire de grandes dépenses pour avoir des provisions et où même l'on en manquoit souvent.

Charles de Myron qui avoit succédé à Guillaume Fouquet dans l'évêché d'Angers, touché de ces raisons, porta les religieuses à quitter Trèves et à s'établir dans une ville. La prieure pensa d'abord à Angers et y fit quelques voyages pour voir si elle y pourroit trouver de quoi s'accommoder ; mais elle se détermina enfin pour Saumur, où elle acheta, dans la rue nommée la Montée du Château, une maison qu'on prépara le mieux qu'on put pour y loger une communauté.

Le huitième de septembre, jour destiné à la cérémonie de la translation, les religieuses s'étant rendues, par bateau, de Trèves à Saumur, les principaux de la ville vinrent les recevoir et les conduisirent à Nantilly. Charles de Myron, qui prenoit à cœur cette affaire et étoit venu exprès d'Angers, avoit ordonné une procession générale du clergé et des religieux de la ville. La procession vint à Nantilly, y prit les religieuses, les conduisit à Saint-Pierre et de là en leur monastère.

La mère Françoise Doüaut y entra l'année suivante en qualité de pensionnaire. Elle étoit religieuse professe de Saint-Avy, au diocèse de Chartres, et prieure titulaire de Notre-Dame de Boisseleau, proche Chateaudun. Catherine de Laval l'ayant prise en amitié lui céda le prieuré de la Fidélité pour celui de Boisseleau. Mme de Laval voyant que différens accidents avoient réduit sa communauté à une grande pauvreté, permuta d'autant plus volontiers qu'on lui disoit qu'elle n'auroit point d'autre affaire, dans le lieu où elle iroit, que de penser à Dieu sans en être détournée par le soin du temporel. Elle partit donc l'onzième de septembre 1626. Son exemple et ses conseils contribuèrent beaucoup à mettre quelque réforme à Saint-Avy; mais enfin, dans le dessein de passer le reste de ses jours à Sainte-Croix, sa première maison, elle revint à Saumur au bout de trois ans, d'où elle écrivit à son abbesse; elle reçut pour réponse qu'elle y seroit la bienvenue, pourvu qu'elle se défit auparavant de son prieuré de Boisseleau, parce qu'à Sainte-Croix on ne souffroit point de religieuses propriétaires; elle obéit, retourna à Poitiers, y vécut en bonne religieuse et mourut l'an 1673. Il est bon de rapporter encore un autre exemple de l'exactitude de Flandrine de Nassau, abbesse de Sainte-Croix; avant qu'on pensât à la fondation du prieuré de Trèves, la marquise de Laval souhaitant que rien ne manquât à ses deux filles voulut leur assurer une de ces pensions qu'on appelle particulière; c'est-à-dire une somme d'argent destinée seulement pour leurs besoins, et qui n'entrât point dans la dépense commune du monastère; l'abbesse s'opposa à ce dessein comme contraire au vœu de pauvreté qui doit rendre tout commun. La marquise, ne pouvant la gagner, obtint un bref du pape qui autorisa la pension, mais avec ces conditions, que l'argent seroit mis effectivement entre les mains de l'abbesse, et qu'elle s'en serviroit à pourvoir aux nécessités des deux sœurs, selon l'avis de l'évêque ; mais ce qui resteroit seroit employé aux besoins communs du monastère. *Fraternitati tuæ*, dit le pape à l'évêque de Poitiers à qui le bref est adressé, *per præsentes committimus et mandamus, ut eisdem Catharinæ et Gabriellæ dictam pecuniarum summam a dicta Isabella earum genitrice donandam, libere et licite accipere valeant apostolica autoritate concedas, et indulgeas; cum hoc tamen ut pecuniæ ejusmodi perveniant cum effectu in manibus dictæ similiter in Christo filiæ Abbatissæ dicti monasterii, quæ ex eisdem pecuniis imprimis a Catharinæ et Gabriellæ prædictarum necessitatibus, arbitrio tuo subvenire, et residuum in usum communem dicti monasterii convertere debeat.*

Françoise Doüant, prieure de la Fidélité, ménagea très bien le temporel par son économie. Elle voulut aussi réformer le spirituel. Elle obligea d'abord les religieuses à choisir chacune un nom de religion, et, après avoir retranché quelques autres petits abus, elle conçut le dessein d'une bien plus grande réforme. Car, comme deux novices qui témoignoient de la ferveur devoient bientôt faire profession, elle leur dit qu'elle se réjouissoit de ce que Dieu les appellant à un état aussi saint que celui de la religion, elles vouloient y répondre de leur côté par la sainteté d'une vie parfaitement religieuse ; qu'il falloit prendre courage ; qu'elles pourroient l'aider à réformer la maison ; que pour y réussir elle jugeoit à propos de prendre pour modèle quelque monastère bien réformé, et que celui de Montmartre lui paroissoit des mieux réglés ; que ce seroit peu d'en porter l'habit si on n'en avoit l'esprit et la régularité. Elle ajouta que, pour s'obliger à cette régularité, elle leur conseilloit d'exprimer, dans les vœux solennels de leur profession, qu'elles promettoient de vivre selon la réforme de Montmartre et des autres monastères réformez. Les deux novices pleines de zèle crurent devoir obéir. Voici comme l'une d'elles parle dans l'écrit de sa profession, le dernier jour de novembre 1627. *Ego, soror Renata Nourrisson de Sancta Gertruda, voveo et promitto Deo omnipotenti, beatæ semper Virgini, beatis apostolis Petro et Paulo, beato Benedicto, et omnibus sanctis toto tempore vitæ meæ vivere in obedientia, castitate, et paupertate, et clausura perpetua in hoc monasterio Beatæ Mariæ de Fidelitate secundum regulam sancti patris nostri Benedicti, et in reformatione ipsius regulæ, quæ in abbatia Montis Martyrum juxta Luteliam et aliis abbatiis reformatis Galliæ observatur.*

Elles s'informèrent ensuite des règlements de Montmartre et, sur ce qu'elles apprirent qu'on y pratiquoit des abstinences et des jeûnes, avec d'autres saints exercices qui n'étoient pas en usage à la Fidélité, elles se mirent en devoir de les observer. La prieure, dont le zèle étoit peut-être refroidi, ne le voulut pas permettre, et parce que les nouvelles professes insistoient, elle leur dit que leur zèle étoit louable, mais que la communauté n'agréant pas ces nouveautés, la diversité des pratiques seroit un sujet de division dans la maison ; qu'il valoit mieux vivre à l'extérieur comme les autres et se contenter d'une réforme spirituelle et intérieure ; que le vœu spécial qu'elles avoient fait ne devoit pas les inquiéter ; qu'en qualité de leur supérieure elle pouvoit le casser ; qu'en tous cas on en demanderoit dispense à l'évêque. Ces raisons et plusieurs autres semblables n'apaisèrent pas les troubles de conscience des deux professes, et leurs peines ne cessèrent que sous la supériorité de Madeleine Gautron, quand elles virent la communauté embrasser un genre de vie qui pouvoit tenir lieu de ce qu'elles avoient voué.

Françoise Doüant n'eut donc pas pour la réforme le succès qu'on auroit pu souhaiter ; mais elle en eut un plus heureux dans l'accommodement qu'elle fit pour terminer un différend entre l'évêque d'Angers et le marquis Hilaire de Laval, sur le sujet du droit du patronage de la Fidélité. Charles de Myron, évêque d'Angers, avoit déclaré juridiquement, dès l'année 1626, qu'il prétendoit que la prieure se feroit par élection de la communauté et non par la nomination du fondateur. Claude de Rueil, évêque de Bayonne, devenu évêque d'Angers, étoit du même sentiment que Charles de Myron qui avoit passé de l'évêché d'Angers à l'archevêché de Lyon. Le marquis de Laval soutenoit au contraire que le contrat de fondation devoit avoir son effet; mais Françoise Doüant ménagea un accommodement qui fut fait en janvier 1630. Le marquis Hilaire de Laval y déclara que, pour de bonnes raisons, et après avoir pris l'avis de plusieurs personnes considérables, il se démettoit, tant pour lui que pour ses successeurs du droit de présentation et de nomination au prieuré à condition pourtant, que la communauté seroit tenue de nommer trois religieuses dont il choisiroit celle qu'il croiroit la plus capable. Le 27 de Mai suivant, Claude de Rueil homologua ce contrat de modification et le confirma dans toutes ses clauses.

MYSTÈRES DE LA SAINTE VIERGE, REPRÉSENTÉS EN EMBLÈMES ET PAR DEVISES.

La Conception immaculée.

Une colombe qui tient un rameau d'olivier dans son bec, et un serpent qu'elle écrase sous ses pieds, avec ces paroles :

Serpentis caput elidit sine felle columba.

Cette colombe vient du ciel.
Elle a été conçue sans fiel.
Elle vient écraser la teste
De cette venimeuse beste.

Sa Nativité.

Une aurore qui paroist sur la pointe d'une haute montagne et qui marque que le soleil est prêt à se lever, avec ces paroles :

Aurora, solem prope, nuntiat ortus.

L'aurore naît de cette roche,
Le lever du soleil est proche.

Sa présentation au temple, à l'âge de trois ans.

Une jeune brebis qu'on va présenter au temple pour y être immolée, avec ces paroles :

Divinis sese consecrat aris.

C'est pour l'autel que se présente
Cette brebis toute innocente.

Son mariage avec saint Joseph.

Deux fleurs de lys très-blancs, unis dans une même tige, avec ces paroles :

Virginis hic sponsus virgo.

Ils ont tous deux la même odeur
Et se ressemblent en blancheur.

Son Annonciation.

Une horloge qui sonne, avec ces mots :

Datur hora salutis.

La parole qu'elle prononce
L'heure du salut nous annonce.

Sa Visitation.

Un soleil, dans le signe de la Vierge, qui répand ses influences sur la terre en faisant sa course, avec ces paroles :

Sol terras in virgine lustrat.

Ne sort point de sa maison
Pour visiter notre horizon.

Sa Purification.

Une perle dans sa nacre, qu'on lave dans les eaux de la mer, avec ces paroles :

Purgatur lymphis purior illa suis.

Quelle blancheur, quelle beauté !
On purifie la pureté.

Sa compassion au pied de la Croix.

Deux cœurs unis ensemble percés d'une même flèche, avec ces mots :

Idem duo percutit ictus.

Un seul coup en a blessé deux
Tant ils étaient unis entre eux.

Son Assomption au Ciel.

Un phénix consumé par le feu du ciel qui renaît de ses cendres, avec ces paroles :

Dat vitam usque necem.

Admirez de Marie
L'incomparable sort
L'amour a fait sa vie
L'amour a fait sa mort.

L'intérieur de la Sainte Vierge.

Une grenade à demi ouverte, avec ces paroles.

Decor omnis ab intus.

Omnis gloria ejus
Filix regis ab intus (1).

---

(1) Ps. xliv, 14.

LIVRE V

ÉGLISES COLLÉGIALES

DÉDIÉES

A NOTRE-DAME EN ANJOU

N.-D. DE SAINT-MAURILLE D'ANGERS.

Nous mettons à la tête de toutes les églises collégiales d'Anjou, dédiées à Notre-Dame, celle de Saint-Maurille d'Angers, qui certainement est la plus ancienne. Saint Maurille, évêque d'Angers, en fit bâtir l'église qui porte à présent son nom, au lieu où il avoit choisi sa sépulture, en l'honneur de la Sainte Vierge, ce qui fit qu'après sa mort on l'appela l'église de Sainte-Marie et Saint-Maurille. La tradition a toujours été telle, et les preuves qu'on en a ne permettent pas d'en douter ; car, outre qu'il y a une image de Notre-Dame en relief sur le portail de l'église, on lit dans le vestibule, sur une pierre d'ardoise attachée contre la muraille avec des crampons de fer, en lettres gothiques assez lisibles, l'épitaphe d'un prêtre nommé Hubert, qui est qualifié chanoine de l'église de Sainte-Marie et de Saint-Maurille, de l'an 1124, c'est-à-dire de près de 600 ans. Voici l'épitaphe :

..... Januarii, obiit Hubertus (Le Bascle) canonicus ecclesiæ Mariæ et Maurilii ; anno ab incarnatione Domini M.C.XXIIII.

Et ensuite à la louange du défunt :

Hic duxit vitam multa virtute politam
Omne bonum comitans, sed vitium fugitans
Ut dispensator gazas habuit, nec amator,
Juverant inopes jugiter ejus opes.
Tandem se nudum discernens linquere mundum,
Cuncta dat ecclesiis, pauperibus, viduis.
Omnes ergo pari studeamus mente precari
Ut dulcedo Dei propitietur ei.....
Amen.

Messire Henri Arnauld, évêque d'Angers, ayant appris, par un titre de Geoffroy de Tours, l'un de ses prédécesseurs, qui fut élu évêque d'Angers vers la fin de l'onzième siècle, que saint

Maurille avoit fait cette église au nom de Notre-Dame, voulut savoir si elle étoit consacrée ; il y employa toute la diligence des chanoines ; mais il ne put rien découvrir de certain ; on en avoit seulement des conjectures, dont la principale étoit fondée sur l'inscription de la grosse cloche, en ces termes : *Je porte le nom de Marie, dont est la dédicace de cette église*. Les autres étoient fondées sur une tradition obscure et sur le nom de sainte Marie et saint Maurille que cette église porta après la mort de ce saint. M. Henri Arnauld, n'étant pas satisfait de ces conjectures, résolut de la consacrer, et, pour cet effet, il fit creuser le grand autel, le 27 aoust de l'année 1662, pour y enfermer de saintes reliques ; mais la rencontre d'une petite cassette que l'on trouva en creusant lui fit changer son dessein, car il y avoit des cendres dedans et de petits os tout noirs, ce qui, joint aux conjectures qu'on avoit déjà, le persuada que cet autel avoit déjà autrefois été consacré, et par conséquent toute l'église, selon la coutume des premiers siècles où les évêques ne consacroient point les autels sans les églises. Il n'alla pas plus loin, mais il se contenta de faire refaire et de le consacrer derechef, à cause de la rupture du sépulchre et de l'enlèvement des reliques, ce qu'il fit avec grande solennité le mercredi suivant, au nom de Notre-Dame et de Saint-Maurille, permettant aux chanoines d'en célébrer tous les ans l'anniversaire au 30 aoust avec octave. Il consacra en même temps l'autel de Notre-Dame des Serpents, qui est derrière le grand autel. On ne trouva aucun écrit dans la cassette ; on crut que l'antiquité l'avoit consumé ; car la cassette étoit tellement usée, qu'à la presser de la main elle se dissipoit en poussière. Le titre dont M. Arnauld a pris le premier nom de l'église de Saint-Maurille est un acte de Geoffroy de Tours, qui fut élu évêque d'Angers en 1095, par lequel il pourvoit un bon prêtre d'une prébende, qui est la prébende sacerdotale de Saint-Maurille, à la charge, lui est ses successeurs, de célébrer tous les jours la messe pour les défunts, excepté les jours d'offices à neuf leçons et les octaves ; il donne en même temps au chapitre la présentation de cette prébende, s'en retenant seulement la collation ; ce qu'il fit pour la gloire de Dieu et le bien des défunts, à la requête d'un saint prêtre nommé Hubert. C'est apparemment celui de qui est l'épitaphe ci-dessus, qui en étoit pourvu, et s'en voulant défaire par le désir d'une meilleure vie, lui en fit la proposition de l'avis de ses confrères. L'acte fut passé dans l'église de Saint-Maurille, que Geoffroy lui-même dit avoir été bâtie en l'honneur de Marie par saint Maurille, au lieu de sa sépulture. Cet Hubert, chanoine de Saint-Maurille, voulant mener une vie plus retirée, alla, du consentement de ses confrères, trouver l'évêque collateur de plein droit de toutes les prébendes de cette église, et lui fit démission de la sienne, le suppliant de la donner à un prêtre de sainte vie, lequel seroit obligé et ses successeurs, de dire la messe pour les défunts, selon qu'il est marqué, en quoi l'évêque feroit une action qui seroit pour le bien de son âme et de ses successeurs.

Messire Hardouin du Bueil, aussi évêque d'Angers, confirma le don de Geoffroy en vertu du même acte, en 1437, au mois d'octobre. Ce Geoffroy de Tours, désirant honorer et exalter l'église cathédrale, obtint, tant par prières que par promesses, des chanoines de Saint-Maurille, qu'ils vinssent au commencement de la nuit, la veille de la fête de Saint-Maurice, dire matines à la cathédrale et que le lendemain ils assistassent à la grand'messe, après laquelle ils dinoient en commun avec les chanoines de Saint-Maurice. Geoffroy de Mayenne, son successeur, avoit obtenu des mêmes chanoines de Saint-Maurille qu'ils continuassent ce service pendant plusieurs années de son pontificat; mais n'ayant point vu d'effet des promesses qu'on leur avoit faites, apparemment de leur donner une prébende dans la cathédrale ou de les associer à la cathédrale, en sorte qu'on fit à leur mort les mêmes choses qui se font aux chanoines des autres cathédrales, leurs associés, ils désistèrent d'aller chanter l'office à la cathédrale le jour de saint Maurice. Geoffroy de Mayenne voulut les y contraindre et les fit appeler pour cela en jugement; mais le chapitre de Saint-Maurille fit voir qu'il n'y étoit pas obligé; que ce qu'il en avoit fait n'étoit que par précaire et sous espérance d'une récompense qui ne leur avoit point été accordée. Raynaud de Martigné, ne voulant pas souffrir qu'une coutume aussi louable qu'étoit celle-là et à laquelle ses prédécesseurs avoient tant contribué demeurât sans effet, tâcha de la rendre ferme et constante, en faisant que ce qui avoit été jusques alors purement volontaire devint une obligation et un devoir du chapitre de l'église de Saint-Maurille et ne fût pas désormais omis sous quelque prétexte que ce fût. Pour cet effet, il appela les chanoines de Saint-Maurille et les fit consentir et s'obliger de venir tous les ans à la cathédrale le jour de Saint-Maurice chanter matines et la grand'messe, et pour cela, par le conseil de ses chanoines, l'évêque leur donna la disposition d'une prébende en leur église, dont il étoit le présentateur aussi bien que de toutes les autres, pour un maître d'école, et leur en céda le droit de présentation à perpétuité, et, en outre, exempta leur chapelain de le venir assister à la messe qu'il célèbre pontificalement à la cathédrale aux festes solennelles, ce que les autres curés de la ville sont obligés de faire, excepté à la consécration des Saintes-Huiles, le Jeudi-Saint, et, pour rendre ce traité plus ferme, il voulut qu'il y eût communication de prières entre les deux chapitres, en sorte que quand un chanoine de Saint-Maurice viendroit à mourir, on fît sept jours continuels de prières pour lui à Saint-Maurille, et qu'on célébrat des messes pour le repos de son âme, si c'eût été un chanoine de Saint-Maurille, et *vice versa*. Cette convention fut faite au chapitre de Saint-Maurice l'an 1103, Raynauld de Martigné, évêque; Foulques II, comte d'Anjou. Ce qui n'ayant pas été exécuté ou au moins ayant cessé de la part de Messieurs de la cathédrale, les Messieurs de Saint-Maurille ont aussi cessé de faire ces offices; ils ne vont pas même à la cathédrale lorsque quelque chanoine est mort pour y chanter sur son corps le Ps. *Subvenite*, ce que les autres chapitres et monastères sont obligés de faire, même les abbayes.

Il y a quatre choses qui rendent l'église de Saint-Maurille une des plus considérables du diocèse. La première est la régularité des huit chanoines qui y font l'office avec beaucoup d'exactitude, de religion et de piété. La seconde est le grand nombre de reliques qu'ils possèdent, entre autres de saint Marcel, pape et martyr, de saint Genulphe, premier évêque de Cahors, une portion de la Vraie-Croix, assez considérable, enchâssée dans un reliquaire d'argent; du lait et des habits de la Sainte Vierge, dans une image d'argent; le corps et le chef de saint Benoist, évêque d'Angers, et les tombeaux de saint Maurille, de saint Apothème et de saint René.

La troisième est la chapelle de Notre-Dame des Serpents, derrière le grand autel, où il s'est fait beaucoup de miracles, si l'on en veut croire la tradition, et beaucoup de vœux et de tableaux et de potences qui sont attachés autour de la chapelle que l'on dit avoir été ainsi nommée Notre-Dame des Serpents, parce que s'étant trouvé, dans l'endroit où elle est bâtie, beaucoup de serpents qui infectoient l'air et nuisoient aux passants, ils furent fait mourir par l'intercession de la Sainte Vierge, qui pour cela est appelée Notre-Dame des Serpents; aussi y a-t-il plusieurs serpents autour de la chaise où elle est assise sur l'autel. Une femme me fit un jour plaisir, me disant qu'on alloit invoquer en cette chapelle la Sainte Vierge pour la conversion des médisans parce qu'ils ont des langues de serpents.

La quatrième et principale chose qu'illustre l'église de Saint-Maurille sont les catacombes ou le cimetière des premiers chrétiens d'Anjou, qui est sous le grand autel de cette collégiale. C'est une chose très-curieuse à voir, et que les voyageurs qui aiment l'antiquité ne manquent pas de marquer sur leurs itinéraires. Il y a quatre caves séparées; les trois plus considérables sont sous le grand autel et on y descend par un escalier, de dix ou douze marches, qui est entre le sanctuaire et le chœur, couvert d'une trappe de bois. Ces trois caves, qui ont communication l'une avec l'autre, ont environ vingt pieds de longueur chacune sur dix de largeur. Elles sont voûtées, et sur la voûte est une espèce de peinture en forme de cercles, effacée en beaucoup d'endroits. Il paraît que ces voûtes ne sont pas aussi anciennes que les fondements qui restent à fleur de terre, qui sont d'un très-ancien et très-solide ciment. Dans la première cave, qui est à l'entrée, sont quatre tombeaux de pierre dure, fort élevés et fort grands, couverts d'un couvercle, aussi de pierre, sur lequel est une grande croix en relief à trois croisons ; sur les quatre coins de l'un de ces tombeaux sont gravées les figures des quatre animaux que vit Ezéchiel, et sur l'un des bouts, entre l'aigle et le bœuf, est gravée la figure ✱ ce qui fait conjecturer que ces tombeaux peuvent être du temps de l'empereur Constantin ou peu de temps après, parce que ces hyéroglyphiques commencèrent à être en usage sous son empire parmi les premiers chrétiens, suivant les historiens ecclésiastiques (1). Au bout de cette première cave en est une autre moins longue mais plus large, au milieu de laquelle est un tombeau élevé de terre d'environ deux pieds de haut dont un bout touche à la muraille où est un petit vitrail, et l'autre est appuyé sur deux piliers proche un petit autel où il n'y a pas longtemps qu'on disoit la sainte messe. M. Claude Ménard, prêtre et ancien lieutenant de la Prévôté, assez versé dans nos antiquités d'Anjou, s'il avoit été plus exact et moins obscur, a fait imprimer à Paris un fort mauvais livre pour prouver que ce tombeau est celui de saint Jacques-le-Majeur apôtre, où, après avoir cité beaucoup de grec et de latin qui ne viennent point à son sujet, il apporte pour toutes preuves que sur ce tombeau est l'image de saint Jacques, dont la peinture est si effacée qu'on ne sauroit distinguer ce que c'est. La seconde, qu'il y a, dans le pignon de l'église aussi bien que dans les chaires du chœur, des images de saint Jacques, en relief. La troisième, qu'on célèbre la fête de ce saint apôtre à Saint-Maurille, à cinq chappes, avec solennité. La quatrième, qui est la meilleure de toutes, mais pourtant très-mauvaise, est que le corps de saint Jacques n'est point à Galice en Espagne. Il dit dans sa préface, et je ne sais où il a pris cette histoire, que, quand on tint le dernier concile provincial de Tours, en 1583, à Angers, on pria les Pères du concile de donner des commissaires pour visiter ce tombeau que l'on prétendoit être celui de

---

(1) 1° Preuve que la religion n'a pas été prêchée en Anjou avant Constantin.
2° Ces tombeaux ont servi à enterrer des prêtres, parce que la tête est tournée vers l'occident et les pieds vers l'orient, où étaient bâtis les autels.
3° Il y a beaucoup de différence entre ces tombeaux, les uns plus grands, les autres plus petits. Il y a trois croisons sur quelques-uns, et non sur les autres.

saint Jacques, pour voir s'il n'y auroit point quelque titre pour le prouver; que le concile député quelques évêques qui ne purent exécuter ce dessein, à cause de la peste qui survint.

Si les corps des saints étoient dans toutes les églises où ils sont révérés, ils seroient bien multipliés. Il ne faut qu'une fondation d'un chanoine nommé Jacques, faite à Saint-Maurille d'Angers, pour faire tomber par terre toutes les preuves de M. Ménard, dont le livre, dit-on, a été brûlé par la main du bourreau à Saint-Jacques en Galice. Mais il ne méritoit pas d'être mis en lumière sans aller chercher si loin des preuves d'une chose qui ne fut jamais et qui n'a pas la moindre apparence de vérité.

Il est visible que le tombeau élevé au-dessus des autres est celui de saint Maurille qui constamment, selon Fortunat, fut enterré en ce lieu, suivant la volonté que le saint en avoit marquée pendant sa vie. Les piliers sur lesquels il est élevé et l'autel qui est proche, marquent la distinction qu'on a toujours faite du culte qu'on a rendu à ce saint en Anjou, où il est regardé, avec raison, comme l'un de nos premiers apôtres, d'avec celui des autres saints. Sur le bout de ce tombeau, celui proche l'autel, est une peinture à demi effacée qui représente un homme assis dans une espèce de trône et revêtu d'une chasuble à l'antique, tenant en main un bâton en forme de croix, sans titre, dont le visage est effacé, mais autour de sa tête sont des rayons de gloire; sur cette tête est une espèce de petit chapeau qui paroît moderne et ajouté pour faire preuve qu'il représentoit saint Jacques. Il paroît, par quelques fentes de ce tombeau, qu'il est vide et qu'il n'y a aucun ossement; aussi sait-on bien que Charles-le-Chauve fit faire la translation du corps de saint Maurille à l'église cathédrale d'Angers, en 875, lorsqu'il eut pris la ville sur les Normands qui s'en étoient emparés, et on le mit sur le grand autel où il a resté plusieurs siècles; présentement il est suspendu dans le chœur, dans une châsse précieuse qui est la plus belle, la plus grande et la plus riche qui soit en France, car elle est de près de huit pieds de long, de vermeil doré, enrichie de pierres précieuses et d'un ouvrage admirable. Le chef est à part dans un reliquaire d'argent doré. Il paroît, à la voûte de ce caveau de Saint-Maurille, qu'il y avoit autrefois une lampe ardente devant ce tombeau.

La troisième cave est à main droite, plus petite et plus obscure que les autres, on y voit aussi plusieurs tombeaux élevés et une porte murée par laquelle on prétend qu'on alloit autrefois, dans les temps de persécution, par un chemin souterrain, jusque dans l'église collégiale de Saint-Pierre, éloignée de plus de cent pas de celle de Saint-Maurille, où il y a aussi une église souterraine très-curieuse, où fut d'abord enterré saint Aubin.

La quatrième cave est au côté gauche du grand autel de Saint-Maurille, proche le chapitre, et on y descend par un degré séparé. Il y a aussi quatre tombeaux, sur un desquels est la figure ☧ en relief, et sur le croisillon du milieu est une autre figure d'un ☧, gravé ou taillé dans la pierre entre ces deux lettres A et Ω, alpha et oméga, *principium et finis*. On a, dans le dernier siècle, fort mal à propos, enterré dans ce tombeau, qui est le plus curieux de tous, le corps de M. Ménage, capitaine de cavalerie. Ces tombeaux sont en tout, dans les quatre caves, au nombre de quatorze, parmi lesquels la tradition nous apprend que sont ceux de Défensor, de saint Maurille, de saint Apothème, de saint Benoist, évêque d'Angers; on voit aussi celui de saint René dans la muraille de l'église de Saint-Maurille, à côté droit de l'évangile, où on mit son saint corps quand il fut apporté de Surente; on y lit ces paroles qui sont d'un caractère fort moderne : Tombeau de saint René, et on l'encense aux grandes solennités.

NOTRE-DAME DU PUY.

I. — L'église royale et collégiale de Notre-Dame du Puy, située en Anjou, à deux lieues de Doué, au diocèse de Poitiers, a été, dans ses commencements, l'église d'un prieuré conventuel de l'ordre de Saint-Benoist, dépendant de la célèbre abbaye de Montierneuf, fondée, aux portes de la ville de Poitiers, en l'année 1077, par Guillaume, duc d'Aquitaine, dont la fondation commence par ces mots : *Willelmus qui et Gaufredus, dux Aquitanorum, Dei misericordiam adipisci desiderans, et vel minimum carens in futurum, in nomine Patris et Filii et Spiritus Sanctæ et individuæ Trinitatis, pro enormitate scelerum meorum, redemptione animæ meæ, patris et matris et omnis meæ parentelæ, ad honorem Dei omnipotentis et Sanctæ ejus Genitricis semperque Virginis Mariæ, statui mihi construere monasterium in suburbio Pictavis ;* et, dans l'énumération des biens qu'il donne aux religieux pour la fondation de ce monastère, il met le village du Puy, *Villam similiter Puteoli.*

II. — Cette fondation de l'abbaye de Montierneuf fut confirmée par Guillaume II, duc d'Aquitaine, fils de Guillaume Ier, l'année 1126, sous le pontificat de Guillaume Adelelmi, évêque de Poitiers, où il répète ces mots : *Villam similiter Puteoli*, et où il ajoute ceux-ci : *Concedo consuetudines de Puteo de Magnetio*, qu'il donne tous les droits qu'il avoit coutume de prendre dans le village du Puy.

III. — Il y a bien de l'apparence que les religieux qui furent envoyez dans l'abbaye de Montierneuf, qui étoit dédiée à la Sainte Vierge, en obédience au village du Puy, bâtirent aussi une chapelle en l'honneur de la Sainte Vierge; mais il n'y en a aucune qu'ils n'ayent d'abord bâti cette chapelle aussi grande et aussi magnifique qu'elle l'est présentement. Cet ouvrage ne peut être que l'effet de la libéralité d'un souverain ou d'un très grand seigneur; car il y a beaucoup de cathédrales en France qui ne sont pas si belles.

IV. — On ne sait pas au vrai dans quel temps ni par qui l'église de Notre-Dame du Puy fut bâtie, dans l'état qu'elle est, et on trouve seulement écrit en lettres gothiques, sur le couvercle d'un vieux livre de chant de cette église, qu'elle fut bâtie en 1154, par Guillaume, duc d'Aquitaine, comte de Poitiers, qui se convertit par les prières de saint Bernard, qui fit le voyage de la Terre-Sainte et qui fit ensuite une si affreuse pénitence.

V. — En effet, la tradition du pays est que ce Guillaume, étant de retour de la Palestine, vint demeurer près de Notre-Dame du Puy, et y continua pendant quelque tems les exercices de sa vie pénitente, dans un bois qu'on nomme encore par contraction le Bois Guyon, comme qui diroit le Bois Guillaume, et que ce prince, voyant que les peuples d'alentour venoient en foule prier la Sainte Vierge et révérer son image dans la petite chapelle qui lui étoit dédiée au Puy, laquelle image, à ce que prétendent les habitans du lieu, se voit encore sur le portail de l'église, dans le vestibule, il fut inspiré d'y donner la sainte Ceinture de Notre-Dame qu'il avoit apportée de Hyerusalem et qui lui avoit été donnée par le patriarche de cette ville, et que, pour faire honorer davantage cette précieuse relique, il avoit fait bâtir au Puy cette église magnifique que nous y voyons et qui a été possédée plusieurs siècles par les religieux de Saint-Benoist.

VI. — Quoi qu'il en soit, il est certain que de tems immémorial l'église de Notre-Dame du Puy est en possession de cette ceinture de la très digne Mère de Dieu, et, quoiqu'il n'y en ait aucun authentique, qu'il n'en soit point parlé dans les titres de cette église, ou parce que les actes qui en faisoient foi ont été brûlés ou enlevés par les hérétiques, il y auroit de la témérité ou une espèce d'irréligion et d'impiété de révoquer en doute la vérité de cette relique qui a été attestée par grand nombre de miracles, par des libéralitez de plusieurs rois de France, et par la dévotion constante et non interrompue des peuples qui y sont venus invoquer la très digne Mère de Dieu, de tous les endroits du royaume et même des pays étrangers, depuis cinq à six cents ans.

VII. — Cette ceinture, que l'on tient avoir été faite des propres mains de la Sainte Vierge, est d'un tissu de laine couleur de gris de lin, avec des petits filets de soie tracés par dessus; elle est toute entière et capable de ceindre une personne de la plus grande taille. On l'a, depuis quelques années, envelopée tout de son long dans trois morceaux de satin rouge cousus ensemble; on ne la voit et on ne la baise qu'en deux endroits, à travers deux cristaux de roche qui sont comme enchâssés dans ce satin; les deux bouts sont enchâssés ou enfermés en deux plaques de vermeil doré.

VIII. — Le père Romual, feuillant, s'est trompé quand il a dit dans sa Chronologie, que la ceinture de la Vierge que l'on conserve dans l'église du Puy, en Anjou, est faite de rezeul (1).

IX. — Pour combattre la vérité de cette relique, on objecte que l'on conserve en d'autres endroits plusieurs ceintures de Notre-Dame; mais il est facile de répondre que la Sainte Vierge avoit plusieurs ceintures; qu'elle en a changé en différents âges, et qu'ainsi elle a fourni de matière à la vénération du public en divers endroits du monde chrétien.

X. — On venoit au Puy de toutes parts dans les siècles passés. Nous lisons dans notre histoire d'Anjou manuscrite, faite par le P. Roger, bénédictin de l'abbaye de Saint-Nicolas, que lorsque le seigneur de la Fontaine-Guérin, brave gentilhomme angevin, eut défait l'armée angloise du comte de Clarence, qui tenoit Baugé assiégé et qui y fit de grands ravages, en l'année   , il porta les étendards qu'il avoit enlevés aux ennemis, dans l'église de Notre-Dame du Puy, reconnoissant qu'après Dieu il étoit redevable de la victoire à la toute-puissante intercession de Notre-Dame.

XI. — Vers l'année 1480, Louis XI, roi de France, étant en Anjou, alloit souvent faire ses dévotions dans l'église de Notre-Dame du Puy, et c'est ce qui obligea ce prince, qui n'avoit pu réussir à fonder un chapitre de chanoines dans l'église de Nantilly à Saumur, parce que le prieur ne vouloit pas qu'ils fussent exempts de sa juridiction, d'en faire l'établissement dans l'église

---

(1) Ou *reseuil*, sorte de filet. *Voy.* le Dict. de Trévoux.

de Notre-Dame du Puy. Comme cet événement est extraordinaire et a rendu cette église fort recommandable, nous en rapporterons toutes les circonstances dans un grand détail.

XII.—L'acte qui en fut passé à Thouars, au mois de janvier 1481, la 21e année du règne de Louis XI, porte, entr'autres choses, que ce prince avoit déjà fait plusieurs dons et accordé beaucoup de privilèges à l'église de Notre-Dame du Puy, en Anjou, au diocèse de Poitiers ; mais que, voulant encore en augmenter le service divin, il y fait les dons ci-après. Et la raison qu'il en apporte est conçue en ces termes: «Parce que nous croyons que notre créateur, à l'intercession de sa benoite mère, nous a toujours défendu, préservé et gardé de maintes oppressions, machinations, entreprises et conspirations, faits et pourchasses contre nous et la chose publique de notre royaume, en telle manière que nos besognes et affaires se sont toujours très bien et grandement entretenues, portées et soutenues au bien, profit et utilité de notre royaume, pays et seigneuries, et à l'expulsion, déboutement et déconfiture de nos ennemis rebelles et adversaires..... tellement que nos dits royaumes, pays et seigneuries ont été et sont encore préservez, demeurez et conservez en leur entier sous nous et en notre vraye et entière obéissance, et iceux accrus et augmentez de toutes parts, quelques guerres, divisions, troubles et controverses qui ayent eu cours en iceluy notre royaume, et nous souventes fois parvenus à bonne santé, prospérité et convalescence, d'aucunes grandes et très grièves maladies et accidens qui nous sont survenus ; pour remembrance desquelles choses et pour icelles plus amplement reconnoistre, et plus avant de bien en mieux nous acquitter envers notre digne Créateur et la benoiste dame sa mère, des grands biens, préservations, gardes, tuitions et défenses à nous faites pour notre prospérité et santé, et de notre très cher et très amé fils le dauphin de Viennois, où l'avons toujours de tout notre cœur et entendement remembré, voué et présenté, réduisant en mémoire et reprenant en notre courage la très singulière et fervente dévotion que nous avons eue de tout tems et encore avons tant qu'il plaira à Dieu nous donner vie en ce monde audit lieu, place et église du Puy-Notre-Dame pour l'amour de notre benoist Sauveur Jésus-Christ, et en l'honneur et révérence de ladite benoiste dame sa mère. »

XIII. — Ensuite de ce préambule, Louis XI dit qu'il fonde, dans l'église de Notre-Dame du Puy, un corps et collège de gens d'églises séculiers, composé de treize chanoines prêtres, treize vicaires, un maitre et six enfants de chœur; desquels treize chanoines il y aura un doyen, sous-doyen et chantre qui porteront les mêmes habits qu'ont coutume de porter les trésoriers, chantres, chanoines et vicaires de la Sainte-Chapelle du palais de Paris pour chanter l'office canonial; après quoi le roi se réserve et à ses successeurs le droit de présenter lesdits doyenné, sous-doyenné, chanterie et les canonicats, quand ils seront vacants, et ordonna que le sieur Du Payrac, alors curé de Notre-Dame du Puy, seroit le premier doyen et chanoine, sans pourtant tirer à conséquence pour l'union de la cure avec le doyenné, Sa Majesté voulant qu'après la mort dudit Peyrac se fassent deux bénéfices séparés et laisse la présentation des treize vicairies aux doyen, sous-doyen et chantre, et la collation aux doyen et chapitre, quand elles seront vacantes.

Il érige et fonde ces dix prébendes chacune en l'honneur d'un saint particulier savoir : de saint Denis, de saint Georges, de saint Christophe, de saint Blaise, de saint Gilles et des vierges martyres, sainte Catherine, sainte Marguerite, sainte Marthe, sainte Christine et sainte Barbe, et veut que ces dix chanoines disent ou fassent dire à perpétuité dix messes basses, tous les jours de la semaine, en l'honneur de ces saints ci-dessus marqués, et qu'après le *Pater noster* de chaque messe, immédiatement avant l'*Agnus Dei*, les prêtres qui les célébreront disent ces deux psaumes : *Lœtatus sum* et *Domine, in virtute tua lœtabitur rex*, avec l'oraison *Quesumus, omnipotens Deus, ut famulus tuus N. Rex*, et qu'après les dites messes célébrées, tous les chanoines s'assemblent pour chanter à deux chœurs les oraisons propres en l'honneur des saints et saintes ci-dessus, et que tous les jours ils disent une grande messe, selon l'usage du diocèse de Poitiers, et qu'outre et par dessus cela, les dits chanoines soient tenus de chanter une messe à diacre et sous-diacre de *Beata*, immédiatement après matines, pour le roi, pour la reine et pour M. le Dauphin; à la fin de laquelle ils diront l'oraison *Quœsumus* et *Salve Regina* ou autre antienne de Notre-Dame, selon le tems, et qu'après se diront prime, tierce, sexte et la grande messe du chœur, tout ainsi qu'il se pratique à la Sainte-Chapelle.

XIV. — Et parce que Louis XI prévoyoit bien qu'il seroit très difficile, pour ne pas dire impossible, que le prieur et les religieux de Montierneuf, qui demeuroient au prieuré de Notre-Dame du Puy, qui étoient aussi obligés de dire l'office, pussent s'ajuster avec les chanoines sans qu'il y eût souvent concurrence et beaucoup de distractions, le roi ordonne que ledit prieur et les religieux disent et fassent leur service, même matines, de telle et si bonne heure qu'aucun détourbier ne soit fait, mis et donné aux dits chanoines et chapitre (ce sont les termes). Mais on a bien vu dans la suite des tems qu'il n'étoit pas possible de réduire cela en pratique; c'est pourquoi les religieux et les chanoines sont convenus depuis que ceux-là diroient matines et ceux-ci prime, tierce et sexte, et tous ensemble la grande messe, et ainsi du reste alternativement, ce qui les soulage.

XV. — Et pour la fondation, dotation et entretennement de ce chapitre et du divin service, le roi donne sa ferme de la Prévôté de Thouars avec les marcs d'argent d'icelle, la ferme de la Sergenterie de Coulange, de la prévôté de Saumur, non compris les vingt-huit livres dues à l'abbaye de Fontevrault, la ferme de la traite des vins qui se lève dans le comté de Thouars, qui est de vingt sols par chacune pipe de vin qui sera transportée hors du pays, des deniers de laquelle ferme échue le roi marque en avoir déjà employé plus de vingt et cinq mille livres pour acheter des terres, rentes et revenus pour le dit chapitre.

XVI. — De plus il leur donne droit de haute, moyenne et basse justice dans la ville, bourg et paroisse de Notre-Dame du Puy avec tous les droits appartenant à icelle, soit de prévôté, péages, foires, marchés, franchises de guet et gardes et tout autre droit de chatelainie qu'il exigea en leur faveur, et par lettres-patentes séparées de cette fondation, données au Vau en

Anjou, au mois d'octobre 1481. Et par les mêmes lettres-patentes, il érige et crée quatre foires pour être tenues dans la ville du Puy, quatre fois l'année, les jours de l'octave des fêtes de la Purification, Annonciation, Assomption et Conception de Notre-Dame, et un marché tous les jeudis de chaque semaine, avec pouvoir de lever sur les marchandises qui y seront vendues tels droits et devoirs qu'on avoit accoutumé prendre dans les autres foires et marchés de la province.

XVII. — En outre ordonne que les revenus du dit chapitre seront distribués également à tous les chanoines et que néanmoins le doyen prendra le double, que le sous-doyen et chantre auront cinquante livres de préciput à cause de leur dignité, et que le maître de Psallette prendra le revenu d'une prébende, bien qu'il ne soit pas chanoine ; que le doyen et ses successeurs seront obligés de fournir des calices, missels, chapes, chasubles de soye, avec le luminaire, tel qu'on a coutume de le servir pour le divin service dans la Sainte-Chapelle de Paris, et pour fournir toutes ces choses, la première fois, le roi donne au dit sieur de Peyrac, doyen, la somme de mille livres ; il réserve au curé de la dite église tous les droits curiaux, offrandes, dixmes, etc., sans que le chapitre puisse rien prétendre ; et, afin que le dit curé et ses successeurs soyent portés à prier Dieu pour lui et ses successeurs, il leur donne la dixme de Bouillé et de Chandelivaux, que Sa Majesté avoit ci-devant acquise de ses deniers.

XVIII. — Le roi donne aux dits chapitre et chanoines le droit d'indemnité et d'amortissement, et pour l'exécution de la dite fondation, en ce qui regarde le temporel, il nomme les gens tenant la cour de Parlement, les Maîtres des comptes de Paris et les procureurs de Sa Majesté au siége présidial d'Angers, et les sénéchaux d'Anjou et de Poitiers.

XIX. — Les lettres-patentes de cette fondation furent lues, publiées et enregistrées au Parlement, le 8e jour de mars 1481 suivant, et, à la Chambre des Comptes de Paris, le 19 mars de la même année, sans préjudice de l'opposition qu'y avoient formée **le comte de Tancarville et le prieur claustral de Notre-Dame du**

Puy, qui prétendoient que cette fondation préjudicioit à la juridiction qu'ils avoient dans la ville du Puy.

XX. — Cette fondation étant faite à la manière ci-dessus, le roy en fit demander la confirmation par son ambassadeur à Sixte IV, lequel donna une bulle datée de Rome, le 14 des kalendes d'avril de l'année 1482, par laquelle il érige l'église de Notre-Dame du Puy en église collégiale, approuve et ratifie toutes les clauses de la fondation du roi Louis XI, et, de plus, exempte le doyen, les chanoines et chapitre de Notre-Dame du Puy de la juridiction de l'évêque de Poitiers et les soumet immédiatement au Saint-Siège, *ad instar* de la Sainte-Chapelle de Paris. Voici les termes : *Ab omni ordinaria juridictione, subjectione, correctione, visitatione, superioritate domini moderni, et pro tempore existentis Pictaviensis episcopi et quorumcumque aliorum ordinariorum officialium et commissariorum et alias ad instar dictæ regiæ capellæ Parisiensis authoritate et scientia prædictis tenere præsentium perpetuo eximimus et liberamus ac sub nostra et successorum nostrorum romanorum pontificum et sedis apostolicæ specialis immediata protectione suscipimus pariter et romanæ ecclesiæ subjicimus et immediate ac nullo medio subesse decernimus.* Nous ne voyons aucun acte par lequel il paroisse que le roi ou le chapitre ayent demandé cette exemption, ni que l'évêque de Poitiers ait été appelé pour y consentir.

XXI. — Et par la même bulle, le pape donne la commission à l'archevêque de Vienne et à l'évêque d'Alby ou à leurs subdélégués de la faire exécuter selon sa forme et teneur. En conséquence de cette commission, Astorgius (1), archevêque de Vienne, subdélégua les premiers évêques ou notaires apostoliques ou officiaux pour fulminer cette bulle et mettre les doyen, chapitre et chanoines de Notre-Dame du Puy en possession de toutes les choses contenues dans la fondation de Louis XI et dans les bulles du pape Sixte IV, et défendit, sous peine d'excommunication, de les y troubler. L'acte en est passé à Cléry, dans la maison

---

(1) Astorgius Aymaricus.

du seigneur Jean de Milly, chanoine de Notre-Dame de Cléry, le 25ᵉ jour de juin 1482.

XXII. — Ensuite de quoi, Mʳᵉ Jean Poterin, procureur du chapitre de Notre-Dame du Puy, alla trouver l'évêque de Poitiers et lui porta la fondation du roi, la bulle de Sixte IV et la commission de l'archevêque de Vienne, le suppliant de les confirmer et d'y donner son consentement et son approbation ; l'évêque de Poitiers, ayant pris lecture de tous ces actes par son official, répondit que cette affaire ne le regardoit pas seul, mais encore le chapitre de son église, sans lequel il ne pouvoit rien faire, suivant la règle de droit *id quod omnes tangit ab omnibus approbari debet* ; il promit de se trouver à Poitiers au synode prochain, la peste ayant cessé, et de proposer la chose à son chapitre, et que cependant *quicquid sit per ipsum non stabit quod ipse serenissimus rex non sit contentus*, et fit dresser acte de ses réponses dans l'abbaye de Saint-Jouin de Marnes, ordre de Saint-Benoist, le 18 d'aoust 1482.

XXIII. — Le même Poterin, sous-chantre, chanoine et procureur du chapitre du Puy, avoit déjà insinué et notifié les dites lettres-patentes du roi et bulle du pape à André, archevêque de Bordeaux, comme primat de l'Aquitaine et métropolitain de l'évêché de Poitiers, et lui en avoit laissé copie, le dernier juillet 1482.

XXIV. — Nous ne voyons point d'acte par lequel il paroisse dans la suite que l'évêque de Poitiers ait approuvé ni consenti à cette exemption de sa juridiction, et il y a bien de l'apparence qu'il ne se servit habilement du prétexte d'en conférer avec son chapitre que pour s'empêcher de donner son consentement et ne pas choquer Louis XI. C'est pourquoi les évêques de Poitiers, ses successeurs, ont joui et jouissent encore du droit de visite et de correction sur tout le chapitre de Notre-Dame du Puy, sans que le chapitre s'y soit opposé si ce n'est faiblement.

XXV. — Les chanoines eux-mêmes virent bientôt dans la suite qu'on leur avoit accordé plus qu'ils n'avoient ou n'auroient dû demander, qui étoit cette dépendance et soumission immédiate au Saint-Siège, honneur qui tendoit à ruiner l'autorité du chapitre, et à rendre les crimes de ceux qui le composoient impunis, par la grande difficulté qu'il y a de recourir en cent occasions pressantes qui demandent célérité à l'autorité du Saint-Siège. C'est pourquoi ils firent représenter ces inconvénients à Alexandre III, pape (1), lequel ordonna, par sa bulle datée du 17 des kalendes de février 1492, onze ans après la fondation, que le doyen de la dite église ou en son absence le chapitre, ou celui qu'il plairoit au chapitre de commettre, pourroit connoître et juger des crimes et délits commis par les membres du chapitre quoique exempt et soumis immédiatement au Saint-Siège, *ad instar obstinentium dignitates in cappella regia Parisiensis*, à condition pourtant qu'on ne pourroit appeler des sentences du doyen ou du chapitre ou de celui qui auroit été commis par lui, qu'au Saint-Siège, le pape levant pour cela l'excommunication portée par la bulle de Sixte IV contre ceux qui contrediroient à cette exemption.

XXVI. — Et sur ce qu'après la mort de Louis XI, plusieurs personnes de qualité s'emparoient des terres et des revenus qui leur avoient été donnés par le roi, ils firent nommer par le même pape Alexandre III, les doyens de l'église d'Angers et de Saint-Martin de Tours et le trésorier de l'église de Saint-Hilaire de Poitiers pour protecteurs, conservateurs et juges ordinaires des différends qui pourroient survenir dans leurs affaires. Cette bulle, qui est datée du même jour que la précédente, fut fulminée, lue et enregistrée au greffe de l'officialité d'Angers.

XXVII. — Immédiatement après cette fondation, le roi Louis XI fit quantité de dons et de présents de vases très précieux d'or et d'argent à cette église. Il y donna entr'autres une table d'argent, de plus de quatre pieds de long et large à proportion, parsemée de fleurs de lys d'argent, sur laquelle étoit sa figure à genoux avec ses habillements de manteau, chapeau, couronne, épée, gants, heures dans les mains, qui jusques aux poignets étoient

---

(1) *Ne præsenter exemptionem prædictam delicta decani, subdecani et aliorum exemptorum remaneant impunita*; ce sont les termes de la remontrance qu'ils firent au pape.

massives, le tout pesant cent onze marcs d'argent; la figure du Dauphin, qui fut depuis Charles VIII, qui avoit des pendants pesant soixante-huit marcs ; la troisième figure étoit d'un second enfant, nommé Joachim, mort jeune et enterré à Amboise aux Cordeliers, et pesant vingt-deux marcs ; la quatrième étoit d'un troisième fils, nommé François, étant en ses langes ou maillot, pesant dix-huit marcs. On tient que la reine, qui étoit de Savoye, avoit fait vœu de faire la figure aussi pesante que l'enfant naissant. Et ce prince fit tous ces dons à l'église de Notre-Dame du Puy, en reconnoissance de ce que Dieu lui avoit donné ses enfants par l'intercession de Notre-Dame.

XXVIII. — Il y donna encore un calice avec sa patène, d'un prix inestimable par le travail, sur le nœud duquel sont en relief les figures des douze apôtres, de vermeil doré, un soleil pour exposer le Saint-Sacrement, la représentation ou figure de la Sainte-Chapelle de Paris, *ad instar* de laquelle il avoit eu l'intention de fonder l'église de Notre-Dame du Puy, un grand et beau reliquaire admirablement travaillé, pour enfermer la sainte ceinture de la Vierge.

XXIX. — En différents temps, les Normands, les Bretons et les Danois, surtout les Huguenots, ont ravagé, pillé et brûlé cette église, en sorte que c'est comme une espèce de miracle qu'elle subsiste encore aujourd'hui. Les Huguenots, en 1562, mirent le feu dans la charpente, prétendant par là brûler tout le reste de l'église ; mais la voûte qui étoit très solide résista à cet embrasement. On porta la sainte ceinture, avec tout ce qu'il y avoit de plus précieux, dans le trésor, au château de Brissac où elle fut quelques années ; on la rapporta dans l'église du Puy et on la mit dans une armoire fermant à dix clefs que dix chanoines doivent avoir et qu'on ne peut ouvrir les uns sans les autres, lesquels pour cela on appelle conclavistes. On assure que plusieurs personnes, ayant eu l'impiété de voler quelques morceaux de cette ceinture, ont été obligées de les rapporter, voyant que Dieu répandoit visiblement sa malédiction sur leurs personnes et sur leurs affaires. On m'a assuré que Louis XI avoit fait couvrir l'église de plomb et que son fils Charles VIII, ayant eu besoin d'argent, l'avoit vendu et l'avoit fait recouvrir d'ardoises ; mais il n'y a point de preuves de cela. Quelques années après sa mort, on y fonda une prébende théologale qui fut possédée par deux pères Jacobins de suite, mais depuis elle a été réunie aux autres. On y prêche l'Avent et le Carême, et la station est des meilleures du diocèse. Tous les peuples d'alentour viennent de plusieurs provinces faire leurs dévotions en cette église. Il y a une petite éminence, qui est distante d'une lieue, de laquelle les peuples aperçoivent aisément les clochers, se mettent à genoux pour prier la Sainte Vierge, et on appelle communément cet endroit le Salut de la bonne dame. Ce qui a fort augmenté cette dévotion au commencement de ce siècle, c'est la piété que le roi Louis XIII et la reine Anne d'Autriche, son épouse, ont témoigné avoir pour la ceinture de Notre-Dame, qui est conservée dans l'église de Notre-Dame du Puy, car nous apprenons des registres de cette église que le 27e jour de janvier 1638, maistre Louis de Bernage, conseiller aumônier du roi, vint de la part de Sa Majesté au chapitre du Puy pour demander la sainte ceinture de la Sainte Vierge, comme aussi pour faire toucher des rubans de la même longueur de la dite ceinture pour porter à la reine, afin qu'il plût à Dieu de lui faire la grâce d'accoucher heureusement d'un dauphin, et pour cet effet elle désira qu'on fît une neuvaine à son intention, laquelle fut commencée le même jour par une messe solennelle, chantée au grand autel dédié à la Sainte Vierge ; le chantre portant son bâton, la sainte ceinture étant ainsi exposée sur l'autel, dans son vase ordinaire, avec les ceintures et un rosaire de la Vierge, qui ont touché des deux côtés la vraie ceinture depuis un bout jusqu'à l'autre ; la couverture de satin ayant été décousue, pour cet effet, par le sacristain, en présence de tout le chapitre et lors de la consécration, le dit de Bernage présenta un cierge à l'autel selon la forme ordinaire, et se ceignit la ceinture par la tête, au nom et intention de la reine, et afin d'exciter le peuple à demander à Dieu la même grâce, on exposa pendant neuf jours le Saint-Sacrement sur l'autel et lors de la consécration de chaque messe, un chanoine présente aussi un cierge blanc, à la même intention.

XXX. — Nous lisons aussi dans les mêmes registres, que le 25 mars 1638, le roi Louis XIII étant à Saint-Germain-en-Laye, ayant une confiance particulière en l'intervention de la glorieuse Vierge Marie auprès de Jésus-Christ, son fils, et désirant implorer spécialement son assistance sur la grossesse de la reine, à ce qu'il plût à Dieu de lui faire porter heureusement son fruit, Sa Majesté fit apporter exprès de Notre-Dame du Puy en Anjou, la ceinture de la Vierge pour être appliquée, à cette bonne intention, sur le corps de la reine. Le chapitre député deux chanoines, dont l'un s'appeloit M. de Saint-Christophe, pour porter ce précieux trésor, lesquels étant de retour dirent qu'on avoit dressé une chapelle et un autel dans la chambre de la reine pour poser la ceinture, et que lui-même eut l'honneur de la ceindre autour de la reine, que le roi ayant appris qu'il étoit arrivé avec cette relique, il les envoya au cardinal de Richelieu, qui fit monter ces Messieurs en carrosse pour les mener au Louvre en grande cérémonie. Il est aussi rapporté sur ces mêmes registres, que le roi ayant considéré que l'on ne pouvoit honorer et conserver assez dignement une si sainte et précieuse relique, Sa Majesté voulut faire don à l'église de Notre-Dame du Puy d'une châsse d'argent vermeil dorée à jour, ornée d'une image de la Vierge au haut d'icelle, avec une petite cassette d'argent, le tout pesant 34 marcs et mise dans un étui garni de velours, après que la dite châsse et cassette auront été bénites à la manière requise, y mettre la ceinture de la Vierge et y être perpétuellement gardée à l'avenir, mandant Sa Majesté au doyen, chanoines et chapitre de la dite église sans y contrevenir, ni permettre qu'il y soit contrevenu, Sa Majesté ayant pour témoignage de sa volonté fait expédier un brevet qu'elle a signé de sa main et fait contre-signer par un secrétaire de ses commandements et finances, nommé Sublet, et que le dimanche 9e de mai de la même année 1638, le R. P. Jean Maurri, prieur des Augustins réformés de la ville de Montreuil-Bellay, entra dans le chapitre du Puy et dit qu'il avoit été chargé par Sa Majesté d'une châsse d'argent vermeil doré à jour, sur le haut de laquelle étoit l'image de Notre-Dame, et d'une petite cassette d'argent, pour être mise la sainte ceinture et gardée perpétuellement, après qu'elles auroient été bénites, et leur rendit le brevet du roi qui en faisoit mention, ainsi qu'il a été dit ci-dessus, et dit au chapitre qu'il en avoit donné avis au sieur curé du Puy afin qu'il fît assembler ses paroissiens immédiatement après la messe qu'on a coutume de dire pour le roi, et qu'en leur présence il mettroit la dite châsse sur l'autel, présenteroit le dit brevet pour être enregistré et exécuté selon les intentions de Sa Majesté, après quoi le chapitre étant assemblé, il fut conclu que les doyen, sous-doyen, chantre et chanoines, se trouveroient tous dans le chœur immédiatement après la messe pour recevoir les ordres du roi avec tout le respect imaginable et le présent que Sa Majesté faisoit à leur église en l'honneur de la Sainte Vierge, avec toute la dévotion qu'il leur seroit possible, afin de correspondre aux pieuses intentions de Sa Majesté, ce qui fut exécuté. En conséquence, Mʳᵉ Jacques Questineau, prêtre doyen du dit chapitre, fit la bénédiction de la châsse et cassette, avec les cérémonies accoutumées, après quoi le curé et tous les chanoines accompagnés d'une multitude innombrable de peuple que cette cérémonie avoit attiré au Puy, fut portée processionnellement dans l'arche du trésor, où étant messire Maurice Gasnier, prêtre, commis et préposé par le prieur curé et habitants de la paroisse du Puy pour la garde de la sainte ceinture, l'auroit tirée du trésor et mise ès-mains du sieur doyen, qui l'ayant mise dans la dite châsse et cassette, l'auroit ensuite portée processionnellement sur le grand autel, faisant pendant toute la cérémonie des prières pour le roi et pour l'heureux accouchement de la reine. Ce fait, la dite châsse et la ceinture furent encore reportées dans le même ordre de procession que ci-devant, en chantant le *Te Deum* et autres actions de grâce, et arrivés à l'arche du trésor, on la remit entre les mains du dit Gasnier, pour la remettre dans l'arche ou reliquaire, et le prieur curé, manans et habitans en demeurèrent chargés et gardèrent l'original du brevet du roi, donnèrent décharge au R. P. Jean Maurri, de l'un et de l'autre, et le prièrent de rendre témoignage à Leurs Majestés de leur profond respect et soumission et du zèle qu'ils avoient à faire des vœux et des prières pour leur prospérité et santé et pour l'heureux accouchement de la reine, et de la parfaite reconnaissance qu'ils conserveroient toujours du bienfait signalé qu'ils recevoient d'elle par la faveur de la Sainte Vierge ; et en fut dressé acte le même jour 9ᵉ de mai, qui fut signé des doyen, chanoines et principaux habitans.

XXXI. — Au mois de septembre suivant, la reine souhaita encore qu'on lui portât la même ceinture, qu'elle mit sur elle quelques heures avant son accouchement, où elle mit heureusement au monde Louis XIV, dit Dieu-donné, le 5 septembre 1638.

XXXII. — Deux ans après, la reine Anne d'Autriche étant encore enceinte de Monsieur, persuadée qu'elle avoit heureusement mis au monde son premier né par l'intercession de la Sainte Vierge, et par l'attouchement de la sainte ceinture, elle écrivit encore le 28 août 1639, au chapitre de Notre-Dame du Puy, la lettre de cachet dont voici les termes :

« A nos très chers et bien aimez les doyen, chanoines et cha-
» pitre de l'église collégiale de Notre-Dame du Puy en Anjou.

» DE PAR LA REYNE :

» Très chers et bien aimez, le succès favorable que nous
» reçumes par la puissante intercession de la bienheureuse
» Vierge dont vous nous apportates la ceinture, il y a deux ans,
» pour la naissance de notre très cher et très amé fils le Dau-
» phin, nous faisant espérer de sa bonté les mêmes grâces pour
» l'heureuse délivrance qu'il plaira à Dieu de nous donner, nous
» vous faisons encore celle-ci pour vous dire que nous désirons
» que vous envoyiez, par ceux que vous députerez de votre com-
» pagnie, cette sainte relique, pour la singulière dévotion que
» nous portons à la Sacrée Mère de notre bon Dieu, et la con-
» fiance que nous avons en ses prières, à quoy nous assurant
» de votre affection en notre endroit que vous apporterez toute
» la plus grande diligence que nous pouvons nous promettre,
» nous prions Dieu vous avoir, très chers et bien amez, en sa
» sainte garde. Écrit à Saint-Germain en Laye le 28 aoust 1640.
» La minute et l'original est signé Anne, et plus bas : Legras. »

XXXIII. — La reine mère Anne d'Autriche étant venue à Saumur, avec le roi, en 1642, le chapitre députa plusieurs chanoines pour aller complimenter leurs majestés, la reine reconnut le sieur de Saint-Cristophle et lui dit en lui montrant le roi : voilà un des fruits de votre ceinture.

XXXIV. — En l'année 1670, M. le duc de la Trémouille, ayant fait abjuration de l'hérésie de Calvin et profession de la foi catholique dans l'église cathédrale d'Angers, entre les mains de Messire Henri Arnauld, évêque de la dite ville, d'une manière qui donna sans doute autant de joie aux anges dans le ciel qu'elle en avoit causé aux bons catholiques sur la terre, vint à Notre-Dame du Puy pour en rendre les actions de grâce, reconnoissant qu'après Dieu il etoit redevable de sa conversion à la toute puissante intercession de la sainte Vierge, et, comme il aperçut en visitant le trésor de cette église, un calice magnifique que ses prédécesseurs, ducs de la Trémouille, seigneurs de Thouars, avoient donné au Puy pour y célébrer les divins mystères, au bas duquel calice sont les armes de sa maison en relief, il marqua un sensible plaisir de trouver une preuve si éloquente quoique muette de la vérité de la religion qu'il avoit embrassée.

Le 31° aoust, vers le cinquième siècle, fut trouvé le tombeau de la très sainte Vierge dans lequel sa ceinture et ses habits furent trouvés, son corps étant ressuscité. Cette ceinture fut envoyée à l'impératrice Pulchérie à Constantinople, par Juvénal, patriarche de Jérusalem, et les Grecs firent deux fêtes en son honneur, l'une le 31 août qui est le jour qu'elle fut trouvée, et l'autre sous le titre de la Déposition de la ceinture de Notre-Dame le 2 juillet, qui est le jour qu'elle fut reçue à Constantinople. Saint Germain, patriarche de cette ville, et Euthimius, ancien père grec, ont fait de beaux discours en l'honneur de cette fête, et ils rapportent quantité de miracles faits par l'attouchement de cette ceinture.

Les François ayant pris la ville de Constantinople, ce précieux trésor fut apporté par Nivelon, évêque de Soissons, et mis dans la célèbre abbaye de Notre-Dame de Soissons, avec une partie du voile de cette reine des cieux. (Nicephore, lib. 4 cap. 8.)

LIVRE VI

ÉGLISES PAROISSIALES

dédiées

A NOTRE-DAME EN ANJOU

NOTRE-DAME DE NANTILLY A SAUMUR.

I. — L'église plébaine de Notre-Dame de Nantilly, près Saumur, a été dédiée à Dieu sous l'invocation de la Sainte Vierge dans son assomption ; elle est très ancienne, et il n'est pas possible de dire dans quel siècle ni par qui elle a été bâtie. Il paroit que la nef a été faite avant le chœur; quelques uns croient, mais sans preuves, qu'elle servoit autrefois de temple aux druides; avant la venue de Notre-Seigneur; l'architecture de la voûte en anse de panier et les piliers qui la soutiennent est tout à fait extraordinaire; on prétend même qu'on en voit point de semblable en France, et les connaisseurs disent qu'elle a plus de 800 ans. Elle fut donnée à l'abbaye de Saint-Florent par Charles le Chauve.

Les religieux bénédictins de Saint-Florent en sont encore curés primitifs et prieurs, ce qui a fait de tout temps naître de grandes contestations entre le curé de Saumur et le prieur de Nantilly pour la préséance et les droits honorifiques. Saint-Pierre, Saint-Nicolas et Notre-Dame de Nantilly, sont trois églises où il n'y a qu'un seul curé, dont la première et la principale est Nantilly d'où les autres dépendent. Cependant le curé n'y fait pas sa résidence, mais proche de Saint-Pierre à cause qu'il est au milieu de la ville.

II. — La tradition du pays dit qu'elle est appelée de Nantilly parce que l'image de Notre-Dame qui y est révérée fut trouvée dans un champ semé de lentilles où on a depuis bâti cette église. En effet, elle se nomme dans les vieux titres de l'abbaye de Saint-Florent : *Ecclesia beatæ Mariæ de Lentilliaco*.

III. — Cette image de Notre-Dame qu'on prétend avoir été trouvée dans ce champ semé de lentilles est d'un bois comme d'ébène très noir; quelques-uns prétendent qu'elle est faite d'un cep de vigne; elle a près de deux pieds de hauteur et est placée au haut de la tribune du côté de la nef, où on a mis devant une lampe d'argent qu'on allume toutes les fêtes de Notre-Dame. Au-dessus de cette image est un tableau représentant l'Assomption, avec les apôtres et grande multitude de peuple qui en sont spectateurs, avec ces paroles au bas : *Deduc nos, o Domina, in portum salutis et fac ut scribantur nomina nostra in libro vitæ.*

IV. — L'histoire manuscrite de l'abbaye de Saint-Florent, composée par le P. Huynes, bénédictin, nous apprend qu'elle étoit déjà érigée en paroisse dès l'année 940, lorsqu'Absalon, moine de Saint-Florent-le-Vieil, dit le Mont de Glonne, rapporta le corps de saint Florent, de l'abbaye de Tournus, où il avoit été porté par les moines de Saint-Florent, vers l'année 905, pendant le ravage des Normands, et mit ce saint corps en un certain village situé *in parochia Beatæ Mariæ de Lentiniaco*, jadis donnée à Saint-Florent par les empereurs Charlemagne, Louis le Débonnaire et Charles le Chauve (1).

V. — Au côté droit de cette église de Nantilly, dans le cimetière, est une très ancienne chapelle souterraine dans laquelle on descend par un escalier qui est à côté du portail de l'église de Nantilly, où il y a apparence que les premiers chrétiens de Saumur s'assembloient dans les temps de persécution pour célébrer les divins mystères. Il y avoit trois caveaux enfoncés qui formoient une espèce de croisée. Dans celui du milieu étoit autrefois un autel où il n'y a pas longtemps qu'on disoit la messe. Elle ne sert présentement qu'à renfermer les ossements des morts qu'on y jette par un grand trou qui est à côté de la voûte à fleur de terre du cimetière.

VI. — En 1006, Jean II, pape, dans le dénombrement des

---

(1) Il y a une autre histoire de l'abbaye de Saint-Florent écrite en latin, plus ancienne que celle du P. Huynes, qui porte ces mots : « Absalon (c'est un moine de Saint-Florent), retournant de Saint-Philbert de Tournus, *vicum juxta Vigenam fluvium secutus, devenit tandem ad quoddam prædium ipsius Sancti Florentis, liberalitate regia antiquitus possessionibus attributum, quod in parochia Sanctæ Mariæ de Lentigniaco situm, barbaris cuncta vastantibus, colonisque quaqua versum fugientibus, in solitudinem redactum, instar eremi fuerat effectum.* » C'est le lieu où est présentement Notre-Dame des Ardilliers dont, il paraît, dépendait la paroisse de Nantilly (Ménage, *Histoire de Sablé*, page 231).

églises dépendantes de l'abbaye de Saint-Florent qu'il met sous la protection du Saint-Siège, fait mention de l'église de Notre-Dame de Nantilly, qui lui a été donnée par Charles le Chauve.

VII. — En 1189, Nicolas Gellant, évêque d'Angers, et quelques clercs, voulurent instituer des chanoines et ériger un chapitre en l'église de Notre-Dame de Nantilly et en obtinrent des bulles du pape Urbain III; mais l'abbé et les moines de Saint-Florent s'y opposèrent, remontrant au pape Clément III que les bulles d'érection de ce chapitre étoient subreptices n'étant fait aucune mention en icelles du prieur de Nantilly de qui elle dépendait; d'ailleurs que ce chapitre seroit préjudiciable aux droits de l'abbé et du prieur; sur quoi le pape révoqua les dites bulles et défendit, l'an II de son pontificat, à l'évêque d'Angers et autres, sous peine d'excommunication, de s'en servir, par autres bulles données à Peroue, le 17 février de la même année 1189.

VIII. — Louis XI, roi de France, qui avoit beaucoup de dévotion à cette église, et y alloit souvent faire ses dévotions quand il étoit à Saumur, voulut aussi fonder des chanoines à Nantilly; mais le prieur s'y étant opposé, il se contenta d'y faire bâtir cette grande et belle chapelle qui sert comme d'une aile à la grande église, au bas de laquelle on voit encore le lieu de son oratoire. Louis onzième, voyant qu'on n'avoit pas voulu accepter ses offres pour Saumur, fit sa fondation de chanoines à Notre-Dame-du-Puy, ainsi que nous l'avons dit ci-dessus.

IX. — En 1260, on enterra dans cette église, devant le grand autel, entre le chœur et le sanctuaire, Gilles, archevêque de Tyr, légat d'Urbain IV en France; son corps fut trouvé en 1614, avec tous les ornements d'un évêque, sa crosse, son anneau, son crâne tout entier avec un peu de chair et de cheveux; on en dressa un procès-verbal, et M. Bourneau en fit alors imprimer un petit écrit que j'ai entre les mains. Mais en 1699, on ouvrit encore son tombeau, Messire Michel Le Peletier, évêque d'Angers, faisant alors sa visite, à Saumur, et, outre ce que je viens de marquer ci-dessus, on trouva son épitaphe gravée sur une lame de plomb, en ces termes : *Hic jacet beatissimæ memoriæ Ægidius achiepiscopus Tyrensis; legatus in negotio crucis, obiit apud Dinan-*

tum in Alemannia, anno Domini *1266.* La croisade pour laquelle Urbain IV l'avoit envoyé solliciter une levée de deniers en France, étoit contre Mainfroy. Saint Louis fit alors assembler les évêques de son royaume, en 1263, et M. Pithou remarque, dans le traité qu'il a fait des libertés de l'église gallicane, que le clergé ne lui accorda pas ce secours *ex vi litteræ,* en vertu des bulles de sa légation, mais seulement par grâce. Ce Gilles de Tyr étoit de Saumur. Saint Louis étant venu dans cette ville pour faire son frère Alphonse chevalier dans une assemblée nombreuse de prélats et des grands de son royaume, goûta l'esprit et la vertu de ce Gilles, l'emmena avec lui dans son voyage de la Terre-Sainte, le fit garde des sceaux et ensuite archevêque de Tyr. Il demeura plusieurs années à Saumur, où il avoit une maison qu'il donna à l'hôpital; les affaires de l'église l'ayant appelé en Allemagne, il y mourut à Dinan très saintement, comme il avoit vécu; et, comme il avoit ordonné par son testament qu'on apportât son corps à Saumur, on l'enterra dans l'église de Nantilly. La réputation de sa bonne vie l'a toujours fait regarder comme un saint; le peuple qui est venu en foule à son tombeau l'a canonisé; on prétend même qu'il s'y est fait plusieurs miracles; les offrandes qu'y faisoient d'abord les fidèles étoient si abondantes qu'il y eut contestation entre le curé et le prieur de Saumur à qui les auroit. Nicolas Gellant, alors évêque d'Angers, favorisant le curé, l'affaire fut portée devant Clément III, et, selon la supplique que lui présentèrent l'abbé et les moines de Saint-Florent, le pape donna un bref daté de Viterbe, le premier jour de février, l'an second de son pontificat, par lequel Sa Sainteté remontre à l'évêque d'Angers qu'il ne doit pas prendre les offrandes qui sont faites dans l'église de Nantilly, pas même celles qui se faisoient au tombeau de Gilles, archevêque de Tyr, naguère décédé.

X. — La dévotion des peuples a toujours continué depuis, et ils viennent encore l'invoquer le premier jour de septembre, fête de saint Gilles, abbé; confondant ainsi, par une erreur grossière, ces deux saints et leur fête, à cause de la conformité du nom. Nous en parlerons ailleurs plus amplement.

XI. — Quelques-uns ont prétendu, mais sans fondement, que

ce fut dans l'église de Nantilly que se tint le concile qu'on appelle *Gentiliacum* qu'on devroit nommer, selon eux, *Concilium Nantiliacum*, qui fut assemblé par ordre de Pépin, roi d'Aquitaine, père de Charlemagne, en l'année 766, à l'occasion de quelques erreurs enseignées par les Grecs contre le mystère de la Sainte-Trinité et des images. Un Saumurois, trop attaché à la gloire de sa patrie (M. Bernard), en a même dressé une dissertation que j'ai, que l'on attribue à M. Le Prêtre de Saumur, savant arestographe ; mais elle est si remplie de fausses citations et de fausses raisons qu'elle ne fait ni honneur à l'auteur ni plaisir au lecteur.

XII. — La prétention de quelques autres, qui disent que Notre-Dame de Nantilly a été consacrée par le pape Calixte II, en 1120, lorsqu'il vint en Anjou et passa par Saumur pour aller dédier l'église de Notre-Dame de Fontevrault, n'est pas mieux fondée ; car notre histoire d'Anjou n'auroit pas manqué de parler de la dédicace de Notre-Dame de Nantilly, faite par ce pape, si elle avoit été véritable, ainsi qu'elle a marqué ce qu'il fit en Anjou des églises de Notre-Dame du Ronceray à Angers et celle de l'église de Saint-Maur-sur-Loire, et de celle de Fontevrault.

XIII. — Il est certain que l'église de Notre-Dame de Nantilly avoit au commencement un curé distingué de l'église de Saint-Pierre, et qu'en l'année 1233, Guillaume Le Maire, évêque d'Angers, pour terminer des procès qui étoient entre l'un et l'autre, unit, à la prière de l'abbé de Saint-Florent, ainsi qu'elles l'avoient été auparavant, l'église paroissiale de Notre-Dame de Nantilly à l'église paroissiale de Saint-Pierre ; l'acte tiré des registres de l'église de Saumur mérite d'être rapporté ici :

Transcriptum litteræ unionis ecclesiarum B. Petri Salmuri et Beatæ Mariæ ejusdem loci.

Guillelmus, Dei gratia Andegavensis episcopus, universis præsentes litteras inspecturis salutem in Domino, noveritis quod cum venerabilis vir magister decanus Andegavensis ecclesiam sancti Petri de Salmuro quæ capella curata est rectori Beatæ Mariæ de Salmuro resignasset nos ut tenemur æquitati favere et amputare contentiones et discordiæ materiam cupientes, et ad preces venerabilis abbatis Salmuriensis dictarum ecclesiarum patroni ecclesiam beati Petri ecclesiæ Beatæ Mariæ de Salmuro siculi autea fuerat duximus uniri, et magistro Roberto personæ jam dictæ ecclesiæ Beatæ Mariæ de Salmuro committendam et regendam, et ne super hoc possit in posterum dubitari præsentes litteras sigilli nostri munimine duximus roborandas. Actum anno Domini 1233, mense Maii.

XIV. — Il seroit à souhaiter que l'union du prieuré de Nantilly fut ainsi faite à la cure de Saumur; car par ce moyen on feroit cesser beaucoup de contestations qui durent entre le prieur et le curé depuis plusieurs siècles et qui ont causé beaucoup de scandale.

XV. — Le grand autel de cette église est magnifique et coûte dix-sept mille livres. La mort, la résurrection et l'assomption de la sainte Vierge dans le ciel y sont représentées par des figures très délicatement travaillées par le plus habile architecte de son temps, nommé La Barre, qui étoit du Mans.

XVI. — Il y a dans cette église des ornements précieux, une bannière en broderie d'or où le mystère de l'Assomption est représenté, qui coûte près de deux mille livres. L'Assomption de Notre-Dame est la principale fête; le Saint-Sacrement y est exposé et il y a prédication pendant toute l'octave.

XVII. — Il y a une très ancienne confrérie érigée en l'honneur de la Sainte Vierge montant au ciel, où tous les habitants de Saumur et même les peuples étrangers des autres royaumes, comme d'Angleterre, se faisoient autrefois enrôler; les statuts de cette confrérie qui ont été dressés l'an de grâce 1402, par Jean Marquis, Jean Toutain, Macé Le Maître et Jean Morin, lors procureurs de la dite confrérie, méritent d'être rapportés ici par extrait.

Ils portent entr'autres choses : 1° que les dits procureurs ont droit de présenter deux chapelles de la dite église, l'une de Notre-Dame des Vifs, l'autre de Notre-Dame des Morts, et que la collation en appartient au curé de Saumur; 2° que la chapelle de Notre-Dame des Morts doit une messe solennelle de *Requiem* le lendemain de la mi-août pour les frères et sœurs défunts, et une autre messe solennelle le lendemain de l'enterrement de chacun d'eux ; 3° que le prieur, le curé et tous les prêtres habitués sont obligés d'assister aux premières vêpres, matines, grande messe et secondes vêpres de la fête de l'Assomption ; 4° que les procureurs sont obligés de fournir douze grands cierges pour brûler pendant tout l'office ; 5° que ce jour-là les bâtonniers sont obligés de donner à dîner, après la grande messe, à tous les prêtres, à tous les confrères et sœurs de la dite confrérie, et le détail de ce qu'ils doivent avoir est spécifié. Ce repas se faisoit autrefois dans une grande salle qui étoit dans une maison appartenant à la confrérie, qui a été donnée aux recollets pour bâtir leur couvent et qui, en récompense, sont obligés de fournir tous les ans gratuitement un prédicateur pour prêcher l'octave de la fête de l'Assomption à Nantilly. Ces repas qui se faisoient avec beaucoup de dépenses et de désordres ont été sagement retranchés depuis quelques années ; 6° que les procureurs, avant la fête de Notre-Dame, feroient faire cent morceaux de plomb pour les donner à 94 des plus pauvres familles de Saumur et les 6 autres au prieur de l'aumônerie, pour aider à faire subsister six pauvres de la dite aumônerie, auxquels cent pauvres qui se présenteroient avec ces morceaux de plomb comme une marque distinctive pour les connoître, on distribuoit à chacun une pièce de chair, un pain brun de deux deniers tournois et un denier tournois en argent, pour l'amour de Dieu, et pour les engager à prier Dieu pour les confrères de la dite confrérie vifs et morts. Il y avoit aussi de bas officiers de la dite confrérie qui avoient soin de faire fournir et cuire la viande nécessaire à ce grand repas, faire arranger les tables, les sièges, fournir tous les ustensiles et les nettoyer, et généralement tout ce qui étoit nécessaire pour procurer le bon ordre et empêcher la confusion qui n'est que trop ordinaire dans ces sortes d'assemblées. Ces espèces d'agapes ont duré quatre ou cinq siècles ; on n'en peut trouver l'origine.

Paul V accorda indulgence plénière à ceux qui s'enrôleroient dans cette confrérie, le jour de leur entrée et de leur mort et le jour de la fête de l'Assomption ; la bulle de ces indulgences est datée du 13 février 1610.

XVIII. — Il ne faut pas omettre ici de parler d'une cérémonie très particulière qui se pratiquoit en faveur des habitants de Saumur qui s'étoient enrôlés dans cette confrérie, et qui marque la grande dévotion qu'avoient alors les peuples de cette ville à la très digne Mère de Dieu; c'est qu'il y avoit une enseigne ou un étendard de la confrérie au haut duquel étoit placée une petite image de Notre-Dame, de vermeil doré, tenant Notre-Seigneur entre ses bras, avec cette inscription latine au bas: *Mater Dei memento mei*, et deux petits chandeliers attachés au côté où l'on mettoit des cierges, et tous les ans, le jour de la fête de l'Assomption de Notre-Dame, on portoit processionnellement cette image le long des rues de Saumur, chez ceux des confrères qui la demandoient, et on la laissoit un an tout entier dans leur maison, et cette image étoit regardée, de ceux qui la recevoient avec respect, comme une source de bénédictions pour leur famille et comme l'arche dans la maison de D'obededom ; il y avoit si grand nombre de personnes qui la demandoient, qu'on ne pouvoit souvent l'obtenir que plus de dix ans après, et en la rendant au bout de l'année on faisoit quelques petits présents pour orner l'église et la dite image. Il n'y a pas vingt ans que cette cérémonie s'observoit encore.

Avant que l'église de Notre-Dame des Ardiliers fut bâtie, il y avoit aussi grand concours de peuple en l'église de Nantilly qu'il y en a eût depuis en celle des Ardiliers; on y venoit de toutes parts invoquer la très digne Mère de Dieu.

XIX. — On voit dans cette église une épitaphe assez curieuse, sur le tombeau de la nourrice de Marie d'Anjou, reine de France, épouse de Charles VII, laquelle nourrice y fut enterrée par l'ordre de René, duc d'Anjou, frère de Marie d'Anjou, dont voici les paroles en vieux gaulois :

ÉPITAPHE DE LA NOURRICE THIEPHAINE LAMAGINE

Cy gist la nourrice Thiephaine
Lamagine, qui à grand peine
A nourri de lait en enfance,
Marie d'Anjou, reine de France,

Et après son frère René
Duc d'Anjou et depuis nommé
Comme encore est roy de Sicile
Qui a voulu en cette ville
Pour grand amour de nourriture
Faire faire la sépulture
De la nourrice dessus ditte
Qu'à Dieu rendit l'âme quitte
Pour avoir grâce, et tout déduit
Mil quatre cent cinquante et huit,
Au mois de mars huitième jour.
Je vous prie tous par bon amour
Afin qu'elle ait un peu du vôtre
Donnez luy une patenostre.

XX. — Il y a dans cette église de Notre-Dame de Nantilly dix-huit chapelains ou prêtres habitués, à qui feu messire Henri Arnauld, évêque d'Angers, a permis de porter l'aumusse; ainsi ils composent ensemble une espèce d'église collégiale.

XXI. — En l'année 1616, les chapelains de Nantilly s'opposèrent à ce que les lettres-patentes du roi données pour l'introduction des prêtres de l'Oratoire, en la chapelle de Notre-Dame des Ardiliers, fussent enregistrées, disant que, les fondations qui y avoient été faites et reçues par eux devoient aussi être acquittées par eux dans la dite chapelle. Par un arrest du 20 octobre 1617, il fut dit que les chapelains seroient déboutés de leur opposition, et que les services fondés en la chapelle de Notre-Dame des Ardiliers seroient, avec la permission de l'évêque, transférés en l'église de Nantilly, excepté la fondation faite par la défunte reine Louise de Lorraine, douairière de France, en date du 23 novembre 1596, de deux messes, les fêtes de l'Assomption et l'Annonciation, et un *Salve Regina*, tous les jours de l'année, et d'une messe tous les ans le jour Saint-Louis pour le repos de l'âme de Henri III, qui seroient acquittées par les prêtres de l'Oratoire en la chapelle des Ardiliers, et qu'au cas que les fondateurs voulussent inquiéter les dits chapelains sur le changement d'église, les dits chapelains pourroient aller les acquitter en la chapelle des Ardiliers, sans que les prêtres de l'Oratoire pussent les en empêcher; que le curé et les chapelains iroient faire l'office de la dédicace de la chapelle de Notre-Dame et y dire les premières vêpres et la grande messe tous les ans et pourront aller quatre fois l'an processionnellement dans la chapelle des Ardiliers, en avertissant deux jours auparavant les prêtres de l'Oratoire, lesquels ils précéderont en toutes processions ou actions publiques sans que pourtant les prêtres de l'Oratoire soient obligés de s'y trouver, et qu'au cas que les prêtres de l'Oratoire vinssent à quitter les Ardiliers, le curé de Saumur et ses chapelains rentreront dans tous les droits qu'ils y avoient auparavant, etc.

Dans l'église de Nantilly il y a des reliques de la Vraie Croix dans un reliquaire en forme de †; couvert d'une lame d'or, et une relique de saint Jean-Baptiste, enchâssée sous une pierre précieuse dans un bassin d'argent.

NOTRE-DAME DE DOUÉ

L'église paroissiale de Notre-Dame de Doué est dans le diocèse de Poitiers pour le spirituel, mais dans l'Anjou pour le temporel, parce qu'elle est située dans un faubourg de la ville de Doué en Anjou, et c'est pourquoi nous la mettons au rang des églises de notre province dédiées à Notre-Dame. Elle est très ancienne; la fondation en fût faite sur la fin du cinquième ou au commencement du sixième siècle, par Guillaume Rufanus, chevalier, qui s'étoit signalé dans les armées du roi. Voici comme elle commence: *Ego cognomine Rufanus vir illustris militaris habitus;* elle porte entr'autres choses que le fondateur alla trouver l'abbé de Glannefoil, autrement de Saint-Maur, peu de temps après le décès de ce grand saint, qui mourut vers l'annnée 590, étant venu en Anjou vers l'année 543 et y ayant vécu 45 ans depuis qu'il eut apporté la règle de Saint-Benoist en France, *adiens monasterium beati Mauri unde ipse nuper ad Dominum e corpore feliciter migravit;* qu'il fit assembler la communauté composée de Vetran, qui en étoit abbé, de Ramaldus, prieur, de Thomas et Dodonias, et de Pierre, secrétaire, et tous les religieux du dit monastère ses amis, et qu'étant effrayé de la grandeur de ses crimes, *commissorum meorum perterritus nequitiæ multæ,* mais pourtant touché de l'amour et de la bonté de Dieu qui veut pardonner aux pécheurs, *imo etiam Dei amore corde tactus,* il leur avoit donné une chapelle fondée proche le chateau de Doué dans l'évêché de Poitiers, en l'honneur de la Très Sainte Vierge pour le salut de son âme et de ses parents, *pro salute animæ meæ et parentum meorum dedi loco illi capellam in honorem Sanctæ Mariæ sacratam prope Doadum castrum in episcopatu Pictaviensi sitam,* avec toutes les terres et places et deux roches adjacentes à cette chapelle, pour y faire une demeure commode aux religieux de Saint-Maur qui devoient s'y établir, *cum area eidem ecclesiæ adhærenti ad mansiones monachorum ibi Deo servituorum constituendas cum duobus rochis capiti ejusdem capellæ contiguis*, et il donna le droit d'indemnité à tous ceux qui voudroient faire des dons à ce monastère dans l'étendue de son fief, et il la donna quitte de tous cens, rentes et devoirs, et il ordonna à ses héritiers de ratifier ce don sous peine de la malédiction de Dieu et de la damnation éternelle, et, afin qu'il fut plus incontestable, il le fit ratifier et signer par ceux de qui il tenait cette chapelle en fief, surtout par Ancher, seigneur de Doué. *Et ut hæc mea donatio per succedentia tempora inviolabilis permaneret manibus dominorum meorum de quibus prædictam capellam tenebam hanc cartham tradidi corroborari.* Par cet acte, il paroit que cette chapelle étoit déjà bâtie en l'honneur de la Sainte-Vierge lorsque ce Guillelmus Rufanus y appela les religieux de Saint-Maur, et qu'elle étoit beaucoup plus ancienne. Par cet acte, il paroit que la présentation de cette cure appartient à l'abbé de Saint-Maur et que les religieux y ont demeuré.

NOTRE-DAME DES ROSIERS.

Au mois d'avril 1259, Michel Loyseau, évêque d'Angers, considérant que plusieurs personnes, excitées par le mouvement d'une grande piété, avoient assigné aux chanoines de l'église d'Angers des revenus fixes pour distribuer tous les jours le pain de chapitre au doyen et aux chanoines résidents qui y faisoient l'office, et que cette fondation avoit depuis plusieurs années beaucoup augmenté le culte divin dans l'église cathédrale d'Angers, mais que ces revenus, quoique modiques et non suffisants, n'ayant pas été payés avec exactitude, la plupart même ayant été perdus, la distribution de ce pain de chapitre ne se faisoit plus chaque jour, *dicti panis distributio defecesset penitus in eadem ecclesia*, d'où la diminution du service devoit s'en suivre, et ne voulant pas souffrir que sous son pontificat le service divin cessât, sous quelque prétexte que ce fut, mais voulant au contraire l'augmenter, étant touché de compassion des pertes et des incommodités qu'avoit souffertes sa cathédrale, et voulant y remédier de sa part autant qu'il lui étoit possible, pour l'honneur de Dieu et de la glorieuse Vierge Marie, et des glorieux confesseurs saint Maurice et ses compagnons, et de saint Maurille, et de saint René, en l'honneur desquels la cathédrale est dédiée et fondée, il avoit donné aux doyen et chanoines y résidant, pour la distribution du pain de chapitre chaque jour, toutes les dixmes et novalles (1) de Vallée et de Bellepoule qui lui appartenoient, tant présentes qu'à venir, et même toutes celles qui de toute antiquité lui appartenoient, et non à d'autres églises dans son diocèse, et qui n'étoient point dans les limites d'aucune paroisses : *Quæ antiquo non fuerint*

---

(1) Dîmes qui se levoient sur les terres nouvellement défrichées. (A. L.)

aliis ecclesiis specialiter assignatæ nec intra certam metam alicujus parochiæ constitutæ. Et ces dixmes que l'évêque d'Angers percevoit ainsi étoient dans la Vallée, dans le lieu où est présentement la paroisse des Roziers, qui n'étoit pas encore érigée. C'est pourquoi, l'année suivante, au mois de juillet 1260, le même Michel Loyseau, évêque d'Angers, fit un autre acte en forme de décret pour l'érection de la paroisse de Notre-Dame des Rosiers, par lequel il dit que, considérant qu'il y avoit grand nombre d'habitants et de personnes qui demeuroient en Vallée sans avoir de paroisse fixe ni déterminée, mais qui étoient comme des brebis errantes et vagabondes sans pasteur : *quasi oves errantes et sine pastore vagantes ;* désirant pourvoir à leur salut et les mettre sous la conduite d'un curé, il donna le pouvoir au doyen et au chapitre d'Angers de bâtir une église ou chapelle paroissiale dans le lieu de Vallée qu'ils jugeroient le plus propre, dans laquelle église les habitans de Vallée iroient assister aux divins offices et recevoir les sacrements ; et parce que la plupart de ceux qui demeuroient dans ces lieux de Vallée et de Bellepoule, et le long et tout proche la levée, alloient de toute ancienneté dans les paroisses de Gennes, de Saint-Eusèbe, de Besse, du Thoureil, Richebourg ou des Sept-Voyes et de Saint-Maur-sur-Loire recevoir les sacrements, ce qu'ils ne pouvoient faire, tant en hyver qu'en été, qu'avec de très-grandes incommoditez, à cause des débordements de la rivière de Loire qui les empeschoit souvent de pouvoir passer, ce qui étoit cause quelquefois que des enfants mouroient sans baptême et des malades sans confession, ce prélat ordonna que les habitans de ces cantons-là recevroient à l'avenir les sacrements dans l'église qu'on feroit bâtir, comme en étant désormais les véritables paroissiens, et, afin que les églises matrices dont nous venons de parler ne reçussent aucun préjudice ni dommage de l'érection de cette nouvelle paroisse, il ordonna, du consentement des doyen et chapitre, qu'on dédommageroit les curés de Saint-Eusèbe, de Gennes, etc., en leur donnant quelque récompense convenable.

En vertu de ce décret, les chanoines firent bâtir l'église de Notre-Dame des Rosiers et l'érigèrent en paroisse, et la tradition du pays est que ce fut dans un lieu où l'on avoit trouvé une image de Notre-Dame dans des rosiers qui étoient fleuris en tous tems, d'où l'église a été depuis appelée Notre-Dame des Rosiers, ou bien peut-être, et assez vraisemblable, pour honorer cette qualité que l'église lui donne de Rose mystique, en sorte qu'on peut bien appliquer à l'église de Notre-Dame des Rosiers ce passage du cantique : *Circumdabunt eam flores rosarum et lilia convallium*, que les lys et les roses des vallées l'entouroient de toutes parts. En effet, on voit encore assez souvent des rosiers autour de cette église.

C'est de là que la présentation de la cure des Rosiers appartient au chapitre d'Angers, à la nomination du théologal.

En l'année 1268, le jour de la fête de saint Maurice, Nicolas Gellant, évêque d'Angers, fit un autre décret dans lequel, énonçant tout du long celui de Michel Loyseau, dont nous venons de parler, et dans les mêmes termes, si ce n'est qu'il n'ajoute que Michel Loyseau obligea son chapitre de donner la portion congruë au vicaire qu'il y mettroit et que ce vicaire seroit entièrement soumis à l'évêque, à l'archidiacre et à l'archiprêtre du lieu, comme les autres curés du diocèse, excepté pour la charge de procuration, il dit qu'étant survenu un grand différend entre le doyen et le chapitre d'Angers d'une part, et frère Gervais, prieur de Saint-Eusèbe de Gennes, de l'autre, et Guillaume de la Couture, curé de Saint-Eusèbe de Gennes, procureur de l'abbé de Saint-Pierre de la Couture du Mans, au sujet de certaines prémices et oblations que le prieur de Saint-Eusèbe prétendoit lui être dues par les habitans de Vallée, les partis ayant renvoyé jugement de cette affaire par compromis à messire Nicolas Gellant, évêque d'Angers, il ordonna que, pour le dédommager, le vicaire de Sainte-Marie payeroit tous les ans, à la fête de l'Assomption, au prieur de Saint-Eusèbe et à ses successeurs, la somme de quatorze sols tournois, *quatuordecim solidos monetæ Turonensis per manum vicarii ecclesiæ beatæ Mariæ de Valleia solvendos annis singulis in crastino festi Assumptionis beatæ Mariæ Virginis priori Sancti Eusebii in recompensationem primitiarum et oblationum prædictarum et aliarum rerum quas dictus prior consueverat percipere ab hominibus mansionariis dictæ* ....., moyennant laquelle somme de quatorze sols, les dits décimes, prémices et oblations demeureroient au dit chapitre et doyen d'Angers, excepté pourtant les anciens décimes et les lits des gentilshommes et de leurs femmes qui viendroient à décéder dans la paroisse des Rosiers, que le prieur de Saint-Eusèbe prendroit suivant la contume *Exceptis tamen antiquis decimis et lectis nobilium virorum et eorum uxorum decedentium quod dictus prior percipiet et habebit prout antea consuevit percipere et habere.*

LIVRE VII

PRIEURÉS CONVENTUELS

unis

A NOTRE-DAME EN ANJOU

NOTRE-DAME DE SARIGNÉ.

Nous apprenons, par l'acte de la fondation de cette paroisse, reçue par Hugues Odard, évêque d'Angers, le   mars de l'année 1320 : 1° que l'église paroissiale de Sarigné n'étoit dans son commencement qu'une petite chapelle fondée de trois messes par semaine, par Guy de Daon, du consentement de l'abbé de la Boissière, dans le fief et féodalité duquel elle étoit ; 2° que le chapelain étoit tenu d'y résider ; 3° qu'il y avoit vingt-six feux ou vingt-six maisons bâties autour de cette chapelle, apparemment à cause de la dévotion qu'on y avoit à Notre-Dame, ce qui faisoit environ soixante ou quatre-vingts personnes ; 4° que cette chapelle et ceux qui demeuroient autour reconnoissoient pour pasteur le curé de Bauné et l'archiprêtre d'Andard ; 5° que l'abbé de la Boissière et ces deux curez en étoient présentateurs en commun. L'éloignement de ces paroisses du lieu de leur résidence causant aux habitans beaucoup d'incommodités pour aller aux offices divins pour y recevoir les sacrements et même pour y porter les corps morts, on pria le seigneur évêque d'ériger cette chapelle en cure et même de l'y unir, parce que ces curés et leurs églises eussent été trop vexés de gager en commun un prêtre résident pour leur administrer les sacrements ; 6° que Geoffroy de Vernoil, *Ganfridus de Vernolio*, prêtre, qui étoit alors titulaire de cette chapelle, s'en démit entre les mains de l'évêque, aux fins de l'union et de l'ériger en paroisse, ce qui fut fait par Hugues Odard, évêque d'Angers, du consentement et en présence de l'abbé de la Boissière, de l'archiprêtre d'Andard et du curé de Bauné, auxquels il conserva le droit de présentation de la dite cure comme ils l'avoient déjà de la chapelle, changeant cependant la présentation de commune en alternative, à cause des différends qui naissoient de la communauté et causoient tous les jours beaucoup de procès. Les paroissiens donnèrent un morceau de terre assez spacieux pour faire un cimetière ; et, pour conserver les droits de l'archiprêtre d'Andard, l'évêque obligea le curé de Sarigné de lui payer quatre sols toutes les fois qu'il y feroit sa visite, et il céda au dit curé de Sarigné les droits qu'il avoit d'y percevoir les dixmes et les novalles (1) aussi bien que le curé de Bauné, et, afin que le dit Geoffroy de Vernoil, ancien chapelain, ne souffrit pas tant de dommage de cette union, l'évêque ordonna que le nouveau curé lui payeroit, sa vie durant, une pension de cent sols et le plein d'un quart de pipe de vin dont il lui fourniroit le tonneau ; que le curé seroit tenu de dire dans la suite au moins quatre ou cinq messes par semaine et chanter matines et vêpres les festes et les dimanches, comme on faisoit dans les autres paroisses.

---

(1) Voyez la note de la page 305.

NOTRE-DAME DE CUNAULT.

Cunault, en latin *Cunaldus*, est un prieuré conventuel situé sur la rivière de Loyre, de l'autre côté de la levée, à 7 lieues d'Angers et à 3 lieues de Saumur, de l'ordre de Saint-Benoist, présentement possédé en commende, qui vaut cinq à six mille livres de rente, bien bâti, bien logé, dont les jardins en terrasse ont le plus bel aspect du monde. L'abbé de Tournus en Bourgogne le présente. Nos annalistes prétendent qu'il a été fondé par Dagobert, roi de France, vers l'année 630, en l'honneur de la Très Sainte Vierge, à laquelle il avait beaucoup de dévotion : ils disent même que ce prince y venoit passer quelque tems comme dans une de ses maisons de plaisance. On y voit encore, dit-on, son château, et le prieur en donne le gouvernement à qui bon lui semble, avec des appointements. Ce qu'il y a de particulier, c'est que ce château est situé au-dessus du toit de l'église, immédiatement sur le grand autel, par-dessus la voûte, en forme de forteresse, avec une tour qui servoit apparemment, en tems de guerre, à poster des sentinelles et à découvrir les ennemis. Il y a plusieurs chambres et divers appartemens avec des peintures antiques ; on y entre par un escalier qui est dans l'église, et, hors l'église, par un pont-levis qui étoit autrefois dans la maison d'un des religieux.

Si Dagobert est fondateur du chapitre de Saint-Denis de Doué, en Anjou, ainsi que nos annalistes nous en assurent, il l'est aussi du prieuré de Cunault, car il a donné au prieur la présentation des huit prébendes de Saint-Denis de Doué et l'a fait doyen de ce chapitre. Autrefois le dit chapitre, en reconnoissance de la supériorité qu'avoit le prieur sur leur église, étoit obligé de députer deux chanoines à Cunault toutes les fêtes de Notre-Dame pour y aider à chanter l'office, et deux religieux alloient certains jours officier à Saint-Denis de Doué, ainsi que nous dirons ci-après. Quoiqu'il en soit, le prieuré relève immédiatement du roi, auquel le prieur reporte toutes ces terres et lui rend par aveu le droit et l'obligation qu'il a de fournir un bateau à Sa Majesté, toutes les fois qu'elle descend par la rivière de Loyre, depuis Saumur jusqu'au Ponts-de-Cé, et en retournant depuis le Pont-de-Cé jusqu'au port de Cunault, avec douze gendarmes pour la tuition de sa personne : c'est le terme.

L'église dédiée à Notre-Dame est grande, solide et magnifique, et on voit bien qu'elle ne peut être l'ouvrage que d'un souverain, et il y a beaucoup de cathédrales en France qui ne sont pas si belles. L'étymologie de ce mot Cunault vient, à ce qu'on prétend, de *Cuna, Cunarum*, berceau, parce qu'on y révère la Sainte Vierge dans ses couches, allaitant l'Enfant-Dieu dans le berceau; aussi garde-t-on dans cette église une relique précieuse du lait de la Sainte Vierge, dans une petite fiole de cristal de roche; les nourrices et les mères sèches, qui n'ont point de lait, et celles qui en ont de trop, viennent invoquer la Sainte Vierge, pour le leur faire venir ou pour le faire régler; elles en reçoivent des secours merveilleux. On y venoit autrefois de toute part, et souvent plus de trente curés y conduisoient processionnellement les peuples les jours des festes dédiées à Notre-Dame ; aussi voit-on encore trois piscines dans l'église, preuve qu'on y célébroit grand nombre de messes. Il y a deux rangs de piliers, treize de chaque côté, qui soutiennent la voûte qui est très exhaussée et d'une très ancienne architecture ; la voûte du bas de la nef est différente de celle du chœur. Cette église est presque aussi grande que celle de l'abbaye de Saint-Aubin d'Angers.

Il y a quatre images de Notre-Dame dans cette église ; la première, qui est très ancienne, est sur le grand portail de l'église en dehors; elle est assise dans un trône, tient l'Enfant-Dieu sur ses genoux et a une couronne sur la tête; deux anges sont à côté qui encensent le fils et la mère; la seconde, qui est aussi très ancienne, étoit autrefois sur le grand autel; mais M. l'abbé Vantelet, qui est présentement prieur, l'ayant fait rebâtir tout à neuf il y a quelques années, et qui est très beau, il y fit mettre une image de Notre-Dame, toute neuve et bien travaillée. Les peuples n'y ayant pas de dévotion s'en plaignirent, en sorte que pour les contenter on plaça cette vieille figure dans la nef à un pilier. La troisième est au grand autel; la quatrième est attachée à un pilier, proche le grand autel, à main gauche, où est le reliquaire où sont enfermés l'anneau et le lait de la Très Sainte Vierge.

Il y a trois reliques considérables dans cette église; la première est un anneau de la Sainte Vierge, avec lequel on croit qu'elle épousa saint Joseph, quoique bien des églises du monde se vantent de posséder un si précieux trésor; il est d'or pur et si grand qu'on le peut mettre au pouce; la pierre qui y est enchâssée est une améthiste bleue, très-fine; autour de cette bague, par le dedans, sont gravées ces quatre lettres de la manière qui suit : A. G. L. A.; il est difficile de dire ce qu'elles signifient, si ce n'est qu'on veuille dire que quelque dame de qualité, nommée Agla, comme celle qui assista saint Sébastien en sa prison, nommée Aglaé, à qui cette sainte relique appartenoit, en a fait présent à Notre-Dame de Cunault, après y avoir fait graver son nom. Peut-être aussi veulent-elles exprimer ces quatre mots dont elles sont les lettres initiales : *Angelus Gabriel locutus. Ave*, ou bien ce distique : *Ancillam Gabriel laetificavit. Ave*.

La seconde est du lait de la Sainte Vierge, dans une petite fiole de cristal de roche, enchâssée dans de l'argent, au travers de laquelle il paroit qu'il y a une autre petite fiole renfermée qui contient ce lait.

La troisième relique est le corps de saint Maxentiol, renfermée dans une châsse de bois de cèdre, attachée au haut d'un pilier de l'église de Cunault, proche le grand autel, entre le sanctuaire et le chœur. Il y a plus de huit cents ans que ce corps saint est révéré dans cette église, car Vivien, dans l'acte de la donation qu'il fit de Cunaut aux religieux de Saint-Philbert, en 844, dit : *Monasteriolum scilicet quod vocatur Cunaldus ubi B. confessor Maxentiolus corpore requiescit*. On ne sait point quel étoit ce saint, ni en quel siècle il vivoit; les peintres dans les tableaux et les sculpteurs dans les statues le font prêtre séculier; il y a plus d'apparence que c'étoit un religieux de l'ordre de Saint-Benoist qui s'est sanctifié dans ce monastère ; peut-être que c'étoit aussi quelque disciple de Saint-Maur dont l'abbaye n'est éloigné que de deux lieues de Cunault. On en fait la feste à Cunault le 17 décembre. Deux églises paroissiales, Cunault et Saulgé-l'Hôpital, le reconnoissent pour patron.

Dans les grandes sécheresses, on est souvent venu invoquer ce saint à Cunault ; on descendoit la châsse ; le clergé des paroisses voisines s'assembloit et on la portoit processionnellement avec beaucoup de solennité, pour obtenir de la pluie. Les huguenots qui, en 1562, pillèrent et ravagèrent toutes les églises le long de la rivière de Loyre, entrèrent dans celle de Cunault, prirent la châsse de saint Maxentiol, la jetèrent dans la rivière de Loyre, après lui avoir donné un coup de hache pour la rompre, dont on voit encore la marque ; elle descendit en flottant sur l'eau jusques au village de Trèves ; les religieux de Cunault furent la quérir processionnellement et la rapportèrent avec beaucoup de solennité dans l'église de Cunault.

Le prieur de Cunault a de très beaux droits, car, outre les huit prébendes du chapitre de Doué qu'il présente, dont deux ont été supprimées, il présente encore en Anjou sept cures, savoir : Louerre, dont il est le seigneur temporel et spirituel, Saulgé-l'Hôpital, Cunault, Grezillé, Luigné, Forges, Millé.

Plusieurs événemens singuliers sont arrivés au prieuré de Cunault, dont voici l'histoire tirée des actes originaux.

Le P. Chifflet, jésuite, dans l'histoire qu'il a fait de l'abbaye de Tournus, rapporte trois actes qui concernent le prieuré de Cunault.

Le premier est de Charles-le-Chauve, de l'an 844, par lequel il est dit que cet empereur, voulant gratifier Vivien, comte d'Anjou, de plusieurs terres et seigneuries qu'il possédoit en Anjou, lui donna le monastère de Cunault où le corps de saint Maxentiol repose, avec toutes ces dépendances : *Concedimus eidem fideli nostro Viviano ad proprium quisdum res juris nostri sitas in pago Andegavensi super fluvium Ligeris monasteriolum quod vocatur Cunaldus, ubi sanctus Maxentiolus corpore requiescit, et* il dit qu'il le lui donne tellement en propre qu'il lui permet de le vendre, de le changer et même de le laisser à ses héritiers. Cette donation est datée de la sixième année du règne de Charles-le-Chauve. Mais il paroît, par un second acte de la même année 844, que le comte Vivien fit un meilleur usage du monastère de Cunault; car considérant la grandeur de ses péchés *morem peccaminum meorum*, considérant et se confiant en la miséricorde de Dieu *et de pietate Domini confidens*, il donne le dit monastère de Cunault, où le corps de saint Maxentiol repose, avec toutes ses dépendances, à la congrégation de Saint-Philbert et à l'abbé Hilbaldus qui y préside, pour leur servir de lieu de retraite et d'asile dans la persécution que ces religieux ont soufferte de la part des Normands et des Bretons qui les ont chassés de leurs propres demeures : *Venerabilis gregi cur domus Hilbodus abbas præesse videtur sub protectione beati confessoris Filiberti regulari ordine strenue Domino famulanti ad confugium et substantiationem, etc., quia barbarica insultatione Normanorum scilicet et Britannorum crebris atque improvisis incursionibus propriis pelluntur e sedibus.* Cet acte fut passé à Tours et fait en présence de Raynaud, abbé de Marmoutier, qui y a souscrit par le commandement de Charles-le-Chauve, duquel il est dit le que le comte Vivien étoit cousin-germain.

Par un troisième acte, Charles-le-Chauve ratifia la donation que le comte Vivien avoit faite du monastère de Cunault à la congrégation de Saint-Philbert dont Hilbodus étoit abbé, pour y faire venir demeurer ses moines et les mettre à couvert des incursions des barbares, *ad habitationem monachorum propter persecutionem barbaricam*. Il paroît, par l'acte qu'il leur en donna, qu'il n'y avoit pas de monastère bâti, ou du moins qu'ils en vouloient bâtir un plus commode, car le titre porte que Hilbodus, abbé, et ses religieux, lui demandèrent permission de bâtir à Cunault un petit monastère où ils pussent vivre en assurance : *Ubi auxilio Dei monasteriolum ædificare possint et securius commorari, et liberius Domino famulari*. Et pour augmenter le don que leur avoit fait Vivien, Charles-le-Chauve leur donna trois ou quatre villages avec leurs églises et toutes les choses qui en dépendoient, savoir : *Douadum*, *Vertiniacum*, *Ledrum villam*, *Abordum villam cum ecclesiis et eorum cœteris appenditiis* insuper etiam *fontanas villam illis reddimus quam Freculfus episcopus tenebat*. Il y a apparence que toutes ces églises sont les mêmes dont nous avons parlé ci-dessus et qui ont changé de nom et qui sont en la présentation du prieur de Cunault.

En conséquence de cette donation, les moines de Tournus dépendant de la congrégation de Saint-Philbert, transportèrent le corps de leur saint patron à Cunault pour le dérober à la fureur des barbares et le mirent à l'autel qui lui fut dédié et que l'on voit encore derrière le grand autel. Il s'y fit quantité de miracles, et les peuples y viennent encore invoquer ce saint. Et les peuples prenant la figure d'un abbé, enterré dans cette chapelle, pour l'image de saint Philbert, l'ont toute défigurée à force d'en couper de petits morceaux pour en avoir des reliques. Ce saint corps fut à Cunault depuis l'année 857, jusques en l'année 863 qu'on le transporta encore à Messiac ; c'est apparemment la raison pour laquelle il y a plusieurs églises en Anjou dédiées à saint Philbert. L'auteur de la Chronique de Tournus dit que ces saints moines, se trouvant en danger évident de leur vie et n'ayant aucun lieu assuré pour se cacher, emportoient partout le corps de saint Philbert avec eux, et ils chantoient ses louanges partout où ils le mettoient : *Corpus beati Filiberti in proprio derelictum erat solo quia malis ubique grassantibus nullum certum obtinere poteramus securitis locum, sed cum nullum alicubi vel aliunde præberetur refugium non ferentes quin nobiscum quaqua versum circum ferretur sanctissimum corpus de ipsis propre Normannorum manibus rapitur potius cleptim quam transfertur festivis cum laudibus atque in memorato qui Cunaldus dicitur collocatur loco.*

Les Normands ayant ravagé tout l'Anjou, les moines de Cunault portèrent aussi à leur tour les reliques de saint Maxentiol en l'abbaye de Tournus pour les préserver des mains des barbares, ainsi que firent les moines de Saint-Florent, celles de leur saint patron en 905.

Il y a eu pendant plus de cent ans de grands différends entre l'abbé de Tournus, le prieur de Cunault et les chanoines de Saint-Denis de Doué. Ulger, évêque d'Angers, sembla les avoir terminés par une transaction qu'il leur fit faire le 3ᵉ des calendes de juin de l'an 1129, l'an IVᵉ de son pontificat, portant : 1° que les dits chanoines de Saint-Denis de Doué reconnaîtroient que la présentation des prébendes de leur église appartenoit à l'abbé de Tournus, nommé Théotard, et à ses successeurs, néanmoins sans préjudice du droit que pouvoit avoir l'église cathédrale d'Angers, *salvo jure Andegavensis Mariæ ecclesiæ.* En sorte qu'une des prébendes venant à vaquer par la mort d'un chanoine ou autrement, il appartenoit à l'abbé de Tournus, par la concession du chapitre de Cunault, d'en mettre un autre en sa place, avec obligation pourtant de se présenter à l'évêque d'Angers, à l'archidiacre et à l'archiprêtre avant que d'en prendre possession ; 2° que le nombre des huit chanoines seroit réduit à six et que le revenu des deux prébendes iroit au profit de l'abbé de Tournus ; 3° que la première fois que le dit abbé feroit sa visite après sa consécration à l'église de Saint-Denis de Doué, ou en revenant de Rome, les dits chanoines le recevroient processionnellement ; 4° que tous les ans deux chanoines de Doué iroient à Cunault pour y solenniser la fête de l'Annonciation de Notre-Dame, avec les religieux ; 5° qu'une fois l'an ils y viendroient à Notre-Dame de Cunault, en procession, de la manière la plus solennelle qu'il se pourroit ; 6° qu'ils payeroient les vingts sols de monnoye d'Anjou qu'ils devoient à l'église d'Angers pour l'église de Saint-Denis de Doué, à la Nativité de Notre-Dame ; qu'il les mettroient sur l'autel de Cunault, et que le prieur de Cunault auroit soin de les faire payer à l'église de Saint-Maurice, le jour de la fête de saint Maurice ; 7° que si l'abbé de Tournus ou le prieur de Cunault venoient à Doué le jour de la fête de saint Denis, il y célébreroit la grande messe et qu'il seroit honoré comme leur seigneur, *missam Dominicam celebraret, et sicut Dominus ab eis honoraretur ;* 8° que lorsque les chanoines de Doué apprendroient la mort de l'abbé de Tournus ou du prieur de Cunault, on feroit à Saint-Denis un service solennel pour le repos de leur âme ; qu'on sonneroit les cloches, qu'on mettroit son nom dans le martyrologe et qu'on en feroit tous les ans l'anniversaire, et que pour tous les religieux de Tournus et de Cunault décédés, on sonneroit seulement leur glas et en feroit la recommandation de l'âme, et qu'on feroit la même chose à Tournus et à Cunault pour les chanoines de Doué quand ils décéderoient. Cette transaction fut passée dans le chapitre de Cunault et ensuite confirmée du consentement du chapitre de Saint-Maurice d'Angers.

Le pape Innocent la confirma dans tous ses points par une bulle expresse, datée de Saint-Jean de Latran, le 3 des nones de novembre de l'année 1138, neuf ans après la transaction.

Mais les chanoines de Saint-Denis de Doué ne pouvant s'assujétir aux réglements prescrits par cette transaction, voulurent la faire casser, et pour cet effet députèrent un de leurs chanoines vers le Saint-Siège. L'affaire dura longtemps; plusieurs papes en prirent connoissance, entr'autres Urbain et Alexandre III. L'abbé de Tournus députa aussi de son côté un de ses moines, nommé Achar. Ces deux parties ayant dit toutes leurs raisons de part et d'autre devant Sa Sainteté et le Sacré-Collége, Alexandre III écrivit à l'archevêque de Tours, à l'évêque d'Angers et aux chanoines de la cathédrale d'Angers que si les chanoines de Doué ne vouloient pas aquiescer à la première sentence de Geoffroy de Mayenne qui terminoit les différends qu'ils avoient avec l'abbé de Tournus et le prieur de Cunault, il vouloit absolument qu'ils suivissent la seconde rendue par l'évêque Ulger, ordonnant à l'archevêque de Tours et à l'évêque d'Angers de leur signifier qu'autrement, après deux mois passés, s'ils n'obéissoient pas, il interdisoit leur église et excommunioit leurs personnes.

Ce premier rescrit, qui est daté de Bénévent, l'onzième des Cal. de février, n'eut point l'effet qu'on en attendoit; les chanoines de Doué s'obstinèrent à ne le point exécuter, de sorte qu'Alexandre III en écrivit un second à l'archevêque de Tours, en date des nones de décembre, par lequel il lui ordonnoit de prononcer une sentence d'excommunication contre eux, si dans quarante jours ils ne revenoient à résipiscence et ne reconnoissoient leur faute.

En conséquence de ce rescrit de Rome, Josse, archevêque de Tours, fit assigner devant lui les chanoines de Doué, lesquels ayant comparu, il leur demanda laquelle des deux transactions ils vouloient exécuter; ou la première que Geoffroy de Mayenne, évêque d'Angers, avoit faite, ou la seconde que Ulger, aussi évêque d'Angers, avoit dressée pour terminer leur différends, et les fit lire en leur présence. Les chanoines ayant répondu qu'ils vouloient observer celle d'Ulger, il leur en fit prêter serment entre les mains de Geoffroy son archidiacre; mais comme les actions sont plus sûres que toutes les paroles qu'ils avoient déjà données sans effet, ils investirent et mirent, pour ainsi dire, Robert, prieur de Cunault, en possession des deux prébendes de Saint-Denis de Doué, qu'on avoit supprimées en faveur du monastère de Cunault et qui faisoient le principal sujet du différend, en lui donnant, en présence de l'archevêque, six sols du revenu des dites prébendes, promettant de continuer à l'avenir, et sur ce que le dit Robert, prieur, se plaignit aussi à l'archevêque qu'ils ne lui avoient point fait part des oblations qu'ils avoient reçues à la fête de Toussaint dont une partie lui appartenoit, les chanoines s'excusèrent sur ce qu'ils ne s'étoient point encore assemblés pour en faire le partage, et sur le champ ils lui donnèrent 14 deniers pour sa part et portion, à raison des deux prébendes dont il devoit toucher le revenu; *reddiderunt præfato priori quatuor decim denarios pro ratione duarum præbendarum.* Cet accord fut fait à Tours, en présence de plusieurs témoins, l'an 1171.

La même année, Geoffroy La Mouche, évêque d'Angers, en exécution du mandement du pape qui lui étoit adressé aussi bien qu'à l'archevêque de Tours, fit aussi comparoître devant lui les chanoines de Doué, et les obligea par serment, dans la chapelle de Saint-Julien, d'observer la seconde transaction d'Ulger, et en conséquence ils promirent de rendre les revenus des deux prébendes qu'ils avoient touchés, au prieur de Cunault.

Quelque temps après, Etienne, abbé de Tournus, céda tout le droit qu'il avoit au revenu de ces deux prébendes de Doué, au prieur de Cunault, qui le lui avoit demandé, *ad opus pellitiarum,* apparemment pour avoir des aumusses.

Ce sont là les titres par lesquels on peut prouver que l'abbé de Tournus avoit autrefois le droit de présenter les prébendes de l'église collégiale de Saint-Denis de Doué. Mais comme il appartient présentement au sieur prieur de Cunault, il y a apparence que l'abbé de Tournus le lui a cédé, s'étant seulement réservé le droit de présenter le prieuré de Cunault, qui, étant de fondation royale, devoit être présenté par le roi; mais Vivien, comte d'Anjou, l'ayant donné avec tous ses droits à l'abbé de Tournus, et Charles-le-Chauve ayant confirmé sa donation, le droit de patronage lui demeure, qui est une des prébendes de ce bénéfice.

Dans ces entrefaites, Geoffroy, comte d'Anjou, fils de Foulques, roi de Jérusalem, ayant, en l'année 1143, guerre en Normandie, demandoit des subsides et des secours à tous les monastères et à toutes les églises d'Anjou; Pierre, abbé de Tournus, et Pierre de Aula, prieur de Cunault, refusèrent de lui en donner, disant qu'ils n'avoient jamais donné de tributs à aucun des comtes d'Anjou ses prédécesseurs, parce que cela étoit contraire aux privilèges et aux immunités que les rois de France et les comtes d'Anjou avoient accordés à l'église de Cunault et tous les bors qui en dépendoient, *dicentes hoc et contra libertates a regibus Francorum et antecessoribus nostris comitibus Andegaviæ ecclesiæ suæ et eorum hominibus concessas.* Geoffroy répliquoit que, nonobstant leurs privilèges, les besoins de son état étoient si pressants, qu'ils ne devoient pas être plus exempts de lui payer des tributs que toutes les abbayes d'Anjou qui s'y étoient soumises. Néanmoins ce prince, pour ne pas faire de peine à l'abbé de Tournus et au prieur de Cunault en exigeant d'eux des choses qu'ils n'avoient point coutume de rendre à leur souverain, vouloit bien, pour la rémission de ses péchés et de ceux de son père, Foulques, roi de Jérusalem, depuis peu décédé, vouloit bien en vue de Dieu et de sa sainte Mère, renouveler et confirmer en faveur des moines qui y demeuroient, tous les dons, libertés et privilèges, que le roi de France, et entr'autres Geoffroy Martel, comte d'Anjou, et la comtesse Agnès, sa femme, et les autres comtes d'Anjou, ses prédécesseurs, avoient accordés au dit prieuré de

Notre-Dame de Cunault, excepté que quand lui comte sera obligé d'aller en personne à la guerre et de donner combat, *et hoc solum causa prælii*, ils seront obligés en ce cas d'y envoyer des hommes, lorsque le comte d'Anjou le leur commandera, *tunc nostro jussu vel missi a nobis homines eorum in hostem pergant*; et ce prince ajoute des paroles très remarquables, qu'il veut que l'église de Cunault avec son cimetière, dans laquelle la glorieuse reine des cieux fait tant de miracles, soit exempte de la juridiction de toutes les puissances séculières, et cela pour toujours : *Volumus namque et præcipimus ut locus supra scriptus Cunaldus cum cemeterio in quo gloriosa Regina cœlorum tantis miraculis operatur ab omni seculari potestate liber semper immunisque permaneat.* Geoffroy dit ensuite qu'en reconnaissance de la confirmation des privilèges qu'il avoit accordés au prieuré de Cunault, Pierre, abbé de Tournus, lui donna cent livres de monnoye d'Anjou, et un cheval à Henri, son fils aîné. La date de cet acte est remarquable. Fait en la ville d'Angers en l'année, que, par l'aide de Dieu et l'intercession de sa sainte Mère, nous avons acquis toute la partie de Normandie qui est en deçà de la Seine, en présence d'Ulger, évêque d'Angers, *Actum est hoc Andegavis civitate in anno quo, annuente Deo et Sancta Matre ejus, partem Normaniæ quæ est citra Sequanam acquisimus.*

NOTRE-DAME DE LA RÉALE.

La chapelle de Notre-Dame de la Réale est située dans la paroisse de Brain-sur-Ostion (1), à deux lieues d'Angers ; il y a eu autrefois un prieuré conventuel de trois ou quatre religieux bernardins, dépendant de l'abbaye de la Boissière, en Anjou. On y voit encore de vieux restes des lieux réguliers. Ce prieuré et la chapelle, qui est fort petite, furent fondés par Richard Cœur-de-Lion, roi d'Angleterre, fils de Henri second, duc de Normandie, comte d'Anjou, l'an premier de son règne, c'est-à-dire en l'année 1189. Il donna, pour la fonder, pour l'amour de Dieu, aux moines de la Bienheureuse Marie de la Boissière, dit l'acte de fondation, *pro amore Dei monachis Beatæ Mariæ de Buxeria*, la terre de la Jouasserie, *terram de Juasseria*, avec toutes ses dépendances qu'il avoit achetée de Hubert de Champigné, et de Fromont Rahier, cent livres monnoye d'Anjou, et, par ce même titre, Richard exempte tous les hommes et tous les sujets de l'abbaye de la Boissière qui demeureront dans cette terre, d'aller à l'armée, de payer la taille, de contribuer à aucune coutume ni subvention, parce que, dit le roi, c'est notre volonté propre et seigneuriale aumône que nous faisons au Seigneur. Ces termes sont remarquables : *Ut homines qui in praedicta terra manserint, sint liberi, et quieti ab exercitu et tallia, et subventione et omni alia consuetudine sicut propria et dominica eleemosina.* Ce sont sans doute ces privilèges qui ont fait nommer cette chapelle la Réale, comme qui diroit Notre-Dame la Royale. L'acte est daté du 4ᵉ aoust, l'an premier de son règne, non signé mais scellé de cire blanche, d'un brin de fil blanc tressé, empreinte d'un côté de la figure d'un roi ayant l'épée à la main et de l'autre d'une croix, ce qui marque que Richard s'était croisé avec Philippe-Auguste pour aller à la Terre-Sainte.

(1) Brain-sur-l'Authion.

Les religieux de la Réale ayant été rappelés dans l'abbaye de la Boissière, soit parce qu'ils ne s'y comportoient pas bien, soit parce qu'il n'y avoit pas suffisamment de quoi vivre, les biens en dépendant ne valant pas plus de quatre à six cents livres de rente, la chapelle fut bientôt abandonnée; car depuis que l'on eut cessé d'y dire la messe et transféré le service qui s'y devoit faire à l'abbaye de la Boissière, les fermiers y logeoient leurs bestiaux; mais Dieu ne pouvant souffrir la profanation d'un lieu consacré à sa gloire et à l'honneur de sa divine mère, permit qu'ils mourussent presque tous, en sorte que le nommé Boucicaut, fermier, fut obligé de les mettre ailleurs pour les préserver de la mort. Mais il fut puni lui-même de son peu de religion; car, faisant un jour voyage, il tomba de cheval et se cassa les jambes; n'ayant pas été bien remis il fut obligé, pendant plusieurs années de ne marcher qu'avec des potences; mais, chose admirable, il ne se fut pas plutôt fait apporter, de la Bohalle d'où il étoit, dans la chapelle de la Réale pour y faire une neuvaine, qu'il recouvra une santé parfaite et l'usage de ses deux jambes.

Un miracle si évident obligea plusieurs malades à invoquer la Mère de Dieu dans la chapelle de la Réale, entr'autres M. le curé de Sarrigné, voisin du lieu, nommé René Bouere, homme d'esprit, bachelier de Sorbonne, grand prédicateur, qui avoit une paralysie sur tout le corps, qui n'avoit pu être guérie par aucun remède; il se voua à Notre-Dame de la Réale, et cette maladie, que les médecins avoient jugée incurable, céda à la force de la foi et à la ferveur de sa prière. (Cela arriva en 1690). Quelque temps après, il y porta lui-même, en reconnoissance, un beau tableau que l'on y voit encore, où il est peint couché dans un lit, invoquant la Sainte Vierge, qu'un de ses amis lui avoit fait faire à Paris.

Depuis ce temps on venoit de toutes parts à Notre-Dame de la Réale; les aveugles, les boiteux, les paralytiques, les sourds y étoient guéris à coup sûr, et plus de deux cent vœux de cire, des bâtons, des potences, que l'on y voit encore attachés aux murailles sont des preuves éloquentes du secours que toutes sortes d'infirmes recevoient en ce lieu.

Cependant il y avoit plus de soixante ans qu'on ne disoit plus la sainte messe en cette chapelle. Différents particuliers qui y doivent 25 livres de cire pour y entretenir le luminaire, voyant qu'on n'y célébroit plus les divins mystères, refusèrent de payer cette rente, il y a quelques années ; mais les religieux de la Boissière ayant justifié qu'ils avoient f it transférer les messes et qu'ils les célébroient à leur abbaye, on condamna ces particuliers à leur payer cette cire.

Plusieurs personnes ayant été témoins des merveilles que Dieu opéroit sur ceux qui venoient invoquer la Sainte-Vierge à la Réale, furent solliciter M. Henri Arnauld, évêque d'Angers, de permettre qu'on y dît la sainte messe pour remercier Dieu des grâces extraordinaires qu'il faisoit en ce lieu. Ce prélat ne voulut jamais l'accorder qu'à condition qu'on y fît au moins une fondation de 12 livres de rente pour y dire une messe tous les mois, craignant que cette chapelle ne fût de nouveau profanée, si on recommençoit à y dire la messe sans aucun fonds qui la pût entretenir.

Dieu avoit réservé cette grâce au pontificat de messire Michel Le Peletier, évêque d'Angers, qui fut nommé évêque le jour de la feste de l'Assomption de Notre-Dame de l'année 1692, et qui a tant de dévotion à la Sainte Vierge qu'il ne laisse passer aucune occasion de signaler son zèle envers elle. Voici comment la chose se passa :

Messire Charles-Maurice Le Peletier, abbé de Saint-Aubin, frère de Monseigneur l'évêque d'Angers, avoit un ulcère à la joue, depuis plusieurs mois, que l'on craignoit qu'il ne dégénérât en un mal encore plus fâcheux; voyant que les remèdes ne faisoient qu'irriter son mal, j'eus la pensée de faire vœu à Dieu que, s'il guérissoit il iroit à la sainte messe à Notre-Dame de la Réale, et que, pour la célébrer, il y donneroit les ornements nécessaires ; je lui communique ma pensée et il m'assura qu'il ratifieroit mon vœu ; je le fis et priai M. N., voisin de la Réale, d'aller dire pendant neuf jours le *Magnificat* dans la chapelle, à l'intention de M. l'abbé ; à peine la neuvaine fut-elle accomplie que son mal diminua beaucoup et fut guéri en très peu de tems.

Monseigneur d'Angers à qui je dis la chose me donna commission de visiter la chapelle pour savoir si elle étoit dans un état assez décent pour y pouvoir célébrer ; j'y fus par son ordre, et ayant rapporté à Sa Grandeur qu'elle étoit bien carrelée et bien vitrée, que le fermier l'avoit même fait lambrisser depuis peu des offrandes que l'on mettoit dans le tronc, que les religieux du Perray y avôient fait présent d'un devant d'autel, permit volontiers qu'on y célébrat la sainte messe. Cependant, M. l'abbé, son frère, pour accomplir mon vœu qu'il avoit ratifié, y donna une très belle chasuble de satin de toutes couleurs, une aube, des corporaux et tout ce qui étoit nécessaire au Saint Sacrifice, qu'il alla lui-même offrir à Notre-Dame, dans sa chapelle de la Réale, au mois d'octobre de l'année 1697, la bénit et y dit la première messe, qui n'y avoit point été célébrée depuis près de cent ans.

Les curés circonvoisins, entr'autres celui de Villevêque, de Brain et de Foudon, l'accompagnèrent dans cette cérémonie qui donna une joye extrême à toutes les paroisses d'alentour, et Dieu, depuis, a continué de verser des bénédictions abondantes sur ceux qui viennent l'invoquer et sa sainte Mère en ce lieu.

Vers l'année 17.., les prestres du séminaire, connoissant le besoin qu'avoit leur maison du grand jardin dépendant de l'abbaye de Saint-Aubin, cherchoient tous les moyens possibles de l'acquérir sûrement. M. Charles Le Peletier, abbé de Saint-Aubin, souhaitoit autant qu'eux leur faire plaisir ; mais la difficulté étoit d'y pouvoir réussir. M. l'abbé attendit qu'il se trouvast quelque terre dans son fief qu'il pût faire acheter par le séminaire, valant mieux que son jardin qui n'avait jamais été affermé que 40 livres, pour le dédommager et les abbés ses successeurs.

NOTRE-DAME DES CHAMPS.

Le prieuré conventuel de Notre-Dame des Champs est un des plus anciens et des plus considérables de la province. Il est situé près de Cré, à deux lieues de La Flèche, dont le prieur est curé primitif. Il a été fondé par un haut et puissant seigneur qualifié du nom de prince, nommé de Campis et par sa femme nommée Maria, pour des religieux bénédictins de l'abbaye de Saint-Serge-lès-Angers, ainsi que nous l'apprenons de l'aveu que frère Jean Duval, prieur des Champs, rendit à l'abbé de Saint-Serge, le premier may 1402, en ces termes:

« De vous Révérend père en Dieu, l'abbé de Saint-Serge près
» la ville d'Angers. Je, frère Jean Duval, votre humble religieux
» et prieur du prieuré de Cré, dépendant de votre dite abbaye,
» fondé, doté et augmenté tant par le défunt puissant prince
» Campis et Maria, sa compagne, qu'autres, sous le nom et
» invocation de Notre-Dame des Champs, advoue ma personne
» vous être sujette et tenir aux charges du service divin et autres
» ci-après déclarées, et sous la foi que j'ai prestée au très
» vaillant prince le roi de Jérusalem, en cette cité, duc d'Anjou
» et pair de France, les choses qui s'en suivent, etc. »

Cet aveu ne parle point de l'année que ce prieuré fut fondé; mais il faut nécessairement qu'il l'ait été avant l'an 1000, car l'an 1005, Raoul, seigneur de la Tranchandière, seigneurie qui subsiste encore au bourg de Cré, dont le marquis de la Varenne est seigneur, permit au prieur ou directeur de celle des Champs de faire bâtir le bourg qui était proche le prieuré des Champs, et qui en portoit le nom, au-delà de la rivière du Loir, qui s'appelle aujourd'hui le bourg de Cré, et cela probablement pour la commodité des paroissiens du bourg des Champs qui étoient en plus grand nombre au-delà de la rivière du Loir qu'en deçà.

Guido de Cré donna la dixme de deux moulins de son château de Cré aux moines des Champs, et toute la farine que moudroient les dits moulins depuis le samedi, heure des vespres sonnantes jusques au lendemain dimanche après le soleil couché, toutes les semaines de l'année, à perpétuité, pour la nourriture des moines, et c'est apparemment d'où vient qu'autrefois le prieur avoit la moitié de la féodalité de la seigneurie de Cré et la moitié de la rivière qui y passe.

Par un autre acte, vers le milieu de l'onzième siècle, il paroît que le prieur des Champs acheta la vicairie des Champs du même Guido de Cré, ce qui fait voir qu'il y avoit une paroisse outre le monastère, car ces vicairies, en latin *Vicariæ*, étoient des églises bâties par l'administration des Sacrements, par les seigneurs particuliers qui partageoient avec les prêtres qu'ils y mettoient, nommés vicaires, et qui étoient amovibles, les oblations que les fidèles faisoient à ces églises.

Ce qui prouve encore qu'il y avoit une église paroissiale aux Champs, c'est le cimetière, car on ne sauroit bêcher autour de la chapelle des Champs, qu'on ne trouve quantité de tombeaux faits de pierres, dures avec des ossements. Ces tombeaux sont en trop grand nombre pour qu'on puisse dire que ce sont ces tombeaux des moines qui y résidoient, car il n'y avoit que six moines, à qui l'abbé de Saint-Serge avoit assigné trente sols tournois pour la subsistance de chacun, le reste des revenus du prieur devoit retourner à l'abbaye, où la plupart de ces obedientiaires alloient mourir quand ils se sentoient malades.

Environ 1096, Bernard, fils de Ranulphe, touché des prédications du pape Urbain II, qui vint à Angers prescher la croisade, vendit la dixme de deux moulins et d'une pêcherie, vingt-cinq sols aux moines des Champs, pour contribuer aux frais du voyage qu'il vouloit faire en la Terre-Sainte.

Il paroit même que cette église a été supérieure à celle de Bazouges, par l'acte de donation et vendition qu'en fit aux moines des Champs Guido de Cré et sa femme Alburga et sa fille, laquelle église de Saint-Aubin de Bazouges, Raoul de la

Barbée, *Radulphus de Barbea*, avoit fait bâtir depuis peu et l'avoit vendue à Guy de Cré, avec toutes ses dépendances, à condition pourtant que le prestre qui prenoit soin de cette paroisse y demeureroit pendant sa vie, et qu'après sa mort l'administration de cette église de Bazouges retourneroit aux moines du prieuré des Champs. *Cocessit etiam Guido de Creo et Alburga ejus uxor et filia ejus venditionem ecclesiæ Sancti Albini de Bazogiis sicuti eis vendiderat. Radulphus de Barbea cum omnibusque ad ipsam venditionem pertinebant et ea conditione quod quamdiu vixerit presbiter cam teneat, sicut a Guidone tenucrat, post mortem vero in donum monachis revertatur*, à la charge pourtant que le prêtre de Bazouges payeroit quinze sols de redevance aux dits religieux, ainsi qu'il les payoit à Guy de Cré.

D'où on voit que l'abus qui étoit introduit dans le dixième siècle de vendre des églises et de les faire posséder par des laïques qui les laissoient par héritage à leurs enfants étoit devenu universel.

Un certain Albéric de Lamiacho, homme d'une grande considération et d'une sainteté reconnue du peuple, donna à Notre-Dame des Champs la dixme d'un moulin de son château, et une terre qu'il avoit proche la chapelle de Notre-Dame des Champs; quelques années avant de mourir il y prit l'habit de religieux et y fit profession. Étant mort, grand concours du peuple vint pour assister à sa sépulture, attiré par la réputation de la vertu d'un si grand homme; les uns vouloient porter son corps à Angers pour l'inhumer dans l'abbaye de Saint-Serge; mais les moines de Notre-Dame des Champs, entr'autres le nommé Alquin Bardus Garincella, touché des biens qu'il avoit faits à leur maison, retint son corps et le fit enterrer tout proche l'église de Notre-Dame, sur la terre qu'il avoit donnée. *Mortuo Alberico de Lamiaco quam plurimi fideles ac mulieres qui a tanti viri fama convenerunt ad tumulandum illum, et Andegavem deferrent obierat enim apud monachum de Campis prius Dei natu factus era monachus, fecit illud deponi Alquin Bardus Garincella, non longe ab ecclesia Sanctæ Mariæ de Campis in quadam terra sua quam ob ipsius animœ Domini sui remedium totam eamdem terram monachis dedit.*

Raoul de la Barbée, étant tombé dans une grande maladie dont il mourut, se sentant proche de sa fin, appela les moines de Notre-Dame des Champs, leur demanda en grâce de mourir dans leur habit et de se faire religieux, ce qu'ils lui accordèrent, et, en récompense de cette grâce il leur donna, du consentement de Robert de Durestal, son cousin, tous les droits, coutumes, péages, exactions dont il jouissait dans les vicaireries, prés, vignes, terres, rivières proche Notre-Dame des Champs ; mais quelque tems après, son frère Hamala voulut leur contester tous ces dons, disant qu'il n'y avoit jamais consenti. Les religieux se défendirent, apportant outre les actes qu'ils en avoient, le témoignage de personnes dignes de foi. Ce Hamala reconnoissant leurs droits et sa faute, et ayant demandé à entrer dans le chapitre de Saint-Serge avec un seul de ses chevaliers, il confirma toutes ces donations à l'abbé Bernard et pour plus grande assurance il les mit sur l'autel en présence de Hugues de Baracé, etc.

Le prieuré de Notre-Dame des Champs a toujours été exempt de la juridiction des évêques d'Angers, aussi bien que l'abbaye de Saint-Serge ; car nous voyons que Guillaume, (c'est apparemment Guillaume de Beaumont) qui vivoit en 1224, allant loger dans le prieuré des Champs, dans le cours de sa visite, il donna un acte à frère Laurent qui en étoit prieur, par lequel il déclaroit qu'il ne venoit point comme évêque ni supérieur ayant droit de le visiter, mais seulement comme hôte, *sed tanquam hospes.*

A l'égard de la dévotion que les fidèles ont toujours eue à la chapelle de Notre-Dame des Champs, il ne faut pas omettre de dire ici qu'ils y ont de tems immémorial invoqué l'assistance de la Sainte-Vierge comme patronne des laboureurs et la protectrice des fruits de la terre ; il y a toujours eu un grand concours de peuple principalement dans le temps des sécheresses ou dans le tems de trop grandes pluies, et l'on y vient de fort loin en procession ; l'on y faisoit dire des messes autrefois fort souvent et on y apportoit des vœux de cire ; mais quelques curés voisins empêchent à présent ces sortes de dévotions et font ce qu'ils peuvent pour en détourner le peuple, afin d'attirer les offrandes dans leurs paroisses, qui sont cependant de peu de conséquence, le tout consistant en quelques cierges et quelquefois des clouds qu'ils mettent sur l'autel de saint Claude, faisant allusion à ces deux mots *Clavus Claudius*. Les particuliers viennent à cette chapelle lorsqu'ils sont attaqués des fièvres, lorsqu'ils ont des clouds ou pustules sur le corps; les nourrices y viennent pour avoir du lait et la plupart s'en trouvent fort bien. Plusieurs personnes encore vivantes assurent avoir ressenti sur le champ l'effet de leurs prières au sortir de la messe. Plusieurs femmes de Cré et de Bazouges assurent qu'ayant voué leurs enfants, et fait des neuvaines à la dite chapelle, ils ont recouvré l'usage de leurs membres qu'ils avoient auparavant perclus. L'on remarque une chose singulière, que le tableau de la Vierge, qui est fait de bois en relief, avec tous les attributs qu'on donne à la Vierge dans ses litanies, est demeuré entier sans être rongé des vers, depuis près de deux cents ans qu'il est fait. Il ne faut pas oublier ici de parler d'un miracle arrivé sur la fille de M. Des Moulins, gentilhomme de Durestal; voici le fait : Cette fille âgée d'environ 14 à 15 ans, tenant des épingles dans sa bouche, en avala quatre, desquelles elle en rejeta trois après plusieurs efforts, la quatrième resta fort longtemps dans la gorge, en sorte qu'on la crut longtemps morte, étant ainsi à l'agonie elle ne laissa pas encore de faire d'autres efforts et ils furent si violents qu'on ne sait ce que devint cette quatrième épingle. Cette fille, pour ainsi dire ressuscitée, fut si maltraitée de ces efforts qu'elle demeura l'espace de quinze mois toute contrefaite, ne se trainant plus que sur des anilles et ressemblant plutôt à la mort qu'à la vie; sa mère, bien affligée de la voir abandonnée des médecins et chirurgiens, eut recours à la Sainte Vierge, et pour cela la voua et l'envoya aussitôt à Notre-Dame des Champs où elle se confessa et communia et entendit après la sainte messe. Pendant que le prêtre achevoit le Saint Sacrifice, cette fille recouvra une parfaite santé et s'en retourna à pied et sans anilles. Quantité de personnes ont été témoins du miracle; on dit même que f u

M⁰ Henri Arnauld, évêque d'Angers, en fit des informations.

Il est encore arrivé un autre miracle à cette mesme fille depuis trois ans; c'est qu'elle tomba malade et devint percluse de tous ses membres, sans pouvoir se remuer, et elle demeura ainsi près de deux ans, sa mère la voua encore à Notre-Dame des Champs et aussitôt elle reçut la santé, ce qui étonna tous ceux qui deux jours auparavant l'avoient vue comme une personne à demi-morte.

Oraison fort ancienne trouvée dans la chapelle dudit prieuré des Champs, en laquelle on a seulement changé les termes, sans y diminuer rien du sens, ce que l'on a fait pour la facilité des voyageurs qui n'auroient rien compris dans un françois corrompu :

« Vierge sainte qui voulez être honorée dans ce lieu comme
» la patronne des laboureurs et la protectrice de nos champs,
» priez le Très-Haut qui dispose de la beauté des saisons que nos
» campagnes fertilisées par la rosée du ciel et par les douces
» influences d'un astre bénin, elles nous produisent une récolte
» abondante pour en assister plus aisément les malheureux, et
» afin que nous-mêmes, étant délivrés des soins qu'on se donne
» pour satisfaire aux besoins de cette vie mortelle et qui de-
» viennent encore plus pressants dans un tems de stérilité, nous
» soyons uniquement occupés de cette vie céleste dont vous
» jouissez et dont nous espérons être participants par votre
» intercession. Ainsi soit-il. »

NOTRE-DAME DES VERTUS DU LUDE.

Le Lude est une petite ville d'Anjou fort jolie, éloignée de treize lieues d'Angers et de trois de La Flèche; l'église paroissiale est dédiée à Saint-Vincent, et la chapelle du Prieuré à Notre-Dame des Vertus; l'une et l'autre est en la présentation de l'abbé de Saint-Aubin. Il paraît pourtant que longtemps avant que l'abbé de Saint-Aubin eût droit de présenter ces deux bénéfices, l'église paroissiale étoit au moins dépendante de l'abbaye de Saint-Jouin de Marnes et en portoit le nom et qu'ayant été usurpée sur cet abbé, elle lui fut restituée en l'an 956 par Geoffroy Grisegonelle.

Néanmoins, par les titres du prieuré du Lude, tirés des archives de l'abbaye de Saint-Aubin d'Angers, nous voyons que le vicomte Hubert de Champagne, seigneur féodal de la dite église, confirme le don que Hamelin, prêtre et curé de Saint-Jouin du Lude avoit fait à l'abbé de Saint-Aubin d'une chapelle bâtie au Lude en l'honneur de Dieu et de saint Aubin, et de la moitié de ce qui lui appartenoit dans son église, qu'il tenoit du dit Hubert, vicomte, lequel ajoutant au don de Hamelin, donna de son chef plusieurs terres, qui étoient alentour de la dite chapelle, aux moines de Saint-Aubin, leur permettant d'acquérir tout ce qu'ils pourroient de ses sujets; en conséquence de cette donation les moines de Saint-Aubin allèrent au Lude prendre possession de l'église qu'on leur avoit donnée. Hubert, fils de Frosmond, leur donna encore une maison; Seinfrede et son fils Raoul, et Normand de Brascel confirmèrent la donation qu'on leur avoit faite de la métayrie de la Courbe. Lancelin Le Riche et Foulques Hilperic achetèrent une terre hors de la ville du Lude pour leur faire un cimetière où les habitants du Lude bâtirent une chapelle en l'honneur de la Vierge Marie, dont les moines de Saint-Aubin jetèrent les premiers fondements. Il faut que tout cela soit arrivé vers la fin de l'onzième siècle.

Cependant l'abbé de Saint-Jouin et ses moines, voyant que ceux de Saint-Aubin d'Angers s'étoient mis en possession, il y avoit déjà plusieurs années, de l'église de Saint-Jouin du Lude qui leur appartenoit, s'en plaignirent et demandèrent en justice à y rentrer, *jure antiquissimo reposcebant.* Ce diférend dura long-temps, mais il fut enfin terminé en l'année 1113, par l'avis de plusieurs grands prélats qui s'assemblèrent dans le chapitre de Saint-Maurice, savoir : Raoul, archevêque de Tours ; Marbodus, évêque de Rennes ; et Renaut de Martigné, évêque d'Angers ; Archambaut, abbé de Saint-Aubin ; Raoul, abbé de Saint-Jouin de Marne ; Pierre, abbé de Saint-Serge ; Geoffroy, abbé de Vendôme, et les trois archidiacres d'Angers, qui décidèrent que l'abbé de Saint-Aubin et ses moines renonceroient en faveur de Saint-Jouin aux droits qu'ils avoient sur une chapelle qui étoit dans le château de la Guerche au pays de Rais, dans la paroisse de Saint-Brenan, au moyen de quoi les religieux de Saint-Jouin céderoient aussi à ceux de Saint-Aubin toutes les prétentions qu'ils avoient sur l'église de Saint-Jouin du Lude, et c'est de là que vient le droit qu'a l'abbé de Saint-Aubin de présenter la cure et le prieuré du Lude. En ce temps-là la chapelle de Notre-Dame des Vertus n'étoit pas encore bâtie.

Nous apprenons par un titre de Geoffroy, comte d'Anjou et du Mayne, duc de Normandie et d'Aquitaine, donné à Rome sous le pontificat d'Alexandre III, l'an de Notre-Seigneur 1153, qu'elle a été bâtie par deux chevaliers, *milites,* dont le premier s'appeloit Geoffroy de Taumassin, le second Hugues de Montaigu, et par deux écuyers, *armigeri,* d'ont l'un se nommoit Geoffroy de Champneuf et l'autre Jean de la Lande, lesquels après avoir fidèlement servi leur prince dans la Terre-Sainte contre les ennemis de la foi, *qui in tempore suo bene et fideliter nos servierunt in partibus de Hierusalem contra inimicos fides sanctæ Christianitatis,* étoient venus demeurer, dans leurs infirmités qu'ils avoient apparemment contractées par des blessures reçues à la guerre, auprès de cette chapelle dédiée en l'honneur de la bienheureuse Marie à laquelle ils avoient grande dévotion. *Qui prædictam capellaniam ad honorem Beatissimæ Mariæ Virginis ordinaverunt et ibi mansionem suam causa infirmitatis suæ degerunt.*

Par le titre ci-dessus Geoffroy, comte d'Anjou, confirma en 1153 tous les dons que firent ces deux chevaliers et deux écuyers, pour la fondation de cette chapelle, savoir : des maisons, des terres, un moulin et tout le fief la féodalité qu'ils avoient acheté dans le bourg de Dissé, de Geoffroy de Broc, chevalier, et tout le fief de la Lande jusques aux limites de l'Arche pour aller à Broch, avec le presbytère de Dissé. Plusieurs personnes de qualité ont augmenté le revenu de ce prieuré qui partage les dixmes de bled de la paroisse du Lude et des environs avec le prieur de Longué, qui en a un sixième, et le chapelain de Sainte-Anne qui en a une huitième partie, à condition pourtant que le prieur du Lude lèvera d'abord huit septiers de bled et quatre d'orge, si mieux n'ayme, porte le titre, que le sieur prieur mette tous les jours, depuis le commencement de la moisson jusques à la fin, quatre pourceaux au monceau de bled, pour en manger tant qu'ils voudront.

On l'appelle Notre-Dame des Vertus, ou parce qu'elle a été destinée à honorer les vertus de la Sainte Vierge, comme l'ordre de l'Annonciade, ou pour les demander à Dieu par son intercession, ou enfin parce qu'il s'y est fait beaucoup de miracles ; qui s'appellent en latin *virtutes* suivant cette parole de l'Évangile, *Virtutes operantur in eo.*

Les seigneurs du Lude prétendent être fondateurs de cette chapelle et leurs armes y sont appliquées. Timoléon de Daillon, comte du Lude père de Henri de Daillon en faveur duquel Louis XIV érigea le comté du Lude en duché-pairie en 1675, grand-maitre de l'artillerie de France, y a fondé à perpétuité, vers l'année 1630, les litanies de la Sainte Vierge, pour y être chantées tous les jours de l'année sur les sept heures, ce qui fait qu'il ne se passe guère de jours que presque tous les habitants du Lude n'aillent en pèlerinage dans la chapelle de Notre-Dame des Vertus, et en été la plupart y passe jusques à dix et onze heures du soir en prière, et le peuple du Lude est si dévot à la Sainte Vierge que toutes les fêtes ils font trois pèlerinages ou espèces de processións en son honneur: la première, dans la chapelle de Notre-Dame des Vertus, dans la ville ; la seconde, dans le prieuré du château, dans l'enclos duquel est la chapelle du prieuré de Notre-Dame de la Délivrance; et la troisième, à la chapelle de Notre-Dame de Lorette qui est bâtie hors ville dans le cimetière. Il y a des indulgences plénières à perpétuité pour ceux qui visiteront cette chapelle avec dévotion, accordées par le Pape, en l'année 1451.

La tradition est qu'il s'y est fait autrefois beaucoup de miracles ; les vœux de cire, les bâtons et les anilles qui sont accrochés aux murailles tiennent lieu de procès-verbaux. On y fait quantité de vœux pour toutes sortes de maladies. Il y vient tous les ans grand nombre de processions des paroisses circonvoisines.

Il y a dans cette chapelle une grande figure en bosse à genoux, les mains jointes devant l'image de Notre-Dame, sur un petit jubé fort élevé. On dit que c'est la représentation de Jean de Daillon, seigneur du Lude, grand chambellan et favori du roi Louis XI, gouverneur du Dauphiné en 1473, et d'Arras en 1477, et général de ses armées en Picardie et avant en Roussillon, en 1473.

On croit que cette chapelle a autrefois servi d'église paroissiale du Lude, avant que celle de Saint-Vincent fût bâtie; si cela est, il faut que ce soit avant l'année 1458. Car cette année-là il y eut un grand procès entre le curé et le prieur du Lude pour les oblations de la chapelle de Notre-Dame, dépendant du prieuré du Lude, qui furent adjugées pour le tout au prieur, et celles de la paroisse pour la moitié. Il y a apparence néanmoins que la paroisse de Saint-Vincent est bien plus moderne ; car, dans tous les anciens titres, il n'est parlé que de Saint-Jouin et de Notre-Dame.

Il paroit bien que les peuples du Lude et ceux d'alentour ont eu de tous temps une grande dévotion à la Sainte Vierge ; car, outre les trois chapelles qui lui sont dédiées dans la ville, dans le parc du château et dans le cimetière, il y a encore trois prestimonies fondées en son honneur dans l'église de Saint-Vincent et deux autres qui portent son nom, sous le titre de Notre-Dame du Rozaire et Notre-Dame des Agonizans ; et à demi-quart du lieu du Lude, paroisse de Dissé, est un autre prieuré fondé sous le titre de Notre-Dame de Bonne-Grâce, au village de Raillon où se tient une foire fameuse le lendemain de Notre-Dame Angevine.

NOTRE-DAME DE L'ÉVIÈRE.

Avant que de parler de la chapelle de Notre-Dame Sous Terre, autrement dite Notre-Dame de l'Évière, il faut donner une juste idée du prieuré qui en porte le nom. Geoffroy Martel, comte d'Anjou et sa femme Agnès de Bourgogne ayant fait commencer la célèbre abbaye de Vendôme, en l'honneur de la Sainte-Trinité, en l'année 1032, elle fut achevée et consacrée en 1040, du vivant de Foulques Nerra, son père, après la mort duquel le même Geoffroy Martel fit encore bâtir, aux portes de la ville d'Angers et proche le château, en 1047, un autre monastère de même grandeur et de même architecture, aussi en l'honneur de la Sainte-Trinité, et en donna le gouvernement aux religieux du même ordre de St-Benoît, à qui il avoit déjà donné celui de Vendôme, afin que, comme la ville d'Angers étoit la capitale de ses états, en cette qualité un lieu plus tranquille et moins sujet aux incursions des gens de guerre, *ubi et locus quietior et honoris mei caput*, porte le titre de la fondation, afin, dis-je, que lorsque la guerre seroit à Vendôme, les religieux pussent se retirer à Angers, comme en un lieu de refuge, ou que, s'il y avoit des garnisons à Angers, ils pussent aller demeurer à Vendôme.

Aussitôt que le prieuré de l'Esvière fut bâti, les religieux de Vendôme en vinrent prendre possession, et Geoffroy Martel leur donna, en 1048, l'abbaye de Toussaint qu'ils abandonnèrent quelque temps après.

Plus de cinquante ans après, Foulques V, comte d'Anjou, roi de Jérusalem, fit de grands dons a ce prieuré pour le repos de l'âme de son père Foulques Rechin qui y étoit enterré, et y accorda de grands privilèges, *pro Dei amore et anima patris sui qui in monasterio Andegavensis Beatæ Trinitatis jacet*.

En 1132, le monastère de l'Évière fut brûlé avec l'église et tout le faubourg de l'Évière. Le célèbre Geoffroy, abbé de Vendôme, de qui dépendoit ce prieuré, vint à Angers pour le faire rebâtir; mais, si nous en croyons Roger, dans son histoire manuscrite d'Anjou, il y tomba malade, mourut à l'Évière et y fut enterré, à quoi il n'y a guère d'apparence, car on y voit point le tombeau d'un si grand homme. Le bâtiment fut achevé avec peine et on le fit de moitié plus petit qu'il n'étoit auparavant, ainsi qu'on le voit aujourd'hui.

Ce prieuré est encore à la présentation de l'abbé de Vendôme qui y envoyoit des religieux de son abbaye en obédience; mais depuis que les moines de la congrégation de St-Maur se sont mis en possession de l'abbaye de Vendôme, ce sont eux qui ont le gouvernement de ce prieuré, indépendamment de l'abbaye de Vendôme. Il vaut environ 5,000 livres de rentes, dont le prieur en a environ 3,000 livres pour sa part, et le reste pour les religieux.

Le prieuré de l'Évière, en latin *Aquaria*, est dans la plus belle situation du monde, sur une éminence qui donne sur la rivière de Mayenne, à l'opposite de l'abbaye de Saint-Nicolas; les jardins et l'enclos en sont très beaux; les bâtiments magnifiques et le revenu très considérable. La tradition est que c'étoit dans ce lieu que les Romains avoient fait leurs bains et qu'étoit le regard ou le bassin des eaux qu'ils fesoient venir d'une fontaine sur le chemin du Pont-de-Cé, par des canaux souterrains que l'on a trouvés depuis peu en différents endroits, surtout dans le jardin des religieuses de Sainte-Catherine; d'où vient le mot d'*aquaria*, comme qui diroit aiguière. Quoi qu'il en soit, ce ne fut que dans le XIVe siècle, qu'on trouva l'image que l'on révère dans la Chapelle Sous Terre. Voici le fait, ainsi que Bourdigné le rapporte dans ses *Chroniques d'Anjou*, 3e partie, page 129, verso :

« Longtemps résida la royne Yolande à Angiers, attendant le retour du roi son époux. Si advint environ l'an 1400, que elle étoit un jour yssue hors de son puissant chasteau d'Angiers par la porte que l'on appelle la porte des Champs, se déduysant par récréation avecque ses gentils hommes et damoiselles, et s'en alla esbatant jusques au prieuré de l'Esvière qui est assis près d'iceluy chasteau sur le fleuve de Mayenne. Et pour ce qu'elle veit le lieu delectable et en bel air, elle se assit à terre en regardant et prenant grand plaisir à veoir la situation et antiquité du lieu, et pareillement à regarder quatre à cinq jeunes chiens espaigneux qui l'avoient suivie, les quels brilloient en ung buisson auprès d'elle et montroient bon devoir de faire saillir quelque beste hors de là-dedans. Et ainsy que la royne regardoit ce passe-temps, pensant que ce pouvoit estre à qui ses chiens menoient la guerre, saillit du buysson ung connin, lequel comme effrayé de la noyse et abboys des chiens accourut vers la royne, se mit dans son giron et là se arresta et fut longtemps ainsi comme à refuge et sauvegarde. La royne le chérissoit et touchoit de la main, sans qu'il voulût partir, et sembloit à veoir qu'il eust du tout mis en oubli sa nature sauvage. La royne estoit fort joyeuse, neanmoins luy jugeoit le cueur que c'étoit quelque indice et demonstrance. Si manda qu'on lui amenast gens pour le buisson deffrouer et abattre, et le fault et terrier du connin chercher pour savoir dont il estoit sorty. Par le commandement de la royne fut le buisson incontinent rasé et commencèrent à bescher tout qu'ils trouvèrent une petite voulte en terre, en laquelle étoit une image de la glorieuse Vierge Marie, tenant son enfant entre ses bras, et devant elle une lampe de verre. Et quand ceux qui beschoient eurent trouvé ce bel image ils le présentèrent à la Royne, qui moult en eut grande joye et à grand plaisir et devotion le reçut. Si alla visiter le lieu où on l'avoit trouvé et y fit faire un petit oratoire, et en bref y eut beau voyage et plusieurs miracles faits. Mais depuis ung venerable religieux nommé frère Jehan Souchart, meu de dévotion vers la glorieuse mère de Dieu, feist en ce lieu bâtir une très belle et devotieuse chapelle, appelée pour le present Notre-Dame de Soubs Terre. Et en icelle honorablement colloqua l'image de la glorieuse Vierge, trouvée ainsy que l'avez cy devant ouy, et fut l'édification d'icelle chapelle, l'an de Notre Seigneur 1450. »

On passe par l'église du prieuré où il y a un autel magnifique bâti en l'honneur de la Sainte-Trinité, pour aller dans la chapelle de Notre-Dame Sous terre, ensuite dans une allée couverte d'où on descend cinq ou six marches ; à l'entrée est un petit vestibule qui est fermé tous les jours après-midi par une balustrade d'où on peut aisément voir la sainte image. Il y a trois autels, le grand est d'une fort belle architecture, où l'adoration des trois rois est représentée ; au-dessus est une petite niche dans laquelle est l'image de Notre-Dame, d'environ un pied de hauteur ; le deuxième autel est dédié à St-Eutrope et le troisième...., Il y a deux croisées dans cette chapelle qui est fort spacieuse et bien voûtée, et qui porte au recueillement tous ceux qui y font leur pèlerinage. Les habitants d'Angers y vont journellement faire leurs dévotions, demander des grâces à Dieu par l'intercession de Notre-Dame et la remercier de celles qu'ils ont reçues. Les tableaux votifs qui sont attachés aux murailles sont une preuve qu'il s'y est fait des miracles. Le Saint-Sacrement est toujours dans le tabernacle. Les pères bénédictins du prieuré de l'Évière, au nombre de douze, sont chapelains et sacristes de cette chapelle ; ils y administrent les Sacrements de Pénitence et d'Eucharistie à tous ceux qui souhaitent les y recevoir. Ce saint lieu a été autrefois fort fréquenté ; le curé de Sainte-Croix y conduit processionnellement, tous les ans, les enfants de sa paroisse, le jour qu'ils ont fait leur première communion, pour les mettre sous la protection de la Sainte Vierge.

NOTRE-DAME DU GENETEIL

PRÈS CHATEAUGONTIER.

L'église du prieuré de Notre-Dame du Genetay, située dans un faubourg de Châteaugontier, tire son nom de l'image de Notre-Dame que la tradition veut avoir été trouvée dans un genêt, d'où est venu le surnom de Genetay ou Geneteil, en latin *Geneteum* ou *Genetolium*. Cette église est de fondation très ancienne car dès l'année 1097, on voit qu'elle étoit tombée de vétusté, et que des trois troncs qui y furent mis pour recevoir les aumônes des fidèles, qu'il y en avoit un pour le rétablissement de l'église, les deux autres pour les moines de Saint-Nicolas qui y demeuroient au nombre de quatre, et pour le curé d'Azé dans la paroisse duquel elle estoit située. Ces quatre religieux faisoient les fonctions curiales, en qualité de curez, avec subordination néanmoins au prieuré-curé d'Azé, qui étoit aussi de quatre religieux. Ces prieurez sont à present en commande à la presentation de l'abbé de Saint-Nicolas d'Angers. Un certain Garsias du Bignon, *de Bugnone*, qui vivoit en 1103, donna à l'abbaye de Saint-Nicolas une maison ou aumônerie, *eleemosinariam domum*, située proche le Geneteil, paroisse de Saint-Saturnin d'Azé, avec la permission d'y bâtir une église sans préjudicier pourtant aux droits de l'église matrice. Il ratifia en même tems le don de l'église d'Azé, que ses ancestres avoient fait à la même abbaye, et il confirma son acte en baisant l'abbé Jean, lui et son fils Raoul. On fit environ le même tems plusieurs autres donations aux religieux de Saint-Nicolas, pour leur maison du Geneteil ; Rainauld de Chateaubriant leur donna un four à ban dans Segré, avec les dixmes du marché, des coutumes, du vin et des bateaux au même Segré ; il leur donna un village et une terre où il avoit dessein de faire bâtir dans la suite une église et un bourg pour des moines ; il leur donna encore un autre four à Chateauneuf, avec l'église de Saint-Aubin *de Popeio*, deux métairies et leurs dépendances, *apud Coriletum* 13 borderies, *tredecim bordarios*, à Châteaugontier, le bourg Girard, avec un bois et un arpent de vignes, une terre à Avrillé, *in Aprilliaco*, et la terre de sa mère Elisabeth, située entre le pont de Mayenne, *Meduana*, et l'église d'Azé, ce qu'il fit du consentement d'Elisabeth, en présence de l'abbé Noël, *Natalis*, et de plusieurs personnes de qualité, à Segré ; et le confirma ensuite, et son fils Adelard, avec lui, au chapitre de Saint-Nicolas, en mettant un baudrier, *balteum*, sur l'autel, avec l'acte. Cet Adelard de Châteaugontier donna depuis aux mêmes religieux pour le Genneteil, la moitié de toutes les coutumes de Châteaugontier et même des foires, *de feria*, ou plutôt *foria*, s'il s'y en établissoit, et de tous ceux qui viendroient dans la terre de l'aumônerie pour y demeurer et en faire un bourg, de quelque côté qu'ils vinssent, à la réserve de ses sujets qui ne pourroient y aller faire leur demeure sans sa permission ; et il se retint l'autre moitié. Il leur donna pourtant pour deux ans la pleine jouissance du cens principal et des ventes qui reviendroient des places où on voudroit bâtir, voulant après ce tems y avoir moitié, aussi bien qu'au four qu'ils y feroient à moitié frais chacun. L'abbé Jean reçut ce don avec Hugues, prieur du Geneteil et d'autres religieux. Cette aumônerie étoit un hopital, lequel étoit gouverné par les chanoines de Saint-Just qui s'en appelloient les confrères ; ceux-ci avoient aussi cédé cette aumônerie aux moines de Saint-Nicolas sous l'abbé Vital, à condition qu'il y en auroit qui y demeureroient ; ce que les moines n'entendant pas et refusant de le faire, comme on les y vouloit contraindre, ils se réclamèrent premièrement devant l'évêque et ensuite au pape Calixte second, lorsqu'il étoit à Angers en 1119. Sa Sainteté, en présence de Rainaud, évêque d'Angers et de ses archidiacres Ulger et Guillaume ; de Jean, abbé de Saint-Nicolas ; de Geoffroy, abbé de Vendôme ; de Foulques, comte, et d'Adelard de Château-gontier, annula le don qui avoit été fait à l'abbé Vital. Deux ans après, savoir en 1121, au mois de janvier, les confrères, par de bonnes vues, redonnèrent à Saint-Nicolas, la maison de l'Aumônerie et tout ce qui y appartenoit, aux conditions ci-après : 1° que, jusques à un certain tems dont on convint de part et d'autre, il y auroit là 12 religieux, scavoir 8 prêtres et quatre frères laïques qui chanteroient tous les jours une messe pour les confrères tant vivans que trepassez; 2° qu'ils en chanteroient chacun quatre pendant le Carême; 3° que lorsqu'un confrère seroit tombé malade on en avertiroit le prieur, qui le visiteroit et lui administreroit les sacrements s'il en étoit besoin; 4° que le confrère venant à mourir, les moines iroient avec chacun un cierge à la main pour l'enterrer, et chanteroient dans l'espace de 30 jours chacun douze messes et autant de vigiles et en feroient l'anniversaire; 5° que les confrères feroient le même pour les religieux; 6° que si quelqu'un des douze alloit à Saint-Nicolas à cause de quelques infirmités, et s'il y mouroit, on feroit pour lui le même service que ci-dessus; 7° qu'on feroit pour l'abbé de Saint-Nicolas la même chose que pour un des douze religieux et pour cela il seroit leur prieur; 8° que sur ce que les confrères donnoient de bien, on nourriroit quatorze pauvres; le reste seroit pour les moines; et que toutes redevances vendues auparavant à l'aumonerie leur appartiendroient desormais, qu'enfin les religieux de Saint-Nicolas et ceux-ci seroient en société de prieres et que tout ce qui revenoit à l'abbaye des paroisses de Parné, *Parenario*, de Gené, et d'Azé, seroit dans la suite appliqué aux douze moines, desquels si l'abbé vouloit en éloigner quelqu'un, il en mettroit un autre à la place et le presenteroit aux confrères, *et confratribus ostendetur*. Tout ceci fut arrêté dans la cour d'Adelard et confirmé dans le chapitre des confrères, en la chapelle Saint-Just, *in capella Sti Justi, in capitulo confratrum*, où se trouvèrent quatre chanoines dont voici les noms : Gaufridus Gotellarius, Rainaldus Sicardus, Dinulphus de Harella, Robertus Cheron, qui en étoient les principaux chefs, *istis quatuor omnes alii obediunt*. Adelard donna en même temps ou plutôt restitua la terre et la dixme de la Roulerie, *Ruoleria*, et tout ce que les religieux pourroient acquérir de son avis dans son fief, et, en récompense, l'abbé et ses religieux lui promirent les mêmes services qu'ils faisoient pour l'abbé. Toute la convention ci-dessus fut par après confirmée dans le chapitre de Saint-Nicolas par les députez des confrères, et ils rentrèrent les uns et les autres en communion de prières. Raynaud, évêque d'Angers, étant sur son départ pour faire le voyage de Jérusalem, confirma aux religieux la donaison de l'aumônerie, un jour qu'il étoit allé à Saint-Nicolas pour implorer l'assistance de ce saint et se recommander à leurs prières. Il marque que cette maison leur étoit donnée pour en faire une église, *ad faciendum de domo illa ecclesiam*, et il ne la leur confirme que sauf le droit de la paroisse et à condition qu'il y aura douze religieux qui vivront en communauté. Les religieux de Saint-Nicolas lui promirent de leur côté d'établir par succession un religieux prêtre qui priât pour lui et pour ses parents et pour sa conservation dans son voyage et celle de toute sa compagnie. Cette même donaison de l'aumônerie fut encore ratifiée par Ulger, évêque d'Angers, successeur de Raynaud, et qui fut élu en 1123, et autorisée par Alexandre III, qui fut élu pape en 1160. Nous avons dit, au commencement, que l'église de Notre-Dame du Geneteil étoit tombée en 1097; il paroit qu'elle n'étoit pas encore toute réparée du temps d'Ulger, car les religieux de Saint-Nicolas ayant eu un différend avec le curé d'Azé, au sujet de l'église de Sainte-Marie du Geneteil, *Beatæ Mariæ de Genetolio*, cet évêque les accommoda en cette sorte; il ordonna que le curé d'Azé auroit la moitié des oblations, excepté les sollennitez auxquelles les paroissiens viennent à leur mère église et où la messe se célèbre pour eux: qu'après cette messe, qui que ce fût qui célébrât à Notre-Dame, les oblations seroient partagées; qu'au reste ce qu'on donneroit pour les religieux leur appartiendroit; ce qu'on mettroit pour le curé seroit à lui, et ce qu'on offriroit pour l'église seroit pour l'église, jusques à ce qu'elle fût entièrement achevée; après quoi toutes les aumônes seroient également partagées entr'eux. On a dit qu'il y avoit en ce tems là trois troncs dans cette église, *donec ipsa peracta sit ecclesia*. Ulger ordonna aussi que les deux processions viendroient le dimanche des Rameaux et s'en retourneroient chacune chez soi après l'adoration de la croix. Le tems que les religieux doivent demeurer dans la maison de l'Aumônerie ayant été limité comme il a été dit, soit qu'il fût déjà écoulé avant 1206, soit que le lieux ne fût pas si commode pour un hospital, ou pour d'autres raisons qu'on ne scait pas, les seigneurs de Châteaugontier avec les principaux de la ville et les aumôniers pensèrent, avant cette année, 1206, à établir un nouvel Hôtel-Dieu sur le pont de Châteaugontier, dans la paroisse d'Azé. L'abbé de Saint-Nicolas, qui se nommoit Bollenus, et ses religieux s'y opposèrent d'abord fortement, en sorte que l'affaire alla jusques aux oreilles du pape Alexandre III, lequel la renvoya à Guillaume de Beaumont, évêque d'Angers, pour la terminer en qualité de commissaire du St-Siège ; Guillaume la termina en 1206, à ces conditions : 1° Qu'il n'y auroit jamais plus d'une cloche dans la chapelle quelque grands biens qu'on y pût donner, (il n'y avoit dans l'ancienne Aumônerie ni chapelle ni cimetière). 2° Que le chapelain qui en seroit pourvu se présenteroit à l'abbé et au chapitre de St-Nicolas, et y feroit serment de ne donner aucune atteinte aux droits curiaux dont les moines jouissoient dans les paroisses d'Azé et du Geneteil. 3° Que les religieux du Geneteil célébreroient les divins mystères dans la chapelle de l'Hôtel-Dieu, quand il leur plairoit, et emporteroient les oblations qui leur y seroient faites par leurs paroissiens. 4° Qu'on enterreroit personne dans le cemetière, outre les frères de la maison et les pauvres qu'on auroit reçus et qui y mourroient. 5° Que les frères ne recevroient aucune personne en leur religion, *in eorum religionem*, sans le consentement de son curé, *sine licentia sacerdotum*.

Les messieurs de Châteaugontier quittèrent encore, outre cela, une terre aux religieux, proche l'ancienne Aumônerie qui leur avoit été donnée longtems auparavant, et leur firent don de quelques vignes, ce qui fut ratifié par Geoffroy, sénéchal de Châteaugontier en la même année, et l'abbé permit aux aumôniers de la ville de bâtir leur hospital sur le pont, désirant avoir part, lui et ses religieux, au mérite d'une si bonne œuvre.

En 1478, le prieur du Geneteil et le curé d'Azé eurent un différend ensemble. Le curé se plaignoit de ce que le prieur et son chapelain se mêloient de faire des noces et de relever des commères, etc., ce qui étoit contre les droits de sa cure ; et le premier disoit que les chapelains du curé avoient amené la procession de la même cure au Geneteil pendant les Rogations, qu'ils avoient célébré la Sainte-Messe à l'autel de la Trinité et y avoient pris les oblations, au lieu de la célébrer, selon l'ancienne coutume, à l'autel de Notre-Dame, dont les oblations lui devoient revenir. Ils firent un accommodement par devant Jacques Giquet, notaire à Châteaugontier, en présence de plusieurs personnes de mérite qui s'assemblèrent pour cela dans la maison du prieur qui s'appelloit frère Pierre de Gennes ; il y renonça à la célébration des mariages et des messes des commères et à toutes fonctions préjudiciables à la cure, et s'obligea de faire son service à telle heure que cela n'empescheroit point les paroissiens d'aller à celui de la paroisse ; le curé de son côté fut tenu lui et ses chapelains de dire désormais les messes des Rogations à l'autel de Notre-Dame, comme auparavant, et de laisser au prieur les oblations de cet autel et des autres, excepté celui de Saint-Sauveur, et le prieur de continuer au curé les revenus qui lui étoient dus sur le prieuré.

Ce qu'il y a de remarquable dans l'église du Geneteil, c'est le grand autel, sur lequel, du côté de l'évangile, il y a une ouverture d'un pied de circonférence, laquelle est grillée et fermée à clef ; elle est en forme de trémie. Sous la pierre d'autel, vis-à-vis de cette ouverture, il y a un vide de quatre pieds de long et d'un pied de hauteur ou environ, et derrière l'autel il y a deux ouvertures qui correspondent à cette concavité ; la pierre d'autel a été rallongée de 7 à 8 pouces, et c'est dans le joint qu'est cette manière de trémie ; on voit les apparences de la même chose du côté de l'épître ; toutes les circonstances font juger que c'étoit autrefois un tronc où les pèlerins jetoient leurs offrandes, parce qu'anciennement on ne couvroit les autels de napes et de linge que pour le Saint-Sacrifice ; ce qui s'observe encore à la cathédrale et ailleurs.

La chapelle du Geneteil a autrefois été fort fréquentée et l'est encore ; on y chante encore vespres tous les samedis, et un homme de probité a assuré qu'elle seroit toute pleine de vœux de cire et autres, si les fermiers ne les en ôtoient pour en faire leur profit, si tôt qu'ils y sont offerts.

Le prieuré du Geneteil vaut 800 livres de rentes et est très bien bâti. M. l'abbé de Vaux, official d'Angers, antépénultième titulaire, y a fait faire une très belle maison. La chapelle est très grande; il y a un tabernacle, une confrairie du Saint-Sacrement fort fréquentée et une grande dévotion le jour de St-Fiacre, avec une foire qui dure huit jours et un grand concours de peuple.

Ce prieuré a depuis été uni au collège de Châteaugontier par feu M⁰ˢ Le Pelletier.

NOTRE-DAME DE LA PAPILLAYE.

Hiret, dans le livre des Antiquitez d'Anjou, page 157, dit que Herbert le Lanier et Alicia, sa femme, citadins d'Angers, firent bâtir l'église et le monastère de Notre-Dame de la Papillaye à demi lieue de la ville d'Angers, et le fondèrent pour la nourriture de trois moines de Notre-Dame de la Réalle, diocèse de Poitiers, en l'an 1279. Le même auteur ajoute qu'au mois de mai de l'année suivante, 1280, Nicolas Gellsot, évêque d'Angers, et l'abbé de la Realle, fondèrent encore une chapelle de religieux à la Papillaye, afin qu'il y en eût quatre ; et, page 361, Hiret dit que ce Herbert Lanier, fondateur de la Papillaye, mourut en l'an 1288, au mois de mars, et sa femme Alicia en l'an 1289, et sont tous deux enterrez dans la dite chapelle au milieu du chœur sous une tombe de cuivre fort élevée sur laquelle sont gravées ces paroles :

Anno centeno decies et bis numerato
Et novies deno pater sibi consociato,
Hymberti domni vitam fert dragma quaternum
Communis somni ; cui sit diadema supernum !
Qui legis hæc frater, juvenis, vetus, innuba, mater,
Hic orando Pater et Ave die mense pia ter

Hales fundatrix istius loci.
Plores Andegavis hujus mortem mulieris.
Sic gratam monachis vix similem reperis.
Hæc pia matrona fuit, ad bona singula prona.
Pauperibus dona præbens. Hanc, Christe, corona (1).

Il y a dans la chapelle, sur le grand autel, une image de Notre-Dame, de marbre, fort ancienne, et, dans le vitrail qui est

---

(1) Voir, pour cette inscription, la *Description de la Ville d'Angers*, par Péan de la Tuillerie ; édit. de M. Port, p. 451.

très bien peint, sont représentés tous les mystères de Notre-Dame.

La tradition du pays porte que la feste de la Visitation à laquelle cette chapelle est dédiée, fut chomée en Anjou, parce qu'une année, environ le commencement de juillet, il fit un vent si impétueux et une espèce d'ouragan en Anjou si véhément que les bleds qui étoient presque murs furent tous perdus, parce que les épis s'entrefrottant les uns les autres par la violence du vent, s'égrenèrent et tombèrent par terre, de sorte que le vulgaire a toujours depuis ce tems appelé cette feste Notre-Dame des Grands Vents ou des Égraineaux. On y invoque la Sainte Vierge contre la peur; surtout les mères y vouent leurs enfants qui sont peureux. Depuis que la feste de la Visitation n'a plus été chomée, on l'a transférée au Dimanche suivant, où il se trouve, nonobstant la translation, un très grand concours de peuple.

La chapelle est grande et spacieuse, mais mal ornée. Il y a une autre petite chapelle du côté de l'Évangile qui est dédiée à St Étienne, et est affermée neuf cent livres.

Messieurs Lanier de la Guerche prétendent être descendus de ce Lanier, fondateur de la Papillaye; au moins ont-ils pris ses armes qui sont quatre laniers (1).

---

(1) *Lanier*, oiseau de proie, espèce de faucon.

NOTRE-DAME DE BEAULIEU

PRÈS CANDÉ, EN ANJOU.

Le prieuré conventuel de Notre-Dame de Beaulieu fut fondé longtemps avant le XIV° siècle, dans la paroisse de Freigné, proche la ville de Candé, en Anjou, d'où il relève pour le temporel, et du diocèse de Nantes pour le spirituel. L'abbé de Saint-Gildas des Bois en Bretagne la présente. La chapelle est grande et assez magnifique; il y a une croisée où sont deux chapelles; elle a été autrefois fort cultivée pendant que les religieux Bénédictins de l'abbaye de Saint-Gildas y demeuroient et y faisoient le service au nombre de dix. Elle étoit autrefois fort fréquentée; on y a vu quelquefois plus de vingt et trente processions des paroisses d'alentour, et la dévotion y étoit si grande qu'on assure qu'il y avoit autrefois, dans un faubourg de Candé, une rue qui conduit de la ville à Beaulieu, bordée de maisons où demeuroint des marchands qui, comme à Saumur, ne vendoient que des chapelets et des images de Notre-Dame, ce qui a duré plusieurs siècles; mais depuis que les religieux de Saint-Gildas en sont sortis, il n'y a plus qu'un prêtre desservant cette chapelle qui est devenue succursale de la paroisse de Freigné. Le Saint-Sacrement est toujours sur l'autel dans le tabernacle. On y voit l'image de la Sainte-Vierge, qui a, dit-on, donné lieu à la fondation du prieuré et de la chapelle; elle a une couronne sur la teste et tient l'enfant-Dieu sur un bras; elle est ceinte d'une ceinture avec agrafe. Assez près de cette image qui a été rompue on voit à demi-corps la figure d'un mouton, dans la muraille de l'autel, ce qui autorise la tradition du pays, qui veut qu'un berger gardant son troupeau au lieu où elle est bâtie, il s'apperçut un jour qu'un de ses moutons se détachoit du troupeau comme pour aller paître dans un buisson d'épines où il entroit fort avant. Comme cela arriva plusieurs jours de suite, le berger le suivit et ayant vu qu'au lieu de brouter l'herbe il léchoit une pierre, il voulut arracher cette pierre, mais il fut surpris de voir que c'étoit une image de Notre-Dame ; il fit part de sa découverte aux habitans d'alentour, qui étant venus la voir et ayant fait leur prière en sa présence, s'en retournèrent fort contents ; on y amena des malades qui furent soulagez ; il s'y fit ensuite beaucoup de miracles ; le voyage s'augmenta ; on bâtit la chapelle des offrandes des pèlerins ; des seigneurs d'Anjou et de Bretagne fondèrent le prieuré qui vaut encore environ 1,000 livres de rente ; on y appella des Bénédictins de Saint-Gildas.

LIVRE VIII

CHAPELLES
dédiées

A NOTRE-DAME EN ANJOU.

NOTRE-DAME DU MARILLAIS

La chapelle de Notre-Dame du Marillais est une des plus belles et des plus grandes du royaume; il y a bien des cathédrales en France qui n'approchent pas de sa grandeur ni de sa beauté; elle a beaucoup l'air de celle de Saint-Maurice d'Angers; elle est quasi aussi longue, mais elle n'est pas si large, ce qui feroit croire que l'une et l'autre auroient été basties par ordre de Charlemagne; celle du Marillais a cent quarante et quatre pieds de longueur y compris le vestibule, sur soixante-douze de largeur, vis-à-vis les deux chapelles qui forment la croisée de dedans en dedans. Elle a été autrefois voûtée, mais sa voûte est tombée, ou de vétusté ou par le ravage des Bretons ou des Normands qui l'ont plus d'une fois pillée. Elle est bâtie dans une plaine à cent pas de la rivière de Loire où les eaux venant à se déborder formoient autrefois un lac avant qu'on eût fait un grand fossé pour les faire retirer, d'où elle est appelée, dans les registres de l'évêché d'Angers : *Beatæ Mariæ de Lacu*, et dans quelques autres titres : *Beatæ Mariæ de Meriole*.

On croit communément que Charlemagne, empereur, l'a fait bâtir en mémoire d'une signalée victoire qu'il remporta par l'intercession de la Sainte Vierge, en ce lieu-là, sur le duc de Bretagne et les Bretons qui vouloient se soustraire de son domaine et ériger leur duché en royaume.

La tradition du pays est que cet empereur, pour animer ses soldats au combat, leur crioit de dessus une éminence voisine du lieu où ils donnoient la bataille : *Maria illic est, Maria illic est*, Marie est pour vous en cet endroit, ou bien Marie vous donnera la victoire, et que c'est de là qu'on appelle cette chapelle du nom de Marillais, comme qui diroit *Maria illic est*, ou en vieux gaulois : Marie illec est. M. Varilas, dans son histoire de Charlemagne, rapporte cette étymologie comme très probable.

Mais, sans qu'il y ait eu de combat en ce lieu où Charlemagne se soit trouvé en personne, parce que tous nos historiens n'en conviennent pas, il est notoire que ce prince étoit si dévot à la Sainte Vierge qu'on n'aura pas peine à croire qu'il ait fait bâtir cette chapelle en l'honneur de la divine Marie, lorsque, revenant de Tours visiter le tombeau de saint Martin, en l'année 800, il descendit par la rivière de Loire jusques à Angers et alla ensuite à l'abbaye de Saint-Florent qu'il fit bâtir et enrichir de colonnes de marbre et de grands revenus, et y annexa la chapelle de Notre-Dame du Marillais qui depuis a toujours été servie par les pères bénédictins de cette abbaye.

Quoi qu'il en soit, on voit sur le portail de la chapelle de Notre-Dame du Marillais trois figures de pierre dure qui ont chacune une couronne sur la tête et représentent apparemment l'empereur Charlemagne, Louis le Débonnaire, son fils, et Charles le Chauve, son petit-fils, tous deux empereurs qui ont été successivement fondateurs de l'abbaye de Saint-Florent le vieux, autrement du Mont-Glonne.

A l'entrée de la petite porte qui est à main gauche du côté de l'église paroissiale de Saint-Jean du Marillais, sont aussi des figures couronnées, sans inscription.

On voit encore sous le vestibule de la chapelle, à main droite, en entrant, cinq grandes figures en relief dont l'une qui est au milieu a aussi la couronne sur la tête et un sceptre ou un sabre à la main, une autre figure à côté qui a la mitre sur la tête, que l'on croit représenter Turpin, archevêque de Sens, favori de Charlemagne. Le père Huynes, moine Bénédictin, dans son Histoire de Saint-Florent, nous assure que ce fut Renaut, second du nom, abbé de Saint-Florent, qui vivoit en 1282, qui fit faire ce portail et qui fit mettre la statue de Charlemagne en bosse avec celles de plusieurs grands personnages.

Quoi qu'il en soit, il est toujours certain qu'il n'y a qu'un souverain qui ait pu faire bâtir une chapelle si vaste et si spacieuse à si grands frais.

Cette chapelle fut autrefois bien plus chérie et plus ornée qu'elle n'est à présent, car le même père Huynes nous apprend, dans la même histoire, qu'au dessous du Mont-Glonne est située l'église de Notre-Dame du Marillais, au-devant de laquelle coule le fleuve d'Èvre, où les eaux étant basses en été, un jour, deux paysans y firent passer leurs troupeaux, et que l'un d'eux ayant aperçu un grand poisson, courut après pour le prendre, et qu'en courant il heurta du pied contre une cloche d'or du poids de cent livres, et crut d'abord que c'étoit une pierre, mais qu'il en fut désabusé par les anses, ce qui l'obligea d'appeler son compagnon pour la tirer de l'eau, ce qu'ayant fait ils connurent que c'étoit une cloche de pur or; néanmoins étant des gens simples et sans malice, ils la portèrent à Galo, prieur de Saint-Florent de Glonne, lui disant l'endroit où ils l'avoient trouvée. Galo leur en donna une pièce de terre de récompense; mais Budic, comte de Nantes, ayant ouy parler de la découverte de cette cloche, passa en revenant de la Cour de Foulques, comte d'Anjou, par l'abbaye de Saint-Florent où il n'y avoit que trois ou quatre moines qu'il contraignit par force de lui donner cette cloche, disant qu'il avoit droit de la posséder comme leur seigneur, ainsi qu'avoient été ses prédécesseurs, et afin qu'il ne pussent pas se plaindre comme d'une injustice manifeste, il leur donna dix livres en deniers; de là, il est aisé de conjecturer que l'empereur Charlemagne y avoit donné cette cloche, que les vases sacrés en étoient encore bien plus précieux, et qu'on l'avoit jetée dans cette rivière pour la sauver du pillage des Normands qui, dans le VIIIe siècle, ravagèrent l'abbaye de Saint-Florent et toutes les églises voisines qui en dépendent.

Le même P. Huynes ajoute qu'il y avoit des religieuses qu'il appelle *sanctimoniales* qui demeuroient auprès de cette sainte chapelle du couvent, desquelles on voit encore quelques vieux restes. Mais au temps de la persécution des nations maritimes, c'est-à-dire des peuples du Nord autrement Normands, gens sans foi et sans religion, elles furent obligées de se réfugier dans un autre monastère, parce que l'une d'entr'elles fut déshonorée par un de ces misérables.

Le même auteur rapporte deux miracles considérables que Dieu a fait en différents temps pour prouver qu'il a toujours eu agréable que sa sainte mère fût honorée en ce lieu.

Le premier est sous Guillaume Ier du nom, abbé de Saint-Florent. Un jour d'été le feu ayant pris à la maison du nommé Renaud Mansel, laquelle touchoit l'église de Notre-Dame du Marillais, il y brûla tout ce qui étoit combustible, excepté les quatre murailles ; quelques jours après, un jeune clerc nommé Forestier, ayant voulu nettoyer l'église et cherchant les clouds et les serrures d'un coffre qui étoit prosche l'autel, où on avait coutume de mettre les ornements, trouva les corporaux, dont un prêtre nommé Thibaut avoit coutume de se servir pour célébrer les divins mystères en la chapelle, qui étoient tous blancs et entiers, excepté un seul qui étoit brûlé à un coin en signe du miracle, tout le reste, tant le coffre que les calices et livres, étant réduit en cendres ; que l'abbé Guillaume et ses religieux ordonnèrent qu'on ne se serviroit plus de ces corporaux et qu'ils seroient conservés comme des reliques.

Le second miracle est à l'égard de l'image de Notre-Dame tenant Notre-Seigneur entre ses bras, qui a toujours été révérée en cette chapelle. Un voleur l'ayant prise et la voulant porter au-delà de la rivière d'Èvre d'où il était venu, il devint tout-à-coup immobile et ne put passer l'eau, en sorte qu'il fut contraint par une force divine de rapporter cette image au lieu où il l'avoit prise.

Il y avoit déjà, dit-on, en ce lieu, une petite église en l'honneur de Notre-Dame, avant que Charlemagne eût fait construire celle qu'on y voit présentement en mémoire de ce que la Sainte Vierge avoit apparu environ l'an 430 à saint Maurille, dans le lieu où elle est bâtie, pour déclarer à ce saint évêque que la volonté de Dieu étoit qu'il fît solenniser la feste de sa Nativité par tout son diocèse, et comme elle n'avoit point encore été célébrée ailleurs qu'en Anjou, où on l'a chômée plusieurs siècles avant qu'elle ait été reçue par toute l'église, elle s'appeloit par distinction Notre-Dame Angevine, et la principale feste de cette chapelle est la Nativité de la Sainte Vierge. Comme cette chapelle est appelée dans le pouillé des églises de la province de Touraine, imprimé en 1648 : *Capella beatæ Mariæ de Mariolo*, je serais assez porté à croire que l'étymologie de ce mot Marilais, *de Mariolo*, vient de

Maurilio, faisant allusion à saint Maurille à qui la Sainte Vierge apparut en cet endroit.

Quoi qu'il en soit, il est certain que ce jour-là on venait autrefois de toutes parts, même jusque d'Allemagne et d'Angleterre, en voyage à Notre-Dame du Marillais, en sorte que ce jour-là les religieux ont bien dit ou fait dire, le jour de la Nativité de la Vierge, pour cinq cents écus d'évangiles; mais comme les meilleures choses dégénèrent souvent en mal, il y vient présentement plus grand nombre de marchands que de pèlerins, car à l'occasion de cette feste et de ce grand concours de peuple, pour la nourriture duquel il falloit souvent tuer plus de cent bœufs, il s'est fait une foire si fameuse que les marchands d'Orléans, de Rouen et d'ailleurs ont pris à rente prosche la chapelle certains terrains des religieux, comme seigneurs de fief, pour bâtir des boutiques qui demeurent désertes toute l'année ; et de toutes ces boutiques il s'en est formé une espèce de petite ville distinguée par rues, par places publiques et carrefours, qui rend le lieu fort agréable, lequel de lui-même est fort sauvage. Il y a des marchands qui débitent pour plus de dix mille livres de marchandises ce jour-là.

Il y a aussi une confrérie érigée dans cette chapelle de laquelle le Pape Urbain VIII a renouvelé les indulgences plénières par sa bulle en date du 23 septembre 1623. Il y a plusieurs siècles que cette confrérie est érigée. Les statuts portent qu'on dira trois grandes messes et vigiles des trépassés pour chaque confrère mort, et tous les samedis une messe pour les confrères vivants. La devise de cette confrérie est *Mater divinæ gratiæ ora pro nobis*.

Il y a peu d'années que le curé de la paroisse de Saint-Jean-Baptiste du Marillais, trouvant son église trop petite et trop incommode pour y instruire son peuple, prétendoit avoir droit de faire de la chapelle de Notre-Dame du Marillais son église paroissiale, soutenant qu'elle avoit autrefois servi à cet usage, parce qu'on y voit encore une chaire pour annoncer la parole de Dieu, un clocher et des cloches pour convoquer le peuple ; mais les religieux de Saint-Florent s'y opposèrent et le firent débouter de ses demandes par arrest du 29 mai 1677, et le curé fait présentement ses fonctions en l'église Saint-Jean, proche ladite chapelle.

On a fondé dans cette chapelle six autres chapelles qui doivent y être toutes desservies. La première, de Notre-Dame de Pitié ; la deuxième, de Sainte-Anne ; la troisième, de Saint-Michel ; la quatrième, de Saint-Éloi ; la cinquième, de l'Ascension ; la sixième, dont le service a toujours été fait par le curé et les prêtres. Le seigneur baron d'Ancenis y a fondé une lampe pour brûler à perpétuité devant l'image de Notre-Dame, et a donné une petite île à la paroisse du Marillais, à la charge de faire une procession et de dire la grande messe le mardi des Rogations, en ladite chapelle. Deux autres lampes y ont été aussi fondées.

Le mercredi des Rogations, les neuf paroisses du territoire de Saint-Florent s'assemblent pour aller processionnellement dans l'église de Notre-Dame du Marillais où on porte la relique de saint Mauron, premier abbé de Saint-Florent.

J'oubliois de dire qu'il y a bien de l'apparence que quelque événement singulier a déterminé le fondateur à la bâtir dans un lieu aussi incommode et dans une situation si désavantageuse qu'elle est, car souvent les hivers, quand il y a des débordements de la rivière de Loire, l'eau monte jusque sur l'autel, en sorte que Renaut, second abbé de Saint-Florent, qui vivoit comme nous avons dit en 1232, fut obligé de faire faire une chapelle en forme de tribune qu'il dédia à saint Michel, au bout de celle de Notre-Dame, pour y dire la messe pendant ces crues d'eau ; on y monte par un escalier qui est au dedans de la chapelle et qui la défigure, et elle est si élevée qu'on y peut y toucher de la main à la voûte.

L'an 1491, le 22° jour de mars, frère Guillaume Lambert, secretain de Saint-Florent le Vieux, fonda la chapelle séculière Sainte-Anne, desservie en l'église ou chapelle Notre-Dame du Marillais, en laissant la présentation au prévot de Saint-Laurent du Mothay, et la collation ou institution au secretain de Saint-Florent le Vieux, ce que l'abbé et chapitre de Saint-Florent lès Saumur approuvèrent le 2 may ensuivant.

Cette chapelle est dépendante de l'abbaye de Saint-Florent le

Vieux et n'en est distante que de demi-quart de lieue, les religieux de la congrégation de Saint-Maur la servent, et y font dire la sainte messe, et, à l'occasion de cette chapelle si fameuse en Anjou, nous dirons ici ce que nous avons appris de l'antiquité, des privilèges, des richesses et des différents évènemens de cette abbaye, par la lecture des auteurs et des titres qui en parlent.

« L'abbaye de Saint-Florent le Vieux est une des plus anciennes, des plus considérables du royaume, elle est bâtie sur une éminence ou montagne nommée G........, etc. » (*Manque la suite*)

NOTRE-DAME DE BÉHUARD

L'église de Notre-Dame de Béhuard a été très-célèbre dans les derniers siècles et l'est encore dans celui-ci par le concours des habitants de la province d'Anjou et de la ville d'Angers, d'où elle n'est éloignée que de deux lieues, qui vont y faire leur prière et rendre leurs devoirs à la Sainte Vierge. Elle est située dans une petite île au milieu de la rivière de Loire qui l'entoure de toute part, et bâtie sur la pointe d'un rocher dont la pierre paraît être une espèce de marbre noir, qui se trouve dans ladite rivière, auprès duquel des sables ayant été jetés par les flots de la rivière, ont formé l'île qui a plus d'une lieue de tour et demi lieue de diamètre. Il y avoit autrefois trois îles en Béhuard, qui étoient séparées par de petits bras de la rivière de Loire qu'on appelle en Anjou des boires suivant le langage du vulgaire, et qui ont enfin été réunis en une par les sables amassés ensemble, et qui n'en font qu'un continent; l'une qui était la plus proche de la chapelle s'appeloit l'île Marie, l'autre, la Vacherie et la troisième, l'île de Mer Madame. L'abbesse du Ronceray prenoit autrefois les dixmes dans les deux dernières, lesquelles ayant été jointes à l'île Marie où le curé de Denée avoit coutume de les prendre, il y eut procès entre elle et lui, et il fut dit par arrest : que comme l'île Marie étoit la plus grande et que les deux autres adjacentes ne faisoient plus qu'un tout, le curé dixmeroit seul partout.

Ceux qui aiment les fables disent qu'elle porte son nom de Béhuard dès le temps de saint Maurille, évêque d'Angers, lequel s'appliquant à la destruction du culte des faux dieux et des idoles dans son diocèse, aperçut que l'idole de Béhu étoit révérée par les peuples d'alentour sur cette montagne, et que, pour les détromper, ce saint obtint de Dieu, un jour qu'ils étoient assemblés tout autour, que le feu du ciel descendît sur cette idole et la brûlât en leur présence, et que ces peuples voyant cet embrasement, s'écrièrent et dirent *Behu ard*. D'autres, suivant une tradition qui n'est pas mieux fondée, assurent que dans les premiers siècles, un fameux magicien nommé Behu, s'étoit retiré sur la pointe de ce rocher, et que tous les nautonniers qui passoient au pied, avoient coutume de lui payer un certain tribut pour se rendre la navigation heureuse, parce qu'on avoit remarqué qu'il avoit tant de crédit auprès du démon, qu'il arrivoit toujours quelque malheur à ceux qui ne lui donnoient rien en passant. Ces petits contes sont bons pour divertir ceux qui vivoient encore dans ces temps que saint Paul appelle des temps d'ignorance, *tempora hujus ignorantia*. Mais ceux qui recherchent et qui aiment la vérité sont persuadés qu'elle s'appelle l'île de Béhuard, parce qu'elle appartenoit à un seigneur breton nommé *Buhardus*, officier de Geoffroy Martel, comte d'Anjou, qui la donna vers l'année 1160, aux religieux de l'abbaye de Saint-Nicolas, avec la chapelle qui étoit déjà apparemment dédiée à la Sainte Vierge, *cum capella sua*, porte le titre imprimé par le P. Laurent Le Peltier, avec tous les autres titres de l'abbaye de Saint-Nicolas, et où il est dit que ce fut pour les obliger à prier Dieu pour le repos de l'âme de Geoffroy Martel, son maître.

En effet, les religieux de Saint-Nicolas ont été paisibles possesseurs de cette île et des revenus d'icelle jusqu'à ce que Louis XI, roi de France, la leur demanda en échange pour y bâtir un chapitre, ainsi que nous le dirons ci-après.

Il y a bien de l'apparence que la chapelle ne fut bâtie sur ce rocher, et dans un très-petit espace, que pour favoriser et entretenir la dévotion de quelques solitaires qui demeuroient sur la pointe de ce rocher; car il y a encore assez proche une petite hutte ou maison qu'on appelle la Moinerie. Quoi qu'il en soit, la chapelle était dédiée à la très digne mère de Dieu, et on conserve encore l'image qui y étoit révérée, dans la dite chapelle qui sert présentement de sacristie à une plus grande église que Louis XI a fait bâtir sur le rocher.

Dès les premiers siècles, et longtemps avant Louis XI, les Angevins alloient révérer Notre Dame en ce lieu. Nous lisons dans de très vieux registres de la chapelle de Béhuard et surtout au bas de certains tableaux qui ont été attachés contre les murailles par forme de vœux, qu'il s'y faisoit des miracles dès l'année 1418, et que la Sainte Vierge avoit voulu présider en cet endroit à toute la rivière de Loire comme une *étoile de mer* et pour servir de guide et de port assuré à ceux qui se trouveroient en danger de naufrage dans leur navigation. Comme les miracles sont exprimés dans des termes fort simples et au-dessous de tout soupçon de fausseté ou de supposition, nous les rapporterons ici sans rien changer ; les voici :

Cy sont declarez les miracles de Béhuard, qui se sont faits ès personnes cy-après declarées, qui, en leur adversitez, ont reclamé à leur aide dévotement la glorieuse Vierge Marie, en la présente chapelle de Béhuard.

I.

Le 22º jour de mars de l'an 1418, Jean Charlach, demeurant à Angers, vint en voyage et fit son oblation en la dite chapelle, dit et affirma par serment que la nuit du mardy avant le dit jour, lui étant couché en sa maison qui fondoit et soudainement va fondre le plancher et la dite partie de maison où lui et son enfant étoient couchés, et churent en une cave profonde bien la longueur d'une lance et demie, et en tombant lui souvint de Notre-Dame de Béhuard à laquelle se vouèrent luy et son dit enfant, tantôt la servante qui étoit couchée en une autre chambre près celle qui étoit fondue, au bruit se leva et appela les voisins qui incontinent viendrent et virent ledit Charlach et son enfant tout couverts de pierres, trouvèrent le dit Charlach qui commença à parler et à dire : j'ay mon enfant sous moy, je doute qu'il soit mort, sinon que Notre-Dame à laquelle l'ay recommandé et aussi l'ay préservé ; découvrirent père et enfant, et trouvèrent le dit enfant aussi son père sains et sauves sans avoir aucun mal, et les présents en grand nombre commencèrent à louer Dieu et la Vierge Marie, prièrent en la chapelle de Béhuard.

II.

Le dimanche avant la saint Pierre et saint Paul, au dit an mil quatre cent dix-huit, tout nu en chemise, en voyage dans la dite chapelle, Coullec Chauveau, poëlier de Saint-Lambert, près Saumur, dit et affirma que lui étant en une petite sentine étant sur la rivière de Loire, près du dit lieu de Saint-Lambert, où il peschoit du poisson, soudainement vint une tempête et telle que la dite sentine et lui affondrèrent en la dite rivière qui étoit alors grande, alla trois fois au fond; à la troisième fois lui vint en mémoire Notre-Dame de Béhuard; alors se recommanda et voua bien devotement, et sitôt qu'il eut voué et recommandé, il fut délivré.

III.

Le 24e jour de juin, l'an 1443, fut en voyage en la dite chapelle de Béhuard Jahel Cadoret, serviteur de très haut et très excellent le roy de Sicile, dit et affirma par son serment que, au dit temps qu'il alloit par mer de la Calabre à la cité de Naples, et lui et ses compagnons étant en une galère, sourdit soudainement un merveilleux vent et tempeste, tellement que la dite galère fut plongée dans l'eau, plus d'un quart de lieue et cuidant véritablement être tous morts au dit endroit, va se souvenir de Notre-Dame de Béhuard, s'y recommanda bien dévotement en lui promettant que s'il échappoit le danger auquel il étoit, visiteroit ladite chapelle de Béhuard, y feroit son oblation et dire une messe, et tout incontinent cessa le dit vent et tempeste, et fut délivré.

IV.

Le 19e jour de mai 1447, fut en voyage en la dite chapelle de Notre-Dame de Béhuard Jamet Merel, paroissien de Saint-Symphorien d'Andard, âgé de quatre-vingts ans ou environ; dit et affirma que le dix-neuvième jour dessus-dit, alloit au Pont-de-Cé pour faire moudre du bled, et lui étant près du moulin où il devoit faire moudre son dit blé, va venir soudainement une nuée et tempeste merveilleuse, et cuida mettre son dit bled qui étoit en une poche, au dit moulin, lui et la dite poche churent en la dite rivière ; lors les gens estant au dit moulin et es bateaux commencèrent à lever un grand cri et crier: à l'eau ! le dit Merel fut par plusieurs fois au fond de l'eau, et en cette nécessité lui va souvenir de Notre-Dame de Béhuard, à laquelle se remanda aussi un marchand d'Orléans étant en un chalon chargé de sel, voyant le danger où étoit le dit Merel, lui voua et recommanda et alla en un petit futereau qu'il avoit, trouva le dit Merel les mains jointes se tenant sur l'eau, et appela la dite Dame à son aide, le prit et le mit dans son dit bateau sain et sauve et promit le dit Merel au dit marchand aller à la dite chapelle, et s'acquitta de ses vœux et promesses.

Jean Hiret, dans son livre des *Antiquitez d'Anjou*, de la première édition (1), page 198, dit que le roy Louis XI vint à Angers en l'année , et que Guillaume Fournier, chanoine pénitentier de la cathédrale d'Angers et curé de Denée, dit un certain jour au roy qu'il y avoit une petite chapelle en l'île de Béhuard où il s'étoit fait plusieurs miracles et qui étoit un lieu de dévotion ; le roy y alla et après y fit bâtir une belle église et y donna des terres faisant état d'y mettre des chanoines.

En effet, il en fit la fondation, mais comme nous n'avons pu en trouver l'acte, nous nous contenterons de dire qu'il paroist qu'elle étoit faite dès l'année 1480 ; car nous apprenons, d'un acte en date du mois de mars 1481, que Louis XI avoit déjà fondé un collège composé d'un doyen et six chanoines, six chapelains et trois choraux en l'église et chapelle Notre-Dame de Béhuard, et pour édifier des logis, cloitres et autres choses nécessaires pour l'habitation des dits chanoines et chapelains, il avoit fait un échange pour le dit chapitre, de tout le domaine et de tous les héritages que frère Pierre Cornilleau, religieux de l'ordre de saint Benoist

---

(1) *Angers*, Ant. Hernault, 1605 ; 1 vol. pet. in-12.

possédoit en la dite Ile de Béhuard, en qualité de célerier de l'abbaye de Saint-Nicolas, avec la dixme de Felines, située et assise en la paroisse de Chenehutte, sur la rivière de Loire, estimée valoir 50 livres, chacun an.

Et par un autre acte donné à Thouars, en Poitou, le 20 décembre de la même année 1481, adressé au même Guillaume Fournier, curé de Denée, qu'il nomme « notre amé et féal conseiller, » le roy il est dit que, pour la grande et singulière devotion que Louis XI a toujours eue à Dieu créateur et à la très glorieuse Vierge Marie, sa mère, révérée et honorée en l'église ou chapelle de Notre-Dame, située et assise en l'île de Béhuard, près Angers, qui est membre dépendant de la cure de Denée, il a depuis peu fondé et doté de nouveau et à perpétuité, dans la dite chapelle, un doyen curé, six chanoines, six vicaires perpétuels et trois enfants de chœur, au dit lieu de Behuhard, pour y dire et célébrer par chacun jour certains services qu'il avoit ordonné y estre dits en l'honneur de Dieu et de la glorieuse Vierge Marie, sa mère, pour la conservation de sa personne et la prospérité de son règne et de ses enfants; qu'il avoit même envoyé vers nostre Saint-Père le Pape à Rome, pour obtenir de Sa Sainteté les provisions nécessaires pour l'érection de ce chapitre, mais que ces provisions ne pouvant pas être sitôt expédiées ni venues à cause de la distance du chemin, le roi, impatient de voir sa fondation exécutée, avait par provision nommé et choisy le dit Guillaume Fournier, curé de Denée, pour doyen curé, afin de présider sur tous les autres et les faire vivre en bon ordre et police, et avoit aussi nommé et choisy Guillaume Frappin, Jean du Reffou, Jean Mesange, Jean Morel, François Dosdefer et Aymery des Noyers, pour estre les six chanoines, et Jean Georget, Gilles Doussel, Guillaume Lemoul, Mathurin Molnier, Eginon Enfant et Thomas Blednoir, pour les six vicaires, pour célébrer le service fondé par Louis XI, chaque jour, dans la dite chapelle de Béhuard.

Nous apprenons encore, par un autre acte daté du Plessis du Parc lès Tours, au mois d'avril 1483, un événement très singulier qui augmenta beaucoup la dévotion que Louis XI avoit à Notre-Dame de Béhuard. Louis XI y raconte que depuis le jour de sa naissance, qui fut le 3 juillet de l'année 1423, jusques au tems qu'il faisoit dresser cet acte, Notre Seigneur Jésus-Christ, par l'intercession de sa très glorieuse mère Marie, Vierge immaculée, Reine des cieux, l'avoit toujours gardé et préservé de tous périls corporels, et même depuis peu, lorsqu'allant en pelerinage le Saint jour du Vendredi Saint, avec le feu roi son père qui mourut à la journée de Tartas en Gascogne, il trouva feu son oncle Charles, en son vivant comte du Mayne que s'étant tous trois embarqués en un petit bateau au lieu de Ruffec en Angoumois, sur la rivière de Charente, étant accompagné de Louis de Valory, seigneur du Tillay, ils passèrent prosche d'un moulin ; que l'impétuosité du courant de l'eau fit renverser le bateau sans dessus dessous et les fit tous trois tomber dans la rivière, la teste la première et les fit aller jusques au fond ; que, dans un péril si manifeste de leur vie, Dieu lui donna la pensée de recourir à la très Sainte Vierge, et de faire vœu d'aller à son église de Béhuard ; qu'en même tems, par la force et l'impétuosité du courant, l'eau les jeta là auprès sur une petite grève, et qu'ayant ensuite levé la teste ils avoient aperçu des gens sur le bord qui vinrent promptement les secourir et les dépouiller d'une robe qu'ils avoient fait faire plus longue que demi-jambe, pour l'honneur du Vendredi-Saint ; que pour rendre grâces et louange de ce miracle qu'ils attribuaient aux mérites de la Passion de Jésus-Christ et à l'intercession de sa très douce et très chère mère, il desiroit augmenter et orner la dite église de Béhuard et favoriser les chanoines et chapitre qu'il avoit nouvellement fondez en icelle, de plus grands privilèges et d'une puissance plus étendue, pour les engager à mieux faire le service divin et à remercier Dieu de l'avoir préservé de la mort dans une occasion si périlleuse ; c'est pourquoi il accordoit au dit chapitre et chanoines de l'église de Béhuard, le Vendredi-Saint, le pouvoir, chaque année, d'absoudre et donner grâce aux habitans du pays d'Anjou qui auroient été atteints et convaincus d'avoir commis quelques crimes ou délits grâciables, et de leur en faire expédier des lettres d'absolution, ainsi que lui même pouvoit faire, ou ses successeurs roys.

Cependant la fondation d'un chapitre à Béhuard, faite par Louis XI, n'a nullement été exécutée; car Louis XI étant mort, Charles VIII, son fils, voulant mettre la dernière main à cet ouvrage, suivant les intentions de son père, on lui fit entendre que les fondations de petits chapitres à la campagne tomboient dans le dérèglement et ne subsistoient pas longtemps dans l'exacte observance de leurs règles, et qu'il vaudrait mieux charger la cure de Denée de prendre toutes les terres et de faire acquitter le service, ce qui fut fait, en sorte que par ce moyen la cure de Denée est devenue une des meilleures de la province. Voici la substance de l'acte qui en fut dressé et qu'on a fait graver sur une pierre de l'église de Béhuard contre la muraille :

» Le roy Charles huitième, voulant accomplir les bonnes affec-
» tions et intentions du feu roy Louis, son père, dès le mois d'oc-
» tobre l'an 1483, a donné, baillé, délaissé et amorty à cette
» chapelle, la terre, biens et appartements de Denée, qui par le
» dit feu roy Louis son père avoit été acquise, et sur ce, fait expé-
» dier les lettres en forme de charte, pour la vérification des
» quelles les gens des comptes, à Paris, ont ordonné estre dit et
» célébré en la ditte chapelle par le curé du dit lieu de Denée ou
» autre de par lui, le service qui s'en suit, c'est à savoir : trois
» messes basses par chacune semaine de l'an pour l'âme du dit
» feu roy Louis, l'une au dimanche, l'autre au samedi, et la tierce
» messe sur la semaine, et chacune des dittes messes, avant le
» *lavabo*, dire un *De profundis*, avec les oraisons accoutumées
» être dites *pro defunctis*, en faisant prière et commémoraison
» d'icelui feu roy Louis qui, ce don et amortissement a fait à la
» dite chapelle, et outre, à chacune des festes solennelles de
» Notre-Dame qui sont : la Conception, Nativité, Annonciation,
» Purification et Assomption de Notre-Dame, dire et célébrer ou
» faire dire et célébrer en icelle chapelle, messe solennelle à
» notes, diacre et sous-diacre, avec matines et Vespres, et faire
» suffrage et commémoraison pour le dit feu roy et autres roys
» de France, aussi dire et célébrer chacun an en la dite chapelle,
» messe chantée avec diacre et sous-diacre avec Vigiles et recom-
» mandation *Pro defunctis*, le vingtième-neuvième jour d'Aoust,

» qui est le jour que le dit feu roy Louis alla de vie à trépas. Avant
» les dittes messes et services dessus, faire sonner et tinter les
» cloches de la dite chapelle à l'heure de huit heures du matin,
» auxquelles charges et services faire entretenir, accomplir ponc-
» tuellement et perpétuellement, le curé de Denée et son temporel
» sont tenus et obligez. » Ce qui s'exécute encore ponctuellement.

Il s'est toujours fait des miracles dans la chapelle de Notre-Dame de Béhuard qui l'ont toujours fait fréquenter; car l'an 1550, il en arriva un à l'égard de plusieurs prêtres qui étoient prêts à faire naufrage sur la rivière de Loire; ayant invoqué la Sainte Vierge et fait un vœu à Notre-Dame de Béhuard, furent miraculeusement délivrés du péril. Ce fait est exprimé dans les vers ci-dessous pris d'un tableau dans l'église de Béhuard, où il y a huit prêtres de peints et deux nautonniers, avec l'image de la Vierge attachée à la voile du bateau qui semble submergé dans la rivière :

> Oh ! que Dieu en ses saints glorieux
> Et qu'il est puissant et merveilleux !
> Tous ne le peuvent comprendre, nos esprits
> Tant sont de foy refroidis et prescrits.
> Bons chrétiens, ayons la foy entière.
> Je vous présente une histoire et matière
> Que le jeudy dix-septième d'avril
> Advint à gens étant en grand péril,
> Pres Chantocé sur le fleuve de Loire
> L'an mil cinq cens cinquante, on veuille croire,
> Huit gens d'église étoient, deux nautonniers
> Avec eux, dont les noms tous entiers
> Sont par mémoire emmy cet écriteau
> Le premier fut maître Claude Rousseau ;
> Jean Guillandou, maître Jean Batonnière
> Denis, Zacharie et Lambert les Jobeaux.
> Ces pauvres gens nageants d'Ingrandes Angers
> Par grand fort vent furent en grands dangers,
> Laurent Beauvin, Michel Godard aussi
> Les conduisant par tels dangers ainsy :
> Car leur bateau de vent point agité,

Presqu'alors au profond par le vent jeté
Et fut rempli d'eau par telle adventure
Qu'ils y étoient quasi à la ceinture.
Lors, d'une voix toute triste et piteuse
Réclamant tous la Vierge glorieuse
A leur secours en ce piteux hazard,
Vouant aller la voir à Behuard,
Lui presenter dévotes oraisons,
Prières, vœux, pour icelles raisons,
Et ce tableau vray narratif du fait,
Comme chacun cuidoit estre de fait,
Incontinent, par la grâce de Dieu,
Et de la Vierge, visiterent ce lieu
Car alors le vent dans la voile se met
Qui à bon port soudain tous les remet
Dont louons Dieu en ses saints glorieux
Et en ses faits puissants et merveilleux.
Prions la Vierge envers luy nous accorde
Et luy crions tous misericorde
Tant que puissions au dernier examen
Les voir en gloire, en paradis. Amen.

Laus Deo, pax vivis, et requies defunctis.

Outre l'image de la Sainte Vierge, faite de bois, très ancienne, qui est dans la sacristie, il y en a une autre petite, d'argent, dans laquelle sont renfermés des habits de Notre-Dame.

L'église de Béhuard n'est pas régulière; elle est bâtie sur la pointe d'un rocher, dans une île, au milieu de la rivière de Loire dont les eaux l'environnent tous les hivers; on y monte par deux escaliers, l'un taillé dans le roc, qui conduit à la grande porte au bas de l'église, et l'autre à côté qui est de pierres communes, et qui conduit depuis le bas du rocher jusques à une petite porte par laquelle on entre dans une chapelle à côté de l'église, il y a une tribune au bas de la chapelle où Louis XI avoit fait bâtir le chœur de menuiserie composé d'environ vingt chaires hautes et basses, pour ses prétendus chanoines. Le roc fait une partie de la muraille et du pavé de la dite chapelle. Il y a un tabernacle où est toujours le Très Saint Sacrement et des fonds baptismaux. Un chapelain y administre les sacrements à environ 200 habitants de l'île; il prend toutes les dixmes et les droits curiaux pour ses honoraires et fait environ 60 livres de retour au curé de Denée, qui se dit aussi curé de Béhuard, son annexe. Cette place vaut environ 400 livres. On y vient beaucoup d'Angers et des paroisses voisines en pèlerinage. Il y a un très beau calice de vermeil pesant plus de dix marcs d'argent, qui y a apparemment été donné par Louis XI.

NOTRE-DAME DES ARDILIERS A SAUMUR

L'histoire de l'origine de l'image et de la chapelle des Ardiliers lès Saumur en Anjou, a déjà été imprimée deux fois à Saumur (1), l'une en 1634, par André Ernou, et l'autre en 1681, chez François Ernou; l'auteur n'y est pas nommé; c'est apparemment un prêtre de l'Oratoire qui l'a composée; nous y ajouterons seulement des réflexions judicieuses et quelques particularités considérables tirées de l'histoire manuscrite de l'abbaye de Saint-Florent, composée par le père Huynes, bénédictin, et qui a fait un chapitre particulier de cette chapelle, laquelle est, depuis plus d'un siècle et encore aujourd'hui, une des plus célèbres qui soit en France pour la dévotion à la Sainte Vierge, à cause des grands miracles qui s'y sont opérés par son intercession.

L'église de Notre-Dame des Ardiliers est située sur le bord des rivières de Loire et de Vienne, prosche un rocher. C'étoit autrefois un bois très épais qui s'étendoit assez avant sur le haut de la montagne. Il n'en reste plus rien aujourd'hui, qu'une petite garenne que le peuple apelle le Bois-Doré, c'est-à-dire le bois du roi, dans le fief duquel il est. Louis XIII l'a donné aux pères de l'Oratoire. L'histoire de la vie de saint Florent, patron du pays, porte que ce saint allant visiter son maître saint Martin, fit mourir un serpent horrible dans ce bois, à l'instante prière des habitans de Saumur qui en avoient reçu de grands dommages. Voicy les paroles de sa vie : *O vir sancte istic serpens adest magnus qui et homines et pecora devorat, et veniens sanctus Florentius ad locum ubi serpens erat dixit, facto signo crucis, ante se, ego tibi præcipio in nomine patris etc. recede hinc et vade in profundum abyssi, et statim serpens tumquam leo rugiens secessit.* Que ce soit, dit l'auteur, un vray serpent ou le hiéroglyphe de l'idolatrie detruite à Saumur par saint Florent, Dieu a fait

---

(1) Voy. le *Dict. hist. de M. et L.*, par M. Port, III, 465.

assez connoître en ce tems là et au nôtre qu'il n'y avoit point d'asile assuré pour l'idolatrie ni pour l'hérésie, dans un lieu où la divine Marie étoit revérée et invoquée, suivant ces paroles que lui applique l'église : *Cunctas haereses sola interemini in universo mundo.*

Les Normands ayant désolé toutes les provinces de France, vers l'année 904, vinrent en Anjou où ils brûlèrent, pillèrent et détruisirent le fameux monastère de Saint-Florent-le-Vieux, le long de la rivière de Loire. Les moines, qui regardoient le corps de leur saint patron comme le plus grand trésor de leur abbaye, l'emportèrent en celle de Tournus en Bourgogne, au diocèse de Châlon sur Marne, pour le sauver des mains de ces barbares. Il y fut jusques en l'année 925, qu'Absalon, étant resté seul en vie de tous les moines ses confrères qui avoient conduit ce saint corps, le rapporta par surprise, après que les moines de Tournus qui ne vouloient pas le rendre le lui eurent longtemps refusé.

Absalon, après plusieurs jours de fuite, revint en Anjou où il ne trouva point dans tout le domaine de son ancien monastère ruiné par les Normands, de lieu plus sûr pour garder le corps de saint Florent et faire sa demeure, qu'une grotte cavée dans le roc qui étoit située dans la paroisse de Nantilly, autrefois donnée par Charles le Chauve à l'abbaye de Saint-Florent. Comme il y avoit là une fontaine au pied et un bois fort épais, il s'y occupa saintement à la prière et aux exercices de la pénitence. L'historien de cette sainte chapelle dit qu'on croit pieusement que, comme la pierre ne lui manquoit pas, il tailla cette image soit par divertissement, soit par dévotion à la mère de Dieu, patronne de son ordre, pour orner son oratoire ; mais le père Huynes dit que, sans faire Absalon sculpteur, il est plus probable qu'il avoit trouvé cette image toute faite et restée des ruines de l'abbaye de Notre-Dame de Nantilly et de Saint-Jean, que le roi Charles le Chauve avait donnée à l'abbaye de Saint-Florent, dans laquelle l'abbé et les moines de Glonne s'étoient retirez après la destruction de Saint-Florent-le-Vieux par les infidèles, et où Absalon avoit pris l'habit.

Voici les paroles du Cartulaire de Saint-Florent qui montrent clairement qu'Absalon se retira en cet endroit dépendant de la paroisse de Notre-Dame de Nantilly : *Viam juxta Vigennam flurium secutus Absalon tandem ad quoddam prœdium ipsius sancti Florentii liberalitate regia antiquitus possessionibus attributum quod in parrochia Sanctæ Mariæ de Lentiniaco situm barbaris cuncta loca vastantibus colonisque quaqua versum fugientibus in solitudinem redactum instar eremi fuerat effectum, habebat autem locus iste ab occidente castrum nomine Truncum ab orientali vero climate memoratum Vigennam flurium, adveniens itaque novus hospes loca singula sedulus explorator indagat si forte locum sacri corporis congruum reperire valeat ; reperitur tandem rupes concava in montis latere versus aquilonem secessum præbens.*

Mais lorsque Thibaut, comte de Blois, eut fait bâtir plus haut, au chateau de Saumur, un petit nouveau monastère en l'honneur de saint Florent pour y placer ses reliques, Absalon fut obligé de quitter sa grotte et y porta le corps de ce saint, estimant à grand honneur de le garder en qualité de sacristain.

Absalon, en sortant de cet hermitage, y laissa apparemment l'image de Notre-Dame qu'il y avoit apportée pour estre révérée du peuple ; mais cette grotte n'étant plus habitée ny peut-être frequentée, comme la pierre du rocher est sujette à s'éclater au grand froid, elle fondit avec le tems, et l'image qu'Absalon y avoit laissée pour mémoire de sa piété demeura ensevelie sous les ruines des terres que les pluyes y attirèrent depuis par le penchement de la montagne, jusqu'à ce qu'un homme du faux bourg de Fenet qui conduit depuis la ville de Saumur jusques à la chapelle, béchant la terre près la fontaine, trouva cette image et l'emporta chez soy ; le lendemain retournant à son travail, il fut bien étonné, dit-on, d'y rencontrer cette image, et encore plus, quand retournant à sa maison, il ne la trouva point dans le lieu ou il l'avoit mise le soir précédent ; doutant qu'on la lui eut prise il la rapporta chez lui pour la seconde fois et l'enferma sous la clef ; mais le lendemain son étonnement augmenta lorsqu'il la trouva à l'endroit même où il l'avoit prise la première fois. Ce fait est si miraculeux qu'il mériteroit bien que l'auteur en eut apporté des preuves. L'artisan ayant divulgué ce prodige, le bruit s'en repandit de tous cotés ; on tint une assemblée de ville, et en l'an 1454, on éleva, aux frais du public, un petit arceau de pierre sur lequel cette sainte image fut exposée à la dévotion du peuple qui y venoit en foule invoquer la mère de Dieu.

Cette image est petite, mais d'une pesanteur et d'une dureté qui n'est pas ordinaire à la pierre naturelle du pays, qui est de la tuffe fort légère. Elle représente Notre-Dame assise, tenant entre ses bras son fils mort, descendu de la croix, dont elle supporte la tête ; aidée par un ange, au côté droit, et de la main elle soutient son bras gauche.

Cette fontaine, dont le ruisseau passe par-dessous l'image et se décharge dans la rivière par deux canaux qui traversent la nef de la chapelle, s'appelle des Ardiliers, parce qu'elle est au pied d'un coteau de pierre de tuffe dont les veines sont argileuses, et, dans le pays, au lieu du mot argile, le vulgaire prononce communément *ardillé*, et dans le latin on confond ces deux mots *Ecclesia Argilliensis* et *Ardilliensis*.

Il se trouve un compte rendu à Saumur par Berthelot Lemercier, receveur des deniers de la ville, avant que l'image eut été découverte, qui fait foi des vertus merveilleuses de cette fontaine ; mais depuis que cette source, avec la place, a été consacrée à la mère de Dieu, et rendue pour ainsi dire miraculeuse par l'ombre de cette sainte image, son eau a été bien plus recherchée, particulièrement contre la teigne dont plusieurs ont été guéris, après en avoir bu et fait leur neuvaine en la chapelle.

Les hérétiques ne s'en sont jamais moqué impunément ; car M*me* Du Plessis-Mornay ayant appris que plusieurs seigneurs s'en retournoient guéris de ce vilain mal, appeloit par dérision la sainte Vierge, la teigneuse des Ardiliers ; mais elle apprit combien Dieu punit sévèrement ceux qui se rient de l'honneur de sa sainte Mère, car la teigne la saisit de telle sorte que tous les remèdes ne la purent guérir. Cette punition est attestée par acte public et n'est pas moins miraculeuse que celle qui arriva autrefois à un impie qui, ayant par mépris appelé saint Fiacre, le saint des Rogneux, se trouva à l'instant tout couvert de gale.

On assure aussi qu'un homme ayant amené son cheval aveugle à cette fontaine, n'eut pas la consolation de voir le miracle que Dieu fit sur cet animal en lui rendant la vue, parce que le maître devint aveugle.

Un paysan s'étant efforcé de tirer l'image de son arceau pour la porter en sa paroisse, demeura roide et immobile jusqu'à ce qu'il eût demandé pardon de son attentat. Trois autres, du pays de Foix et de Mirebalais, l'emportèrent effectivement et la mirent dans un bissac sur un de leurs chevaux, avec une pierre de l'autre côté pour faire le contre-poids; mais le cheval ne voulut jamais avancer, et plus on lui donnoit de l'éperon moins il avoit de mouvement; ils mirent l'image successivement sur les deux autres chevaux sans les pouvoir faire avancer d'un pas, en sorte qu'ils furent obligez de reposer l'image en sa place, et, retournant huit jours après à Saumur, ils racontèrent ce qui leur étoit arrivé, en donnèrent acte juridique et publièrent partout que les habitants de Saumur possédoient un trésor dont ils ne faisoient pas assez d'estime.

Ce reproche joint au miracle fit ouvrir les yeux aux officiers de la ville de Saumur, ils firent une assemblée et, sur la remontrance faite au Lieutenant général de Saumur par le procureur du roi, qu'il venoit grand nombre de pèlerins de beaucoup d'endroits à la fontaine des Ardiliers, offrir leurs vœux à la sainte Vierge devant son image, et qu'il y avoit danger que ce lieu demeurant exposé aux injures de l'air, et devenant inaccessible à cause des boues et de la fange que les pluyes, le concours du peuple et la nature du terroir y causoient, la dévotion envers la sainte Vierge ne diminuât par leur faute, au dommage de la ville et du public, il fut ordonné par Mre François Mignon, lieutenant général, le douzième jour de juillet 1534, que, pour recevoir les charitez et les oblations tant des pèlerins que des habitants, seroient commis Pierre Hardré et Louis Hervé, bourgeois de Saumur, et ensuite y bâtir une chapelle dont les fondements furent posez le premier août de la même année selon l'inscription de la première pierre dont voicy les termes :

Anno salutis MDXXXIV, die primo mensis Aug. ex voto et

communi œre Magistr. populiq. Salmur. Ludovico Hervé et Petro Hardré procurantibus, fundamenta hujusce œdis jacta fuere, Paulo III, pontif. max. Romanœ sedis, navisque S. Petri gubernaculum temperante, Johanne Olivario antistite Andeg. Francisco I Francorum rege regnante, jurisdictionis Salmur. habenas moderantib. Francisco Mingon, præsid. Guillelmo de Rennes cognit. consiliarioq. regio, Mattheo de Thorigné, advocato fisci, Johanne Chastaigner præfecto, et Guill. Bourceau decurionib.

La chapelle bâtie, la dédicace en fut faite solennellement par Mgr Gabriel Bouvery, évêque d'Angers, le 30 juillet 1553, sous le titre de Notre-Dame de Piété; mais, comme on avait laissé quelques pierres d'attente et qu'il n'y avoit encore que deux voûtes, André Hardré, fils de Pierre, la fit bientôt augmenter de trois autres. Il arriva ensuite un nouveau prodige, car le vénérable vieillard Pierre Hardré, voyant la chapelle achevée par ses soins et ceux de son fils, fit un soir transporter l'image de Notre-Dame sur le grand autel, tant pour l'honorer davantage que pour contenter le peuple qui la verroit de plus loin, mais le lendemain on fut fort surpris de la retrouver sous l'arceau, ce qui toucha si fort Pierre Hardré, dans la crainte d'avoir déplu à Dieu par cette entreprise, qu'il en fit faire une procession de la paroisse à la chapelle comme pour faire réparation d'honneur à Jésus et à sa sainte Mère, et jeûna trois mois pour expier son péché. Ce miracle est attesté par deux témoins dignes de foi, qui ont dit l'avoir appris de la bouche d'André Hardré, témoin oculaire.

M. le duc de Vendôme fit bâtir une sacristie derrière l'arceau, tant pour la commodité des prêtres qui y viendroient dire la messe, que pour garder les vœux et les offrandes qu'on faisoit à Notre-Dame.

L'an 1632, le cardinal de Richelieu ayant recouvré la santé par l'intercession de Notre-Dame, d'une maladie désespérée qu'il eut dans Saugeon, retournant de Languedoc, fit bâtir en 1634 une chapelle, à côté de l'église, proche l'arceau, en action de grâces de sa guérison, dont la première pierre porte cette inscription :

Præsidentibus, Ecclesiæ SS. D. N. Urbano VIII. diœcesi Andeg. Reverend Claudio de Rueil, Justo Regnante Ludovico, crescit sacra Deiparæ œdes duobus sacellis pietate votoque eminentissimi cardinalis ducis Richelii extreme laborantis, pulsis hostibus cæsisque. Et pacata Occitania, illustrissima Nicolæa fratris nomine, conjux potentissimi Urbani de Maillé, marchionis de Brézé utriusque ordinis equitis Torquati, Galliarum marescalli, in arcibus urbibus, regionibus Salmur, et Calesiensibus. Pro regis, acclamante fauste regi duciq. rex Gallicas fœlicissime moderanti, populo, astante milite, judice spectante regio, nobili stipante corona, et pio orante clero prima struit anno Dom. M.DC.XXXIV, die IX mensis Junii.

En l'année 1652, M. Abel Servien, comte de la Roche des Aubiers, conseiller du roi en tous ses conseils, ministre d'État, commandeur et garde des sceaux, fit bâtir, de l'autre côté, à main droite, une autre chapelle de même grandeur et de même sculpture que celle du cardinal de Richelieu, dont l'autel est enrichi d'un excellent tableau fait par Champagne, représentant le mystère de la Purification de la sainte Vierge et la présentation de Jésus au Temple, où lui et sa femme sont enterrés.

Le même Abel de Servien, devenu surintendant des finances, fit jeter les fondements d'un dôme magnifique à l'entrée de la porte de l'église; mais le dit Servien ayant été prévenu par la mort, ce dôme demeura seulement élevé d'environ 40 pieds de hauteur du rez-de-chaussée, jusques à ce que le père Abel de Sainte-Marthe le fit achever en l'année 1694, ayant vendu toute l'argenterie inutile qui étoit au trésor de la chapelle.

La chapelle de Notre-Dame des Ardiliers n'ayant encore aucun revenu que les aumônes et les oblations des fidèles, les habitants de la ville en ont toujours donné l'administration à quelqu'un de leur corps avec ordre d'en répondre, comme il se voit par les comptes, qu'ils ont rendus de temps en temps de la recette et de l'emploi des aumônes. Et parce que cette chapelle est située dans la paroisse de Nantilly, les prieurs, curés et chapelains ont, pendant près d'un demi-siècle, pris soin du spirituel, c'est-à-dire de dire les messes et acquitter les fondations qui y étoient faites ; et ce gouvernement de la chapelle dura ainsi jusques à l'année 1615 ; mais il n'était pas possible qu'il subsistât longtemps ; on pensa à unir la chapelle à quelque communauté qui prit soin du temporel et du spirituel.

Les pères minimes furent les premiers qui, pour cet effet, voulurent s'établir à Notre-Dame des Ardiliers. Ils obtinrent même des lettres patentes du roi, en 1607 ; mais le prieur, le curé et ses chapelains s'opposèrent fortement à leur établissement, aussi bien que l'abbé de Saint-Florent et ses religieux.

La Congrégation de l'Oratoire commençoit à fleurir alors en France et avoit l'approbation du public, dont le fondateur étoit Pierre Le Camus, cardinal de Bérulle. Leurs amis pensèrent à les faire chapelains de Notre-Dame des Ardiliers. Mre Guillaume Fouquet de la Varenne, évêque d'Angers, joignant son consentement à celui des habitants de Saumur, ils obtinrent aisément des lettres patentes du roi, au mois d'août 1614, vérifiées au Parlement le 3 février suivant, et, par la commission de Mgr l'Évêque d'Angers, adressée le 29 janvier 1619 à Mre Léonard d'Étampes de Valencé, alors seulement abbé de Bourgueil, et depuis archevêque de Rheims, les mit en possession de la dite chapelle, des ornements et de tous les revenus, offrandes et droits qui en dépendoient, François Bourgoing acceptant pour eux, comme supérieur de leur maison de Paris.

Le grand-vicaire de M. l'abbé de Saint-Florent, de la maison de Souvray, et le prieur de Nantilly, s'opposèrent néanmoins à leur prise de possession et on leur fit signifier qu'ils eussent à en sortir.

On ménagea un accommodement. Achille de Harlé de Sancé, prêtre de leur congrégation et depuis évêque de Saint-Malo, en Bretagne, en vertu d'une procuration passée le 4 décembre 1621, par les chefs de la congrégation, vint à Tours trouver Mgr de Souvré, abbé de Saint-Florent, qui leur donna son consentement, à cinq conditions : la première, qu'en reconnaissance que l'abbaye de Saint-Florent est l'église matrice de la chapelle des Ardiliers, les prêtres de l'Oratoire célèbreroient tous les ans dans leur chapelle, le 22 septembre, jour de la fête, une grande messe en l'honneur de saint Florent, avec premières et secondes vespres ; la seconde, que l'abbé et ses successeurs allant en l'église de Notre-Dame des Ardilliers, les prêtres de l'Oratoire l'y recevroient comme leur supérieur primitif de la chapelle, lui présenteroient l'eau bénite, et, s'il vouloit célébrer la messe, lui laisseroient le grand autel libre et l'assisteroient en la célébration jusques au nombre de trois prêtres d'entreux ; 3° les religieux de Saint-Florent y allant processionnellement, seroient reçus et auroient le grand autel libre pour y célébrer la messe ; 4° que l'abbé et ses successeurs abbés de Saint-Florent mourant, les prêtres de la congrégation de l'Oratoire seroient tenus de faire célébrer une messe en chacune de leurs maisons pour le salut de leur âme ; 5° renouveler la déclaration des susdits articles au changement d'abbez, en étant requis. Moyennant quoi l'abbé se faisant fort du prieur, curé primitif de Nantilly, leur céda tous et chacun des droits, profits, revenus et émoluments que le prieur pouvoit prétendre en la chapelle des Ardiliers, à lui ajugez par arrest de la Cour de Parlement, le 24 février 1612 (non compris les droits des marguilliers de Nantilly) ; à la charge par lui de payer audit prieur six-vingt livres de rente annuelle et perpétuelle, au terme de Saint-Michel et Notre-Dame de Mars, par moitié.

Le chapitre de cette abbaye fit difficulté d'approuver cet accord ; néanmoins il a eu cours et est réduit en pratique, et depuis, les prêtres de l'Oratoire de Jésus, par leur industrie, avec l'aide des offrandes que le peuple y fait tous les jours, ont augmenté tellement la chapelle, lors sans rentes et bâtiments, que maintenant pour les richesses et superbes bâtimens qui y sont, elle passe pour une des plus belles maisons qu'ils ayent dans le royaume.

Dieu a rendu jusqu'ici ce sacré temple si auguste par les continuels et grands miracles qu'il y a opérés, que les rois, les princes, les communautés des villes même et des familles entières, pour communiquer aux grâces et aux faveurs que sa main puissante et libérale y départ abondamment, se sont voués et consacrés à son service sous la protection de sa sainte Mère par une confrérie qui y est, par acte signé de leur main propre, ou dons envoyés au lieu, portant marque de leur volonté sainte et irrévocable, de vivre et mourir ses esclaves et très humbles serviteurs, selon tous les devoirs de sa sainte congrégation des Ardiliers :

Le roi Louis XIII, d'heureuse mémoire et la reine, son épouse, fondateurs ; la reine Louise de Lorraine, douairière de France et de Pologne ; la reine, mère du roi, Marie de Médicis, douairière de France et de Navarre ; la reine de la Grande-Bretagne, fille de France, y communiant la première fois ; le prince de Condé, Henri de Bourbon, premier prince du sang de France ; le duc de Luxembourg ; Léon de Luxembourg, duc et Pair de France ; le marquis de Leray ; Pierre de Laval, chevalier, baron de Trèves, et pour lui et sa famille ; la douairière de Brézé, Jacqueline de Tevalle, pour elle et messire Urbain de Maillé, son fils, maréchal de France ; Madame de Sourches, pour Honorat de Boucher, seigneur de Sourches, son mari et ses enfants ; la marquise de Ruffec, Hélène de Taloüer, pour le marquis de Ruffec, son mari et sa famille ; la baronne de St-Brice, Jeanne d'Erbrée, pour le baron de Brice de Sancerre, etc. et sa famille ; le sénéchal de Saumur, Jean Bonneau, écuyer, sieur de la Maison-Neuve et sa famille ; le procureur du roi à Saumur, Guillaume Bourreau, écuyer, sieur de Beauregard, pour lui et pour sa famille ; et autres que le livre porte sans nombre.

La ville de Poitiers, avec vœu de commettre tous les ans pour un voyage aux Ardiliers ; la ville de Saumur en Anjou ; la ville de Montmorillon en Poitou, avec pareil vœu d'un pèlerinage annuel à perpétuité ; la ville de Celle, en Berry, pour assurance de quoi elle a envoyé un tableau qui se garde encore en la chapelle ; la ville de Saint-Aignan, en Berry, pour même assurance de sa dévotion envers la sainte Vierge, réclamée aux Ardiliers, y a envoyé un tableau où son pourpris est dépeint, présenté à cette sainte Mère par ses patrons saint Aignan et saint Prisque, avec cette inscription :

Sancti Anianenses tibi voto et mente dicatos
Condidit en cives, pictor in oppidulo
Hoc tibi servandum sancti retulere patroni
Accipias, nato, desque Maria tuo.

La ville de Riom, principale d'Auvergne, s'est pareillement mise sous la protection de la sainte Vierge et a envoyé, pour témoignage perpétuel de ce, une image de saint Amable, son patron, en relief d'argent, portant cette inscription sur la base :

Hanc divi Amabilis suis tutelari imaginem summæ atque semper adorandæ Trinitatis per beatissimam Virginem pro extinguendis febrium in urbe sua grassantium ardoribus, et arcendaque circumquaque infestat lue, in hac Salmuriensi œde Deiparæ Virgini sacra supplices offerunt, vovent dedicantque Rioni urbis principis in Arvernia cive. 17 Kal. quintileis eidem SS. Trinitati decato anno Verbi Incarnati MDXXXI.

Outre la susdite congrégation, qui n'a eu ses commencements et ses progrès que sur la piété de ceux qui ont désiré participer aux prières communes faites en cette église, Monseigneur Charles de Myron, évêque d'Angers, a institué une association sous la protection du grand saint Joseph, époux de la mère de Dieu, le 16 mars, en l'an 1624, pour tous chrétiens de l'un et l'autre sexe, tant ecclésiastiques que séculiers, qui veulent y être admis, sans autre obligation que de suivre autant qu'il leur sera possible les statuts et règlements qu'il en a dressé, dont il y a un livre imprimé qui se vend à la porte de l'église. Le droit d'entrée est une volonté de bien servir Dieu sous la conduite de ce grand saint. Depuis, la susdite association a été approuvée par Notre Saint Père le Pape Urbain VIII, par bulle du 4 décembre 1626, et confirmée d'une indulgence plénière à perpétuité au jour de la réception de chacun des associés et autres, selon qu'il est couché plus au long dans le livret sus dit. La nuit de Noël 1631, André Brigaut et Samuel Hervet, écoliers étudiants à Saumur, tous deux de la R. P. R. (1), entrèrent dans la chapelle de Notre-Dame des Ardiliers pour y entendre la messe de minuit qui se devoit chanter en musique, ayant le soir de la veille fait la débauche dans un cabaret; après la messe, voyant beaucoup de peuple s'approcher de la Sainte-Table pour communier, ils firent la même chose; le prêtre s'apercevant, après leur avoir donné le corps de Jésus-Christ, qu'ils avoient des gants aux mains, les reprit de cette irrévérence, ce qui donna lieu au peuple de les reconnaitre, de dire qu'ils étaient huguenots. On les arrêta dans la sacristie jusques au jour qu'on les mit entre les mains de la justice qui les fit conduire en prison; leur procès leur fut fait; jugement intervint duquel ayant appelé à la Chambre de l'Edit de Paris, ils furent condamnez par arrest le 17 février 1632, les dits Brigaut et Hervet : 1° A dire à jour d'audience, icelle tenant en la juridiction ordinaire de la Sénéchaussée de Saumur y étant la teste nue et à genoux, que témérairement et scandaleusement et contrevenant aux édits de pacification, ils étoient allez la nuit de Noël dernier en l'église Notre-Dame des Ardiliers, lors de la célébration de la messe de minuit, et là, indiscrètement, auroient reçu le Saint-Sacrement de l'autel, en demanderoient pardon à Dieu, au roi et à la justice. 2° Ce fait, qu'ils seroient bannis pour trois ans de la Vicomté et Prévôté de Paris, et de la Sénéchaussée de Saumur, à perpétuité. 3° A payer solidairement douze cents livres d'amendes au roi, applicables, savoir : deux cents livres au pain des prisonniers de la conciergerie du palais, deux cents livres pour acheter une lampe d'argent, et les huit cents livres restant à fonder une rente, pour faire brûler et luire à perpétuité la dite lampe dans la dite chapelle de Notre-Dame des Ardiliers, devant le Saint-Sacrement. 4° Que le dit arrest seroit gravé sur une lame de cuivre attachée à la muraille de la dite chapelle, ce qui a été exécuté, et on a ajouté une autre plaque de marbre attachée contre la muraille du chœur, avec cette inscription :

(1) De la Religion prétendue réformée.

Procul o procul este
Profani !
Hoc senatus consultum
Omne nefas ab hoc pomœrio arcet et averruncat :
Auso sacrilego in Jesum Christum justissime
Vindicat Virginique Theotoko hic miraculis orbe
Toto celeberrimæ majestatem sanctissime asserit :
Lege igitur, viсator meritissimum hoc
Impietatis a religiosissimo Senatu castigata monumentum
Justiciam ut discas et non contemnere Divos.

La ville de Saumur étant, par un secret jugement de Dieu, tombée entre les mains des hérétiques, la veille de l'Ascension 1562, entre les églises qu'ils pillèrent, celle des Ardiliers ne fut pas la dernière ; les miracles n'y ayant point cessé depuis six à sept vingt ans auparavant, les dons qu'on y avoit faits étoient sans doute en grand nombre et très considérables. Ces sacrilèges pillèrent le trésor et enlevèrent tous les vases sacrés ; ils n'épargnèrent pas même les corps des Saints ni celui de Jésus-Christ. Ce fut comme un miracle de la toute puissance de Dieu, de ce qu'ils ne touchèrent pas à l'image de la Sainte Vierge et la laissèrent toute entière, sans doute pour animer la foi des catholiques et confondre les erreurs des protestants ; car, dans le tems que ceux-ci exerçoient leur rage à Saumur contre ceux-là, tant naturels du pays qu'étrangers, sous un sergent-major huguenot qui y commandoit, homme sans foi et sans conscience qui fut depuis condamné à la mort pour ses excès et ses violences, Dieu sembloit prendre plaisir à redoubler les miracles qu'il faisoit auparavant à Notre-Dame des Ardiliers, à mesure que les hérétiques redoubloient leur fureur ; on en compte jusqu'à trente-six insignes, depuis l'année 1594 jusques en 1600, et depuis l'année 1600 jusques à présent, 1705, plus de cent, faits sur des aveugles, des muets, des sourds, des paralytiques, des perclus de leurs membres, des impotens, dont la plupart sont attestez par des personnes dignes de foi, et même par M. Henri Arnauld, évêque d'Angers.

Mais les miracles qui se sont faits en cette sainte chapelle sur les corps ne sont pas si grands que ceux qui y ont été opérez sur les âmes des grands pécheurs, surtout des hérétiques. Car on en compte plus de vingt qualifiez qui ont fait abjuration de leurs erreurs et profession de la religion catholique dans la chapelle de Notre-Dame des Ardiliers.

Différentes personnes ont été délivrées, par l'intercession de la Sainte Vierge, de la foudre, des naufrages, des incendies, du mal caduc, et des villes toutes entières de la peste, comme il paroit par le vœu que firent les habitans de la ville de Bourges, en 1639, et par l'action de grâces qu'ils vinrent rendre à Notre-Dame des Ardiliers, dont voici copie :

« Glorieuse et Très-Sainte Vierge, tutrice et protectrice de cette ville de Bourges, nous sommes ici la plus saine partie de ce corps, prosternez aux pieds de votre grandeur, pour réitérer les annuelles actions de grâce que nous sommes obligez de vous rendre, d'un si signalé bénéfice que, par votre entremise, nous avons autrefois obtenu de la garantie d'une générale contagion qui nous affligeoit. Aujourd'hui nous sommes vexez d'un pareil mal, et menacez peut-être d'un plus grand ; si c'étoit votre plaisir de vous présenter de rechef pour notre avocate à l'endroit de votre cher fils, justement irrité contre nous par nos offenses et de retenir cette main, nous vous promettons et vouons en la présence de cet adorable et ineffable Sacrement de son précieux corps, que sitôt qu'il aura jetté les yeux de sa miséricorde sur les habitans de cette ville et lieux circonvoisins, deux des échevins présents se transporteront ès lieux de Notre-Dame des Ardiliers et Saint-François de Paule en la ville de Tours, pour là y faire leur action de grâces.

« Nous, Maire et échevins de la ville de Bourges, étant partis de la dite ville pour accomplir le vœu fait le premier jour de juin dernier pour la conservation de la ville affligée de la maladie contagieuse, de rendre très humbles actions de grâce en ce lieu de Notre-Dame des Ardiliers, s'il plaisoit à Dieu par l'intercession de sa glorieuse mère de jeter les yeux de sa miséricorde sur icelle ville et lieux circonvoisins d'icelle, certifions que le dit vœu ayant été pris et prononcé, la ville auroit été grandement soulagée, et la maladie qui sembloit se devoir augmenter, merveilleusement diminuée. En signe de quoy nous avons signé la présente attestation, le dimanche vingt-neufième jour de mars 1637. Signé : JAUPITRE, maire de la dite ville ; REGNIER, échevin de la dite ville ; DROVET, échevin lors du dit vœu. »

Il a été fait des dons considérables à cette sainte chapelle par les rois, les reines, les princes et les princesses, dont voici un petit détail qui édifiera sans doute le lecteur :

Le premier est d'une figure d'argent de la reine Louise de Lorraine, douairière de France et de Pologne, qu'elle envoya elle-même par son confesseur, avec six cents livres de fondation pour un salut à perpétuité, dont les chapelains de Nantilly jouissent.

Une grande croix de dix marcs pesant, donnée par Mme de Mercœur, qui porte cette inscription : Philippe-Emmanuel de Lorraine, duc de Mercœur, et, à côté dudit seigneur prince,

Une figure d'argent de Mme de Montpensier, du poids de dix marcs, donnée par elle-même.

Un grand calice d'argent avec sa patène, du poids de douze marcs, donné par M. le maréchal d'Ornano.

Un autre calice d'argent, tout vermeil doré, ciselé, avec sa patène, et garni de quelques pierreries, du poids de six marcs, donné par M. le maréchal de la Chastre.

Une grande lampe d'argent ciselée du poids de vingt-trois marcs, donnée par la reine-mère du roi, douairière de France et de Navarre, avec un parement d'autel en satin rouge cramoisi, couvert de broderies d'or et d'argent.

Une couronne d'or enrichie du nom de Jésus en diamants, et alentour, d'autres pierreries rares, par Mme la duchesse de Savoie, porte cette inscription gravée en dedans : « L'an 1624, au mois de May, Madame Christine de France, épouse de Monseig^r Victor-Amédée, prince de Piedmont, a fait présent de cette couronne en l'honneur de la Très-Sainte Vierge, mère de Dieu, pour être posée à son image, en cette église de Notre-Dame des Ardiliers. »

Une image de Notre-Dame, du poids de deux marcs, par Mme Éléonore de Bourbon, grand'tante de Sa Majesté, abbesse de Fontevrault, avec des reliques des vêtements de la Très-Sainte Vierge dans le pied.

Une couronne d'or émaillé, par Mgr le duc d'Orléans, avec un parement complet de velours rouge cramoisi, couvert de broderies d'or et d'argent. La couronne porte cette inscription : « Gaston, fils de France, frère unique du roi. »

Une couronne d'or émaillé avec un chapeau d'épines entrelacées, du don de Mme la maréchale de Brezé, porte cette inscription : « L'an 1628, cette couronne a été donnée par Mme la marquise de Brezé, pour quelques grâces qu'elle a reçues de la Sainte Vierge. »

Une lampe d'argent, du poids de dix marcs, avec les armes de feu M. le maréchal d'Effiat et un fonds, pour l'entretenir d'huile à perpétuité. En janvier 1628, il est décédé, pendant qu'on élevoit le bâtiment de la demeure des prêtres de l'Oratoire qu'il avoit fait commencer ; de sorte qu'à sa mort tout a cessé. L'inscription de la première pierre de cet édifice est de cette teneur : *Anno Domini 1626, regnante Ludovico XIII, Antonius de Ruzé, marchio d'Effiat, eques torquatus, Turonum prorex, et Galliarum œrarii præfectus absens, per nobilem et clarum virum et Andraeam Bourneau, in fastigio consulari de suis civibus bene meritum, votivum hoc Virgini Deiparæ œdificium, devotumque famulantibus presbyteris Oratorii D. Jesu. Quod pia strui curat liberalitate primis auspicatur fundamentis, X. Kal. Aug.*

Une cabane d'argent, garnie de ses chaisnes, et environ du poids de onze marcs, par Mme de Cussé, en reconnoissance à la Vierge de son secours miraculeux dans un péril où s'étoit trouvé M. de Cussé, son mari, premier président du Parlement de Bretagne.

Un ciboire d'agate, garni d'argent ouvré à jour, sur lequel se lisent les noms des trois rois qui adorent Jésus-Christ dans la crèche, qui sont : Gaspard, Balthasar, Melchior ; du don de Mad   .

Une lampe d'argent à jour, du poids de dix marcs, porte les armes de M. le duc de Brissac.

Un grand tableau d'argent ciselé, enchâssé en ébène, qui représente la chapelle de Notre-Dame des Ardiliers et sa sainte image, au pied de laquelle sont à genoux M. de Chandenier, sa femme et ses enfants, la remerciant de son aide favorable en une sienne affaire de très-grande importance, et d'une heureuse issue à sa maison. Ce tableau est à présent au-dessus de l'image miraculeuse de la Sainte Vierge.

Un parement de drap d'or complet, donné par Mgr l'évêque de Chartres et Mḿᵉ de Valencay, avec leurs armes.

Un autre drap d'or frisé, à fond jaune, par feu M. le cardinal de Sourdis; ses armes y sont.

Plusieurs argenteries diverses sans nombre, données par des personnes de grande qualité : Mḿᵉ la maréchale d'Aubeterre, M. le marquis de Brezé et autres.

Outre les gratifications ci devant faites par M. le duc de Vendôme, madame sa femme a donné une tenture de tapisserie, et M. de Mazé de Bouteville, un parement complet garni d'argent.

Le 8ᵉ septembre 1632, très-haut, très-puissant et très-invincible prince Louis de Bourbon, XIII de ce nom, roi de France et de Navarre, en considération des grâces qu'il a reçues de la glorieuse Vierge, et de l'assistance particulière qu'elle lui a prêtée en la réduction de la ville de La Rochelle en son obéissance, a donné à cette église de Notre-Dame des Ardiliers deux grands chandeliers d'argent de cinq à six pieds de hauteur, qui ont été présentés de la part de Sa Majesté, par messire Pierre de Sasilly, sieur de Villeneuve, conseiller du roi en ses conseils, commandant pour le service de Sa Majesté en son château de Saumur.

L'an 1646, le 21 avril, la reine mère envoya offrir un cœur d'or à la Sainte Vierge, au nom du roi Louis XIV, son fils, en l'intention que, comme il entroit en usage de raison, cette souveraine du ciel prît possession de son cœur, et son royaume en sa protection. Ce don a été mis dans le trésor et sert d'illustre monument de la dévotion de ce saint lieu.

Le 15 du mois d'août 1659, Mme la marquise de Vieilleville envoya une très-belle lampe ciselée, chargée des armes et du nom de cette maison, ornée de trois anges majestueux, du poids de soixante-dix ou douze marcs, qui fut exposée le jour de l'Assomption de la Sainte Vierge, pour la première fois, et sert maintenant d'ornement à cette chapelle dans les fêtes solennelles.

M. le président Baillet, environ ce tems-là étant venu rendre ses vœux à la Sainte Vierge dans cette chapelle avec madame sa femme, y prit dessein de faire faire deux beaux chandeliers ciselés qu'il a envoyés depuis et qui servent présentement à parer l'autel.

L'an 1660, M. l'abbé de Syllery étant venu rendre grâces à la Sainte Vierge de la santé recouvrée dans cette chapelle, y a donné par reconnoissance un riche parement d'autel à fond d'or, avec une chape de même étoffe, qui porte les armes de Mgr de Valençay, archevêque de Reims, oncle du dit sieur abbé, des libéralités duquel cette église est fort enrichie.

M. le chevalier de Rivau, pour s'acquitter d'un vœu qu'il avoit fait à la Sainte Vierge, est venu lui offrir un très beau tableau d'un crucifix, fait par Prevot, peintre de défunt Mgr le cardinal duc de Richelieu, où sont les armes dudit seigneur.

Le 24 décembre 1664, M. le commandeur de Neuchese a envoyé un navire d'argent, suivant le vœu qu'il en avoit fait à la Sainte Vierge, dans un péril évident où il s'est trouvé sur mer, en commandant l'armée du roi.

ACTE D'UNION

de la cure de Nantilly de Saumur, et de Saint-Pierre et de Saint-Nicolas, ses annexes, à la Communauté du Collège des Pères de l'Oratoire de la dite ville.

Henry, évêque d'Angers, à tous ceux qui ces présentes lettres verront, salut; savoir faisons que, veu la requeste à nous présentée par Messire Guillaume Bachellerie, prêtre curé de Notre-Dame de Nantilly, de Saint-Pierre et de Saint-Nicolas de Saumur, ses annexes, tendante à la dite union de la dite cure à la manse de la communauté du Collège des prêtres de l'Oratoire de la dite ville de Saumur, notre ordonnance du 9 janvier dernier portant que la dite requeste sera communiquée au reverend abbé de Saint-Florent, patron d'icelle, la procuration du dit reverend abbé passée par Henry et de Savigné, notaires du Chastelet, de Paris, le 19 décembre dernier, par laquelle il nomme maître Jean-Joseph Hallé, son procureur, pour consentir à la dite union, autre acte sous seing privé du sieur abbé, en date du 20ᵉ de ce mois et an, portant les conditions auxquelles il consent la dite union; autre acte sous seing privé du dit Hallé, en date du 15ᵉ janvier, par lequel il consent la dite union; notre ordonnance du 16ᵉ du même mois et an, portant que tous les actes ci-dessus seront communiqués, tant au reverend père général de l'Oratoire, et à son conseil, qu'aux prêtres de la même congrégation de la dite maison du collège; l'acte sous seing privé, du 17ᵉ du dit mois, de Mʳᵉ Jacques Lebrun, prestre de l'Oratoire, procureur de la dite maison du collège et député du reverend père et de son conseil, par lequel il accepte la dite union aux conditions requises par le reverend abbé de Saint-Florent, et s'oblige à faire ratifier le tout, tant au père général et à son conseil, qu'aux prêtres qui composent la communauté de la dite maison ; autres actes passés par M° Jean Gautier, notaire royal au dit Saumur, où le supérieur et autres prêtres de la dite maison du collége acceptent la dite union aux conditions ci-dessus référées, le dit acte du 27 janvier ; notre ordonnance du 17° du dit mois portant commission à M° Chapelle, prêtre, docteur en théologie, curé de Saint-Lambert des Levées, de faire procès-verbal de la nécessité, commodité ou incommodité de la dite union ; la requeste du dit sieur Bachellerie, présentée au dit sieur Chapelle, en conséquence de notre ordonnance, au pied de laquelle est l'acceptation de notre dite commission du 19 janvier dernier ; l'ordonnance du sieur Chapelle du même jour, par laquelle il nomme d'office les prudhommes et experts, pour faire l'appréciation des revenus du temporel de la dite cure, et douze personnes qualifiées de la dite ville pour donner avis sur la commodité ou incommodité que peut apporter au public et à l'église l'union en question ; sur ce que notre promoteur s'est déporté d'en convenir ; la comparution et prestation de serment faite le 26° du dit mois de janvier par les témoins de l'enquête cy après et des prudhommes et experts jurez appelez à l'effet du dit procès-verbal dans lequel acte le dit sieur Bachellerie fait déclaration de tout le revenu tant fixe que casuel de la cure et annexes le rapport et appréciation du revenu pour chaque année des domaines et héritages et rentes foncières de bled dépendant du temporel de la dite cure et annexes faites par M° Jean Violette et Jean Chapelle, experts-jurez, le 27 du dit mois de janvier dernier ; l'enquête du 26 du même mois, de la commodité et incommodité de la dite union, composée de douze témoins qui déposent en faveur d'icelle ; l'ordonnance de notre promoteur portant que la procédure sera communiquée au maire et éche-vins de Saumur ; un acte en forme, de nous, requête à nous présentée par les maire et échevins, et principaux habitants de la dite ville de Saumur, contenant la demande de la dite union, le dit acte légalisé par le sieur de Rys, lieutenant pour Sa Majesté dans la ville et château de Saumur, en date du 2 février dernier ; le procès-verbal du revenu fixe et casuel de la dite maison du collége et des dépenses et mises ordinaires d'icelle pendant les années 1688, 1689 et 1690, fait par notre dit commissaire le 7e mars aussi dernier ; l'acte de ratification et acceptation du révérend père général, de procédures faites à l'effet de la dite union, passée par Jacques Binon, notaire royal au duché-pairie de Montpentsier, résidant dans la ville d'Aigues, en Auvergne, en date du 2 de ce mois, et légalisé le même jour par le sieur Germant, lieutenant général du dit duché; et le consentement et ratification des assistans du révérend père général composant son conseil, par acte passé devant David et Bellanger, notaires royaux au Châtelet de Paris, le 4e du dit mois et an ; et les conclusions définitives de notre promoteur, du premier de ce dit mois, et tout considéré de notre autorité ordinaire, Nous avons dès à présent éteint et supprimé et par ces présentes éteignons et supprimons le titre de la cure de Notre-Dame de Nantilly, de Saint-Pierre et de Saint-Nicolas de Saumur, ses annexes, et ce faisant, avons uni, annexé et incorporé, unissons et incorporons le revenu temporel d'icelle à la manse de la maison de la communauté des prêtres de l'Oratoire du collége du dit Saumur, aux conditions de nous nommer toutes fois et quantes qu'il sera besoin une personne de la dite congrégation capable de faire les fonctions de la dite cure pour recevoir de nous l'institution canonique requise à cet effet, laquelle personne il ne pourra changer sans notre consentement, et à laquelle la dite communauté fournira toutes les choses nécessaires pour une honneste subsistance, mesme pour les dépenses et aumônes qu'il lui conviendra de faire dans les dites fonctions, aussi bien que pour les gages des vicaires des dites cures et annexes desquelles la dite communauté payera les décimes ordinaires et extraordinaires, taxes et autres charges si aucunes sont dues, et en outre tant le révérend père général que la dite communauté exécuteront et feront exécuter les conditions auxquelles le révérend abbé de Saint-Florent a consenti la dite union. Celui qui sera nommé par le révérend père général, et par nous canoniquement institué pour les fonctions, jouira de tous les honneurs, prééminences et priviléges dont les curés du dit Saumur ont ci-devant joui. Laquelle union n'aura néanmoins son effet que lorsqu'il arrivera vacance de la cure, ou par décès du dit Bachellerie, ou par la démission qu'il en pourra faire ci-après.

Donné à Angers, ce 15e octobre 1691.

Confirmation de l'union ci-dessus, donnée par Monseigneur Le Peletier, évêque d'Angers.

Michel, etc. Veu le décret d'union de la cure de Nantilly, de Saint-Pierre et de Saint-Nicolas de Saumur, ses annexes, à la maison du collége des prêtres de l'Oratoire de la ville du dit Saumur faite par notre illustre prédécesseur immédiat, le 15e octobre 1691, et les procédures faites pour parvenir au dit décret à nous représentées, et connaissant d'ailleurs combien l'union y référée sera utile à la ville du dit Saumur qui depuis plus de quarante ans a reçu des services considérables des prêtres de l'Oratoire qui ont desservi la dite cure, et étant persuadé qu'elle en tirera à l'avenir de plus grands secours, que celui qui sera choisi pour la desservir tirera de ses confrères des deux maisons de l'Oratoire de la dite ville, et de la corresponcance qu'il y aura entre eux à faire le bien, Nous avons de notre autorité ordinaire loué et confirmé, et en tant que besoin seroit, le dit décret d'union et par ces présentes la confirmons et ratifions, consentons qu'il sorte son plein et entier effet et qu'il soit exécuté en toutes ses clauses et conditions.

Donné à Angers dans notre palais épiscopal.

MICHEL, évêque d'Angers.

Et plus bas :

Par Mr BELOT.

NOTRE-DAME DU CHESNE.

La chapelle miraculeuse de Notre-Dame-du-Chesne est bâtie au milieu d'une lande dans la paroisse et à demi-lieue de l'église paroissiale de Vion, à laquelle est uni l'archiprêtré de La Flèche, dans le voisinage de Sablé. Quatre auteurs en parlent et nous rapporterons simplement ce qu'ils en disent.

Le premier est un auteur anonyme ; voici ce qu'il en dit dans un petit livret intitulé : *Le Pèlerin de Notre-Dame-du-Chesne en Anjou*, imprimé à La Flèche, chez Georges Griveau, en l'année 1625, et dédié à M. le maréchal de Boisdauphin.

« Les personnes dévotes tant du bourg de Vion que de Louaille et autres lieux circonvoisins, gens de bien et d'honneur, partant dignes de foi, m'ont assuré, comme le sachant par la tradition de leurs ancêtres, que l'origine de la dévotion de la chapelle qu'on appelle Notre-Dame-du-Chesne, procède de ce que quelques bergers, par cas fortuit, trouvèrent une image de Notre-Dame dans la concavité d'un vieux chêne, laquelle ils portèrent au bourg plus proche, et la baillant au curé du lieu, il la mit sur l'autel de son église ; mais que la nuit elle avoit été miraculeusement transportée en son premier lieu et place ; ce qui occasionna et fit que les plus dévots et zélés envers la mère de Dieu firent bâtir une chapelle assez avant dans une lande qui est de la paroisse de Vion, archiprêtré de La Flèche, distante d'une demi-lieue de Louaille, dans laquelle fut posée la dite image, où la Vierge étant honorée et réclamée, plusieurs malades recouvroient guérison (1). Mais il arriva qu'à cause des guerres et même que

(1) Une tradition plus probable est que le maréchal de Boisdauphin, seigneur de Sablé, étant un jour à la chasse, passa par les landes de Vion ; une grande pluie étant survenue, il fut obligé de se cacher sous un chêne fort touffu, où il y avait aussi des petits bergers à couvert, qui lui dirent qu'il y avait dans ce chêne une image de Notre-Dame qui faisait des miracles et que jamais les loups n'avaient mangé les brebis qui paissaient là auprès. Le maréchal s'étant fait

l'hérésie étant fort enflammée en ce royaume de France, du tems des protestans, cette chapelle fut ruinée ; toutefois l'image fut conservée, à laqu...e une bonne et dévote femme donnant un jour un bouquet après avoir fait sa prière, il arriva qu'un jeune garçon passant par là et voyant ce bouquet dans la main droite du petit enfant Jésus fut si inconsidéré et téméraire que de le prendre et l'emporter ; mais il en fut bientôt puni, car le cou lui devint de travers de telle sorte qu'il ne pouvoit tourner la teste ; de quoi ses parents grandement étonnez lui demandèrent la cause de son mal ; il leur dit qu'il lui étoit venu pour avoir pris un bouquet à l'image de Notre-Dame-du-Chesne. On le mène à la chapelle où il rend le bouquet, le remet dans la main du petit enfant Jésus, et à l'instant il se trouva guéri, dont les assistants louèrent et remercièrent beaucoup Dieu et eurent dès lors recours à la Vierge tant en leurs afflictions temporelles que spirituelles, où tous les jours et encore à présent, ils reçoivent mille grâces et faveurs. Cette merveille donc renouvela la sainteté du lieu où l'on bâtit maintenant une fort belle chapelle pour plus honorer le lieu qu'il a plu choisir à la Vierge pour là être honorée, servie et réclamée et pour nous assister de son pouvoir comme mère de Celui qui de rien a fait toutes choses. Ils m'ont en outre assuré qu'avant ce miracle on y voyoit plusieurs colombes qui voloient autour de l'image et qui, comme des anges, sembloient faire fête et honorer la dite image, ce qui incita plusieurs bergers à s'en approcher pensant les prendre ; mais comme ils en étoient fort près, ils les perdoient de vue, ce qui les étonnoit grandement. Bien souvent on y voyoit un feu fait en forme d'étoile qui demeuroit longtemps sur ce qui restait du dit bâtiment de la chapelle, ce qui comme un Saint-Elme présageoit qu'en ce lieu-là les orages des afflictions cesseroient

certifier ce fait par des gens dignes de foi, fut porté à y faire bâtir une chapelle, au bâtiment de laquelle les voisins contribuèrent aussi. Mon père revenant de Sablé, m'a dit, le 12 novembre 1709, que les anciens du pays lui avoient ainsi raconté la chose. Si cela est, il faut que le maréchal de Boisdauphin n'ait fait que la réparer, car elle était déjà bâtie en 1515, ainsi qu'il paraît par les vers ci-après de M. Grudé, et alors le maréchal de Boisdauphin n'étoit pas encore au monde, ou du moins étoit trop jeune.

par la vertu de la Sainte Vierge. Ils m'assuroient aussi que souvent on avoit vu sur l'image et que la sueur rouloit sur sa face à grosse gouttes. Enfin il n'y a pas presque de maladie dont elle n'ait guéri miraculeusement ceux qui l'ont réclamée bien dévotement dans ce lieu fortuné où il semble qu'elle ait pris plaisir de se découvrir par des miracles à de petits bergers, au milieu des landes, comme elle fit visiblement aux pasteurs de Bethléem, qui ont aussi eu l'honneur de voir les premiers le Sauveur qu'elle a mis au monde. »

Tout ce récit paroist fabuleux et je ne crois pas qu'il faille y ajouter foi. Ce que dit le père Poiré, jésuite, de l'origine de cette chapelle et de la dévotion qu'on y a à Notre-Dame, est plus vraisemblable. Voici comme il en parle, dans le beau livre qu'il a fait de la Triple couronne des grandeurs, des excellences et des vertus de la Sainte Vierge, imprimé à Paris, chez Cramoisy, en l'année 1650 :

« Nous saluons Notre-Dame-du-Chesne qui est près le bourg de Sablé, où la Sainte Vierge a témoigné depuis une douzaine d'années qu'elle prenoit plaisir d'y être servie, et voicy comme la chose advint :

« Au milieu d'une lande où l'on ne voyoit d'ordinaire que des bestes qui alloient au pâturage, et ceux qui les conduisoient, il y avoit une pauvre chapelle déserte et toute ruinée, avec une vieille image assez mal faite de la glorieuse Vierge ; un homme riche ayant un enfant tout contrefait et défiguré, afin d'ôter de devant ses yeux ce sujet d'ennui, l'avoit donné à une pauvre femme qui menoit parfois son bétail à l'entour de cette chapelle. Un jour, comme elle se sentit poussée intérieurement d'y entrer avec l'enfant qu'elle portoit entre ses bras, et s'étant prosternée à deux genoux devant l'image, elle s'adressa à la Sainte Vierge et lui dit avec beaucoup de simplicité qu'elle ne cesseroit de l'importuner jusqu'à ce que son enfant fût guéri. Elle continua sa dévotion l'espace d'environ six semaines, faisant tous les jours la même prière, au bout desquelles, comme elle étoit un matin dans la chapelle, priant Dieu du meilleur de son cœur, elle vit que l'enfant étoit droit sans qu'il restât aucune marque de sa difformité. D'abord elle eut peine à croire ses yeux et de s'assurer que ce fut celui qu'elle avoit apporté, et si quelques traits du visage ne lui eussent fait avouer que c'étoit lui sans autres, et qu'elle n'eut considéré qu'il n'y avoit qu'eux deux dans la chapelle, elle se fut persuadée que c'étoit un enfant supposé; mais enfin après l'avoir bien envisagé, elle n'en put nullement douter. Le bruit du miracle s'étant répandu dans le village, chacun accourut à la chapelle où en moins de dix mois furent faits six autres miracles signalez, lesquels ayant été authentiquement avérez, et la dévotion du peuple croissant tous les jours envers ce lieu, M. le maréchal de Boisdauphin, voyant la faveur que la Sainte Vierge lui faisoit de vouloir prendre logis en ses terres et s'assurant qu'il n'en pouvoit attendre que toutes sortes de bonheur, fit bâtir une église au lieu où étoit la chapelle, avec un logis pour recevoir les pèlerins. C'est maintenant la dévotion des villes d'Angers, du Mans, Durestal, La Flèche et de tout le pays circonvoisin. Elle s'appelle Notre-Dame-du-Chesne, à cause, je crois, d'un grand chesne qui est proche la chapelle. »

M. l'abbé Ménage, si fameux par ses ouvrages, fait aussi mention de cette chapelle, dans le livre intitulé : *Ménagiana*, page 105.

J'ai vu entre les mains de M. Grudé, de la ville d'Angers, deux poëmes françois de la composition d'Étienne Grudé, son parent, dans lesquels il décrit les miracles de Notre-Dame-du-Chesne, de la même façon que Lipse décrit, en son *Virgo Hallensis*, ceux de Notre-Dame-du-Hal. Cette Notre-Dame-du-Chesne étoit une image de la Sainte Vierge, mise vers l'an 1494, dans un vieux chêne appelé le chêne de la Jariaye, qui étoit à l'entrée de la lande de Vion, du côté de l'Anjou, dans la paroisse de Vion, où Léonard Sielte, curé de Vion, archiprêtre de La Flèche (car l'archiprêtré de La Flèche est attaché à la cure de Vion), fit bâtir vers l'an 1628 une grande chapelle dans laquelle est aujourd'hui cette image. Ce qu'Étienne Grudé dit, à la tête de son second poëme, mérite d'être remarqué. Voici les paroles :
« Item. Autre louange et requeste faite par moi Étienne Grudé, et

présentée par Jean Grudé, mon fils, au voyage par lui fait le samedi 19 mai 1515, et ce jour se trouva pèlerins plus de quatre mille, et il y en eut plusieurs amenés en charrette et autrement, détenus de diverses maladies, et plusieurs s'en retournèrent bien joyeux. » Il y a un livre des miracles de cette image de la Sainte Vierge, intitulé : *Le Pèlerin de Notre-Dame-du-Chesne en Anjou*, imprimé à La Flèche, par Griveau.

Voici les deux poëmes dont parle M. Ménage, copiés sur l'original, que m'a prêté M. Grudé de Jouralan, bourgeois, demeurant à Angers, qui a beaucoup de science et de piété.

« Moi, Étienne Grudé, demeurant à Sablé, à l'honneur de la Vierge, glorieuse Marie, dont son image est révérée en un chesne (où elle fut mise vers l'an 1494), lequel chesne, du tems du sieur Grudé, étoit près de la paroisse de Vion, comme il appert par son manuscrit, j'ai fait une contemplation, louange et requeste à la dite dame et l'ai mise dans un tableau que j'ai porté par dévotion au dit lieu et attaché au dit chesne, de laquelle la teneur s'en suit :

Dame de très haute bonté,
Où tous humains ont leur fiance,
Nous vous requérons la santé
De nos maux, aussi l'allégeance.

II.

Vous voulez estre honorée
Comme partout vous appartient,
De Dieu êtes mère nommée
Du quel tout bien procède et vient.

III.

Nous sommes tous durement tourmentez
De divers maux et autres maladies
Hélas (ma chère Dame), oyez nos lamentez
Car à vous sont abandonnées nos vies.

IV.

Gardez-nous de toute fortune,
Du feu, de guerre et mort subite,
Aussi de peste et d'apostume
Et de toute chose illicite.

V.

Nos mœurs mettez en pureté,
Pour vous être plus agréables,
Et montrez la très grande bonté
Qu'avez aux chétifs lamentables.

VI.

Tous les jours vous faites miracles,
Votre doux fils le vous permet;
Vos puissances sont indomptables
Ainsy que l'Écriture met.

VII.

Point n'en doutons, en vérité,
Car vous fûtes prédestinée
A vous priant donner santé
Comme de Dieu la bien heurée.

VIII.

A jointes mains nous requérons,
De cœur piteux et bon courage,
Que exauciez nos oraisons
Que nous faisons en ce voyage.

AMEN.

« Item, autre louange et requeste faite par moi, Étienne Grudé, et présentée par Jean Grudé, mon fils, au voyage par lui fait le samedi 19ᵉ jour de mai 1515; lequel y fut à la messe, et ce jour se trouva pélerins plus que quatre mille, et y en eut plusieurs amenez en charrettes, sur chevaux et autres, détenus de diverses maladies, et plusieurs s'en retournèrent bien joyeux.

I.

O Marie, Vierge immaculée,
Mère et fille la plus heurée
De Dieu, du monde le Sauveur
Digne êtes d'estre louée,
Crainte, servie et honorée
Ici et ce avec honneur.

II.

Car vous êtes la grand'lumière,
De paradis porte et clavière
Et des benoists anges servie,
Quand Gabriel trouva manière
Vous dire à voix douce et claire
De vous est la Trinité ⋯ie.

III.

Vous estiez en Nazaret,
En une maison où illec
Lisiez par conformité
Que d'une Vierge il naistroit
Le fils de Dieu et part yroit
En y prenant humanité.

IV.

Alors fûtes, comme rosée,
Du doux Jésus environnée,
Quand eutes dit je suis ancelle
La Deïté s'y fit entrée
Prit chair humaine sans demourée
En vous qui etiez pucelle.

V.

A bon droit vous êtes priée
Et des malades y clamée
Quand l'avez été hors lieu saint,
Car votre voix est exaucée
Par votre fils et approuvée,
En ce lieu ci et en maint.

VI.

Pour ce, Vierge tant excellente,
En vous avons mis notre attente.
Hélas ! ayez de nous pitié,
Pour vous voir avons pris la sente,
De tous maux vous êtes l'attente,
Vous priant nous donner santé.

Amen.

Continuation des miracles écrits par la main du dit sieur Grudé, l'an 1515 :

Au mois de mai, au commencement du dit mois, l'an 1515, par miracle de Dieu et de la Vierge mère, qui la manifeste toujours où il lui plaît, en un chesne sis près la terre et maison de Souldé, l'image de la glorieuse Vierge Marie, mère de Dieu, a voulu être révérée, laquelle image, par un bien dévot homme d'église, nommé Messire James Buret, prêtre, vingt ans ou environ, auroit mis au dit chesne, et depuis n'en auroit été fait aucune mémoire. Toute fois, en ce tems présent, 1515, manifestant ses miracles au dit lieu, il passa un marchand qui avoit un cheval chargé, et passa par la dite image qui étoit environnée de plusieurs bouquets, lequel, avec sa verge et fouet dont il touchoit son cheval, vint à abattre l'un des dits bouquets, et le mit en la crinière de son cheval et toucha outre, et n'alla pas deux traits d'arc, que son cheval ne cheust tout mort.

Autre miracle du dit temps.

Une femme percluse d'un costé, qui de longtemps ne s'étoit pu aider d'un bras, s'y voua, y alla et s'en retourna toute saine.

Autre miracle.

Un homme, nommé Maurice Chauveau, qui avoit été détenu de griefve maladie, par plus de deux ans, et ne se pouvoit aider, y alla avec des escrioches, et il s'en revint tout sain.

Autre miracle par moi Étienne Grudé cognu.

Un jeune clerc de Sablé, fils de Macé, âgé de 16 ans, étoit perclus et rompu, de sorte qu'il alloit comme à chatons, regardant et touchant presque de la teste à terre, allant à deux petits bâtons, alla, le 12º jour du mois de mai, en voyage à la dite Notre-Dame avec ses bâtons. Sa dévotion faite, se cuidant relever de devant la dite image de la Vierge Mère, avec ses bâtons, se trouva tout sain; il s'en revint sans bâtons et tout droit sans sentir aucun mal.

Une pauvre femme qui avoit perdu un œil, s'y voua, et s'en revint, voyant du dit œil comme de l'autre.

Autre grand miracle.

Il alla en voyage un homme de devers Juigné-sur-Sarthe, à cheval, et au dit lieu prit trois chandelles, bailla son cheval à tenir, et étant de genoux envoya chercher du feu pour allumer les chandelles, et il fut tout ébahi qu'elles s'allumèrent sans feu, car alors il n'y en avoit point.

Le bruit du miracle dont parle le père Poirée, qui arriva en l'année 1621, s'étant répandu de tous côtés, chacun accourut à la Chapelle, et de sorte qu'elle étoit auparavant, elle fut très fréquentée, et en moins de six mois il s'y fit dix autres miracles très considérables et bien avérés. La dévotion du peuple croissant de jour en jour en ce lieu, on rebâtit la chapelle, l'année d'après ; on la fit grande et spacieuse, avec deux croisées où sont deux autels. Messire Urbain de Laval de Boisdauphin, maréchal de France et marquis de Sablé, donna la charpente. M. le marquis du Puy du Fou, prince de Pescheseul, seigneur de Vion et de Parcé, donna le tabernacle, où avoit toujours été le Saint Sacrement, pour satisfaire la dévotion des peuples de tous les lieux circonvoisins, qui y venoient souvent communier, jusques en l'année 1704, que messire Michel Le Pelletier, évêque d'Angers, considérant qu'il y avoit de l'inconvénient de laisser le Saint-Sacrement dans une chapelle au milieu d'une lande, sans prêtre, dont la clef étoit confiée à un hôtelier, défendit qu'on y gardât à l'avenir le Saint-Sacrement. Tout le reste de la chapelle a été bâti des dons et des oblations des fidèles, qui en ces temps-là étoient abondantes.

Le curé de Vion vient, toutes les festes de Notre-Dame, chanter la grand-messe dans cette chapelle et y amène processionnellement ses paroissiens.

Monsieur Mathurin Ménager y fit, par son testament olographe, en date du 5e mai 1688, fondation de deux messes par semaine et d'une par mois, et a donné quarante écus de rente annuelle et perpétuelle au chapelain qui diroit ces deux messes dans la dite chapelle ; la dite rente affectée sur une maison, un jardin et une closerie situés au bourg de Vion. Ledit Mathurin Ménager mourut en l'année 1689 et y fut inhumé.

Mre Léonard Siette, curé de Vion, a fait bâtir une petite maison pour le chapelain, proche la chapelle de Notre-Dame-du-Chesne, qui y devroit résider, mais qui n'y réside point.

De tems en tems Dieu a fait connoistre qu'il se plaisoit à faire honorer sa sainte Mère en cette chapelle, par la continuation des miracles qu'il y a opérés.

En l'année 1684, Mademoiselle des Moulins, habitante de Durestal, qui avoit l'épine du dos rompue depuis longtemps, et qui ne pouvoit marcher, s'y fit apporter et s'en retourna guérie miraculeusement. Plus de trente processions vinrent ensuite, de sept à huit lieues à la ronde, en rendre grâces à Dieu et à Notre-Dame, dans la dite chapelle.

M. Godebert, vertueux prêtre de Sablé, m'a écrit du 15e octobre 1700, qu'une pauvre femme, appelée Marthe Lambert, épouse de Samson Hergaut, demeurant en la ville de Sablé, s'étant cassé trois nœuds de l'épine du dos, lesquels n'ayant pu être remis en leur place, elle étoit depuis huit ans et demi demeurée impotente, sans pouvoir marcher, se tenir debout ni assise, étant contrainte d'être toujours couchée, ayant le corps en double, en sorte qu'elle ne pouvoit se remuer ni être remuée qu'avec de très sensibles douleurs, fut inspirée d'avoir recours à Dieu, par l'intercession de la sainte Vierge, et de se faire porter en la chapelle de Notre-Dame-du-Chesne; que son mari l'y avoit conduite sur un cheval, l'ayant mise dans une portoire avec un contrepoids de l'autre côté; qu'ils y arrivèrent le 5e du mois de septembre 1700, qu'elle se fit porter et coucher sur un banc dans la dite chapelle, onze jours de suite, où elle passoit presque tous les matins et les soirs en prières, et qu'enfin le 16e septembre, jour de l'octave de la Nativité de Notre-Dame, deux jours après sa neuvaine, étant seule devant le Saint-Sacrement, elle se trouva subitement, non-seulement exempte de toutes ses douleurs, mais se leva, se tint assise et ensuite se mit à terre et marcha seule vers la balustrade de l'autel, se prosterna plusieurs fois devant le Saint-Sacrement, pour remercier Dieu de sa guérison miraculeuse, et se releva seule et s'en revint à la maison sans bâton, descendit les dégrés qui sont à la grande porte, sans se tenir à la muraille, ce qu'elle a continué de faire. Étant de retour à Sablé, les médecins, chirurgiens et apothicaires qui l'ont vue, m'ont envoyé leur attestation que cette guérison n'a pu se faire naturellement.

NOTRE-DAME DE MONTPLACÉ.

Fondation de cette abbaye.

Environ l'an 1450, Robert de Montplacé, écuyer, sieur de l'Ile-Perdue, fonda, dans l'église de Jarzé, une chapelle sous l'invocation de Notre-Dame et de tous les Saints, d'une messe par mois; mais la mort le prévint avant qu'elle fût décretée, quoique de son vivant il eût fait célébré la dite messe, et mis un prêtre qui la devoit dire en possession des biens qu'il avoit destinés pour cette fondation. N. H. Jean de Montplacé, son fils aîné, aussi seigneur de l'Ile-Perdue, fit décreter cette chapelle par les Vicaires Généraux de Monseigneur François de Rely, évêque d'Angers, le 6e de juin 1510, près de 60 ans après sa première fondation, et en augmenta les revenus, et, au lieu d'une messe par mois, il la fonda tous les vendredis, pour être dite dans la chapelle des Roches de Montplacé, ou, à faute de chapelle, dans l'église de Jarzé, à l'autel Saint-Gatien, s'en réservant et à ses successeurs, seigneurs de l'Ile-Perdue, la présentation, et aux évêques d'Angers la collation, chargeant seulement le chapelain de douze deniers de cens payables au lieu de l'Ile-Perdue, pour reconnoissance de fief.

Il paroit, par cette dernière fondation, qu'il n'y avoit point encore de chapelle en l'année 1610, mais qu'on avoit dessein d'y en faire bâtir une. La tradition du pays est qu'il y avoit seulement un petit arceau ou apenti avec un autel sur lequel étoit placée l'image de Notre-Dame, qu'on y voit encore; mais cette espèce de chapelle étoit tellement négligée qu'on y faisoit loger des troupeaux de moutons comme dans une étable. Une femme y étant allée, dit-on, un soir mener les siens, fut frappée d'une grande lumière qui sortit de l'image et fut renversée par terre.

Ce fait étant rapporté par celle à qui il étoit arrivé, fit que les voisins traitèrent ce lieu, quoique très pauvre et désert, avec plus de respect; on commença à y venir faire ses prières et invoquer la mère de Dieu.

La dévotion du peuple augmenta par les guérisons miraculeuses que plusieurs malades assurèrent y avoir reçues. Les miracles qui firent le plus de bruit, arrivèrent, vers l'année 1630, sur M. Le Gras, qui avoit une fièvre opiniâtre, et un jeune homme contrefait de naissance qui, s'étant voué à Notre-Dame de Montplacé, fut guéri en un instant (1). Il est devenu père ensuite. Le bruit s'en répandit bientôt dans le voisinage et même au loin; on vint de toute part à Montplacé invoquer la mère de Dieu; toutes sortes de personnes, les pauvres et les riches, les gens de qualité et le commun peuple, sans distinction, y venoient en pélerinage; on voyoit à la porte des chevaux, des charrettes, des carrosses et toutes sortes de voitures qui amenoient des malades, dont la plupart s'en retournaient guéris ou du moins soulagés. On mit un tronc à l'entrée de cet apenti; les aumônes qu'on y donna furent si abondantes qu'on se vit bientôt en état de bâtir une chapelle; on acheta des matériaux et M. le marquis de Jarzé, seigneur de fief, y contribua beaucoup. Le plan en fut dressé pour qu'elle fût grande, solide, voûtée et même magnifique; mais ce dessein ne fut pas sitôt exécuté; le démon, jaloux de cette entreprise, la traversa longtems; les ouvriers avec qui on avoit fait marché et qui s'étoient fait avancer de l'argent firent banqueroute et étant demeurés insolvables, abandonnèrent l'ouvrage après

(1) M. Legras a dit à M. Vacher, directeur du Séminaire d'Angers, de qui je le sçais, que jusques à l'âge de 7 ans il avoit une jambe plus courte de demi pied que l'autre, qui l'empêchoit de marcher; que ses parents le vouèrent à Notre-Dame de Montplacé et y firent une neuvaine, au bout de laquelle, ayant laissé l'enfant devant l'image pendant quelque tems seul, il s'étoit senti guéri tout d'un coup, et étoit allé en même tems se divertir avec de petits garçons dans la place publique; que ses parents étant revenus pour le quérir avoient été fort surpris de ne plus le trouver où ils l'avoient laissé et encore plus entièrement guéri; que ce miracle augmenta la dévotion à la chapelle; qu'on y fit une queste pour la bâtir; que lui, Martinière Le Gras, mit la première pierre avec une truelle d'argent, et en grande cérémonie.

avoir jeté les fondements. On attendit plusieurs années, jusqu'à ce qu'on eût massé quelques sommes considérables par les offrandes des fidèles. Enfin on continua l'ouvrage commencé et on le conduisit jusqu'à la voûte; mais l'architecte qui l'avoit marchandé emporta aussi l'argent qu'on lui avoit donné, de sorte qu'il fallut encore attendre jusqu'à ce que la providence eût fourni de quoi achever le reste.

Enfin, après une longue suite d'années, on acheva cette chapelle tant désirée telle qu'on la voit présentement, qui a été près de soixante ans à bâtir et qui a coûté plus de soixante mille livres; aussi elle est une des plus belles qui soit dans les provinces d'Anjou et du Mayne. En y entrant on y respire un certain air de dévotion et de propreté qui touche le cœur et fait plaisir aux yeux.

Il y a trois autels neufs d'une architecture bien entendue, avec des figures; celui du milieu est dédié à Notre-Dame-de-Pitié, sur l'autre, à côté de l'Évangile, est placée l'image ancienne qu'on y vient révérer; et le troisième est consacré à saint Joseph.

On a pratiqué une petite sacristie derrière l'autel, où il y a de très beaux ornemens et des vases sacrés fort précieux.

Tous les murs au dedans de la chapelle sont revêtus d'un lambris de bon goût.

La dévotion des peuples ne s'est point encore ralentie dans ce lieu, et on peut dire qu'il y a un pèlerinage perpétuel dans cette chapelle, où le chapelain, qui est nommé par le marquis de Jarzé, administre les Sacrements de pénitence et d'eucharistie à ceux qui y viennent tous les jours.

NOTRE-DAME DE LORETTE

EN ANJOU

Fondation de cette abbaye.

La chapelle de Notre-Dame-de-Lorette, en Anjou, paroisse de Saint-Jean-des-Mauvrets, fut fondée en 1530, par François de Chateaubriand, doyen de l'église d'Angers et prieur de Saint-Jean-des-Mauvrets, qui la fit bâtir sur le modèle de celle de Nazareth d'Ancône en Italie, et qui, selon Richomme, Bzovius et Tursellin, trois fameux auteurs, est la chambre même de la bienheureuse Vierge-Marie, où l'ange Gabriel lui annonça le mystère de l'Incarnation, et où elle conçut le fils de Dieu fait homme; laquelle chambre fut consacrée, après la mort de la Sainte Vierge, en une chapelle par ses Apôtres, il y a une de ses images faite de cèdre par saint Luc, avec un autel de pierre carré, une petite cheminée derrière, une petite fenêtre du côté de l'Épitre qui est au midi, et une petite armoire du côté de l'Évangile. Elle est carrée, longue de quarante pieds, large de vingt et haute de vingt-cinq; les murailles, épaisses d'un pied et demi, sont de petites pierres carrées couleur de briques; le lambris est fait d'ais; il y a au-dessus un petit clocher et le dedans est tout orné de peintures à l'antique. Cette chapelle a été en grande vénération pendant plusieurs siècles, à Nazareth, d'où elle fut transportée en 1291, le 9e mai, premièrement en Esclavonie, sur une montagne, entre les villes de Tersatz et de Fiume; l'évêque de Tersatz, nommé Alexandre, fut guéri d'une maladie incurable, après une apparition de la Sainte Vierge, à qui il en rendit action de grâces dans sa chapelle nouvellement posée en son diocèse. Il alla ensuite en Palestine avec trois de ses diocésains pour s'assurer de la vérité de cette translation et en apporta les authentiques qui prouvoient que la dite chambre ou chapelle n'étoit plus à Nazareth; qu'elle en avoit été enlevée depuis tel temps et que la place des fondements qu'on y trouva encore, avoit les mêmes dimensions que la chapelle qui se trouvoit dans le diocèse de cet évêque.

D'Esclavonie, elle fut transportée, sans qu'on en ait sceu la raison, en la Marche d'Ancône en Italie, et mise en une forest dont la dame se nommait Lorette, d'où elle a tiré son nom, le 10ᵉ décembre. Elle n'y fut que huit mois à cause des voleurs qui maltraitoient sans cesse les pélerins, et elle fut transportée sur une coline voisine qui appartenoit à deux frères, lesquels ayant pris querelle au sujet des oblations voulurent vider leur différend par le duel; mais la chapelle fut transportée dans un autre endroit de la même colline, où on la voit à présent, à deux mille de la mer. On en célèbre la translation le 10ᵉ décembre, par l'ordre de Clément VIII qui a accordé de grandes indulgences aux pélerins qui iroient la visiter.

Toutes ces merveilles inspirèrent à Mʳᵉ François de Chateaubriand, d'une des premières maisons du royaume, la dévotion d'y aller en pélerinage. Voici ce qu'en dit Bourdigné dans ses Chroniques d'Anjou, imprimées à Paris en l'année 1529, partie 5ᵉ, page 194.

« L'an 1516, vénérable et discret messire François de Chateaubriand, doyen de l'église cathédrale d'Angiers, meu de dévotion après avoir donné à son église grande somme de deniers pour la réparation d'icelle, voyagea à Rome pour visiter les glorieux Apôtres, et de là passa outre et alla voir Notre-Dame de Lorette, qui est la propre chambre en laquelle la glorieuse Vierge Marie résidoit en ce monde et où elle nourrit Notre-Seigneur Jésus-Christ, et a été icelle chapelle plusieurs fois par les anges translatée d'un lieu dans autre, et de présent est à quatre ou cinq journées de Rome; en quel lieu icelui doyen d'Angiers arrivé, fit tant qu'il obtint d'apporter avec soi une tuile de terre dont icelle vénérable chapelle de Lorette est composée; laquelle revéremment il apporta en Anjou, et fit construire une chapelle à Saint-Jean-des-Maulevretz-sur-Loire à la semblance, forme et façon de celle qui est de là les Monts, et en commémoration d'icelle, voulut qu'elle fût appelée Notre-Dame de Lorette, et en icelle colloca la tuile qu'il avoit apportée des Iales, où encore on la peut voir richement enchassée, et y a leans très beau voyage, et ainsi qu'on peut le voir par les attestations qui y sont, Notre-Seigneur y a de sa grâce demontré plusieurs beaux signes et miracles. »

La foi de Bourdigné sur cette relique ne doit pas être suspecte puisqu'il est contemporain. Elle est encore aujourd'hui en grande vénération; on la porte en procession, dans les nécessités pressantes, de la chapelle où elle est en celle de Saint-Alman, au même bourg de Saint-Jean-des-Mauvretz. Les paroisses voisines y viennent en procession le jour dont on est convenu, et il s'y trouve un grand concours de peuple; la difficulté est de savoir comment le grand doyen d'Angers a pu avoir cette tuile, vu que les souverains Pontifes ont défendu, sous peine d'excommunication, d'en auter aucune de la chapelle de Lorette, en Italie. Cela n'est pas pourtant plus difficile si l'on sait que François de Chateaubriand étoit protonotaire apostolique, et que le pape Clément VII avoit fait faire, à la même chapelle, deux portes et une fenêtre dont les briques furent apparamment recueillies avec soin et que le protonotaire ensuite a pu en obtenir une pour sa chapelle. Il la fonda, comme nous avons dit, en 1530, et y ordonna d'abord deux messes par semaine, savoir : une le vendredi en mémoire de la passion de Notre-Seigneur, et l'autre le samedi en l'honneur de Notre-Dame, pour l'entretien desquelles il donna huit quartiers de vigne en la même paroisse, et douze quartiers de pré, paroisse de Juigné, et, par son testament en 1535, il augmenta la fondation de quarante septiers de mouture ou farine, en ajoutant la charge d'une messe des défunts tous les mardis. Cette chapelle a été dédiée, comme il paroît, par le même testament, où il ordonne de plus une messe le jour de sa dédicace, et une autre le jour de Saint-Gabriel; mais on ne sait ni par quel évêque, ni en quelle année s'est fait cette dédicace ; il y a apparence que ce fut du vivant du fondateur ; il en donna la collation aux évêques d'Angers, et la présentation aux seigneurs de Saint-Jean-des-Mauvretz, portant son nom et ses armes, ou, à faute de tels seigneurs, à François de la Noë, l'aîné et à ses descendants, voulant que ce fût toujours pour un prêtre, sous peine de nullité. La châsse où est la sainte Tuile, que l'on baise à nud, n'est que de cuivre doré représentant la Sainte-Chapelle elle est soutenue par deux anges, sur laquelle ces paroles sont gravées :

ICY DEDANS EST POVR RELIQVE VNE PIERRE, MOVLT DIGNE ET NECTE, DE LA CHAPELLE MAGNIFIQUE DE STE MARIE DE LORETTE.

L'authentique ne se trouve plus.

Bourdigné, qui parle des miracles qui se sont faits dans cette chapelle, en rapporte un de son tems, dont un tableau qui en représente l'histoire et qui est encore aujourd'hui attaché à la muraille de la chapelle, peut servir de seconde preuve. Cet auteur dit qu'au mois d'avril 1520, arriva chose reputée miraculeuse ; car, comme le seigneur de Rohan, pour lors furieux, et privé de son bon sens naturel, sans cause ou achoyson, mais seulement par rage ou fureur, eut délibéré de mettre à mort mademoiselle Daillon, son épouse, et jà eut l'épée au poing pour exécuter son dampnable vouloir ; et jà la jeune dame en telle nécessité constituée, de tous secours depourvue, eut recours à la glorieuse Mère de Dieu, luy promettant, s'il luy plaisoit la garantir du danger qui luy étoit imminent, qu'elle visiteroit la chapelle de Lorette, à St-Jean-des-Maulvretz, au pays d'Anjou ; et sitôt qu'elle eut fait ce vœu mentalement, le dit seigneur de Rohan tomba parterre et luy saillit son épée du poing, puis se releva et comme reveillé de quelque grief somme, ou comme ayant vu quelque vision, demanda à sa femme a quel saint elle s'étoit recommandée pour éviter ce péril, et elle luy confessa que c'étoit à la Vierge Marie, et promit de visiter le lieu où l'on la prioit, à Lorette, au pays d'Anjou. Lors luy dit le dit seigneur :

allez-y et accomplissez votre vœu, et alors la dame bien accompagnée vint, nuds piés, visiter la dite place de Notre-Dame de Lorette, à Saint-Jean-des-Maulvretz, en Anjou, et en rendant compte et à sa glorieuse mère, grâces et louanges, raconta l'histoire qu'avez ci-dessus oüie, et y donna plusieurs vœux de cire et un tableau de son mary et d'elle, attestant la vérité de la chose. Au bas de ce tableau sont les armes de Rohan et du Lude. On remarque que, de vie d'homme, il n'a tombé ni grêle ni foudre dans cette paroisse de Saint-Jean-des-Maulvrets, quoique les paroisses circonvoisines en ayent été plusieurs fois attaquées, et, dans les calamités publiques, plusieurs paroisses s'assemblent et, on y porte la sainte Tuile en procession.

NOTRE-DAME DE LA CRUE

Fondation de cette abbaye

La chapelle de Notre-Dame de la Cruë est bâtie dans une lande, paroisse de Saint-Martin-du-Limet, à une lieue de Craon et à onze de la ville d'Angers.

Voici ce que nous avons pu apprendre de ses commencements et de ses progrès : Vers l'année 1545, des enfants qui gardoient des bestiaux, trouvèrent une image faite d'argile, tenant l'enfant Jésus sur ses bras, dans une croix, au milieu d'une lande d'où on prétend qu'elle tire son nom de la Cruë, *de Cruce*. Ils la prirent et s'en servirent comme d'une boule pour jouer aux quilles ; mais ayant remarqué que, quoiqu'ils jetassent cette image souvent et très rudement contre terre et contre leurs quilles, elle ne se rompoit point et n'étoit nullement endommagée, ils commencèrent à avoir du respect pour elle et à ne s'en plus servir pour leur jeu ; mais l'ayant remise à sa place, ils firent leur prière devant l'image ; d'autres disent qu'ils l'enfermèrent dans un coffre et qu'elle se retrouva le lendemain à sa place. Mais comme ce fait est sans preuves et qu'on l'attribue communément à toutes les inventions des images de Notre-Dame, nous ne faisons aucun fond dessus. Ce qu'il y a de vrai, c'est que les peuples y viennent en pèlerinage du canton du Craonnais. La simplicité de leur foi attira sur ceux qui étoient malades tant de bénédictions qu'ils s'en retournoient guéris; ce qui obligea Maurice Marchais, curé de Saint-Martin-du-Limet, d'y faire bâtir une chapelle des offrandes qu'il recevoit. Il y fit construire deux autels, l'un dédié à Notre-Dame et plaça son image dans le tronc de l'arbre, qu'on y voit encore, et l'autre à saint Fiacre, parce que la chapelle et les autels furent consacrés le jour de Saint-Fiacre de l'année 1617.

Dieu, qui a toujours paru jaloux de l'honneur qui est dû à sa Sainte Mère, vengea une irrévérence qui fut commise contre elle dans la chapelle de la Cruë ; car Michel Gautier, habitant de la paroisse d'Andigné, près Segré, y étant entré après qu'elle fut bâtie, sans respect et sans dévotion, prit par dérision un bouquet de fleurs qui ornoit l'image. A peine fut-il sorti qu'une colique violente le saisit, et après avoir longtemps marché il ne put sortir de cette lande. Reconnaissant sa faute, il fut en demander pardon en la chapelle ; tout aussitôt il fut guéri et s'en retourna librement à sa maison.

Depuis que cette chapelle fut bâtie, le concours du peuple y fut extraordinaire, et les guérisons miraculeuses en grand nombre, et depuis l'année 1617, jusques en l'année 1628, on compte six aveugles tant de naissance que par accident, et trois borgnes éclairez ; un muet et trois paralytiques guéris ; sept perclus et impotents destitués dans l'usage de leurs membres et quantité d'autres malades soulagés. En sorte que le bruit de tous ces miracles s'étant répandu par tout le diocèse, M. Charles de Miron, alors évêque d'Angers, jugea à propos d'en faire dresser un procès-verbal ; pour cet effet, il envoya M⁰ Jacques Millet, archidiacre de l'église d'Angers, lequel ayant fait sa visite dans la chapelle de Notre-Dame de la Cruë, conjointement avec M⁰ Mathurin Hamon, curé de Saint-Quentin et doyen rural de Craon, entendirent la déposition de plusieurs témoins, entr'autres de Mathurin Hunault, curé à Renazé ; Mathurin Le Manceau, prêtre de Saint-Martin-du-Limet ; Pierre Le Hay, prêtre à Craon ; René Bellanger, prêtre à Niafles ; Pierre Planchenault, bourgeois de Craon, et autres, qui attestèrent tous par serment les miracles suivants que nous rapporterons ici à la gloire de Dieu et de sa divine Mère, parce qu'on ne peut raisonnablement les révoquer en doute et qu'ils peuvent servir à convaincre les protestans de la vérité de la religion chrétienne, dans laquelle seule il peut y avoir des miracles.

Marguerite Tavernier, fille de M. Jacques Tavernier, receveur ancien au grenier à sel de Craon, ayant perdu la vue de l'œil droit, à cause de la petite vérole, fait sa neuvaine à la dite chapelle, aux neuf jours durant la messe que disoit à son intention M. François Crannier, curé de Craon, recouvra la vue le 24 juillet 1626; en mémoire de quoi elle a donné un tableau qui est devant ladite chapelle. Lesdits Crannier, Tavernier et fille en ont déposé devant le dit archidiacre.

René Regnier et Françoise de Ballot, ayant une fille née aveugle, sa femme la porta à la Cruë, à l'âge de huit mois, et à la seconde neuvaine, recouvra entièrement la vue, le 19 septembre 1626; attesté au dit archidiacre, par MM. Daudet, Chevalier et Garnier, prêtres de la Selle et par la mère de la fille.

Louise Rousseau, femme Jacques Etrogner, metayer à la Trebottière, en Niafles, étant en danger de mort au tems de son accouchement, envoya quérir un chirurgien à Craon, pour l'ouvrir, n'espérant pouvoir accoucher autrement; pendant le voyage du messager, elle eut recours à la Sainte Vierge et elle envoya son frère à la Cruë, qui y fit dire une messe, et étant retourné, trouva la dite Rousseau accouchée heureusement avant que le chirurgien fût arrivé. Attesté et baptisé par Etienne Courjaret, vicaire du dit Niafles, le 1er octobre 1626.

Jean Rigaut et femme, demeurant fauxbourg Saint-Pierre de Craon, avoient une fille dont l'œil droit étoit couvert d'une taye à cause de la petite vérole, qui recouvra entièrement la vue pendant sa neuvaine. Vu et attesté par M. Pierre Lemay, prêtre et curé, audit sieur archidiacre.

Pierre Lourdais, de Craon, ayant une fille impotente et percluse qui fut portée à la Cruë, et au bout de sa neuvaine, recouvra entièrement parfaite guérison, attestée par Pierre Lehay, prêtre et par le dit Lourdais et femme, au dit Hamon, doyen rural de Craon, au mois d'août 1626.

Perrine de la Noë de Granger, aveugle depuis trois ans, recouvra la vue le dernier jour de sa neuvaine à la Cruë, le 17 septembre 1626. Attesté par MM. Pierre Sollier, Pierre Chevalier et Maurice Daudet, prêtre de la Selle, et Mathurin Lemanceau, prêtre de Saint-Martin, audit archidiacre.

Catherine Chalouit, fille de René Chalouit, sergent à Craon, ayant eu cinq mois durant une taye sur l'œil dont elle n'y voyait point, recouvra entièrement la vue au bout de sa neuvaine, le jour Saint-Barthélemy, 24 août 1626. Attesté par Le Manceau, prêtre, et Chalouit, femme et fille, au dit archidiacre.

René Chalumeau, de Saint-Martin, ayant un enfant de trois ans, paralytique du bras et du côté droit et de la langue, qui ne pouvoit point parler, marcher ni remuer le bras, le porta à la Cruë, et au bout de sa neuvaine recouvra sa santé et parla fort bien, en octobre 1625. Attesté par le dit Chalumeau au dit sieur archidiacre.

René Vannier, fils de Marin Vannier, maladie incurable.

Jean Houdaierdes, fort aveugle.

François Panart, de Saint-Germain, au Maine.

Jeanne Huret, de Drouges, percluse.

Mathurin Vaillant, de Saint-Aubin-du-Pavoil.

Michel Favrot, de Saint-Cyr, au Maine.

Nicolas, fils d'André Bergan, de Bazougée-la-Pérouse, évêché de Rennes, perclus de tout son corps, à l'âge de huit ans, et ne pouvant cheminer depuis trois ans, fut apporté par son père à la Cruë, et guérit au bout de sa neuvaine, le 9 novembre 1626. Attesté devant maitre Mathieu Hamon, doyen rural, par maitre Pierre Sollier, Pierre Bois, Maurice Daudet, Macé Perrault, Pierre Chevalier, prêtre à la Selle, François Lami et René Moreau, chez qui il était logé.

Olive Chemin, femme de Pierre Bellanger, de la ville de Baude, en Normandie, évêché de Coutances, ayant été quatre ans aveugle, à cause du tonnerre, étant conduite près de Fougères, en Bretagne, entendit dire à quelques personnes qu'il y avoit une chapelle en Anjou, appelée la Cruë, dédiée à l'honneur de Dieu et de la Vierge Marie, où s'y faisoit beaucoup de miracles, s'y fit amener par Michel, son fils; au bout de sa neuvaine, le 12 juin 1627, elle recouvra parfaitement la vue et s'en retourna sans aucune conduite. Attesté par MM. Sollier, Bois, Daudet, Perraut, prêtres, et Lami et Moreau, femme, et neuf autres dignes de foi.

Michelle Hunault, femme de René Gaiter, de Bouchans, ayant eu, trois jours durant, la dyssenterie, fut abandonnée et prête à mourir; son mari alla faire dire une messe à la Cruë, le jour Saint-Mathieu, 21 septembre 1626, et la trouva saine à son retour. Attesté par elle et par le sieur Hamon.

Andrée Dubois, veuve Jean Hunault, de Saint-Michel, près la Roë, étant percluse de ses membres et nerfs retirés, depuis le jour de Noël 1625, et fut entièrement guérie le 24 octobre 1626, qu'elle acheva sa neuvaine à la Cruë. Attesté par elle et autres dix témoins dignes de foi, au dit sieur Hamon, doyen.

Damoiselle Barbe de Champagne, femme de René Dieusy, écuyer de Sainte-Gemmes, étant grièvement et depuis longtems malade au lit, sans discontinuation, quoiqu'il eût été pour elle à Notre-Dame-des-Ardiliers et à St-Martin de Candre, envoya Aubine Roger, sa servante, pour y faire ses offrandes et y faire dire une messe; fut entièrement guérie, vint à la Cruë, y rendre grâces à la Sainte Vierge et en signer la déposition au dit doyen, le 26 juin 1627.

Jean Bodin, charpentier, de Saint-Fort, ayant perdu la vue, tellement qu'il en quitta son métier, ayant ouï parler des miracles continuels qui se faisoient à Notre-Dame-de-la-Cruë, s'y fit conduire par sa femme, où il recouvra entièrement la vue, le jour Saint-Pierre, 29 juin 1627, s'en retourna sans aucune conduite, et depuis se remit à travailler de son métier. Attesté par lui au dit doyen, le 6 juillet en suivant, y étant retourné en voyage.

Étienne Gendrot, de Drouges, en Bretagne, étant muet à l'âge de trois ans, fut apporté à la Cruë par Jacquine Maillard, sa mère, le cinquième jour de sa neuvaine commença à parler et appela sa mère; le sixième parla fort librement. Attesté par ladite Maillard, le 6 juillet 1627, audit Hamon, doyen, huit jours après le miracle arrivé.

Guillaume, fils de Pierre de Launay, de Balots en Normandie, diocèse de Seez, âgé de 10 ans, étant aveugle dès l'âge de deux mois, fut amené par ses parents, père et mère, à la Cruë, y recouvra la vue entièrement, 6 juillet 1627. Attesté par ses père et mère audit doyen.

Maître Philippe du Hallay, de Laval, paralytique du bras et de la jambe gauche, fit vœu d'aller à la Cruë, et reçut guérison entière au mois d'avril 1627, et accomplit son vœu le 12 juillet 1628. Attesté par ledit Philippe, seigneur du Hallay, audit sieur doyen.

Marie Houdebin, femme de René de Suzanne, de la paroisse de Saint-Sauveur-de-Flée, paralytique du bras gauche depuis quatre ans, fit sa neuvaine à la Cruë, le 12 juillet 1628, recouvra sa santé. Attesté par elle audit sieur doyen.

Renée Legerot, femme de Georges Prudhomme, de Craon, percluse du pied gauche depuis quatre ans, fit sa neuvaine à la Cruë, en juillet 1628; y reçut guérison parfaite. Attesté par elle audit sieur doyen.

Jeanne Herbert, femme de Hyérôme Chemin, de Laigné, aveugle depuis trois ans, fit sa neuvaine à la Cruë, y recouvra la vue en septembre 1628. Attesté par elle audit doyen.

Guy Bernier, sieur de Boutigny, d'Argentré, près Vitré, perclus depuis deux ans, fit deux neuvaines à la Cruë sans être guéri; à la troisième neuvaine, s'en retourna sain et sans aide. Attesté par lui en septembre 1628.

Maurice Minet et Louise Chatet, tous deux perclus, de la paroisse du Pin en Bretagne, furent entièrement guéris après leur neuvaine, suivant la déclaration du P. Gardien des Anges et de ses religieux, qui y étoient venus processionnellement, le 3 août 1627.

NOTRE-DAME DE LA TREMBLAYE

Fondation de cette abbaye.

Environ l'an 1660, on trouva une petite image de Notre-Dame, dans un arbre, au carrefour du village de la Tremblaye, paroisse de Daon, à deux lieues de Châteaugontier, qu'une personne inconnue y avoit mise.

Une vieille femme, de la paroisse de Sourdres, nommée la Duc, qui étoit estropiée et ne pouvoit marcher qu'avec des anilles, fut inspirée de faire une neuvaine de prières au pied de cette image, qu'on lui avoit dit s'être trouvée par hazard dans cet arbre. Elle s'y fit porter et fut guérie. Cette guérison subite et inopinée attira ensuite plusieurs personnes malades à venir aussi faire leur pélerinage à Notre-Dame de la Tremblaye, et tous s'en retournoient guéris ou soulagés de leurs infirmités. En peu de tems le concours des peuples qui y venoient des paroisses environnantes fut nombreux et universel; on ne manqua pas de mettre un tronc qui fermoit à clef, proche cet arbre.

M. Jean Gilles, prêtre, ancien vicaire de Daon, ramassoit les offrandes qui furent si considérables que dans l'année 1670, il entreprit de bâtir une chapelle dans l'endroit où étoit l'image de Notre-Dame; il y fut aidé par les habitants des paroisses voisines, surtout de ceux de Daon, qui y contribuèrent à l'envi, l'un d'un charroi, l'autre d'une journée, celui-ci d'un morceau de bois, celui-là d'une charretée de pierres, de sorte qu'en peu de tems, la chapelle fut bâtie, garnie d'ornements et de toutes choses nécessaires au saint Sacrifice. On y dit la sainte Messe avec la permission de l'ordinaire, et les peuples qui y venoient de toutes parts y faisoient dire si grand nombre de messes et évangiles que le prieur nommé Pierre Marcassu, gascon, en retiroit, dit-on, un aussi grand revenu que de son prieuré-cure, qui est un des meilleurs de l'Anjou, et par un zèle peu réglé et trop intéressé, il alloit tous les dimanches, après la première messe de Daon, célébrer la sienne en la chapelle de la Tremblaye, qui tenoit lieu de la messe paroissiale, quoiqu'elle soit éloignée d'un quart de lieue du village de Daon.

Bien qu'on assure que depuis ce tems il s'est toujours fait quelques guérisons miraculeuses en cette chapelle, elle n'a pourtant point été fondée; mais, pour y entretenir la dévotion des peuples, la chapelle de la Madeleine bâtie dans le bourg de Daon, étant tombée en ruines de vétusté et étant interdite depuis trois ans, M. Michel Le Pelétier, évêque d'Angers, à la sollicitation de l'abbé Lefèvre, chanoine à l'église d'Angers et titulaire de la Madeleine, et du consentement de M. Germain Hunaut de la Chevalerie, prieur de Daon, et de l'abbé de la Roë, présentateur, le service des deux messes par semaine, dues en la chapelle de la Madeleine a été transféré dans la chapelle de N.-D. de la Tremblaye, en l'année 1700.

NOTRE-DAME DU FONDIS

PRÈS BOURGUEIL.

Fondation de cette abbaye

L'abbaye de Bourgueil fut fondée en l'an 990, par Emme de Chartres, fille de Thibaut, comte de Chartres, de Tours et de Blois ; femme de Guillaume, duc d'Aquitaine et comte de Poitou.

Il est probable qu'elle prit son nom d'une petite bourgade dans laquelle elle fut bâtie, car *Burgolium* semble venir du mot *Burgus*, *Burguliis*, qui signifie petit bourg.

Les anciens du pays disent qu'au commencement, l'église paroissiale de Bourgueil étoit autrefois dédiée à saint Jean et bâtie dans le grand cimetière ; qu'il y avoit même deux églises, l'une souterraine et l'autre au-dessus de la terre, et ils prétendent qu'on voit encore de vieux restes. Quoi qu'il en soit, le voisinage de cette fameuse abbaye, sa juridiction fort étendue, ses officiers et les aumônes qui s'y sont faites de tous tems, y ont attiré un grand nombre d'habitants ; que de cette bourgade il s'est fait une petite ville si peuplée, qu'on a été obligé d'en faire deux paroisses, l'une dans la ville sous l'invocation de saint Germain et l'autre aux portes de la ville, dans un grand cimetière, sous le nom de Saint-Nicolas. Les paroissiens de l'une et de l'autre, au nombre de près de 3,000, demeurent tous ou dans la ville ou dans les fauxbourgs de Bourgueil.

Mais comme la paroisse de Saint-Nicolas s'étend fort loin ; qu'il y a 3 à 400 paroissiens, il a fallu dans la suite des tems faire une église succursale pour leur commodité, et c'est celle du Fondis, dédiée à Notre-Dame, où il y a eu autrefois une très-grande dévotion à cause d'une de ses images de la hauteur d'un pied que l'on prétend miraculeuse et que l'on y voit encore sur l'autel.

Il y avoit anciennement grand concours de peuple, qui y venoient de toutes parts. Il y a un tabernacle où repose le Saint-Sacrement; il y a une lampe ardente, fondée devant le Saint-Sacrement, que le chapelain du Port-Guyet est obligé d'y entretenir, et d'y dire deux messes par semaine.

Il n'y a point de fonds. Le curé de Saint-Nicolas ferme la porte de son église et y vient tous les ans, le mardi de Pasques, faire la communion pascale aux habitans du Fondis. Il y a un prêtre desservant qui a bien 400 livres de rente pour y instruire le peuple et y administrer les Sacrements.

NOTRE - DAME DE BEAULIEU

Cette chapelle a été fondée, il y a plusieurs siècles, dans la paroisse de Saint-Lambert-du-Lattay. L'abbesse du Ronceray la présente; elle vaut 200 livres; le chapelain n'y doit que sept messes par mois.

L'église est grande et belle; l'image de la Sainte Vierge, de grandeur naturelle est sur l'autel. En 1550, on fit peindre, sur le lambris qui est autour du chœur, la généalogie des rois de Juda, dont la Sainte Vierge est descendue; la tradition du pays est qu'un de nos rois, revenant de Saint-Meen, en Bretagne, a fait faire ces peintures qui sont mêlées de dorures. On voit en cette chapelle une image de saint Meen qui oblige tous les pèlerins qui viennent d'invoquer ce grand saint contre le mal qui porte son nom, de passer par la chapelle de Beaulieu au retour de Bretagne, ce qui la rend fort fréquentée.

NOTRE-DAME DU PINELIER

PRÈS SEGRÉ

Fondation de cette abbaye

La chapelle de Notre-Dame du Pinelier a été bâtie par M. Chardon, curé de Chazé, dans le grand cimetière de la paroisse de la Madeleine, hors la ville de Segré, sur une éminence, vers l'année...... Il y a fondé deux messes par semaine.

La dévotion à Notre-Dame y a été et y est encore fort grande dans le canton ; les vœux de cire et les potences qui sont attachés aux murailles marquent qu'il s'y est fait quelques guérisons miraculeuses.

Pierre Robert, fils de René Robert et de Catherine Le Masson, demeurant à l'Hermitage, paroisse de Chazé-sur-Argos, âgé de 12 ans, est un de ceux sur qui la puissance de Dieu a le plus éclaté, par l'intercession de la Sainte Vierge. Il y avoit près de quatre ans que cet enfant était perclus de tous ses membres, sans pouvoir s'aider ni de ses bras ni de ses jambes. En vain les médecins et les chirurgiens s'étaient efforcés de le guérir ; tous leurs remèdes avaient été inutiles. Ses parents furent inspirés de le vouer à Notre-Dame du Pinelier ; pour accomplir leur vœu, il le menèrent dans une charrette, à Segré, et le logèrent dans la maison de René Porcher, proche de la chapelle, où ils eurent soin de le porter neuf jours de suite et d'y faire dire la messe ; à la fin de la dernière, il se leva seul, sans être aidé de personne, de dessus le siège où il était assis et fut parfaitement guéri en un instant. Il apprit ensuite à lire et à écrire et fut valet de chambre de M. de la Courbe du Bellay, seigneur de Chazé et de Raguin, qui le mena à Paris, où il est mort à son service. Antoine Chaignon, Marin Paulmier, Laurent Gilles, Jacques Drouin, habitans de Segré et de Chazé, ont certifié que ce miracle étoit véritable.

M. Jean Bourg, sieur du Perrin, premier supérieur du séminaire d'Angers, avoit tant de dévotion à Notre-Dame du Pinelier, qu'étant mort à sa terre des Loges, près Segré, il a souhaité être enterré dans le cimetière proche Notre-Dame du Pinelier.

NOTRE-DAME DE LA CROIX-MARIE

Fondation de cette abbaye

M. Bellanger, prieur curé de Chazé-sur-Argós, qui a vécu et est mort en odeur de sainteté, ayant beaucoup de dévotion à la Sainte Vierge, acheta un jour une de ses images à Angers et la fit bénir par messire Henri Arnauld, évêque d'Angers, vers l'année 1660, et l'ayant apportée à Chazé, il la plaça dans un tronc de chêne proche un champ nommé la Croix, sur le grand chemin qui conduit du bourg de Chazé à Angers, et fit mettre dessus un petit arc de charpente couvert d'ardoises pour la garantir du mauvais tems. Cette image ainsi placée attira la dévotion des voyageurs qui passoient par devant, et même des habitans de Chazé, qui y venoient faire leur prière. Quelques malades étant venus pour y demander du soulagement dans leur maux, s'en trouvèrent guéris. Le bruit s'en répandit de tous côtés, ce qui y attira une si grande affluence de peuple des paroisses circonvoisines que les grands chemins ne pouvoient presque pas les contenir. On y fit des offrandes ; les habitants de Chazé, touchez de la dévotion et du grand concours de pèlerins qui venioent à la Croix-Marie, firent leurs efforts pour bâtir une chapelle en ce lieu, en l'honneur de la divine Marie. Pierre Jaslot et Jean Chauveau signalèrent entre tous les autres leur zèle par les libéralitez qu'ils firent pour construire cet édifice qui, étant achevé, M. Gabriel Lusson, prieur-curé de Chazé, le bénit par la permission de M. l'évêque d'Angers, environ l'année 1674 ; plusieurs particuliers y fondèrent à basse voix environ vingt-quatre messes pour y être dites le long de l'année, à dix sols par messe. Cette chapelle sembla faire augmenter le concours des pèlerins et des malades qui tous publioient partout qu'ils avoient reçu la guérison ou du moins des soulagemens si considérables que tous les remèdes de la médecine ne leur en avoient pu procurer de semblables.

Il y eut entr'autres une fille de la paroisse de Bescon à qui la petite vérolle avoit tellement contrefait les membres qu'elle ne pouvoit s'aider ni des mains ni des pieds qui étoient attachez à son corps pendant plusieurs années. Ses parents la portèrent à Chazé pour faire une neuvaine à la chapelle de la Croix-Marie, et la logèrent dans une métairie voisine nommée le Pont-Chauveau, et le neufvième jour elle fut si parfaitement guérie qu'elle marcha et s'en retourna de son pied à Bescon, ce qui fut regardé comme un miracle par le curé de Bescon et par tous ceux qui l'avoient vue dans son infirmité.

La principale fête de cette chapelle est l'Invention Sainte-Croix.

NOTRE-DAME DE LUBERGE OU LIBERGE

Fondation de cette abbaye

Il y a environ quarante ans, qu'un métayer de la paroisse de Chaudron en Anjou, labourant sa terre pour semer du bled, trouva une image de Notre-Dame dans son guéret. Il la mit dans un arbre, proche la fontaine de Liberge, qui forme un ruisseau entre deux coteaux fort agréables. Un pauvre garçon qui avoit servi M. Colas, curé de Chaudron, et avoit amassé 60 livres en servant en qualité de domestique, vint se retirer dans une espèce de petite hutte proche cette image et y alloit faire sa prière fort dévotement tous les jours. Plusieurs personnes, à son exemple, y venoient aussi ; enfin le concours en fut si grand que le pauvre garçon résolut d'employer ses vingt écus à y faire bâtir une chapelle ; tout le monde, à son exemple résolut d'y contribuer ; l'un donna de la terre pour l'emplacement de la chapelle, l'autre du bois, celui-ci de la pierre, et enfin l'on y fit bâtir une chapelle assez spacieuse pour tenir cent personnes avec deux autels, et la foi de ceux qui y ont fréquenté leur a fait obtenir plusieurs grâces particulières, tant pour le corps que pour l'âme. La dévotion y persévère encore, et les demoiselles Le Breton, mère et fille, ont donné 150 livres de rentes pour y fonder cinq messes par semaine à perpétuité, et ont fourni des ornements très propres.

NOTRE-DAME DES ALLEUX-PAJOT

PAROISSE DE LOUVAINES

Fondation de cette abbaye

Il y a environ vingt ans qu'une pauvre femme nommée Chesneau, épouse de Louis Picard, vigneron, demeurant en la paroisse de Louvaines, près Segré, étant une nuit endormie, rêva qu'elle voyait une image de Notre-Dame dans un arbre situé à un carrefour, et qu'elle faisoit sa prière étant agenouillée auprès. Quelques jours après, elle acheta une image de la Vierge, de fayence, qu'elle mit dans cet arbre; elle y fut volée par quelque passant. La Chesneau en acheta une autre qu'elle y mit encore et qui fut volée comme la première; elle y en mit une troisième qu'elle y attacha et alloit y faire sa prière tous les jours. Sa sœur, qui étoit en service, fut accusée d'avoir volé dans la maison où elle demeuroit; on la chassa honteusement et en outre on lui retint ses gages, et on lui demandoit l'argent qu'on prétendoit qu'elle avoit volé. Pénétrée de cet affront, elle fut faire sa prière à la Sainte-Vierge devant cette image, et lui promit que si son innocence étoit reconnue, elle lui ferait bâtir une chapelle. Le lendemain, elle fut fort surprise que son maître, revenu de son erreur et de ses emportemens, vint la trouver et lui rendit justice. Elle publia cette merveille. Un jeune homme impotent y vint avec des anilles et s'en retourna gai et plein de santé. Le bruit de ces merveilles augmenta; on vint en foule à cette image et chacun, prétendant y avoir reçu des grâces particulières, y laissoit des jambes, des bras et des enfans en cire. Cette pauvre femme, en exécution de son vœu, y fit faire, au lieu d'une chapelle, un petit arceau de charpente couvert d'ardoise, en attendant qu'elle pût y faire bâtir une chapelle, et, depuis six ans, comme il y est fait des présens considérables, elle amasse de quoi achever cet ouvrage. Elle y a déjà fait amener beaucoup de pierres. Le curé a voulu faire porter l'image à l'église ; le peuple s'y est opposé. Tous les paysans d'alentour y viennent faire leur offrande ; ceux qui demandent une bonne moisson y apportent du bled ; ceux qui souhaitent du chanvre ou du lin y apportent de la filasse ; ceux qui demandent du lait et du beurre dans leurs vaches y en apportent aussi, prétendant que la sainte Vierge imitera ou plutôt surpassera leurs libéralités, et l'on voit que la simplicité de ces bonnes gens fait qu'ils sont très souvent exaucés, de sorte que c'est aujourd'hui une des dévotions les plus fréquentées de l'Anjou. On a bâti des maisons pour les pèlerins.

CHAPELLE DU SÉMINAIRE D'ANGERS

dédiée à l'Immaculée-Conception de la Sainte-Vierge ou à Notre-Dame-de-la-Victoire.

Dieu a voulu consacrer de nos jours un nouveau sanctuaire au culte de la divine Marie, dans la ville d'Angers, où elle fut honorée d'une manière toute spéciale : c'est au Séminaire. Les prêtres qui en furent les premiers directeurs avoient toujours eu en leur particulier beaucoup de dévotion pour elle ; mais ils l'augmentèrent lorsqu'ils s'assemblèrent en communauté, en 1658 ; ils se mirent, après Dieu, sous sa protection et s'engagèrent par vœu de jeûner toutes les veilles de ses fêtes ou un des jours de leurs octaves. Jamais ils n'ont manqué d'aller à pied, tous les ans, dans le tems des vacances, en pèlerinage à Notre-Dame de Saumur, et d'y conduire leurs pensionnaires pour lui rendre leurs devoirs et invoquer son secours. La translation du séminaire ayant été faite du faubourg Saint-Jacques dans la ville au logis Barrault, en l'année 1673, ils en dédièrent la maison et la chapelle à l'Immaculée-Conception et firent faire un tableau dans lequel la sainte Vierge est représentée écrasant un serpent avec le pied, et tenant notre Seigneur, qui lui brise la tête du bout de sa croix, et au-dessus sont quatre anges dans une lumière de gloire, tenant entre les mains quatre petits étendards où sont tirées des sentences de la bulle d'Alexandre VII en faveur de l'Immaculée-Conception ; dans le premier sont ces mots : *Quæ est istæ in prima luce creationis instanti preservata a peccato originali ;* dans le second : *Maria Dei Mater et Virgo est ista sola victrix per crucem ;* dans le troisième : *Sane vetus est hæc in eam Christi fidelium pietas ;* dans le quatrième : *Non ergo deturbentur a sua pacifica possessione.* Les prêtres du séminaire ayant eu de grandes affaires en différentes occasions dont ils ont toujours eu bon succès par la toute puissante protection de Marie, M. Maillard, leur supérieur, qui lui étoit fort dévot, fit placer une de ses figures en relief sur l'autel de la chapelle, avec ces mots écrits au bas en lettres d'or : NOTRE-DAME DE LA VICTOIRE, et fit faire un devant d'autel au milieu duquel un cartouche où sont peints plusieurs ecclésiastiques à genoux aux pieds de Notre-Dame qui les couvre de son manteau, avec ces paroles autour : *Nemo rapiet eos de manu mea.* Et depuis ce temps-là, Dieu a versé tant de bénédiction sur les prêtres du séminaire d'Anjou, qu'ils sont venus à bout de toutes leurs entreprises et ont obtenu tout ce qu'ils ont demandé à Dieu pour sa gloire, mais entre autres choses, deux grâces fort singulières : la première est un évêque selon son cœur, en la personne de messire Michel Le Pelletier, qui fut nommé par le roi successeur de feu Henri Arnauld, le propre jour de la fête de l'Assomption de Notre-Dame de l'année 1692, en sorte qu'on peut dire que sa promotion est un présent fait à l'Anjou de la main de la Sainte-Vierge. La deuxième est l'union du séminaire d'Angers à celui de Saint-Sulpice, qui fut conclue le jour de la fête de l'Annonciation de l'année 1694.

Tout le monde sait que M. l'abbé Olier, de sainte mémoire, instituteur fondateur et premier supérieur du séminaire de Saint-Sulpice, avoit une dévotion singulière à Notre-Dame qu'il a fait différents pèlerinages en son honneur à Lorette en Italie, au Puy-en-Velay, à Chartres, à Liesse, à Saumur; qu'il a fait mettre le nom de la Sainte Vierge, en chiffre, sur toutes les portes, fenêtres et meubles de sa maison, qu'il a fait placer une médaille d'or dans les fondemens du bâtiment du séminaire Saint-Sulpice, sur laquelle est gravé le plan du séminaire, et au-dessus, comme dans un trône, l'image de la Ste-Vierge, avec ces paroles tout autour : *In ipsa, per ipsam, cum ipsa omnis ædificatio crescit in templum Dei.* Et sur la porte de la maison, au dedans de la cour, une autre image de Notre-Dame de grandeur naturelle, avec cette inscription au bas : *Interveni pro clero*, et celle-ci au haut : *Fundavit eam altissimus.* Il lui dédia la chapelle, et son dessein étoit d'y représenter dans les tableaux le sacerdoce de la divine Marie dans tous mystères où elle a paru comme prêtresse ; mais la mort l'ayant prévenu, M. Lebrun, premier peintre du roi, son intime ami, qui lui avoit promis d'exécuter ce dessin, le fit par le tableau du grand autel qui représente la descente du Saint-Esprit sur la Sainte Vierge et sur tous les apôtres, et un plafond où elle est enlevée au ciel par les anges dans son Assomption glorieuse, et tout autour le concile d'Ephèse où l'impie Nestorius fut condamné. Ces deux pièces sont des plus beaux ouvrages de tout Paris et le chef-d'œuvre de ce peintre. Tout le bas et le haut de la chapelle est orné de cartouches et de devises en l'honneur de la reine du ciel et de la terre. Par le réglement que ce grand serviteur de Dieu donna à son séminaire, il ordonna que tous les ecclésiastiques feroient tous les jours une demi-heure d'oraison sur les grandeurs de Marie en récitant le chapelet en commun, ce qui se pratique depuis plus de soixante ans avec grande exactitude. Tous les ans, le jour de la Présentation de Marie, on fait dans cette chapelle, avec beaucoup de solennité, la cérémonie de la Rénovation des promesses de la tonsure et de l'ordination de chaque ecclésiastique du séminaire, pour l'ordinaire entre les mains d'un évêque, et, immédiatement après les vacances, on y célèbre la fête de l'Intérieur de la Sainte Vierge avec octave, dont la fin principale est d'adorer Jésus vivant en Marie, et c'est pour attirer l'esprit de ce mystère sur eux qu'on dit tous les jours, le matin à la fin de l'Oraison mentale, cette prière composée par le Père de Condren, second général de l'Oratoire : *O Jesus, vivens in Maria, veni et vive in famulis tuis in spiritu sanctitatis tuæ, in plenitudine virtutis tuæ, in perfectione viarum tuarum, dominare omnis adversæ potestatis in spiritu tuo ad gloriam patris. Amen.* De toutes ces pratiques qui sont aussi pieuses que solides, il est aisé de conclure que le caractère spécifique du séminaire de Saint-Sulpice, après la religion envers Jésus-Christ, souverain prêtre, c'est la dévotion tendre et solide envers la Sainte Vierge, laquelle ils étendent à toutes les personnes qui ont de plus près approché d'elle, comme à saint Joseph, son époux, et à saint Jean l'Évangéliste, son fils adoptif, dont on fait la fête au séminaire, également d'une manière solennelle et dévote. M. de Breton-

Villiers qui succéda à M. l'abbé Ollier dans la cure de St-Sulpice et dans la supériorité du séminaire, aussi bien que dans la piété, a été aussi un des plus grands dévots de Marie que nous ayons eu, dans ce dernier siècle, il a été le saint Jean l'Aumônier de nos jours, et Dieu qui lui avoit donné un très riche patrimoine sans aucun bénéfice, lui inspira d'en employer la meilleure partie à bâtir ce séminaire en l'honneur de Marie, et une autre communauté de filles appelées : les filles de l'Intérieur de la Sainte Vierge. Une de ses pratiques étoit de donner l'aumône lui-même presque tous les jours en carême, et deux et trois fois la semaine le long de l'année, à 300 ou 400 pauvres femmes qui avoient de petits enfans sur les bras, en mémoire de la Sainte Vierge portant l'enfant Dieu. Il avoit une image de Notre-Dame, dans sa chambre, assise sur sa table, dont il alloit si souvent baiser les pieds, en entrant et en sortant, qu'ils étoient tout usés. Il regardoit tout son bien comme appartenant à la Très Sainte Vierge, et par une simplicité digne du premier âge de l'Église, il mettoit entre les mains de cette image tout l'argent qu'il destinoit aux pauvres, et si quelquefois il lui survenoit des affaires pressantes où il eut besoin de cet argent, il l'empruntoit de la Sainte Vierge et lui donnoit un billet par lequel il s'obligeoit de le lui rendre. Il acheta l'île de Montréal en Canada plus de cent mille livres et la dédia à la Sainte Vierge, en sorte qu'on l'appelle présentement l'Ile Marie, et fit bâtir un séminaire dans la Ville Marie pour travailler à la conversion des sauvages. Ce saint homme, peu d'années avant sa mort, fut inspiré de faire un voyage en Italie pour aller, en personne, rendre ses devoirs à Notre-Dame-de-Lorette ; il l'entreprit avec deux ecclésiastiques du séminaire, et il reçut des grâces abondantes en ce lieu où fut opéré le mystère de l'Incarnation. Au retour, un de ces ecclésiastiques, nommé M. Bourbon, fut aussi inspiré de faire bâtir une chapelle à l'instar de celle de Notre-Dame-de-Lorette, dans le parc de la maison que mon dit sieur de Breton-Villiers a donné en mourant au séminaire de Saint-Sulpice. Cette chapelle, dont le premier projet n'étoit pas considérable, est devenue un édifice magnifique par les libéralités de plusieurs ecclésiastiques qui l'ont fait dorer et enrichir de marbre, de jaspe et de tableaux très-précieux, et elle a été dédiée à Notre-Dame, sous le titre de Reine des Cœurs. On y voit dans la sacristie ou vestibule et partout quantité de très ingénieuses devises et des inscriptions très curieuses, tirées de l'Écriture et des Saints-Pères, avec de fort belles peintures en l'honneur de la Ste Vierge. Ç'a donc été à ce séminaire si dévot à la divine Marie que celui d'Angers a été uni comme par une providence particulière afin d'augmenter son zèle envers cette reine du clergé. Monseigneur notre évêque, comme pour en consacrer les prémices, vint le jour de la fête de la Présentation de la Sainte Vierge de l'année 1694, dans la chapelle du Séminaire d'Angers, où repose le Très Saint Sacrement; par son ordre, et après un très pieux et très éloquent discours, il fit faire pour la première fois, à près de 300 ecclésiastiques, la cérémonie de la Rénovation de la tonsure, de la manière qu'elle se pratique à Saint-Sulpice, et leur accorda la permission de faire l'office des fêtes de la Présentation et de l'Immaculée-Conception avec octave. Dès avant cette union, la piété envers la Très Sainte Vierge avoit déjà passé du grand au petit Séminaire d'Angers, qui commença l'année 1680, et qui fut consacré à la Très digne Mère de Dieu comme reine du clergé, par le règlement que feu Monseigneur d'Angers donna le jour de la Fête-Dieu de l'an 1685, où il est porté entr'autres choses, que les clercs qui y seront reçus, la prendront pour reine, pour mère et pour avocate, iront tous les samedis, pendant la récréation, à Notre-Dame-sous-Terre, y dire ses litanies et une dizaine de leur chapelet; et que tous les ans, le jour de la Présentation, ils feront le renouvellement des promesses de leur tonsure entre les mains du supérieur, qui leur fera un discours sur cette cérémonie, ce qui s'est toujours exécuté depuis, même avant l'union à Saint Sulpice et a attiré beaucoup de bénédictions sur tous ceux qui y demeurent.

FIN

PIÈCES DIVERSES

CONCERNANT

LES ÉGLISES OU CHAPELLES

dont l'histoire est rapportée

DANS NOTRE-DAME ANGEVINE

Notre-Dame du Ronceray d'Angers

FONDATION

Roncerdium in urbe Andegavensi foeminarum, ordinis Benedicti, aedificatur sub invocatione B. Virginis a Fulcone, Andegavorum comite, anno 1028, ut patet ex membrana ms. penes nos, quam integram referre non pigebit. Sic autem incipit: « Ego Fulco, Andega-
« vorum comes, atque Hildegardis conjux mea, nec non Gauffredus,
« noster filius, hanc Beatae Mariae basilicam, usque ad fundum
« erutam, a fundo paulo nobilius reduximus ad integrum; reservato
« tamen altari quod, usque in presentem diem apparet desubtus in
« criptis, in quo beatus Melanius in quadragesimae capite, sacrato
« Christi corpore, missa expleta, electo Dei Albino, Victori, Launo,
« Marso eulogiam charitatis contradidit; et ob hanc caussam, ab hinc
« locus iste Charitatis nomen obtinuit. De quibus B. Marsus paulo
« abstinentior, eulogiam in sinum ab ore dejectam, in ydrum statim
« vehementissimum conversam, Dei servo Melanio in ipso reditu, celare
« non potuit; hanc itaque basilicam Domini filii sui, in praesens virtu-
« tibus ac mirabilibus signis praeclaram, eidem Beatissimae Virgini
« Mariae II° idus Julii in communem animarum nostrarum salutem, ab
« Huberto venerabili praesule solemniter fecimus dedicari, memorato
« episcopo volente et concedente, statuentes ibi esse quatuor sacer-
« dotes ad serviendum Deo, nocte et die, et monialibus inibi habi-
« tantibus, unicuique presbiterorum domum suam ubi manent
« donantes, et vineas et prata, et tertiam partem decimae ejusdem
« parochiae, etc. »

Sequuntur ex eodem fragmenta Christianae antiquitatis :

« Donavimus igitur huic tam sanctissimo loco XL arpennos vinea-
« rum.........

« Anno igitur ab Incarnatione Domini nostri Jesu Christi veri Dei
« Verbi ex intemerata Virgine Maria M. XXVIII°. 2 idus Julii congre-
« gata ad tam solemne gaudium multitudine Andegavorum, Hubertus,
« venerabilis Andegavorum episcopus, monasterium Beatae Mariae
« Charitatis, virginibus ibidem ad Dei servitium dispositis, festiva de-
« dicatione consecravit. Ego Fulco Andeg. comes atque Hildegardis uxor

« mea pro redemptione peccatorum nostrorum et pro anima patris mei
« Gauffredi comitis necnon et matris meae Adelae praeter dona et con-
« sessu conccdimus... servum quoque Ermenaldum cum tota prole sua.
« Item ad varium ancillarum Dei servitium, contulimus servam nostram
« Rainois cum sobole sua, etc. Ego vero Hildegardis, Andeg. comitissa,
« dedi Deo et ecclesiae B. Mariae quasdam parvitatis meae posses-
« siunculas quas variis emptionibus comparaveram, in usus Dei
« ancillarum, pro peccatis meis redimendis, et pro anima carissimi mei
« mariti Fulconis, etc. Et Harduisa dedit Deo et sanctae Mariae
« molendinum sine calumpnia, tali tenore ut excommunicentur ab
« omnipotenti Deo atque ejus genitrice Maria quicumque illud calump-
« niare voluerit... Hugo autem dedit filiae suae Rosae... hujus
« vineae pro vestitu vinagium, quando eam tradidit perpetuae virginitati.

CONFIRMATION DE GEOFROY-MARTEL DES DONS FAITS AU RONCERAY PAR FOULQUES, SON PÈRE, COMTE D'ANJOU.

Anno ab incarnatione Domini nostri Jesu Christi MXLV° a dedicatione monasterii B. Mariae XVII°, ab obitu patris mei Fulconis illustrissimi comitis. V° ego Goffridus comes, animadvertens quamvis peccatori et immerito a divina tamen propitiatione prosperos mihi circa res meas multiplicari processus, ne omnino tantis beneficiis Dei mei si apparerem ingratus dijudicarer indignus, proposui ecclesiarum vel monasteriorum sub ditione meae potestatis positorum aliquam diligentiam et providentiam assumere, et servis sive ancillis Dei in ipsis degentibus, in quantum possum, quietem et securitatem procurare; ut videlicet ipse ad Dei servitium per negligentiae meae peccata, nimis inutilis et tardus, saltem per hoc mihi quempiam veniae patefaciam aditum quod Deo assidue famulantibus impendo deffensionis munimentum. Itaque inter coetera hujus executionis studia praecipue de monasterio gloriosae Dei genitricis Mariae quod videlicet, in prospectu civitatis Andegavae super ripam Meduanae fluminis situm, et ab antiquis temporibus Charitatem nominatum, bonae memoriae Fulco pater meus et Deo devotissima genitrix mea domina Hildegardis comitissa ad monasticam puellarum congregationem provexisse dinoscuntur, sollicitudinem praetermittere non sum passus. Sed quia ibi sanctimonialium congregatio degit, perpendens illius sexus invaliditudinem ad res suae possessionis ab invasoribus deffendendas universas, ab hinc retroactas rerum dominationes vel comparationes in unam summam diligenter colligi praecipi; quatinus universa possessionis ejusdem loci summa diversis temporibus a fidelibus viris vel tradita vel legitimis contractibus comparata, et in diversis locorum positionibus constituta per scripturae dinumerationem taxetur, et in presentia mea, vel optimatum meorum celebri relectione decurratur mea que authoritate, et nobilium virorum clericalis simul et laïcalis ordinis favore constabilita, firmum perenniter obtineat et rememorationis integrae et quietae conservationis vigorem.

Nota. — Praefuit huic coenobio Lieburgis, prima Roncerii abbatissa, ut liquet ex cartulariis veteribusque monumentis, etc.

LEÇONS DU SECOND NOCTURNE DE LA FESTE DE LA DÉDICACE DE L'ÉGLISE DU RONCERAY, AU MOIS DE SEPTEMBRE.

Leçon IV. — Ecclesia Beatae Mariae Andegavensis ut antiquitate veneranda ita miraculis olim et piorum votis et peregrinationibus celebris fuit. Vetus fama est ejus primum condendae causam fuisse imagunculam Dei parae Virginis illic in rubo repertam, unde runcato loco et vepribus purgato, nomen Roncerii vulgari lingua inditum. Illud sane litteris proditum eo adorandum convenisse sanctos episcopos Melanium Redonensem, Albinum Andegavensem, Victorem Coenomanensem, Marsum Vannetensem et Launum, cumque in feria quarta in capit. jejunii Melanius sacrum faceret ad altare, quod etiamnum in subterraneo fornice visitur cum reliquis sacrosanctum Christi corpus immutuae charitatis pignus ac symbolum tradidisse atque ex eo basilicam Beatae Mariae de Charitate augustiori nomine fuisse appellatam.

Leçon V. — Perstitit vetus basilica usque ad tempore Fulconis, cognomento Nerrae, Andegavorum comitis, qui conjunctis votis cum Herdegarde conjuge eam novo opere à fundamentis ampliorem instauravit, servato duntaxat altari subterraneo, quod prisca religione a populis frequentari solitum erat. Ibique condito monasterio sacrarum virginum coetum, sub regula sancti Benedicti, instituit, eam solemni ritu consecravit Hubertus, Andegavensis episcopus, pridie idus Julii anno salutis 1028° et principum fundatione, ecclesia auctoritate sancita, eidem Meduanensem parochiam cum quatuor canonicis adjunxit.

Leçon vi. — Anno autem 1119° Callictus secundus, pontifex maximus, habito Remis concilio Romam rediens cum dedicatis ex itinere ecclesiis B. Mariae Fontis Ebraldi, et sancti Mauri in Glanafolio Andegavum venisset, altare hujus basilicae, quod a Tiburge abbatissa loco motum fuerat et paulo longius a choro sepositum, pridie festi nativitatis B. Mariae consecravit, illatis Sanctorum Pancratii martiris et Gratiani episcopi reliquiis quae in priori altari reconditae fuerant: ac celebrata missa et sermone ad moniales habito, dedicationis solemnitatem quotannis eodem die fieri decrevit; deinde ecclesia per episcopos qui tunc aderant, Raynaldum Andegavensem, Briccium Nannetensem, Galonem Leonensem, ex ordine dedicata pontifex supplicationem ad sancti Laurentii coemeterium instituit, ibique de tumba ad populum verba fecit, et publica indulgentia omnibus qui ad dedicationem convenerant sacra confessione expiatis septimam penitentiae partem apostolica auctoritate condonavit: eandemque indulgentiam in perpetuum concessit iis qui in die anniversario dedicationis et quibuscumque diebus a dominica prima Adventus usque ad octavum Epiphaniae candem ecclesiam religiose adirent.

TRANSACTION FAITE PAR RAYNAUD DE MARTIGNÉ, ÉVÊQUE D'ANGERS, SUR LES DIFFÉRENDS QUI ÉTOIENT ENTRE LES CHANOINES DU CHAPITRE DE SAINT-PIERRE ET LES RELIGIEUSES DU RONCERAY.

In nomine sanctae et individuae Trinitatis. Ego Raynaldus Dei permissu Andegavensis episcopus, presentibus et futuris in perpetuum officii nobis a Deo super meritum nostrum injuncti, ratio exigit, ut unitatem pacis in subditos nostros conservare et discordantes aliquibus de causis in fraternam pacem revocare studeamus Nostris siquidem temporibus contigit gravissimam litem et contentionem exoriri inter canonicos Sancti Petri Andegavensis et sanctimoniales Sanctae Mariae Charitatis, ac de causa, quod illae sanctimoniales coeperant extruere ecclesiam in honorem sancti Jacobi trans pontem Meduanae contra interdictum et prohibitionem ipsorum canonicorum, in quorum parochia abbatiam B. Mariae sicut et abbatiam sancti Nicolai constat esse fundatam ob ejus etiam rei recognitionem jam dictae sanctimoniales in festivitate Assumptionis B. Mariae centum candelas et quinque solidos supra dictis canonicis annuatim solvebant, nos vero inter utramque partem pacis bonum, lite ablata reformare cupientes hanc concordiam Deo auxiliante et communicato cum prudentibus viris concilio inter eos composuimus : ut sanctimoniales pro centum candelis et quinque solidis quatuor libras denariorum in Nativitate B. Mariae singulis annis, canonicis saepe nominatis persolvant; hanc quoque dignitatem atque dominium canonici Beati Petri in abbatia Sanctae Mariae pro jure parochiali quod in ea habent, obtineant; ut quotiescumque processio eorum, causa obsequii alicujus funeris ad ecclesiam santimonialium convenerit; officium inibi exequiale plenarie ut in sua ecclesia super omnes alias processiones quae affuerint celebrari, excepta tantummodo Beati Mauritii processione, et in festivitate Sancti Petri, canonici ipsius, de suis concanonicis aliquos ad abbatiam sanctimonialium destinabunt, qui de thesauro ecclesiae; sicut de sua ecclesia ornamento sibi necessaria ad libitum suum accipient, peracta festivitate integro numero ibidem restituenda, per hanc igitur concordiam hujus dominii dignitate, a canonicis Beati Petri in abbatia sanctimonialium retenta concesserunt ipsis sanctimonialibus ecclesiam Sancti Jacobi ut coeperant aedificare; actum est hoc in ecclesia Sancti Petri, ubi nobiscum affuerunt Guillelmus Musca cardinalis archidiaconus, Guillelmus de Salmurio archidiaconus, Stephanus de Continiaco archidiaconus et praecentor; Gauffridus Babio archischolasticus, Guibertus et Bernerius Xantonici canonici ex parte Beatae Mariae Teburgi abbatissa, et cum ea Hildeburgis, Mabilia, Emma Grammatica, Amelina, et Verzelina sanctimoniales. De laicis, Guido de supra pontem Halenotus de Area, Marquerius Amaguini, Raaudus Maino Bachelosi, Girardus Rufus et plures alii, ex parte Beati Petri Guillelmus Xantonicus decanus, Henricus de Daumeriaco, Odo de Cleris, magister Eudo, Michael ...., Girardus filius Houdrici, Raynaldus Burgevini canonici, Abbo de Monte Joannis, abbas ipsius ecclesiae, Albertus de Nera, Aselinus frater ejus, Guillelmus Ensardel, Paganus Die, Babinus Campsor, Salomon Carrafet, et multi alii, anno ab Incarnatione Domini millesimo centesimo decimo.

SEQUITUR BENEDICTIO PLACENTAE COMITISSAE ROUCERII.

Dominus vobiscum. ℟. Et cum spiritu tuo.
Initium Sancti Evangelii secundum Joannem. ℟. Gloria tibi Domine.
In principio erat Verbum.... Deo gratias.
Te invocamus, te adoramus, te laudamus, O beata et gloriosa Trinitas!
Sit nomen Domini benedictum. Ex hoc nunc et usque in saeculum.

OREMUS.

Omnipotens sempiterne Deus qui dedisti famulis tuis in confessione verae fidei, aeternae Trinitatis gloriam agnoscere, et in potentia majestatis adorare unitatem, quaesumus ut ejusdem fidei firmitate ab omnibus semper muniamur adversis.

Protector in te sperantium Deus sine quo nihil est nitidum nihil sanctum, multiplica super nos misericordiam tuam, ut te rectore te duce sic transeamus per bona temporalia, ut non amittamus aeterna.

Ecclesiam tuam quaesumus Domine Benignus illustra.... Per Dominum nostrum.....

Adjutorium nostrum.... R. Sit nomen.... Ex hoc nunc et usque in seculum.

Benedicite. R. Dominus.

Benedic, Domine, hanc creaturam panis, sicut benedixisti panes hordeaceos in deserto, ut omnes ex eo gustantes tam animae quam corporis recipiant sanitatem et pacem. Per Christum Dominum nostrum.... Cognoverunt Dominum in fractione panis.

CHRISTIFERAE VIRGINI ORATIONES SIVE SALUTATIONES HUMILITER OFFERENDAE, GENIBUS FLEXIS, MAJORE MISSA CELEBRATA, AUT ALIA HORA SECUNDUM CONSUETUDINEM, VERSUS SEQUENTES DICENTUR :

Gaude, Virgo mater Christi
Quae per aurem concepisti
 Gabriele nuncio
Gaude, quare Deo plena
Peperisti sine poena
 Cum pudore lilio

Gaude, quia tui nati
Quem dolebas mortem pati
 Fulget resurrectio
Gaude, Christo ascendente
Coelum te vidente
 Motu ferri proprio

Ubi fructu ventris tui
Per te detur nobis frui
 In perenni gaudio
Post partum Virgo, etc.
R. Dei genitrix....

ORATIO

VETUS INSTRUMENTUM DONATIONIS RELIQUIARUM DE INDUMENTO BEATAE GLORIOSAE VIRGINIS MARIAE, MONASTERIO EJUSDEM BEATAE MARIAE ANDEGAVENSIS, PER SERENISSIMUM PRINCIPEM RENATUM, SICILIAE REGEM ET DUCEM ANDEGAVENSEM.

In nomine Domini. Amen.

Rerum omnium thesaurus ex memoria extitit quae cum mutabili tempore cito labitur litterarum caractere diu conservatur, ne rerum gestarum ordinem deleat oblivio, quae est ignorantiae mater, idcirco priscorum vestigiis inhaerentes praeclara magnatorum facta nostro aevo contingentia litteris congrue describenda fore censemus, ut posteris exemplar bene agendi tribuamus, serie igitur atque tenore hujus presentis instrumenti publici cunctis evidentissime pateat, et sit notum quod, anno ab Incarnatione ejusdem Domini 1470, mensis vero februarii die 21ª, indictione quarta pontificatus sanctissimi in Christo patris ac Domini nostri Domini Pauli, divina providentia papae secundi, anno 7°, christianissimo Domino nostro, Domino Ludovico, Francorum rege, anno sui regni decimo, et serenissimo excellentissimoque principe Renato, Hierosolimae, Siciliae et Arragonum rege duceque Andegavensi, etiam sui regni anno 36°, respective regnantibus, in mei notarii publici testiumque infra scriptorum ad hoc vocatorum et rogatorum praesentia praesens et personaliter constitutus praefatus serenissimus rex ac potentissimus princeps Renatus, quiquid rex in praesentia excellentissimae Dominae Johannae, reginae Siciliae, ejusdem regis consortis, ex clarissimo sanguine de Lavalle progenitae, pluriumque nobilium inibi assistentium in capella castri Andeg. de mane dixit et asseruit in verbo regio, quod cum pridem religiosum ac scientificum virum fratrem Johannem Perroti, sacrae paginae professorem, ejus confessorem, addicti summi pontificis sanctitatem pro nonnullis arduis negotiis expediendis suum tunc destinasset oratorem, placuit ipsi summo pontifici ut ejusdem serenissimi regis devotiones peraugeret, sibi per confessorem ante dictum, quandam crucem auream, coruscantibus gemmis decoratam atque exornatam, tunc super altare ejusdem capellae castri Andeg. repositam transmittere, unacum litteris omni favore plenis, quas crucem et litteras rex ipse cum reverentia et honore quibus decebat, ut verus catholicus ac sanctae sedis apostolicae devotus obedientiae filius se benigno recepisse profitebatur; litterarum autem hujus modi palam et publice inibi perlectarum tenor seu exemplar de verbo ad verbum. Paulus papa II :

Carissime in Christo fili noster, salutem et apostolicam benedictionem; dilectus filius confessor tuus mansit in nostra Romana curia per aliquod bonum tempus et plura quae expediturus erat prosecutus est cum diligentia; nos autem illum non semper audire potuimus aliquando multitudine negotiorum impediti, aliquando etiam non bona valetudine impliciti, denique ad majestatem tuam revertitur ac inter alia defert secum bullam illius fraternitatis sed videtur nobis ad rem conducere quod res ipsa secreta esset usque quo tempus adveniat illius publicandae, et ita ut agat serenitatem tuam in Domino exhortamur caeterum is ipse confessor tuae celsitudinis nomine quaedam egregia munera nobis detulit; ea vero nos cum non consueverimus dona accipere, nisi veriti essemus ne in eis remittendis, tuam claritatem laederemus, more nostro remisissemus, verum accipimus bono corde eum compertum habemus te illa mississe velut testes in gentis erga nos, et hanc apostolicam sanctam sedem benevolentiae devotionisque atque reverentiae tuae voluimus quoque vices aliquas mittere per eundem confessorem itaque mittimus majestati tuae crucem unam auream, satis majusculam ornatam pretiosis lapidibus ac unionibus in qua posuimus de ligno sanctissimae crucis et indumento Beatae Virginis Mariae pro devotione tua, profecto jocale et dignum et venerabile. Ad quod autem in posterum et conveniet, et ad commonodum erit, intelligat tua serenitas, ex eodem confessore qui et alia referre poterit prout in collocutione a nobis referenda esse per eum, tibi, plane accepit. Datum Romae, apud sanctum Petrum, sub annulo piscatoris die 9 maii 1470, pontificatus nostri anno 6°; sic signata L. Dathus, et superscriptio talis erat: Carissimo in Christo filio nostro Renato Siciliae regi illustri. Tempore autem quo ipse serenissimus rex, crucem hujus modi accepit duo sacra pignora prout tam ex ipsarum litterarum tenore quam dicti serenissimi regis affectione astitit, continebantur in eadem unum de pretioso ligno salutiferae crucis qua pependit Salvator noster Jesus Christus, quod nuper regia mansuetudo in ecclesia Sanctae Crucis Andegavensis honorifice collocari fecerat inibi a Christi fidelibus venerandum et adorandum, alterum vero pignus, aliave reliquia indicta cruce aurea adhuc latens de indumento est gloriosae Virginis Mariae ipsius nostri redemptoris matris, prout perspicaciter ab astantibus videri poterat; quod quidem pignus sacrum intra dictam crucem mirifice ornatam, sicut praefertur, collocatum de quo in praefatis litteris ejusdem summi pontificis habetur mentio. Ipse serenissimus rex ob ferventem devotionem quam gessit et gerebat ad ecclesiam monasterii

Beatae Mariae Andegavensis, cujus ipse suique antecessores duces praecipui extitere fundatores se daturum deliberasse atque devovisse dixit et asseruit prout in praesentiarum ob decus et honorem ipsius gloriosae Virginis Mariae dedit et donavit eidem monasterio, et sanctimonialibus inibi Deo servientibus, praesentibus et futuris, in cujus donationis signum, possessionem venerabili et religiosae D. Dominae Alienordi de Champigné, ejusdem monasterii Beatae Mariae abbatissae, tunc cum aliquibus suis religiosis dominabus inibi praesentibus tradidit, ordinando prout ordinavit regia celsitudo, nullo unquam tempore nudam sive discoopertam ipsam reliquiam indumenti, intra praedictam crucem absconsam a quoquam videri sive discooperiri, praeter quam ad jussum summorum pontificum aut Franciae regum patriaeque Andegaviae ducum eorumque regum et ducum respective conjugum adjiciens saepe dicti regis magnitudo quod capsa argentea quam pro cruce, et reliquiis praedictis collocandis seu affigendis fieri decreverat semel in anno duntaxat in die videlicet Assumptionis Beatae Mariae Virginis ad extra craticulam ferream propter hoc ad pedes imaginis ejusdem gloriosae Virginis Mariae constructam, triplici clave munitam extrahetur et super altare proximum reponetur, ut a Christi fidelibus venerari possit et valeat tandem cunctis abhinc discedentibus, eadem crux cum reliquia praedicta ibidem inclusa super altare praedictae capellae remansit in ipsius serenissimi regis custodia quandiu theca pro ipsa reponenda foret fabricata atque praeparata, de et super quibus praemissis praefatus serenissimus rex, et Alienordis, ejusdem monasteri Beatae Mariae abbatissa, petierunt et petunt, ipsorum quorumlibe instrumentum sibi fieri dari et passari.

Acta fuerunt haec in dicta capella castri Andegavensis, sub anno, die, mense, indictione, et pontificatu, quibus supra praesentibus, nobilibus et egregiis viris magistris Johanne Fournier, saepe dicti principis serenissimi cancellario, Guillelmo Fournier, officiali Andeg. utriusque juris doctore, Dono Guidone de Laval milite, domino temporali de Loué, Renato Cossé, Johanne de la Salle, Johanne Bernard Grenetorio, nonne dominis Oliverio Le Poulere licentiato, Joanne Le Maugars correctore, presbyteris canonicis curatis praedictae ecclesiae B. Mariae And. cum pluribus aliis utriusque sexus nobilibus et ecclesiasticis viris testibus ad praemissa vocatis specialiter et rogatis.

Successive vero adveniente die festo Annunciationis ejusdem gloriosae Virginis Mariae proxime inde sequentis, quae fuit die lunae post

Laetare, anno, mense, die, indictione, et pontificatu praedictis ipsius regis celsitudo nolens sui voti, suique desiderii jam inchoatum consequi effectum ad ipsius petitionem, processionibus generalibus tam cathedralis quam aliarum collegiatarum ecclesiarum villae et civitatis Andeg. de more solito celebratis et in dicta capella castri, astante copiosa Christi fidelium multitudine propter infra dicta congregatis.

Memoratus rex dictam capsam maxima industria fulsitam atque confectam, duabusque praecipuis clavibus firmatam, quarum una abbatissae, altera decanae saepe dicti monasterii propria manu ipsius serenissimi regis fuerant traditae, in qua quidem capsa, crux praedicta et reliquia vestimentorum hujus modi ad intra in anteriori parte ipsius crucis est affixa, cum nonnullis aliis reliquiis sanctorum, sanctarumve, tam per ipsius regiae celsitudinis quam per dictam dominam abbatissam traditis, et ex ejusdem serenissimi regis pro..identia intra dictam capsam cum eadem cruce repositis exhiberi, et super altare ipsius capellae collocari fecit, quam mox capsam, et illico venerabiles et circumspecti viri magistri Oliverius, principalis cantor, et Robertus Britonis, canonici ecclesiae Andeg. praedicti induti cappis deauratis abhinc usque ad ecclesiam praefatam Beatae Mariae, clero cantante hymnis et canticis solemniter ac processionaliter praecedentibus luminaribus, dictis rege et regina unacum plurium nobilium caterva innumerabili cum populi copiosa multitudine incedentibus juxta et secundum voluntatem et piam ejusdem principis devotionem bajularunt seu deportaverunt, illamque super altare imagini ejusdem gloriosae Virginis Mariae propinquum reposuerunt, tandem vero dicta capsa ab eadem domina abbatissa et suis sanctimonialibus, non sine magnis Deo, et ejus genitrici laudibus honorifice recepta et venerata extitit dehinc infra craticulam ferream saepius designatam aptissime collocata, et tribus clavibus firmata, quarum clavium praedictae craticulae, ipse serenissimus, alteri dictae dominae abbatissae, aliam vero eidem decanae saepe dicti monasterii et reliqua ant providis et honestis viris Camerae Computorum Andeg. realiter tradidit et apud praenominatos succedentesque, ipsarum dictas claves remanere voluit perpetuo custodiendas, lampademque argenteam in alia craticula ferrea juxta imaginem clausam, idem serenissimus contulit quam ardere die noctuque voluit, suis et successorum suorum expensis, de tanto igitur munere sacro eidem monasterio et ecclesiae Beatae Mariae ac ejusdem religiosis praesentibus et futuris collato saepe dicta Alienordis Deoque sacratae ejusdem monasterii religiosae assistentes multimodas majestati regiae praedictae grates omni qua potuerunt cordis affectione impenderunt, et ne rerum sic gestarum memoria processu temporis evanescat, praefatus serenissimus rex petiit a me notario publico infra scripto, unum vel plura publicum seu publica instrumenta de praemissis sibi confici et in scripto redigi.

Acta fuerunt locis, anno, mense, diebus, indictione, et pontificatu respective quibus supra, praesentibus, nobilibus et egregiis viris dominis Renato comite du Vaudemont, Petro de la Valle prothonotario, Johanne de Lorraine seneschallo Andeg., dominis et magistris Johanne Fournier praefati principis cancellario, Guillelmo Fournier utriusque juris professore officiali Andeg., Guidone de la Valle, domino de Loué, Aegidio de Maillé, domino de Brezé, militibus, Renato Cossé, Joanne de la Salle scutiferis, magistris Petro de Layo sacrae paginae professore, Jacobo Roland in decretis licenciato, Michaele Brionne eleemosynario, necnon magistris Joanne Lamangeys correctore, Joanne Trochu, Oliverio Le Poulere, et Stephano de Montargi presbyteris, canonicis, curatis dictae ecclesiae cum pluribus aliis nobilibus ecclesiasticis et secularibus personis testibus ad praemissa vocatis specialiter et rogatis. Constat in ratura.: Consueverimus, possessionem, utriusque juris doctore, cum nonnullis aliis reliquiis sanctorum sanctarumve, tum ipsius regis celsitudinis, quae verba approbo. Guillaume La Gogue.

Et ego Guillelmus La Gogue, Caenomanensis dioecesi oriundus, in decretis licenciatus publicus apostolica et imperiali auctoritatibus curiaeque episcopalis officiatus Andegavensis notarius juratus qui a praemissis omnibus et singulis dum sicut praemittitur dicerentur, agerentur, et fierent unacum praenotatis testibus praesens interfuit, eaque sic dici et fieri vidi pariter et audivi, idem idcirco et ipse presenti publico manu alterius me aliis occupato negotiis scripto instrumento signum meum publicum unacum appensione sigilli dictae curiae, hic me subscribens apposui consuetum in fidem et testimonium veritatis praemissorum requisitus et rogatus. La Gogue.

TRANSCRIPTUM ORDINATIONIS STATUS MONASTERII BEATAE MARIAE CHARITATAE ANDEGAVENSIS.

In nomine Patris et Filii et Spiritui Sancti. Amen.

Universis presentes litteras inspecturis vel audituris, Nicolaus, miseratione divina Andegavensis ecclesiae minister indignus, salutem in Domino. Cum nos visitantes monasterium Beatae Mariae de Charitate

Andegav. tam mandato sedis apostolicae nobis directo quam ex officii nostri debito, invenerim ibidem aliqua tam spiritualibus quam in temporalibus reformanda, circa ea communicato bonorum religiosorum, et virorum peritorum consilio, tam auctoritate dicti mandati quam dicti officii pietate ordinamus inferius annotata.

Primo quod sorores seu moniales dicti monasterii circa divinum officium diligenter insistant, et singulis noctibus omnes et singulae ad matutinas surgant, exceptis his quae canonicum habebunt impedimentum, et aliis horis singulis et omnibus in ipsa ecclesia celebrandis intersunt in choro; chorum ipsius nullatenus exeuntes nisi necessitate communi superflui deponendi, vel alia necessitatis causa urgente, quia vero juxta prophetam in silentio et spe religiosorum fortitudo consistit omnes et singulae in choro, refectorio, claustro, et dormitorio, silentium observent, exceptis horis et locis in quibus regula mutuum colloquium permittit; si qua vero in aliquo praemissorum commiserit, injungimus abbatissae et decanae, sub poena excommunicationis, quod commissum in capitulo suo, proximo sequenti, personae alicui nullatenus deferentes emendant et faciant emendari.

Ordinamus etiam quod canonicus hebdomadarius, propter defectum diaconi vel subdiaconi celebrare missam solemniter non omittat, et etiam alta voce cum moniales sibi habeat respondentes, nec auctoritate propria divinae laudis organa suspendere videatur, nec diaconus vel subdiaconus qui defectum fecerit pro dicto defectu canonice puniatur, id est die qua defectum fecerit, libamine privetur.

Verum quoniam ostium chori quod est ex parte altaris, aperiri consuevit quasi cuilibet pulsanti, conventu etiam existente in choro, prohibemus dictum ostium aperiri nisi in corporis Christi elevatione, seu predicationis audiendae causa, vel thurificandi, sive clericos ecclesiae ad processionem introducendi, vel sanctimoniales, causa communicandi, seu reliquias deferendi, accesserint ad altare, maxime cum ostium vicinum habeant, quod pulsantibus aperiri potest.

Notre-Dame-sous-Doué.

FONDATION

Crescente mundanae malitiae crudelissima fallacia ac deficiente etiam inter patrem et filium sanctae Fidei recta semita, antiquorum patrum peritissima providentia et apud se et apud caeteros talem consuetudinem conversari constituit ut res quaecunque memoria digna agerentur perscripti notitiam posterorum memoriae traderentur, ne fraudulento sequacium quolibet ingenio res quaecunque gestae et maxime ecclesiasticae a sua dispositione mutarentur, idcirco ego Guillelmus, cognomine Rufanus, vir illustris militaris habitus, notum facio praesentibus et futuris in Christo fidelibus quia adiens monasterium beati Mauri unde ipse nuper ad Dominum e corpore feliciter migravit, Vulcranum abbatem ac Rainaldum priorem loci ipsius, convocans, postulansque beneficium ejusdem locis ab eis mihi dari, sicut exoratam apud ipsos ac fratres ejusdem congregationis idipsum libentissime imperare promerui. Hujus itaque rei gratia et commissorum meorum perterritus, nequitia multa summo etiam Dei amore corde tactus ad deprecationem scilicet monachorum mihi familiarium Thomae videlicet Odonae atque Petri secretarii, caeterorumque mihi Deo servientium, pro salutae animae meae et parentum meorum dedi loco illi capellam in honorem sanctae Mariae sacratam prope Doadum castrum, in episcopatu Pictaviensi sitam, cum area eidem ecclesiae adhaerenti ad mansiones monachorum ibi Deo serviturorum constituendas cum duobus rochis capiti ejusdem capellae contiguis concessi etiam ut quicunque de meo fundo in partibus illis tenens loco illi dare, aut cocunque modo tradere voluerit ex mea parte liberam habeat faciendi facultatem, ita scilicet ut ecclesia Beati Mauri ac rectores ejusdem loci praedictam capellam cum suis omnibus per succedentia tempora quiete ac libere, habeant, teneant, ac possideant, quae si quis haeredum meorum sive prohaeredum haec repetere praesumpserit, suam non assequatur pravam voluntatem, et nisi ab haec stultitia situs quieverit, justo Dei vidicio percussus intereat, et poenas perpetuas anathematis sepultus in infernum praecipitetur, et ut etiam haec mea donatio per succedentia tempora inviolabilis permaneret, manibus Dominorum meorum de quibus praedictam capellam tenebam, hanc cartam tradidi corroborandam Guillelmi Rufani qui hoc donum dedit, et Amchery domini Doadi, Guillelmi militis, ex parte monachorum Vulcranus abbas, Petrus secretarius, Odon Thomas.

Ce jourd'hui, dix-neufviesme jour de juin mil six cent quarante-trois, sur les quatre à cinq heures, après midy, la présente copie de l'autre part et ci-dessus a esté tirée par moy, Bussy, sur l'original en parchemin, signé : Odon, Thomas, vidimée et collationnée par Michel Benevault, sergent royal, demeurant au Touré, et Urban Moreau, mon adjoint, en présence de M. l'armoirier, de l'abbaye de St-Maur, qui nous a mis ladite grosse dudit titre en main. Signé : F. de Lespronnière, armoirier, Moreau, sergent, et Benevault, sergent.

Notre-Dame des Rosiers.

FONDATION.

Michael, miseratione divina Andeg. episcopus, universis presentes litteras inspecturis vel audituris, salutem in Domino. Cum in ecclesia Andeg. a quibusdam fidei dignis ita devotione nonnulli redditus fuissent specialiter destinati ad panem quotidianum decano et canonicis in eadem ecclesia residentibus distribuendi propter quod divinos cultus in ipsa quam plurimum augebatur, et propter tenuitatem dictorum reddituum ad hoc non sufficientium et damna quam plurima quae post modum praedita posita est ecclesia dicti panis distributio defecisset penitus in eadem, ex quo divinum servitium ibidem diminui oportebat, nos nolentes quidem divinum servitium occasione aliqua nostris temporibus minuatur, sed magis inspiratur divina gratia in posterum augeatur, incommoditatibus, et damnis ipsius ecclesiae compatientes in visceribus charitatis defectus predictos ad praesens in quantum possumus revelantes ad honorem Dei, et ejus Genitricis gloriosissimae Virginis Mariae, et Sanctorum Mauricii sociorumque ejus et sanctorum confessorum Maurilii et Renati in quorum honorem ipsa fundata est ecclesia communicato etiam prudentium virorum consilio damus et assignamus praedictis decano et canonicis in dicta residentibus ad panem quotidianum ipsis decano et canonicis ministrandum decimas omnium novalium de Valleia et Bella Pola presentes et futuras in nostra diocesi existentes quae ab antiquo non fuerant aliis ecclesiis specialiter assignatae, nec intra certam metam alicujus parochiae constitutae, et de predictis decimis de consensu et voluntate decani et capituli nostri taliter duximus ordinandum, in cujus rei testimonium presentes litteras sigillo nostro fecimus sigillari. Datum mense aprilis, anno Domini 1259°, sigillatum in duplici cauda.

Universis presentes litteras inspecturis vel audituris, Michael, miseratione divina Andeg. episcopus, salutem in Domino. Cum venerabilibus viris et discretis decano et capitulo Andeg. amore Dei et pietatis intuitu dederimus et assignaverimus ad panem quotidianum canonicis in dicta ecclesia residentibus distribuendum decimas fructuum omnium novalium de Valleia et Bella Pola, tam presentes quam futuras, quae tamen intra certos fines alicujus parochiae non sum constitutae, et in dictis locis habitantes seu mansionarii sunt quam plurimi, nulli adhuc ecclesiae parochiali subjecti vel assignati, sed quasi oves errantes et sine pastore vagantes, nos animarum suarum saluti providere et sub certi pastoris regimine constituere cupientes praedictis decano et capitulo consedimus pietatem in aliquo de praedictis locis quem aptum et idoneum ad hoc elegerint capellam seu ecclesiam construendi in qua jam dictos mansionarios tempore congruo divinis officiis, sicut proprios ipsius ecclesiae parochianos de caetero ordinamus et praecipimus interesse eidem ipsos assignantes, et in ea et ab ea ecclesiastica percipere sacramenta et dictam scilicet.....................
et quia in praedictis locis de Valleia et Bella Pola scilicet super tursciam et circa eam plerique inhabitant, qui ab ecclesiis scilicet S^u Eusebii, de Genna, de Plesseio.................................
de Turelio et Sancti-Mauri supra Ligerim ab antiquo consueverunt tanquam ipsorum parochianorum ecclesiastica percipere sacramenta, qui sicut pro certo didicimus, propter inundationem fluvii Ligeris interdictam tursciam et praefatas ecclesias discurrentis tam hyemali quam etiam aestivo tempore plerumque contingentem sine magna difficultate et gravi periculo personarum ipsas adire non possunt, unde non valent, congruo tempore ecclesiasticis officiis interesse, sed et, quod est gravius, etiam sacerdotes, inundatione impediente praedicta, transire non possunt eidem in necessitate sacramenta ministraturi, propter quod multi parvuli sine baptismatis remedio et nonnulli hominum sine confessionis sacramento perierunt, nos tanto periculo animarum et corporum affectantes paterna sollicitudine providere, ordinamus atque statuimus quod omnes dictorum locorum mansionarii constructa ecclesia supradicta in ea et ab ea tanquam proprii ejusdem parochiani, ex tunc perpetuo ecclesiastica percipient sacramenta, et

eidem jure parochiali subjecti existant, verumne ex hac ordinatione nostra ex officio nostro facta, praefatae matrices ecclesiae laesionem seu gravamen incurrant, ordinamus et statuimus ex nostro officio de consensu decani et capitul, etc. . . . . ,. . . . .
Quatenus singulis ecclesiis matricibus praedictis recompensatio competens assignetur in cujus rei testimonium presentes litteras sigillo nostro. . . . . . . fecimus sigillari. Datum mense julio, anno Domini 1260. Sigillatum, etc.

Universis Christi fidelibus presentes litteras inspecturis vel audituris, Nicolaus, miseratione divina Andegavensis ecclesiae minister indignus, salutem in Domino sempiternam. Lateat universis, quod cum bonae memoriae Michael, Dei gratia quondam episcopus Andegavensis, amore Dei pietatis intuitu, dedisset et concessisset ad panem quotidianum canonicis in dicta ecclesia residentibus distribuendum, decimas fructuum omnium novalium de Valleia et Bella Pola tam presentes quam futuras : quae tamen intra certos fines alicujus parochiae non erant, et quia in dictis locis habitantes seu mansionarii erant quam plurimi, multi adhuc parochiali ecclesiae subjecti vel etiam assignati, sed quasi oves errantes, et sine pastore vagantes; cupiens saluti animarum ipsorum providere, et sub certi pastoris regimine eas constituere, praefatis decano et capitulo concesserit potestatem in aliquo de predictis locis quem ad hoc aptum et idoneum eligerint capellam seu ecclesiam construendi, in qua praedictos mansionarios temporibus congruis divinis officiis sicut proprios ipsius ecclesiae parochianos ordinaverit et praeceperit de caetero interesse eidem ecclesiae, ipsos assignans, et in eadem ecclesia et ab ea ecclesiastica praeceperit et ordinaverit recipere sacramenta, praefatam ecclesiam consedens dictis decano et capitulo pleno jure ad panem quotidianum predictum cononicis dictae ecclesiae faciendum ita tamen quod dicti, indicta ecclesia vicarium constituerent perpetuum ad cujus substantiationem portionem competentem et sufficientem assignarent, qui vicarius episcopo Andegavensi et Archidiacono, et archipresbitero loci sicut aliarum ecclesiarum rectores Andegavensis dioecesis teneretur obedire, et esse pleno jure subjectus, onere tamen procurationis excepto, ad quod onus vicarium qui pro tempore esset archidiaconi et archipresbiteri interveniente consensu decrevit non teneri.

Praeterea quia in dictis locis de Valleia et Bella Pola scilicet supra tursciam et circa eam plerique inhabitabant qui ab ecclesia scilicet santi Eusebii de Genis et de Besscio et Borgo sive de Septem Viis et de Turrolio et Sancti-Mauri supra Ligerim ab antiquo consueverant tanquam ipsarum parochiani ecclesiastica sacramenta, et quia pro certo didicerat episcopus memoratus, quia propter inundantiam fluvii Ligeris interdictam tursciam, et praefatas ecclesias discurrentis tam hyemali quam etiam aestivo tempore plerumque contingentem sive magna difficultate et gravi periculo parochias adire non poterant habitatores praedicti, unde non valebant congruo tempore ecclesiasticis officiis interesse, et, quod gravius erat, sacerdotes etiam, inundatione predicta impediente, transire non poterant eisdem sacramenta administraturi, propter quod multi parvuli sine baptismi remedio, et nonnulli homines sine sacramento confessionis perierant, qua quidem attendens episcopus supra dictus et tanto periculo animarum et corporum affectans paterna solicitudine providere, ordinaverit atque statuerit, quod omnes dictorum locorum mansionarii constructa ecclesia supra dicta in ea et ab ea tanquam proprii ejudem parochiani ex tunc perpetuo ecclesiastica perciperent sacramenta, et eidem jure parochiali subjecti existerent, ordinans et statuens ex officio suo de consensu dictorum decani et capituli quod predictis ecclesiis matricibus et singuli earumdem competens, recompensatio assignaretur prohabitantoribus supradictis, prout praemissa in litteris dicti episcopi vidimus contineri, et post modum inter decanum et capitulum Andeg. ex una parte et priorem sancti Eusebii de Genis nomine prioratus sui de Geni ex altera, mota fuisset contentio ratione quarumdam primitiarum et oblationum quas dictus prior nomine et ratione prioratus sui a parochianis ibidem scilicet supra tursciam, et circa commorantibus percipiebat tandem post multas controversias a decano et capitulo supra dictis ex una parte, et fratre Gervasio tunc priore sancti Eusebii de Genis et Guillelmo de Cultura rectori Sancti Eusebii de Genis procuratoribus ab abbate et conventu monasterii sancti Petri de Cultura......
.... quod ad hoc litteratorie destinatis ex altera super omnibus supradictis et praemissa tangentibus in nos Nicolaum miseratione divina Andegavensem episcopum extitit compraemissum et promiserunt ditae partes, quod quiquid supra praemissis, et praemissa contengentibus faceremus, statueremus, seu etiam ordinaremus, ratum haberent et in posterum inviolabiliter observarent nos autem in hujus modi compromisso et negotio procedentes quia tamen jura utrimque

partis super e... ...i contentione declarata coram nobis ad plenum minime existebant, aequitate pensatae pronuntiavimus, et ordinamus, et adhuc pronontiamus et ordinamus super quaestione predicta in hunc modum dedictorum decani et capituli Andeg. et predictorum procuratorum voluntate et consensu, quod dictus prior Sancti Eusebii de Genis successores sui qui pro tempore erunt priores in dicto prioratu Sancti Eusebii de Genis habeant de caetero nomine et ratione dicti prioratus Sancti Eusebii de Genis quatuordecim solidos monetae Turonensis, per manum vicarii ecclesiae Beatae Mariae de Valleia solvendos, annis singulis, in festo Assumptionis Beatae Mariae Virginis priori Sancti Eusebii q pro tempore erit in recompensationem primitiarum et oblationum praedictarum et aliarum rerum quas dictus prior consueverat percipere et habere ab hominibus mansionariis dictae turciae et circa tempore quo erant parochiani Sancti Eusebii de Genis, quae omnia remanent per ordinationem nostram decano et capitulo supra dictis exceptis duntaxat antiquis decimis et lectis nobilium virorum et eorum uxorum decedentium quod dictus prior qui pro tempore erit, percipiet et habebit, pro ut antea consuevit percipere et habere ; si vero predictus vicarius qui pro tempore erit, deficeret in solutione dictorum quatuor decim solidorum termino statuto, nos et successores nostri animadvertimus in dictum vicarium tam per suspensionem quam excommunicationem ad requisitionem dicti prioris qui pro tempore erit prout melius videremus expedire. In cujus rei testimonium sigillum nostrum unacum sigillis decani et capituli Andegavensis ecclesiae presentibus litteris duximus apponendum. Actum, datum, et sigillatum apud Andeg. in festo Beati Mauritii anno Domini millesimo ducentesimo sexagesimo octava mense septembris.

Notre-Dame de Sarrigné.

FONDATION, EN 1320, DE LA CURE, DONT LA PRÉSENTATION APPARTIENT A L'ABBÉ DE LA BOISSIÈRE, AU CURÉ D'ANDARD, ARCHIPRÊTRE D'ANGERS, ET AU CURÉ DE BAUNÉ.

Universis presentes litteras inspecturis et audituris Hugo, permissione divina Andeg. episcopus, salutem in Domino sempiternam, Talenti animarum nobis in hac parte commissi de multis manibus requirendi cura quotidie nos excitat ut earum remedium et salutem cum studio procuremus earum periculis saluberrime obviantes ne interdum propter inopiam ministrorum seu eorum absentiam non absque culpa nostra et reprehensione damnabili eas contingat improvide deperire quibus utique subveniri cautius arbitremur, si ecclesia quaelibet suum idoneum hoc et praecipuum adjutorem ejus obsequiis continue insistentem. Cum igitur ad nostram devenerit notitiam et hactenus diu non potuerit nos latere, quia prope capellam de Sarinerio nostrae Andegavensis diocesis quae hactenus extitit non curata viginti sex parochiani mansionarii seu fauci jam diu est, et est ab antiquo domos suas seu domicilia collocarunt et ibidem fuerunt ipsius seu antecessores eorum continue commorantes; quorum animarum cura ad ecclesiam de Andardo et de Bauneio rectores pro indiviso pertinet et olim pertinere pacifice consuevit quia quod mortuorum corpora in cimeteriis dictarum ecclesiarum consueverant ab antiquo non alibi tumulari, qui siquidem parochiali seu fauci adeo a dictis ecclesiis distantes sunt et remoti, quod vix potest contingere quin ipsius horis et temporibus quibus ex necessitate veraciter ecclesiastica sacramenta sunt eisdem ministranda circa ea et divina officia quibus dictis ecclesiis inesse non possint temporibus opportunis, tum prope distantiam ante dictam et viarum discrimina tempore potissime hyemali, quaeque aliter deffendet multiplice patiantur nisi in capellania de Sarinerio dictis parochialis contingens et propinqua rectores ante dicti proprium habeant capellanum qui dictis parochianis ibidem specialiter deserviat in divinis, quod rectoribus et eorum ecclesiis grave est quam plurimum ac sumptuosum, quin imo mortuorum corpora ad dictas ecclesias et pro ecclesiastica sepultura confiteri nequeunt absque difficultate maxima eorumque qui eadem bajulant seu portant labore non modico et sudore nobis que ob praemissa ex parte rectorum et parochianorum praedictorum sine humili supplicatione quia nos cura animarum dictorum parochianorum et emolumenta omnia commode possent in futurum contingere quoquo modo cum capella fundata a Guidone de Daan in dicta capellania de Sarignerio, sin et in dicta capella de tribus missis singulari septimana per capellanum qui tenebat ibidem et continue residere consuetum est deserviri de consensu religiosi viri abbatis de Buxeria et dictorum rectorum ad quae pro indiviso dictae capellaniae presentatio dignoscitur pertinere, nec non magistri Gaufridi de Vernollio capellam nuper capellaniae ante dictae, et qui ob hanc causam dictam capellaniam in nostris manibus jam duntaxat resignandum unire perpetuo ac dictam capellaniam in ecclesiam curatam erigere curaremus maxime cum parochiali ante dicti jam locum seu agrum satis aptum concesserint in coemeterium ibidem didicandum nos sufficienter informati dictam unionem ad utilitatem curae et capellaniae praedictarum evidenter cedere ne per eam ecclesiis ante dictis praejudicium fieri sed eas potius quam plurimum sublevari, considerantes et praedictorum abbatis et rectorum dictique capellani quorum principaliter intereat in praemissis voluntatem liberam et assensum, authoritate nostra dioecesana, dictam curam eum capellania ante dicta et capellaniam praedictam cum dicta cura perpetuo tenore praesenter annectimus et unimus dictam capellam in curatam ecclesiam erigimus ex tunc in futurum praefatam unionem valere perpetuo decernentes, ordinantes etiam ac deliberantes quod clericus qui ad dictas curam et capellaniam sic praesentatus fuerit et receptus infra annum se faciat ad sacerdotium promoveri, alioquin ipso jure vacet ecclesia antedicta prout in aliis beneficiis curatis canonicis sanctioribus esse cautum. Item quia de quinque seu quatuor missis ad minus qualibet septimana ita quia diebus dominicis et festivis a clero et populo cum nota seu alta voce de matutinis et vesperis prout in caeteris ecclesiis curatis ibi consuevit deservire fideliter teneatur. Itemque archipresbitero Andino ratione dictae ecclesiae de Andardo ad eumdem pertinentur in recompensatione aliorum jurium quae in dictis parochianis habebat praecipua quatuor sol monetae currentis in festo Beati Michael solvat, praestet et tribuat annualim ita tamen quia dicti quatuor sol singulis annis dicto archiepresbytero non aliter persolvantur, nisi prius ecclesiam dictam et curatus ejusdem per se seu per alium idoneum curaverit visitare licet de praedictis quatuor sol eisdem persolvendis pro dicta causa non ratione procurationis cum per ea ejusque solvenda dictae ecclesiae non suppetant facultates duximus ordinandas per hanc tum unionem et caetera quae superius exprimuntur dictis ecclesiis de Andardo et Bauneio in suis realibus decimis quas in dicto loco..... de Sarinerio habere consueverunt, hactenus ac in novalibus sicque ibidem insurgere contigit in futurum perjudicari volumus quo pio modo imo eas eisdem absque diminutione qualibet specialiter reservamus volentes et pro praemissis abbati et rectoribus ante dictis in sua presentatione prejudicium fieri, quoquo modo imo sicut hactenus eisdem capellaniae ante dictae presentatio pertinuit pacificae et quietae ita curae et capellaniae pradictarum sicut superius dictum est unitarum absque aliqua laesione praesentationem pertinere voulumus in futurum et ne tamen prefatus magister Gaufridus ex sua liberalitate patiatur dispendium in praesenti, vel ne dum quod absit in opprobrium ordinis clericatus inposterum mendicare contingat, statuimus, volumus et ordinamus quod clericus seu curatus ecclesiae antedictae qui erit pro tempore dicto magistro Gaufrido vita ejus comite duntaxat annuam pensionem centum sol monetae currentis pro tempore seu cartum piparum vini boni, novi, puri et legalis ad mentionem dicti loci sine lignis seu fustis, imo dicta ligna seu fusta dictus magister Gaufridus ad requisitionem dicti curati quibuslibet vindemiis sibi tradet, praestare et solvere teneatur; ita quia dictus curatus in optione sua quolibet anno haec solvere voluerit de praemissis et ad facendum in posterum ea quae superius sunt expressa dictam ecclesiam ac curatus qui eam abstinebit pro tempore specialiter oneramus, verum quia plerumque communio parit discordiam et propter immensas contentiones ac divisiones quotidie perimitur abbas et rectores ante dicti in nostra presentia personaliter constituti super presentatione praedicta, ut superius dictum est, expressum ad eos hactenus pro indiviso pertinente omnem discordiam in posterum cupientes evitare super haec ab eisdem deliberatione habita pleniori dictam presentationem hactenus..... communem unanimiter ac concorditer prout sequitur divisimus, videlicet quia haec prima vice quando in futurum eam vacare contigit ad archipresbyterum Andinum ratione dictae ecclesiae de Andardo, ac tertia vice ad rectorem de Bauneio qui erit pro tempore modo consimili singulariter pertinebit, consentienter, specialiter, et expresse quia sic..... vicibus de caetere singulariter non aliter ad eorum quemlibet seu successorum suorum qui pro tempore fuerint presentatio pertineat ante dicta; quam divisionem non immerito duximus approbandam in quorum omnium testimonium ad laudationem, approbationem, et ratificationem praemisserunt nos una cum abbate et rectoribus ante dictis sigillo nostro presentibus his duximus apponenda. Datum die Martii post Incarnationem, anno Domini 1320.

Collationné cette copie sur son original en parchemin à nous représenté ce fait rendu par les notaires royaux Angers soussignés, le cinquiesme jour de juillet 1692. Signez DUCRANE et RAFFRAY.

Notre-Dame de Cheffes.

UNION DU PRIEURÉ DE CHEFFES A LA CURE DE CHEFFES DONT L'ÉGLISE EST DÉDIÉE A NOTRE-DAME.

Universis presentes litteras inspecturis et audituris, Fulco, Dei et sedis apostolicae gratia Andegavensis episcopus, salutem in Domino sempiternam. Noveritis quod nos litteras religiosorum virorum fratris Benedicti abbatis, et etiam conventus monachorum Sancti Nicolai prope Andegavum suis sigillis sigillatas, sanas, et integras recepimus sub hac forma : Reverendo in Christo patri ac domino Fulconi, Dei et sedis apostolicae gratia Andegavensi episcopo, frater Benedictus, abbas humilis monasterii Sancti Nicolai prope Andegavum ejusdemque loci conventus, salutem cum omni reverentia, obedientia et honore tanto patri ac domino debitis et devotis cum redditus, facultates et proventus parochialis ecclesiae de Chiffa nostrae diocesis nunc liberae et vacantis per mortem ultimi rectoris ejusdem, cujus, jus, patronatus, et praesentatio personae idoneae ad eam obtinendam ad nos abbatem praedictum et ad nos collatio pertinere dignoscuntur, ac etiam facultates et redditus nostri prioratus dicti loci adeo sint notorie prout rerum experientia manifestat tenues et exiles, quod facultates cujuslibet beneficii hujus alio econducto non possent nec hactenus commode potuerunt nec possunt sufficere ad sua propria onera singulariter supportanda, quin imo quodlibet beneficium hujus modi praetextu tenuitatis facultatum suarum suis debitis officiis, ut in pluribus defraudari oportuit, quod dolentes referimus, et oportet, resque et redditus cujuslibet beneficiorum hujus modi per justiciam secularem et alios potentes viros occupantur, suffocantur, et annulantur, ac aedificia corruunt et hereditagia deteriorantur. quia prior dicti prioratus per se, ac etiam rector dictae ecclesiae per se non habent nec habere possunt, unde possint potentiae ac malitiis hujus modi opprimentium obviare, nec domorum ac hereditagiorum inopiae subvenire. Verum etiam ipse prior et rector sibi ad invicem mala malis accumulantes quilibet contra suas modicas facultates praetextu inopiae suae nimis ardenter se habentes in hoc..... inter ipsos ut in pluribus dissentiant, et exorta inter se propter hoc controversia per litigia persaepe sese destruunt, damnificant, et confundunt in scandalum plurimorum et ipsorum beneficiorum praedictorum quod nulla possint tergiversatione celari, nec inficiatione deffendi, tandemque deliberatione super hoc inter nos............. diligenti consenserimus in quantum in nobis est et tenore praesentium consentimus quod in dicta ecclesia cum suis onere et honore prioratui praedicto prout reverendae paterninati vestrae placuit uniatur, et quod dictus prioratus et ecclesia pro unico beneficio, unico censetur, et tanquam unum et unicum beneficium per priorem dicti loci pro tempore teneantur in perpetuum et regantur, et quod cum ipsius ecclesiae ex commissione vestra per priorem praedictum et ejus successores gubernetur et exerceatur prout de jure melius fieri poterit et debebit, hinc est quod nos praemissa in considerationis examine deducentes et veraciter attendentes quod praedicta unio si sic fiat, procul dubio erit et cedet ad utilitatem prioratus et ecclesiae ac nostri monasterii praedictorum super quibus reverendae paternitati fidele testimonium perhibemus, eidem paternitati humiliter supplicantes quatenus dicto prioratui ipsam ecclesiam pro evidenti utilitate utriusque ex causis praedictis velitis prout melius fieri poterit annectere et unire et pro solo et unico beneficio decernere et censere, et alia quae curam tangunt et quae super hoc fuerint ulterius facienda, facere et ordinare, praemissaque vestra authoritate ordinaria, vestrique interpositione decreti decernere perpetuo valitura vivat et valeat bene et diu vestra reverenda paternitas cum agmento gratiae et honoris, in quorum omnium et singularum testimonium praesentibus haec sigilla nostra duximus apponenda. Datum et actum in nostro capitulo, die mensis post *Quasimodo*, anno Domini millesimo trecentesimo tricesimo quinto. Quibus litteris a nobis receptis et earum tenore diligenter propenso super contentis in dictis litteris inquiri mandavimus per discretos viros Stephanum Melleti, rectorem ecclesiae de Brisarta nostrae diocesis, et Guillelmum de Esculeio, clericum, de valore annuo prioratus et ecclesiae praedictorum et de omnibus.............................. Eorumdem et utrum esset utilitas quod ecclesia praedicta dicto prioratui uniatur, per quorum relationem nobis sufficienter constitis atque constat quod contentat in litteris abbatis et conventus praedictorum veritate nitantur in tantum quod merito debet dicta ecclesia dicto prioratui uniri prout ex parte dictorum abbatis et conventus nobis per dictas litteras extitit supplicatum, hinc est quod nos praemissis attentis et aliis quae ad hoc merito nos inducunt, dictam ecclesiam cum suis pertinentiis onereque honore in quantum melius de jure possumus, salvo jure nostro et quolibet alieno dicto prioratui in perpetuum annectimus et unimus ipsosque prioratum et ecclesiam tanquam unicum beneficium et unicam per priorem dicti loci moderari et ejus successores in perpetuum obtineri volumus et decernimus et haberi, et curam etiam dictae ecclesiae exercere et gubernari debere prout superius expressum est. Ita videlicet quod per hac unus socius presbiter... in prioratu praedicto commorari consuevit, ut onera dictae ecclesiae melius supportentur in dicto prioratu in perpetuum adjungatur, ibidem de caetero remansurus, decernentes in quantum melius possumus praemissa perpetuo valitura salvo ut praedictum jure nostro et quolibet alieno. In cujus rei testimonium sigillum nostrum presentibus duximus apponendum. Datum................ mense maii die prima, anno M° CCC° trigesimo quinto, per haec autem nostrae intentionis non existit quod aliquod beneficiorum hujus modi, per unionem hujus modi unicum beneficium reputantur suis antiquis solitis et debitis officiis in aliquo defraudentur. Datum ut supra.

Omnibus haec visuris, Petrus, permissione divina archiepiscopus Turonensis, salutem in Domino. Quia cognovimus unionem et annexionem per venerabilem fratrem nostrum Fulconem, Andegavensem episcopum, de parochiali ecclesia de Chiffa Andegavensis diocesis nostrae provinciae Turonensis, prioratui loci ejusdem cum provida deliberatione et maturitate debita factas fuisse, easdem unionem et annexionem prout proinde factae fuerant, et in litteris dicti venerabilis fratris nostri quibus haec nostrae praesentes annectuntur, plenius continetur in quantum ad nos specta et pertinet, approbamus, laudamus, ratificamus ac etiam confirmamus, et hoc omnibus quorum interest significamus per praesentes litteras sigillo nostro sigillatas. Datum apud monasterium nostrae dominae Andegavis, nobis ibidem visitantibus, die lunae ante festum Nativitatis Domini, anno ejusdem M° CCC^{mo} trigesimo sexto.

J. BASTARDI.

Notre-Dame de Sainte-Catherine.

ESTABLISSEMENT

Armand, cardinal, duc de Richelieu et de Fronsac, pair de France, abbé de Cisteaux, chef et supérieur général de l'Ordre du dit Cisteaux, sçavoir faisons que nous ayant été présenté requeste de la part de demoiselle Catherine Liques (1), veufve de défunt noble homme me Simon de Goubie (2), vivant sieur de la Rivière, conseiller du roy au siège présidial d'Angers, contenant que, pour la singulière dévotion qu'elle a à notre ordre de Cisteaux, elle avoit dès, le 16 septembre 1634, passé un contrat de fondation d'un prieuré conventuel de religieuses de notre ordre en la ville d'Angers, faubourgs ou proximité d'icelle, et, pour dotation d'icelluy, donné et assigné sur tous et chacun ses biens, six cents livres de rente annuelle et perpétuelle, le tout sous certaines conditions et en faveur des sœurs Marie de Goubie, Jeanne Antier, Anne Martineau, Anne Boislève, Louise d'Angus, Françoise Martineau et Renée Verdier, toutes religieuses professes de notre abbaye du Perray-aux-Nonnains du diocèse d'Angers, lesquelles elle désirait être par nous transférées au dit nouveau prieuré d'Angers pour faire le commencement d'une famille et communauté religieuse, pour ce, nous requérant la dite demoiselle Liquet, qu'il nous pleut accepter la dite fondation et permettre l'érection du dit prieuré et la translation des dites religieuses, avec leurs pensions viagères, et une autre requeste des dites sœurs Jeanne Antier, Marie de Goubie, Anne Martineau, Anne Boilesve, Louise d'Angus, Françoise Martineau et Renée Verdier, religieuses professes de notre dite abbaye du Perray, aux mêmes fins, sur lesquelles requeste nous avons ordonné le 15 décembre dernier, que, par le vénérable père Nicolas Cousin, prieur de Bellebranche, il seroit informé de la commodité ou incommodité de la dite fondation, et si la dotation du dit prieuré étoit exempte de la juridiction et demeurée entièrement sous celle de l'ordre, et décerné commission au dit Cousin, prieur de Bellebranche, le 18 du même mois

---

(1) *Alias* Licquet. — (2) ou Goubis.

de décembre, en exécution de laquelle commission, le dit Cousin auroit dressé procès-verbal du 9, 10, 11 février de la présente année 1637, par lequel il appert de la commodité d'ériger le dit prieuré, en la dite ville et fauxbourgs d'Angers, dotation du prieuré et consentement du sieur évesque, avec lequel procès-verbal il nous auroit envoyé le dit contract de fondation du 16 septembre 1634, par lequel la dite damoiselle Liquet pour fonder sous notre bon plaisir le dit prieuré sous le titre de Sainte-Catherine, vierge et martyre, donné pour la dotation et entretien d'iceluy, sur tous et chacun ses biens, la somme de six cents livres de rente annuelle et perpétuelle, sous plusieurs conditions contenues en iceluy, huit contrats de diverses dates de pensions viagères des dittes sept religieuses du Perray, par lesquelles il paroit qu'elles ont 1280 livres de pension, le consentement du dit sieur évesque d'Angers, du dixième du dit mois de février dernier, par lequel il consent que le dit prieuré soit exempt de sa juridiction et soumis à celle de notre ordre, autre consentement de dame Catherine de Vassé, abbesse de notre dit monastère du Perray, à ce que les dittes sept religieuses sous notre bon plaisir sortent du dit monastère du Perray, pour être transférées au dit prieuré d'Angers du 21 mai 1634; ensuite de quoy ayant fait voir les dittes pièces en notre conseil, nous avons ordonné le 9 mai dernier que le dit contract de fondation seroit réformé et corrigé en plusieurs points que nous avions trouvés contraires aux constitutions de notre ordre et à nos droits et juridiction, et commis le dit Nicolas Cousin, prieur de Bellebranche, pour voir les mémoires à lui envoyés et faire consentir à la dite damoiselle Liquet et religieuses la correction du dit contract, ce qui auroit été par luy exécuté et dont il avoit dressé procès-verbal le 14 avril dernier, par lequel il paroit que la dite damoiselle Liquet a librement consenti à la réformation du dit contract de fondation par nous ordonné, et que les dites sept religieuses du Perray se sont librement soumises à toutes les conditions que nous aurions désiré d'elles, nommément à vivre ci-après dans le dit prieuré nouveau dans l'entière et estroite observance des règles et constitutions de notre ordre, et que, suivant notre dite ordonnance du 9 mai, il a été achepté une place pour l'établissement du dit prieuré, fort commode pour y pratiquer la discipline régulière; avec lequel procès-verbal, il nous auroit envoyé la réformation et correction du dit contract de fondation mise au pied d'iceluy par devant Noël Berruyer, notaire royal, le 14 avril dernier, du consentement de la dite damoiselle Liquet, et en présence du dit Cousin, notre commissaire, suivant les constitutions de notre dit ordre, sçavoir, pour le premier point, que le dit prieuré sera fondé sous le titre de Notre Dame de Sainte-Catherine, pour le second, que l'élection de la prieure ne se fera de trois ans en trois ans, mais seulement après le décès, cession ou déposition de chaque prieure et qu'elle sera confirmée par nous ou nos successeurs, abbés de Cisteaux, ou quelqu'uns de nos vicaires, le dit prieuré n'étant néammoins point en nature de bénéfice; pour le troisième point, que les novices seront bien reçues de l'advis des religieuses, mais que le consentement de toutes ou de la plus grande partie ne sera pas requis; pour le 4e point, que les confesseurs tant ordinaires qu'extraordinaires du dit prieuré seront institués par nous et nos successeurs abbez de Cisteaux ou nos vicaires; pour le 5e point, que la dite damoiselle fondatrice se contentera d'entrer trois ou quatre fois l'année dans l'intérieur ou clôture du dit prieuré et y demeurer à chaque fois deux ou trois jours; pour le 6e, que les religieuses du dit prieuré vivront dans l'entière et étroite observance de la règle et des constitutions de notre dit ordre; et pour le 7e, que les dites religieuses achepteront, devant obtenir une permission, une maison propre et convenable pour pratiquer commoédment la régularité, un contrat, l'achapt d'une maison pour l'établissement du dit prieuré par noble homme Nicolas Martineau, lieutenant au siège de la prévosté d'Angers pour et au profit des dites sept religieuses du Perray, pour le prix et somme cinq mil cinq cents livres, du troisième du dit mois d'avril dernier, nous, après avoir invoqué le nom de Dieu, et pris l'advis de notre conseil, voulant seconder et favoriser les pieux desseins de la dite damoiselle Liquet, fondatrice, avons accepté la dite fondation, et ce faisant, exigé, créé, établi, comme par ces présentes, nous exigeons, créons et établissons le dit prieuré sous le titre de Notre Dame de Sainte-Catherine, vierge et martyre; ordonnons qu'à cet effet notre chère et bien aimée sœur Jeanne Antier, Marie de Goubie, Anne Martineau, Anne Boislève, Louise d'Angus, Françoise Martineau et Renée Verdier, sortiront de notre dit monastère du Perray, lieu de leur profession, pour se transporter au dit prieuré Notre Dame Sainte-Catherine, avec leurs pensions viagères, les absolvant du vœu d'établissement qu'elles ont fait au dit lieu du Perray, lequel elles seront obligées de faire au dit prieuré nouveau, et de faire, entre les mains de la prieure que nous y nommerons, le vœu d'obéissance personnelle, la dame abbesse du Perray les ayant exemptées et libérées de celuy qu'elles lui ont promis en leur profession, auquel prieuré Notre Dame Sainte-Catherine les dites religieuses pratiqueront une parfaite régularité en parfaite clôture et en l'entière et étroite observance de la règle Saint-Benoist, suivant les constitutions de Notre Dame de Cisteaux, laquelle estroite observance sera inviolablement obervée à perpétuité au dit lieu par elles et celles qui leur succéderont; sera le dit prieuré soumis à notre dit ordre et à nos chapitres généraux et immédiatement subjet à nous et à nos succeseurs, abbez de Cisteaux, et aussi jouira de tous les droits priviléges, libertez, exemptions et immunitez qui ont été de tous les tems accordés à notre dit ordre et dont jouissent tous nos autres monastères, de quelque nature qu'ils soient, prenant le dit prieuré et toutes les personnes régulières résidantes en iceluy à perpétuité sous notre spéciale, particulière et immédiate filiation et protection.

Les supérieures en chef du dit lieu porteront qualité de prieures conventuelles, la première desquelles sera nommée et instituée par nous, et après le décès, cession ou déposition d'icelle, les autres seront élevées par les vœux et suffrages de la Communauté suivant les saints canons et constitutions de notre dit ordre, à condition que nous et nos successeurs, abbez de Cisteaux ou quelqu'un de nos commissaires présideront à la dite élection, et que la prieure du dit lieu sera par nous confirmée, sans que le dit prieuré passe en nature de bénéfice demeurant à jamais........................; et d'autant que le dit prieuré est fondé et érigé en l'entière et étroite observance des règles et constitutions de notre ordre, nous l'unissons et agréons au nombre de nos autres monastères de la même observance, et voulons qu'il jouisse de toutes les grâces et privilèges qui ont été accordez aux dits monastères par nous et nos prédécesseurs abbez de Cisteaux, en faveur et pour une plus grande fermeté et assurance de la dite estroite observance, soumettant le dit prieuré et les personnes régulières d'iceluy à la visite, juridiction et correction de notre vicaire général de la dite estroite observance, et, pour l'exécution de nos présentes lettres, érection et établissement du dit prieuré, circonstances et dépendances, nous avons commis et commettons le Reverend Père abbé de la Charmoye, notre vicaire, sur les monastères de l'estroite observance, lui donnant à cet effet plein pouvoir en tout et spécial mandement de se transporter au dit lieu du Perray et d'Angers, et là, d'absoudre de notre authtorité les dites religieuses du Perray du vœu de stabilité qu'elles y ont fait, les transporter et établir au dit prieuré Notre-Dame Sainte Catherine, installer la prieure que nous y avons nommée, establir la clôture, nommer un confesseur, et faire régler et ordonner et establir tout ce qu'il jugera à propos pour l'exécution cy-dessus de tout, et le parfait établissement dudit prieuré, suivant les saints canons et les statuts et définitions de notre dit ordre; mandons à la dite vénérable dame abbesse du Perray, aux susdites sept religieuses du dit lieu et à tout autre personne régulière à nous juridique, en vertu de sainte obéissance, qu'ils le reconnaissent, respectent et obéissent es dites qualités de notre dit vicaire et commissaire, comme nous même, avec déffense expresse à toute personne de notre dit ordre, de quelle condition qu'ils soient, sous les peines et censures de l'ordre, d'apporter aucuns troubles ou empeschement directement ou indirectement en l'exécution de ce cy-dessus, donnant pouvoir à notre dit vicaire et commissaire de les contraindre à luy obéir par toutes voies de droit et de justice, par les peines et censures de l'ordre, et par l'invocation du bras séculier, si besoin est. Donné à Paris, sous notre seing manuel et apposition de notre grand sceau, et signé de notre secrétaire, le 15 mai 1637.

Armand, cardinal, duc de Richelieu et de Fronsac, pair de France, abbé de Cisteaux, chef supérieur général du dit Cisteaux et ayant plein pouvoir du chapitre général d'iceluy, à notre vénérable et bien aimée en Notre Seigneur Jeanne Antier, religieuse professe de notre monastère du Perray-aux-Nonnains, diocèse d'Angers, salut à Notre Seigneur. Comme ainsy soit que, par nos lettres du 15 du présent mois, nous avons érigé un nouveau prieuré de moniales de notre dit ordre au fauxbourg de notre ville d'Angers, sous le titre de Notre-Dame Sainte Catherine, au dit diocèse d'Angers, qu'il soit maintenant nécessaire de nommer et instituer la première prieure du dit monastère, étant bien et deument informé de votre zèle, capacité et expérience au fait de la discipline régulière, et au maniement des affaires temporelles, vous avons nommé, créé et institué prieure conventuelle et perpétuelle du dit nouveau monastère, et prieure de Notre-Dame de Ste-Catherine, vous donnant pouvoir et authorité de le régler, le régir, gouverner et administrer, tant au spirituel qu'au temporel, et de porter toutes les religieuses aux devoirs de leur profession et à l'entière et étroite observance des règles et constitutions de notre ordre, et particulièrement à la clôture et de les y contraindre par force et voyes raisonnables, de punir celles qui se trouveront désobéissantes et rebelles; d'instituer et destituer les officières, et generalement faire agir et exercer tout ce que les prieures conventuelles de notre dit ordre peuvent ou doivent faire agir et exercer; commandons, en vertu de sainte obéissance, et sous les peines, censures de l'ordre, aux religieuses qui seront sous votre conduite au dit prieuré, de vous reconnaître et vous recevoir comme leur vraye et légitime prieure et vous respecter, honorer et obéir en tout ce qui concerne l'exécution de votre charge de prieure comme à nous même, vous exhortant à vivre religieusement, que Dieu en soit glorifié et le prochain bien édifié. Donné à Paris, sous l'appension de notre grand sceau, notre seing manuel, et contre-seing de notre secrétaire, le 16me jour de ce mois de may 1637. Ainsi signé : Armand, cardinal de Richelieu, et plus bas : Par Monseigneur eminentissime, Frère Jean, abbé de Prières, et scellé du grand sceau de cire rouge.

COPIE DE LA COMMISSION DONT EST QUESTION, TIRÉE DE MOT A MOT SUR SON ORIGINAL

Armand, cardinal, duc de Richelieu et de Fronsac, pair de France, abbé des Cisteaux, chef et supérieur général de l'ordre dudit Cisteaux, et ayant l'entier pouvoir dudit chapitre général d'iceluy.

A notre bien aimé et vénérable dom Nicolas Cousin, docteur en théologie et prieur de l'abbaye de Bellebranche de notre dit ordre, salut en Notre-Seigneur. Nous ayant esté présenté requeste de la part de damoiselle Catherine Liques, veufve feu noble homme Symon de Goubie, vivant sieur de la Rivière, conseiller du roy au Présidial d'Angers, et de nos chères et bien aymées en Notre-Seigneur sœurs Jeanne Antier, Marie de Goubie, Anne Martineau et Renée Verdier, Anne Boislève, Louise d'Angus, Françoise Martineau, toutes religieuses professes de l'abbaye du Perray-aux-Nonnains de notre dit ordre, diocèse d'Angers, tendantes, sçavoir celle de la damoiselle de Liquet, à ce que nous voulussions accepter la fondation qu'elle prétend faire d'un prieuré conventuel aux fauxbourgs et proximité de la dite ville d'Angers et celles des dites religieuses, à ce qu'il nous plut leur permettre de sortir de la dite abbaye du Perray pour se transporter audit prieuré, lorsqu'il sera établi, suivant le désir et dévotion de ladite fondatrice, nous ayant fait droit sur la ditte requeste, avons ordonné, suivant les constitutions de notre ordre, qu'il sera informé au préalable de la commodité et incommodité de la dite fondation ; à ces causes et autres nous mouvantes, étant informé pleinement de votre probité, capacité, et doctrine, nous vous avons nommé commis et député, et par ces présentes nous vous nommons, commettons et députons pour vous transporter sur lesdits lieux, et là faire ample information de la commodité et incommodité de la dite fondation, si la dotation est suffisante tant pour bâtir et entretenir les édifices nécessaires que pour la nourriture et l'entretien des religieuses qui y demeureront, si le revérendissime évêque d'Angers consent que le dit prieuré soit exempt de sa juridiction et soumise à celle de notre ordre, et de tout nous envoyer les procès-verbaux et entiers actes qui auront été faits à ce sujet, nous par nous en après être ordonné ce que de droit et de raison, de ce vous donnons pouvoir et authorité.

Fait à Paris sous l'impression de notre sceau et signé de notre secrétaire, ce dix-huitième jour de décembre mil six cent trente-six. FRANÇOIS, abbé de Prières.

Notre-Dame de Béhuart.

DONATION DE L'ISLE ET DE LA CHAPELLE DE NOTRE-DAME DE BEHUART A L'ABBAYE DE SAINT-NICOLAS.

Cum ego Buhardus Brito, dolori meo qui mihi de obitu domini mei Gauffredi Martelli, Andegavorum comitis, acciderat remedium salutare a Domino quaerentem, incidit mihi consilium bonum ac laudabile Deoque acceptabile ut pro anima ipsius comitis et pro animabus uxorum comitum ipsius successorum ac predecessorum Andegavensium, nec non pro anima mea, uxorisque meae, pro animabus etiam parentum meorum donarem de meis possessionibus Deo ac Sancto Nicolao (in cujus capitulo, ipse comes jam dictus Gauffridus, monachico assumpto habitu, sepulturam delegerat) ad augmentum victus monachorum ibidem Deo servientium cumque post paululum, consilium facta coaequassem, donavi Deo ac sancto Nicolao quodcunque habebam in Ligeri, duas scilicet insulas, unam in qua est rupes et domus mea et capella mea altera, in qua pascua pecorum et boscus. Donavi etiam omnes piscarias meas de Ligeri, et exclusam meam et ductum aquae, et molendinum sicut aedificatum erat et sicut melius aedificari poterat.

Donavi quoque tria bordagia terrae in Bigotaria, dimidium harum rerum supradictarum reliqui monachis sancti Nicolai longo tempore in vita mea quas observabat quidem monachus ex ipsis, Geraldus nomine, qui mecum habitat in rupe mea ; ad habitum vero meum totum sicut supra dictum et ex integro ita quietum ut habebam sancto Nicolao dereliqui. Pro hoc meo beneficio, est faciendum anniversarium meum singulis annis a monachis sancti Nicolai sicut de uno fratre suo laico. Hujus donationis sunt testes, Joannes Geraldus, Beringarius Reginaldus. Hoc authorisaverunt Gauffredus comes Barbatus, qui tunc temporis erat comes Andegavorum, et Fulco frater ejus, postquam ipse in consulatum successit. + Hanc crucem fecit comes Barbatus, videntibus ipsis Gauffredo filio Fulchardi, Maurino Algardis filio, Hugone de Montigneo, Vuilelmo clerico. + Hanc crucem fecit Fulco junior, comes, videntibus istis Hugone de Meduana, Emerico de Chinone, Rodaldo Britone Israel Helinonno nepote ejus, Vuilelmo Radulpho, Huberto de Riviera, Joanne filio Scibranni, Ulrico canonico, Ottone, Mabilia uxore de Chinone. + Hanc crucem fecit Juliana, uxor comitis Gauffredi Barbati.

Motum est bellum inter Gauffredum Barbatum Andegavensium comitem et fratrem ejus Fulconem Rechin comitem Wastinensium vel Gastinensium (vulgo Gastinois) conquerens siquidem praedictus Fulco de fratre suo, super eo quod ei parvam terrae partem dedisset, regem adiit, et fideliter compromisit quod totum Wastinense ei relinqueret si de bello ei non noceret, rex autem super hoc accepto concilio, quod peebat concessit in Wadensi; igitur Fulco, fratrem suum per auxilium Andegavensium et Turonensium baronum hominum, multa trage facta, cum in campo devicit, cepit, et usque ad finem vitae suae in carcere tenuit, qua peracta expeditione Wastinense sicut promiserat regi in suam tradidit potestatem et dominium, rex autem juravit se se servaturum consuetudines terrae illius, aliter enim nolebant milites ei facere sua hominia vel homagia.

Sachent tous présens et advenir qu'entre cour de notre palais d'Angers avons aujourd'hui vû, lû et diligemment regardé de mot à mot une lettre royale scellés en queue simple, et cire jaune, saine et entière, scelle, seing et écriture non cancellée, non viciée, mal mise, ni en aucune partie d'icelle corrompûe, de quel mot après l'autre la teneur s'en suit :

Louis, par la grâce de Dieu roy de France, à notre amé et féal conseiller, maistre Guillaume Fournier, curé de Denée au diocèse d'Angiers, salut. Comme pour la grande et singulière dévotion qu'avons toujours eue, à Dieu notre créateur et à la glorieuse Vierge Marie et sa mère vénérée et honorée en l'église ou chapelle de Notre-Dame située et assise en l'isle de Behuart près Angiers, qui est membre dépendant de notre dite cure de Denée, nous avons puis naguerre fondé et dotté de nouveau perpétuellement et à toujours, en ladite église et chapelle de Notre-Dame, un doyen curé, 6 chanoines, 6 vicaires perpétuels et trois enfans de chœur, audit lieu de Behuart, pour y dire et célébrer doresnavant certains services par chacun jour, que nous avons ordonné y être dits et célébrés à l'intention de Dieu, notre dit créateur, et de ladite Vierge glorieuse Marie sa mère, pour la conservation de notre prospérité et lignée, pour laquelle fondation et dotation d'icelle et afin qu'elle soit plus seure le tems à venir, avons envoyé devers notre saint Père le Pape pour obtenir de lui certaines provisions nécessaires pour le fait et approbation d'icelle, et à cette cause, pour ce que les dittes provisions ne pourroient être obtenues ni envoyées si promptement que le désirons pour la distance du chemin de Rome qui est lointain, par quoi les dits doyens, chanoines et vicaires ne pourroient être sitôt instituez, et que cependant nous voulons et entendons que le divin service qu'avons ordonné être dit et célébré en icelle église, être fait et continué ainsi qu'avons ordonné, par quoy nous soit besoin, pour ce faire présentement, commettre aucuns notables personnes, gens d'église, soufisant et ydoines et les envoyer au dit lieu de Behuart pour illec faire et dire dorénavant par chacun jour le service que y avons ordonné être dit et célébré selon les ordonnances par nous faites, et qui sur ce seront baillées en écrit par déclarations outre et par dessus, lesquels chanoines et vicaires nous avons pris et élus pour et au lieu dudit doyen curé pour présider sur tous les autres et les faire vivre en bon ordre et police, sçavoir faisons que nous, ces choses considérées, et le bon et grand rapport qui fait nous a été des personnes de nos chers et bien amez maîtres Guillaume Frapin, Jean du Ruffou, Jean Messange, Jean Morel, François Dosdefer, et Aymery Desnoyers, et de nos bien amez Jean Georget, Gilles Doucet, Guillaume Lemoyne, Mathurin Maunier, Egimont Enfant, Thomas Blednoir, nous confiant par ce de leur sens, science et entière souffisance et bonnes mœurs, iceux pour ces causes et autres à ce nous mouvans, avons élu et élisons, c'est à sçavoir lesdits maîtres Guillaume Frapin, Jean du Ruffou, Jean Mezange, Jean Morel, François Dosdefer et Emery Desnoyers, pour et au lieu des 6 chanoines, et lesdits Jean Georget, Gilles Doucet, Guillaume Lemoyne, Mathurin Maunier, Egimont Enfant et Thomas Blednoir, pour et au lieu des 6 vicaires, et les avons commis et commettons par ces présentes à faire dire et doresnavant célébrer par chacun jour pour et à l'intention de nous, notre prospérité et lignée, les divins services, audit lieu de Behuart et jusqu'à ce que plus ample provision soit par notre saint Père et nous sur ce cy après octroyées, si nous mandons et ordonnons qu'incontinent et en toute diligence vous vous assembliez tous les dessus dits, et chacun d'eux, et les meniez et conduisiez audit lieu de Behuart et illec leur établissiez lieu et place, ainsi que verrez être à faire, selon les facultez de leurs personnes, en donnant surtout ordre et provision à ce que le service divin que entendons être dit et célébré ci-après en icelle église ou chapelle soit dit et continué, tout ainsy et par la forme et manière que s'ils et chacun d'eux étoient instituez, et canoniquement pourveus des prebendes et vicairies, ainsy qu'il est requis et accoutumé de faire, car ainsy nous plaist-il estre fait ; de ce faire nous donnons pouvoir et authorité, commission et mandement spécial. Donné à Thouars-en-Poitou le 20e jour de décembre l'an de grâce 1481, et de notre règne le 21e. Ainsy signé, par le roy, l'évesque d'Alby, maistre Jacques Chrétien, vice-président des comptes et autre présent parent. Donné à Angers, par forme de vidimus, collationné à l'original, par nous notaires cy-dessous signés, le 10e jour de janvier 1482, Signé Marceau, Du Bois.

AUTRE ACTE DU 20 OCTOBRE 1482.

Sachent tous présents et advenir qu'en la cour du roy nostre sire, docteurs en droits pardevant nous personnellement établis vénérable et discrete personne Messire Guillaume Fournier, docteur en droit canon, pénitentier et chanoine d'Angiers et doyen de Notre-Dame de Behuart, d'une part, et frère Pierre Cornilleau, religieux et cellerier du moustier et abbaye de Saint-Nicolas les Angiers d'une autre part, lesquels considérant la grande dévotion du roy notre sire qu'il a à Notre-Dame et à son église dudit lieu de Behuart, et les grands biens et ausmosnes que ledit seigneur y a faits par le passé et fait de jour en jour, et pour complaire et obéir à sa dévotion connue et confessée, et encore pardevant nous et par la teneur de ces présentes avoir fait entr'eux les échanges et permutation des choses ci-après déclarées, en la forme et manière qui s'en suit, c'est à sçavoir que ledit doyen curé a baillé et baille audit cellerier la dixme des Phélines, avec toutes et chacune ses appartenances, tout ainsi par la forme et manière que icelle dixme fut autrefois acquise à ladite cure par ledit doyen curé, de François de Couesme ou son procureur en ayant pouvoir, etc..., et en récompense, permutation et eschange desdittes choses ledit, cellerier a baillé et baille audit doyen curé tout le domaine, propriété, droit, et au fief censive, rente, revenu, maisons, jardins et autres choses quelconques que ledit. cellerier avoit et pouvoit avoir, et qui lui pouvoit compter et appartenir en ladite paroisse dudit lieu de Behuart à cause dudit office ou bénéfice de cellerier, sans rien y retenir ne reserver, fors seulement le droit d'offerte que ledit cellerier et ses prédécesseurs ont accoutumé avoir et prendre en ladite église dudit lieu de Behuart, à tenir, et à avoir, posséder, jouir, user et exploiter lesdittes choses ainsy baillées l'un d'eux à l'autre, comme dit est, la saisine, possession, le fonds, propriété, domaine et seigneurie desdittes choses ainsi baillées et eschangées l'un d'eux à l'autre, ainsy que dessus est dit, avec tous et chacun les droits, noms, raisons et actions, pétitions et demandes, droit d'avoir, et de demander que lesdittes parties y avoient et pouvoient avoir, sans jamais rien avouer, retenir, ne demander pour eux, leurs successeurs ne ayant cause, etc., et promet ledit cellerier faire ratifier l'abbé de Saint-Nicolas et en fournir acte audit doyen, etc.. Fut fait et donné audit lieu d'Angiers le 20º jour d'octobre l'an 1482, Signé, Marceau et Dubois.

BEHUART.

Louis, par la grâce de Dieu, roy de France, sçavoir faisons à tous présens et advenir que nous considerans comme souvent yssus du lignage de Monsieur Saint Louis de ...., et que toujours depuis le jour de notre nativité qui fut le premier jour de juillet, l'an mil quatre cent vingt-trois, jusques à présent, nostre benoist Sauveur, par l'intercession de sa glorieuse mère Marie, Vierge immaculée, reine des cieux, nous a toujours préservé et gardé de tous périls et dangers corporels, et mêmement en allant sapiéça, avec feu nostre très cher seigneur et père que Dieu absolve, à la journée de Tarcas (1), nous étant à Ruffec, le jour du saint Vendredi que icelui nostre benoist Sauveur souffrit et endura mort et passion pour la rédemption de l'humain lignage, faisant en l'honneur et reverence d'icelui saint jour, jeûne et

---

(1) Tarcas, en Gascogne, au-dessus de Dax.

abstinence, et en étant aux champs au dit lieu de Ruffec, trouvasmes feu nostre oncle Charles, en son vivant comte du Maine, avec lequel et Louis de Vallois, seigneur de Tillay, nous mîmes en une sentine sur la rivière passant audit lieu de Ruffec, et en allant le long d'icelle, arrivasmes à un moulin, auquel pour la force et inondation de l'eau qui la etoit roide et aspre, la ditte sentine se tourna et tous trois jaillismes dans la ditte eau, en laquelle la ditte sentine du tout se submergea et enfondra, et de grande ardeur et haste de saillir l'eau d'icelui moulin qui estoit arresté et ne rouloit point pour l'honneur du dit Saint Vendredi, nous jetta en bas la teste première, et alors en ayant une très singulière reverence, et reclamant très devotement l'aide et le secours d'icelle Vierge intemerée, nous vouasmes à elle et à son église au lieu de Behuart, et incontinent nous tournasmes tous envers sur la ditte eau, les pieds premiers, laquelle de sa force et impétuosité, nous jeta sur le milieu d'une petite grève, et promptement en élevant la teste vismes les gens qui alentour dillec estoient, et d'autant que la ditte eau nous jettant plus outre contrebas pour y obvier et estre plus...... nous otasmes et devestissasmes notre robe qu'avoit fait faire plus longue que jusques a demi jambe pour l'honneur du dit saint Vendredi, et ce dont incontinent grâces et louanges soient à notre Créateur par les mérites de sa très sécurée passion, et par l'intercession de la ditte très douce et très chère mère à laquelle en pensant sans fin douloureusement aux très amères douleurs et angoises intolérables et insupportables qu'elle endura celuy saint jour, voyant son très cher enfant, autheur de vie, pendre et mourir en croix, et à la ditte église au dit lieu de Behuart, nous nous vouasmes et recommandasmes comme dit est, nous fusmes preservés et gardés du danger en la ditte rivière, désirant à cette cause de tout nostre cœur et affection reconnoistre envers notre dit bon Sauveur et rédempteur Jésus-Christ et sa ditte glorieuse mère Vierge des vierges, les choses dessus dittes, et aucunement décorer et augmenter la ditte église, et les doyens, chanoines et chapitre par nous nouvellement fondez en icelle, de très beaux et dignes privilèges, facultez et puissance, à ce qu'ils soient plus ardents à servir, louer et honorer celui Dieu très haut et très puissant Sauveur et Redempteur du monde, souverain Roy des roys, sa ditte très benoiste et très glorieuse mère, dame des Anges, et icelui divin service continuel et entretenir toujours de bien en mieux en ladite église, et iceux en mémoire et reconnaissance des graces et préservation dessus dites, et par privilege singuliere, perpétuelle et irrévocable, avons, de notre propre mouvement, certaine science, grâce spéciale, pleine puissance, authorité, faculté royale donné et octroyé, donnons et octroyons par ces présentes, plein pouvoir, authorité, faculté et puissance que dorénavant chacun an perpetuellement et à toujours, le jour de Vendredy Saint, ils et leurs successeurs assemblez en nombre compétent au chapitre de la dite eglise, puissent, à tous les manants et habitans de notre pays et duché d'Anjou, de quelque état qualité et condition qu'ils puissent être, quitter, pardonner, remettre et abolir tous cas homicides, crimes et délits qui par eux ont été et seront commis et perpetrez en quelque maniere qu'ils les puissent avoir commis, et des dits cas, crimes et délits, qu'ainsi ils remettront, quitteront et pardonneront à ceux du dit pays d'Anjou, bailler leurs lettres en forme dûe et authentique, sous leurs sceaux, tout ainsy que nous même ferions et faire pourrions si nous si y étions en personne, et lesquelles lettres de rémission et pardon qui ainsy seront par les dits evesque, doyen et chapitre de Notre-Dame de Behuart, le dit jour du Vendredi Saint, données et octroyées aux dits habitants des dits pays et duché d'Anjou, nous voulons et authorisons valoir et estre d'un tel effet et valeur, comme si données etoient par nous et nos predecesseurs.

Donnons en mandement, par ces mêmes presentes, à nos amés et feaux cancellier, maître des requestes de notre Hôtel, gens de notre cour de Parlement et de nos Comptes à Paris et à Angers, au sénéchal d'Anjou et à tous nos autres justiciers, ou à leur lieutenant, present et advenir, et à chacun d'eux, si comme à lui appartiendra, que ces dittes presentes ils fassent lire et publier et enregistrer en leurs cour, juridiction et auditoire, et dicelles fassent, souffrent et laissent les dits curé-doyen, chanoines et chapitre et leurs successeurs en icelle jouissance, et user perpetuellement, pleinement et paisiblement, sans leur faire ou mettre, ne souffrir estre fait ou mis, aucun detourbice ou empechement, au contraire, lequel fait ou mis leur estoit, mettent ou fassent mettre incontinent et sans aucun delay à pleine delivrance, et en premier estat et deub, et afin que ce soit chose ferme et stable à toujours, nous avons fait mettre notre scel à ces dites presentes, sauf en autre chose notre droit. Donné au Plessis du Parc, au mois d'avril, l'an de grâce mil quatre cent quatre-vingt trois, et de notre règne le vingt-deux.

De par le roy, levée et publiée en la personne de Messieurs les cancelliers et maistres des requestes étant en cour, le dernier jour d'avril 1483.

EXTRAIT DE L'ABRÉGÉ DE LA FONDATION DE LA CHAPELLE DE NOTRE-DAME DE BEHUART POUR LE SERVICE, ÉCRIT SUR LA PIERRE DURE DU PARVIS DE LA CHAPELLE.

Le roy Charles huitième, voulant accomplir les bonnes affections et intentions du feu roy Louis, son père, dès le mois d'octobre 1483, a donné, baillé, délaissé et admorti à cette chapelle sainte, la terre, biens et appartenant de Denée, qui, par le dit feu roy Louis, son père, avait été acquise, et sur ce fait expédier les lettres en forme de chartre, par la vérification desquelles les gens des Comptes de Paris ont ordonné être dit et célébré en la dite chapelle, par le curé du dit lieu de Denée ou autre de par lui, le service qui s'en suit, c'est à sçavoir trois messes basses par chacune sepmaine de l'an pour l'âme du dit feu roy Louis, l'une au dimanche, l'autre au samedy, et la tierce messe sur semaine, et chacune des dittes messes avant le *Lavabo*, un *De profundis*, avec les oraisons accoutumées être dittes *pro defunctis*, en faisant prière et commémoraison d'iceluy feu roy Louis, qui tel don et admortissement a fait à ladite chapelle, et outre à chacune des festes solennelles de Notre-Dame, qui sont la Conception, Nativité, Annonciation, Purification, Assomption, Notre-Dame, dire et célébrer ou faire dire et celebrer en icelle chapelle, messes solennelles à notes, diacre et sous-diacre, avec matines, vespres, et faire suffrage et commemoraison pour le dit feu roy et autres roys de France, aussi dire et célébrer chacun an en la ditte chapelle, messe haute, avec diacre et sous-diacre, avec vigile et commemoraison *pro defunctis*, le 29e jour d'aoust qui est le jour que le dit feu roy Louis alla de vie à trépas, et, avant les dittes messes et services dessus dittes, faire sonner et tinter les cloches de la ditte chapelle à heure de huit heures du matin, aux quelles charges et services faire continuer et accomplir perpétuellement, le curé de Denée et son temporel sont tenus et obligez.

Saint-Maurille d'Angers.

DÉDICACE DE CETTE ÉGLISE EN L'HONNEUR DE NOTRE-DAME.

Henricus, Dei et Sanctae Sedis gratia episcopus Andeg. universis et singulis Christi fidelibus salutem in Domino. Praeter illa quae extrinsecus sunt, instantia mea quodiana sollicitudo omnium ecclesiarum, et earum maxime quae commendantur aut horum sanctitate, et institutionis antiquitate, ea propter noveritis secularem et collegiatam ecclesiam quae vulgo sancti Maurilii in nostra civitate Andegavensi nuncupatur, praecipuo nos amore complecti, quam ex litteris antecessorisque nostri Gauffridi, ineunte duodecimo seculo, datis didiscimus ab ipso beato Maurilio fuisse aedificatam in honorem Beatae Mariae Virginis, et ad locum suae ipsius sepulturae inquisivimus plurimum an esset facta consecratio, et adhibita dilectorum nobis in ea canonicorum vigilantia, vix aliquid certi de re illa potuimus assequi percrebuerat olim fama eam fuisse dicatam Deo ad nomen et memoriam B. Virginis, imo et vocatam ecclesiam B. Mariae et sancti Maurilii; accesserat inscriptio majoris campanae in qua legitur lingua vernacula: *Je porte le nom de Marie dont est la dédicace de cette église*; hinc nascebatur suspicio consecrationis factae antiquitus, nulla tamen erat certitudo donec die lunae ultima cum jussu nostro effoderetur altare majus ut in eo sanctorum martyrum reliquias includeremus (erat enim in votis ecclesiam consecrare) invenimus quadratum loculum, et in eo ligneam arculam, quam aperientes vidimus pulveres et ossa parvula nigri coloris sine ullo sepulturae monimento, istud credidimus vetustate temporis nobis defuisse, cum et ipsa arcula manu premente dissoluta fuerit, et tota abiisset in cineres si totam digiti pressissent, inventus hic, qui a tot annis latebat thesaurus, testatus est certe altare fuisse consecratum, imo et ecclesiam prioribus quae illam erexerunt seculis fuisse dedicatam, quibus scilicet patribus nostris in more erat positum ut ad Dei laudem basilicas populo aedificarent, easdem cum altari, non autem altare sine ecclesia consecrarent, accinebant de quibus supradictum est conjecturae, sic enim et ecclesiam illam aedificavit Beatus Maurilius ad honorem Beatae Virginis, et sepulto in ea Beato Maurilio dicta est ecclesia Beatae Mariae et sancti Maurilii, sic et

vera est inscriptio campanae inditum sibi nomen Mariae, ad quod
dedicata est ecclesia, his itaque adducti rationibus antiquam ecclesiae
dedicationem intelleximus, et factam declaravimus permisimusque
existentibus in ea canonicis ut quotannis recurrente die trigesima
Augusti, anniversarium illius celebrent diebus octo, interim jussimus
refici altare, et illud propter fractum sepulchrum et reliquias inde
eductas censuimus iterum consecrandum, itaque, die mercurii
sequente trigesima Augusti, dictum altare majus ad nomen et memoriam
B. Mariae Virginis et S^{ti} Maurilii ritu solemni consecravimus, consecravimus similiter ad nomen ejusdem B. Mariae Virginis altare, aliud
retro majus, quod communiter dicitur altare S. Mariae a Serpentibus, in
quorum omnium fidem, datum Andegavi in eadem ecclesia Sancti
Maurilii, die dicta, trigesimo Augusti anno 1662.

Abbaye de N.-D. d'Asnières-Bellay.

COPIE DE LA FONDATION

In nomine Sanctae et individuae Trinitatis, ego Giraudus Monstrolii
dominus, omnibus presentem cartulam inspicientibus, notum facio,
quod ego, pro redemptione animae meae, meorumque praedecessorum
meorum salute, cum assensu et voluntate dilectae uxoris meae, Ade
nomine, dedi in elemosinam Deo et beatae Mariae de Anneriis et
monachis de Tiron ibidem deservientibus in fundatione ejusdem
ecclesiae VI masuras terrae, et juxta sanctum Dionisium quandam
modiationem terrae et prata de Monravel quae ibi habebam, et totam
terram quam habebam a bosco Brocei infra viam quae venit de Monstrolio per dominium Guidonis filii Laurentii usque ad viam quae
Romesia vocatur et sicut eadem via Romesia usque ad terram Sancti
Mauritii, nihilque temporalis servitii, et domini, mihi vel heredibus
meis in praedicta eleemosina retinui, sed quiquid juris, et dominii in
praedictis terris et pratis jure hereditario possidebam eidem ecclesiae
Anneriensi, et monachis ibidem Deo famulantibus in pura et perpetua
eleemosina possidendum concessi; dedi insuper prefatae ecclesiae

Anneriensi in bosco meo de Brocai quotidie tres summas quaerens, necnon quicunque hominum meorum de terris et possessionibus suis ecclesiae supradictae aliquid dare vel vendere voluerit, salvo capite frodi, monachis ibidem manentibus, sine aliqua heredum meorum contradictione habendum concessi, dedi etiam jam dictae ecclesiae Anneriensi, terram meam de Genis.... vocatur, cum omni dominio quod in ea habebam, et nuces et insulam quae est communis cum Saraceno; praeterea dedi in eleemosinam jam dictae Dei Genitricis ecclesiae et monachis ibidem Deo servientibus, molendina mea de Braum, cum piscationibus et pratum quod ibi habebam et vineas de Thorineio, et quartas vinearum de Montfort, marum scilicet quae sunt a plancheia usque ad bonum boissum, et vineas de Orgamba, quas uxor mea emerat ab Audeberto Odonis filio, et census meos de Genis et quandam terram quae est juxta viam quae ducit de Fossis Monstrolium et costumam vinearum benedicti presbiteri, et quidquid juris et dominii possidebam in furno, quem supradicta ecclesia Anneriensis apud Monstrolium possidet; dedi praeterea supradictae ecclesiae Anneriensi et monachis ejusdem loci in eleemosinam, brueriam et miricam, et ulmum et codram, et spinas et omnes frondes, quercum, Brocai sumendas perpetuo ad usum eorum et de bosco briguum VIII quadrigas oneratas, quando voluerint uno quoque anno et in eodem bosco pascua armentis et pecoribus, et porcis suis praeter partem quam dedi monachis.... in perpetuum, illis etiam praelibatis adnectendum duxi, quod defuncta Agnete filia mea tam pro mea quam pro jam dictae Agnetis filiae meae salute dedi in eleemosinam toties dictae ecclesiae Anneriensi fumagium quod habebam in curia de Sizeio; dedi insuper saepedictae ecclesiae et monachis supradictis ursum dominium quod habebam in terris quas Guido filius Laurentii et Haimericus solvit et Burlaius de Maie cum assensu et voluntate mea jam dictae ecclesiae donaverunt. Haec dona et hanc eleemosinam concesserunt filii et filiae meae, Berlaius Giraudus, Radulphus, Agnes et Amelina huic eleemosinae interfuerunt, et testes sunt : Gaufridus archiepiscopus Burrigalensis, Ulgerius episcopus Andegavensis, Hermanus archidiaconus, Mainerius sacerdos, Gaufridus comes Andegavensis, qui hanc eleemosinam voluit et concessit, Haimericus de Doe, Guillelmus de Montesorelli, Guillelmus de Mireheau, Simon de Chatelus, Hamericus Galei, Girardus de Artenia, Quarterius cubicularius, Raginaudus de Monteforti, et plures alii ; ut autem haec eleemosina, futuris temporibus, magis firma et integra perseveret, ad majus robur obtinendum, praesenti cartulae, sigilli mei munimen apposui. Actum anno Incarnationis Dominicae MC XXXIII, regnante Ludovico magnifico rege Franciae, tunc duce Aquitaniae existente. + S. Giraudi. + S. Adae uxoris ejus. + S. Berlai filii ejus. + S. Giraudi. + S. Radulphi. + S. Aguetis. + S. Amelinae.

COPIE D'UN ANCIEN CARTULAIRE DE L'ABBAYE D'ASNIÈRES.

Munificentia veterum erga fidei domesticos nostri temporis hominibus maxime praedicanda est quatenus eorum aemulantes honestatem caritatis opera ad quae minus..... sunt propensius exequantur.

Si quidem mundani in solis histrionum usibus, et solo corporum suorum..... diffusi ab inhonesta et sterili prodigalitate ad honestam et feracem quae fit erga pauperes Christi largitatem patrum priorum exemplo sunt restringendi, quare tam ad edificationem audientium, quam ad tutelam et tenorem possessionum nostrarum, ea quae a Geraudo Berlai ecclesiae Anneriensi in ejus proxima fundatione et deinceps ipsa in abbatiam excrescente collata sunt litteris veracibus commendando...... indicavimus enarrare. Dedit itaque monachis sancti Salvatoris de Tyronio ibi manentibus sex mensuras terrae pro redemptione animae suae, suorum predecessorum et juxta sanctum Dionisium quandam modiationem terrae et prata quae ibi habebat, et in bosco Brochai quotidie tres summas, necnon quicunque hominum suorum de terra sua monachis supradictis aliquid dare voluerit salvo capite feodi qui habendum concessit. Horum testes sunt : Reginaldus de Monteforti, Odo Pernerius qui tunc temporis praetor erat terrae illius, Philippus de Blazonio, Girardus de Ardenna. Et sciendum est quod Normandus archidiaconus medietatem decimae terrae hujus habebat quam praedictis monachis donavit Giraudus Burlai benedicto presbitero atque Audeberto videntibus et audientibus, iterum enim sciendum est quod Aimericus..... decimam quae in sex mensuris capiebat eisdem monachis dederit, Giraudo Burlai, Normando archidiacono, Girardo de Ardenna, videntibus et audientibus, nec silentio praetereundum est quod praefatus Geraudus Burlai constituens ecclesiam in honorem sanctae Dei genitricis Mariae apud Asnerias, dedit eidem ecclesiae, presente domino Bernardo ejusdem monasterii primo abbate, totam terram quam habebat a bosco Brochai infra viam quae venit de Monstrolio per domum Guidonis filii Laurentii usque ad viam quae Romesta vocatur, et sicut v. iit eadem via Romesia usque ad terram Sancti Maurilii, dedit etiam terram de Genis quae Esperum vocatur et insulans quae communis est cum Seraceno ; haec concesserunt Adda uxor praemissi Geraudi filii, et filiae ejus, Burlaius scilicet et Giraudus, Agnes et Amelina; hujus rei testes sunt, Radulphus clericus, cognomento Barba Torta, Aimericus frater ejus, Gernandus Carterius, Willelmus frater ejus, Rainaudus addidit iterenm praedictus Giraudus jam dictae Dei genitricis ecclesiae concedentibus supra nominatis uxore sua et filiis utriusque sexus, molindina de Braum cum piscatione, et vineam de Thorigni, et quartas vinearum de Monteforti, illarum scilicet quae sunt a Plancheia usque ad bonum Boissions, et sicut terminantur cum vineis Aimerici Radulphi, et illarum de Corria sicut terminantur cum vineis jam dicti Aimerici Radulphi, et Aleagardi et Ursi, hoc viderunt et audierunt, et inde testes sunt Odo de Monteforti, et duo filii ejus, Gaufridus et Audobertus, Paganus de Bosco, Michardus Ramberge, Garinus de Fossis et Girardus frater ejus, Gaufridus Pelletarius, supradictis item addere curavimus, quod soepe dictus Giraudus et uxor ejus Adda, inter ea quae monachis sanctae Mariae de Asneriis contulerunt, dederunt etiam vineas de Orgamba qu... prefata uxor Geraudi emerat ab Audeberto Odonis filio, scilicet quarta parte marum erat Haimerici Radulphi quam quartam partem emerat Aimericus, similiter in eleemosinam eisdem monachis dedit; hujus rei testes sunt ipse Giraudus Barlai, Gaufredus de Monteforti, Simon de Torrelio, dedit praeterea Giraudus Barlai saepedictae ecclesiae centum suum de Genis concedente uxore sua Adda, filiisque suis Berlaio Giraudo, Radulpho, Agneto etiam filiae suae, hujus doni testes sunt Guido sacerdos, Leterius, Reginaldus de Monteforti carberius supradictis, addidit etiam Girardus, terram quae ut juxta viam quae ducit de Fossis Monstrolium et costumam vinearum benedicti presbiteri, hoc vidit et audivit Guido Piçtaviensis atque Philippus de Blanzone, Aufridus Carpintarius. Notandum quoque est quod multoties dictus Giraudus (Berlaius) monachis de Brocai sumendam perpetuo ad usus eorum dederit et de bosco Briguum octo quadrigas oneratas, quando voluerint uno quoque anno, donavit quoque quartos.... ne molindino apud argentum pratum etiam juxta ecclesiam S^u Dionisii vicinam sibi quod Oliverius tenuit; horum testes sunt Guido Pictaviensis, Simon de Taunico, Gauffridus Galoi. Dedit insuper Giraudus Berlaius eisdem monachis in terra Briguum, pascua armentis et pecoribus et porcis suis praeter........ quam dedit monachis absiae in perpetuum. Hujus doni testes sunt Girardus de Ardonia, Girardus de Fossis, Durandus

Rostelly. Illud praelibatis advertendum est, quod tempore Monstrolii defuncta Agnete filia sua dedit praemissus Giraudus supradictae ecclesiae tam pro sua quam pro jam dictae Agnetis salute, fumagium quod habebat in curia. Hujus rei testes sunt filii sui, Giraudus, et milites isti Guilhelmus de Blazone, Gauffridus Girbaudi, Aimericus.

COPIE DE LA PERMISSION ACCORDÉE A GIRAUD, SEIGNEUR DE MONTREUIL, PAR LES DOYEN ET CHANOINES DE SAINT MAURICE D'ANGERS, DE BATIR UNE CHAPELLE DANS SON CHATEAU DE FOSSE-BELLAY ET D'Y METTRE UN PRÊTRE ET DES MOINES DE L'ABBAYE D'ASNIÈRES POUR Y FAIRE LE SERVICE ET Y ADMINISTRER LES SACREMENTS.

Egidius decanus totumque capitulum Andegavense omnibus ad quos litterae presentes pervenerint, salutem in Domino. Supplicante nobis nobili viro dilecto magistro Giraudo de Monstrolio ut liceret ei construere capellam in domo sua de Fossis et ponere in ea aliquos des monachis Anneriensis ecclesiae qui divina ibidem in perpetuum celebrarent, nos intuitu dilectionis ejus ei concessimus in hunc modum prior monachorum qui bibi erunt quotiescunque fuerit bibi instituendus de novo, jurabit nobis et archidiacono Ultraligirensi, vel ipsius mandato apud daccias quod jura ecclesiae nostrae de............. ipse vel socii sui non diminuent, vel refringent, hoc facto celebrabunt divina officia in praedicta capella libere et quiete, ita quod non erigetur ibi campana, et tam ipsi Domino quam familiae suae et omnibus qui de domo et familia ejus fuerint, necnon et hospitibus quando forsitan adventabant, missas et alias horas impendent, si forte dominus de Monstrolio aliquos de propria familia illius domus voluerit matrimonialiter conjungere in dicta capella poterunt, si voluerint nuptialia celebrare, similiter praedictae personae poterunt confessiones accipere a priori dictae capellae, oblationes.......... quae ibi contingent, vel fient a memoratis personis, prior capellae plene percipiet et quiete, sepulturae vero et alia parochialia poenes ecclesiam de Size sicut antea fuerant remanebunt perpetua illibata ne autem eadem ecclesia de Size dicet segravari, dedit ei dominus Giraudus quinque solidos sensuales perpetuos annuatim in vigilia Assumptionis Beatae Mariae per manus illorum qui tenebunt prata de Tharettis quae Guilhelmus Bririer et Harmericus de Fossis tunc temporis possidebant, concessit etiam ejusdem ecclesiae capellano in perpetuum possidendam totam partem primitiarum quas parochiani emerant a Philippo Borello et ut hoc ratum ac firmum permaneret hanc presentem paginam sigillo nostro et sigillo ipsius domini Gerandi fecimus corroborari : his testibus Raymundo abbate de Auneriis, Egidio decano Andegavensi, Giraudo cellerario de Auneriis, magistro Gaufrido de Sancto Sansone canonico Andegavensi, Guillelmo sacerdote de Size, Andrea clerico de Daccis, Raymundo de Montfaucon, Roberto d'Orilleio, Garino Brahandi, Hamerico de'Auneriis, pluribusque aliis. Datum Andegavi per manum magistri Bernardi, magistri Scolarum, anno dominicae Incarnationis M. CC. VII.

L'on voit par ce titre qu'en 1207, les chanoines de Saint-Maurice avoient la juridiction épiscopale dans les paroisses qui étoient de leur partie.

COPIE DE L'ACTE FAIT PAR BERLAY, FILS DE GIRAUD, PAR LEQUEL A RATIFIÉ LES DONS QUE SON PÈRE A FAITS A L'ABBAYE D'ASNIÈRES-BELLAY.

In nomine Sanctae et individuae Trinitatis, ego Berlaius dominus Monstrelii, filius Giraudi Berlaii, sciens et intelligens patris mei devotionem erga ecclesiam quam ipse in honorem Sanctae Dei Genitricis fundavit in loco qui dicitur Asnerias, concedo et sigilli mei impressione confirmo omnia donaria quibus pater meus praefatam firmavit ecclesiam, rata fore et in perpetuum permensura. Addo et ego pro ejusdem patris mei anima et in remissionem pecatorum meorum quidquid possidebam in monte Agazai, tam in terris quam in vincis eidem ecclesiae et aeternam possessionem, nec non et piscationem in defensione aquarum Monstrelii ad Assumptionem Beatae Mariae ad usus tantum monachorum, dono etiam monachis in praedicto loco manentibus, ut tota terra sua, sive ex dominio, sive ex hominium meorum feodo sit, quam in eleemosina meo concessu habuerint ab omni talleia ad me pertinente quieta permaneat, praemissis donis adjungo piscationem stagni mei, quod est juxta Fossas cum anniversarium meae matris advenerit, videlicet in festo S^{ti} Joannis ante Portam Latinam, his iterum addo praestoragium totius Monstrolii de quo ne posthumus aliquis pro malitia causetur, distinguendum esse arbitror quo modo tribuatur. Siquidem aliqui torcularia non habent si officium torcularis requirant in torcularibus monachorum vindemiam suam prement non tamen eis interdico propria torcularia habere qui ea ad usus suos poterunt et volent aedificare, verum qui proprium torcular habebunt vindemiam propriarum vinearum, vel suam partem vindemiae vinearum ad quartam partem traditarum in eo expungere licenter valebunt, vendemiam vero emptam, vel pro solutione alicujus debiti accepta aut aliunde quam a suis vineis habitam, non in propriis sed in monachorum torcularibus procurabunt. Haec dona concesserunt Catharina uxor mea, et filii mei Giraudus, Berlaius, Robertus, Radulphus, filiae quoque meae Agnes, Amelina fratres etiam mei hoc annuerunt, Giraudus, Robertus. Hujus rei testes sunt Guido Joannes Bothemi, Guillelmus de Montefalconis, Raymondus de Monteforti, Aimericus de Sala, Guillelmus de Monteforti, Guillelmus de Cahortet.

ÉRECTION DU PRIEURÉ DE NOTRE-DAME D'ASNIÈRES EN ABBAYE.

Anno 1139 vel 1129, cum prioratum illum abbatiali dignitate fulgere optaret Geraudus Ulgerius, seu Ulgrinus Andium antistes, hanc scripsit epistolam Guillelmo Bernardi successori VII, venerabili Dei gratia abbati Tironensis monasterii amico, et domino suo, et sanctissimo ejusdem loci conventui, Ulgerius Andegavensis indigne dictus episcopus super gregem sibi commissum bene excubare, Deo disponente rogatu domini Gerardi, monasteriolensis in locum qui dicitur Asinarias monachos vestros in locum tunc desertum transmisistis qui inibi Deo protegente et gubernante in tantum famositate religionis, et terrarum possessionibus, et aliis facultatibus exercuerunt, ut quod homines vicini summe desiderabant, abbas si nobis placeret convenienti in eodem loco posset haberi, quod et nos et noster archidiaconus Normannus et clerici Andegavenses et dominus Girardus perquam plurimum affectantes, sanctitatem vestram rogamus, quatenus liceat eis abbatem creare et locum illum abbatiam facere dignemini, tali videlicet modo ut vestrum sit semper abbate, vel obeunte, alium eligere, et mittere ejusdem loco in capite cujus, jus habeatis corrigendi et mutandi, si ipse exercendo meruerit, episcopi vero Andegavensis, sit eum consecrare, et professionem salva obedientiae vestrae plenitudine ab eo recipere, valete et pro nobis orato et in hoc quod postulamus desideriis nostris satisfacite.

Haec Vulgrinus, cujus precibus Vuillelmus Tironensis abbas annuns, abbatem apud Asnerias degentibus monachis praefecit ut ex institutionis ejus instrumento perspicuum est quod ut spero non ingratum legentibus futurum subjiciam, ita igitur se habet quoniam cuncta quae fiunt in mundo, humanae mortalitatis necessitate cogente quam cito obblivioni traduntur, hujus cartulae chirographo, praesentibus et futuris notificetur, quod monasterium de Asneriis in Andegavensi episcopatu in honore Dei Genitricis fundatum, quondam cella extitit monachorum S. Trinitatis de Tiron, plurimis ibidem fratribus sub priore degentibus, sed quia Gerardus Berlaius magnae discretionis, et generositatis vir, eodem spiritu inspirante quo prius monasterium fundaverat propter honorem et exaltationem S. Ecclesiae, in supra dicto loco abbatem constitui a Domino Willelmo, et omni Tironensi conventu poposcit, Deo providente concessum est, ipse autem Girardus et uxor ejus Ada, eandem abbatiam ita liberam omnibus temporibus concesserunt ut nil in ea possit constitui ab aliqua potestate seculari, sed nec ab ipso, vel ejus filiis vel eorum successoribus, concessit etiam idem Girardus, et abba tunc primum in supradicto loco electus et ejus monachi ut omnis abbatum ejusdem loci de Asneriis facta electio in providentia et potestate Tironensis abbatis, suique capituli jure perpetuo maneat, quod si ille locus abbatem facere voluerit absque consilio Tironensis abbatis suique capituli, fieri non poterit. Si vero quicumque abba supradicti loci de Asneriis, ut aliorum locorum eidem subjectorum indecenter, aut seculariter quod absit, se suosque rexerit, vel a primaevo humilitatis habitu, et aliis piis et religiosis institutionibus recesserit, Tironensis ecclesiae nutu et imperio erit removendus atque alius qui dignus fuerit constituendus, Andegavensis episcopi, ubique salvo jure, hoc etiam provisum est propter vinculum charitatis, unitatem fraternitatis, quod quando unusquisque ex abbatibus supra dictae ecclesiae de Asneriis eligendus erit ab abbate Tironensi et conventu electus et traditus fuerit, et in praesentia abbatis qui tunc praeerit, fratrumque conventus, matri ecclesiae de Tiron ejusque rectoribus obedientiam et debitam subjectionem ipse tunc noviter electus abba et ipsius monachi qui tunc praesentes aderunt coram Deo et fratribus promittet, nec praetereundum quod per eandem obedientiam et debitam subjectionem quam abba de Asneriis debet Tironensi ecclesiae, et allii abbates, si quos constituerit statuto tempore singulis annis ad matris ecclesiae capitulum stabilitati et confirmationi suae religionis, tam abba de Asneriis, quam alii convenient quando autem Tironensis abba ad saepedictum locum S. Mariae de Asneriis quam mutato nomine Clarifontis abbatiam a modo vocari constituimus, vel ad quemlibet locorum ei subjectorum advenerit honorifice, ut decet recipietur, et ipse abbas loci propriam sedem suae dignitatis ei praeparabit in choro scilicet, in capitulo, in refectorio, et ubicunque parteram ei reverentiam exhibebit sicut dixit apostolus, cui honorem et item honore invicem praevenientes, et si forte in aliquo locorum monachus contumax, vel rebellis contra suum abbatem repertus fuerit, sub bene placito Tironensis abbatis de loco in alium removeri poterit, et si aliquis frater inobediens extiterit, nequaquam parti alteri sine litteris commendatiis conjungendus erit, omnis vero substantiae huminitas ita inter eos communis fore permititur, ut cum in aliquo rerum temporalium eguerint aliqui, ex aliis subvenietur, erit spiritualium beneficiorum pro vivis et defunctis tanta unanimitas, ut sic pro aliis, quam pro suis propriis fratribus ferveat charitas, ut etiam nulla penitus sit diversitas, cum ergo mater ecclesia de Tiron suo pastore orbata fuerit si communi capitulo placuerit quem libuerit de suffraganeis abbatibus et monachis in magistrum et abbatem sibi proponere poterit, et in ejusdem matris ecclesiae capitulo alter eligetur ad regendam ecclesiam cujus pater apud Tironem adsumptus fuerit. Hoc autem notum sit ecclesiae filiis, quod Tironensis ecclesia tale privilegium habet ut cuicunque injuriam ei qualicunque causa intulerit ab ipso papa rectore et pastore totius sanctae christianitatus ex communicandus sit, servantibus autem et idem Christi patrimonium amplificantibus, benedictio et pax a Deo Jesu Christo cui honor et imperium in secula seculorum, amen. Haec autem facta sunt anno ab Incarnatione Domini MCXXXIX, regnantibus Ludovico Philippi in Gallia, Henrico in Anglia. Ego Giraudus Berlaius quae in hoc chirographo continentur concedo atque manu mea signo +, unde sunt testes, Philippus de Blazon, Petrus Girorius, Richardus de Ardenna, Girorius filius Simonis, Hannericus, Thomas, Bartholomeus, Robertus, Guillelmus de Chatelleron, Rainaudus famulus abbatis; scrupulum tamen ingerit hujus instrumenti annus, cum ipso neque in Gallia Ludovicus Crassus, neque in Anglia Henricus regnorum illorum habenas moderarentur, ex Mattheo siquidem Paride Orderico Vitale libro 13 Polydoro Virgilio libro II, Angli hist. Nicolao Harpsfeldio seculo 12. Guillelmo Neubrigen., rerum Anglicarum, libro I, cap. 4, Georgio Lilio in Angl. Rerum chronic. epitome et aliis Anglicae historiae scriptoribus, Henricus I. 1135. 3 non. decembris hominem exuit; Ludovicus biennio post kal. augusti esse desiit, ex Francorum annalibus, et ex sequente carta patebit, atque ideo denarium numerum a praecedenti 1139 detrahendum censeo, ut sit tantum 1129 sic enim fundationis tempus constabit.

Notre-Dame de Pontron

FONDATION

Anno ab Incarnatione Domini 1134° Innocentio 2° apostolicae sedi praesidente, Ludovico autem Francorum rege regnante Gaufredo vero Fulconis regis Jerosolimitani filio comite Andegavensi primus abbas Pontis Octranni nomine Fulco electus est et promotus et in novellam abbatiam delegatus cum commisso sibi conventu, cujus abbatiae in territorio Andegavensi a parte Britanniae sitae in parochia de Oratorio, cujus abbatiae primus cultor et fundator extitit monachus quidam Clemens nomine qui in eo loco ab abbatia paululum remoto qui primitus et nunc usque Pons Octrani dictus est vitam eremiticam ducebat quem locum idem clemens a tribus viris nobilibus dono acceperat, Herberto scilicet de Lauritorio, Saverico de Pocha, Isamberto de Land. qui Isambertus in domo sua apud Segreium praefato Clementi inde fecit donationem.

Hinc denique Clemens considerans et cogitans de quam parvo fonte Cisterciensi scilicet monasteriol. .t flumina emanaverint abbatiarum visum est ei in eodem loco plures aggregare ad serviendum Deo omnipotenti cernens autem ipsius loculi angustiam ad construendam abbatiam non sufficere duos alios circum manentes adiit viros Herbertum Rufum et Rainaldum de Pinelereia rogans et accipiens ab eis terram ultra verno non modicam sed incultam et nemorosam ad faciendam abbatiam.

Quorum virorum donationes a Josseno et Thoma sub quorum dominio ipsa terra jacebat confirmante simul idem namque Jossenus die Pentecostes qua arma suscepit ad capellam praefati Clementis venit, missam illius audivit et qui domum ipsius terrae quod praefati viri fecerant, et quidquid ad construendam abbatiam de feodo suo, vel dono, vel emptione conquirere posset, in futuro laudavit et concessit, ad hanc diem multi alii convenerant, id est Savericus de Pocha, Mauritius de Lauritorio, Herbertus Rufus et filius ejus Hubertus, et Rainaldus, Rainaldus de Pineleria, Gaufridus Parvus, Februarius Fonstarius, Pullinecius, qui omnes uno animo et uno ore donum quod praemisimus et concesserunt, et testificati sunt, Bocardus autem, et Hugo, fratres Josleni qui ibi praesentes non fuerunt, et Amburgis uxor Huberti Rufi et David filius ejus, et Emengardis uxor Rainaldi de Pinelereia, et Halouricus frater ejusdem Rainaldi, omnes similiter postea laudaverunt.

His ita gestis praefatus Clemens ad domum Martinum abbatum de Oratorio venit eique se et locum quem praediximus in abbatiam faciendam contradidit deinde ad venerabilem Ulgerium Andegavensem episcopum idem abbas et praedictus Clemens pariter venientes, rem quam fecerant retulerunt, et de manu ejus locum eundem de quo sepe dictus Clemens sibi antea donum fecerat liberum et quietum receperunt, et inde venientes ad domum Joslenum de Bosco qui et ipse tunc Andegavis erat receperunt ab eo per mitram Guitonis de supra Pontem in elemosinam totum donum quod antea praelato Clementi fecerat, multis viris praesentibus (1).

Itaque domus abbas Martinus loco legaliter suscepto laboravit in eo usque dum jubente domino abbatem et monachos ad eundem transmitteret locum anno scilicet et tempore quo supra dictum est.

Depuis cette fondation, plusieurs seigneurs y ont fait des dons : celui de l'ancienne et illustre maison de la Tour-Landri, seigneur de Bourmont et de la Cornuaille, limitrophe de Pontron; celui de Candé, *modo* de Bourbon Condé; celui de la Roche-d'Yré, *modo* de Suilly; celui de Laval et du Bourgdiré; celui de Craon en sa seigneurie de Mortier-Croulle; celui de Chateau-Fromont, en la paroisse de la Roussière, près de Bretagne; celui de Verre et de Saint-Erbelon; celui de Maumusson; celui d'Ancenis, maréchal de Rieux; celui d'Oudon et autres seigneurs circonvoisins; tant étoit pour lors la réputation de St Bernard, preschant la croisade; lesquels devoient offrir leurs biens à Dieu et à la Bienheureuse Vierge Marie, sa Mère, et se recommander aux prières des religieux de Cisteaux, pour l'heureux succès de leur voyage. Les Seigneurs de Montjean, célèbres dans leurs guerres d'Italie, ont choisi leur sépulture en cette abbaye de Pontron; étant devenus seigneurs de Bescon, ou par alliance ou par achapt, il y a deux mausolées en l'église de Pontron, comme fondateurs seigneurs de Bescon.

Celestin III confirma tous les dons qui avoient été faits à Pontron, environ l'an 1193.

(1) On peut juger de cette cérémonie de donner la mitre, qu'elle étoit la pratique pour lors en France, de mettre quelqu'un en possession des biens temporels destinés à l'Église.

Avant lui, Innocent II avoit confirmé cette abbaye, et exemptée payer aucune dixme; sa bulle est de 1139, signée par onze cardinaux.

Depuis, les papes Innocent IV, Grégoire X, Nicolas III, Boniface VIII, Jean XXII, Innocent VI, lui ont accordé plusieurs privilèges et exemptions.

Notre-Dame du Louroux

FONDATION

La fondation de l'abbaye du Louroux ne se trouve point dans les archives de cette maison; on en peut attribuer la cause à la guerre entre les François et les Anglois qui bruslèrent cette abbaye; ils la ruinèrent de fond en comble, en l'indignation de la maison d'Anjou, dont ils prétendoient la succession du Maine et de la Touraine; cela regarde l'histoire de France.

Ce qu'il y a de particulier, c'est que cette abbaye (1) s'étant peu à peu relevée de ses ruines, par les libéralités des seigneurs circonvoisins et celles des comtes d'Anjou, elle fut bâtie en citadelle pour la parer des courses des Anglois, telle qu'on la voit à présent, avec doubles fossés et doubles ponts-levis, et qu'on y a, pendant les guerres avec les Anglois, entretenu garnison royale.

Les auteurs de l'ordre de Cisteaux suivent le registre qui se conserve en l'abbaye de Cisteaux, et de tout l'ordre mettent sa fondation en 1121, par Foulques d'Anjou et roi de Jérusalem.

Le plus ancien titre qui se trouve du débris de cette maison est de 1146, dont voici copie; on pourra voir par icelui, comme il s'accorde avec le précédent, qui regarde la fondation de Pontron, et combien étoit grande la régularité de l'ordre de Cisteaux dans son commencement.

Quaecumque larga fidelium disponit charitatis benignitas ut certius et accuratius ad posteriorem perveniant memoriam, oportet ea scripta commendare ejusque patrocinio roborari, qua propter ego Gaufridus, dux Normanniae et comes Andegavensis omnibus tam praesentibus quam futuris et qui litteras istas viderint ac audierint, vel legerint, notum ac certum fieri volo quod quaedam pax et concordia facta est ac firmata

---

(1) Elle est située en la paroisse de Vernantes, sur la rivière du Lathan, qui passe dans son enclos, laquelle rivière se perd dans l'Authion.

inter me et Fulconem abbatem de Oratorio, et monachis ejusdem loci de quadam controversia quae inter vos orta erat de quibusdam medietariis videlicet suis de cuverniaco et burgo Sancti Nicolai Cenomanensis quem Fulco pater meus, et Eremburgis mater mea ecclesiae de Oratorio in elemosina dederunt. Audieram si quidem per abbatem Cisterciensium quod monachi illius religionis medietarias illas et burgum legitime secundum ordinis sui instituta tenere non poterunt, sed ne illis videtur injurius consilio meorum usus hominum pro animabus patris et matris meae quae in eadem ecclesia jacet sepulta, et antecessorum meorum necnon et mea consideravi et disposui quod praedicto abbati et monachis ejusdem monasterii pro supradictis medietariis, et burgo singulis annis de justis redditibus meis Coenoman. octo libras Coenomanensis monetae in Natali Domini totas simul reddendas ad luminare ecclesiae de Oratorio faciendum darem et persolverem; hac itaque conventione facta et utrique concessa praefatus abbas et monachi burgum et medietarias ad voluntatem meam faciendam in manum meam miserunt et dimiserunt ego vero antedictas medietarias Fulconi ejusque heredibus per ipsum pro suo servitio habendas concessi; ipse quidem pro hoc dono meus liges homo fieret, perpetuamque stationem in castro Seloniae etiam mihi perfigit faciendam, et ut haec concordia et conventio per succedentia tempora rata sit et inviolabiliter permaneat presentes litteras mihi fieri, easque sigilli mei attestatione muniri praecipi; hoc autem factum est, videntibus et audientibus Guillelmo tunc temporis Cenomanensi episcopo, Roberto Rugerico cantore, Philippo archidiacono; Rugerico notario meo, Burgendio senechallo Cenomanensi, Boterio Pinerna meo Coenomanensi fealiter, Hugone de Cleaes, senechallo de Fissa, Philippo de Pontorico, Rudolpho de Ruellonio, Boslenio de Turonis, impensae meae tunc administratore, Pagano Narde villico Coenomanensi, Pagano Malocane, custode turris Coenomanensis, Gaufrido Durandi camerario meo, Gildeberto Gardarobam; pro hoc itaque pacto confirmando et hujus rei concessione firmiter stabilienda advenerunt in capitulo Oratorii, Gaufridus de Cleaes, Hugo frater ejus, senechallus de Fissa, praedictus Fulco frater eorumdem quibus ibidem residentibus dominus Fulco primus abbas supradicti monasterii Oratorii cum monachis ejusdem coenobii, Fulconi de Cleaes supradictas medietarias de cuverneriaco, nullo resistente, concessit; hujus rei testes sunt fratres ejusdem Fulconis, Gaufridus scilicet de Cleaes, Hugo senechallus de Fissa, necnon et alii, Renaudus de Sol, Suart de Colunge, Renaudus de

Polers, Matheus de Cleaes, Gaufridus de Courlion. Facta est autem haec conventio et haec cartula descripta, stabilitaque haec concordia, anno Verbi Incarnati 1146, Eugerico Cisterciensis religionis monacho papa, Hugone metropolitano Turonensi, Guillelmo Andegavensi episcopo, Guillelmo Coenomanensi, Ludovico rege Francorum, anno quo cum pluribus aliis viris illustribus crucem sumpsit Gaufridus Normaniae dux et Andegavorum comes, Renardo Cisterc. abbate, Fulcone Oratorio.

In nomine Dei nostri Jesu-Christi filii Dei. Amen.

DÉNOMBREMENT DES BIENS DE L'ABBAYE DE NOTRE DAME DU LOUROUX MIS SOUS LA PROTECTION DU SAINT-SIÈGE.

Honorius episcopus, servus servorum Dei, dilectis filiis abbati de Oratorio ejusque fratribus, tam praesentibus quam futuris, vitam regularem professis.

Religiosam vitam eligentibus apostolicum convenit adesse praesidium ne forte cujuslibet temeritatis incursus aut eos a proposito revocet, aut robur quod absit, sacrae religionis infringat, ea propter dilecti in domino filii vestris justis postulationibus clementer annuimus, et monasterium sanctae Dei Genitricis et Virginis Mariae de Oratorio in quo divino ejus mancipati obsequio, sub beati Petri et nostra protectione suscipimus et praesentis scripti privilegio communimus, in primis siquidem statuentes ut ordo monasticus qui secundum Deum et beati Benedicti regulam atque institutionem Cisterciensium fratrum in eodem monasterio institutus esse dignoscitur, perpetuis ibidem temporibus inviolabiliter observetur, praeterea quascumque possessiones, quaecumque bona idem monasterium in presentiarum juste et canonice possidet aut in futurum concessione pontificum, largitione regum, vel principum, oblatione fidelium, seu aliis justis modis, praestante Domino, poterit adipisci firma vobis, vestrisque successoribus et illibata permaneant, in quibus haec propriis vocabulis duximus exprimenda locum ipsum in quo praefatum monasterium suum est cum omnibus pertinentiis suis querendam vestram jus videlicet quod habetis in nemore quod vocatur Monais, et in terris ibidem adjacentibus, usagia quae habetis in nemoribus et omnibus forestis in Andegaviae, Turoniae, Coenomaniae diocesibus constitutis, grangiam de Landogis cum terris et pasturis suis, possessiones de Lorberia, cum nemoribus suis, grangiam de Compeigne cum territorio suo, prata quae habetis in territorio villae de Molchen, et furnos et molendinos ejusdem villae, cellarium de Camporainerii, cum grangia, stagno, molendino, redditibus et aliis pertinentiis suis, reditus quos habetis tam in castello de Balgeio, quam in porta rerum venalium, et foro villae ejusdem castelli, cum redditibus terrarum quae sunt inter praedictum castellum, et forestam regis, cellarium, domos, stagnum, molendinum et alios reditus quos habetis in castro Balgei, et in territorio suo, cellarium de Coephentin cum vineis, pratis, redditibus, et aliis pertinentiis suis, domum de Carco, cum omnibus pernitentiis suis, pressorium de Manzon, cum vineis, et pertinentiis suis, vineas, prata, nemora, reditus et alia quae Andreas de villa Cler, et Hugo frater ejus, pia vobis liberalitate donavit, pressorium de Parpacejo, cum vineis, terris et aliis pertinentiis suis, reditus de Bucleio; domum de Brion, cum vineis, redditibus et aliis pertinentiis suis, cellarium de Longeio, cum vineis, pratis, redditibus et aliis pertinentiis suis, grangias de Sonechon, cum terris et aliis pertinentiis suis, grangiam de Brelnellet cum terris. redditibus et aliis pertinentiis suis, reditus quos habetis in Vernolio Baaleria quae domum vocatur cum vineis, redditibus et pertinentiis suis, terram, Brugneio, cum vineis et pertinentiis suis de grangiam Brecherberti cum terris, redditibus, et aliis pertinentiis suis, grangiam novam cum terris, vineis, pratis, et aliis pertinentiis suis, grangiam de Factarota, cum terris, pratis et aliis pertinentiis suis, grangiam Dobelfort, cum terris, molendinis, stagno, maresiis, pratis, et aliis pertinentiis suis, prata de Longuille, cellarium de Fodun, cum vineis et alliis pertinentiis suis, cellarium de Procigneo, cum vineis et pertinentiis suis, domum de Sarenes cum pressorio, vineis et pernitentiis suis, domos et reditus quos habetis in Boista ac praepositura ejusdem civitatis, reditus quos habetis in portu Theobaldi, reditus quos habetis in molendino de Alon, reditus, vineas et alia quae habetis in Letigneo, in Goit, et in rupe Simonis, cellarium de Montorram cum vineiis, terriis pratis, nemoribus, stagnis, redditibus, et aliis redditibus et pertinentiis suis, domum de Savigneo, cum vineis, redditibus, et aliis pertinentiis, cellarium de Rilleio, prata de Chapil, reditus de Corléon, domos, botagium, prata, reditus, et alia quae habetis in Salmurio, reditus quos habetis in Cosdresio, et Cosdunesio, grangiam de Lanzon, cum terris, redditibus, nemoribus, pascuis, pratis, piscariis, maresiis et aliis pertinentiis suis, domum de Tervaio, cum terris et pertinentiis suis, domum quam habetis apud Turonium, prata de Malleio, et de S. Medardo, bellarium de Champis, cum vineis, terris, redditibus, nemoribus, et aliis pertinentiis suis, frumentis quos habetis in novium reditus et bladi quos habetis in molendinis de Marzon, reditus lebarum quos habetsi in Pontigacio, cellarium de Pontevalen cum pertinentiis suis, cellarium de Cultura cum vineis, terris, pratis, pasturis, stagno, molendino, nemoribus, redditibus, et aliis pertinentiis suis, piscationem de Sarta a Bunachia usque ad Georgium, cum redditibus quos habetis ibidem, reditus quos habetis Coenomanum, cellarium de Balim, cum vineis, terris, pratis, pasturis, redditibus et aliis pertinentiis suis, terram de Doura, cum pasturis, redditibus et aliis pertinentiis suis, redditus olei quos habetis in Fontanis Garini, cum terris, pratis, vineis, nemoribus, usuagiis et pascuis in bosco et plasio, in aquis et molendinis, in viis et semitis et omnibus aliis libertatibus et immunitatibus suis, sane laborum vestrorum de possessionibus habitis ante consilium generale, ac etiam novalium quae propriis manibus, aut sumptis colitis sive de hortis et virgultis, et piscationibus vestris, vel de nutrimentis animalium vestrorum nullus a vobis decimas exigere vel extorquere praesumat liceat quoque vobis clericos, vel laicos liberos et absolutos a seculo fugientes ad conversionem recipere, et eos absque contradictione aliqua retinere prohibemus, insuper ut nulli fratrum vestrorum post factam in monasterio vestro professionem fas sit sine abbatis sui licentia de eodem loco discedere, discedente vero absque communium litterarum vestrarum cautione, nullus audeat retinere quod si quis retinere forte praesumpserit, licitum vobis sit in ipsos monachos et conversos regularem sententiam promulgare illud districtius inhibentes, ne terras seu quodlibet beneficium ecclesiae vestrae collatum alicui liceat personaliter dari, sive alio modo alienari absque consensu totius capituli vel majoris, aut sanioris partis ipsius, si quae vero donationes aut alienationes aliter quam dictum est factae fuerint, eos irritas esse censemus. Ad haec enim prohibemus, ne aliquis monachus conversus sub professione vestrae domus astrictus sine consensu et licentia abbatis et majoris partis vestri capituli pro aliquo..... jubeat vel ab aliquo pecuniam mutuo accipiat ultra pretium capituli vestri providentia constitutum nisi propter manifestam domus vestrae utilitatem, quod si facere forte praesumpserit, non teneatur conventus pro his aliquatenus repondere licitum, praeterea sit vobis in causis propriis sive civilem sive criminalem continerant questionem, fratrum vestrorum testimoniis utine pro defectu testium jus vestrum valeat in aliquo deperire insuper authoritate apostolica inhibemus ne ullus episcopus vel aliqua persona ad sinodus vel conventus forenses vos ire, vel judicio seculari de vestra propria substantia, vel possessionibus vestris subjacere compellat, nec ad domos vestras ordines celebrandi causa tractandi vel conventus aliquos publicos convocandi venire praesumat nec regularem abbatis vestri electionem impediat, vel de instituendo, vel removendo, eo qui pro tempore fuerit contra statuta Cisterciensis ordinis se aliquatenus intromittat, si vero episcopus in cujus parrochia domus vestra fundata sed cum humilitate ac devotione qua convenit requisitus substitutum abbatem benedicere, et alia quae officium episcopale pertineat vobis conferre renuerit licitum sit eidem abbati, si tamen sacerdos fuerit proprios novitios benedicere et alia quae ad officium suum pertinent exercere, et vobis omnia ab alio episcopo percipere quae a vestro fuerint indebite denegata illud adjicientes ut in recipiendis possessionibus quae a benedictis vel benedicendis abbatibus exibentur, ea sint episcopi forma et expressione contenti, quae ab origine ordinis noscitur instituta ut scilicet abbates ipsi salvo ordine suo profiteri debeant et contra statuta ordinis sui nullam professionem facere compellantur, pro consecrationibus vero altarium seu ecclesiarum sive pro oleo sancto, vel quolibet alio sacramento ecclesiastico, nullus a vobis sub obtentu consuetudinis, vel alio quolibet modo quidquam audeat extorquere, sed haec omnia gratis vobis episcopus diocesanus impendat, alioquin liceat vobis quemcunque malueritis catholicum adire autistitem gratiam et communionem apostolicae sedis habentem qui nostra fretus autoritate vobis quod postulatur impendat, quod si sedes diocesani episcopi forte vacaverit, tunc omnia vel ecclesiastica sacramenta a vicinis episcopis accipere, et absque contradictione possitis, sic tamen ut ex hoc imposterum propriis episcopis, nullum praejudicium generetur, quia vero interdum propriorum episcoporum copiam non habetis si quem episcopum Romanae sedis ut vidimus gratiam et communionem habentem, et de quo plenam notitiam habeatis per nos transire contigerit ab eo benedictiones vasorum, consecrationes altarium, ordinationes monachorum auctoritate apostolicae sedis recipere valeatis...... porro si episcopi vel alii ecclesiarum rectores, monasterium nostrum vel personas inibi constitutas excommunicationis, suspensionis, vel interdicti sententiam promulgaverint, sive etiam in mercenarios vestros pro eo quod dictum est non persolvitis, sive aliqua occasione eorum quae apostolica benignitate inducta sunt, seu benefactores vestros pro eo quod aliqua vobis beneficia vel obsequia a charitate praestiterint, vel ad laborandum adjuverint in illis diebus in quibus laboratis, et alii feriantur eandem sententiam protulerint ipsam tanquam contra sedis apostolicae indulta probatam duximus irritandam, nec litterae illae firmitatem habent quos tacito nomine Cisterciensis ordinis et contra tenorem apostolicorum privilegiorum constiterit, impetrari praeterea cum commune interdictum terrae fuerit, liceat vobis nihilominus in vestro monasterio exclusis excommunicatis et interdictis divina officia celebrare, paci quoque et tranquillitati vestrae paterna in posterum sollicitudine providere volentes, authoritate apostolica prohibemus, vel infra clausuras locorum seu grangiarum vestrarum nullus rapinam seu furtum facere ignem apponere, sanguinem fundere, hominem temere capere, aut interficere, aut violentiam audeat exercere, praeterea omnes libertates et immunitates a praedecessoribus nostris romanis pontificibus ordini vestro concessos, necnon et libertates et exemptiones secularium, exactionum a regibus et principibus vel aliis fidelibus rationaliter nobis indultas auctoritate apostolica confirmamus et praesentis scripti privilegio communimus, decernimus ergo ut nulli omnino hominum liceat praelatum monasterium perturbare temere aut ejus possessiones aufferre, vel oblatas retinere, minuere aut quibuslibet vexationibus fatigare, sed omnia integra conserventur eorum pro quorum gubernatione ac sustentatione concessa sunt usibus omnimodis pro futura salva sedis apostolicae auctoritate, si qua igitur in futurum ecclesiastica secularisve persona hanc nostrae constitutionis paginam, sciens contra eam temere venire tentaverit secondo tertiove commonita nisi reatum suum congrua satisfactione correxerit, potestatis honorisque sui careat dignitate veramque se divino judicio existere de perpetua iniquitate cognoscat et a sacratissimo corpore et sanguine Dei et Divini Redemtoris nostri J.-C. aliena fiat at que in extremo examine districte subjaceat ultioni, cunctis autem eidem loco sua jura servantibus, sit pax Domini nostri J. C. quatenus et hic fructum bonae actionis percipiant, et apud districtum judicem praemia aeternae pacis inveniant. Amen.

  Sanctus Petrus. Sanctus Paulus.
   Honorius
  perfice gressus in semitis tuis.
  † Ego Honorius, catholicae ecclesiae episcopus.
  † Ego Leo, tituli Sanctae Crucis in Jerusalem presbiter cardinalis.
  † Ego Stephanus, basilicae duodecim apostolorum presbiter cardinalis.

PIÈCES CONCERNANT L'ABBAYE DE LA BOISSIÈRE.

L'abbaye de Notre-Dame de la Boissière, ordre de Cîteaux, diocèse d'Angers, est fille de l'abbaye de Savigny, en Normandie, diocèse d'Avranches, autrefois chef d'ordre qui a été réunie à l'ordre de Cîteaux, par Serlo, troisième abbé dudit Savigny, lorsqu'il vint avec les abbés de sa dépendance à Clervaux se soumettre à St Bernard, en l'année 1148.

La première situation de la Boissière a été proche la ville du Mans, à un lieu appelé le Randonet, suivant la confirmation ci-après mentionnée, car pour de titre de fondation, on n'en trouve point, non plus que la translation du lieu de Chandonnet, en celui où est à présent la ditte abbaye de la Boissière, et cela provient de trois incendies causés par les guerres.

Guillelmus, Dei gratia Andegavensis episcopus, omnibus praesentes litteras inspecturis, salutem in Domino, noveritis nos inspexisse diligenter cartam viri nobilis Fulconis, quondam comitis Andegavensis, verbo ad verbum haec verba continentem :

In nomine Patris et Filii et Spiritus Sancti, amen.

Ego Fulco, Deo gratia comes Andegavensium atque Caenomanensium, universorum consummationem et finem attendens, et in futurum saluti meae providens simul ac consulens quod propriis meritis obtinere non possum, a pauperibus spiritu regnum coelorum quod ipsorum est emendendum esse putavi, eos in coelesti curia semper advocatos habere desiderans, utpote cujus ipsi sunt et concives simul ac praesules ad eosdem tanquam ad sanctae munitionis azillum confugio, ut eorum saltem merear opitulatione salvari, quod de meis meritis non nisi mortem et damnationem invenio, donationem igitur quam ego Fulco et Herembergisis comitissa, uxor mea, atque Gaufridus filius noster, domino Vitali abbati in possessionem, et elemosinam olim dedimus, modo autem munificentia consulari sub Domino Gaufrido Saviniensi abbate ejusdem successore in coenobiale domicilium confirmamus, videlicet Randinarium a tumba peregrini usque ad fontem Cortreu, et sicut dividit rivulus Boilly usque ad terram Roberti Buliant, et iterum a tumba peregrini per Cromer ad aquam de Lunna, et ex altera parte aquae ad prata facienda, usque ad Messecium Hugonis de Campis Lamberti, usque ad terram Roberti

Buliant, terram vero de Landis, sicut ego ipse demonstravi, usque ad terram monachalium fœminarum, ex inde autem usque ad terram Raynaud Agevin, et iterum usque ad terram Lazarorum, ab'eadem autem terra sicut dividit rivulus de Mulgepix usque ab viam Caenomanensem, ab hac itaque via usque at terram Isamberdi de Alone, a terra autem Isamberdi usque ad terram Gauterii filii Godris, insuper haec pasnagium porcis suis in omnibus forestis meis, et materiam ad aedificia construenda concedo, quam nimirum donationem ob salutem animarum nostrarum et redemptionem animae uxoris meae Heremburgis comitissae, et pro animabus parentum nostrorum atque omnium fidelium defunctorum, ita ab omni infestatione, tam laicorum quam clericorum absolvimus, ut contra hoc decretum nostrum nemo sit qui servos Dei inibi commorantes inquietare vel audeat vel praesumat. Signum Lisiberti episcopi +. Signum Fulconis comitis +. Actum publice Coenomanis. Cujus rei testes sun, Fulconis dapifer, Fulco Ribal, Hugo de Cleritis, comitissa de Britannia, soror comitis Fulconis, Rotroeus de Monteforti, Engebaldus Boterius et Boterius filius ejus.

Ce titre est sans date, mais scellé d'un sceau de cire verte qui représente un évêque en habit pontifical, qui est le sceau de Guillaume, évêque d'Angers; cette confirmation de fondation a été faite sur le commencement du douzième siècle, comme on le peut prouver, en ce qu'elle a été faite à Geoffroy, second abbé de Savigny, qui vivoit pour lors, et en ce que la Boissière a été soubmise à S¹ Bernard, sous l'abbé Serlo, troisième abbé de Savigny, en l'an 1130.

L'église de la Boissière a été dédiée par Guillaume, évêque d'Angers, en l'an 1213, le 26 de mai; ce Guillaume est le même qui a certifié la susdite confirmation, comme les sceaux en font foy.

Pour ce qui regarde la Vraye Croix de la Boissière, voici ce que j'en ai trouvé.

AUTHENTIQUE DE LA VRAYE CROIX DE LA BOISSIÈRE.

Venerabilibus in Christo patribus et fratribus archiepiscopis, episcopis, abbatibus et prioribus, et aliis ecclesiarum praelatis, praesentes litteras inspecturis, Thomas Dei gratia Terapetrensis et Archadiensis episcopus, salutem in Domino, qui est vera salus; ad universitatis nostrae notitiam volumus pervenire quod cum nobilis vir Joannes de

Alleya dominus Castellorum, et sancti Christophori, rediret de partibus transmarinis, nos benignitatem et devotionem ipsius nobilis evidentius attendentes quandam peciam salutiferi ligni vivificae crucis, a felicis recordationis Gervasio Constantinopolitano patriarcha nobis olim collatam praedicto nobili duximus conferendam quam sicut scimus, bonae memoriae Emmanuel Constantinopolitanus imperator adversus inimicos crucis in praelio deferebat, sanctuaria vero et reliquias de vestimentis beatissimae Virginis Mariae et de reliquas beatorum apostolorum, martirum et confessorum quas praedictus patriarcha Gervasius consecravit, contulimus nobili supradicto, ideoque paternitati fraternitati, et dominationi vestrae attentius in Domino supplicamus, quatenus praedicta sanctuaria et reliquias cum devotione et reverentia suscipientes nos divinae pietatis intuitu orationum participes effici concedatis. Datum in insula Crete, in civitate Candi, die festo sanctorum Hypoliti sociorumque ejus, anno Domini 1241.

Ce titre est scellé de l'évêque de Terapetrense.

Notum sit presentibus et futuris quod ego Joannes de Alleya miles, dominus Castellorum et sancti Christophori, dedi et concessi cum assensu et voluntate Hugonis filii mei, et presente charta sigillo meo munita confirmavi Deo, et beatae Mariae et monachis de Buxeria in presentem et perpetuam elemosinam liberam omnino et quietam sexagenta solidos Turonenses annuatim percipiendos in nundinis meis Sancti Christophori infra pagamentum dictarum nundinarum per manum illius qui redditus meos indictis nundinis recipiet, et hoc feci administrandum in perpetuum die ac nocte luminare trium lampadarum coram quodam sanctuario quod eisdem contuli, videlicet quadam petia ligni vivificae crucis Christi quam attuli de partibus transmarinis, hanc autem donationem ego et haeredes mei tenemur dictis monachis, omnino deliberare, deffendere, et garantizare. Actum anno Domini 1244.

Omnibus haec visuris et audituris, Joannes de Alleya, miles, dominus Castellorum et Sancti Christophori, salutem in Domino; noveritis quod veri religiosi abbas et conventus de Buxeria satisfecerunt mihi de quingentis, quinquagenta libris Turonensibus quas mihi dederunt pro quodam sanctuario, quod eisdem contuli, videlicet quadam pecia ligni vivificae crucis Christi, quam attuli de partibus transmarinis; in cujus rei testimonium presenti scripto sigillum meum apposui. Datum anno Domini 1244, mense maio.

Ces titres sont scellés.

ACTE DE MARIE, DUCHESSE D'ANJOU, SUR LA VRAYE CROIX DE LA BOISSIÈRE.

Marie, par la grâce de Dieu, reyne de Jérusalem et de Sicile, duchesse d'Anjou, comtesse de Provence, de Forcalquier, du Maine, de Piedmont et de Roucil, ayant la bail'garde et administration de Louis, roi de ces royaumes, et de Charles, nos enfans moindres d'aage, et de toutes leurs seigneuries, à tous ceux qui ces lettres verront, salut; scavoir faisons, nous avoir leu et veu une lettre saine et entière non chancellée, ne en aucune partie d'icelle corrompue, scellée du scel de mon très cher seigneur Monsieur le roy Louis que Dieu absolve, contenant la forme qui s'en suit : Louis, fils du roy de France, comte d'Anjou et du Mayne, seignenr de Montpellier et lieutenant de Monsieur es dits contés, en Touraine et parties voisines, à tous ceux qui ces presentes lettres verront, salut. Comme les religieux, abbé et couvent du moustier de la Boissière pour doutes de ennemis ayent apporté en notre ville d'Angers leur sanctuaire de la Vraye Croix, et icelle eussent mis en garde et depôt sur les Frères Prescheurs, nous, meu de grande devotion audit sanctuaire, et pour iceluy mettre plus honorablement et...... avons ledit sanctuaire comme il est en vessele fait mettre en la chapelle de notre chatel d'Angers de la volonté et assentement de l'abbé et couvent dessus-dit, scavoir faisons que parce au dit sanctuaire, nous ne clamons, ne voulons clamer aucun droit pour le temps présent et advenir, mais nous plaist que il le repreignent, et mettent là où ils voudront et verront à faire pour le profit et sauvement d'iceluy, touttes fois que il leur plaira et que les obblations faites en notre ditte chapelle, ils puissent appliquer à eux, sans ce que nous ne aucun de nos gens, en notre absence leurs mettront à ce empechement ou contredit que ils n'en pussent jouir et user comme de ceux qui est leur propre, et ce que nous promettons tenir et avoir ferme et stable et leur bailler et faire rendre toutefois que ils le requiereront par la teneur de ces lettres. En témoin de ce nous avons fait mettre notre scel en ces presentes. Donné en notre chastel d'Angers, le 7° jour de juillet l'an de grâce mil trois cent cinquante neuf. Ainsi signé : par le comte present messire Pierre Davoir et autres, etc. Lesquelles lettres, et tout le contenu en icelles, nous louons, approuvons, et ratifions de nouvel, si mestier est de l'autorité de quoy nous usons, confirmons, par ces présentes, sans jamais venir ni faire venir à l'encontre par nous, ne par autre. En temoin de ce que nous avons fait mettre notre scel à ces presentes. Donné à notre chastel d'Angers, le 22 de janvier l'an de grâce 1388. Ce titre est scellé du grand sceau rouge aux armes d'Anjou et de Bretagne.

ACTE DE LOUIS II, DUC D'ANJOU, ROY DE HYERUSALEM, AU SUJET DE LA VRAYE CROIX DE LA BOISSIÈRE.

Louis, par la grâce de Dieu, roy de Hyerusalem et de Sicile, duc d'Anjou, comte de Provence, de Forcalquier, du Mayne, de Piedmont et de Roueil, a tous ceux qui ses presentes lettres verront Salut. Comme il soit ainsy que peu de jours après notre nouvelle venue de notre royaume en notre ville d'Angers, pour la devotion que nous avons à la Sainte-Croix, de l'abbaye et moustier de la Boissière, et aussi attendu que l'abbé du dit lieu est absent au saint pelerinage de Rome, et pour la conservation et garde de la ditte vraye Croix, nous avons mandé par nos lettres au prieur et couvent d'icelle abbaye que ils voulussent apporter icelle Croix en notre chatel d'Angers, auxquels mandements ils ont obei, et nous ont apporté ledit sanctuaire de la Vraye Croix en vesselles orné d'estames argent et pierres precieuses en nous protestant que ce ne fut au prejudice de ceux, ni de leur ditte abbaye et que icelle Croix nous fussions tenus leur rendre toutefois et quantes fois que ils en requereroient, scavoir faisons que le dit Sanctuaire et relique de la ditte Vraye Croix nous avons reçu desdits prieur et couvent, et l'avons fait mettre en notre chapelle de notre dit chastel d'Angers, et fait mettre dessus l'autel en un tabernacle de bois, en laquelle Croix nous ne clamons ne voulons avoir aucun droit pour le tems present et advenir, mais nous plaist et avons agreable que ils la prennent et la portent ou il leur plaira toutefois qu'ils voudront au profit et salvement de la dite Sainte Croix, et si ainsi etoit que nous fussions absent, voulons et mandons à notre capitaine du dit chatel et à tous nos autres officiers a qui appartient, pouvoir que la ditte Croix rendent et restituent aux dessus dits, toutefois que par les dessus prieur et couvent du dit moustier en seront requis et que toutes les offandes et oblations faites en notre ditte chapelle, ils puissent appliquer à eux, sans ce que par nous ne aucun de nos gens leurs soit en ce mis aucun empêchement, et ce promettons avoir ferme et agréable. En témoin de ce, nous avons fait mettre à ses présentes notre Scel. Donné en notre chatel d'Angers le 28 de mars 1399. Par le roy, madame la reyne, nous monsieur de Brisset et plusieurs autres présents. LOURCRET, et scellé.

CONFRAIRIE ÉTABLIE A LA BOISSIÈRE EN L'HONNEUR DE LA SAINTE CROIX.

Louis, par la grâce de Dieu, roy de Jerusalem et de Sicile, duc d'Anjou, comte de Provence, de Forcalquier, du Mayne, de Piedmont et de Roueil, a tous ceux que ses presentes lettres verront Salut. Comme feu notre très redoublé Seigneur et père que Dieu absolve en son vivant, esmeu de bonne devotion à la louange, honneur et reverence du très-saint, précieux reliquaire de la ditte Vraye Croix, de laquelle Croix une notable portion est au Moustier de Notre-Dame de la Boissière, ordre de Cisteaux, en cestui notre pays et aussi pour être aux prieres qui se feront audit moustier, eut fait et ordonné une confrairie a être célébrée et solemnisée en tous tems, mais perpetuellement chacun an, au dit moustier de Notre-Dame de la Boissière, à la Sainte Croix de may, et avec ce eut voulu et consenti, comme chef et principal de la ditte confrairie, que, lui absent des dits pays d'Anjou et du Mayne, par congié et licence de luy, l'abbé du dit moustier peust recevoir ceux qui auraient devotion d'être de la ditte frairie, et en icelle eut eu très grande et singulière affection et qu'elle se deubst toujours bien montrer au bien des frères de la ditte frairie, savoir faisons que nous en suivant la devotion, volonté, et bon propos de notre dit feu père, esmeu de devotion, et longtems à ce faire aujourd'hui nous sommes ordonnés, establies et mis en chef frère de la ditte frairie en l'honneur et reverence du dit saint reliquaire de la ditte sainte Vraye Croix, et pour être es saintes prieres dessus dittes de quoy sont faites au dit moustier chacun an plusieurs et notables services pour les dits frères defuncts et autres de la ditte frairie, confirmons, ratifions, et approuvons en tant que nous en est et voulons, et nous plaist que l'abbé du dit moustier, nous absent hors de nos dits pays d'Anjou et du Mayne, comme dit est, puisse recevoir tous ceux qui auront devotion d'estre de la ditte frairie, et lui en donnons plein congié et licence. En témoin de ce nous avons fait mettre notre scel secret à ces presentes. Donné en nostre chatel d'Angers le 18e jour de juin de l'an de grâce 1407. Par le roy, le sire Binais, le juge d'Anjou, maître Robert Maczon, et plusieurs autres.

P. DE LA CROIX.

Scellé d'un sceau de cire rouge aux armes de Jerusalem et d'Anjou.
Il y a des indulgences accordées par nostre saint Père le Pape Calixte troisième, en l'an 1456, pour les jours de la Purification de la Sainte Vierge, jours de Noël et Pentecoste et les festes suivantes; ces deux jours il est encor fait mention dans la bulle de la saincte Vraye Croix de la Boissière. Il y a aussi à l'église de la Boissière des indulgences accordées par N. S. P. le Pape Sixte quatrième, en l'an 1476, pour les deux festes de Sainte Croix.

Il est à remarquer que la Vraye Croix de la Boissière, du temps qu'elle fut mise en dépot chez les pères Jacobins, et ensuite au chateau d'Angers, n'etoit qu'une pièce ou morceau renfermé dans une vaisselle, et qu'il est à croire que les roys de Jerusalem l'ont fait mettre comme elle est a présent en forme de croix de Jerusalem avec deux croisons, et enrichie comme on la voit, et qu'ils auront conservé les tailleures ou coupeaux pour rester dans la chapelle du chateau dont les Messieurs de St Laud etoient chapelains, car il n'y a pas d'apparence que si les Messieurs de St Laud eussent possédé la Vraye Croix qu'ils ont, les ducs d'Anjou eussent établis la confrairie ci-dessus mentionnée en l'honneur et devotion de la Sainte Croix de la Boissière, estant un lieu escarté, pendant qu'ils auroient pu satisfaire à leur devotion chez eux.

Dieu veille qu'un si précieux trésor dans cette province soit à l'advenir plus recherché et plus considéré qu'il n'a esté depuis douze à quinze ans, et que par les adorations qu'on lui fera Jesus-Christ, N. S. repende sur cette maison et sur la province ses benedictions.

Il y a aussi une exemption des dixmes et des premices par toutes les terres de la Boissière et dependances d'icelles, ou elles sont toutes nommées et specifiées. *VIII Idus Januarii, indict 13, anno 1173.*

La dedicace de l'église est *anno 1141.*

PROCESSIONS FAITES PAR LA CATHÉDRALE D'ANGERS DANS LES ÉGLISES DÉDIÉES A NOTRE-DAME, OU L'ON PORTOIT SON IMAGE.

(Regist. Eccl. Andeg. 12 Décembre 1584.)

Ad agendum Altissimo gratias pro aeris purificatione et contagionum aversione domini mei fuerunt opinionis processionem generalem fieri die dominica proxima ad ecclesiam monasterii monialium B. M. de Roncerio, cum delatione reliquiarum et candelarum, in qua dominus archidiaconus missam celebrabit. Et ad deferendum imaginem Deiparae Virginis Mariae, domini archidiaconi commissi fuerunt, et pro delatione beardi divi Maurilii, domini Bodineau et Franciscus de la Barre, ac pro delatione capsae divi Serenedi, domini de Boyre ac Foueille respective commissi fuerunt.

13 *Augusti* 1584

Ad implorandum Dei auxilium piis precibus divi Rochi pro aeris serenitate ac Christi fidelium prospera valetudine eorumque liberatione a contagionibus pestis instituerunt processionem generalem fieri die Jovis proxime ad ecclesiam S. M. de Recuperantia fratrum Carmelitarum, idque cum candelis accensis, et commissus fuit dominus Guillelmus ad monendum dictos fratres carmelitas adferre eorum reliquiam divi Rochi ad ecclesiam S^{ti} Mauricii, ut referatur per duos dominos canonicos etc.

2° *May* 1585

A implorandum Dei auxilium pro aeris serenitate domini mei instituerunt processionem generalem fieri die dominica proxima ad ecclesiam B. M. de Roncerio in qua deferentur Domino beardi, vel imago Deiparae Virginis Mariae per dominos Bodineau ac du Boisjourdan, ac reliquia beati Maurilii per dominos Franciscum de la Barre ac Guilloyseau, et dominus Bohic missam celebrabit, et dominus procurator curabit processionem ipsam publicari in auditorio jurisdictionis seneschaliae, et per compita urbis diligentia officiariorum regione.

24 May 1585

Domini commutaverunt locum processionis diei dominicae proximae quae fieri debebat ad ecclesiam B. M. de Roncerio, ad ecclesiam monasterii S[ti] Albini, et commissi fuerunt domini de la Panouse ac Bodineau ad deferendum beardum Deiparae Virginis Mariae.

1 Aprilis 1584

Visis per dominos litteris serenissimi ac illustrissimi domini nostri ducis Andegaviae apud Castrum Theodoricum die 21 maii novissimi datis, ad dominos officiarios justitiae secularis hujus urbis missis, continentibus quod a gravissima infirmitate corporali qua nuper detinebatur, Dei beneficio convaluit, ordinatum fuit, gratias Deo agi optimo maximo, processionemque generalem solemnem fieri ad aedem Beatae Mariae du Ronceray, die martis proxima, in qua imago Dei parae V. M. deferetur.

18 May 1584

Ad implorandum Dei auxilium pro aeris infirmitate, heresis extirpatione, ac valetudine prospera serenissimi regis nostri ac reginae Franciae, necnon illustrissimi domini ducis Andegaviae, domini mei instituerunt processionem generalem fieri die Martis proxima ad ecclesiam monasterii sancti Albini, in qua deferetur imago Deiparae Virginis M. cum candelis, et ad deferendam dictam imaginem fuerunt commissi domini Leboucher ac Bohic, et pro missa celebratione dominus Avril fuit per dominos deputatus.

ACTE TOUCHANT LA TRANSLATION D'UNE IMAGE DE LA SAINTE VIERGE EN LA PAROISSE DE BELLEPOIGNE.

Joannes Dei et apostolicae sedis gratia episcopus Rouannensis nec non reverandissimi in Christo patris et DD. Francisci miseratione divina archiepiscopi et comitis Lugdunensis Galliarum primatis, et episcopi Andegev. a suis civitate et dioecesi Andeg. notorie absentis in spiritualibus et temporalibus vicarius generalis, universis et singulis praesentes litteras impecturis, salutem in Domino. Notum facimus quod reverendissimi domini seu ejus substituti nobis fuit querelando expositum quod licet domus de Bellepoigne, vulgariter nuncupata, sita in hac villa Andegavensi prophana existat et sit inauditum quod in eadem domo seu illius ambitu aliqua ecclesia consecrata et missa inibi celebrata, et aliquae sanctorum reliquiae ab Ecclesia approbatae et a Christi fidelibus venerandae unquam fuerint nihilominus a mense citra quaedam imago figuram gloriosissimae Virginis Mariae, ut asseritur, representans in quadam fenestra posita intra moenia dictae domus et in loco prophano ac inhonesto sedis apostolicae et totius militantis Ecclesiae authoritate spreta, superstitiose et ut verisimiliter concipi potest pro pecuniis a Christi fidelibus exigendis apposita fuit et ad hujusmodi imaginem venerandam multi Christi fideles in hoc errantes conveniunt et affluunt adeoque super praemissis maximum viget scandalum petens idem promotor seu ejus substitutus locum et ministerium hujusmodi per nos visitari cujus petitioni tanquam licitae et honestae annuendum, nos ad quosquam vis immeriti errores et scandala in eisdem civitate et dioecesi Andeg. vigentia in ipsius R^{mi} D. episcopi absentia pro posse corrigere ac scandalis obviare spectat cum dicto promotore seu ejus substituto ac secretario ordinario praefati R^{mi} Dⁿⁱ episcopi ad domum et locum de Bellepoigne hujusmodi transtulimus, illamque ac imaginem praedictas visitavimus et quia per testium coram nobis ibidem pro parte ejusdem promotoris seu ejus substituti productorum et per nos in forma juris juratorum et examinatorum dicta, depositiones et attestationes domum et locum de Bellepoigne hujus minus aptum indecentem et reprobatum fore ac scandalum super veneratione dictae imaginis non modicum vigere, idcirco ad ipsius promotoris seu ejus substituti instantiam authoritate dicti R^{mi} domini qua fungimur dictam imaginem in eodem loco indecenti quousque alias ordinatum fuerit a Christi fidelibus venerari prohibuimus et inhibuimus, dictamque imaginem ad ecclesiam consecratam et approbatam ad quam de jure pertinebit quousque locus de Bellepoigne in quo dicta imago situata existit, approbatus fuerit transferandam fore decernimus, et insuper Petro Allard clerico quem candelas inibi vendentem et distribuentem ac pecunias ex illis provenientes recipientem et propterea causam venerationi dictae imaginis dantem comperimus ac aliis Christi fidelibus quibuscumque de se a venditione et distributione candelarum et receptione emolumentorum et causa praedicta provenientium ac veneratione dictae imaginis quousque aliter ordinatum fuerit abstinendo sub eisdem censuris et poenis inhibuimus; acta fuerunt haec in eodem loco, die sexta decima mensis octobris, anno Domini millesimo quingentesimo vicesimo sexto.

Dominus vicarius videlicet magister Guillelmus Coue indixit et ordinavit processionem ad B. M. de Ronceraye Andegavensem pro temporis serenitate die crastina faciendam, prostremo vero propter inundationem aquarum super pontes Andegaven. defluentium eandem indixit ad sanctum Albinum ubi mandavit deferri reliquias capitis Beati Maurilii, mandavit collegia et mendicantes ac alios mandari solitos. Actum Andeg. die secundo maii 1527.

ARREST DU CONSEIL D'ESTAT DU ROI, SA MAJESTÉ Y ÉTANT, POUR LE RÉTABLISSEMENT DU PETIT OFFICE DE LA SAINCTE VIERGE DANS L'ÉGLISE DE BEAUVAIS.

Le roy ayant été informé que le chapitre de la cathédrale de Beauvais s'étant assemblé le 13e jour du mois de fevrier dernier, auroit supprimé le petit office de la Très Saincte Vierge qu'on avoit accoutumé de dire dans le chœur de la ditte église, pendant le carême, et qu'à l'exécution de l'acte capitulaire, qui en avoit été fait, quelques-uns de ce chapitre plus zélés à ce culte ne pouvant souffrir que par cette entreprise on supprimât des prières si saintement établies, se seroient opposés à l'exécution de cet acte capitulaire et pour en empêcher l'effet, ils en auroient interjeté appel, et iceluy relevé par devant l'official de Rheims, et cette contestation étant scandaleuse au public, autant que la cessation dudit office dans un tems où la ferveur des chrétiens et particulièrement des ecclésiastiques doit augmenter, et Sa Majesté, comme protecteur des droits de toutes les églises de son royaume, et particulièrement de celles de fondation royale, comme est celle de Beauvais, ne voulant pas souffrir la continuation de cet abus, et le scandale qu'il cause, non seulement dans le diocèse, mais dans toute la province, auroit fait expédier ses lettres de cachet pour faire entendre à ce chapitre que sa volonté étoit qu'il continuat de reciter le dit office dans le chœur de la ditte église, comme il avoit accoutumé de faire; a quoi néanmoins n'ayant pas encore esté satisfait et voulant Sa Majesté y pourvoir, veu le dit acte capitulaire du dit jour 13 de février dernier, et tout considéré, Sa Majesté étant en son conseil, a ordonné et ordonne que l'usage et la coutume de dire le petit office de la Très Saincte Vierge dans le chœur de la ditte église cathédrale de Bauvais sera incessamment observé, sans aucune innovation, nonobstant le dit acte capitulaire du 13 février dernier que Sa Majesté a cassé et annulé et tout ce qui s'en est ensuivi, enjoint au sieur evesque de

Bauvais, et au chantre de la ditte église d'y tenir la main, à peine de désobéissance. Fait au Conseil d'État du roy, Sa Majesté y étant, tenu à St-Germain en Laye, le 3 de janvier 1676. Signé COLBERT.

Louis, par la grace de Dieu roy de France et de Navarre, au premier huissier ou sergent sur ce requis, nous le mandons et commandons par ces présentes signées de notre main, que l'arrest, dont l'extrait est cy attaché, sous le contre scel de notre chancellerie, cejourd'hui donné en notre conseil d'état, nous y étant, par lequel nous avons ordonné que le petit office de la Sainte Vierge, sera dit dans le chœur de l'église cathédrale de Bauvais, ainsi qu'il est accoutumé, nonobstant l'acte capitulaire du chapitre de la ditte église, que nous avons cassé et annulé ; tu signifies à tous qu'il appartiendra, à ce qu'aucun n'en ignore et fasse pour l'entière exécution d'iceluy tous commandements et autres actes et exploits nécessaires sans pour ce demander autre permission. Car tel est notre plaisir. Donné à St-Germain en Laye, le 3e jour de janvier, l'an de grâce 1676, et de notre règne le trente-troisième. Signé : LOUIS.

Et plus bas, Par le Roy, COLBERT, et scellé du grand sceau de cire jaune, et contre-scellé.

DE PAR LE ROY

Chers et amés, nous avons ordonné à notre procureur au bailliage et siège présidial de Beauvais, de vous faire signifier l'arrest de notre conseil, du troisième du present mois, portant le rétablissement du petit office de la Sainte Vierge, pendant le carême, dans votre église, et d'autant que nous voulons que vous et vos successeurs soyez informés de nos intentions sur ce sujet, nous vous faisons cette lettre pour vous dire qu'aussitôt que vous l'aurez reçue, vous ayez à faire enregistrer le dit arrest dans les registres publics de votre chapitre, et que vous ayez en même temps à en délivrer un acte en bonne forme à notre dit procureur. Si n'y faites faute. Car tel est notre plaisir. Donné à Saint-Germain en Laye, le 12e jour de janvier 1676. Signé : LOUIS; et plus bas, COLBERT.

A nos chers et amés les Doyen, chanoines et chapitre de l'église cathédrale de Beauvais.

EXTRAIT DU REGISTRE DU CHAPITRE DE BEAUVAIS

Du lundi 13 janvier 1676.

Après avoir pris la lecture de l'arrest du conseil du roy, en date du 3 des presents mois et an, par lequel Sa Majesté ordonne que le petit office de la Très Sainte Vierge sera retabli dans le chœur de la ditte église, durant le Caresme; veu ensuite la lettre de cachet de Sa Majesté veut que le dit arrest soit enregistré dans les registres du dit chapitre, et que l'acte en soit delivré en bonne forme, la compagnie a conclu que les dits arrests et lettre de cachet soient reçus avec tout le respect et la soumission dus aux ordres de Sa Majesté; ce faisant que le dit office de la Très Sainte Vierge sera dit dans le chœur de la dite église pendant le Caresme, suivant l'usage et la coutume; cependant la compagnie a jugé à propos d'informer Sa Majesté qu'elle n'a reçu, auparavant le dit arrest, aucune lettre de cachet sur ce sujet; duquel acte ma compagnie m'a ordonné de delivrer copie. Fait ce jour et an que dessus. Par le commandement et ordonnance de mesdits sieurs :

François, greffier dudit chapitre.

ACTE CONCERNANT L'OFFICE DE NOTRE-DAME QUI SE DIT DANS LES ÉGLISES CATHÉDRALES ET COLLÉGIALES DE LA PROVINCE DE TOURAINE.

Mémoire pour consulter

La question est : Si Monseigneur d'Angers peut et doit décharger quelques églises collégiales de l'obligation de chanter le petit office de la Vierge aux jours de féries et fêtes simples.

Il y a, dans le bréviaire d'Anjou, la lettre de Mgr de la Varenne, du premier aoust 1620, qui marque ces paroles au 3e ý.

De quotidiano autem officio Beatae Mariae (quod dicitur), cum ante annos ducentos in concilio Andegavensi, sub praecepto sancitum fuerit, ut illud in singulis ecclesiis metropolitanis, cathedralibus, regularibus, et collegiatis, solemniter decantetur singulis diebus nisi alias officium esset de Beata Maria, vel aliis majoribus festis anni, eaque lex consuetudine perpetua hactenus in nostra dioec. servata fuerit, eandem quoque in posterum retineri ac servari decernimus, ut in quibuscumque ecclesiis horae canonicae celebrari consueverunt, ac habent ut in eisdem officium beatae Mariae juxta ordinem in rubricis praescriptum decantetur.

Les jours où il faut dire le petit office de la Vierge sont marqués dans la rubrique en ces termes :

Officium parvum B. M. non dicitur quando fit officium 9 lectionum nec in vigiliis Nativitatis Domini et Omnium Sanctorum, nec in feriis majoris hebdomadae, nec infra octavam Paschae et Pentecostes, nec in sabbathis quando fit officium de Sancta Maria.

Cette rubrique dernière est observée généralement dans l'Anjou, et s'il s'en trouve quelques exceptions hors d'Angers, il n'y en a aucune dans toutes les églises de la ville où l'on dit l'office canonial.

Cependant quelques chanoines de plusieurs collégiales d'Angers supplient Mgr de leur ôter cette obligation à l'office de la Vierge conjointement avec l'office canonial.

Leur raison principale est qu'il y a trop d'offices dans les collégiales qui sont chargées de plusieurs fondations de messes et d'anniversaires, outre les heures canoniales, en sorte que le petit office de la Vierge y étant adjouté aux jours de féries et de festes simples, les corps ne peuvent fournir à chanter si longtemps ni l'esprit y avoir l'attention nécessaire.

Ce qui fait que, dans les jours de féries et de fêtes simples, l'on précipite l'office sous prétexte qu'il est trop long, et l'on laisse ordinairement le petit office de la Vierge à deux ou trois psalteurs qui le disent si mal qu'il semble que le mal ne seroit pas si grand de ne pas le dire.

Il faut adjouter, ce qui est très véritable, qu'il se trouve quelques chanoines de piété qui, voulant assister à tout l'office selon leur devoir dont ils sont très persuadés s'épuisent bientôt, et ne peuvent s'assurer de continuer long temps ; sur quoy ils pensent qu'il seroit plus de l'honneur de Dieu et de la gloire de l'Église si on retranchoit le petit office de la Vierge, que par ce moyen le canonial seroit dit avec plus de piété et plus lentement, et que les bons chanoines seroient plus en état d'y assister entièrement et d'y maintenir l'ordre de la discipline.

Ils peuvent appuyer leur requeste du fait de feu Mgr de la Varenne, dans la lettre ci-dessus marquée; car, dans le concile d'Angers qui y est cité, il fut ordonné qu'on diroit cet office de la Vierge *singulis diebus, nisi alias officium esset de Beata Maria, vel aliis majoribus festis,* c'est à dire qu'on le disoit presque tous les jours, et pour cet effet, ils l'appellent *quotidianum officium B. M.* ; néanmoins, Mgr de la Varenne ne laissa pas de l'ôter la plus grande partie de l'année où il y a des festes qui ne sont pas *majora festa anni,* comme entre autres à tous les jours de festes semi-doubles, et des doubles *per annum*. Il a donc estimé que son pouvoir ordinaire était assez grand pour retrancher en partie ce petit office de la Vierge; or il semble qu'il ne faille pas plus de pouvoir pour le retrancher entièrement que pour l'ôter en partie, et ainsi M⁅ʳ⁆ d'Angers le peut ôter tout à fait, joint que la disposition de l'office public dépend entièrement des evesques qui ont un bréviaire local comme celui d'Anjou; cela se voit dans plusieurs diocèses de France où nos seigneurs diminuent, et augmentent et changent l'office du bréviaire comme ils le jugent à propos, et dans l'Anjou même ce changement s'est fait il n'y a pas longtemps, et l'office y étoit bien plus court qu'il n'est présentement.

Que si Monseigneur le peut ainsi changer et diminuer pour tout le diocèse, il ne paroit pas de raison qui l'empêche de le changer et de le diminuer dans les églises particulièrement contre les règles générales du bréviaire. Il n'y a pas de raison pour le contraire qui ne semble detruire par avance au moins en partie.

On dit : 1° que la coutume de dire cet office de la Vierge est très ancienne dans le diocèse, et qu'il n'est pas à propos de la quitter.

2° Que cette coutume est conforme à celle de l'église romaine dont il ne faut pas se départir.

3° Qu'il y a apparence que M⁅ʳˢ⁆ de la cathédrale ne consentiront point au retranchement de ce petit office de la Vierge, et qu'ainsi M⁅ʳ⁆ ne le peut faire, parce qu'il ne le peut faire seul, et sans le consentement de son chapitre.

4° Que le retranchement diminueroit la dévotion à la Sainte Vierge et pourroit causer du scandale.

Voilà ce qu'on dit à peu près contre la requeste du suppliant.

On demande à MM. les docteurs :

1° Si, tout considéré, Monseigneur d'Angers peut accorder le retranchement qu'on lui demande du petit office de la Vierge.

2° S'il est à propos qu'il l'accorde.

3° Si, en l'accordant à quelques églises particulières, il ne s'engage point à l'accorder à toutes les autres qui pourroient ensuite lui faire la même supplication.

4° Qu'au cas qu'il ôte le petit office, s'il n'étoit point à propos d'ordonner quels jours de fériés où l'on fît quelquefois quelques autres offices de la Vierge, par exemple d'en dire la messe du chœur, comme dans l'Advent les rubriques du Missel veulent qu'on les chante le mardi, le jeudi et le samedi.

Les docteurs de théologie soussignés sont d'avis, sur les difficultés proposées :

Sur la première, que M⁹ʳ l'évêque d'Angers ne peut décharger quelques églises collégiales de son diocèse de l'obligation qu'elles ont de chanter le petit office de la Sainte Vierge, aux jours de féries et de fêtes simples, car cet office leur est de commandement par le chapitre du conseil provincial de Tours, tenu à Angers en 1365, y présidant Simon, archevesque, et y séant avec les autres evesques conprovinciaux Guillaume, evesque d'Angers; *Item, approbante concilio, statuimus quod in singulis ecclesiis metropolitanis, cathedralibus, collegialis, matutine et aliae horae, B. Mariae singulis diebus solemniter decantetur, nisi aliud officium esset de Sancta Maria vel aliis majoribus festis anni, vel in Adventu Domini et ad hoc omnes volumus astringi sub precepto*; et cette obligation de chanter au chœur le petit office, dans l'église de France, vient du Concile de Clermont dans le xɪᵉ siècle, sous Urbain II, et nous en avons l'usage dans l'église de Paris, un peu après, comme il paroist par les statuts synodaux, comme il paroist par ces termes qui sont dans le titre : *Allans ad horas B. M. V. semper dicentur ter versus, scilicet Maria Mater gratiae, Mater misericordiae, et cantetur cum nota et devotione nam insurgendo et calcando*; or il n'est pas au pouvoir d'un évêque d'ôter à un chapitre l'obligation qui lui est imposée par le Concile provincial et pour répondre à l'obligation tirée du fait de M⁹ʳ de la Varenne qui, en faisant imprimer le breviaire de son diocèse, déclare qu'on n'étoit point obligé de chanter au chœur le petit office les jours des festes doubles et semi doubles, il faut conter que ce que fit le prélat ne fut rien autre que de déclarer que par ces termes du Concile proviencial : *aliis majoribus festi anni*, l'on entend toutes les festes à 6 leçons, c'est-à-dire les festes doubles et semi doubles, et non seulement les festes annuelles et solennelles, et il a donné cette interprétation conformément aux bulles des papes touchant le breviaire romain, outre que dans ce temps de concile il y avoit fort peu de festes semidoubles et doubles; mais autre chose est d'interpréter des termes d'un Concile qui ordonne qu'on chantera au chœur le petit office après le grand, en marquant quels jours l'on doit et on ne doit point le dire, et autre chose est d'ôter absolument l'obligation que le Concile lui a imposée de dire au chœur cet office.

Sur la quatriesme difficulté, est quand il seroit au pouvoir de l'Evesque d'oter cette obligation à quelques églises collégiales il n'en seroit pas à propos qu'il l'ostat, car l'on doit faire dans les collégiales le même office qui se fait dans les cathédrales. Les raisons sur lesquelles on appuie les demandes des suppliants prouveroient qu'il faudroit l'oster dans les cathédrales et dans toutes les collégiales; il n'arriveroit point en l'ostant que l'office seroit chanté avec plus de dévotion et cela causeroit du scandale; les chanoines sont tenus par leur institution de chanter l'office tout en entier, et ils ne doivent point se charger plus de fondations qu'ils ne peuvent acquitter.

Sur la troisième question si l'évesque accorde le retranchement à quelques unes des églises collégiales de son diocèse, les raisons contenues dans l'exposé, il ne pourroit pas ne l'accorder pas aux autres églises collégiales, car les raisons de la requeste militent autant pour toutes que pour quelqu'une seulement, c'est à savoir qu'il y a trop d'offices dans les collégiales, estant chargées de plusieurs fondations de messes et d'anniversaires, quelques corps ne peuvent fournir à chanter si longtemps, ni l'esprit y avoir l'attention nécessaire; qu'attendu la longueur de l'office on laisse ordinairement l'office de la Vierge à deux ou trois psalteurs qui disent si mal qu'il semble que le mal ne seroit pas si grand à ne le point dire et enfin qu'il se trouve quelques chanoines de piété qui voulant assister à tout l'office divin, selon tout leur devoir, s'épuisent bientôt et ne peuvent s'assurer de continuer longtemps, et toutes ces raisons fondent à oster cette obligation aux chapitres des églises cathédrales même plus qu'aux collégiales.

Sur la quatrième question, s'il y avoit raison d'oter le petit office, la même raison seroit pour ne point substituer à sa place quelques messes de la sainte Vierge.

Deliberé à Paris, ce 6 mai 1675.   Percher, de Sainte-Beuve, Queras, Augustin de La Met, Nicolas, Lescot.

PIÈCES CONCERNANT LA FONDATION DU COUVENT DES GARDES, 23 MAI 1605.

Comme longtemps et depuis sept vingt ans sont ou environ, le sieur Du Pineau eût fait bastir et construire une petite chapelle ou oratoire sur la terre des Gardes, paroisse de Saint-Georges, en l'honneur de Dieu et de la bienheureuse Marie, Vierge mère de N.-S. Jésus-Christ, au diocèse de Mallezais, en la paroisse du dit Saint-Georges-du-Puy-de-la-Garde, et en icelle érigé un autel du consentement du Reverend Père en Dieu, Monseigneur l'évêque de Mallezais, qui auroit sacré et dédié dès le dit temps la dite chapelle et autel selon la devotion du dit seigneur Du Pineau, lequel l'avoit bâtie de son fonds du dit lieu des Gardes, depuis lequel temps la dite chapelle auroit été fréquentée par les vœux et voyages de la plupart des fidèles chrétiens et catholiques des pays circonvoisins qui y viennent par chacun an en procession et autrement, et auroit vulgairement été appelée la Chapelle de Notre-Dame-des-Gardes, sans toutefois qu'il y eut aucune fondation ni chapelain ordonné pour la desservir en titre, et seulement auroit, par noble et puissant Anthoine de Lesperonnière, seigneur du dit lieu du Pineau et de la Rochebardoul, este commis un venerable messire Jean Jacquet, pour l'administration et entretenement du dit oratoire aux jours de dévotion et assemblées qui s'y faisoient pour quelque temps, moyennant une petite pension que lui bailloit le dit seigneur du Pineau, dont depuis le dit Jacquet se seroit retiré ; et desirant icelui seigneur du Pineau que le service divin y soit non seulement fait et continué, mais aussi accru et augmenté et étant bien et duement informé de la bonne et religieuse conversation des pères religieux hermites de l'ordre de Saint-Augustin au couvent de Poitiers, reformé depuis quelques années, auroit requis les venerables prieur et religieux du dit couvent d'envoyer vers lui deux ou trois religieux de leur ordre et couvent pour voir le dit lieu et chapelle de Notre-Dames-des-Gardes et entendre d'eux s'ils le trouvent commode pour faire bâtir et dresser un petit couvent de leur ordre, pour faire le service divin accoutumé es couvent du dit ordre de nouveau reformé, offrant en ce cas leur bailler des terres contigues à la dite chapelle et oratoire, tant qu'il leur en faudroit pour édifier et accommoder un couvent, tant de maisons, dortoir, cloître et autre édifice, que cours, jardins, houchés (1) et autres commodités en cas accoutumés, et où se seroient transportés aucuns religieux du dit ordre et couvent de Poitiers, et entre autres le vénérable père fr. Martin Guillaume, prieur du dit couvent des pères Augustins de Poitiers, accompagné du revérend père Marc Loyseau, qui auroit trouvé le lieu assez commode au grand contentement du dit seigneur Du Pineau, pour ce personnellement établi en droit et demeurant au lieu seigneurial et maison noble du Pineau, paroisse de Thouars, pour accomplir son intention et désir et de son bon gré, propre mouvement et bonne volonté, en l'honneur de

---

(1 Voy. le dict. de Trévoux, au mot *Ouche*.

Dieu et de la Sainte Sacrée Vierge Marie Mère de Notre Seigneur, et pour l'expiation de ses péchés, parents et amis, tant vivants que trepassez, donné, cède et transporte irrévocablement et à perpétuité, tout le droit de propriété, fonds, féodalité, possession et seigneurie qui lui appartiennent au dit lieu où est situé ledit oratoire et chapelle de Notre-Dame-des-Gardes, jusqu'à la concurrence de quinze boisselées de terres à semer du bled mesure de Chemillé et environs et au circuit de la dite chapelle, et au plus près d'icelle, plus deux pièces de bois taillis contenant..... arpens ou environ, sis près de la dite chapelle, joignant aux terres qui dépendent de la metayrie des Gardes, appartenant au dit seigneur Du Pineau, ensemble tout le droit qu'il peut pretendre en icelle chapelle et cellule contigue à icelle comme estant bâtie en son fonds et terre par lui ou ses prédécesseurs, et ce audit ordre des pères religieux hermites de Saint-Augustin, pour la fondation et establissement du couvent du dit ordre reformé adjuster icelluy de Poitiers, auquel se fera le service divin pour l'ordinaire et accoutumance être faits et au couvent reformé du dit ordre, sermons et autres exercices de religion catholique et romaine, à la charge d'y observer et entretenir la discipline monastique selon la ditte reformation, lequel couvent néanmoins il veut et entend être dépendant d'icelluy de Poitiers, et que les religieux qui s'y seront établis y soient mis et ordonnez de la part et par l'advis et authorité du prieur, religieux et couvent du dit Poitiers, qui auront soin à ce que les religieux au dit couvent que l'on aura établis au dit lieu des Gardes qui ne peut être de grande étendue comme estant en lieu champêtre, soient maintenus en leur devoir et observance de la discipline regulière et ecclésiastique, et pour y apporter la correction et authorité au cas requis et cas de contravention, et outre pour ayder aux frais requis pour la nourriture des religieux d'icelluy couvent, a promis le dit seigneur Du Pineau, bailler et à présent a donné et donne aux dits religieux et couvent, c'est à savoir : quatre septiers de bled seigle, mesure de Chemillé, et quatre livres de rente en deniers de rente ou prestation annuelle par chacun an au jour et feste d'Angevine, qu'il a assigné sur la métairie des Gardes et appartenances d'icelles par assignation et assiette spéciale et généralement sur tout ou chacun ses biens, etc......, à la charge de dire et celebrer par les dits religieux dudit couvent et leurs successeurs à perpétuité au dit lieu des Gardes, deux messes à basse voix par chacun sepmaine en la ditte église et chapelle en chacun jour le mercredi et le samedi, pour et à l'intention du dit seigneur Du Pineau et ses successeurs seigneurs du dit lieu, ses parents et amis, vivans et trépassez, et sera la messe du mercredi de l'office des trepassez, et auquel jour seront aussi dites par les dits religieux les sept psaumes et les litanies, et celle du samedy de l'office du jour, lesquelles messes néantmoins les dits religieux pourront transférer aux autres jours de la sepmaine au cas qu'il survienne feste double au dit jour ou autre empeschement suivant la règle de leur ordre, et oultre seront tenus les dits religieux de célébrer à perpetuité dans la ditte chapelle des Gardes, une messe à basse voix à chacune feste de N.-D., scavoir : Purification, Annonciation, Assomption et Nativité, et aussi à la charge que le dit sieur Du Pineau aura son droit de sépulture en la dite église et chapelle, comme fondateur d'icelle, pour lui et pour ceux de sa famille, et pour ses successeurs, seigneurs du dit lieu du Pineau, lequel sieur, un mois après la construction et édification du chœur qui se bastira en la ditte chapelle, marquera le dit lieu de sépulture, et le dit chœur étant fait et construit il y sera exposé cinq ou six pierres où seront gravées les armoiries du dit seigneur Du Pineau, et ce au lieu le plus éminent du dit chœur, avec ses autres droits honorifiques qui appartiennent de droit au dit fondateur, sans autre charge ni debvoir de ses religieux envers le dit seigneur fondateur, à la charge expressement et perpetuellement au dit couvent qui sera establi comme dessus, la discipline regulière du dit ordre selon la ditte reformation même et spécialement la communité de vie en toutes choses inviolablement tout ainsi qu'elle est gardée au dit couvent de Poitiers et autres couvents reformez ; et au cas que la dite communité et autres disciplines fussent interrompues, cessées non observées et gardées, que le dit lieu, domaine et rentes ci-dessus donnés par le dit seigneur Du Pineau lui reviendront de plein droit avec pouvoir d'en diposer et les appliquer a autres œuvres de piété et autrement comme il verra bon être, sans autre forme de procès, et ne pourront les dits religieux, prieur et couvent du dit Poitiers ni ceux qui seront aux Gardes, ni autres couvents de leur ordre, prétendre ni demander aucun droit en après ces choses ci-dessus données en advertissant auparavant le père provincial ou prieur du dit Poitiers par le dit seigneur Du Pineau, demandeur, demeure en deffaut qui pourroit arriver en ce que dessus, ce qui a été accepté par les sus dits. Révérend père frère Martin, Guillaume prieur du dit couvent de Poitiers, assisté du révérend père frère Bernard, prieur du dit couvent des pères Augustins de Bourges, et ce au nom de la province comme en ayant pouvoir du dit père provincial, frère Renaud Jacob, auquel père provincial et ses religieux demeurent tenus faire ratifier les présentes dans six mois prochains venans et dans icellui en fournir lettre de ratification bonne et valable au dit seigneur du Pineau, et à l'entretenement de tout ce que dessus, les dites parties ont donné leur foy et serment, obligé et hypothéqué tous et chacuns leurs biens, et mêmement le dit seigneur Du Pineau au garantage des dits domaines, rentes annuelles ci-dessus données envers et contre tout et tous troubles et empeschements quelconques, dont et de tout ce que dessus les dittes parties de leur consentement et à leur requeste ont été respectivement jugés et condamnés par un jugement et condampnation de la Cour du scel, aux contrats de la seigneurie du comté de Chemillé, par nous soubsignés notaires de la dite Cour, à la juridiction de laquelle elle se sont supposé et soubmise, et leurs droits et biens, quant à ce. Donné, fait et passé au lieu seigneurial et maison noble de Bouzillé, paroisse de Meslay, le vingt-troisième jour de may, l'an mil six cent cinq, en présence de noble et puissant René de Vaugirault, seigneur du dit lieu de Bouzillé, Pierre Durcat, écuyer, sieur de Lestang; et maître Jacques Coquilleau, prêtre chanoine du dit Chemillé, à ce requis et appelé, en jour et an que dessus. Signé en la minute de ces présentes : Antoine de l'Esperonnière, frère Martin, Guillaume, prieur de Poitiers, P. de Vaugirault, Pierre Durcat; J. Coquilleau et Choppin, presents nous notaires soubsignés; vidimé et collationé la présente copie étant de parchemin signée des dits Gendras et Gadras, à nous représenté par messire Antoine de l'Esperonnière, chevalier, seigneur de la Roche-Bardoul, du Pineau et autres terres. Après lequel vidimus lui avons rendu la ditte copie en parchemin, par nous Claude Vuimon et Jean Marchand, notaires du marquisat de Thouarcé, au dit 5e jour de septembre 1667.

Signé : MARCHAND et VUIMON, notaires.

CONTRAT DE DONATION POUR NOTRE-DAME-DES-GARDES

Sachent tous présents qu'en la cour du comté de Chemillé, en droict par devant nous, François Gadras, notaire juré d'icelle, a été présent et personnellement établi et duement soubmis à ses hoirs et ayant cause avec tous et chacun ses biens et choses meubles et immeubles présentes et futurs quelconques, noble et puissant Antoine de l'Esperonnière, escuyer, seigneur du Pineau et de la Roche-Bardoul, demeurant au dit lieu du Pineau, paroisse de Thouarcé, fondateur et patron de la Chapelle de N.-D.-des-Gardes, sise et située au domaine dudit l'Esperonnière, en la paroisse de Saint-Georges-du-Puy-de-la-Garde, confesse sans nulle induction et contraincte, avoir ce jourd'hui donné, quitté, légué, transporté dès maintenant et à perpétuité par héritage à Dieu et notre saincte Eglise, et à tous les confrères et sœurs de la confrairie de N.-D. des Gardes, un petit canton de terres de longueur et largeur de vingt pieds en carré, joignant et attouchant à la ditte chapelle et annexé avec icelle du côté vers midi, à la charge des dits confrères et sœurs de la ditte confrairie, faire faire et construire, bâtir et édifier en ycelui petit canton une autre petite chapelle pour et en l'augmentation de l'ancienne chapelle, laquelle petite chapelle sera faite faire par les dits confrères et sœurs de la ditte confrairie et des deniers d'icelle, et pour icelle bâtir pourront les dits confrères et sœurs, prendre et faire tirer de la terre, pour l'édification de la ditte chapelle, au domaine du dit sieur donateur en la proximité de la ditte chapelle au moins endommageable que faire se pourra, et sans préjudice des droits de fondation, tant dudit sieur donateur et fondateur que du chapelain de la dite chapelle, et est intervenu vénérable et discret messire Mathieu Marchand, prêtre curé dudit Saint-Georges, lequel a stipulé et accepté le dit don et legs pour les dits confrères et sœurs tant présents qu'à l'advenir, sans préjudice de ses droits et des droits de ses successeurs curés, à laquelle donation, droits et legs et transport et tout ce que dessus est dit tenir, garder et accomplir sans pouvoir aller faire ne venir en contre en aucune manière que ce soit au garantage des dittes choses, ainsi données et léguées, oblige le dit de L'Esperonnière, sieur et donateur susdit, lui, ses hoirs et ayant cause avec tous et chacun ses biens et choses, meubles et immeubles présents et futurs quelconques, renonçant à toutes choses qui pourroient être à ces présentes contraires, la foy et serment de son corps sur ce donné en notre main, nous l'en avons jugé et condamné à sa requeste et de son consentement par le jugement et condamnation à la ditte cour. Fait et passé au dit lieu des Gardes, en présence de noble et puissant René de Vaugirault, escuyer, sieur de Bouzillé, demeurant paroisse de Meslay, et Louis Mesnard, demeurant au dit lieu du Pineau, tesmoings à ce requis et appelez. Ainsi signé en la minute de ces présentes : Antoine de L'Esperonnière, René de Vaugirault, Louis Mesnard, Marchand et F. Gadras, le troisième jour de novembre de l'an mil six cent et un, après midy.

F. GADRAS.

Entre frère Jacques Jourdain, Nicolas Sollier, et autres religieux hermites de la règle des reformez de Monsieur saint Augustin, establis par Mr le reverend evesque de Malzais, en l'Oratoire de Notre-Dame des Gardes, demandeurs en exces, crimes et delits et provision de réintégrance, et encore noble et puissant Antoine de Lesperonnière, sieur du Pineau, demandeur, en l'intervention et adjoint au dit procés d'une part, et maitre Mathieu Marchand, prêtre, curé de Saint-Georges-du-Puy-de-la-Garde, maître Mathieu Gourdon, maître Michel Cesbron, Jean Gadras, et maître Louis Denescheau, deffendeurs et accusez d'une part. Veu l'appointement donné en les dittes partyes, le douzième juillet mil six cent six, par lequel les aurions appointez à mettre et produire leurs plaidoyers et tout ce que bon leur semblera pour estre sur ce fait droit et leur procés jugé sur ce qui se trouveroit à court, huitaine près declarant la partie négligente, sans autre forclusion, injonction ni signification de requeste, icelui appointement joint et inséré au plaidoyer des dittes parties, une copie du contrat collationnée à son original par Francois Gadras, notaire du comté de Chemillé, signé, F. Gadras, passé sous la cour de Chemillé, fait entre le dit Antoine de l'Esperonnière, sieur du Pineau et reverend frère Martin Guillaume, prieur des dits religieux Augustins, reformez à Poitiers, par lequel le sieur du Pineau et reverend frère Martin Guillaume, prieur des dits religieux Augustins reformez, le droit de propriété fonds et féodalité, possession et seigneurie qui lui appartiennent en sa terre et métayrie des Gardes, jusqu'à la concurrence de quinze boisselées de terres, autre copie d'un acte en latin collationné à son original par ledit Gadras, le vingtneufvieme jour de septembre mil six cent cinq, en date du trentième mars, au dit an, contenant l'obédience donnée par le reverend père prieur des Augustins de Poitiers, à trois religieux du dit ordre y denommés pour accepter l'oratoire de Notre-Dame-des-Gardes à luy offert par le sieur du Pineau, autre copie et requeste collationnée à son original par ledit Gadras, presentée au reverend evesque de Malzais par le susdit prieur des frères hermites Augustins, quoy que ce soit à son grand vicaire, au bas de laquelle est une ordonnance portant permission aux suppliants prendre possession du dit oratoire, en date du vingtième mars mil six cent cinq : signée Collart, grand vicaire de Mgr de Malzais ; copie d'un acte du vingtroisième mars au dit an, collationné par le dit Gadras, par lequel appert que les pères de l'ordre ont agréable l'acceptation du dit oratoire, faite par frère Jacques Jourdain et Nicolas Sollier, signée : *Frater Geraldus de Jacob*, lettre en latin du reverend evesque de Malzais, signée Descoubleau, *episcopus Malleacensis*, et à côté : *de mandato dicti reverendissimi Domini mei episcopi Malleacensi*, Caron, par laquelle le dit sieur reverend ratifie et a pour agréable le contrat de dotation, ensemble l'acceptation qu'en ont faite les dits religieux ; un acte conforme de compulsoire sur une requeste à nous présentée le vingt quatrième jour de septembre mil six cent et cinq, signée : François Musenger, greffier, portant permission aux dits demandeurs faire collationner aux originaux copies de tels actes que bon leur sembleroit, parties appelées, le procès verbal de François Gadras, notaire du comté de Chemillé, autre copie collationnée à son original, par laquelle après avoir vu les titres et provisions des dits religieux, aurions fait deffense aux dits deffendeurs d'empescher les dits demandeurs en leurs debvoirs et services, la ditte provision en date du neuvième avril mil six cent cinq, sur laquelle est copie vidimée d'un exploit de Cœur-de-Roy, sergent et notaire tonsuré, qui auroit signifié les sus dittes provisions aux deffendeurs, en date du dernier jour d'avril, signée : Cœur-de-Roy et Gadras, copie d'un procès-verbal de Louis Gellineau, sergent de la baronie de Verzins, et Jean Gellineau, clerc tonsuré qui auroient en vertu de la sus ditte provision reçu les offrandes de la ditte chapelle et icelles messes entre les mains des religieux, le dimanche du septiesme avril au dit an, decret d'ajournement personnel par nous décerné à l'encontre des dits deffendeurs, exploit d'Arnault, appariteur, qui auroit cité les dits deffendeurs en vertu du dit decret pour comparoir par devant nous afin d'être ouis sur les charges et repondre aux fins et conclusions du promoteur de la cour de céans, et des dits religieux parties civiles, trois actes contenant forclusion de produire et bailler contredits aux appointements en droit par lui obtenus, contre les dits deffendeurs, en date du cinq, douze et dixneufviesme jour de novembre mil six cent cinq, autre appointement à mettre donné entre le dit Antoine de l'Esperonnière, incidemment demandeur et intervenant en cause avec les dits religieux Augustins et le dit messire Mathieu Marchand, deffendeur, le douzième novembre, au dit an, requeste à nous présentée par le dit de l'Esperonnière, tendant affin d'être reçu partie au dit procès, ordonnance de nous, au pied d'icelle, du vingt-quatrième septembre au dit an, exploit de signification d'icelle au dit Marchand, signée: Gouppery; défaut contre le dit Marchand, du premier octobre mil six cent cinq, à faute que son advocat n'auroit presenté la procuration, exploit et signification d'iceluy au dit déffendeur, en date du sixième du dit mois, signé: Gouppery, contenant qu'il y auroit signifié le dit acte de deffaut au dit Marchand; et iceluy ajourné sur deffaut, sentence donnée par deffaut et contumace à l'encontre du dit Marchand, du cinquième novembre dernier, signée: Musenger, par lequel le dit Marchand est debouté de toutes expéditions et deffenses, et permis au dit de L'Esperonnière vérifier sa demande, pour titres ou temoings, rapport de signification de la ditte sentence au dit deffendeur, un acte signé Gaultier, pour copie, en date du vingt deuxième juin mil cinq cent quatrevingt quatre, portant règlement entre le dit sieur du Pineau, demandeur, et les curez et vicaires de Saint-Georges, par lequel ils reconnoissent le dit du Pineau, demandeur, fondateur, deux adveux, le premier le vingt cinquième jour de juin mil cinq cent vingt et un, rendu par Jacques du Pineau, à cause de son hostel, terres et appartenances des Gardes, au sieur de la Peignerye, par lequel le dit sieur du Pineau recongnoist estre homme de foy simple du dit sieur à cause des dittes terres, au dos du quel est l'acte de réception du dit adveu, en date du quinziesme juin mil cinq cent vingt et un, signé du Pineau, de Chesnerye et Loyseau, le second, le vingt cinquiesme juin mil cinq cent trente cinq, par lequel le dit sieur de la Peignerye, nommé François Savary, connoist estre homme de foy simple de haut et puissant seigneur M⁵ʳ Jacques Clerembaut, seigneur du Plessis-Clerembaut, à cause et pour raison de son dit hostel de la Peignerye et autres terres, par lequel il reconnoist semblablement que Guy du Pineau tient de lui à hommage simple sous hommage de la Peignerye, sa terre et gaignerye des Gardes où est bâti le dit oratoire, au bas duquel est l'acte de présentation faite par le dit Savary, le jour et an que dessus, signé Collesceau et Delhumeau, trois actes signés F. Mesenger, greffier, en la date du dixneufviesme jour de novembre et troisiesme décembre aussi au dit an, contenant forclusion de produire de la part du dit deffendeur, ensemble bailler contredit contre la production dudit demandeur et tout ce qui par les dits demandeurs a été par devers nous produit contre les dits deffendeurs qui n'ont produit le leur, euy sur ce conseil, et tout considéré et communiqué au promoteur de la cour de céans, les conclusions sur ce prinses, le nom de Dieu à ce premier appelé et invoqué.

Par notre sentence et jugement faisant droit sur le tout conjointement et à droit, avons dit et disons que les dits demandeurs ont été et sont légitimement et canoniquement pourvus de l'oratoire dont est question, par le dit sieur du Pineau, lequel nous avons déclaré patron et fondateur du dit oratoire, et en conséquence de ce adjuge et adjugeons aux dits demandeurs les offrandes et oblations données et aumosnes qui ont été faites par les fidèles chrétiens depuis l'institution et prise de possession des dits religieux et qui seront faites à l'advenir au dit oratoire, en baillant et payant par les dits demandeurs religieux, aux dits deffendeurs et successeurs curez de Saint-Georges, la somme de six livres tournois aux terme et feste de N.-D. Angevine, lesquels seront en outre tenus et obligez de faire prédication au dit Saint-Georges-du-Puy-de-la-Garde, le jour de la feste de Dieu et assisteront le mesme jour à la procession du sacre en l'église et paroisse du dit Saint-Georges, et laisseront le maître-autel de leur église, une fois l'an, quand il plaira au dit curé y aller en procession, lequel leur donnera advis un jour auparavant, si mieux ils ne s'accordent d'un jour particulier, à la charge aussi aux dits demandeurs et leurs successeurs, au dit couvent des Gardes, d'entretenir au dit oratoire trois autels garnis de linge et autres ornements requis, et pareillement de vin pour dire et célébrer toutes les messes que les prêtres, tant dans la dite paroisse de Saint-Georges qu'autres qui viendront et auront charge de dire à l'intention des fidèles chrétiens, entretiendront de luminaire tant de cire que d'huile le dit oratoire et de réparations nécessaires, le tout à leurs dépens, les parties hors de cour et de procès sans dépens, donnant au mandant à tous sergens royaux ou de sieur haut justicier sur ce requis, lesquels nous prions mettre ces présentes en exécution, selon leur forme et teneur qu'elles requereront exécution. Donné et fait au parquet de l'officialité, à.......... par nous, Hillaire Pommerays, docteur en la faculté de théologie de Paris, grand vicaire et official de Monsg^r le reverend evesque de Mallezais, le vingt-huitième jour de mars mil six cent six, aussi signé Hillaire Pommerays et Messenger, greffier, et scellé en placard de cire rouge, le premier jour d'avril, mil six cent six, à la requeste de vénérables et discrets maistres Jacques Jourdain et Nicolas Sollyer, et autres religieux hermites establis en l'oratoire de Notre-Dame-des-Gardes, en la paroisse de Saint-Georges-du-Puy-de-la-Garde, et de noble et puissant Antoine de l'Esperonnière et du Pineau, j'ay la sentence dont la copie est inscripte de l'autre part et duement obtenue de Monsg^r le grand vicaire et official de Mallezais, le vingt-unième jour de mars, signée F. Musenger, greffier, et scellée en cire rouge, le contre-forme et teneur d'icelle, signifié, notifié et duement fait à scavoir à discrets messire Mathieu Marchand, prêtre, curé au dit Saint-Georges, maistre Mathieu Gourdon, Michel Cesbron, Jean Gadras, et M. Louis Denecheau, aussi prestres, demeurant au dit Saint-Georges, denommez et condamnez en icelle, à ce qu'il n'en puissent ignorer, et ce faisant leur ai fait commandement de par Monsg^r le Reverend père en Dieu, Monsg^r de Mallezais, d'y obéir selon la forme et teneur, et ce faisant de bailler et de délivrer comptant et sans delay aux dits religieux les offrandes et oblations, dons et aumosnes, qui ont été faites par les fidèles chrétiens en la ditte chapelle, et par lui reçues depuis la prise de possession prise par les dits religieux de la ditte chapelle, leur déclarant qu'à faute de faire qu'ils y seront contraints par toutes les voyes et rigueurs de droit. Fait par moi, sergent soussigné, et ce en parlant au dit Gourdon, auquel j'ai baillé la présente copie et exploit, à la charge de le faire scavoir aux dits Marchand, Cesbron, Gadras et Denescheau, ce qu'il a promis faire, dont l'ay jugé, présents les témoins en mon rapport. Signé : BOUTIN COUR DE ROY.

ACTES CONCERNANT LA FONDATION DES JACOBINS D'ANGERS

Universis ad quos presentes litterae pervenerint, Guillelmus Dei gratia episcopus Andegavensis, salutem in Domino. Noverit universitas nostra quod Annetota mulier domum et plateam quam habebat contiguam domui Herminelli clerici Andeg. vendidit quatuor libris et dimidia currentis monetae fratribus ordinis predicatorum de Recoperta perpetuo habendam et pacifice possidendam, unde nos ad instantiam praedictae mulieris et fratrum fecimus presentem paginam in testimonium veritatis sigilli nostri munimine roborari. Actum anno domini 1225.

Universis ad quos litterae ipsae pervenerint, abbas totus que conventus Sancti Albini Andeg. salutem in Domino. Noverit universitas nostra quod cum nos quinque solidos annuae pensionis quos de capella Beatae Mariae de Recoperta Andeg. et appendicis ejus percipere solebamus a fratribus ordinis predicatorum in eadem capella manentibus peteremus.

Super hoc ipsas per litteras apostolicas trahentes in causam venerabilis pater noster Guillelmus Andeg. episcopus nolens dictos fratres quos ipse vocaverat in aliquo molestari monasterii nostri nihilominus indemnitati consulens in recompensatione dictae pensionnis de assensu capituli sui remisit nobis procurationem quam in prioratu nostro de Comborne ratione pontificatus jus habebat donec in aliqua earum ad donationem nostram pertinentium cum vacaverit pensionem illam quinque solidos nobis assignaverit competentem unde nos ad petitionem illius pensionem prefatae capellae remisimus et penitus quitavimus fratribus supradictis, nullam eis sup. illa molestiam illaturi, presentes easdem litteras sup. hoc indulgentes in testimonium veritatis. Actum anno Domini M. CC. 27.

Universis Christi fidelibus presentes litteras inspecturis Egidius, decanus, totum que capitulum ecclesiae Beati Mauritii Andeg. salutem in Domino. Cum fratres predicatores Andeg. in septuaginta solidis annui redditus ratione domorum quarumdem sive platearum sitarum infra fines sui herbergamenti nobis tenentur obligati nos recepta competenti et sufficienti assignatione in totidem solidis annui redditus dictis fratribus ipsos in perpetuum singulis annis quitavimus sive quitamus de predictis 70 solidis annui redditus quos nobis singulis annis ratione predictorum domorum sive platearum reddere tenebantur, in cujus rei testimonium sigilla nostra isti cartulae dignum duximus apponenda. Datum mense julio anno Domini M. CC. 5°.

Chapelle de Notre-Dame-de-Pitié.

FONDATION.

Sachant tous présents et advenir qu'en la Cour du palais d'Angers, en droit et par devant nous personnellement establis, maître Barthelemi Duffay, licencié es loix, et Marie Bucher, sa femme et espouse duement authorisée du dit Duffay, quant à faire ce qui s'en suit, soumettant à leurs hoirs, avec tous chacuns leurs biens, meubles et immeubles, présents et advenir quoi qu'ils soient au pouvoir de droit, ressort, et juridiction de la dite Cour, quant à cet effet, confessent de leur bon gré sans aucun proforcement que comme il soit ainsi que de pièces ils ayent en affection, désir et devotion de fonder à l'honneur de Dieu et de Notre-Dame-de-Pitié, de monsieur Saint-Jean-Baptiste et Jean Évangéliste, saint Jacques, et des saints et saintes auxquels ils ont eu par ci-devant et encore ont leur dévotion, et aussi en l'honneur de toute la Cour celeste de paradis, et pour le salut et remede de leurs âmes et des âmes de leurs parents, bienfaiteurs et amis, tant vifs et futurs que trépassés, et pour l'augmentation de la sainte Église du service divin, une chapelle perpetuelle en l'église-chapelle de Notre-Dame-de-Pitié, sise au cimetière Saint-Laurent, en la paroisse de la Trinité de cette ville d'Angers, et en mettant à execution leur ditte intention, aussi afin d'être participans aux prières et bienfaits des chapelains qui seront en icelle chapelle ils ont aujourd'hui fondé et érigé la ditte chapellenie aux conditions, modifications et reservations, charges ci-après contenues, et pour la ditte fondation de la ditte chapellenie et pour la sustentation du chapelain d'icelle, ont donné, quitté, cédé, délaissé et transporté, et par ces presentes donnent, quittent, cedent, delaissent et transportent perpetuellement par heritage à la ditte chapellenie et au chapelain d'icelle et pour l'entretennement du service divin et aux fins ci-dessus déclarées, et les dittes conditions, modifications, charges et reservations ci-après contenués et déclarées et non autrement les choses heritaux qui s'en suivent.

Scavoir : une maison, jardin et appartenances sises en cette ville d'Angers, près la maison du prieuré de Pruniers en la paroisse de la Trinité de cette ville d'Angers, joignant d'un côté au jardin de l'abbé de Milleray et de l'autre côté au chemin, l'un dans la rue Saint-Nicolas à la Tour Blanche, aboutant d'un bout au chemin tendant de la Tour Blanche au portail Saint-Nicolas tenus du vicomte de Beaumont à douze sols de devoir.

Item la somme de soixante sols tournois de rente que le dit Dufay et sa ditte espouse ont droit d'avoir et prendre par chacun an sur une maison et appartenances sises en la Tannerie de cette ville d'Angers que tient de present Jacques Landois, drapier, et autres, qui fut baillée par ses prédécesseurs du dit Dufay et sa ditte espouse à la ditte rente de soixante sols tournois.

Item la somme de quarante sols tournois de rente que le dit Dufay auroit droit d'avoir et prendre par chacun an, sur et a cause et pour raison de six quartiers de vigne sise au clos de la Batoiliere et de la Halitière paroisse d'Andard et de Brain-sur-l'Authion qui ont este baillez à la ditte vente par les predeceseurs du dit Dufay.

Item trois septiers de blé seigle de rente, mesure d'Angers, laquelle rente les dits Dufay et sa ditte femme, et chacun deux sols et pour le tout ont assize et assignez generalement sur tous et chacun biens, heritages et sur chacune piéce seule, et pour le tout la ditte rente payable par le dit Dufay et sa ditte épouse et chacun d'eux aux chapelains de ladite chapellenie par chacun au requerable toutefois par les dits chapelains en leur maison sise en la rue Lionnaise, en cette ditte ville d'Angers, où ils sont dès apresent demeurans, au terme de la Nativité de Notre-Dame, réservé à iceux Dufay et sa ditte épouse de bailler assiette de la ditte rente aux dits chapelains en bonne et suffisante assiette où bon semblera à iceux Dufay et son épouse, au dedans de cinq lieux de ladite ville d'Angers, en quoi faisant iceux Dufay et la ditte espouse, leurs hoirs et ayant cause, demeureront quittes et déchargez da la ditte rente.

Item aussi iceux Dufay et sa ditte épouse authorisez comme dessus, donné et donnent par ces dittes présentes pour la fondation d'icelle chapellenie, six quartiers de vigne qui sont sis en la paroisse de........ au clos des....... qui tiennent du seigneur et dame de la Bouteliére, à trois sols cinq deniers de devoir, et douze deniers, outre le dit devoir, pour avoir la ditte dame de la Bouteliére indemné les dittes vignes à la ditte chapelenie.

Semblablement ont iceux Dufay et sa ditte espouse donné et donnent par les presentes, pour la ditte fondation de la ditte chapellenie, quatre quartiers de vigne sis en la paroisse de Villevesque, "" clos de....... au fief du seigneur de la Roche-Clerambault, à six sols de devoir, et outre ont les dits Dufay et sa ditte espouse promis donner pour servir à perpetuité à la ditte chapellenie, un calice de marc d'argent, une chasuble, un missel, et autres ornements nécessaires pour dire et faire dire le service d'icelle chapellenie, lesquelles choses sus dittes iceux Duffay et sa ditte espouse ont donné, délaissé et transpoté, pour la fondation d'icelle chapellenie, et aux chapelains d'icelle, les conditions, modifications et charges qui s'en suivent.

Il est a sçavoir à la charge que le chapelain de la ditte chapellenie sera tenu par chacune semaine de l'an, à jamais perpetuellement, dire et celebrer ou faire dire par des personnes capables deux messes en la ditte chapelle de Notre-Dame-de-Pitié, sise au cimetière de Saint-Laurent, sçavoir est une des dites messes le vendredy, et l'autre le samedy, à la fin de chacune des dittes messes sera tenu le chapelain de dire un *De Profundis* et un *Fidelium* et donnera un denier à chacun des dits jours vendredy et samedy pour l'honneur de Dieu et de Notre-Dame et des dits saints et saintes auxquels les dits Dufay et sa ditte espouse ont leur devotion, ou au lieu de donner le dit denier par chacun des dits jours de vendredy et samedy, iceluy chapelain sera tenu par chacun des dits jours une aumone équivalant le dit denier.

Outre sera tenu le dit chapelain de dire ou faire dire en la ditte chapelle ou en l'église de la Trinité, à son choix, à jamais perpetuellement, à chacune des cinq festes de Notre-Dame, sçavoir est en la Conception, Nativité, Annonciation, à la Purification et Assomption, une messe du jour de la feste, et à la feste de la Toussaint, une autre messe du jour à l'intention d'iceux fondateurs, de laquelle chapellenie le dit Dufay et sa ditte espouse ont retenu et retiennent à eux et aux survivans le droit de présenter telle personne capable pour obtenir la dite chapellenie qu'il leur plaira et que bon leur semblera, nonobstant le contenu ci-après et sans préjudice d'iceux. Et que, après leur décès, ils ont voulu et retenu, veulent et retiennent à Baudouin Dufay, leur fils, la présentation et droit de patronage d'icelle chapellenie, tant qu'il vivra, et après son décès au fils ainé d'iceluy Baudouin Dufay, si aucun il y a un loyal mariage, et successivement au fils ainé, descendant du dit Baudouin en loyal mariage, sans que les puisnés enfants des dits Barthelemy, du dit Dufay et sa ditte espouse, et les puisnés du dit Baudouin y puissent prétendre aucun droit de patronage, et au cas que le dit Baudouin decedat sans aucun enfant masle descendant de lui en loyal mariage, les dits Duffay et sa ditte espouse ont voulu et retenu le patronage d'icelle chapellenie à Mathurin Duffay, leur fils puisné, tant qu'il vivra et après son décès, à la representation à l'ainé et principal héritier, portant le nom de Dufay, qui descendra et sera descendu des dits fondateurs, et en cas que la ligne de leurs hoirs masles defaudroit, les dits fondateurs ont voulu et ordonné, veulent et ordonnent par les presentes que Clemence et Françoise Dufay, leurs filles, presentent la ditte chapelenie, toutes fois qu'elle sera vacante, et après leur décès, que leurs enfans ainés et principaux héritiers, scavoir est de chacun d'elles enfant ainé ou les deux principaux héritiers, les representent, au cas qu'elles décèdent sans hoirs de leur chair, et au cas que tous les dits enfans d'iceux Barthelemy Dufay et sa ditte épouse décèdent sans hoirs de leur chair, les dits Dufay et sa ditte espouse ont voulu, consenti et ordonné, et par les presentes, veulent, consentent et ordonnent que le patronage et presentation d'icelle chapellenie, toutes fois qu'elle sera vacante, soit donnée et appartienne à celui qui sera seigneur de leur maison, size en la rue Lionnaise de cette ville, en laquelle ils sont de present demeurans, et au regard de la collation et institution elle sera, demeurera et appartiendra à très reverend père en Dieu Monseigneur l'evesque d'Angers et les successeurs evesques ou à messieurs les vicaires, pour icelle conferer à ceux des dits chapelains qui leur seront presentés pour l'advenir par l'ordre et par manière devant dite, et, s'il y a aucun de la ligne ou descendant dudit Dufay et sa ditte espouse qui veulent estre d'église, iceux Dufay et sa ditte espouse ont voulu, consenti et ordonné et par les présentes, veulent, consentent et ordonnent qu'ils soient préférés à tous autres et premiers presentés à la ditte chapellenie, toutefois et quante elle sera vacante, et que celui à qui appartiendra, après le décès des dits Dufay et sa ditte espouse, le patronage d'icelle chapellenie, soit expressement tenu de lui presenter, et que les plus proches y soient préférés ou présentés, et si au cas qu'aucun monastère de religieuses étoit nouvellement érigé en la ditte paroisse de la Trinité, ledit Dufay et sa ditte espouse ont voulu, ordonné, consenti, veulent et ordonnent que les dittes messes dont ils sont chargés et chargent par les présentes le chapelain de la ditte chapellenie soient dittes aux dittes religieuses en leur dit monastère, qui ainsi seroit édifié et erigé de nouveau en la ditte paroisse de la Trinité, priant, suppliant, requérant très humblement les dits Dufay et sa ditte espouse, au dit très reverend père en Dieu, et en notre honoré seigneur M^r l'evesque d'Angers, ou en son absence mes très honorés messieurs les vicaires, qu'il leur plaise confirmer, approuver et avoir pour agréables les presentes en tout point et article, et selon leur forme et teneur, et à icelles mettre et appozer leur decret à ce requis et necessaire aux quelles choses dessus dittes, à chacunes d'icelles, tenir et accomplir sans jamais faire ne venir encontre, et les dittes choses dessus délaissez par les dits Dufay et sa ditte espouse, pour la ditte fondation d'icelle chapellenie, garantir au chapelain d'icelle chapellenie sur tous et contre tous de tous quelconques empeschements, et sur ce garder le dit chapelain de tous dommages, obligent les dits Dufay et sa ditte espouse, eux, leurs hoirs, renonçant à toutes choses à ce contraires, et mesme la ditte femme du dit Dufay authorisée comme dessus au droit.... et à l'épitre de Adriani et à tous autres droits faits et introduits en faveur des femmes et à tout ce que dessus est dit, tenir et accomplir, sans jamais faire ne venir encontre en aucune manière que ce soit, et sont tenus les dittes parties par la foy et serment de leur corps; sur ce donné en notre main et par nous jugez et condamnez par le jugement et condamnation de la ditte cour, à leur requeste, ce fut et donné à Angers en la maison du dit Dufay ladite espouse, le dimanche dix huitième fevrier mil cinq cent et huit. Signé : Puissant et Achard.

Collationné la presente copie sur son original en parchemin, representé aux notaires royaux soussignez, ce fait rendu audit Angers, ce vingt six juin mil six cent quatre vingt neuf. Signé : LENFANT et BODEAN.

Notre-Dame de la Gachetière

FONDATION

Le mercredi vingt et neufième jour d'aoust mil six cent soixante et trois, après midi.

Pardevant nous Pierre Hodée, notaire de la baronie de Candé, furent présentes, establies et deument soubmises soubs la ditte cour honorables femmes Ambroise Pinard, veuve de defunct François Aubert, Renée Aubert, veuve de defunct Denis Guilbaut, et Perrine Aubert, veuve de defunct Maurice Grandin, fille et héritière de defunct François Aubert, demeurant au village de la Gachetière, paroisse d'Angrie, lesquelles ont sous le bon plaisir de M⁹ l'illustrissime et révérendissime evesque d'Angers, ou MM. ses grands vicaires, fondé et par ces présentes fondent, en l'honneur de Dieu et de la Sainte Vierge Marie, en mémoire et révérence de son Annonciation, une chapelle ou chapellenie perpétuelle de laquelle le chapelain sera obligé de célébrer en la chapelle nouvellement construite, sous le nom ou titre de l'Annonciation, au dit village de la Gachetière, aux frais et diligence de la ditte Pinard et de defunct maistre François Le François, prêtre vivant, curé du dit Angrie, une messe à basse voix tous les dimanches et vendredis de l'an à perpétuité, et au cas qu'il se rencontre deux festes dans la semaine, celle du vendredi sera célébrée l'une de ces fêtes comme aussi une messe à basse voix en la ditte chapelle aux jours et festes de l'Annonciation, Conception, Purification de Notre-Dame, et une le dernier jour d'avril de chacun an, et encore une autre le jour Saint Ambroise, le tout à perpétuité, à condition que si les dittes festes de Notre-Dame, de saint Ambroise et le dernier avril arrivoit aux dits jours de dimanche et vendredi, seront avancées ou retardées aux jours subsequent ou précédent, et seront les dittes messes célébrées des offices les plus convenables aux cérémonies de l'Église universelle fors aussi dernier jour d'avril, et pendant le mois d'octobre et novembre sera pris par le dit chapelain l'office des trépassez en tant qu'il lui sera permis et fera la recommandation et prière pour les fondateurs, pour fondation et dotation de laquelle chapelle ou chapellenie elles ont légué, donné et transporté, et par ces présentes donnent, lèguent et transportent à perpétuité au chapelain qui en sera pourvu canoniquement le lieu et la métairie de Maserie ainsi qu'il se poursuit et comporte, tant en maisons, rues, issues, jardins, terres labourables et non labourables, prez, patures, bois de haute futaie, landes et généralement tout ce qui dépend d'icelle métairie sans aucune exception, et dont elles s'obligent et veulent estre fait procès-verbal par confrontations pour estre joint à ces présentes à fin de perpétuelle mémoire, mesme ce que la ditte veufve Aubert a acquis de Jacques Voisinne, comme le tout leur compete et appartient pour par le dit chapelain et ses successeurs jouir à perpétuité de la dite métairie donnée et léguée aux charges sus-dittes, par les dits Pinard et Aubert, la présentation de laquelle chapelle ou chapelenie les dittes fondatrices se sont reservées à elles et à leurs successeurs, les plus proches de degré en degré, tant paternels que maternels, et au sieur curé du dit Angrie, et toujours les ainés et masles préférables en la ditte présentation qui sera par eux et les sieurs curez conjointement, et d'un commun accord fait à personne qui soit prestre ou aspirant à l'estre dans le temps de leur majorité, de la ligne des dittes fondatrices habitués et non habitués en la ditte paroisse d'Angrie, et où il n'y en auroit de la ligne des dittes fondatrices, à un prestre, enfans, et habitué en la ditte paroisse le plus pauvre et à défaut à celui qu'il plaira aux dittes fondatrices, leurs successeurs et au sieur curé du dit Angrie concordamment comme dit est, à la charge au dit chapelain qui sera pourvu de servir actuellement la ditte chapelle aux conditions des charges ci-dessus, et la collation en toutes autres provisions en appartiendra à Monseigneur le révérandissime evesque d'Angers à la charge aussi au dit chapelain, ses successeurs chapelains, de payer les cent, rentes et devoirs seigneuriaux et féodeaux et fonciers anciens et accoutumez qu'elles n'ont pu déclarer, de ce advertis suivant l'ordonnance pour l'advenir quitte du passé entretiendra le tout, même la ditte chapelle en bonne et suffisante réparation sans les pouvoir laisser dépérir ni degrosser ni menues réparations, à quoi il sera contraignable par les dittes fondatrices et leurs successeurs, promettre outre les dittes fondatrices, et s'obligent faire à leurs dépens les choses et domaines de la ditte fondation au plus tost que faire se pourra, et à l'effet de tout ce que dessus elles ont très humblement supplié et supplient mon dit seigneur le révérendissime évesque d'Angers avoir agréable de décréter de son authorité la ditte fondation et obliger la ditte chapelle ou chapellenie en titre de bénéfice perpétuel, à ce que leur pieuse intention puisse être inviolablement gardée et exécutée, dont elles s'obligent de faire tous les frais et de tout ce que dessus elles nous ont requis le présent acte pour leur servir ce que de raison, lesquelles ont constitué le porteur des présentes pour les insinuer si besoin est, et par ces mêmes présentes les dittes fondatrices ont nommez et nomment maitre Pierre Belin, prestre, leur parent présent pour chapelain de la ditte chapelle ou chapellenie, la présentation de laquelle elles lui font, le priant l'avoir pour agréable et l'accepter pour par lui jouir et user des choses données et léguées par la présente fondation et dotation aux charges, conditions et obligations y contenues et mentionnées, lequel sieur Belin à cet effet duement établis et soumis sous notre ditte cour a accepté et agréé la ditte chapelle ou chapellenie, promis, promet et s'oblige faire et célébrer le service y mentionné aux jours et tems y portés et généralement aux autres closes et conditions y contenues qu'il a dit bien sçavoir et en avoir parfaite connoissance par la lecture que lui en avons faite, car ainsi les parties ont le tout voulu, consenti, stipulé et accepté et à en faire, tenir, garder et entretenir, sans y contrevenir s'obligent respectivement aux dommages et intérêts en cas de défaut, eux, leurs hoirs, et ayant cause leurs biens et choses meubles et immeubles présents et futurs, renonçant à toutes choses à ce contraire dont les avons à leurs prières et consentement jugez. Fait et passé au dit village de la Gachetière, maison des dittes fondatrices, en présence de noble et discret maistre Laurent de Landery, prestre, prieur de Saint-Georges-des-Bois, demeurant à la commanderye en l'Hopital, paroisse de Villemoisan, maistre Sébastien Crasnier, prestre, chapelain de Saint-Jacques et de Saint-Pierre, demeurant au bourg du Louroux-Béconnais, et Pierre Rousseau, menuisier, demeurant au bourg du Louroux, témoins à ce requis et appelez ont les dits Pinard et Perrine Aubert dit ne sçavoir signer, enquis sont signés, en la minute des présentes, Renée Aubert, François de Landery, P. Belin et F. Crasnier, Jeanne Grandin, Pierre Rousseau, et nous notaire susdit et soussigné, signé : P. Hodée. S'ensuit le sous-seing de M. de la Barre, notre chapelain, qui suit : Je soubsigne et certifie à M. Perieur que le lieu et métairie du Mazerie dépendant de la chapelle de la Cachetière est présentement affermée par M. Gaultier pour la somme de cent livres par an outre les charges, cens, rentes et debvoirs par an, et fors le service du à la ditte chapelle. Fait à Angrie ce quatriesme octobre 1685. Signé : F. de la Barre.

Notre-Dame de Grâce
des religieuses bénédictines de Baugé.

ERECTION DE CE MONASTÈRE PAR DÉCRET DE L'EVÊQUE D'ANGERS

Guillaume, par la grâce de Dieu et du Saint-Siége apostolique, evesque d'Angers :

A tous ceux et celles qui ces lettres verront, salut en Notre Seigneur. Maître Claude Richer, conseiller eslu en élection royale de la ville de Baugé, et Michel Le Camus, procureur de la fabrique de l'église paroissiale de Saint Pierre et Saint Laurent de la ditte ville de notre diocese, nous ont remontré que les habitans s'étant duement assemblez au palais royal du dit lieu, ont conclu à l'election du dit monastère des religieuses Ursulines, et l'ont souhaité avec grande ardeur ; cependant, pour plusieurs raisons leurs prières ont demeuré sans effet ; mes dits habitans, animez du même zèle de dévotion, sachant bien quelle utilité et quel éclat vient dans l'église de Dieu des monastères pieusement instituez et bien gouvernez, perseverent dans leurs saintes résolutions, desirant avec affection qu'on érige dans la ditte ville, sous le bon plaisir du roy très chrétien Louis treizième, et par la permission que nous leurs avons cy devant donnée, un monastère de religieuses pour vivre selon l'ancienne règle de Saint Benoist, et qui maintenant est gardée au monastère de la Sainte Trinité de Poitiers, nous suppliant très humblement de leur accorder ce qu'ils demandent, ayant vu leur requestre et les actes de l'assemblée publique desdits habitans faite le douzième jour du mois de juillet dernier, par lesquels on permet aux deputez et aux eschevins de la ditte ville et aux procureurs de la fabrique de la ditte église d'obtenir la ditte erection, secondant leurs bonnes intentions, nous erigeons un prieuré conventuel, c'est à dire un monastère de religieuses dans la ditte ville de Baugé, qui seront obligées de vivre selon l'ancienne règle de Saint Benoist et selon les statuts et constitutions qu'on a coutume de garder et qui maintenant sont gardées au monastère de la Sainte Trinité de Poitiers. Elles seront subjettes immédiatement à notre juridiction et correction et à celle de nos successeurs, et payeront tous les ans au jour et la feste de Saint Maurice, à nous et à nos successeurs, un écu d'or, permettant aux dits suppliants de faire venir six religieuses du dit monastère de la Sainte-Trinité de Poitiers pour faire la ditte erection, lesquelles six religieuses ainsi evoquées seront tenues, soubmisses et soubscriront au present decret, et auront soin d'envoyer le seing de leur soubmission sans rien faire d'avantage à nostre secrétariat, et pourront admettre et instituer des religieuses jusqu'à tel nombre que le dit prieuré sera trouvé capable d'en contenir, et suivant les decrets du Concile de Trente, il sera eslu et nommé tous les trois ans par les dittes religieuses une prieure dudit prieuré pour lui donner la charge du dit monastère, et étant élue, elle sera tenue d'avoir de nous des lettres d'approbation et de confirmation. En foy et témoignage de quoy nous avons commandé et ordonné que les presentes lettres signées de notre main seront scellées de notre sceau et signées par notre secretaire ordinaire.

Donné à Angers, en notre palais episcopal, le neufviesme jour du mois d'aoust en l'an de Notre Seigneur mil six cent dix neuf, à tous lesquels statuts nous commandons aux dittes religieuses et à celles qui leur succèderont d'obéir en vertu de sainte obeissance.

      Signé : GUILLAUME, evesque d'Angers par le
      dit reverend evesque DESLANDES.

Notre Dame de Laurette

en la paroisse de Saint-Jean-des-Mauvrets

FONDATION, EN 1530, PAR FRANÇOIS DE CHATEAUBRIANT, DOYEN DE L'ÉGLISE D'ANGERS.

Sachent tous presents et advenir, comme ainsi soit que par cy devant noble et venerable personne maistre François de Chateaubriend, protonotaire apostolique, doyen d'Angers, administrateur de l'abbaye de Notre Dame du Buron, prieur-curé de Saint Jean des Mauvrets au diocèse d'Angers, pour la fervente et singulière dévotion qu'elle a eue de son temps, et à de present à l'honneur de Dieu et de Notre-Dame, il a fait construire et édifier à ses depens un corps de chapelle ou oratoire fait au plus près du patron et semblance de l'eglise ou chapelle de Notre Dame de Laurette, située en la marche et en l'evesché de Recanati, lequel corps de chapelle, ainsi par lui fait et edifié, est assis près et joignant l'eglise parochiale de Saint-Jean-des-Mauvrets, une allée ou petit chemin entre deux seulement, et en icelle chapelle, de present communement appelée la chapelle de Notre Dame de Laurette, a eu pareillement et à present desirer fonder a perpétuité deux messes à basse voix, l'une au jour du vendredi en l'honneur de la Passion de Notre Sauveur, l'une au jour du samedi en l'honneur de l'office de Notre Dame, a être dittes et celebrées par chacune semaine de l'an a perpétuité par le chapelain qui sera a ce député, et ses successeurs chapelains en la dilte chapelle ou oratoire, en l'honneur de Dieu et de Notre Dame, pour le salut et remede de l'âme d'iceluy de Chateaubriend, ses père et mère, parents et amis trepassez, et la doter de choses héritaux et revenus suffisants, tellement que moyennant le bon plaisir, desir et authorité du reverend père en Dieu monseigneur l'evesque d'Angers ou messieurs les vicaires, cette fondation puisse être erigée en chapelle et benefice ecclesiastique perpetuel, ainsi qu'en tel cas appartient, pour cet effet, qu'en notre cour royale d'Angers en droit par devant nous personnellement establi, le dit Me François de Chateaubriend soumettant soy, ses hoirs et ayant cause avec tous et chacun ses biens meubles et immeubles presents et à venir quels qu'ils soient, au pouvoir, ressort et juridiction de notre ditte cour, quant à ce fait, confesse de bon gré sans nul pourforcement à ce que la ditte fondation, sous et avec le décret, et authorité du dit reverend evesque d'Angers et de messieurs ses vicaires, soit erigé en chapelle et benefice ecclesiastique perpetuel, avoir dujourd'hui donné et octroyé, quitté, cédé, délaissé, et par ces presentes donne, laisse et transporte dès maintenant et a présent, à toujours, mais perpetuellement par héritage et à la ditte fondation et dotation de la chapelle qui ainsi sera erigée en chapelle et chapellenie et benefice ecclesiastique au chapelain qui sera nommé, presenté, reçu à icelle, avoir et obtenir et ses successeurs chapelains à perpétuité aux charges et conditions ci-déclarées, les choses heritaux qui s'ensuivent, c'est à scavoir un quartier de vigne sise en la paroisse du dit lieu de Saint-Jean-des-Mauvrets au clos de la Lampe, joignant d'un côté aux vignes des enfants de Jean Godon, abutte d'un bout à la vigne de la veufve et héritiers de défunct Jean Lamoureux, d'autre bout à la vigne de Mathurin Rogeron, au fief de l'abbesse d'Angers à huit deniers de cens et devoirs et charge de trois sols quatre deniers de rente vers les Jolies, lequel quartier de vigne le dit Chateaubriend a acquis sur et au dit Dodon.

Item, une pièce de vigne close à haye et fossez, sise en la ditte paroisse, entre le village de Verzille et Bois-Planté, la ditte pièce de vigne appellée le Bois-Planté, contenant sept quartiers de vignes ou environ, joignant à la vigne de Martin Baudriller, d'un côté, et d'autre à la terre des hoirs defunt Jean Vallée, aboutant d'un bout au dit Bois-Planté, un chemin entre deux au fief de Clervaux et chargé de seize boisseaux de bled seigle, mesure du dit Clervaux, payables au jour et feste de Saint Michel Montombe, et la quelle pièce de vigne fut à M. François Hubert, sur lequel a été retiré par dame Anne de Champoigné, comme dame du fief du dit Clervaux, à cause de la seigneurie du dit lieu de Saint-Jean-des-Mauvrets et de Juigné, de laquelle dame le dit de Châteaubriant a de présent le droit et action. Item, douze quartiers de prés sis ès garennes de Juigné, près le dit lieu de Saint-Jean-des-Mauvrets, faisant portion d'une pièce de pré contenant vingt quatre quartiers ou environ, toutes icelles pièces joignant d'un côté aux prez du sieur Du Pavement, d'autre côté au pré........., debouti, d'un bout, au rocher d'Almont, d'autre bout aux terres des hoirs feu Jean Rebordy et des Saillants au fief du dit lieu de Juigné et chargés iceux douze quartiers de prez de deux sols, et de cens ou devoir vers la ditte seigneurie de Juigné, et lesquels douze quartiers de prez ont été retirés par puissance de fief, par noble personne maistre Leonard de Descal, chevalier, seigneur de Mathefelon et dame Françoise de Chateaubriend, son espouse, lors seigneurs du dit fief de Juigné, desquels les dits maîtres François de Chateaubriend a pareillement de present le devoir et action, les quelles choses dessus confrontées et données comme dessus, le dit de Chateaubriend, et par cy devant fait indamne à la ditte chapelle, vers les seigneurs des fiefs et retention des devoirs dessusdits, et pour payer pour le droit d'indemnité et muance de chapelain, scavoir est pour le dit quartier de vigne size au clos de la Lampe cinq sols, et pour les dits douze quartiers de prez, pareille somme de cinq sols, ainsy qu'appert par les lettres d'indemnité sur ce faites et expédiées, lesquels devoirs et charges susdits le dit chapelain et ses successeurs detenteurs des dittes choses, seront tenus payer et acquitter à l'advenir, transportant, donnant, quittant et délaissant le dit de Chateaubriend dès à présent à la ditte chapelle et au chapelain qui sera présenté et reçu à icelle obtenir, et à ses successeurs chapelains à perpetuité, les dittes choses dessus déclarées ainsy par luy données et transportées pour icelle fondation et dotation, possession, le fonds, propriété, domaine et seigneurie, avec tous et chacun les droits, noms, raisons, actions, demandes et droit d'avoir et demander qui celuy de Chateaubriend pouvoit avoir sans aucune chose y retenir pour luy, ses hoirs et ayant cause et réserve, l'usufruit des dittes choses ainsi par luy données qu'il a retenu et reservé à luy sa vie durant, seulement à la charge du service et charges cy-devant et après déclarées, sans que celle retention d'usufruit puisse nuire à ces presentes en aucune manière et desquelles choses ainsi données pour la ditte fondation, le dit de Chateaubriend s'est dès à present dépouillé, et met en bonne possession la ditte chapelle et le chapelain qui sera institué en icelle et ses successeurs chapelains à perpetuité, par la baillée, tradition et consentement des dittes presentes, et en constitue dès à present iceux chapellenie, chapelain et successeurs en icelle vrais seigneurs et propriétaires, et y a renoncé et renonce, pour et au profit d'icelle chapellenie et chapelains à perpetuité, pour en faire doresnavant leurs propres bien et choses données et ausmonnées à la ditte chapellenie, à la charge d'iceluy chapelain et successeurs à perpetuité de dire ou faire dire et celebrer pour le salut et remède du dit Chateaubriend, ses père et mère, parents et amis, en la ditte chapelle de Notre Dame de Laurette près de la ditte eglise de Saint Jean des Mauvrets, les deux messes à basse voix, aux dits jours de vendredy et samedy, en l'honneur et des offices dessusdits, en disant lesquelles messes le chapelain deputé à icelles ou celuy qui dira la ditte messe, sera tenu de dire l'oraison : *Deus qui vivorum dominaris*, durant la vie du dit Clerambaud et après sa mort, l'oraison *Inclina* et entr'autres dire *Ut animam famuli tui sacerdotis*, et auparavant le *Lavabo* de chacune des dites messes, feront les prières pour l'âme du dit Clerambaud, ses dits père et mère, parents et amis ; laquelle chapelle de Notre Dame de Laurette et au regard du droit de patronage et presentation d'icelle chapelle, toutefois et quantes elle vaquera, le dit sieur de Clerambaud l'a par ces presentes retenu et reservé à luy sa vie durant, à condition que le droit de presentation, il en pourra disposer et ordonner sa vie durant par tesment ou autrement, et au regard de la collation, et autre disposition, elle demeurera à l'evesque d'Angers et à ses successeurs à perpetuité, et a le dit de Chateaubriend promis et promet faire decreter et eriger la ditte fondation en la chapelle ecclesiastique perpetuels à ses propres depens, aux quelles choses dessus dites tenir et accomplir, sans jamais aller encontre par opposition, appellation ou autrement, et les dittes choses ainsi données par la ditte fondation de chapelenie garantir et deffendre, le dit de Chateaubriend duement etabli de ses dits hoirs, et ayant cause en la ditte chapelle de Notre Dame de Laurette au chapelain qui sera institué en icelle et à ses successeurs chapelains, de tous troubles et empêchemens quelconques envers et contre tous, jaçoit que donneur et donneresse de droit ne soient tenus au garantage des choses par luy données, et s'oblige le dit Chateaubriand, ses hoirs et ayant cause avec tous ses biens et choses meubles et immeubles presents et avenir, renonçant par devant nous à toutes choses, qui tant de droit, de fait, que de coutume, pourroient être dites et proposées contre ces presentes et generalement à toutes choses à ce contraires et est demeuré tenu le dit de Chateaubriand d'établir par la foy et serment de son corps sur ce baillé en notre main dont l'avons jugé par le jugement et condamnation de notre cour. Fait en la cité du dit lieu d'Angers, le 20e jour de novembre 1530. Presents : M. Pierre Boudin, curé de Moustier, Gilles Durand, prêtre, et Mathurin Lemonnier, demeurans en la cité d'Angers.

EXTRAIT DU TESTAMENT DE Mr FRANÇOIS DE CHATEAUBRIAND.

Sachent tous présents et advenir que François de Châteaubriand, prestre doyen et chanoine de l'église d'Angers, et sain d'entendement et de pensée, considerant la fragilité de nature humaine qui n'est rien plus certain que la mort, desirant l'aide de mon Créateur, ne deceder sans pourvoir au fait de ma pauvre âme et disposer de ce qu'il a plu à Dieu me prêter en cette vie, fait et ordonne mon testament, ordonnance et dernière volonté en la manière ci-après. Premièrement, je recommande mon âme à Dieu. Item je donne et ordonne pour l'augmentation de Notre Dame de Laurette, par moi fondée en bénéfice perpétuel, le nombre de 40 septiers de mouture par moi acquis du sieur Martin Dubois de Sansay, indemné pour iceux 40 septiers tenir et en jouir par ledit chapelain de la ditte chapelenie et ses successeurs à perpétuité, à charge du dit chapelain et ses successeurs de dire ou faire dire par chacune sepmaine de l'an à perpétuité au jour de mardy outre le service ordonné par laditte fondation, une messe de l'office des defunts, à la charge aussi du dit chapelain qui dira la ditte messe et autres messes de la ditte fondation, se retourner au *Larebo* et de dire les *De profundis* et le *Fidelium* pour le fondateur F. de Chateaubriand et de dire au jour de M. S. Gabriel, et le jour de la dedicace de ma ditte chapelle, à chacun des dits jours une messe; je veux et ordonne que nul ne puisse obtenir la ditte chapelenie, sinon qu'il soit prêtre, autrement que la provision qui en seroit faite à autre soit nulle, et incontinent la ditte chapelle vacante.

Item je veux que la presentation d'icelle chapelle appartienne au seigneur temporel du dit Saint-Jean-des-Mauvrets, portant le nom et armes de Chateaubriand, et où aucun des Chateaubriand, seigneur du lieu de St Jean des Mauvrets, alliedneroit la ditte terre de Saint Jean, par quelque forme et manière, par quelque contract qui puisse être ailleurs qu'à aucun de mon lignage portant le nom et armes de Chateaubriand, au cas, je veux que la ditte presentation soit dévolue et appartienne, et laquelle je delaisse et donne à noble et puissant François de la Noe son fils, leur héritier et ayant cause à perpetuité, et la collation à Reverend père en Dieu Mgr d'Angers, etc........ à moy ma vie durant la presentation et droit de patronage de la ditte chapelle ou chapellenie.

Le douzième décembre mil cinq cent trente cinq.

Prieurés de Saint-Eusèbe et Saint-Veterin

de Gennes en Anjou

Quicunque cupit celeste regnum possidere et ad vitam perpetuam pervenire, divinae voci debet obedire, ita praecipienti : Thesaurisate vobis thesauros in coelo; ubi aerugo nec tinea demolitur : neque fures furantur; thesaurum enim acquirit sibi coelestem, qui omnem suam possessionem erogat ecclesiae et pauperibus. Ego igitur Joscelinus Normanus et Ramburgis uxor mea cupientes hunc thesaurum adipisci pro redemptione animarum nostrarum omniumque parentum nostrorum, annuentibus filiis nostris Hugone Bernardo, atque Huberto, necnon filiabus Britta atque Adelina, damus Deo et Sancte Petro Culturae monachisque inibi Deo servientibus, quidquid in domino habemus in monasterio Sancti Eusebii sito super fluvium Ligeris apud Genam, omne videlicet praesbiterium, tertiam partem offerendarum, tertiam partem sepulturae, medietatem consuetudinum carnis quae venditur in coemeterio, tertiam partem decimarum annonae et duas partes decimarum vini. Damus quoque Sancto Petro et ejus monachis decimam consuetudinis salis quam habemus apud Chantocium in fluvio Ligeris, decimam quoque annonae molendinorum nostrorum apud Chantocium in stagno sitorum et decimam qui in stagno capti fuerint piscium. Damus quoque monachis bordagium Roberti Romani, et medietatem bordagii cujusdam hominis, nomine Helduini, terram que ad hortum faciendum, necnon unum arpentum prati, consuetudinem quoque anguillarum quam habemus in fluvio Ligeris cum darsorum piscatione in quatuor diebus veneris mensis februarii, supradictis monachis damus, et rachiam ad Plessiacum de subtus monasterium sitam, quidquid autem eis datum fuerit sive acquirere poterunt emptione ex nostro foeno eis concedimus harum rerum supradictarum. Josselinus cum uxore sua Ramburge, filioque eorum Hugone, misit datum super altare Sancti Petri Culturae, primo titulo.

Videntibus ipsis Moricello Joanne Faustini, Germano Goffrido de Melinis, Josselino archidiacono, Odone ejus homine, nostrorum hominum Rufino Roberto, Guillelmo Constantini, Roberto du Ruscia, Guillelmo de Volimaco.

Mortuo autem Josselino, Ramburgis uxor ejus dedit monachis tres oleas terrae, audientibus ipsis Rainaldo vicario, Fulcone de Gena, Hunerico serviente monachorum, Morello de Chantosceo, Hugo de Cantosceo, filius Josselini et Ramburgis dedit monachis unum arpentum prati, videntibus istis Ogerico praesbitero, Andrea Britello, Fulcone de Gena, Rainaldo vicario, Grossino de Cantosceo. Item idem Hugo jundragium his molendini de Gena monachis dedit, accipiens ab eis charitative decem libras denariorum, Ogerico praesbitero, Andrea Britello, Fulcone de Gena, Rainaldo vicario, Gunarerio Annono, Alberto de Gena videntibus. Post mortem vero Hugonis, Hubertus frater ejus abstulit monachis hoc jundragium, sed postea annuit eis jundragii medietatem tali pacto ut tot diebus tenerent illud solute et quiete, quot diebus non redderet eis centum solidos denariorum quos tunc accepit ab eis, ipso promittente sua fide hoc firmum fore. Hi sunt qui viderunt et audierunt Ogerius praesbiter, Albertus de Gena, Grostinus de Cantosceo, Adelina soror Herberti, Raderus ejus serviens, Guarius famulus. Item Adelina filia Josselini et Ramburgis dedit monachis alteram medietatem bordagii Helduini supradicti, annuentibus filiis suis.

Si quis hanc chartam calumniari vel minuere praesumpserit, authoritate Dei patris et filii et Spiritus sancti et sanctae Mariae Virginis omniumque Sanctorum et nostris praesulis Eusebii voluntate cujus et consilio ego Josselinus et uxor mea Ramburgis hanc eleemosinam constituimus : anathema sit pereatque cum diabolo et angelis ejus, et Juda proditore Domini, et cum Dathan et Abyron, atque cum iis qui dixerunt hereditate possideamus sanctuarium Dei uraturque gehennalibus flammis nisi ante satisfactionem et emendationem voveret. Signum Raginaldi episcopi, signum Goffridi comitis, signum Herberti de Cantosceo, Ogerio praebistero de Gena ecclesiae in coenobio sancti Petri Culturae monaco facto Herbertus de Cantosceo praesbiterium ejusdem ecclesiae, quod nobis pater suus dederat, consilio et admonitione Ramburgis uxoris suae calumniatus est. Unde placitandi gratia Odo sancti Petri culturae abbas, et idem Herbertus in episcopi Andegavensis Raginaldi curiam convenerunt, auditis ergo partibus utrisque antequam judicium episcopale proferretur, idem Herbertus praesbiterium quod monachi diutius possiderant, et tunc possidebant, astante Reginaldo Andegavensi episcopo, et praefato comite quorum signa superius notata habentur, legaliter concessit ; testes hi sunt Guillelmus, archidiaconus de Salmuro, Guarnerus archidiaconus, Goffridus thesaurarius, Guillelmus Musca, Herbertus archidiaconus, Stephanus de Cantiniaco, Goffridus archipresbiter, abbas Goffridus Vindocinensis, Ranulphus abbas de Sancto Mauro, Mauricius de Corzeio, Harduinus de Sancto Medardo, Harduinus de Maleo, Lipinus de Pasico, Stephanus Travitam, Aubertus praepositus, Armandus vicarius, Galterus, Gafon, Andreas de Cantosceo, Hermenus Bondellus, Radulphus Crocardus, Odo Braesium et multi alii.

Sciant praesentes et futuri, quod Goffridus de Gena, pro redemptione animae suae, et uxoris atque filiorum et parentum suorum, dedit sancto Petro apostolo de Cultura, et ejus monachis, in die solemnitatis sancti Nicolai, medietatem prati et terrae quam habebat juxta cartam, et juxta ripam Ligeris ita honorifice sicut tenebat, ea tamen conventione quatenus modo qui tunc obedientiae illius loci praerat videlicet Joannes et Constantinus dimitterent ei habere quod eis debebat de duobus equis, quod et fecerunt, et in ultra quindecim solidos pro hoc caritative ei dederunt, et Mattheo ejus filio quatuor denarios, et ita misit donum super altare sancti Petri quod est in sinistro membro monasterii sancti Eusebii cum ejusdem monasterii clavi et hoc postea in domo sua fecit citare uxori suae, et tribus filiis suis Thomae,

Henrico et Matheo. Haec viderunt et audierunt Johannes et Constantinus, Ogerius praesbiter, Adelina, Huerius Venator, Ancelinus, Guarnerius, Joannes Odo, Andreas Rainaldus, Guarterius qui tunc erat praepositus.

Notificamus tam praesentibus quam futuris quod monachi sancti Petri diu possiderant hortum quemdam juxta fluvium ornationis absque ullo calumnio quem habebant a beneficio Josselini atque Ramburgis ejus uxoris ita honorifice sicut ipsi habuerant, quam tamen post mortem eorum Harduinus Ysochardus eis injuste calumniabat, unde contra eum sumpserunt bellum in curia Raginaldi Burgundi apud Milliacum castrum qui tunc terram habebat scilicet ante Girardum de Exartia, qui erat ejus praepositus ibique utrique convenerunt ad praeordinatum terminum ad bellum, et hic ut in tali re, mos est verbis plurimis luctantibus atque differentibus, tandem usque ad sacramenta pervenerunt et ibi coram omnibus aderant octricitavit, supradictis monachis Harduinus hortum quem calumniaverat, quapropter Joannes monachus qui obedientiae illius praeerat dedit et decem solidos : hi autem sunt testes qui viderunt et audierunt idem Joannes monachus, Ogerius praesbiter, et Tebaldus, Albertus propositi, Odo, Bernardus, Lambertus, Vitalis Rufus, Vitalis piscator, Renaldus, Andreas piscator, Bernardus Falcherius, Rainardus de Cunault.

Item sciant praesentes atque futuri quod quidam miles Fulchaldus nomine frater Joffridi de Gena moriens dedit sancto Petro Culturae et ejus monachis, pro redemptione animae suae, quindecim lagenas vini de vinagio vineae suae quod post Joannes et Constantius monachi requisierunt a Rainaldo Papot de cujus foeno erat, et ab ejus uxore Harduina nomine ut annueret eis, quod libenter fecerunt, et miserunt donum et octritaverunt ipse et uxor ejus et Joffridus frater mortui super altare sancti Petri quod est in membro sinistro monasterii sancti Eusebii cum cutello Joannis monachi. Hoc viderunt isti duo monachi Albertus praepositus, Rainaldus vicarius, Grostinus miles, et ipsi qui donum super altare miserunt.

Notum sit omnibus tam praesentibus quam futuris quod dominus Hugo dedit in alimentum totum emolumentum molendini Rupae monachis sancti Petri de Culturae, qualenus qui tunc obedientiae loci illius sancti Eusebii praeerat, dedit dono Hugoni decem libras postea calumniavit Hubertus frater illius quindecim solidos et octricitavit post obitum Hugoniae Herbertique Mauritius Credonensis qui uxorem Stephanam duxit cognomine Anguilleam habuitque solidos, annueruntque ambo defuncto Mauritio, remansit Stephanae viduae, in tempore illius hanc elemosinam calumniavit Drogo cognomine Piloquinus quam illi domna Stephana attribuit hanc injuriam nolens pati justitiae, venimus ad placitum ante episcopum Andeg. habuimusque ibi rectum, et per curriam venimus cum elemosina nostra postea brevi tempore venit Piloquinus et occitritavit monachis et dedit quod calumniaverat, habuitque decem solidos, et Simon Crispinus qui tunc matrimonio acceperat Stephanam, habuit triginta solidos ipsaque decem ut hoc annueret ipsam charitatem attribuere Guarinus monachus, Haselgerius, Berneriusque monachi, hoc tertio die Natalis domini dederunt super altare sancti Eusebii cum cutello garini monachi. Drogo cognomine Piloquinus, et Juliana uxor illius, et Mauritius frater ejus, Ramaque soror et Ancia hoc annuerunt. Hugo filius Mauritii Petrusque minor sororis Burgundiae et Eloiae, dederunt autem monachi pro hac otritione Petro supradicto suisque sororibus duodecim... Apud Cantociacum, haec viderunt et audierunt Herbertus praesbiter, Ivo capellanus, Guillelmus diaconus, Simon Crispinus, et Anguilla, Simianus filius Suhardi, Josselinus frater ejus, Hugo filius Grustini, Andreas filius Silvani, Hubertus de Gena, Henricus Paganus filius Gaufridi, Garinus Cyrillus, Hubertus sutor, Isdernus frater ejus, Hannericus, Mauritius Cunakli, Realdus qui tunc tempore erat praepositus, Rainaldus filius, Guido de Carcere.

Notum sit praesentibus et futuris quod dominus Berlanus de Monstrolio post obitum matris suae monachis sancti Eusebii de Gena quandam terram quam diu libere et quiete possiderant injuste et per violentiam abstulerit, sed postea dum tamen Jerusalem ire disponeret de hac injuria resipiscens eandem terram supradictis monachis libere et quiete, sicut ante habuerant habendam reliquit et concessit, ipsi vero monachi concenserunt ei loci sui beneficii insuper et sexaginta solidos ei pro charitate dederunt, hoc etiam concessit uxor sua et filius ejus et uxor filii sui. Testes qui haec viderunt et audierunt Guido filius Laurentii, Olivarius de Mansuet, Bobecini Arbalasterius, Andreas de Huna, Arcandus filius Valini, Vrarnus monachus qui hanc caritatem dedit, et Joannes vicarius, Vitalis de Monte, Gislebertus et Robertus famuli monachorum, Fulchardus Piacia.

Presentibus et futuris notum esse volumus quod Hubertus filius Alberti de Gena quandam decimam monachis sancti Eusebii de Monte super quinquaginta et quinque solidos in vadimonio misit concessitque ipsis monachis quatenus haberent et quiete possiderent quousque super numeratum monetae numerum recepissent, hoc solum modo retento quod quandiu eamdem decimam haberent uno quoque anno sancto videlicet sabatho Paschae duodecim nummos censuales pro ipsa decima supradicto Huberto ipsi monachi persolverent, accedit autem non post multum temporis ut quidam ejus filius nomine Joannes moveretur, tunc pater pueri Hubertus scilicet monachos praescriptos adiens eis, ad sepeliendum suum qui defunctus erat filium tradidit; decimam vero quam prius in vadimonio tenuit, vovit pro sua anima ac filii sui seu parentum suorum deinceps libere et quiete in perpetuum habendam concessit, scilicet et nummos quos ut praediximus illi censuales monachi persolvebant eisdem monachis similiter in perpetuum condonavit, ipsi vero monachi cum in omne sui loci beneficium receperunt, ac pro ejus filio, ac si eorum monachus extitisset cuncta perfecerunt, testes qui huic dono affuerunt.

CENSUS

Andreas quinque denarios et obolum, Hugo de Burlagod 3 obol., Vitalis de Monte 10 den. et obol., Salomon 4 den., Hubertus Bollandus 3 obol., Renaldus Bernardus 3 den., Hugo Barbarenus 2 den., Guionus de Arse 12 den. et obol., Stephanus de Tresau 2 den., Henricus 4 den., Huarrius, 4 den. et obol., Augerius filius Moricelli 3 den., Bernardus Bannus 3 den., Barbosinus, 3 den., Berengerius Molendinarius 3 den., Guiocher 3 den., Moricellus Carcer 3 den. et obol., Alardus de Valle 3 obol., Brotucellus 1 obol., Guido..., Robertus de Nicello 3 obol., Christianus 2 den et obol., Gilbertus 3 obol., Odo 2 den., Philippus Burel 2 den. et obol., Fulcherius 6 den., Radio 4 den., Rainaldus de Gena 7 den., Chalopius 3 obol., Guarinus Gubet, 2 den., uxor Reinaldi Le Magnen 7 den., Berengerius 3 obol., Benedictus 1 den., Vicisinus Hortelanus 3 obol., uxor Radulphi de Ulmo 1 den.

De vinagio. Garinus de Colle 22 lagenas, Vitalis de Monte ducem lagenas, et duo galop., Hubertus Bollandus 3 lag., Telardus 3 lag., Andreas 6 lag., Fulcherius 6 lag., Radio 7 lag., Joannes Bulagod 3 lag., Harnerius 3 lag., Cristianus 5 lag., Ebrius de Shili 8 lag., uxor Raldulphi de Ulmo 3 lag., Reinaldus Bernardus 3 lag., Guido Peletarius 3 lag., Odo Tetrelinus 3 lag., et tertiam partem gabrii, Andreas Delpart 8 lag., Garinus Delpot 8 lag., Alberga 5 lag.,

Guillelmus praesbiter 10 lag. et gabrium et tertiam partem, Rennerius Capel. 3 lag., filia Patras 3 lag., Radulphus Morel 6 lag. et gabrium; Guillelmus Bat. 7 lag. et gabrium et duas partes gabrii; Normanus Genae 7 lag., Neardus Spadir 13 lag. et gabrium, uxor Larcandi 2 lag., Albericus Peton 3 lag. Fulcherius Spudius 6 lag. David de Ripa 3 lag., Hugo Brulagot 3 lag., Gaufridus Morbertus 6 lag., Sacristia 2 lag., Gaufridus Canterel 9 lag., Herbertus Rollinus 3 gab. Carpinus 6 lag., quas reddimus ad curiam; Frogerius praesbiter 11 lag., Rustart 6 lag.

CENSUS IN CATHEDRA SANCTI PETRI

Lausmonarii 2 den., Guillelmus praesbiter 2 den. et obol., filia Patras 3 obol., Goffridus Canterel 3 den. et obol., Radulphus Rabotin 1 obol., Barcinet 1 obol., Bonière 3 den., Frogerius praesbiter 4 den., Normandus Grovignet 3 obol., Balinus 3 obol., Gofredus Merhen 2 den., Charpinius 3 obol., Orel 3 den. Fulcherius Delperi 6 den., Autrerge 3 obol., Laurentius Faber 1 den., Radulphus Morel 3 den. et obol., Emericus Gabel 1 den., Andreas Marcaint 1 den., Adelina 2 den., Renaudus de la Grange 12 den. et obol., Tussandus 6 den., Hubertus Rolland et Grossinus, frater ejus 3 den., Aldealdus Delperi 3 den. et obol., Domet 2 den., Mattheus Travi 3 den., Hugo de Brilargot 3 obol., Guibertus et Daniel 8 den., Garinus Depot 10 den., Guillelmus Butel 9 den. et obol., Racherius de Chapel 2 den., Benedictus Doricus 3 den., ipso die nos reddimus ad curiam 18 den., Lapellon 16 den.

Noverint universi quod cum inter priorem de Podio et dominum de Genis super misia factionibus usutaraque et decima molendini de Rocha contentio verteretur dicto priore praeponente, quod licet idem dominus duodecimam partem portionis suae multurae nomine decimae diu persolvere consuevisset, non erat eidem sufficienter de dicta decima satisfactum, nec integram decimam et liberam perciperet, ab eodem dicto domino afferente se et antecessores suos nunquam amplius persolvisse et dictum priorem secundum quod in dicto molendino percipiebat tam pro sexta parte quam pro dicta decima in praemissis usuturis dicti molendini teneri ponere, similiter proponebat, tandem de bonorum virorum consilio inter praemissos super praemissis concordatum et compositum et sententiatum fuit in hunc modum. Dictus prior eidem domino pro praemissis missis, factoribus notariisque indicto molendino faciendis dimisit et quitavit praedictam decimam et farinas sub tali pacto quod idem dominus pro ipso priore in omnibus praedictis venturis ponere et dictum molendinum in bono statu firmo et competenti sustinere tenebitur in futurum, hoc excepto quod dictus prior pro dicto molendino desuper semet per medietatem annui tantum modo et multura sui frumenti et farinae...... capientur et suum locum post bladium de Treveria ad molendum habebit in futurum. Datum die sabbati post Purificationem Beatae Mariae Virginis, anno Domini millesimo ducentesimo decimo sexto.

Universis Christi fidelibus praesentes litteras inspecturis et audituris Nicolaus miseratione divina Andegavensis ecclesiae minister indignus, salutem in Domino sempiternam.

Pateat universis quod cum bonae memoriae Michael Dei gratia quondam episcopus Andeg. Dei et pietatis intuitu dedisset et concessisset ad panem quotidianum canonicis in dicta ecclesia residentibus distribuendum decimas fructuum novalium de Valleya et de Bella Pola tam praesentes quam futuras, quae tamen infra certos fines alicujus parochiae constitutae non erant, et quia in dictis locis habitantes, seu mansionarii erant quam plurimi nulli adhuc ecclesiae parochiali subjecti, vel etiam assignati, sed quasi oves errantes et sine pastore vagantes cupiens saluti animarum ipsorum providere, et sub certi pastoris regimine eas constituere, praefatis decano et capitulo concesserit potestatem et in alique de praedictis locis, quem ad hoc aptum et idoneum eligerent capellam seu ecclesiam construendi, in qua praedictos mansionarios temporibus congruis divinis officiis sicut proprios ipsius ecclesiae parochianos ordinaverit et praeceperit de caetero interesse, eidem ecclesiae ipsos assignans et in eadem ecclesia et ab ea ecclesiastica praeceperit et ordinaverit recipere sacramenta, praefatam ecclesiam concedens dictis decano et capitulo dicto pleno jure ad panem praedictum canonicis dictae ecclesiae residentibus faciendum, ita tamen quod ipsi in dicta ecclesia vicarium constituerent perpetuum ad cujus sustentationem portionem competentem et sufficientem assignarent, qui vicarius episcopo Andegavensi et archidiacono, et archipraesbitero loci sicut aliarum ecclesiarum rectores Andegavensis diocesis teneretur obedire, et esset pleno jure subjectus, onere tamen procurationis excepto ad quod onus vicarium qui pro tempore esset archidiaconi et archipraesbiteri consensu interveniente decrevit non teneri.

Praeterea quia in dictis locis de Valleya et de Bella Pola scilicet supra turseyam et circa eam plurimi inhabitabant qui ab ecclesiis scilicet Sancti Eusebii de Genis et de Bessoyo, et de Divite Borgo, sive de Septem Viis, et de Turrolio, et Sancti Mauri super Ligerim ab antiquo consueverant tanquam ipsarum parochiani ecclesiastica percipere sacramenta, et quia pro certo didicerat, episcopus memoratus quod propter inundationem fluvii Ligeris inter dictam turseyam et praefatas ecclesias discurrentis tam hyemali quam etiam aestivo tempore plerumque contingentem sine magna difficultate et gravi periculo personarum adire non poterant habitatores praedicti, unde non valebant congruo tempore ecclesiasticis officiis interesse, et quod gravius erat, sacerdotes etiam inundatione praedicta impediente transire non poterant eisdem sacramenta administraturi propter quod multi parvuli sine sacramento Baptismi, et nonnulli homines sine sacramento confessionis perierant quod quidem attendens episcopus supradictus, et toto periculo animarum et corporum affectans paterna sollicitudine providere ordinaverit atque statuerit quod omnes dictorum locorum mansionarii constructa ecclesia supradicta in ea et ab ea tanquam proprii ejusdem parochiani ex tunc perpetuo ecclesiastica perciperent sacramenta et eidem jure parochiali subjecti existerent : ordinans et statuens ex officio suo de consensu dictorum decani et capituli quod praedictis ecclesiis matricibus et singulis earumdem competens recompensatio assignaretur pro habitatoribus supra dictis prout in praemissa in litteris dicti episcopi vidimus contineri; et post modum inter decanum et capitulum Andeg. ex una parte et priorem Sancti Eusebii de Genis nomine prioratus su de Genis ex altera parte mota fuisset contentio ratione quarumdam primitiarum et obligationum quas dictus prior nomine et ratione prioratus sui a parochianis ibidem videlicet supra turseiam et circa commorantibus percipiebat, tandem per multas controversias a decano et capitulo supradictis ex una parte et fratre Gervasio tunc priori Sancti Eusebii de Genis et Guillelmo de Cultura rectore ecclesiae Sancti Eusebii de Genis procuratoribus ab abbate et capitulo monasterii Sancti Petri de Cultura Cenom. quoad hoc litteratorie destinatis ex altera, super omnibus supradictis et praemissa contingentibus in nos Nicolaum miseratione divina Andeg. episcopum extitit compromissum et promiserant dictae partes, quod quidquid super praemissis et singulis et praemissa contingentibus faceremus statueremus, seu etiam ordinaremus, ratum haberent, et in posterum inviolabiliter observarent. Nos vero in ejus modi compromisso et negotio procedentes, quia tamen jura utriusque partis super hujusmodi contentione declarata coram nobis ad plenum minime existebant aequitate pensata prenuntiavimus, et ordinavimus, et adhuc prenuntiamus et ordinamus, supra quaestione praedicta in hunc modum de dictorum decani et capituli Andeg. et praedictorum procuratorum voluntate et consensu, quod dictus prior Sancti Eusebii de Genis et alii successores sui qui pro tempore priores erunt in dicto prioratu Sancti Eusebii de Genis habeant et percipiant, de caetero nomine et ratione dicti prioratus Sancti Eusebii de Genis quatuor decim solidos monetae Turonensis per manum vicarii ecclesiae beatae Mariae de Valleya solvendos annis singulis, in constivo festi Assumptionis B. M. Virginis priori Sancti Eusebii de Genis, qui pro tempore erit, in recompensationem primitiarum et oblationum praedictarum et aliarum rerum quas dictus prior consueverat percipere et habere ab hominibus mansionariis dictae turseyae et circa tempore quo erant parochiani ecclesiae Sancti Eusebii de Genis, quae omnia remanent per ordinationem nostram decano et capitulo supradictis, exceptis duntaxat antiquis decimis, et lectis nobilium decedentium quae dictus prior qui pro tempore erit percipiet et habebit prout antea consuevit percipere et habere. Si vero praedictus vicarius qui pro tempore erit deficeret in solutione dictorum quatuordecim solidorum termino statuto, nos et successores nostri animadvertimus in dictum vicarium tam per suspensionem quam excommunicationem ad requisitionem dicti prioris qui pro tempore erit prout melius videremus expedire; in cujus rei testimonium et munimen sigillum nostrum unacum sigillis decani et capituli Andeg. ecclesiae presentibus litteris duximus apponendum. Actum, datum et sigillatum apud Andeg. in constivo festi beati Mauritii anno Domini millesimo ducentesimo sexagesimo tertio mense septembris.

Universis Christi fidelibus presentes litteras inspecturis vel audituris Nicolaus miseratione divina Andegavensis ecclesiae minister indignus, et Eudo ejusdem ecclesiae decanus, salutem in Domino sempiternam. Pateat universis quod cum bonae memoriae Michael quondam episcopus Andeg. decano et capitulo Andeg. amore Dei et pietatis intuitu dedisset et concessisset ad panem quotidianum canonicis in dicta ecclesia residentibus distribuendum decimas omnium fructuum novalium de Valleya et de Bella Pola, tam praesentes quam futuras, quae tamen intra certos fines alicujus parochiae constitutae non erant, et quia in dictis locis habitantes seu mansionarii erant quam plurimi, nulli adhuc ecclesiae parochiali substituti vel assignati, sed quasi oves errantes, et sine pastore vagantes, cupiens saluti ipsorum providere, et sub certis pastoris regimine eodem constituere, praefatis decano et capitulo concesserit potestatem ut in aliquo de praedictis locis quem ad hoc aptum et idoneum eligerent capellam seu ecclesiam construendi, in qua predictos mansionarios temporibus congruis divinis officiis sicut proprios ipsius ecclesiae parochianos ordinaverit et decreverit de caetero interesse, eidem ecclesiae et ab eadem ecclesiastica perceperit et ordinaverit recipere sacramenta praefatam ecclesiam, concedens dictis decano et capitulo perpetuo jure ad panem praedictum in eadem ecclesia faciendum, ita tamen quod ipsi in dicta ecclesia vicarium constituerent perpetuum ad cujus sustentationem, portionem competentem et sufficientem assignarent : qui vicarius episcopo et archidiacono et archipresbitero loci sicut aliarum ecclesiarum rectores Andeg. diocesis teneretur obedire, et esse perpetuo jure subjectus, onere tamen procurationis excepto, ad quod onus vicarius qui pro tempore esset archidiaconi et archipresbiteri interveniente consensu decrevit non teneri.

Praeterea quia in dictis locis de Valleya et de Bella Pola scilicet super turseyam et circa erant plerique habitantes qui ab antiquo scilicet Sancti Eusebii de Genis et Bessoyo et de Divite Burgo sive de Septem Viis et de Turolio et Sancti Mauri supra Ligerim ab antiquo consueverant tanquam ipsarum parochiani ecclesiastica percipere sacramenta, et quia pro certo didicerat episcopus memoratus propter inundantiam fluvii Ligeris inter dictam turseyam et praedictas ecclesias discurrentis tam hyemali quam etiam aestivo tempore plerumque contingentem sine magna difficultate et periculo personarum adire non poterant habitantes praedicti, unde non valebant congruo tempore officiis ecclesiasticis interesse, eo quod gravius erat, sacerdotes etiam inundatione praedicta impediente transire non poterant eisdem sacramenta ministraturi propter quod multi parvuli sine baptismi remedio et nonnulli homines sine sacramento confessionis perierant, quae quidem attendens episcopus supradictus, et tanto periculo animarum et corporum affectans paterna sollicitudine providere ordinaverit atque statuerit quod omnes dictorum locorum mansionarii constructa ecclesia supradicta in ea ab ea tanquam proprii ejusdem parochiani ex tunc et perpetuo ecclesiastica perciperent sacramenta, et eidem jure parochiali subjecti existerent, ordinans et statuens pro officio suo de consensu dictorum decani et capituli, quod praedictis ecclesiis matricibus et singulis earumdem competens recompensatio assignaretur pro habitatoribus praedictis prout praemissa in litteris dicti episcopi vidimus contineri et post modum inter dictum decanum et capitulum Andeg. ex una parte; et rectores Sancti Eusebii de Cena, et Sancti Mauri supra Ligerim et de Monte Goherii ex altera mota fuisset contentio ratione decimarum novalium de Valleya et de Bella Pola intra fines parochiarum suarum existentium at dicebant dicti rectores, et etiam habitantes in Valleya et in Bella Pola in dictis novalibus, et super turseyam et circa eam commorantes homines in dictis locis, quos dicebant dicti rectores decimas dictarum novalium et dictos habitantes tanquam parochianos sibi in pace dimitti. Dicti decano et capitulo est contra, dicta novalia de quibus contendebant dicti rectores et homines in eis habitantes novalibus in ipsorum parochiis existere, et ipsos rectores nihil habere debere in praedictis proventibus, nihilominus quod qui erant habitatores in Valleya et in Bella Pola supra turseyam et circa eam etiam antiqui quod eisdem decano et capitulo et eorum ecclesiae in Valleya constructae tanquam parochiani ipsius ecclesiae juxta ipsius episcopi etiam ordinationem, et ex causis in dicta ordinatione contentis remanere debebant tanquam eidem ecclesiae et dicto episcopo effraciter assignati cum praedictis antiquis habitatoribus parati essent competentem recompensationem facere rectoribus supra dictis, tandem post multas controversias a decano et capitulo supradictis ex parte una et rectoribus Sancti Eusebii et Sancti Mauri et Montis Goherii ex altera supra omnibus supradictis et singula tangentibus in nos extitit compromissum et promiserunt dictae partes, quod quidquid in promissis et singulis praemissa tangentibus faceremus, statueremus seu etiam ordinaremus rectum haberent et in posterum irrevocabiliter observarent, et omnia praemissa firmaverunt et baillaverunt per sacramenta sua dicti rectores, et dicti decanus et capitulum per sacramentum praescitum in eorum vice per procuratorem suum, ne vero in ejusmodi compromisso et negotio procedentes, et ad praemissa nos attendentes consideratis causis.......... et pietatis quae moverant defunctum bonae memoriae Michaelem quondam episcopum Andeg. ad concessiones et ordinationes has faciendas prout supra continentur. Quia vero jura utriusque partis ad plenum minime existebant, aequitate pensata pronuntiavimus et ordinavimus, et adhuc pronuntiamus et ordinamus, super questione praedicta in hunc modum de dictarum ecclesiarum rectorum consensu, quod dictis decano et capitulo Andeg. nomine ecclesiae Andeg. ad usum de quo supra facta est mentio remaneant decimae novalium et praemissae, et aliarum terrarum existentium in Valleya et Bella Pola infra illos fines quos dicti rectores dicebant esse suarum parochiarum sine contradictione dictorum rectorum quoque fines dicebant dicti rectores ab alveo Ligeris praedictae levatae usque ad aquam quae dicetur Authion in aliquibus locis et in aliis Oeae, item quod dictis decano et capitulo ecclesiae ejusdem parochiae de Valleya jam constructae aut aliae et aliae etiam ab ipsis construendae remaneant omnes habitantes in Valleya et in Bella Pola in novalibus jam factis existentes, et etiam in futuris novalibus in dictis locis deinceps advonturis, etiam alii habitatores antique existentes in Valleya et Bella Pola super turseyam et circa eam in omnibus locis quod dicebant dicti rectores esse infra metas parochiarum suarum, item quod praedictis decano et capitulo remaneat omne jus parochiale, quod competebat dictis rectoribus Sancti Eusebii, Sancti Mauri et de monte Goberii in novalibus praesentibus et futuris, seu decimas et proventus eorum et etiam decimae et primitiae terrarum aliarum existentium in Valleya et Bella Pola infra fines qui dicebantur fines dictorum parochiarum et etiam in hominibus praesentibus et futuris in locis supradictis existentibus, remanentibus tamen dictis rectoribus et ipsorum ecclesiis, terris, pratis, et aliis rebus, et reditibus suis, quos et quas in Valleya et ultra turseyam habebant et adhuc pronunciavimus et ordinamus et statuimus, quod praemissa remaneant dictis decano et capitulo Andeg. et eorum ecclesiis, sub modis qui interius contineantur, videlicet quod dicti decanus et capitulum teneantur pro recompensatione totius emolumenti temporalis quod sibi in ecclesiis suis de Valleya remanet in praedictis reddere et assignare dictis rectoribus annuatim summas pecuniae quae sequuntur, rectori videlicet Sancti Eusebii duodecim libras, rectori Sancti Mauri decem libras, et quinque solidos, rectori de monte Goberii quatuor libras monetae currentis verum cum super assignatione dictorum reddituum facienda a dictis decano et capitulo rectoribus supradictis complures tractatus habiti fuissent, tandem tam nos quam dictum capitulum affectantes, quod praefata assignatio supradictis rectoribus fieret cum perpetua securitate, et quod magis per manum propriam quam per alienam perciperent sibi redditus assignatos, conventum, accordatum, et actum fuit, de consensu dictorum rectorum inter nos Nicolaum episcopum Andeg. et venerabiles viros decanum et capitulum Andeg. utilitatibus eorum rectorum et ecclesiarum suarum, ecclesiae Andeg. nostris et episcopatus in ea parte diligenter pensatis quod praefati decano et capitulum nobis nomine episcopatus dederunt, concesserunt cesserunt et quitaverunt in perpetuum quid qui habebant in rebus immobilibus, et omnibus homagiis, censibus reddituum perceptionibus, quorumcunque juribus et rebus in villa Chalonnes, et etiam in toto territorio seu castellaniae ad dictam villam pertinente, cum omni dominio, justitia, juridictione et distractu, et cum omnibus et singulis quae ibidem habebant vel habere poterant in nos nomine episcopatus Andeg. dominium et possessionem vel quasi omnium et singulorum dimissorum transferentes per praesentis traditionem instrumenti per modum permutationis seu ex... pro vigenti sex libris monetae currentis et quinque solidis annui redditus et nobis pro praefatis decano et capitulo dictis rectoribus assignatis illorum ecclesiis juxta summas superius annotatas et distinctas de illis vingenti, sex libris et quinque solidis, quae tenebantur dictis rectoribus assignare. De quibus vigenti sex libris et quinque solidis dicti rectores nomine suo et ecclesiarum suarum praefatos decanum et capitulum et ecclesiam Andeg. omnino quitaverunt et deliberaverunt se quantum ad dictas viginti libras et quinque solidos erga nos.... nos vero episcopus cum assensu et voluntate praedictorum decani et capituli pro dictis rectoribus praefatas viginti libras et quinque solidos annui redditus prodictis decano et capitulo et liberantes eos assignavimus et assignamus in locis inferius annotatis, videlicet rectori S^{ti} Eusebii nominae ecclesiae suae decimas bladi et vini et praemitias quas habebamus et percipiebamus apud Sarignaeum, vel circa id locorum cum omni jure et possessione vel quasi quod in dictis decimis et praemitiis habemus, et habere possumus pro tredecim libris annui redditus pro recompensatione praedictorum ipsum contingentium in praemissis ita quod super praedictis decimis et praemitiis de Sarrignaeo vigenti solidos annui redditus rector S^{ti} Eusebii qui pro tempore erit rectori de Monte Gorehii in Nativitatae B. M. Virginis solvere teneatur. Rectori vero S^{ti} Mauri nomine ecclesiae suae assignavimus et assignamus per praesentes septem libras et quinque solidos percipiendas per manus rectoris apud Sanctum Almanum scilicet centum et decem solidos annui redditus qui nobis debentur pro terris de vignerio nostro quod ad praedictum centum tradideramus cum omni obligatione et omni jure quod habebamus in rebus nobis a dictarum terrarum possessoribus obligatis pro centibus supradictis trigenta quinque solidos qui supererant de viginti libris a nobis assignandis rectoribus supradictis assignamus pro dicto rectore S^{ti} Mauri in festo B. Mariae Virginis annuatim percipiendis super census nobis debitos apud Sanctum Almanum de feodo qui dicetur communis, et si census dicti feodi qui communi dicitur ad tantam summam non sufficiat illud quod deerit de summa praedicta triginta solidorum assignamus rectori praedicto nomine ecclesiae suae in aliis censibus modo de Sancto Almano salvis tamen nobis jure et dispositione et vendis in censibus supradictis, hoc excepto quod si praedictis census dicti rectori non solvantur termino debito licebit eidem rectori per manum feudi super censivis sibi assignatis se vendicare pro sex vero libris annui redditus de totali summâ summarum praedictarum vigenti sex librarum et quinque solidorum praefatis S^{ti} Mauri de Monte Goherii rectoribus debitis pro eo quod deerat de summis sibi assignandis pro recompensatione dictorum ipsos contingentium in praedictis assignaverunt et assignant decanus et capitulum Andeg. nostra authoritate interveniente et consensu medietatem vini et bladi et omnium rerum quarumcunque quas habebant et percipiebant in parochia de Chavagne archidiaconatus Transligerensis ab ipsis rectoribus communiter vel pro aequis portionibus annis singulis percipiendis in praedictos rectores Sancti Mauri et Montis Goherii praedictam medietatem decimarum et aliarum rerum praedictarum omnes jus et possessionem, vel quasi vel quidquid in illis habent, vel habebant per praesentis traditionem instrumenti transferentes. Nos vero Nicolaus episcopus et decanus et capitulum Andeg. praesentibus litteris sigilla nostra duximus apponenda in praedictorum testimonium et munimen, actum et concordatum in capitulo Andegavensi die veneris in constivo beati Mauretii anno domini millesimo ducentesimo sexagesimo septimo.

Universis Christis fidelibus praesentes litteras inspecturis vel audituris, Guillelmus decanus Sancti Mauritii Andeg. totum que capitulum ejusdem loci, salutem in Domino, noverint universi quod cum venerabilis pater noster Michael Dei grat.. Andegav. episcopus peteret ab abbate et conventu monasterii Sancti Petri de Cultura Cenom. et priore suo de Podio Genarum Andeg. dioecesis annuam procurationem in prioratu suo de Podio Genarum ratione visitationis ejusdem debitam ut dicebat, et ipsi in contrarium dicerent se ad dictam procurationem non teneri cum ad hoc non sufficerent plene ipsius prioratus facultates, nec ipsi nec praedecessores sui dictam procurationem hactenus persolvissent, ut dicebant. Tandem pro bono pacis et utilitate ecclesiae Andeg. pensata inquisita a Domino episcopo super proventibus et facultatibus ipsius prioratus diligentius veritate in hoc conventum et concordatum fuit inter dictum episcopum Andeg. et abbatem et conventum de Cultura et priorem de Podio Genarum quod prior qui pro tempore fuerit, solvet domino episcopo Andeg. et successoribus suis nomine procurationis quam petebat ibidem quadraginta solidos monetae currentis Andeg. in festo Nativitatis Mariae Virginis, tantum modo annuatim salva eidem episcopo et successoribus suis visitatione, et correctione in prioratu praedicto quando necesse fuerit vel etiam opportunum, ita quod nec Dominus episcopus nec successores sui aliquid amplius de caetero ratione alicujus procurationis poterit petere vel exigere in dicto prioratu de Podio Genarum ab eisdem, et hoc promisit Dominus episcopus Andeg. pro se et successoribus suis bona fide servare et contra non venire, nos vero decanus et capitulum Andeg. conventionem, accordationem, seu ordinationem super praemissis a domino episcopo Andeg. cum dictis abbate et conventu S^{ti} Petri de Cultura et priore de podio Genarum factam utilitate ecclesiae nostrae pensata et ea quae super scripta sunt promittimus pro nobis et successoribus nostris bona fide servare et contra non venire; in cujus rei testimonium praesentes litteras dictis abatti et conventui et priori de Podio Genarum ad petitionem domini episcopi Andeg. dedimus sigilli nostrorum munimine roboratas. Datum Andeg. in capitulo S^{ti} Mauritii ecclesiae feria secunda post festum Assumptionis B. M. Virginis, anno Domini millesimo ducentesimo quinquagesimo nono.

Universis presentes litteras inspecturis Michael Divina permissione Andeg. ecclesiae minister humilis Salutem in Domino, noverint universi quod cum peteremus ab abbate et conventu monasterii S^{ti} Petri de Cultura Cenom. et priore suo de podio Genarum nostrae dioecesis annuatim procurationem in prioratu suo de podio Genarum ratione visitationis nobis debitam prout dicebamus et ipsi in contrarium dicerent ad dictam procurationem non teneri cum ad hoc non sufficerent plene ipsius prioratus facultates nec ipsi nec predecessores sui dictam procurationem hactenus persolvissent, ut dicebant tandem pro bono pacis et utilitatae ecclesiae nostrae pensata inquisita super proventibus et facutatibus ipsius prioratus diligentius veritate in hoc convenimus et accordavimus nos et abbas ac conventus, et prior praedicti quod idem prior solvet nobis et successoribus nostris nomine procurationis quam petebamus, ibidem quadraginta solidos currentis monetae Andeg. in festo Nativitatis Beatae Mariae Virginis tantummodo annuatim salva visitatione quam debemus ibidem facere, quando necesse fuerit vel etiam oportunum, ita quod nec nos nec successores nostri aliquid amplius de caetero ratione alicujus procurationis poterimus petere vel exigere in dicto prioratu de podio Genarum ab eisdem et hoc promittimus pro nobis et successoribus nostris bona fide servare et contra non venire, in cujus rei testimonium et munimen praesentes litteras abbati et conventui et priori praedictis dedimus sigilli nostri numimine roboratas. Datum Cenomani, anno gratiae millesimo ducentesimo quinquagesimo octavo mense octobri.

Ego Petrus Michon, custos sigillorum curiae Andeg., habui et recepi a priore Sancti Eusebii de Genis quadraginta solidos monetae currentis nomine Domini episcopi Andeg. pro termino sinodi S^{ti} Lucae eva,gelistae ultimo elapso de quibus ipsum acquitare promitto. Datum ie Jovis post festum Sancti Andreae apostoli, anno Domini millesimo trecentesimo nonagesimo octavo. Signatur MICHON.

Ego Petrus Michon, custos sigillorum curiae Andeg., habui et recepi a priore Sancti Eusebii de Genis quadraginta solidos monetae currentis nomine Domini episcopi Andeg. pro termino Sancti Lucae evangelistae ultimo elapso de quibus ipsum acquitare promitto. Datum die Lunae post festum Sancti Licinii episcopi, anno Domini millesimo quadringentesimo.

Universis praesentes litteras inspecturis, Nicolaus miseratione divina Andeg. ecclesiae minister indignus, salutem in Domino, noverint quod cum contentio verteretur seu verti speraretur inter priorem prioratus S^{ti} Eusebii de Genis Andeg. diocesis, ex una parte, et rectorem ecclesiae ejusdem loci ex altera, super quadam annua bladi modiatione quam prior dicti prioratus rectoribus ejusdem loci consueverunt solvere ab antiquo : dicto rectore qui modiatione pretendente et asserente dictam modiationem sibi debere ad quoddam antiquum prebendarium quod idem prior poenes se habebat ab antiquo, praefato rectore dicente dictum prebendarium vetustate nimia diminutum seu minoratum in tantum quod licet secundum antiquum modum solvendi dictam pensionem, dicta modiatio valeret viginti quatuor sexteria ad mensuram Genarum propter diminutionem dictae mesurae, non valebat modo propter dictam diminutionem, nisi vigenti sextertia vel circa, item super decima quarumdem vinearum circa domum dicti rectoris existentium, et super duabus libris cerae annui redditus quae dictus prior petebat a rectore praedicto. Tandem nos inter ipsos priorem et rectorem affectantes bonum pacis et concordiam conservare, et indemnitati tam prioratus quam ecclesiae providere ad locum descendimus ante dictum promissioneque facta post altercationes quam plurimas habitas hinc et inde in verbo sacerdotis tam a priore quam a rectore ante dictis de tenendo observando dictum et ordinationem nostram in praemissis et promiserunt quod dictus prior dictum nostrum per se et conventum suum procuraret ratificari et etiam confirmari : his actis per nos veritate diligentius inquisita tam per testes quam per prebendarii inspectionem comperimus dictum prebendarium prae vetustate nimia minoratum in tantum quod dicta annua modiatio quam prior rectori facere consuevit, viginti duo sextertia bladi ad mesuram de Genis consuevit facere et valere unde praemissis consideratis et attentius tam prioratus quam ecclesiae praedicta utilitate pensenta cum ad nos aequaliter pertineat de utroque ordinationem nostrum pro nunciavimus in hunc modum videlicet quod prior dicti prioratus de Genis qui pro tempore erit de caetero rectori dicti loci qui pro tempore erit vigenti sextertia et tria prebendaria bladi ad mensuram de Genis solvere tenetur et tenebitur in forma quae sequitur, videlicet octo sextertia frumenti, octo sextertia siliginis, duo sextertia faebarum et unum prebendiarum, et duo sextertia hordei et unam minam et ne dicta mensura de Genis quae modo est, et in posterum minui vel augeri ordinavimus quod ad mensuram de Genis quae modo est unum prebendarium taillaretur, et inferius et superius ferraretur, et in certo loco poneretur ad quod prebendarium dicta modiatio de caetero temporibus infuturum a priore praedicto et suis successoribus dicto rectori ejusque successoribus solvetur, solva etiam dicto rectori modiatione vini quam dictus prior et praedecessores sui praedecessoribus dicti rectoris et eidem rectori solvere consueverunt videlicet duodecim summas boni vini, puri et sufficientis quas modiationes bladi, et vinii idem prior et rector confessi sunt coram nobis se credere solutas fuisse et solvendas fore maxime ratione illarum decimarum quas dictus prior et ejus antecessores infra fines parochiae dictae ecclesiae tunc ab antiquo percipere consueti, ordinantes etiam quod dictus rector tenetur reddere priori qui pro tempore fuerit dictas duas libras cerae et decimam fructuum dictarum vinearum circa domom dicti rectoris existentium, qui ordinationi sic prolatae partes praedictae in nostra presentia constitutae consenserunt et eam ratificaverunt expresse, nos vero attendentes praemissa juste et recte procedere, et volentes pacem et concordiam inter dictos priorem et rectorem conservare praedictum priorem nomine suo sui prioratus et successorum suorum, et dictum rectorem nomine suo ecclesiae suae et successorum suorum ad praemissa tenenda et observanda et ad non veniendum in contrariarium condemnamus praemissa omnia nostra authoritate ordinaria confirmantes. Actum die sabbati ante Purificationem Beatae Mariae, anno Domini millesimo ducentesimo octogesimo primo.

Universis praesentes litteras inspecturis et audituris officialis Andeg.

salutem in Domino, cum religiosus vir frater Joannes de Tucé prior prioratus de Genis supra Ligerim Andeg. dioccesis et monasterio de Cultura prope Caenomanum ordinis sancti Benedicti membri immediate dependentis desideret et affectet studere in famosa et fructifera universitate studii generalis Andeg. ibique doctrinam sacrorum canonum, per quam anima efficiatur beata audire et ab hoc a reverendo in Christo patre domino abbate cum consilio totius conventus dicti monasterii licentiam studenti et in dicta universitate residenti cum reverentia et humilitate decentibus petere et obstinere hinc est quod coram nobis in jure praesens et personaliter constitutus dictus frater Joannes prior supradictus, subjiciens prout se subjicit juridictioni, et coertioni et districtui nostrae curiae quoad ad in fra dicta, qui quidem ex ejus certa sciencia et deliberato proposito, non vi, nec dolo ductus fecit et constituit tenoreque praesentium facit et constituit Radulphum Blondeau procuratorem suum generalem et specialem videlicet specialiter et expresse quoad comparandi, et se repraesentandi vice, loco, et nomine dicte constituentis et pro ipso coram praefato domino abbate dicti monasterii de cultura ab eodemque humiliter petendi licentiam congedium, et facultatem standi et residendi in dicta universitate, ibique jura canonica audiendi et gradus in dicta universitate adipiscendi unum vel plures, dans et concedens dictus constituens dicto suo procuratori plenam potestatem et mandatum speciale ad praemissa et generaliter omnia alia et singula faciendi quae dictus constituens faceret si praesens interesset etiam si talia sint quae mandatum exigant specialius, promittens dictus constituens pro suo dicto procuratore sub hypotheca et obligatione omnium et singularum suorum bonorum mobilium et immobilium praesentium et futurorum rem rectam habere : judicatum solvi et judicio sisti cum caeteris clausulis...... Actum et datum Andeg. sub sigillo curiae nostrae die decima sexta mensis octobris anno Domini millesimo quadringentesimo sexagesimo primo praesentibus ad hoc discretis viris magistris Petro Cerisay in legibus licentiato et Guillelmo Rousseau in decretis bacchalaureo testibus ad praemissa vocatis et rogatis. Sic sign. LE CELLIER, et sigill. sub simplici cauda cera viridi.

Guillelmus Dei et sanctae sedis apostolicae gratia humilis abbas monasterii Sancti Petri de Cultura Cenom. ordinis Sancti Benedicti dilecto nostro priori de Genis in Andeg. membri a monasterio nostro dependentis salutem in Domino, religiosum virum fratrem Petrum Dupin praesbiterum in nostro monasterio expresse professum vocis in socium et fratrem transmittimus cum suis pannis et necessariis injungentes vobis in virtute sanctae obedienciae quatenus dicto frati Petro Dupin sua victualia et necessaria administretis seu administrari faciatis, cumque secundum Deum et regulam sancti Benedicti caritative pertractetis. Datum et actum sub sigillo et in monasterio nostris die decima sexta mensis julii, anno Domini millesimo quadringintesimo sexagesimo tertio. Sic sign : FORTIN, et sigill. cera viridi.

Eustachius permissione divina humilis abbas monasterii regii beati Petri de Burgolio in Valleya ordinis Sancti Benedicti Andeg. diocesis judex seu conservator privilegiorum religiorum et honestorum virorum abbatis et conventus monasterii Turcellensis ejusdem ordinis Cabilonensis diocesis ad Romanam ecclesiam nullo medio pertinentis tam in capite quam in membris a sancta sede apostolica indultorum in hac parte specialiter dependentis rectori seu capellano de Cunaldo et omnibus aliis praesbitorio et clericis caeterisque viris ecclesiasticis ad quem seu ad quos nostrae praesentes litterae apostolicae pervenerint.... salutem in Domino eis mandamus... vobis et vestrum cuilibet in solidum committimus et mandamus etiam sub poena suspensionis et excommunicationis in vos infligenda quatenus alter, alterum non expectet nec unus pro alio se excuset citetis perempte coram nobis apud Burgolium fratrem Michaelem Foucquet sacristam prioratus Beatae Mariae de Cunaldo ad personam ejus si commode apprehendere valeatis, alioquin ad personam procuratoris sui aut suum domicilium comparare coram nobis per se vel per procuratorem suum sufficienter instructum etiam authoritate sui abbatis aut priori dicti prioratus de Cunaldo ad diem quindecimam post excutionem praesentis missionis visuram per nos fieri justitiam de expensis de quibus liquebit ad diem religioso viro fratris Georgio Lequeu priori prioratus de Genis et idem..... responsionem reddet litteras debite executas. Datum die decima tertia mensis Januarii anno Domini millesimo quadringentesimo trigesimo septimo Sig : PERROT, de mandato Domini abbatis judicis.

Anno Domini 1437 die 14 mensis Januarii comparuit personaliter coram nobis Eustachio abbatis de Burgolio judice apostolico in hac parte deputato religiosus vir frater Georgius Lequeu prior prioratus de Genis ab abbatia Sancti Petri de Cultura prope Cenom. dependentis deffensor contra sacristam prioratus Beatae Mariae de Cunaldo actorem non comparantem nec aliquem pro se mittentem quare nos ipsum reputavimus contumacem. Datum et actum in praedicta nostro monasterio hora expeditionis causarum die et anno quibus supra. Sign. de mandato domini abbatis, PERROT.

Die sabbati 28 mensis novembris anno domini 1437. Coram nobis fratre Petro humili priore claustrali ac vicario reverendi in Christo Patris et domini Eustachii abbatis monasterii regalis S^{ti} Petri de Burgolio judicis ac conservatoris privilegiorum prioratus Beatae Mariae de Cunaldo a sancta sede apostolica concesserunt comparuit religiosus vir frater Georgius Lequeu prior prioratus de Genis et Joannes Bourceau re in causa sacristae de Cunaldo coram praefato domino jam diu pendente, quique prior in se suscepit praedictum Bourceau in garentum pro procurationibus partis adversae praesentibus et consentientibus in quantum poterit ipsum garentisare proedictisque partibus assignavimus diem constivum festi Beati Hilarii proxime venturum etiam in principali causa coram praefato judice responsuras ita quod licet hac praesenti die fuerit, et sic festum S^{ti} Clementis papae et martiris nullum utrique partium portabit praejudicium. Datum in claustro praedicte monasterii de consensu partium die et anno quibus supra Sic sigill. B. MARTIN.

Rector ecclesiae parochialis de Cunaldo commissarius quoad hoc a reverendo in Christo patre ac domino abbate de Burgolio judice seu commissario privilegiorum religioso et honesto viro abbati et conventui monasterii Turnorensis ordinis Sancti Benedicti Cabilonensis diocesis ad Romanam Ecclesiam nullo medio pertinenti tam in capite quam in membris, a sancta sede apostolica concessorum in ac parte specialiter deputatus capellano de Longuo Vado et ordinibus caeteris seu personis ecclesiasticis ubilibet constitutis ad quem seu ad quos nostrae praesentes litterae pervenerint exequendae salutem in Domino.

ORDONNANCE DE NICOLAS GESLANT, EVESQUE D'ANGERS, EN 1285, POUR L'ACCOMMODEMENT D'UN PROCÈS AU SUJET DES SÉPULTURES DE LA PAROISSE DE RESTIGNÉ.

Universis praesentes litteras inspecturis vel audituris, Nicolaus miseratione Divina Andegavensis ecclesiae minister indignus, salutem in Domino simpiternam : Noveritisque cum contentio verteretur, seu verti speraretur inter Bernardum rectorem ecclesiae de Restigné nostrae diocesis nomine suo et ecclesiae suae praedictae ex una parte, et parochianorum dicti rectorum et ecclesiae praedictae tam nomine suo scilicet presentium parochianorum quam futurorum et successorum eorumdem ex altera similiter eoquod dictus rector asserens nomine quo supra per piam et laudabilem consuetudinem, similiter ut in Andegavia obtentam deberi in bonis mobilibus parochianorum suorum decedentium canonicam portionem arbitrio judicis decernendam dictam canonicam portionem petere et exigere nitebatur pro quolibet parochiano ecclesiae decedente, ab executoribus sive haeredibus cujuslibet eorumdem dictamque canonicam portionem petebat sibi decerni, et decretam sibi solvi et reddi, ipsosque haeredes et executores decedentium per censuram ecclesiasticam ad hoc compelli occasione seu ratione juris funeraticii sive sepulturae corporum decedentium, maxime eorum quibus in vita vel in morte administraverent ecclesiastica sacramenta afferens et ipse rector dictam canonicam portionem fore tertiam partem partis seu portionis defunctorum in bonis suis mobilibus, contingentis quam consuetudinem dictus rector fore laudabilem et rationabilem et eo maxime pretendebat quia dicebat redditus ecclesiae de Restigné praedictae adeo fore tenues et exiles, quod deinde rector ecclesiae praedictae commode non poterat sustentari, dictis parochianis reclamentibus et opponentibus in praemissis, et praemissa omnia, et singula negantibus vera esse, nullam similiter, et inductam consuetudinem vel posse induci utpote juri chartariam afferentes tandem post multas altercationes habitas hinc inde in nostra praesentia constituti Petrus Authun, Joannes Ferté, Laurentius Paulin, et Petrus Seneschau procuratores ipsorum parochimorum, et parochiae praedictae sufficienter instructi et legitime ordinati, habentesque liberam potestatem et speciale mendatum ad ea que inferius continentur nomine suo, et procuratore parochianorum tam praesentium quam futurorum et haeredum et successorum in posterum ex una parte habitantes ecclesiam de Longué Nostrae dioecesis et magistro rectore scholarum de Restigné procuratore tum in curia Romana degentibus nomine suo ecclesiae sive praedictae legitime ordinati et sufficienter instructi in forma quae inferius, habentesque speciale mendatum plenam que potestatem sed ea quae inferius continentur nomine praedicti rectoris et ecclesiae suae praedictae et futurorum rectorum in ea ecclesia ex altera parte et proborum virorum consilo diligenti deliberatione sicut hoc prius habita, nobis mediantibus et ordinantibus ad hanc compositionem et concordiam devenerunt videlicet quod rector ecclesiae praedictae de Restigne et quilibet ejus successor indicta ecclesia parochianis suis et ecclesiae praefatae obsequium funeris et sepulturae ultro et sine difficultate qualibet ministrabit nec dictus rector et ejus in dicta ecclesia successores de caetera, in bonis mobilibus vel immobilibus parochianorum parochiae de

Restigné decedentium occasione seu ratione funeris vel sepulturae, vel funeratis seu canonicae portionibus aliquid poterum petere, vel etiam reclamare nisi si qui parochiani decedentes in suis testamentis seu ultimis voluntatibus spontanea voluntate eidem rectori et ejus successoribus legandum aliquid duxerint seu ad relinquendum quemdam legatum seu relictum voluntate spontanea factum petere potuerunt et habere, salvis etiam septem denariis pro singulis infantibus minoribus vivis sive decedentibus in hac dicta parochia eidem rectori ecclesiae de Restigné, et ejus in dicta ecclesia successoribus, et tredecim denariis pro singulis aliis corporibus decedentibus in dicta parochia cujuscumque aetatis vel conditionis existant, qui vero dictus rector et ejus successores in praefata ecclesia percipient, et habebunt ab haeredibus, successoribus sive executoribus defunctorum, postquam corpora eorumdem mortuorum tradita fuerint ecclesiasticae sepulturae : praedicti vero Petrus Austun, Joseph Ferré, Laurentius Poulin, et Petrus Seneschan, nomine proprio et procuratorum praedictorum parochianorum et totius parochiae praedictae in nostra presentia constituti, et pro omnium parochianorum de Restigné presentium et futurorum animarum remedio, volentes ecclesiam praedictam de bonis sibi a Deo collatis dotare, patrimonio ampliori maxime in recompensatione laboris circa sepulturas et funeris exequias parochianorum de Restigné a rectore praelatae ecclesiae de Restigné exhibiti et impensi et in futurum etiam ab ipso et ejus futuris successoribus exhibendi, promiserunt procuratoribus dicti rectoris nomine ipsius rectoris et ecclesiae suae praedictae, tradere, deliberare, et etiam assignare decem libras annui redditus ab eodem rectore et futuris rectoribus in eadem ecclesia percipiendas et habendas semel in anno in perpetuum, nulla petitione dicto rectori, et ejus successoribus de caetero competenter pro labore funeris seu juris funeraticii, vel alio quaesito colore occasione funeris vel juris funeraticii seu canonicae portionis sicut superius est expressum. Quibus actibus coram nobis in jure constitutus Petrus de Chemillé, filius Guidonis de Chemillé, militis emancipatus legitime a praedicto patre suo, et a sacra paterna potestate penitus absolutus ad traditionem, deliberationem et assignationem praedicti redditus decem librarum nomine dictorum parochianorum, et pro eis, et ad deliberationem, eorumdem parochianorum procuratoribus dicti rectoria nomine ipsius et ecclesiae supradictae ad instantiam et procurationem dictorum parochianorum, et procurator eorum tradidit, deliberavit, et etiam assignavit per praesentis instrumenti traditionem totam ratam portionem et perceptionem quam habebat et percipiebat et percipere consueverat, ex successione matris et quacumque alia ratione in omnibus decimis existentibus infra fines parochiae de Beneys in territorio beati Martini Turonensis, vini decima excepta, nec non et partem seu portionem cujusdam alterius decimae infra fines dictae parochae de Beneys existentibus quae decima de Brays nuncupatur. Item petram contingentem in qua templarii certam consueverunt percipere portionem quae decima de Brays sita est et extenditur infra metas quae sequuntur, videlicet inter doctum Dechamion, ex una parte, et cheminum Normant, ex altera et a molendino des Essars usque ad domum defuncti Morineau et a domo defuncti Morineau usque ad petram de Moexeeron, et a petra de Moexeron usque ad crucem à la Grande Melle, et a cruce à la Grande Melle usque ad dictum molendinum, exceptis ab illa decima de Bray decimis frumenti, seliginis, hordei, avenae, et vini a memorato Petro qui in praemissa traditione, deliberatione minime continentur, quae quinque decimae traditae et assignatae sunt, et diligenti inquisitione facta, nobis constitit, valent docem libras annui redditus, et sunt ut firmiter creditur in perpetuum valiturae habendi, tenendi, explectandi, et servandi in perpetuum, a dicto rectore et ejus successoribus in dicta ecclesia, et ab eis causam habentibus, nomine quo supra, et habituris, pro praedictis vero traditione, deliberatione, et assignatione praedicti redditus decem libras a dicto Petro factis dictis procuratoribus dicti rectoris nomine quo supra, .1 solutionem et liberationem productionem parochianorum in praedictis decem librarum annui redditus a dicto Petro factis procuratoribus dicti rectoris nomine quo supra ad solutionem et liberationem praedictorum parochianorum in pretium decem libras anni redditus, et praedicti Petrus Austun, Joseph Ferré, Laurentius Poulin et Petrus Seneschau procuratores eorumdem parochianorum, nomine procuratorum dictorum parochianorum, et pro eis praedicto Petro de Chemillé dederunt et solverunt ducentas et sexaginta libras monetae currentis, de quibus idem Petrus coram nobis s : tenuit penitus pro pagato adeoque renuntiavit exceptioni, non numeratae pecuniae non traditae non solutae, et tenetur idem Petrus decimas praedictas ab eisdem Petro traditas et assignatas ut superius est expressum et eidem rectori et ejus successoribus ut causam ab eis habentibus et habituris deffendi et garantizare ab omnibus, et extra omnes ad hoc obligans se et haeredes suos ejusque successores, et omnia bona sua mobilia et immobilia ubicumque sunt quorumque nomine censeantur renunrians quoad hoc exceptioni, doli fraudis, cessionis, exceptionis beneficio minoris aetatis, et integrum restitutionibus privilegiis crucis sumptae, et assumendae et omnibus rationibus et exceptionibus tam expressis quam non expressis, quia idem Petrus ex sufficienti et rationabili causa easdem non expressas habuit pro expressis quae contra hoc possent in posterum objici vel opponi fide ab ipso Petro praestita in manu nostra corporali de promissis tenendum et inviolabiliter observandum et de non veniendo contra aliqua ratione insuper coram nobis in jure constitutus Guilhelmus rector ecclesiae de Benays contendens quod si per rectorem et ecclesiam de Benays dictae decimae a praedicto Petro de Chemillé procuratoribus rectoris ecclesiae de Restigné ut superius dictum est assignato a manu cujusdam Petri de facili, et sine scandalo, et magna controversia, et detrimento dictae ecclesiae de Benays, attenta dicti Petri potentia advocari non possent spontanee, nostris consensu et autoritate intervenientibus, et decreto dedit, et eam donationem concessit, et cessit maxime ad liberationem parochianorum de Restigné, et eorum procurator praedictus totum jus quod habebat idem rector, et ejus successores nomine suo, et ecclesiae suae de Benays et habere poterat nomine suo rectoris et ecclesiae suae praedictae in decimis supradictis cum dictae decimae sint sitae infra fines suae parochiae de Benays antedictae, ne tamen dicta ecclesia de Benays in praedicta cessione et concessione laesa remaneat, nos, pro utilitate dictae ecclesiae de Benays ordinamus quod praedicti procuratores dictorum parochianorum de Restigné nomine proprio et procuratorio nomine dictorum parochianorum et pro eis dicto rectori de Benays nomine quo supra dent et solvent quindecim libras monetae currentis in recompensatione cessionis et concessionis praedictarum, in utilitatem dictae ecclesiae de Benays convertendas, cum cessio et concessio supradicta prosit ad liberationem eorumdem qui procuratores dictorum parochianorum nomine suo et pro eisdem similiter dictis, quindecim libras nostram ordinationem fideliter adimplerunt, renuncians idem rector pro se et iisdem in dicta ecclesia successoribus exceptione dolis, fraudis, cessionis beneficio restitutionis in integrum competenter et competunt.......... praefati vero procuratores rectoris ecclesiae de Restigné nomine dicti rectoris et ecclesiae suae supradictae assignationem factam a praedicto Petro de Checmillé unacum praedicta cessione et concessione facta a dicto rectore de Benays ratam et gratam habentes et eandem acceptantes voluerunt et expresse consenserunt nomine quo supra, quod dictus rector et ejus in dicta ecclesia successores dicta assignare unacum praedicta cessione et concessione contenti in bonis parochianorum ecclesiae de Restigné decedentium, de caetero nihil ulterius pro praedicta ratione funeris seu juris funeraticii vel sepulturae seu canonicae portionis praedictis possunt petere vel etiam reclamare; promiserunt procuratores dicti rectoris ecclesiae de Restigné, nomine quo supra promissa omnia et singula promissorum tenere et inviolabiliter observare et in contrarium non venire, ratione doli, fraudis, cessionis beneficio, restitutionis in integrum aut alia quacumque ratione.......................................

Nos vero attendentes praemissa ad utilitatem dictae ecclesiae de Restigné redundare inquisitione et deliberatione super hoc habita ratione diligenter receptoque a praedicto rectore de Restigné juramento antequam ad romanam curiam se transferret, quod credebat compositionem praedictam cedere ad utilitatem ecclesiae suae praedictae, omnibusque rite peractis quae circa talia requiruntur communicato vero venerabilium virorum decanis et capituli Andegavensis, et aliorum proborum virorum consilio in omnibus et singulis praemissis nostrum impertientes assensum, eadem lege diosesana confirmamus, et nostro interveniente decreto decernimus in perpetuum valitura, consensu dictorum decani et capituli super hoc accedente. Memoratos autem procuratores tam rectoris quam parochianorum parochiae praedictae in personis dominorum suorum, et dictorum dominorum in personis eorumdem fide ab ipsi procuratoribus, in manu nostra nominibus quibus supra prestita corporali de praemissis tenendis et inviolabiliter observandis et de non veniendo in contrarium aliqua ratione, necnon et praedictum Petrum de Chemillé et dictum rectorem ecclesiae de Benays presentes in jure coram nobis et praemissa confitentes et ad ora praemissa et singula praemissorum prout superius sunt expressa tenenda et inviolabiliter observanda in his scriptis sententialiter condemnamus, ad majorem et confirmationem, et ut praesens compositio robur obtineat firmitatis procuratores utriusque partis coram nobis in jure constituti voluerunt et expresse consenserunt, tam ante dictae sedis apostolicae authoritate confirmari, si de facili valeat obtineri, in cujus rei testimonium praesentibus literis nostrum sigillum unacum sigillo dictorum decani et capituli dusimus, apponendum forma seu tenor procuratorii procuratorum dicti rectoris talis est.

Universis praesentes litteras inspecturis vel audituris, Nicolaus miseratione divina Andegavensis ecclesiae minister indignus, aeternam in Domino salutem, noveritis quod cum contentio verteretur seu verti speraretur inter Bernardum rectorem ecclesiae de Restigné suo nomine et dictae ecclesiae ex una parte et parochianorum ejusdem ecclesiae, praesentes tam nomine suo quam praesentium parochianorum quam futurorum et haeredum et successorum suorum ex altera, super eo cod dictus rector asserens nomine quo supra juxta piam et laudabilem consuetudinem seu hoc in Andegavia obtentam deberi sibi in bonis mobilibus parochianorum suorum decedentium canonicam portionem arbitrio judicis decernendam dictam canonicam portionem petero et exigere nitebatur pro quolibet parochiano ecclesiae decedente occasione seu ratione juris funeralicii sive sepulture corporum parochianorum decedentium maxime eorum quibus in vita vel in morte ministraverat ecclesiastica sacramenta dictis parochianis se opponentibus in praemissis et praemissa negantibus ut tandem super contentione praemissa compositione prolocutus seu habitus fuisset tractatus superius nominatus rector limina beati Petri visitare intendens dominum Alebrandum rectorem ecclesiae de Longué et magistrum Guillelmum rectorum scholarum de Restigné suos in praemissis et praemissa tangentibus constitutuit et ordinavit procuratores coram nobis, et quibus eorum jus est ita quod non sit melior conditio occupentis, authoritate nostra super hoc accedente damus eorum procuratoribus et eorum cuilibet potestatem et speciale mandatum nomine suo et dicta ecclesiae agendi, deffendendi, componendi, transigendi, ordinandi, pacificandi super contentionem praemissam et eandem contingentem inter rectorem et parochianos occasione funeris seu sepulturae, et dictae canonicae portionis ut superius expressum est, supponendi, et ordinationi, et dispositioni nostrae super dicta contentione ut eam tangetem, et eandem ordinationem recipiendi et acceptandi nomine suo et dictae ecclesiae et eandem confirmandi condempnationem recipiendi a nobis nomine quo superius in praemissis, et eandem tangentem et omnia alia faciendi quae potest et debet facere verus et legitimus procurator, et in iis quae mandatum exigunt speciale, et idem rector si praessens esset, posset facere in praemisso ratum et gratum habens et habiturus quidquid praedicti pracuratores vel eorum alterum saltem in praemissis et praemissa tangentibus.... procuratum fuerit seu et ordinatum promittens sub ypotheca rerum suarum et dictae ecclesiae de rato et ind. solvendo fidem ab eodem rectore in manu nostra praestita fide corporali de tenendo et inviolabiliter observando, quidquid in praemisso et praemissa tangentibus factum fuerit per procuratores vel eorum alterum nomine quo supra factum fuerit ordinatum seu et praestatum; in cujus rei testimonium sigillum nostrum praesentibus duximus apponendum. Datum die Jovis post festum sanctorum Gervasii et Protasii, anno millesimo CC° LXX™° quinto, dictis praesentibus seu compositionis.· .... in vigilia beati Maurilii anno supra dicto.

GEORGIUS.

SERMO B. ROBERTI ARBRISSELLENSIS SIVE HILDEBERTI EPISCOPI COENOMANENSIS IN DEDICATIONE ECCLESIAE S[ti] NICOLAI ANDEGAVENSIS ACTA AB URBANO 2° PONTIFICE, ANNO 1095 (1).

Salomon aedificavit domum Domini in Jerusalem septem annis, et dedicaverunt eam in octavo rex et filii Israel Fecit ergo Salomon in die illo festivitatem celebrem, et omnis Israel constituta est multitudo magna, et oravit rex ad Dominum dicens : Exaudi, Domine, vocem orationis, quam orat ad te servus tuus in loco isto, ut exaudias orationem populi tui Israel, quodcumque oraverit in loco isto, et cum exaudieris propitius eris. Quod si peccaverint tibi (non enim est homo qui non peccat) et egerint poenitentiam et adoraverint te, propitiaberis populo tuo qui peccaverit tibi. Dixit que Dominus ad eum : *Exaudivi orationem tuam quam deprecatus es coram me.* II. Paralip. cap. 6, 7, et seq. Per totum, omnia, fratres carissimi, facta antiquae legis, sunt figura novae, et propter nos memoriae commendata. Templum autem Domini antiquitus factum figura fuit ecclesiae, et dedicatio ejus, nostrae dedicationis exemplum. Si domus Domini vocata est ubi sacrificia et hostiae offerebantur, multo magis orationis domus, in qua carnis et sanguinis ejus celebrantur sacramenta. Domus Domini vocanda est, et si Dominus orationem populi sui, in illa se promisit audire, quanto magis preces nostrae recipientur in ista, ubi sunt veri adoratores passionis dominicae, et si festivitas in dedicatione ejus templi, quod erat umbratile et figurativum celebrata est, quantum gaudium in nostrae matris (Ecclesiae) consecratione agendum est, quod autem septem annis aedificasse, et in octavo dedicationem celebrasse dicitur non sine figura advenisse credendum est, septem enim annis, id est per totum tempus hujus vitae, quod septem

---

(1) Ex ms S[ti] Victoris. Paris. n° 468.

diebus agitur, structura ecclesiae, id est fidelium, qui templum Domini sunt (consurgere) non desinit. Dicente apostolo : nescitis quia templum Domini estis, et inhabitatio Spiritus sancti, et iterum scriptum est : anima justi sedes est sapientiae, in octavo autem anno festa est festivitas quia in die resurectionis quae dicitur octava, quae est post tempus hujus vitae quod per septem annos. designatur. Haec autem festivitas nostrae dedicationis gaudium significat tantae festivitatis ut animo teneamus memoriam futurae resurrectionis, et in gaudio nostrae matris, omnes filii ejus debent convenire, laetari, et sanctificationi matris suae gratulari sed quia de multis partibus veniunt filii, et multo labore decurrunt matri, de tanta festivitate discedere non debent irremunerati ; statutum est a sancti patribus quod in dedicatione sanctae Ecclesiae fiat veniat peccatorum, ut cum in aliis temporibus fit in ea ablutio criminum, in festivitate ejus potius matris sentiunt auxilium. Quod autem haec festivitas veneranda sit, ipse Dominus ostendit, qui dignatus est festivitati dedicationis interesse, sicut scriptum est in Evangelio : facta sunt encaenia in Jerosolimis, et ambulabat Jesus in porticu Salomonis, encaenia autem vocantur solemnia dedicationis. Haec etiam dedicatio praefigurata est temporibus Jacob. Cum enim Jacob relicto patre, et fugiens fratrem suum Esau iret ad Laban, petiturus uxorum, in itinere tulit de lapidibus qui in terra jacebant, et supponens capiti suo, dormivit in eodem loco, et vidit in somnis scalam usque ad coelum directam, et angelos ascendentes et descendentes, surgensque tulit lapidem et erexit in titulum et fundens oleum desuper, fecit altare Domino dicens ; non est hic aliud nisi domus Dei et porta coeli ecce iste antiquus sine lege sine scriptura sanctificavit Domino altare, Domum Dei vocavit quia per spiritum sanctum tabernaculum Dei ibi futurum praesciebat haec omnia tantum figura fuerunt. Jacob Christum significat, qui quasi relicto patre dum carnem assumpsit, coelum deseruit, parentibus derelictis, id est Judaeis, de quibus carnem assumpserat, et relicta patria id est Judaea perrexit ad gentes, ducturus sponsam, dormitio Jacob in itinere mortem Christi significat in cruce, lapis quem capiti suo supposuit, humanitatem Christi junctam divinitati designat. Divinitas autem caput Christi est sicut ait apostolus, caput Christi Deus. Scala directa ad coelum est via, et ascentio graduum virtutum, ascenditur enim ad coelum, id est celestem vitam gradibus diversarum virtutum. Angeli descendentes et ascendentes, sunt praedicatores qui nuntiant nobis regnum Dei, qui ascendunt, et descendunt, cum aliquando sublimiora aliquando humiliora praedicant; ascendit Joannes, cum dixit : *In principio erat Verbum*; descendit Paulus, cum dicit : *Nos praedicamus Christum et hunc crucifixum ;* et idem qui descendit, aliquando ascendit, et qui ascendit, aliquando descendit; descendit Joannes dicens: *Verbum caro factum est ;* ascendit Paulus cum ait : *Nos praedicamus Christum, Dei virtutem et Dei sapientiam*. Domum Dei vocat (Jacob) lapidem, quia Christus fuit inhabitatio Spiritus S^{ti}, unde scriptum est : *plenus spiritu S^{to} rediit a Jordane ;* propterea etiam dictum est Jacob fudisse oleum super lapidem, quia Christus unctus est oleo Spiritus S^{ti} in regem et sacerdotem, in regem sicut scriptum est : *Ego autem constitutus sum rex ab eo super Sion montem sanctum ejus ;* in sacerdotem, sicut scriptum est : *Tu es sacerdos in aeternum secundum ordinem Melchisedech*; de unctione ejus testatus est David dicens : *Propterea unxit te Deus tuus, oleo laetitiae prae consortibus tuis ;* porta coeli quia Christus est ostium paradisi, sicut ipse ait : *Ego sum ostium ; per me si quis introierit salvabitur*, sed cum vobis venia ex labore, fratres carissimi, et congratulatio festivitatis hujus debeatur, scire tamen debetis, quia non quaelibet peccata nobis relaxantur; hic, sed illa de quibus poenituit, et confessi fuistis, si enim vult peccator sibi relaxari peccatum; si vult (sua) vulnera sanari, ea medico celare non debet; prius debet peccator culpam recognoscere, postea ostendere, et postea sibi medicinam rogare. Prius dicat : *Quoniam iniquitatem meam ego cognosco, et peccatum meum contra me est semper ;* deinde subjungat, *Delictum meum cognitum tibi feci, et iniquitatem meam non abscondi ;* ad ultimum dicat : *Miserere mei, Domine, quoniam infirmus sum ;* sicut diversae herbae multis infirmitatibus conveniunt, sic diversae medicinae morbis peccatorum, alius in conjugio salvatur, in virginitate, alius in viduitate, alius in tumultu mundi ; contra mundum et diabolum pugnat, alius extra mundi strepitum, fugiens hostem spiritualem debellat, sed super alia, est vita contemplativa id est vita monacalis, vita heremitatis, hi mundum exuerunt, hi vilibus induenda se spreverunt, hi obedientiam sectantes dilectionem ostenderunt, tres virtutes specialiter in eum (mundum) regnant, charitas, humilitas, obedientia, in quorum habitatione fraternitas ostenditur sic juxta psalmistam : *Ecce quam bonum et quam jucundum habitare fratres in unum*; humilitas in vilitate vestimentorum praemonstratur, obedientia in libenti servitute, dum parent voluntati fratrum declaratur, hi sunt illi qui spoliant Aegiptum, cum vellet Dominus filios Israël de Egipto educere praecipit omnibus accipere mutuo a vicinis vasa aurea et argentea et omnia quaecumque possent, latenter effugere, et sic spoliare Aegiptum, filii Israel sunt monachi qui fugiunt Aegiptum, id est tenebras hujus mundi. Aegiptus enim tenebrae interpretantur, a vicinis vasa subripiunt dum a mundanis inter quos habitant, aliquos secum attrahunt, et Aegiptum, id est mundum spoliant, et quia semper cupiunt Aegiptum spoliare Deo, monasterium suum inter mundanos aedificant, non suae sed nostrae utilitati providentes, collocare malunt domum suam juxta mare; ut aliquot pisces extrahant de locis servitutis, id est peccatores de profundo maris, et ut alios salvent quam in montibus habitare at nullum secum salvare. Sed, fratres carissimi, cum omnis ecclesia sit reverenda, quia mater est, sunt specialiter illae ecclesiae frequentandae, haec ergo ecclesia ab omnibus fidelibus veneranda est ubi tam pretiosi confessoris memoria habetur, videlicet beati et venerabilis S^{ti} Nicolai, qui ab infantia Deo servire coepit, qui in papilla repugnans legi naturae jejunia observabit, praeterae est quaedam praerogativa hujus ecclesiae, quare reverentiam et honorem ei praecipue debeatis, et si servire, quia beatus Petrus per tuum scilicet vicarium papam Romanae Ecclesiae eam visitavit, eam sanctificavit, eam dedicavit, et perpetuam veniam per singulos annos hujus benedictionis festivitatem colentibus indixit, pensate, fratres carissimi, pensate, fideles, sanctos Dei intercessores habere et praecipue pretiosum confessorem Nicolaum, ut ejus meritis aeternam patriam mereri possitis, juvante Domino nostro Jesu Christo qui vivit et regnat in secula seculorum. Amen.

Notre-Dame de la Grezille

FONDATION

Sçachent tous presents et a venir qu'en notre Cour à Angers, en droit pardevant nous personnellement constituée et établie, noble et puissante dame Anne de la Grezille, dame du dit lieu de la Grezille, d'Ardanne, de Concourson, et de la Varanne, suffisamment autorisée par le roy notre souverain seigneur pour l'exécution pour cause de maladie de noble et puissant seigneur messire Anthoine Turpin, chevalier seigneur de Crissé, son mary et epoux, si comme elle dit, soumettant soi, ses hoirs avec tous et chacuns ses biens, meubles et immeubles presens et a venir, au pouvoir destroit et juridiction de notre dite cour quand a cet effet confesse de son bon gré sans aucun parforcement et de propos deliberé, tant pour accomplir la volonté et ordonnance de noble et puissant seigneur feu Geoffroy de la Grezille, de Concourson, et de la Varanne, lequel comme elle disoit avoit eu charge à son dit epoux et elle de faire et accomplir les choses dont cy-après sera parlé et dont ils s'étoient chargez et l'avoient promis faire, que pour accomplir leurs dires et promesses qu'ils avoient faites au dit feu Geoffroy de la Grezille à la décharge de leurs consciences, aussi pour l'augmentation du service divin et pour le salut et remède des âmes du dit deffunt de la Grezille de leurs autres predecesseurs et amis trepassez, d'eux et de leur successeurs, qu'elle a voulu et ordonne et par ces présentes veut et ordonne, au lieu et en cas qu'il plaira à reverend père en Dieu l'évêque d'Angers ordinaire en cette partie un college estre fondé et lequel elle fonde et des à present o la licence dessus dite au dit lieu de la Grezille près le chastel au dioceze d'Angers, en la chappelle qui est de present, de cinq chapelains prêtres et de deux clercs choraux et bacheliers si experts et idoines qu'ils puissent aider à faire et continuer le service divin du dit college. comme deux chapelains excepté de celebrer messe en l'honneur de Dieu et de la Benoiste Vierge Marie et de toute la cour celestielle et qu'en l'église du dit college au grand et principal autel soit l'image de la Vierge Marie comme principale et patronne de la ditte eglise collegiale. Lesquels cinq chapelains et deux choraux seront tenus dire faire celebrer par chacun jour à jamais et perpetuité et perpetuellement le divin service qui s'en suit, selon l'usage et observance de l'église d'Angers, c'est a sçavoir, matines a nottes, la messe de Notre Dame à l'issue des matines, primes, tierces, sextes et nones, la grande messe du choeur, vespres et complies, le tout à haute voix et à nottes, et toutes les solemnités et ceremonies des festes de l'an, en tant qu'ils le pourront faire. et aussi diront a nottes les heures de Notre-Dame tout ainsi qu'il est accoutumé de faire es églises collegiales d'Angers ; et pour ce le curé de l'église paroissiale d'Ambillou en laquelle paroisse le chastel de la Grezille et la ditte chapelle sont situez, et ses successeurs curez de la ditte cure paravant ce fait etoient tenus dire et celebrer par eux ou par leurs chapelains chacun jour de l'an et perpetuellement en la ditte chapelle de la Grezille plusieurs services divins c'est à sçavoir par chacun jour de l'an messe basse, et certaines festes messe à nottes, vespres et matines, lesquels services divins ont été fondez et ordonnez par les seigneurs pour le temps du dit lieu de la Grezille, lesquels y ont transporté, laissé et ordonné plusieurs de leurs biens, et mêmement dix septiers de froment et dix septiers de seigle et deux pipes de vin de rente à payer celuy bled et vin par chacun an au dit curé par le dit seigneur ou dame de la Grezille. La ditte dame a voulu et veut que le dit curé soit l'un des dits cinq chapelains et que luy et ses successeurs curez de la ditte cure soient dechargez de tout le service qu'ils doivent et avoient accoutumé de faire en la ditte chapelle, par ainsy que le curé de la paroisse pertuellement servir, a celebrera par luy ou autre chapelain son commis le service divin en la ditte église collegiale, en son rang et en sa semaine tout ainsy que fera chacun des dits autres chapelains et au moyen que les dittes deux pipes de vin. dix septiers de froment et six septiers de seigle de rente que le dit curé avoit chacun an par la main du seigneur ou dame de la Grezille paravant cette fondation, seront convertis en cette fondation et seront distribuez par égale portion entre les dits curé et quatre chapelains dessus dits, et toutes les oblations qui seront faites en la ditte église collegiale seront converties au profit de la fabrique du dit college. excepté les oblations du jour de Noël qui chacun an appartiendront et demeureront au dit curé et à ses successeurs. Et à cette presente fondation a été present soy et consent Mre Etienne Laittault, prêtre à présent curé de la ditte paroisse d'Ambillon, et pour soy departir de percevoir à son singulier profit, et qu'il delaisse les dittes oblations à la ditte fabrique et soy consentir à cette presente fondation le dit curé ny ses successeurs ne seront tenus dorénavant d'une lampe que la ditte dame disoit qu'il etoit obligé de fournir en la ditte chapelle, ne pourront la ditte dame ses hoirs et ayant cause demander au dit curé ny à ses successeurs aucune chose pour raison de la ditte lampe, ny d'une dixme qu'elle dit qui fut donnée aux predecesseurs du dit curé pour le service qu'il vouloit faire en la ditte chapelle, lequel service sera tenu faire et continuer par luy ou par autres ainsi qu'il vouloit jusques a ce que le dit service collegial soit commencé à faire comme dit est, et s'il avenoit que par aucun cas cette presente fondation ne sortit son effet, le dit curé d'Ambillou serait tenu celebrer par luy ou par autre le service qu'il etoit tenu faire en la ditte chapelle avant cette presente fondation et ordonnance, et aussi il auroit et perceveroit les dits seize septiers de bled et deux pipes de vin ainsy qu'il faisoit auparavant cette presente fondation, pour faire et celebrer le dit service collegial et pour la substention des dit quatre chapelains curé et choraux, la ditte dame à transporté, cedé, laissé, ordonné et deputé, et par ces presentes donne, transporte, cede, ordonne et depute toutes chacunes les choses qui s'ensuivent, cest à sçavoir que la dixme des bleds de Doüé appartenant à la ditte dame de la Grezille au fief de Doüé, tenue d'elle sous l'hommage de Concourson appartenant à la ditte dame, valant chacuns ans six vingt septiers de bled à la mesure de Doüé et peut valoir communs ans cent livres de rente.

Item la dixme de bled d'Illay en la paroisse d'Ambillou, sise au fief de la Grezille, appartenant à la ditte dame, montant à quarante septiers de froment par chacun an mesure de Brissac, vallant chacun an quarante livres.

Item une autre dixme de bled appartenant à la ditte dame, sise en la ditte paroisse au bourg Daveau, au dit lieu d'Ambillou, fief de la Grezille, vallant chacun ans soixante sols de rente.

Item la dixme des bleds de Thouarcé sise au fief de Vezins tenue d'illec a foy et hommage, vallant chacun an soixante septiers de bled mesure de la Grezille. En ce compris une petite dixme qui est à Sourdigné et à la Maricollerie, vallant chacun ans trente cinq livres.

Item la dixme de vin de Thouarcé, appartenant à la ditte dame, sise au fief de Vezins et tenue d'illec sous un meme et seul hommage avec la dixme des bleds dessus dite, qui vaut chacun ans douze ou treize pipes de vin, sur laquelle dixme est deu à Saint-Maurice d'Angers par chacun an la somme de cent sols valante la ditte somme de cent sols payée vingt cinq livres chacun an.

Item la dixme de vin appartenante à la ditte dame en la paroisse d'Ambillou, au fief de la Grezille, laquelle vaut chacun ans deux pipes, vallante six livres de rente, lesquelles choses sont de l'héritage de la ditte dame si comme elle dit ne les possede plus.

Item sept quartiers de vignes appelées les Vignes rouges, que la ditte dame dit avoir acquises de Geoffroy Bois-Hubert, situées en la paroisse de Concourson, joignant d'un costé la vigne Jeanne Berthelot, paroisse de Doüé, d'autre aux prez de Roustel de Concourson, aboutant d'un bout aux prez du curé de Doüé, et d'autre les vignes Hamon du Portau, vallant dix livres de rente.

Item dix livres de rente que feue dame Jeanne de Brezé, dame de la Grezille, ordonna pour un chapelain à charge de deux messes estre celebrées en la ditte chapelle de la Grezille.

Item autres dix livres de rente que feue dame Jeanne Oudarde, dame de la Grezille, mère de la ditte dame, ordonna à la semblable charge de deux messes être celebrées en la ditte chapelle de la Grezille, lesquelles rentes de vingt livres ordonnées pour fonder les dittes deux chapelanies, la ditte dame, jusques à ce qu'elle ait baillé assiette, redevables aux dits chapelains.

Item la terre de Mehervé vallant quarante livres de rente ou environ, laquelle fut naguère ordonnée par ledit feu Geoffroy de la Grezille pour la fondation d'une chapelanie, à la charge de deux messes estre desservies en ladite chapelle de la Grezille, laquelle dessert apresent Mre Jean Bigot, lequel sera un des dits chapelains ou chanoines sy comme dit la ditte dame, toutes lesquelles choses peuvent valoir la somme de treize vingt dix neuf livres de rente par chacun an, outre les dits seize septiers de bled et de deux pipes de vin de rente que ledit curé a rapporté à cette fondation que dit est, lesquelles rentes de seize septiers de bled et deux pipes de vin, ladite dame, ses hoirs et ayant cause, payeront chacun an aux dits chapelains, qui pourroient valoir chacun an vingt livres de rente, et pour ce toute la dite fondation monteroit chacun an en tout à la somme de trois cent livres de rente, de laquelle somme chacun des dits cury, chapelains ou chanoines pourroient avoir quarante livres de rente par chacun an, et chacun des choraux quinze livres de rente, qui semble estre suffisant. Dotation. Item et d'icelle somme de 300 livres a ordonné la ditte dame dix livres par chacun an, tant pour fournir deux lampes, l'une ardera jour et nuit devant le grand autel et l'autre durant que l'on dira le divin sacrifice, qu'aussy pour garnir le luminaire de cire convenable pour chacun an à ladite église collégiale. Item, pour celui qui sera secrétain de la dite église collégiale comme cy après sera dit, dix livres de rente, lesquelles mises se montent à deux cent cinquante livres, ainsy resteroit cinquante livres de la ditte somme de 300 livres pour fournir et suppléer aux nécessitéz qui pourroient survenir au dit collège. Item la ditte dame a promis et promet par ces presentes faire croistre la ditte chapelle et y faire faire le chœur, a dire le divin service bien et honorablement, et faire achever les maisons pour habiter les dits chapelains ou chanoines, lesquelles sont grandement encommencées, lesquelles elle a donné et donne aux dits chapelains et leurs successeurs, avec les jardins des dittes maisons, et aussi a promis et promet garnir de livres, ornemens et autres choses a ce convenables. Item et afin que ledit service soit par ordre et convenablement fait par chacun des dits chapelains ou curé ou le commis du dit curé pour lui en son rang et en son tour sera semainier et commencera ledit service, dira ou fera dire la messe du jour avec les vêpres et aux heures, et les autres lui ayderont, et qui n'y sera present ne prendra rien à la distribution de l'heure où il defaudra, et les deffauts seront au profit de la fabrice de ladite église collégiale, laquelle distribution pourra valoir deux sols chacun jour pour chacun des dits chapelains, et les autres qui ne seront pas semainiers en seront tenus celebrer la ditte messe Notre Dame chacun en son rang, les quels chapelains et choraux seront tenus faire personne et continuelle résidence sur le lieu du dit college, sur peine d'estre privés de leurs fruits et distributions, c'est à sçavoir le dit curé par luy ou autre chapelain suffisant tel qu'il luy plaira, et les autres quatre chapelains en leur personne, et si aucun d'eux etoit absent pour un mois sans licence des autres, l'on pourroit proceder contre luy à la privation de son benefice, et ne pourroit donner licence aucun d'eux par quoi le service divin cesse; et enfin que le service soit ordonné à cause des dits trois chapelains dont cy dessus est fait mention soit dit et celebré, c'est à sçavoir pour chacun des dits chapelains d'une part messe basse par chacune semaine, la dite dame a ordonné que chacun des trois des dits chapelains qui ne seront pour lors semainiers ni chargés de dire messe de Notre-Dame, dire deux des dites basses messes chacun d'eux en son rang, et seront les dits quatre chapelains ou chanoines et les commis du dit curé prêtres, autrement ils ne seront point institutez. Item et pour clore et ouvrir ladite église collegiale, pour garder les calices, livres, ornements et autres choses nécessaires à tout ce qui dit est, et pour sonner les cloches aux heures, la ditte dame a ordonné que l'un d'iceux chapelains lequel il eliroient entreux, soit secretain et exerce l'office de secretain qui sera office perpetuel, et pour ce faire il aura la ditte somme de dix livres dont ci-dessus est fait mention, en outre la recompense comme chacun des dits chapelains, et s'ils ne peuvent s'accorder en la ditte election le dit Reverend Père en Dieu en pourvoira un mois passé après la vacation.

Item les dits chapelains et chanoines et choraux seront tenus celebrer quatre anniversaires solennels par chacun an, de trois mois en trois mois pour l'âme des dits fondateurs du dit college, de parens, amis et trepassez, et tous les dimanches procession et à la fin d'icelle un repons avec le verset et oraison des defunts, pour l'âme des dits fondateurs, parents, amis trepassez selon l'observance de l'église d'Angers, et a promis et promet la ditte dame fondatrice par ces presentes faire amortir et indemner à ses propres dépens toutes les choses dessus dittes par elle ordonnées et transportées en notre presente fondation et ordonnance, et en cas que les dittes choses ne vaudront la ditte somme de trois cents livres de rente, la ditte dame a promis les parfaire et bailler ce que deffaudroit, en bonne et suffisante assiette, et par ses mains ce que deffaudroit jusques à ce qu'elle ait fait telle assiette et le tout amortir et indemner comme dessus est dit, et a voulu et ordonné, veut et ordonne par ces presentes, la ditte dame, que la presentation des dits chapelains et chanoines, excepté la chapelanie et prebende du dit curé qui est annexée à la ditte cure, soit et appartienne à elle comme dame de la Grezille, et après son decez à son héritier et seigneur dudit lieu de la Grezille et la collation et institution d'iceux chapelains a Reverend Père en Dieu l'évêque d'Angers, moyennant la ditte presentation et institution des dits choraux bacheliers, a elle et après son decez, à son héritier seigneur du dit lieu de la Grezille, avec le conseil et consentement des dits chapelains, et supplie icelle au dit Reverend Père en Dieu l'évêque d'Angers, et en son absence aux honorables hommes ses vicaires en.......... et leur plaise ratifier et approuver cette presente ordonnance et fondation, et tout ce que dit est, et sur ce interposer son decret et qu'il lui plaise. en lieu de procuration qu'il pourroit prendre et avoir chacun an sur le dit collège, soy contenter d'avoir chacun an pour et ses successeurs soixante sols tournois de pension au sacre de Saint Lucas. payables par les dits chapelains et sur le revenu du dit collège, et a ordonné et ordonne la ditte dame que le dit Reverend Père en Dieu et ses successeurs, et pour et en recompensation des relaxations de remissions de ses droits qu'elle supplie estre faits touchant le dit college et aussi que le dit Reverend Père en Dieu est descendu et extrait de ceux de Beauvau, prochains parents en lignagers des dits de la Grezille, soyent censez et reputez principaux fondeurs et bienfaiteurs du dit college et singulierement participans des bienfaits et prières d'iceluy, les quelles choses ainsi transportées, cedées et delaissées comme dit est, la ditte dame a promis et promet faire valoir, garantir et delivrer, et deffendre vers tous et contre tous de tous quelconques empeschemens, et a tout ce que dessus est dit, tenu et divisé. tenir, faire, promet et accomplir la ditte dame a obligé et oblige par ces presentes, elle ses hoirs et ayant cause ses biens et choses, meubles et immeubles, presens et a venir quels qu'ils soient, et a renoncé et renonce par devant Nous quand pour cet effet à toutes et chacunes les choses qui contre la teneur, forme et substance de ces presentes pourroient être dites proposées, objectées et alléguées en aucune manière; et à tout ce faire, garder, tenir, enteriner, et accomplir est tenue la ditte dame par la foy et serment de son corps. Sur ce donné en notre main et à sa requeste jugée et condamnée par le jugement et condamnation de notre Cour, et particulièrement le dit Laittaut de son consentement en a été jugé, et quand à ce s'est soumis à la ditte juridiction; ce fait donné en double et fait au dit lieu de la Grezille es presence du dit Reverend Père en Dieu, d'honorable homme et sage M. Jean Haberge, conseiller du roy en sa cour de parlement, Guillaume de Saint-Just, chantre et chanoine de l'église d'Angers, Robert Asse, prévot d'Anjou, en l'église de Saint-Martin de Tours, Messire Jean Bellanger, docteur en droit civil, Maitre Jean Royer, archiprêtre de Saumur, Messire Jean Luillier, docteur en théologie et le dit Laittaut, curé d'Ambillou, a ce présent et consentant et plusieurs autres à ce presents appellez; le vingt septième jour d'octobre, l'an mil quatre cent cinquante cinq. Signé en la grosse de ces presentes : J. Mioleau et Perrigault, et scellé en double queue de cire verte.

Notre-Dame-du-Champ

en la terre du Pineau, paroisse de Thouarcé.

FONDATION

Comme ainsy soit que Mre François de Lesperonnière, chevalier seigneur de la Rochebardoul, du Pineau et autres seigneuries, considerant la grande distance qu'il y a de la maison et chastel du Pineau en l'église paroissiale de Thouarcé, proche et environ de laquelle maison il y a plusieurs villages habitez de quantité de personnes qui bien souvent, à cause de la distance les uns d'une lieue les autres d'une lieue et demie, et la difficulté des chemins à cause de deux rivières ou ruisseaux qui sont entre les dits lieux et la ditte église de Thouarcé, lesquels ruisseaux enflent et debordent de telle sorte qu'il est impossible de les contrepasser ny à pied ny à cheval; à raison de quoy le dit seigneur du Pineau, ceux de sa maison et habitans des villages ne peuvent assiter les jours de dimanche et autre festes à la messe et service de la ditte paroisse de Thouarcé, qui est cause que grand nombre de personnes ne peuvent satisfaire aux commandemens et preceptes de l'église, qui n'entendent point la messe les dits jours ne pouvant tous quitter leurs maisons, et autres plusieurs grands accidens qui arrivent aux malades pour ne pouvoir être assistez a tems par les ecclesiastiques de la ditte paroisse; à raison de quoy iceluy seigneur de la Rochebardoul et du Pineau auroit fait construire et edifier une grande et ample chapelle proche le village du Champ et en son domaine et l'etendue de son fief de la ditte maison du Pineau, en l'honneur des saints et sacrés noms de Jesus et de Marie, pour l'expiation de ses fautes et pechez et de ses defunts pere et mere, parents et amis pour être d'autant participants aux prières de notre mère Sainte Eglise apostolique et romaine, desireroit fonder la ditte chapelle en l'honneur des sacrez noms de Jesus et de Marie sous le titre et evocation de la glorieuse Vierge pour estre les jours de festes de Jesus celebré la messe en icelle chapelle, avant ou après laquelle messe les litanies du sacré nom de Jesus seront chantées ensemble vespres, après lesquelles seront également chantées les litanies de la glorieuse Vierge, et pour y estre dites et celebrées tous les dimanches de l'année et aux quatre festes solennelles de Notre-Dame, sçavoir aux jours de l'Annonciation, Visitation, Purification et Assomption, la messe celebrée et les vespres chantées à haute voix par le chapelain qui en sera pourveu par les sieurs fondateurs et ses successeurs, lequel chapelain dira les dimanches la ditte messe à sept heures en été et à huit heures en hyver, et seront les vespres chantées es dits jours à trois heures ou après qu'elles seront dittes en l'église paroissiale, et encore tous les mercredys une messe de Requiem à basse voix, outre le service porté par le testament de deffunte Catherine Poupart, rapporté par Binon notaire du marquisat de Thouarcé et la fondation et service portez par le testament de deffunt Mathurin Bénard et Claude Chauvigné sa femme, passé par devant Claude Garnier, notaire royal à Angers, le 13e jour d'aoust en 1650, qui sera pareillement dit et celebré dans la ditte chapelle, ainsi qu'il est porté par le dit acte, pour ce est-il que par devant nous Jacques Bommier, notaire royal à Angers, fut present établi et duement soumis le dit Mre François de Lesperonnière, chevalier seigneur de la Rochebardoul et autres seigneuries, demeurant en son chastel du Pineau, paroisse du dit Thouarcé, de present en sa maison en cette ville, sise proche le Puyrond, paroisse de Saint-Denis, lequel pour les causes sus-dittes et pour la nourriture et entretien du chapelain auquel la chapelle et stipendie sera presentée par lui et ses successeurs, outre les choses données et laissées par les dessus dits Poupart et Bernard au profit et utilité de la ditte chapelle, a donné et donne par ces presentes les choses dont la declaration s'en suit : sçavoir est quatre septiers de bled mesure de Thouarcé à prendre chacun an sur les dixmes inféodées que le dit seigneur a droit de prendre et percevoir chacun an en la ditte paroisse de Thouarcé en l'aire, lorsque les dittes dixmes seront battues et eventées. Item donne trente livres de rente à prendre sur soixante et dix livres qui lui sont dues chacun an de rente noble féodale et foncière sur une maison sise aux Gardes, au terme de Paques, la dite maison arrentée a cette somme au nommé Neveu et a present possedée par les religieux Augustins du couvent des Gardes. Item donne un quartier de vigne en deux lopins sis au Moulin Cassé, paroisse de Rablé, l'un joignant d'un costé le chemin du Sacre à aller à la Barangerie, d'autre costé la vigne de Jacques Ozanne, aboute d'un bout un petit chemin tendant de Rablé à l'étang des Nouelles et d'autre bout le dit chemin du Sacre, l'autre des dits lopins joignant d'un côté la vigne du dit Ozanne et d'autre côté les vignes de Jeulot à cause de ses enfans qui sont Gauline, aboute d'un bout les chemins à aller à l'étang des Nouelles, d'autre bout la vigne de Pierre Molinard. Item donne cinq quartiers de vignes en deux endroits situés en la ditte paroisse de Thouarcé, l'un contenant un quartier joignant la vigne de la chapelle du Pineau, d'autre côté la vigne de M⁰ René du Grand Mesnil, chevalier, seigneur du Bois-Blin, à cause de dame Urbanne de Moutours son épouse, aboute d'un bout la vigne de M⁰ René Michel, l'autre quartron joignant la vigne de la Bouette des Trepassez de Rablay, d'autre côté la vigne de Georges Mery, aboutant d'un bout à la vigne du dit sieur de Bois-Blin, d'autre bout la vigne de René Gautier. Item un quartier de vigne dans le clos du Prestier en deux planches et demies, joignant d'un côté la vigne de demoiselle de la Mabilière Guérin, la ditte demie planche l'aboutte d'un bout d'autre costé la vigne d'Étienne Goubault, et d'un bout Macé Thybaut, d'autre bout le chemin tendant du Pineau à la Contresche, toutes lesquelles choses sont toujours mouvantes desdits fiefs à ne donner de cens à la recepte de la seigneurie du Pineau en Thouarcé, et un autre denier à celle des Bordes, à la charge par ledit chapelain de la ditte chapelle de faire le service ci-dessus d'une messe à basse voix chaque jour du dimanche de l'année et chaque jour de mercredy de chacune semaine et aux quatre festes de Notre-Dame et feste de Jésus, encore dire et chanter les vespres à haute voix tous les jours de dimanche et festes de Jésus et quatre festes de Notre-Dame et le jour et festes de Jésus, premier dimanche du mois et quatre festes de Notre-Dame, chanter au matin les litanies de Jésus à haute voix et après vespres les litanies de la Vierge, de faire et accomplir le service porté tant par la fondation de la ditte Poupart que par celle des dits Bernard et Chauvigné, de jouir comme un bon père de famille de toutes les dittes choses données et relaissées tant par les sieurs fondateurs que par ceux, et les tenir en bonne et suffisante reparations, entretenir les vignes de leurs façons ordinaires, même y faire quelque plan tous les ans à ce qu'elle ne deperissent, de payer les cens, rentes et deniers ainsy qu'ils sont deus et specifiés par le contrat de fondation, et pour faciliter la celebration des dites vespres chaque dimanche de l'année, feste de Jésus, premier dimanche du mois et quatre festes de Notre-Dame, ce que le dit chapelain ne pourra faire seul iceluy sr fondateur a donné et donne par forme d'augmentation de revenu au chapelain de la chapelle de son chastel et maison du Pineau, une petite maison qu'il a fait bâtir près la ditte chapelle de Notre-Dame, un enclos de terre où il y a un jardin, ledit enclos joignant d'un côté le chemin qui conduit à aller à Chemillé et d'autre côté la terre du nommé Cœur de Roy, aboutant d'un bout un petit chemin qui conduit à aller à plusieurs terres, d'autre bout un fossé qui tire du premier vitral de la ditte chapelle au dit chemin qui conduit à Chemillé, à la charge du dit chapelain du Pineau de demeurer dans la ditte maison et d'assister à chanter les dites vespres tous les jours de dimanche, festes de Jésus et quatre festes de Notre-Dame, et pour la reparation et entretien de la ditte chapelle, le dit sieur fondateur a donné et donne la somme de quarante sols chacun an à prendre sur celle de soixante et dix livres cy-dessus mentionnée. Seront tenus lesdits chapelains de la ditte chapelle, lorsqu'ils celebreront et diront la messe es jours de dimanche et festes de Jésus et de Notre-Dame, faire prier Dieu pour le dit sieur fondateur et avertir et convier les assistans de prier Dieu tant pour luy que pour dame Renée Simon son épouse, et pour les différens seigneurs et dames de la ditte maison et leurs successeurs, et ne pourront les dits chapelains enterrer ni inhumer aucune personne en la ditte chapelle sans l'exprès congé et permission du dit sieur fondateur et de ses successeurs, de laquelle chapelle et des fondations faites par les dits Poupart, Bernard et Chauvigné, sus-rapportés, le dit sieur fondateur ce réserve sa vie durant et après son décès et de ses successeurs issus de son sang, seigneurs de la ditte terre du Pineau, le patronage et droit de presentation pour la presenter toutefois et quantes qu'elle vacquera en quelle façon que ce soit à une personne capable pour icelle chapelle et stipendie, obtenir et à Monseigneur l'illustrissime et reverendissime évêque d'Angers, en appartiendra la collation et ou les dits chapelains ne voudroient accomplir l'intention du sieur fondateur ne faisant pas le service porté par les dittes fondations, iceluy seigneur fondateur et ses successeurs issus du sang, seigneurs de la ditte terre du Pineau, pourront contraindre les dits chapelains à le faire et en deffaut pourront entrer de plein droit en la possession et jouissance des dittes choses données et s'en emparer pour faire executer icelle fondation, et dire le dit service par tel autre prêtre qu'ils auront bon estre et à l'entretien de la ditte fondation s'est le dit fondateur obligé et oblige ses hoirs et ayant cause biens et choses à prendre, vendre et mettre en exécution parfaite et deue, faute d'entier accomplissement de ce que dessus renonçant à toutes choses à ces presentes contraires dont à sa requeste et à son consentement l'avons jugé et condamné par le jugement et condamnation de la ditte cour. Fait et passé au dit Angers, maison du dit sieur fondateur sus désigné, en présence de messire François Crosnier, François Plessis, Mathurin Cheronnier, praticiens, demeurant au dit Angers, témoins à ce requis et appelez, avertys du scellé, suivant le dit vingt et neufvième jour de janvier l'an mil six cent cinquante et six, après midy. Signé : DE LESPERONNIÈRE, CROSNIER, PLESSIS, CHERONNIER et BOUMIER.

Église Saint-Martin de Parcé.

FONDATION.

Sachent tous présents et à venir que en notre cour de Chateauneuf-sur-Sarthe, nous avons aujourd'hui veu et diligemment regardé et leu de mot à mot le testament de feu noble et puissant Jean, seigneur de Champagne, chevalier, et dame Ambroise de Crenan, son épouse, sain et entier et tant en seings qu'en écriture, auquel testament sont contenues plusieurs clauses et entre autres sont contenues les clauses ci-après desquelles la teneur s'en suit :

Item et après qu'il aura pleu à Notre-Seigneur, de sa grâce faire commandement de nos âmes, voulons nos corps estre baillés et livrés à sepulture de sainte église, laquelle nous elisons au chœur et chanzeau de l'église de Saint-Martin de Parcé, et voulons que quelque part que nous allions de vie à trepassement et quelque oppression de guerre qu'il soit pour lors y estre menés et en icelle chancel ensepultures, lequel chancel nous voulons qu'il soit fait et edifié bien et honorablement de plus grand et honorable édifice que celui que de present y est garny de sieges et en l'état de ceux d'église collegiale doit estre et iceluy estre garny de sieges ou chaires ainsy qu'on a accoutumé de faire es-eglises collegiales et voulons qu'en iceluy chœur ou chancel soit dit et celebré dorenavant toujours, mais par chacune semaine de l'an, neuf messes par trois chapelains, c'est à scavoir sept à notes et deux basses qu'ils entendent estre dittes et celebrées en la manière qui s'en suit :

Premier, au lundy de l'office Mr saint Michel l'Archange, au mardy de l'office du Saint-Esprit, au mercredy et jeudy de l'office des morts, au vendredy de l'office de la Croix, au samedy de l'office de la Sainte-Vierge Marie et au dimanche de celuy qui echerra à celuy jour et outre seront tenus iceux trois chapelains dire et celebrer par chacun jour de l'an au dit chœur ou chancel matines, primes, vespres et complies à notes et vespres et vigiles des morts les jours de mercredy et jeudy, qu'ils doivent faire leur messe de l'office des morts, au salut et remede et decharge de nous et de nos enfans, de nos père et mère et generalement de tous nos autres amis et parents trepassez, et pour nos predecesseurs et successeurs, et pour ce faire donnons à iceux trois chapelains dès maintenant et à present à toujours mais perpetuellement et à leurs successeurs servant audit chœur disant le service divin, notre terre de Pressigné, appellée la Petite Royauté, ainsy comme elle se poursuit et comporte tant en fief que en domaine, tant en cens, devoirs et feages, homages, serment, vignes, terres, comme toutes autres choses quelconques à icelle terre reservée à nous une foy et hommage que nous doit et est tenu faire Me Thibault Le Roy, docteur, à cause de ces choses de......... qui n'est point compris en ce present don. Et outre donnons à iceux trois chapelains nos dixmes que nous avons en la ditte paroisse de Précigné et icelles percevoir lesquelles nous avons eues par manière de retrait de l'abbé et couvent de Bellebranche, lesquelles ils avoient acquises et traittées et eues de feu Me Jean Madubin, chevalier, et dame..... sa femme, ainsy que nous et nos predecesseurs avons accoutumez lever les dittes dixmes, lesquels revenus des dits fiefs et dixmes baillons pour fondation et en dotation de trois chapelles que nous elisons iceux trois chapelains en la ditte église de

Parcé, ainsy et en la manière que dit est dessus, et en cas que les dits chapelains soient contraints par les seigneurs des fiefs desquels la ditte terre de la Petite Royauté est tenue en mettre hors de leurs mains, que nos heritiers soient tenus leur en assigner autant et valant en fonds et domaine en lieu ou ils le puissent gouverner. Lesquels trois chapelains seront tenus faire residence au dit lieu de Parcé pour estre et obéir par chacun jour aux messes et services dessus dits et le revenu des dittes choses ainsy par nous données pour la dotation des dits trois chapelains et departie et en avoir chacun d'iceux trois chapelains la tierce partie, sauf que un des dits trois chapelains qui se dira chevecier ou maitre chapelain des dittes trois chapelles, aura par chacun an la somme de cent sols, le premier levé sur les revenus des sus dits pour faire rester les deux autres chapelains à faire le dit service, et en cas que l'un d'iceux trois chapelains feroit defaut de dire ou obéir au dit service et reellement tenir résidence au dit lieu de Parcé que nous, nos heritiers et successeurs le pourront oter et degrader de la ditte chapelle et du revenu d'icelle et en pourrons mettre et instituer un autre tel que bon semblera à nous, à nos heritiers et successeurs, suffisant et idoine pour faire et obéir au dit service, desquelles trois chapelles nous reservons à nous et à nos heritiers portant notre nom et armes, la presentation, provision et institution en requérant à reverand père en Dieu l'evêque d'Angers, qu'il lui plaira d'être collateur des dittes trois chapelles et d'en pourvoir et instituer ceux qui par nous, nos hoirs, lui seront présentez, et aussi qu'il luy plaise conserver les dits trois chapelains et desquels chapelains dessus dits nommés nos heritiers pourront prendre et avoir le serment solennel de justement dire et faire dire les services dessus dits et en cas que l'un d'iceux chapelains contreviendroit ou feroit deffaut de faire le dit service et ne se voudroit relever et tenir du dit m^{re} chapelain ou chevecier qu'il sera tenu reveler à nous et à nos heritiers, affin qu'il y soit mis provision necessaire et raisonnable qui sera par la prise et detention de son dit benefice sans luy en faire delivrance jusqu'à pleine satisfaction du dit service avoir été fait, ou d'y en commettre un autre tel qu'il plaira à nous et à nos heritiers, et pour ornemens, à faire le dit service, nous voulons qu'il soit fait trois chasubles dont il y aura une de velours noir, l'autre de drap d'or et l'autre tel qu'il plaira à nos heritiers executeurs et une chappe de damas vermeil qui sera faite d'une des houppelande de nous Ambroise, dessus dite, et ce qui ne pourra de la ditte houppelande à faire la ditte chappe, nous voulons le reste en soit mis en paremens, pour les aubes et amicts, et outre voulons que nos executeurs ci-après nommez garnissent les dits trois chapelains pour une fois seulement de deux daumoires pour messes, ordonne deux calices, voiles, corporaux, etoles, fanons bons et necessaires pour dire et celebrer le dit service, ainsy et comme il appartient, lesquels chapelains dessus dits seront tenus venir dire et celebrer deux des dittes messes qui se doivent dire en autant devant nous et nos héritiers, en cas que nous demeurions es paroisse de Parcé ou Davoise, et le tout faisant sçavoir le soir devant ou plustôt, s'il plait à nous ou nos héritiers. Et fut donné le dit testament, Angers, le 4ᵉ jour de décembre l'an de grâce 1428, auquel testament sont signez pour notaires d'Angers, MENOT, N. POTTIER et COLLAS RAGOT.

Collége et Chapitre de Jarzé.

FONDATION.

Sachent tous présents et avenir qu'en la cour du roy notre sire à Angers en droit, par devant nous personnellement étably, noble et puissant messire Jean de Bourré, chevalier seigneur du Plessis Bourré, de Jarzé et de Longué, conseiller et chambellan du roy notre sire, soumettant soy ses hoirs avec tous et chacun ses biens meubles et immeubles presents et avenir quels qu'ils soient au pouvoir detroit ressors et juridictions de la dite cour, quant à ce soit confesse de son bon gré sans aucun pourforcement et de propos deliberé, que pour l'honneur et reverence de Dieu et pour le salut et remède de son âme et des âmes des feuë dame Marguerite de Feschal sa femme et aussi de leurs predecesseurs, successeurs, bienfaiteurs et amis trepassez, il a voulu et ordonné par ces présentes, veut et ordonne avec la licence et au cas qu'il plaira à reverend Père en Dieu, M. l'evêque d'Angers, ou à Mʳˢ ses vicaires, fonder un college et lequel dès à present il fonde en l'eglise parochiale du dit lieu de Jarzé, en le diocese d'Angers, de laquelle eglise parochiale de Jarzé il est fondateur comme representant ses predecesseurs seigneurs.

Lequel college le dit chevalier a voulu, veut et ordonne être de cinq chanoines prebendez et deux chapelains et aussi de deux enfans de chœur, desquels chanoines et prebendez le curé de la ditte église parochiale en aura une annexée et unie avec sa ditte cure et la prééminence comme chef du dit college quand il sera en personne, et veut et ordonne que les dits autres quatre chanoines soient actuellement pretres chantant messe, lesquels soient suffisans et idoines et de bonne vie et honneste conversation desquels chanoines outre que le dit curé le premier sera chantre chacun jour et à toutes heures de matines, messes et vespres, processions et stations, ainsy que le fait le sous-chantre en l'église d'Angers, lequel chantre avec les successeurs aura la prééminence en l'église, chapitre et autres lieux, en l'absence du dit curé et les autres seront en leur ordre ainsy qu'ils seront reçus et instituez.

Et en tant que touche les dits deux chapelains, le dit fondateur veut que l'un d'eux soit secretain et fasse l'office de diacre et l'autre chapelain l'office de sous-diacre à toutes les grandes messes de festes commandées en l'église et dimanche de chacun an, et lequel secretain sera tenu bailler bonne caution de repondre de ce qui luy sera baillé en garde et par inventaire et sera tenu allumer et eteindre le luminaire quand et metier en sera, sonner ou faire sonner les cloches pour matines, heures et grandes messes, selon le jour et solennitez ainsy qu'en tel cas appartient.

Et parce que le secretain de la ditte paroisse de Jarzé est tenu tout davantage sonner aux grandes festes matines, messes et vespres, il n'est pas par ces pre... deschargé, mais se trouvera à la décharge et soulagement du secretain d'iceluy college, avec ce le dit secretain, sera tenu atteindre et etuyer les calices, livres et ornemens, croix et reliquaires appartenant au dit college, et autres choses accoutumez pour le service divin. Laquelle fondation le dit chevalier ordonne et institue à l'honneur de Dieu et de la glorieuse benoite Vierge Marie, aussi Monsr St Cir et Sainte Julitte dont on dit icelle église parochiale estre fondée, pareillement en l'honneur de Sainte Suzanne et de toute la cour celeste de paradis, et veut qu'au principal et grand autel du chœur d'icelle église le chœur ou chacun en faveur du dit college il fait croitre et allonger afin que la ditte église demeure plus grande et qu'il y puisse plus de gens, soit mis l'image de la glorieuse vierge Marie comme principale patronne d'icelle église collegiale.

Lesquels cinq chanoines et deux chapelains, avec les dits deux enfans de chœur, seront tenus dire, faire et celebrer bien et duement les sept heures canoniales par chacun jour à jamais perpetuellement, en la manière que s'en suit, selon l'observance de l'église d'Angers et ordinaire d'Anjou.

C'est à sçavoir : Matines du jour et incontinent apres Matines diront la messe de Notre-Dame, excepté es jours de vendredy benoit, Pâques, de trepassez et Noël, et incontinent après la dite messe de Notre-Dame sera dit par le dit college *subvenite* ou autres repons, et oraisons des trepassez, puis après diront Primes, et à heure competente diront Tierce, la grande messe du jour et Sexte, et après diront None, Vespres et Complies à telle heure comme ils ont coutume de faire es eglises collegiales d'Angers, le tout à note et modérée prolation, devotion et reverence, comme il appartient, et que chacun jour après complies les dits du college seront tenus de dire à genoux et chanter devotement et humblement en l'honneur de Notre-Dame *Salve Regina*, ou autre salut de Notre-Dame, selon le tems, avec les oraisons concedées, et pour les defunts *Inclina et fidelium*, lesquelles oraisons dira celuy qui sera semainier de grandes messes et que des dits cinq chanoines y ait toujours deux semainiers et chacun à son tour pour dire la messe de Notre-Dame et la messe du jour comme dessus.

Et pourra ledit curé faire desservir sa ditte prebende par vicaire ou vicaire muable à son plaisir, idoine et suffisant, lequel vicaire sera en ordre après les dits chanoines et avant les dits chapelains et vicaires du dit curé, en l'absence d'iceluy fasse continuelle residence à toutes les heures canoniales et messes, et ainsy compris les dits deux chapelains, seront toujours six demeurant en chœur, outre les deux choraux pour repondre les messes du jour et de Notre-Dame, et qui ne sera présent aux dittes messes et heures où il faudra, soit chanoines ou chapelains s'il n'y avoit empeschement legitime, excusation de droit, auquel cas il gagnera comme présent en mandant son exoine et empeschement legitime et véritable, sans fraude, pourveu qu'en iceux cas de maladies ou autres excusations de droit s'il n'avoit, que Dieu ne veille, soit par le chapitre d'iceluy college tellement pourveue et mis si bon ordre que le divin service n'en soit aucunement rabaissé, ne diminué, ne l'intention du dit fondateur defraudée lesquels deffauts viendront et seront le tout au profit de la fabrique d'iceluy college.

Et en outre veut et ordonne le dit fondateur que sur la non résidence les dits du chapitres n'en puissent faire dispense sans le consentement d'iceluy fondateur, ou de ses successeurs, seigneurs de Jarzé, ou que si aucun ou chacun des dits chanoines et chapelains etoit ou etoient absents par deux mois ou deffailloient à se trouver au service divin sans aucune cause legitime ou excusable de droit comme dit est, ou qu'ils fussent taverniers, yvrognes, adulteres, fornicateurs publics ou autrement vicieux et abandonnez au jeu et choses deshonnestes et gens de leur état deffendués en chacun d'iceux cas ils soient admonestez par l'ordinaire de soy désister de tels vices et crimes selon la forme de droit, desquels s'ils ne desistent et qu'ils retournent à leurs vices et apres declaration faite par l'ordinaire à la poursuite du dit fondateur et successeurs ou d'office de juges, ainsi qu'en tel cas appartient, les dits chanoines ou chapelains vicieux soient privés *ipso jure* de leur chanoinie ou chapelainie, et y pourra être pourveu à iceux comme vacans *de jure et facto* par la presentation du dit fondateur et successeurs.

Item veut le dit fondateur que par entre eux soit ordonné un poncteur pour pointer les fautes des absens, lequel poncteur sera tenu faire le serment en leur chapitre de bien et loyaument rapporter et pointer les dits defauts et absence et de ce baillera les roles ou tables au chapitre par chacun quartier de l'an pour estre fait payement par le bourcier du dit quartier selon que chacun aura assisté au divin service, lequel bourcier sera tenu en rendre les comptes, apporter et exhiber les dits rôles de pointeur, lesquels rôles le dit bourcier recouvrera du dit chapitre pour faire les dits payemens, desquels payemens sera tenu apporter quittances et décharges en rendant les dits comptes, et a voulu et veut le dit fondeur distribution estre faite aux presens es heures et service en la maniere que s'en suit, c'est à savoir l'office de matines, grande messe et vespres par chacune heure, à chacun des dits chanoines six deniers tournois pour prime et messe de Notre-Dame, à chacune des dittes heures deux deniers tournois, et pour tierce et sexte, none et complies, à chacun d'icelle un denier tournois, et pour chacun des dits chapelains la moitié moins que chacun des dits chanoines et en tant que touche les dits deux enfans de chœur, ils diront les repons, versets, porteront les cierges, torches, et seront ainsy que les enfans de chœur sont et doivent faire es autres eglises, lesquels enfans les dits chanoines pourront changer et muer par le dit chapitre ou le conseil du dit fondeur s'il est au pays.

Et s'il avient qu'il soit fait au temps a venir aucunes fondations au dit college comme anniversaire ou autres services, chacun des dits chapelains aura la moitié moins de ce que gagnera l'un des dits chanoines, et les dits deux enfans de chœur ensemble autant que l'un des dits chapelains.

Et par ces mêmes presentes le dit chevalier fondeur retient à lui et à ses hoirs et successeurs et seigneurs de la ditte chatellenie, terre et seigneurie du dit Jarzé, le droit de patronage et de presenter les dits chanoines et chapelains à reverend père en Dieu M. l'évêque d'Angers, auquel en appartiendra la collation moyennant la ditte presentation toutes les fois que les dittes prebendes et chapelenies et chacune d'icelle vaqueront soit par decès, privation ou autrement en quelque manière, que ce soit sauf de celle qui sera annexée à la ditte cure comme dit est dessus, laquelle demeure en la disposition des anciens patrons d'icelle cure.

Et pour l'entretenement et donation du dit college et continuation du divin service dessus déclaré, iceluy chevalier donne, baille, cède et transporte dès maintenant et à present et à toujours mais perpetuellement, aux dits chanoines, college et leurs successeurs, la somme de trois cent livres tournois de rente annuelle et perpetuelle cy après assignée, sur laquelle somme, en faisant le dit service ainsy que dessus est déclaré, chacun des dits cinq chanoines aura pour sa prebende chacun an la somme de trente neuf livres dix sols deux deniers tournois, les dits deux chapelains auront chacun dix neuf livres quinze sols cinq deniers tournois et les dits deux enfans auront ensemble quinze livres tournois pour etre distribuez aux dits enfans, ainsy que les dits chanoines aviseront, et à iceluy chantre sera payé chacun an la somme de quatre livres tournois outre la ditte prebende, et à iceluy des dits chapelains qui sera secretain et fera le diacre aux grandes messes du chœur, aux jours de dimanches et festes commandées en l'Eglise sera payé chacun an pour faire le dit office de secretain et de diacre la somme de vingt-trois livres quinze sols cinq deniers tournois et à l'autre chapelain qui fera l'office de sous-diacre aux dittes messes sera payé davantage la ditte chapelainie de vingt-cinq sols tournois et celuy d'entre eux, soit chanoine ou chapelain, qui aura la charge de pointeur des presens ou absens, aura par chacun an outre la ditte prebende ou chapelainie la somme de cinquante sols tournois et sera le dit office de pointeur muable et se pourra instituer et destituer par les dits chanoines ou chapitre toutes fois et quantes que bon leur semblera, et au bourcier pour retribution de ses peines sur toute la recepte ordinaire de trois cents livres la somme de sept livres dix sols qui est à la raison de six deniers tournois par livre.

Item veut et ordonne le dit fondateur et chevalier que si des dits chanoines ou chapelains ou chacun d'eux en particulier ou leurs successeurs faisoient au tems à venir aucuns acquets, jusques à trois arpens de terre, pré ou vigne, au fief et segneurie du dit Jarzé, pour et au nom de leurs dittes prebendes ou chapelainies et pour chacune d'icelles et leurs successeurs en leur lieu jusques au dit nombre de trois arpens, en iceluy cas le dit fondeur veut que ceux et chacun d'eux demeure quitte, dès à present comme dès lors et dès lors comme à present de toutes les rentes st indemnitez que eux et chacun d'eux pourroient devoir au dit seigneur de Jarzé et successeurs, seigneurs, à cause des dits acquets ou partie d'iceux jusques au nombre des dits trois arpens en tout pour chacune des dittes chapelainies dessus dittes en payant par eux et chacun d'eux et leurs successeurs es dittes prebendes et chapelainies les devoirs féodaux et autres qui pourroient être deus à la ditte seigneurie de Jarzé et autres lieux quelconques, et ainsi demeurera clair à l'usage de la fabrique d'iceluy collège la somme de vingt-huit livres dix sols six deniers tournois de rente, avec les emoluments des dits deffauts et autres profits et droits qui y pourront avenir par chacun an et à la charge de fournir sur icelle fabrique de luminaire, livres, aubes, amies toiles, chappes, chasubles, d'aumoires, croix, calices, chandeliers, encensoirs, ... et tous autres ornements et autres choses requises pour l'entretenement du service divin, desquelles choses dessus dittes le dit fondeur fournira pour le commencement ainsy qu'il verra être à faire, et après cela la ditte fabrique les entretiendra et fournira d'icelles choses et autres que besoin sera comme au cas appartiendra, pareillement les paroissiens et la fabrique d'icelle paroisse fourniront de leur part ce qu'ils sont tenus de fournir de coutume et ancienneté, avec ce veut et ordonne ledit chevalier qu'il y ait continuellement aux depens de la ditte fabrique une lampe avec de l'huile de noix pure et franche, ardente jour et nuit devant le sacraire et deux cierges qui seront allumez au grand autel durant la grande messe du dit collège et un cierge à celle de Notre-Dame par chacun jour et aux grandes festes solennelles comme Noël, Pâques, l'Ascension, Pentecoste, le jour du Sacre, l'Assomption de Notre-Dame et toutes les festes d'icelle, à la Toussaint, et autres festes solennelles, sera mis et fourni en la ditte église, sur la fabrique du dit collège deux cierges de chacun une livre pesant qui seront allumez sur le grand autel durant le tems de matines, messe du jour et vespres, en outre ceux de la ditte paroisse avec deux torches pesant chacune trois livres qui seront allumés par les dits enfans de chœur à l'élévation du Saint-

Sacrement, c'est à scavoir deux à la grande messe et une à la messe de Notre-Dame.

Item deux cierges pesant chacun une livre qui seront portés par les dits enfans de chœur devant l'encens et oraisons de matines et vespres aux festes de neuf leçons, au *Te Deum*, au tems pascal et devant l'Evangile es jours qu'il y aura à la messe diacre et sous-diacre, et sera renouvellé ledit luminaire à Noël, Paques, l'Assomption, Notre-Dame ou plus souvent s'il est besoin, et sera baillé le linge du dit college pour faire blanchir, ainsy qu'il appartient, aux depens de la ditte fabrique et le demeurant ou revenu de la ditte fabrique sera pour subvenir et fournir aux affaires et necessitez qui pourront survenir au dit college.

Et sera receu par leur bourcier ou receveur le revenu d'icelle fondation en baillant bonne et suffisante caution, lequel receveur ou bourcier sera eleu en chapitre par les dits chanoines qu'il payera, et fera distribution par le rapport du dit pointeur à chacun ce qu'il aura gagné par chacun quartier de l'an, lequel bourcier sera tenu de rendre compte aux dits chanoines du dit chapitre une fois l'an et le reliquat qui demeurera du revenu de la dite fabrique avec les deffauts des absents sera mis en un coffre bien fort et serré avec deux claveures duquel les clefs seront baillées à l'ordonnance du dit chapitre, à ceux qu'ils verront estre ce faire, et aura le dit receveur ou bourcier, pour retribution pour ses peines, six deniers pour livre, sur toute la recepte ordinaire, ainsy que dessus est dit, laquelle charge de recepte sera muable au plaisir du dit chapitre et se pourra destituer ou instituer toutefois et quantes il sera le plaisir des dits de chapitre et pourront les dits chanoines faire chapitre comme es autres eglises collegiales et en iceluy traiter de leurs affaires et ordonner et faire statuts pour augmentation du divin service et biens du dit college et de leur fabrique en ce qu'il sera de droit sans vice de symonie, lesquels statuts seront homologuez par l'ordinaire ainsy qu'il appartient, et chacun des dits chanoines et chapelains qui sera reçu en la ditte église, par vertu de collation qu'il aura obtenuë au moyen de la présentation du dit fondeur, presentera ses dittes lettres de collation aux dits chanoines et chapitre lesquels seront tenus le recevoir, et sera installé et mis par le chantre ou en son absence par l'un des autres chanoines en possession de la ditte prebende ou chapelainie, et sera tenu chacun chanoine de donner à son joyeux avenement à la fabrique du dit college après sons institution la somme de quarante sols tournois et chacun des dits chapelains la somme de vingt sols pour l'augmentation d'icelle fabrique.

Item le dit fondeur a donné et donne deux cloches outre celle de la paroisse pour l'usage du dit college, lesquelles cloches la fabrique du dit college sera tenu entretenir et renouveler quand sera besoin, et icelles cloches le secretain sera tenu, ainsy que requiert l'office de secretain, faire sonner aux heures, avec les cloches de la paroisse quand besoin sera.

Toutes lesquelles choses cy devant ecrites ne porteront aucun prejudice au dit curé qu'il n'ait toutes les oblations baise-mains et tous autres droits parochiaux, ainsy qu'il a de droit et de coutume, et entend le dit fondeur que le dit curé sera et demeure tenu de dire et faire dire la messe parochiale et autres services accoutumés es jours de dimanches et autres festes solennelles et fournir de chapelains pour y aider, et aussy la fabrique de la ditte cure de luminaire et autres choses ainsy qu'ils ont accoutumez nonobstant cette nouvelle fondation. Mais les messes du dit college tant du jour que de Notre-Dame pourront estre retardées ou avancées aux jours des dittes festes, ainsy sera avisé par le dit curé et college pour le plus convenable, toutes fois si aux plus grandes festes solennelles les dits du college ne pouvoient convenablement dire à notes la messe de Notre-Dame elle pourra estre ditte à basse voix.

Et pour tant que touche matines et vespres que le dit curé avoit accoutumé dire aux festes solennelles, il les dira luy et ses chapelains avec ceux dudit college ensemblement et complies semblablement.

Au regard des processions ordinaires, comme Paques Fleuries, Rogations, le jour de St Marc et le jour du Sacre et autres processions ordinaires pour le bien public ou disposition du tems, le dit college y assistera avec le dit curé et ses chapelains, sauf quand la ditte procession iroit entour des bleds ou tels autres lieux lointains, parce qu'il est necessaire le dit college demeurer à faire le dit service divin et pour les dimanches et autres festes où on a de coutume es eglises collegiales faire avant la grande messe du chœur procession et station dans la nef de la ditte eglise, les dits du college les feront ainsy qu'il est accoutumé de faire es autres eglises collegiales, et veut et ordonne le chevalier fondeur que cette presente fondation soit écrite en l'un des livres et dans le martyrologe d'icelle eglise, à ce que chacun des dits chanoines et chapelains n'en puissent prendre cause d'ignorance, qu'eux et autres qui y puissent avoir interest puissent connoistre les charges et conditions d'icelle fondation.

Et au surplus pour sureté et donnation de la ditte fondation, le dit chevalier baille, assigne et delaisse et transporte dès à present aux dits chanoines et chapitre pour eux et ledit college, la ditte somme de trois cent livres tournois comme dessus, sur tous et chacun ses biens meubles et immeubles presents et à venir, et estre payée la ditte rente dorenavant par chacun an par luy, ses hoirs ou ayant cause aux dits chanoines et chapitre ou à leur bourcier et receveur, à quatre termes en l'an, par égale portion, dont le premier terme et payement commencera au premier quartier que la ditte fondation aura été decretée et autorisée par mon dit seigneur M. l'evesque d'Angers ou par MM. ses vicaires et que le dit college aura commencé le dit service, o grace et conditions retenues et reservées expressement par le dit chevalier fondeur pour luy, ses hoirs ou ayant cause, d'icelle rente de 300 livres tournois, pouvoir amortir et eteindre toutefois et quantes que lui, ses hoirs ou ayant cause bailleront aux dits des chapitre et college assiette bonne et valable à la raison et valeur de 300 cent livres de rente et veut qu'en baillant partie d'icelle assiette et rente les dits de chapitre et college ne puissent refuser même soit en déduction et rabat d'icelle rente ou les choses heritaux de l'assiette d'icelle, le dit chevalier fondeur promet faire amortir et indemniser à ses propre couts et depens et au payement et continuation d'icelle rente aux termes dessus dits et à tenir garder et accomplir les choses dessus dittes et icelle rente de 300 livres et les choses d'icelle assiette garantir sauver et delivrer, defendre de tous et quelconques empeschemens vers et contre tous gens toutes fois que metier sera et au dommage des dits de chapitre et college amender et rendre et restituer si aucuns en avoient, et soutenoient par defaut de payement, de garantie et autrement en aucune manière a'obligé et oblige le dit chevalier luy, et ses hoirs avec tous et chacun ses biens et choses meubles et immeubles, presens et avenir, quels qu'ils soient, et a voulu et ordonne iceluy fondeur, que s'il alloit de vie à trepas avant que bailler aux dits de chapitre et college affectés des dites 300 livres tournois de rente, les dits heritiers soient tenus leur bailler certaines pièces à la valeur d'icelle rente et de ce que s'en deffaudroit sur le total de la succession et avant de faire aucuns partages, o la grâce dessus ditte, à ce que les dits chanoines et college ne soient dessaisis et qu'ils ne relaissent le dit service pour poursuivre leur ditte rente et davantage, veut et ordonne le dit seigneur fondeur que si les heritiers ou autres successeurs faisoient deffaut avant icelle assiette de payer aux dits chanoines et college ou à leur bourcier et receveur par chacun quartier de l'an les sommes qui seroient échues en iceluy cas pour chacune semaine qu'ils tarderont de payer après le dit quartier passé, y ait sur eux cent sols de peine commise appliquée aux dits chanoines et college, et laquelle peine commise le dit fondeur veut être exécutée comme pour chose jugée et à ce oblige et hypothèque tous ses biens et choses, renonçant par devant nous quant à ce à toutes et chacune les choses qui tant de fait que de droit, que de coutume, pourroient estre dittes, proposées et alleguées ou objectées contre la teneur, forme et substance de ces presentes en droit, et disant generale renonciation non valoir et generalement a toutes et chacunes les choses à ce fait contraires et tout ce que dessus est dit, tenir et accomplir sans jamais faire ne venir encontre en aucune manière, et est tenu le dit chevalier fondeur dessus dit, par la foi et serment de son corps sur ce baillé en nos mains, jugé et condamné à sa requeste par le jugement et condamnation par la ditte cour. Present à ce venerable personne Maître Guillaume Fallet, prestre; prieur de Millon, de l'ordre de Saint-Augustin. Ce fut fait et donné au Plessis-Bourré en double lettre, le neufviesme jour de mars, l'an mil quatre cent quatre vingt dix neuf; ainsy signé : A. PARÉ, O. FRADIN, et scellé en queue double de cire verte.

Notre-Dame du Puy

en Anjou.

FONDATION.

Postquam humana conditio a primordio suæ creationis per incuriam sui suo vitio corrupta in hujus exilii confinio et convalle plorationis devenit divinæ miserationis respectu superna moderatio miserata humanis rebus illuxit, et caecitatis humanæ tenebras, rutilo suae lucis splendore radiavit, quo splendore mens fidelium erecta suis corporibus in tantum convaluit, tantoque libertatis privilegio donatur, ut iterum prima stola velit indui et suis principiis per divinam gratiam desideret reformari, cujus antiquae benedictionis partem et corruptionis vestem.

Ego Vuillemus qui et Gaufredus dux Aquitanorum per Dei misericordiam adipisci desiderans, et vel minimum cavens in futurum in nomine Patris, et Filiis et Spiritus Sancti, pro enormitate scelerum meorum redemptione animae meae patris et matris, et omnis meae parentelae ad honorem Dei omni potentis, et Sanctae ejus Genitricis semper que Virginis Mariae et Sanctorum apostolorum Joannis et Andreae, statui mihi construere monasterium in suburbio Pictavis quatenus in extremo examine Dei miseratione protectus et Sanctae Genitricis et praefatorum Apostolorum Joannis et Andreae, omnium que sanctorum orationibus, munitus facinorum meorum veniam adipisci merear, et de parte Resurectionis partem obtinere id monasterium, tam illud quam ea quae ad se pertinere videntur constituo et confirmo suo totius libertatis munimine ab omni inquietudine cujuscunque potestatis, tam filii mei Guillelmi quam parentum meorum, omniumque successorum meorum, fundum scilicet ipsius monasterii constituo et confirmo liberum et fratrum cum omnibus quae ad se pertinere videntur quaesitis et acquirendis videlicet Burgum Novum quod ultra fluvium est situm burgum quoque quod circa illud monasterium in terra et possessione ipsius monasterii construitur in tanta enim libertate et quiete volo et jubeo esse monasterium, ut si aliquis pro aliquo foris facto, vel etiam me irato timore oppressus ad praedictum burgum fugerit libere, et quietus ibi sine aliquo timore velut in ecclesia maneat, donec aut placitum faciat aut in pace discedat coeteri vero illi commorantes, vel sua illic afferentes sive reponentes, homines scilicet extranei cum suis omnibus absque ulla injuria a meis hominibus sibi facta permaneant. Ultra vero eos esse quietos scilicet monachos, et omnes res eorum hominum ubilibet positorum, ut nullus eorum non filius, non filia, non uxor, non aliquis propinquus, non dapifer, non praepositus, non mareschallus, non serviens aut in aliquo ministerio positus, aut monachos jam dicti monasterii, aut homines eorum in quocunque loco eorum habitent, cogat sibi hospitium aut quaerat ab eis quod tallatam vocant, nec cogantur praedictorum homines monachorum ubicunque habitent ire in exercitu aut in expeditione nisi agatur nomine belli concedo quoque eidem monasterio ea quae usque ad muros civitatis acquirere poterit, nullam omnino in eis consuetudinem mihi retinens, do etiam ipsi monasterio stagnum ipsius civitatis contiguum seu piscaria, et cum molendinis in eodem positis et cum consuetudine molarum quae necessariae eisdem molendinis quae etiam molas homines consuetudinarii qui eas extrahunt debent, exceptis molis veteribus quas ipsi homines accipiunt quas etiam molas judex de Venolio per consuetudinem debet ducere usque ad locum de Fargiis, et judex de Fargiis usque ad molendina sine aliquo pretio. Dono etiam burgum Sancti Saturnini cum tampnatoribus suis consuetudinariis, et villam Agriciacum, villam similiter Puteoli et revestituram de Monstrolio cum quaesitis et acquirendis et villam quae Molerias dicitur, terram quoque Legudiaco, et terram Prati Maledicti atque terram de Phazialo cum silva sicut eas ab archiepiscopo Burdelagensi, et canonis ejusdem ecclesiae acquisivi; dono etiam ei territorio Sanctanensi, medietatem villae et terrarum de Obelay et cimeterium ecclesiae, et Carretam cum terris sibi appendentibus et revestituram de Faye et de Usello et revestituram de Carmery, et terram et silvam a via quae transit per Carretam, usque ad viam quae transit per Ussel, totum ab integro quod ad me pertinebat et medietatem pedagii de Ussel. Similiter dono et concedo revestituram de Boeth cum quaesitis et acquirendis, et vineis eidem villae contiguis, quas ego hucusque in dominio habueram, et quandam silvam in territorio in Santonensi ad revestituram faciendam, silicet inter Pontem Labacyum et rivieram de Boutirault, et Malam villam (1). Dono quoque praedicto monasterio pascherium de Jard, quartam partem de Oleron, excepta turre et castro. Similiter dono et concedo villam de Bennaco cum casamentis militum, sicut eam hucusque habueram, et medietatem de Gerbergaria, in burgo Sancti Joannis de Angeriaco, decem modios vini censuales unoquoque anno, et dona origiam externam. Concedo quoque monachis saepedicti monasterii per totam meam terram vada et padagia de rebus suis, et concedo eis ut nullam omnino consuetudinem dent in tota terra mea; concedo etiam eis omnes sylvas meas, ad ignem, ad domos suas construendas vel reaedificandas sive ad omnia necessaria facienda tam his qui habitant in monasterio quam iis qui sunt per obedientas; authoriso autem et concedo quidquid milites mei vel homines mei in honore meo sive de honore meo dederunt, vel vendiderunt praedicto monasterio. De contentionibus autem et quaerelis quae plerumque etiam inter fratres oriuntur si contigerit oriri inter homines meos et homines monachorum, praecipio ut ita teneatur. Si enim aliquando aliquis hominum monachorum fortitudinem fecerit

---

(1) Dans la *Gallia Christiana*, tome II, col. 852, on lit : Scilicet inter Pontem Labensem, Rabensem et Rametam, et Botiram, et Malbam villam.

pra... ...eo, nullo modo cogat cum praepositus meus venire in curiam suam rectam facere, sed magis facta proclamatione monachis, et statuto die vadat in curiam eorum ante abbatem aut praepositum, et ibi accipiat quidquid curia judicaverit; concedo eis etiam pedagium Pontis Novi, hoc quod mecum erat a molendinis de Cassannis usque ad molendinos de Sartis. Facta est haec carta donationis, seu firmationis seu concessionis, quinto Cal. feb., anno ab Incarnationis Domini millesimo septuagesimo septimo, indictione XV, regnante rege Francorum Philippo, pontificatum romanum tenente Gregorio VII papa, anno pontificatus ejus IV° in manu Vuillelmi filii mei, istis audientibus Odone abbate Sancti Joannis, Guidone de Nevers, Hugone de Leziniaco, Borello de Monsteriolo, Berardo de Dunis, Magodo de Mella, Guiberto de Sancto Joanne, Gauterio Carbonario, Odone praeposito, Pontio meo. Et sigillatum sigillo ducis, in cera rubra, sub duplici cauda.

Collationées et vidimées les copies ci-dessus à leurs originaux par nous, notaires royaux à Poitiers, soubs signez, a nous representez et fait rendus à Poitiers, le 17 juillet 1609. Signé : Daressac, Marras. La presente fondation fut confirmée par Vuillelmus, dux Aquitaniae, l'an 1126, indict. 4, quando fuit Pascha, 2 idus aprilis, regiae Francorum Ludovici, anno septimo decimo, Vuillelmo Adolesmi Pictaviensi sedi presente anno 1° mei principatus. Hujus rei testes sunt Wuillelmus comes Angolismensis, Emericus vicomes Thoarcensis maritusque sororis meae, Ranulphus abbas Sti Petri de Aurato, Robertus Burgundus, Chotardus ex Moritania, Wuillelmus de Apremonte, et Arveus de Mariolo, frater ejus Radulphus, Wuillelmus Fortonis. Sigillatum sigillo ducis in cera rubra sub duplici cauda.

Voici la date de la seconde charte de la confirmation de la fondation faite par Guillaume, duc d'Aquitaine, fils du fondateur, dans laquelle confirmation sont ces mots : Concedo villam Agriciacam et villam Januas quae Molerias dicitur quae meus pater adjecit de eadem silva, villam similiter Puteoli, terram quoque Prati Maledicti; concedo ei truncatas a stagno ut sit in custodia monachorum sicuti pater meus olim perceperat; concedo consuetudines de Puteo, de Magnetio et de Pachiaco, quas eis pater meus donavit concedo etiam quidquid Hugo de Mota, filius Rogerii dapiferi avi mei, praedicto monasterio dedit.

Notre-Dame du Puy

Fondation tirée de la Chambre des Comptes, l'an 1620.

Louis, par la grâce de Dieu, roy de France, à tous presents et advenir, salut. Comme par ci-devant nous ayons fait, fondé, legué et ausmonné en l'église de N.-D. du Puy en Anjou, au diocese de Poitiers, plusieurs beaux dons d'or et d'argent, droits, devoirs et privilèges, libertez, prérogatives, rentes, profits, et revenus et émoluments pour le soutennement et augmentation et accessoirement du divin service fait, dit et célébré en la dite eglise par certain nombre de gens d'eglise que nous y avons, pour ce dès longtemps ordonnés et établis, et jusques a présent Dieu notre créateur, et la très benitte et très glorieuse Vierge Marie sa mère y ont été très glorieusement et devottement servis, louez et honorez à l'exaltation et louange de notre loy et de la foy catholique; pour lesquels bienfaits, ainsi que voyons notre dit créateur à l'intercession de sa bénitte Mère, nous a toujours deffendu, préservé et gardé de mainte oppressions, machinations, entreprises et conspirations faittes et pourchassez contre nous et la chose publique, de notre royaume en telle manière que nos besognes et affaires se sont toujours très bien et grandement entretenues ; portées et soutenues au bien, profit et utilité de notre dit royaume, pays et seigneuries, et à expulsion deboutement et desconfiture de nos ennemis rebelles et adversaires, tellement que notre dit royaume, pays et seigneuries ont été et encore sont preservez, demeurez et conservéz en leur entier soubs nous et en nostre vraye et entière obeissance, et iceux accreus et augmentez de toutles parts quelques guerres et divisions troubles et controverses qui ayent eu cours en iceluy nostre royaume, et nous souvente fois parvenus en bonne santé, prospérité et convalescence d'aucunes grandes et très griefves maladies et accidents qui nous sont survenues, pour remembrance desquelles choses et pour icelles plus emplement reconnoistre plus avant de bien et mieux nous acquiter envers notre dit créateur et la benitte Dame sa mère des grands biens preservations, gardes, tuitions et deffences à nous faittes, pour notre prospérité et santé, et de notre très cher et très amé fils le Dauphin de Viennois on l'avons toujours de tout notre cœur es entendement remembré, devoné et présenté reduisant en memoire et ressouvenance en notre courage, la très singulière et fervante dévotion, que nous avons de tous temps et encore avons et auront tant qu'il plaira à Dieu, nous donner vie en ce monde au dit lieu, place et eglise du Puy Notre-Dame pour amour de nostre benoist sauveur Jésus-Christ et en l'honneur et reverence de la ditte benoiste Dame sa Mère et des benoist saints de paradis, et mesmement des très glorieux saints Monsieur saint Denis, saint Serges, saint Christophe, saint Blaise et saint Gilles, et aussi des glorieuses vierges et martyres sainte Catherine, sainte Marguerite, sainte Marthe, sainte Christine et sainte Barbe, et enfin que Dieu notre Redempteur, la glorieuse dame sa mère et les dits benoist saints et saintes nous soient toujours plus favorables, propiciables et aydables au salut de notre âme, et à la prosperité et santé de nous et de notre fils, et à la protection, garde tuition et deffense de notre dit royaume, et à la paix, tranquillité et union d'iceluy avons voulu, ordonné et declaré et disposé faire dire, chanter et celebrer dorenavant perpetuellement et à toujours grand service divin et œuvres meritoires et salutaires, à Dieu plaisantes et agréables, en la ditte eglise du Puy Notre-Dame et pour ce faire y ordonner, commettre et etablir gens d'église en nombre honorable et competant et de ce en faire et eriger perpetuellement fondation, savoir faisons que nous les choses dessus dittes considérées desirant de tout notre cœur volonté et pensement faire et accomplir la ditte fondation en manière qu'elle soit perpetuellement entretenue sans aucune rompture ou discontinuation, nous pour ces choses et considérations et autres bonnes justes et raisonnables ; à ce nous mouvant avons fait, voulu et ordonné, établi et de notre certaine science, propre mouvement, grâce spéciale, pleine puissance, et authorité royale, faisons, voulons, établissons, et ordonnons un corps et college de gens d'église, seculiers en la ditte église du Puy Notre-Dame, en la forme et manière que s'en suit, c'est à scavoir qu'en la ditte église du Puy Notre-Dame, y aura des à present et doresnavant treize chanoines, tous en état et ordre de prêtrise, treize vicaires et un maître, et six enfants de chœur, desquels treize chanoines il y aura un doyen, sous-doyen et chantre qui porteront tels et semblables habits qu'ils sont accoutumés de porter, les trésoriers, chantres et chanoines et aussy les vicaires de la sainte chapelle de notre palais à Paris, et seront tenus assister chacun jour au service divin qui sera dit, chanté et celebré en la ditte eglise en la manière que nous avons ordonné être fait, et dont cy-après sera fait mention.

Item voulons et ordonnons que le don, collation et provision et disposition du dit doyenné et aussy des soubs-doyen et chantre ensemble des dits chanoines et prebendes, quand ils vaqueront par mort, privation, résignation simple appartiennent à nous ou à nos successeurs roys de France de plein droit sous le bon plaisir et consentement de notre Saint père le pape ou autre ayant à ce puissance et aux dits doyennés, soubs-doyenné, chantres, chanoines, vicaires, maistre et enfans de chœur, avons nommé pourveu et ordonné des personnes qui s'en suivent c'est à sçavoir que maitre Jourdain du Perray a present curé de la ditte église de Notre Dame du Puy soit chanoine et doyen d'icelle eglise nonobstant qu'il en soit curé sans ce que ledit doyenné en soit annexé à ladite cure, ny icelle cure annexée audit doyenné ; mais après son trepas sera ladite cure un benefice à part, et le dit doyenné un autre aussi à part et se donnera et conferera ladite cure par celuy ou ceux à qui ou auxquels des a present en appartiendra la ditte collation et ledit doyenné par nous et nos successeurs roys de France, et sans ce que ledit curé qui sera pour le temps advenir prenne pour raison de ladite cure aucun profit et emolument en cette presente fondation et au soubs-doyenné avons nommé et nommons Me Jean Poictevin, et à la chanterie Me Jean Boileve, aux chanoines et prebendes Me Jean Du No qui s'appellera chanoine de Saint-Denis, Pierre Papel prêtre chanoine de St Serge, Gilles Nigny, chanoine de St Christophe, Pierre Royer chanoine de St Blaise, Jean Taillandier chanoine de St Gilles, Guillaume Dubois chanoine de Ste Catherine, Maurice Menart chanoine de Ste Marguerite, Jean Buignon chanoine de Ste Marthe, Nicolas Gaultreon chanoine de Ste Christine, Jean Taupin chanoine de Ste Barbe, tous prestres, et lesdits doyen, soub-doyen, chantre, chanoines et vicaires se diviseront en deux parties des chaises de la ditte église et seront en nombre autant d'un côté que d'un autre étant aux hautes chaises que des basses le plus egalement que faire se pourra pour plus honorablement, et convenablement faire le divin service et seront les dignitez et chanoines es hautes chaires, et les vicaires es basses chaires, et les dits doyen, soub-doyen, chantre, chanoines et chacun d'eux nous voulons être dit, tenu, nommé et reputé pour tels tenir et desservir les dittes dignitez et chanoines et d'icelles jouir et user dès a present, paisiblement sans qu'ils leur soit besoin ne a aucun d'eux prendre ou avoir autres lettres collations ne titre de nous, fors tant seulement ces presentes, et au regard des dits treize vicaires, nous voulons et ordonnons que ledit doyen, pour cette première fois, y puisse nommer et instituer vicaires suffisans et idoines selon Dieu et conscience et mesmement ceux qui longtemps ont fait le service divin en la ditte eglise pour le salut et prosperité et santé de nous et de notre dit fils, et quand il adviendra que ceux qui auront esté ainsy nommés par ledit doyen iront de vie à trepas ou par autre moyen vaqueront les dits vicaires, nous voulons que la nomination et présentation de chacune vicairerie qui vacquera appartienne à chacun desdits dignitez et chanoines et la collation et institution d'icelles auxdits doyen et chapitre ; lesquelles vicaireries sont benefices perpetuels ; après que lesdits vicaires auront ainsy été presentez par l'un desdits dignitez ou chanoines ne pourront être par eux desapointez privés ne destituez sans cause raisonnable, de laquelle auront la punition et connoissance lesdits doyen et chapitre, et quant aux maistre et enfans de chœur lesdits doyen et chapitre y pourvoiront dudit maitre, ores et pour le temps advenir, de personnes idoines et suffisans, expert et reconnoissant en l'art et science de musique, qui soit de bonnes mœurs et honeste conversation pour la direction et introduction des enfans de chœur, en l'honneur, profit et louange de Dieu et de Notre Dame et de la ditte eglise, ainsy que besoin sera et est nécessaire en tel cas.

Item avons voulu et ordonné, voulons et ordonnons que lesdits dix chanoines diront et seront tenus dire ou faire dire chacun jour dix messes basses, sçavoir est, chacun des dits chanoines une messe en l'honneur et reverence des dits Saints et Saintes dessus declarez, et l'autel qui est en l'endroit du grand autel de la ditte église à la main senestre, et que, après le *Pater noster* de chacune messe, avant que on dise *Agnus Dei*, soient dit par chacun prestre qui dira les dittes messes, ces deux psaumes *Laetatus sum*, et *Domine in virtute tua laetabitur Rex* ; et avec l'oraison *Quaesumus omnipotens Deus ut famulus tuus rex* ou *famulum tuum regem*, et après que les dittes messes seront dittes et célébrées, les dits chanoines et vicaires s'assembleront collegialement par devant ledit autel où auront été dittes et celebrées lesdites messes, et se diviseront en deux parties l'un à droite et l'autre à senestre, et ce fait chanteront et feront chanter commémoration à haute voix desdits saints et saintes selon la coutume les oraisons.

Item en cette chose seront tenus lesdit doyen et soub-doyen chantre, chanoines, maitre et enfans de chœur, dire et chanter toutes les heures canoniales, sçavoir matines, prime, tierce, midy, none, vespres et complies, et la grande messe solennelle devotement et sollennellement de la ditte eglise chacun selon sa qualité et comme à la ditte feste appartiendra, et tout ainsi que font et ont accoutumé de faire es autres eglises cathedrales et collegiales, en eux conformant le plusprès qu'ils pourront à la forme et manière que font ceux de la Sainte chapelle de notre Sainte chapelle du palais à Paris, fors et excepté qu'ils tiendront l'ordinaire et feront l'office et service d'icelle église selon l'usage de Poitiers auquel est situé et assis la ditte église du Puy Notre Dame, après lesquelles matines dittes et achevées les dits doyen et soubs-doyen, chantre, chanoines et vicaires seront tenus dire et célébrer par chacun jour perpetuellement le plus dévotement qu'ils pourront une grande messe à notes de Notre Dame, à diacre et sous-diacre, et la feront sonner bien solennellement à la plus grosse cloche avant que la commencer, pour le salut prospérité et santé de nous et de notre très chère et très aimée compagne la reyne et notre dit fils, avec l'oraison *Quaesumus omnipotens Deus ut famulus tuus rex*, laquelle messe sera ditte et célébrée selon l'office du temps qui escherra en la saison, et à la fin d'icelle messe de Notre Dame, lesdits doyen, sous-doyen, chantre, chanoines et vicaires diront et seront tenus dire et chanter collegialement, et le plus devotement qu'ils pourront, *Salve Regina* ou autre Antienne de Notre Dame tel que le temps et le jour le requerra, avec les vêpres et oraison *Concedo nos* ou *Gratiam tuam quaesumus Domine*, ou autres telles qu'ils adviseront pour le mieux, et après ce diront et chanteront none et tierce et la grand'messe du jour avec les autres heures ainsi qu'il est accoutumé de faire es autres églises collegiales et à la ditte sainte Chapelle du pallais, et pour ce que en ladite eglise du Puy Notre Dame y a prieur et religieux qui sont tenus de faire le divin service en icelle église comme le curé et autres séculiers et que, pour la concurrence et assemblée d'eux et des dits chanoines par nous fondés, pourront avoir partage du service entre les religieux et les chanoines du Puy, aucune perturbation, empeschement ou division au service divin que devront faire les dits doyen, soub doyen, chantre, chanoines et vicaires, nous voulons et ordonnons que les dits religieux fassent, disent et chantent le service de telle et de si bonne heure, et mesmement leurs matines que aucun destourbier ne soit fait, mis ou donné auxdits chanoines et chapitre à faire le service dessus dit, et déclaré par cette fondation aux heures et à la manière accoutumée estre fait et dit es autres eglises cathedrales et collegiales de notre royaume, et mêmement de celle de Poitiers pour lequel service divin dessus declaré fondation et continuation de celuy entretennement et substentation des dits doyen, soub-doyen, chantre vicaires perpétuels, maître et enfans de chœur et de leurs successeurs es dits bénéfices, faire, dire, chanter, celebrer et entretenir en temps advenir, nous, recordant et considerant les choses dessus dittes, avons donné, légué, ausmonné et dédié par ces presentes de notre plus ample grâce, puissance et authorité, donnons, leguons et ausmonons et dédions à Dieu notre créateur, et à la très benoiste glorieuse Vierge Marie sa mère et aux dessusdits benoists Saints et Saintes, les cens, rentes, revenus, droits, prerogatives, et preéminences, avec les profits, fruits et emoluments de la ferme et prevosté de Touars, avec les marcs d'argent d'icelle, le profit et emolument du revenu de la ferme du four a ban du dit Touars, avec les marcs d'argent d'icelle, le profit et emolument de la ferme de la Sergenterie de Coulonges, le profit et emolument du revenu de la ferme de la Prevosté de Saumur qui est et sera outre et pardessus les huit vingt livres, tel que prend par chacun an l'abbesse de Fontevrault, lesquels demeureront toujours à laditte abbesse, le profit et emolument du revenu de la ferme de la traitte des vins qui ont accoutumés d'être levé en la vicomté de Touars et pays de Thouarçais qui est de vingt sols par chacune pipe de vin menée et transportée hors d'iceluy pays, et quelque prix estimation et valeur que ladite traitte se monte et puisse monter, ores ne pour le temps advenir, avec tous et chacuns les deniérs qui sont venus et levez de la ditte traitte et ont été venus par le sire du Plessis-Bourré et maître Simon Brayer depuis...... jusqu'à present partie desquels deniers ledit Bourré a employé et converty par notre ordonnance et mandement en achapt de rentes et revenus au profit de la ditte eglise montant à la somme de dix-huit mil neuf cent quarante-cinq livres onze sols huit deniers, et l'autre partie desdits deniers ledit Bourré a delivré ou fait bailler et délivrer par notre ordonnance audit Duperray a present curé de la ditte eglise du Puy Notre Dame, montant à la somme de cinq mil cinq cent vingt six livres onze sols huit deniers, en ce compris deux contrelettres montant à la somme de six cent vingt livres, et qui se doivent prendre sur les héritiers de feu Hamelin, charpentier, et Pierre Bouteiller demeurant à Angers, et ce sans les deniers que en a eu et reçu de la ditte traitte le dit maître Simon Brayer, lesquels il sera tenu bailler, et delivrer audit Duperray le plus tost que faire se pourra, et lesquels deniers venus de laditte traitte et d'autres d'ailleurs baillés audit Duperray par notre ordonnance qui n'auront été ne encore sont

employez en rentes et revenus pour l'entretennement et augmentation
dudit service et d'icelle fondation, nous voulons et ordonnons que en
toute diligence ils soient employez et convertis en rentes et revenus
au profit et utilité dudit doyen, soub-doyen, chantre, chanoines,
vicaires, maitre et six enfants de chœur seulement et non pour autres
sans ce que en icelles rentes et revenus qui seront acquises et celles
qui ja ont esté acquises de nos deniers lesdits prieurs, les religieux et
la fabrique de ladilte eglise ne autres quelconques y puissent avoir,
prendre, pretendre ou demander aucun droit profit et émolument, en
manière, ne soubs quelconque couleur ou occasion que ce soit, ainsy
demeureront purement et simplement au profit et utilité desdits
doyen, soub-doyen, chantre, chanoines, vicaires, maitre et enfans de
chœur dessusdits. Aussi avons donné, donnons et ausmonnons aux
dessusdits doyen, soub-doyen, chantre, chanoines et vicaires, toute
haute et basse justice de la ditte ville, bourg et paroisse du Puy Notre
Dame, avec tous droits à icelles appartenans, soit de prevostés, praxes,
acquits, foires, marchés, franchise de guet et garde, et tous autres
droits de chatellenie, ainsy que plus à plein est contenu es lettres
données et octroyées par nous à la ditte eglise du Puy Notre-Dame; et en
outre voulons et ordonnons qu'a toutes les rentes et revenus qui ont été
acquises de nos deniers au nom et profit du curé de ladilte eglise du
Puy Notre-Dame soient com...nes, jointes et unies avec les biens et
autres choses de cette pre...nte notre fondation, pour être distribué
également entre lesdits doyen et autres dudit collège tout ainsy que
les autres biens dessusdits, fors et excepté les dixmes de Bouillé et de
Chandeliveaux acquises de nos deniers, qui seront annexées à la cure
de la ditte église et appartiendront au dit curé seul, et non à autres,
lesquels fruits, profits et revenus et emolumens des choses dessus
dittes nous voulons, entendons et ordonnons estre dispersés et distribués entre lesdits doyen, soub-doyen, chantre, chanoines, vicaires,
maitre et enfans de chœur en la manière qui s'en suit ; c'est à sçavoir
que lesdits soub-doyen et chantre à cause de leurs dignitez, et pour ce
qu'ils auront à porter et entretenir les frais de la ditte eglise, et par
dessus les autres chanoines prendront par preciput chacun cinquante
livres, et aussi un chacun desdits vicaires afin qu'ils ayent mieux de
quoi continuer le dit service cinquante livres, et le surplus desdits
biens, fruits et emolumens sera distribué entre lesdits soub-doyen,
chantre et autres dix chanoines, maitre et enfans de chœur, par égale
portion sans que l'un en ait plus que l'autre, sinon que pour aucune

cause et raisonnable par le statut et ordonnance desdits du collège autrement en fust ordonné, et pour ce que ledit maître des enfans de chœur soit tenu, obligé nourrir, augmenter et entretenir lesdits six enfans de chœur de leur vivre et nourriture convenablement et raisonnablement, et au regard dudit doyen et ses successeurs doyens en icelle eglise, ils auront et prendront le double partout, tant en gros, distributions que autrement, et à cette cause nous voulons, entendons et ordonnons que iceluy doyen et ses successeurs soient tenus et obligés fournir et soutenir ladite eglise, touchant ladite fondation, de calices messels, livres, chappes, chasubles de soye et autres vestements et ornemens convenables et nécessaires, avec le luminaire tel qu'en notre ditte Sainte chapelle du palais à Paris, est accoutumé de faire pour l'entretennement du divin service ; mais afin que ledit Duperray puisse mieux fournir au commencement et introduction des dittes choses faire, et continuer le temps advenir lesdittes charges, iceluy Duperay aura, prendra et retiendra quand bon lui semblera des deniers qu'il a reçus et recevra, à cause de ladite traitte, la somme de mille livres pour une fois icelle employer es dits calices, livres, missels, chappes, chasubles de soye, luminaire et ornements dessusdits et touchant les calices, les missels, chappes, chasubles de soye et autres ornemens que nous avons par cy devant donnez et ausmonnez à la fabrique de la ditte église, et qui dès à present sont es mains des procureurs de la ditte fabrique, nous voulons, ordonnons et nous plaist que lesdits du college du Puy Notre-Dame les puissent prendre pour eux et servir faisant le divin service, touttes et quantes fois qu'il en sera de nécessité, et verront être à faire pour l'honneur et reverence dudit service, et que lesdits procureurs de ladite fabrique présens et advenir les leur bailler sans aucun contredit et difficulté, et néanmoins nous n'entendons point que, au moyen de ce que nous avons donné iceluy doyen audit Duperray à présent curé de ladite église, que aucun tort ou préjudice lui soit fait es droits qu'il avait en icelle église à cause de sa ditte cure, et dont il jouissait auparavant de cette fondation, mais voulons et entendons qu'il en jouisse pleinement et entièrement tout ainsi qu'il a accoutumé de faire paravant icelle institution, ordonnance et fondation, sans que lesdits soub-doyen, chanoines et vicaires puissent prendre aucun droit ne profit de communauté de fruits, profits, revenus, et emolumens d'icelle cure, soit en oblations, dixmes, mortuaires, baptistaires, mariages et autres bienfaits d'icelle cure en quelque manière, ne soubs quelque couleur que se soit, fors et excepté les rentes et les revenus acquis de nos deniers, aumonnées et bienfaits dont dessus est fait mention, et que pour raison de cette presente fondation, rien ne soit diminué des droits de la ditte cure et pour ce après le trepas dudit doyen, le curé qui sera institué en ladite église ne sera participant des bienfaits de cette fondation, toutefois afin que ledit curé qui est à présent et celui qui sera pour le tems advenir, soit tenu de prier Dieu pour le salut et santé de nous, de notre fils, de nos successeurs, et pour la paix, tranquillité et union de notre dit royaume, nous avons voulu et ordonné, voulons et ordonnons que les dixmes de Bouillé et de Champdeliveaux soient et deument, perpétuellement et à toujours annexées, conjointes et unies en icelle cure, et appartiennent audit curé seul, et pour le tout et non à autres avec tous les autres droits parrochiaux que ledit curé et ses prédécesseurs ont et ont eu de toute ancienneté en ladite paroisse, et eglise du Puy Notre-Dame comme curé d'icelle, et afin que le divin service se puisse perpetuellement à jamais faire, continuer et entretenir le temps advenir, nous voulons et ordonnons que lesdits doyen, soub-doyen, chantre, vicaires, maitre et enfans de chœur fassent ordinairement et continuellement residence en ladite eglise du Puy Notre-Dame et ne prennent en gros et en distribution des biens, ausmones et choses dessus-dittes par nous à eux données et ausmonées, sinon qu'ils soient presents et residents en iceluy lieu, et quand il adviendra que les susdits seront absents par demi-an entier sans congé et licence, cause légitime et raison dont lesdits doyen et chapitre auront la connoissance, au cas dessus dit, après ce qu'il nous sera deument apparu de la ditte non résidence nous pourrons et nous sera loisible pourvoir d'autre personne au lieu d'iceluy qui ainsi sera absent et defaillant en tant que touche les dignitez et chanoines, mais au lieu du vicaire qui aura defailly, les dits doyen, chapitre et college assemblez en nombre competant et capitulaire y mettront et pourvoiront d'un autre vicaire, et toutefois nous ne voulons et n'entendons pas que soubs ombre des dits absents et defaillants les dittes messes et l'ancien service divin soient aucunement discontinués ne diminués, mais du tout en tout parfait et accompli et memement sur le droit et revenu de tous absens et defaillans en ce qu'ils y seront tenus pour leur part, et pour leur deffaut et absence, pour lesdits profits et revenus et emolumens de toutes et chacune des choses dessus dittes, avoir, tenir, posseder et en jouir pour ledit doyen, soub-doyen, chantre, chanoines, vicaires, maitre et enfans de chœur de ladite eglise collegiale du Puy Notre-Dame et non autres et leurs successeurs es icelle église, et les prendre, cueillir, lever et percevoir par eux et par leurs mains ou de leurs procureurs commis et deput perpetuellement et à toujours, dorenavant par chacun an aux termes et en la manière accoutumée ou iceux bailler à main ferme par année ou autrement en faire et disposer à leur plaisir et volonté a quelque somme, valeur et estimation qu'ils soient et puissent être et monter comme amorties et a Dieu, Notre-Dame et à la ditte église du Puy dédiées, et lesquelles choses et chacune d'icelles ja acquises et celles qui s'acquiercront ci-après de nos dits deniers pour cette presente notre fondation, nous avons de plus ample grâce, puissance et autorité, et en accomplissant de nos dits dons, devotion, vœux et intention amorties et admortissent à Dieu, à Notre-Dame et à ladilte église du Puy Notre-Dame, dedions par ces dittes presentes, à quelque valeur et estimation qu'ils soient comme dit est, et lesdittes choses et chacune d'icelles nous sommes par nous et nos successeurs devêtus et dessaisis, et icelles avons données leguées et ausmonées, donnons, leguons et ausmonons a Dieu, Notre-Dame et à ladilte église, ensemble et avec toute la propriété, domaine seigneurie, action, question, possession, poursuite et amende que nous y avons eu et avons, et que nos successeurs y pourront avoir après nous, sans y rien retenir ne reserver, à nous, ne à nos dits successeurs, sans ce que lesdits du college et gens d'eglise du Puy Notre-Dame ne leurs dits successeurs en soient aucunement tenus lever, desarger les gens de nos finances ne autrement, ne semblablement en être contraints, et en vider leurs mains, ne pour ce tenus en payer a nous ne a nos dits successeurs ne a quelconque commissaire de franc fiefs et nouveaux acquets ne autres nos officiers aucune finance et indemnité, ores ne pour le tems advenir pour quelque cause occasion ne en quelque manière que ce soit, et laquelle finance qui pour ce en pourroit être due à nous ou à nos dits successeurs et à quelque valeur qu'elle puisse être et monter, nous leur avons donné, quitté, donnons et quittons par ces mesmes presentes que nous avons pour ce signées de notre main, disant toutefois, faisant, entretenant et accomplissant par lesdits du college et gens d'eglise du Puy Notre-Dame et leurs successeurs en icelle église, les heures, messes, et oraisons, prieres, devotions et choses dessusdittes pour le salut des âmes de nous, notre dit fils, sans aucune rompture ne discontinuation, et lesquels gens du college et eglise du Puy et leurs dits successeurs en icelle nous voulons être tenus et obligés, et iceux y avons en ce faisant obligez et obligeons par ces dittes presentes; cy donnons en mandement par ces mêmes presentes a nos amez, feaux conseillers, les gens de notre cour et parlement, gens de nos comptes à Paris et à Angers, tresoriers de France, généraux conseillers sur le fait et gouvernement de toutes nos finances et de la justice de nos aydes à Paris, et aux seneschaux d'Anjou et de Poitou esleus sur le fait des aydes es dits pays, et à tous nos autres justiciers, officiers, ou à leurs lieutenants et commis et à chacun d'eux sur ce requis, et si comme a luy appartiendra que nos presentes fondation, volonté, intention, aumosnes, vœux, et dévotion, ils entretiennent et gardent et fassent entretenir de point en point inviolablement et sans enfreindre et de nosdits don, cession, transport et delaissement, quittance et amortissement et de tout le contenu en ces dittes presentes, ils fassent, souffrent et laissent doyen, soub-doyen, chantre, chanoines, vicaires, maitre et enfants de chœur de la ditte eglise du Puy Notre-Dame et leurs successeurs et chacun d'eux en droit jouir et user pleinement et paisiblement sans leur faire mettre ou donner ou souffrir être fait, mis ou donné, ores ne pour le temps advenir, aucun arrest, destourbier ou empêchement ainçois tout ce que fait mis ou donné leur auroit été, seroit ou étoit en quelque manière que ce soit, le leur mettent ou fassent mettre incontinent sans deslay à pleine delivrance, et au premier etat et des à ce y contraignent ou fassent contraindre reaument et de fait tous ceux qu'il appartiendra et qui pour feront à contraindre par toutes voyes et manières en tel cas requis, et comme pour nos propres debtes, besoignes et affaires nonobstant oppositions ou appellations quelconques pour lesquelles ne voulons être aucunement différer ne ce contenu en ces dittes presentes retarder ou empescher en aucune maniere et par rapportant le vidimus de ces dittes presentes fait sous scel royal, avec quittance ou recongnoissance des dittes du college et gens de l'eglise du Puy Notre-Dame de faire suffisamment pour une fois tant seulement nous voulons nos receveurs ordinaires des aydes, fermiers, ou autres qui se pourra toucher en être et demeurer doresnavant, perpetuellement quittes et decharges par nos dits gens des comptes et tous autres sans aucun contredit et difficulté, car tel est notre vouloir et plaisir nonobstant que la valeur des dits profits, revenus et emoluments et choses dessus dittes ne soit cy autrement specifié et déclaré que la valeur et estimation d'icelles choses ne soit levé décharges par les gens de nos dittes finances et quelconques autres ordonnances, mandements, restrictions, deffences, lettres et choses à ce contraires, et afin que ce soit chose ferme et stable a toujours, nous avons fait mettre notre scel à ces presentes sauf en autres choses notre droit et l'autruy en toutes. Donné à Touars, au mois de janvier mil quatre cent quatrevingt, et de notre règne le vingt unième. Ainsi signé LOYER; par le Roy, BRIÇONNET.

Visa, lecta, publicata et regrata salvis juribus regiis et absque praejudicio opponitur de Cancarvilla et prioris ecclesiae de Podio B. M. justiciae dicti logie taugentis de Podio et processus inter dictos comitem et priorem in curia Parlamenti, pendente actu in Parlamento, decima octava die martii, anno domini millesimo CCCC°. octuagesimo primo. CHARTELIER. Expedita in Camera compotorum domini nostri regis, est ibidem libro cartarum hujus temporis folio II, VIII°. Regrata juribus regiis salvis scriptis in prefata camera XIXa martii anno millesimo CCCCIIII.

Extrait des Registres de la chambre des comptes fait, en vertu de l'arrest d'icelle intervenu sur la requeste à celle fin presentée par les doyen, chanoines et chapitre de l'eglise collégiale du Puy Notre-Dame en Anjou, le trentième jour de may mil six cent vingt.

BOUALON.

Notre Dame du Puy

Louis, par la grâce de Dieu roy de France, sçavoir faisons à tous présents et advenir, comme pour la très grande et singulière dévotion que nous avons de tout temps eu à la très benoiste glorieuse Vierge Marie, mère de Dieu notre Redempteur et au lieu et église du Puy Notre-Dame en Anjou où est devotement priée, requise et honorée, à l'intercession de laquelle, ainsy que véritablement croyons, notre dit Créateur nous a toujours secouru et aydé en nos affaires, deffendu et gardé nos personnes et royaume à l'encontre de nos ennemis et adversaires, et encore fait chacun jour tellement que grâce à Dieu nos besongnes et affaires se sont grandement portées et entretenues et en manière que nous avons expulsé et debousté nos dits ennemis et adversaires, accru et augmenté de toute part nos dits royaumes, pays et seigneuries, et aussi pour la singulière dévotion que nous avons audit lieu, pour la prosperité de notre très cher et très amé fils le

Dauphin le Viennois ou l'avons de tout notre cœur voué, fait et donné par nous, et lui plusieurs beaux dons, vœux et oblations, nous, pour remembrance desquelles choses, et à ce que la benoiste Dame y soit toujours plus honorablement servie et l'eglise et service divin augmenté et entretenu, avons fait, ordonné et erigé audit lieu cure et eglise du Puy Notre-Dame, chanoines, chapelains, vicaires et enfans de chœur pour ordinairement et journellement avec le curé d'icelle eglise, dire, chanter et celebrer en l'honneur de Dieu et de sa ditte benoiste mère et des saints et saintes du paradis certain service par nous à eux ordonné ou à ordonner pour la prosperité de nous et de notre dit fils, pour lequel entretenir avons donné et legué à la ditte eglise plusieurs terres, rentes et revenus, et aussi ordonné et fait distribuer certains deniers lesquels ont été et seront employez à notre intention, mais pour ce que icelles terres et rentes pourroient estre.......... achapt et revenu qui est ou seroit fait des dits deniers de trop petite valeur pour faire et continuer à toujours le dit service divin avons advisé et conclu et deliberé donner au curé, chapelain, vicaires et enfans de chœur dudit lieu et eglise du Puy Notre Dame, haute justice et moyenne et basse et tous droits dépendant de chatelainie, et autres choses cy après declarées en toute la ditte paroisse du Puy, fins et limites d'icelle, et sur ce leurs en octroyons nos lettres, pour quoy nous ayant en mémoire ce que dit est attendu aussi que le dit lieu au Puy Notre-Dame est marche commune, et que souventefois, au moyen des diverses jurisdictions qui entreprennent l'une sur l'autre, plusieurs debats, questions et controverses se sont meus, et meuvent entre les dittes juridictions et officiers d'icelles, tellement que plusieurs vexations, peines et travaux sont faits et donnés aux habitans dudit lieu, et la plupart des crimes, delits et malefices y sont demeurez et demeurent impunis, voulant à ce pourvoir, augmenter et accroître les droits et revenus de la ditte eglise et icelle avantager en bonne et grande autorité, afin que perpetuellement les dits curés, chanoines, vicaires et chapelains soient tenus et plus astreints et obligez prier Dieu pour nous et notre dit très cher fils le Dauphin le Viennois, nos progeniteurs et successeurs, nous, pour ces causes et considerations et autres qui à ce nous ont meu et meuvent, avons fait, crée et érigé, et par ces presentes de notre propre mouvement, certaine science, grâce pleine puissance et authorité royale, faisons, créons et érigeons au dit lieu du Puy, haute justice, moyenne et basse, et icelles pour les causes que ci-dessus avons donné et octroyé, donnons et octroyons audit curé, chanoines, vicaires, chapelains et enfans de chœur et à leurs successeurs, avec tous droits de fief à icelle appartenant et aussy de prevosté, de péages et acquits de marchandises passant et repassant par les dittes ville et paroisse du Puy Notre-Dame, fins et limites d'icelles et leur avons donné et donnons par ces dittes presentes puissance, authorité et faculté de faire construire, bastir et edifier fourches et potences patibulaires, pilory, eschelles, prisons, seps (1) et autres choses en tel cas requises, avec sceaux, contrats, mesures de blé, vin et huile, et sur iceux mettre et ordonner prix raisonnable selon la coustume du pays, et sur icelles.... et juridiction tenir et exercer y faire commettre et instituer gens et officiers tels et en tel nombre qu'ils verront être à faire et qu'il appartiendra, qui auront puissance de connoistre, discuter et determiner de tous cas, crimes, delits et maleficos, et de toutes actions réelles, mixtes et personnelles, entre leurs hommes et subjets d'icelle paroisse, et qui pourront tenir plaids de quinzaine en quinzaine et grandes assises quatre fois l'an ou plus, si mestier est, et les amendes qui en viendront prendre fet faire prendre, cuillir et lever au profit des dits du Puy Notre-Dame, et avec ce avons audit lieu du Puy Notre-Dame, c'est à sçavoir, Purification, Annonciation, Assomption et Conception, et le marché le jour du jeudy par chacune semaine, auxquels pourront venir tous les marchands et autres personnes quelconques et y apporter, vendre et distribuer toutes manières de marchandises licites, honnêtes et convenables, sur lesquelles les dits curé, chanoines, vicaires, chapelains pourront presider et faire prendre, cuillir et lever tous droits, debvoirs que on prend et est accoustumé prendre es autres foires et marchez circonvoisins, et lesquels marchands et autres personnes affluans es dittes foires et marchés voulons être tenus en sureté, jouir et user de tels et semblables privileges qu'ils font es autres foires et marchez dudit pays, et de tous les debats, crimes et delits, abus et autres questions, qui y surviendront, et autres officiers dudit du Puy Notre-Dame en puissent connoistre et decider, et que les amendes et autres droits raisonnables qui escherront soient pris ou fait prendre, levez, cuillis, pour et au nom du Puy Notre-Dame et à leur profit, et aussi voulons et nous plaist que les hommes, sujets et habitans de la ditte paroisse qui par cy devant et puis aucun temps ont esté francs et exempts de guet et garde, et ceux qui par apres voudront venir demeurer et faire leur residence en

---

(1) Fers qu'on met aux pieds et aux mains des criminels.

la ditte paroisse soient et demeurent doresnavant, perpetuellement et à toujours francs, quittes et exempts de guet et garde, reparations, fortifications de chateaux ou places, quelque part qu'ils ayent accoutumé ou soient tenus de faire ne de contribuer ou payer aucune chose, et de ce avons exemptez, quittez et affranchis, exemptons, quittons et affranchissons par cesdittes presentes, et generalement avons donné et donnons au dit curé, chanoines, vicaires, chapelains et enfans de chœur dudit lieu du Puy Notre-Dame tous autres droits de chapelainie et ce qui dépend en toutte la ditte paroisse du Puy fins et limites d'icelle teneur et mouvante de nous-même et sans moyen de nos chatel et seigneurie de Saumur, par lesdits haute justice moyenne, et basse, et autres choses dessus dittes et tous autres droits dependants de chatellenie jouir, user, tenir et posseder et exploiter par les dits curé, chanoines, vicaires, chapelains et enfans de chœur de la ditte eglise du Puy Notre-Dame, et leurs successeurs et d'iceux en avoir, prendre, cuillir et lever les fruits, profits revenus et emolumens qui y appartiennent et par la maniere que dit est, doresnavant, perpetuellement et à toujours comme nous et autres en ce pretendant droit avons fait et que font les autres seigneurs chatelains, et ayant droit de chatellenie audit pays, sans rien y reserver ne retenir à nous, nos successeurs ne autres quelconques, fors à nous seulement, la foy, hommage et souveraineté et le ressort immediat en notre cour et juridiction royale dudit Saumur; toutefois nous voulons et entendons que les seigneur, chapelains, et autres que nous qui pourroient avoir en ce aucun interest, prejudice ou dommage en soient raisonnablement recompensez et donnons en mandement par ces mêmes presentes à nos amez, feaux, les conseillers, les gens de notre cour de Parlement de nos autres à Paris et à Angers, tresoriers de France generaux par nous ordonnez sur le fait et gouvernement de toutes nos finances de la justice des Aydes à Paris, aux senechal et juge d'Anjou, et à tous nos autres justiciers ou à leurs lieutenants ou à chacun d'eux sur ce requis, et si comme à luy appartiendra que de nos presents, grace, vouloir, creation, erection, etablissement, affranchissement, exemption, don, et de tout le contenu en ces presentes, ils fassent, souffrent et laissent ledit curé, chanoines, vicaires, chapelains et enfans de chœur dudit lieu du Puy Notre Dame et leurs successeurs jouir et user pleinement et paisiblement, sans leur faire mettre ou donner ne souffrir être fait mis ou donné ores ne pour le temps avenir aucun destourbier ou empeschement, ne à leurs dits officiers, hommes et subjets en aucune maniere, ainçois, tout ce que fait mis ou donné leur auroit été ou étoit au contraire le leur mettent et fassent mettre chacun d'eux en droit soit incontinent et sans delai à pleine delivrance et au néant et premier état et deu et avec fassent crier, publier les dittes foires et marchez et autres choses dessus dittes, si mestier est, à son de trompe et cry public, au dit lieu du Puy Notre Dame et ailleurs si besoin est ou sera, et pour lesdittes foires et marchez faire tenir et entretenir y fassent construire et bastir halle, estaux et autres choses à ce nécessaires et convenables, en faisant tenir les marchands et autres personnes affluans en icelles en sureté, jouir et user de tels semblables franchises, privilèges et libertez qu'ils font es autres foires et marchez dudit pays, et par rapportant ces dittes presentes signées de notre main ou *vidimus* d'icelles faites soubs scel royal avec reconnoissance du dit Puy Notre Dame pour une fois tant seulement nous voulons nos receveurs, ordres, fermiers et autres à qui ce pourra toucher être tenus, quittez et dechargez des sommes à quoy se peuvent monter lesdittes choses par nous données et octroyées au dit du Puy Notre Dame, et icelles sommes être rabattues en leurs comptes de leurs receptes par nos amez et féaux gens de nos dits Comptes à Paris et à Angers, auxquels nous mandons ainsy le faire sans difficulté, car tel est notre plaisir, nonobstant que la valeur desdittes choses ne soit y particulierement ne autrement specifiée, que decharges ne soient levées, et que l'on veille dire que ne donnons aucune chose aliénée de notre domaine et quelconques autres, ordonnons mandement, restrictions ou deffenses à ce contraires, et afin que ce soit chose ferme et stable à toujours, nous avons fait mettre notre scel à ces dittes présentes, sauf en autres choses notre droit et l'autrui en touttes. Donné au Vau en Anjou, au mois d'octobre l'an mil quatre cent quatre vingt un, et de notre règne le vingtième. Ainsy signé : Louis, et au reply, par le roy, sire de Rochouart, M⁰ Adam Fuméz et plusieurs autres présents. *Visa Contentor. Gratis.* Duban. Lecta, publicata et registrata in Camera Compotorum domini nostri regis, Parisiis, die penultima novembris, anno domini mille. quadringentesimo octuagesimo primo.

Collation. — Extrait des registres de la Chambre des Comptes, fait en vertu de l'arrest d'icelle intervenu sur la requeste à cette fin presentée par les doyen, chanoines et chapitre de l'eglise royale et collégiale du Puy-Notre-Dame en Anjou, le trentieme jour de may mil six cent vingt. Signé Boualon.

EXTRAIT DES REGISTRES DE L'ÉGLISE DE NOTRE DAME DU PUY.

Le vingt septième jour de janvier mil six cent trente huit, maistre Louis de Bernage, conseiller et aumonier ordinaire de Sa Majesté, venu de la part de Sa Majesté pour demander la sainte Ceinture de la Vierge comme aussi pour faire toucher deux rubans de la même longueur de la ceinture pour porter à la reyne, affin qu'il plaise à Dieu de luy faire la grâce d'accoucher heureusement d'un dauphin, et pour cet effet a desiré que l'on fit une neufvaine à son intention, laquelle a été commencée ce jourd'huy par une messe solennelle chantée au grand autel dédié à la Vierge, et monsieur le chantre portant le bâton, la Sainte Ceinture estant sur l'autel dans son vase ordinaire avec la ceinture et un rosaire de la Vierge qui ont toutes touché des deux costez la vraye ceinture depuis un bout jusqu'à l'autre, pour cet effet, la couverture de satin ayant esté decousue par le sacristain, en presence de tout le corps de chapitre qui auroit assisté et vu toucher les ceintures faittes de la même longueur, où le sieur de Bernage auroit assisté, et lors de la consécration a presenté un cierge selon la forme ordinaire et auroit ceint la ceinture par la teste, au nom et intention de la reyne, laquelle messe en ceremonie se chantera, et que nous promettons celebrer le plus devotement qu'il sera possible, à l'intention que dessus, ensemble neuf messes basses qui se diront chaque jour de la neufvaine par les sieurs dudit chapitre, et affin d'imiter les habitans à pareille devotion, nous avons exposé à l'issue de la première grande messe le St Sacrement sur l'autel pour y demeurer la neufvaine entière, devant lequel se brulera tous les jours un gros cierge de cire blanche presenté par le dit sieur de Bernage. Promettons aussi que les jours ensuivant la neufvaine, un du corps presentera lors de la consecration un cierge blanc à l'intention que dessus, selon la manière accoutumée. Fait au Puy, au jour et an que dessus, qu'avons fait signer à notre scribe en notre chapitre extraordinaire tenant, et à nous doyen Jacques QUETINEAU, par commandement du chapitre C. LEAVATS, scribe.

Aujourd'huy 25 Mars 1638, le roy estant à St Germain et ayant une confiance particuliere en l'intercession de la glorieuse Vierge

Marie, envers Jésus-Christ, son fils, et desirant implorer spécialement son assistance sur la grossesse de la reyne, à ce qu'il plaise à Dieu lui faire porter heureusement son fruit, sa Majesté ayant fait apporter exprès de Notre Dame du Puy en Anjou la ceinture de la Vierge qui est depuis longtemps gardée au dit lieu pour être appliquée à leur bonne intention sur le corps de la reyne, et considerant que l'on ne peut honorer et conserver assez dignement une si sainte et précieuse relique, sa Majesté a fait don à l'église de Notre Dame du Puy d'une chasse d'argent vermeil dorée à jour, ornée d'une image de la Vierge au haut d'icelle, avec une petite cassette d'argent, le tout pesant trente quatre marcs et dans un etuy garni de velours, pour après que la ditte chasse et cassette auront été benites en la manière requise, et y mettre la ceinture de la Vierge, et y être perpetuellement gardée à l'advenir, mandant sa Majesté aux doyen, chanoines et chapitre de la ditte eglise, d'effectuer et faire observer ce qui est en cela de son intention, sans y contrevenir ni permettre qu'il y soit contrevenu, ayant pour temoignage de sa volonté fait expedier le present brevet qu'elle a signé de sa main et fait contresigner par moi conseiller, secretaire d'Etat et de ses commandements et finances. Signé LOUIS et plus bas SUBLET.

Aujourd'hui dimanche, neufvieme de mars 1638, Nous les doyen, chanoines et chapitre royal et collegial en l'eglise Notre Dame du Puy en Anjou, sur l'advis à nous donné par reverend père Jean Maurey, prieur des Augustins reformez de la ville de Montreuil Bellay, qu'il auroit esté chargé par sa majesté d'une chasse d'argent vermeil dorée à jour, sur le haut de laquelle est l'image de la Ste Vierge, et d'une petite cassette d'argent, le tout estant dans un etuy garny de velours pour être dans la ditte cassette et chasse, mise et gardée perpetuellement la ditte ceinture de la Vierge, icelle ayant esté prealablement benite en la manière accoutumée, et que pour effectuer et faire observer l'intention de Sa ditte Majesté, il luy avoit plu nous commettre par le même brevet qui contient le don fait à la ditte eglise paroissiale et fabrique de Notre Dame du Puy, le dit brevet expedié à Saint-Germain, le 25 mars dernier, lequel ledit Reverend père nous a fait voir, signé LOUIS et plus bas SUBLET, et après qu'il nous a fait entendre qu'ayant donné le mesme advis au sieur prieur ou en son absence au sieur curé de la paroisse, manans et habitans d'ycelle, il feroit incontinent après le service que nous celebrons chaque jour pour le roy, mettre et apposer sur le grand autel la ditte chasse et cassette et que en la présence du dit sieur prieur ou curé et habitans, il presenteroit le dit brevet pour être executé et avoir la descharge, nous, estant assemblez capitulairement en la forme ordinaire, avons advisé de nous trouver dans le chœur de la ditte eglise au temps designé, afin d'apporter de notre part tout le respect et la diligence requise pour l'execution de la volonté du roy et toute la devotion à nous possible pour correspondre à ses pieuses intentions, et advenant la fin du service nous estans dans le chœur de la ditte eglise, et pareillement ledit sieur curé, le prieur absent M° Girard Boucher, procureur de fabrique, Jacques Quetineau seigneur de Perdejau, Girard Le Bascle sr de la Haye, Louis Le Bascle, André Bougie, Jacques et Pierre Bourdaux, Louis Morin, Jean Ballergeau l'aisné, Jean Hugueau, Jean Bazin, René Dumesnil, Jean Bienemont, scribe de fabrique, Pierre et René Durandeaux, Jean Fallaiseau, Jean et Julien Fresneau, Jean Ballergeau, notaire royal et procureur syndic de la ditte paroisse et plusieurs autres notables habitans de la ditte paroisse et plusieurs autres personnes en fort grand nombre, ledit reverend père a fait mettre ladite chasse sur le grand autel, laquelle, avec la ditte cassette, il a fait tirer de l'estuy, et en presence des dits sieurs curé et habitans nous a presenté le dit brevet pour iceluy mettre a execution selon ce qui nous est mandé, procedant à laquelle execution, M° Jacques Quetineau, prestre doyen du dit chapitre, a fait la benediction de la ditte chasse et cassette selon les ceremonies accoutumées, ce fait en l'assistance du dit sieur curé, habitans et plusieurs autres des lieux circonvoisins que la solennité d'icelle action sainte auroit appellés en tres grande frequence, nous serions allé processionnellement en l'arche du tresor ou estant M° Maurice Gasnier, prestre commis et preposé par les dits prieur curé et habitans pour la garde de ladite ceinture, auroit icelle tirée dudit tresor et mise es mains dudit sieur doyen qui l'auroit portée processionnellement comme dit est sur le grand autel où il l'auroit mise dans ladite cassette et la cassette dans la chasse, faisant, pendant toute ladite ceremonie, des prieres selon les pieux desirs de Sa Majesté, declarés par ledit brevet pour la grossesse de la reyne, à ce qu'il plaise à Dieu lui faire porter et mettre au monde heureusement son fruit, et encore pour la santé et prosperité de leurs dittes Majestez. Ce fait la ditte chasse et la sainte Ceinture ont été portées dans le même ordre de procession, chantant le *Te Deum* et autres actions de grâce et prieres à Dieu et à la Vierge sa mère, et estant arrivez en la ditte arche du tresor la ditte chasse et sainte Ceinture ont estez mises es mains du dit Gasnier, lequel en notre presence, du dit reverend père et autres dessusdits, l'a mise dans ledit estuy et renfermée dans le dit arche par le moyen de quoi nous avons d'icelle chargé ledit prieur curé, manans et habitans, à eux enjoint de la conserver ainsy que les autres joyaux et dons faits à ladite eglise parrochialle et fabrique, par les roys predecesseurs de sa Majesté, et de ne contrevenir cy après à l'intention de la ditte Majesté portée par le dit brevet, l'original duquel avons rendu aux dits prieur curé et habitans pour les conserver après que d'ycelle avons fait faire copie, signée de nos dits sieurs curé et notables habitans sus nommez pour demeurer en notre greffe, et nous servir en temps et lieu ce que de raison, et ont iceux curé et habitans chargé de la ditte chasse et de la ditte cassette, estuy et brevet, le dit Boucher procureur de fabrique, l'article desquelles choses a été employé dans la suite de l'inventaire des dits joyaux et dont et desquels iceluy Boucher est pareillement chargé et par ce moyen demeure ledit reverend père bien et valablement deschargé. Ce fait, les dits sieurs curé et habitans nous ont requis employer en ces presentes les tesmoignages concernant de leur devotion commune avec nous pour la prosperité de Sa Majesté, de la reyne et de son fruit, et des vœux que nous faisons ensemble de la continuer à l'advenir, et outre ce faire connoitre leurs remerciements très humbles à Sa Majesté pour le bienfait signalé qu'ils reçoivent d'elle par la faveur de la Ste Vierge, dont et de tout ce que dessus avons octroyé acte tant au reverend père Mauroy qu'aux dits sieurs curé et habitans de la ditte paroisse, et dressé le present procès verbal pour servir de ce que de raison. Donné et fait au Puy Notre Dame en Anjou, les dit jour et an, par nous les doyen, chanoines et chapitre en ladite eglise; l'original est signé : Jacques Quetineau, doyen; Rousseau, sous-doyen; M. Fardeau, curé; P. Battereau, chantre; Gasnier, chanoine et sacristain; Mauroy, prieur; A. Bourdault, chanoine; J. Guittier, chanoine; P. Bienvenu; G. Boucher, procureur; B. Dumesnil; L. Lebascle; G. Bocher; J. Gourdault; J. Quetineau; M. Baradeux, chanoine; A. Bougie; P. Falloux; P. Gourdault; R. Bougie; S. Bienvenu, scribe de la ditte fabrique; R. Brechier; J. Ballergeau, procureur syndic. Par commandement du chapitre C. Lervats, scribe.

La presente copie a esté tirée et collationnée sur le papier des chapitres du Puy, le 24 juillet 1696, par nous Rene Bienvenu, chanoine et scribe.

Le roy Louis onze avoit donné une table d'argent de plus de quatre pieds de long, et large à proportion, parsemée aussi de fleurs de lys d'argent, sa figure à genoux avec ses habillements de manteau, chapeau, couronne et espée, gants, heures dans les mains, jusques au poing estoient massives d'argent.

La figure du dauphin aussi à genoux avec une robe qui avoit des pendans, qui fut Charles huit, son successeur au royaume.

La troisième figure estoit un second enfant nommé Joachim, mort et enterré à Amboise, aux Cordeliers.

La quatrième estoit un troisième fils nommé François estant en ses langes ou maillot, dans lequel estoit un lingot d'argent et on tient que sa femme qui estoit de Savoye, avoit fait vœu de faire la figure aussy pesante que l'enfant naissant. Le dit roy fit ses dons en reconnoissance des enfans qu'eut sa femme, toutes lesquelles pièces et figures ont été converties en louis, à Poitiers, en l'année 1690, par les ordres du roy. Il a donné un calice avec sa patène d'un prix inestimable pour le travail, duquel le bas de la coupe est toute ciselée et sur le nœud est depeint la figure des douze apôtres de vermeil doré, lequel sert aux grandes festes.

Il a donné deux lampes d'argent fort pesantes qui restent avec les chopinettes d'argent doré.

De plus un prie-Dieu d'argent parsemé de fleurs de lys; toute l'argenterie qui fut portée à la monnaye, à Poitiers, suivant les ordres du roy, pesait 327 marcs d'argent.

Les calices qui sont au nombre de sept; les ciboires, croix, lampes, encensoirs, chasses, reliquaires, chandeliers, bassins, coupes, burettes pour l'usage et service de l'église ont resté.

Outre le grand calice qui sert aux grandes fêtes, il y en a un autre d'argent doré dehors et dedans qui sert journellement au grand autel donné par MM. de la Trémouille, sur lequel sont leurs armes. Deux autres calices de même grandeur d'argent dorés par le dedans, lesquels servent tous les jours sur les deux autels qui sont au costé du grand autel, je ne sais qui en a fait présent; il y a des armes qui portent parti, au premier, douze burettes d'argent et de gueulles, et au second, parti, au premier de six burettes d'or et d'azur, et au second d'azur à trois fleurs de lys d'or, à la barre d'or brochant sur le tout.

Deux bassins d'argent, et deux coupes gaudronnées, deux burettes d'argent doré qui servent aux grandes fêtes.

Une chasse d'argent doré, le tout ciselé qui apparemment est un présent de notre fondateur, une petite ceinture d'or donnée par Anne-Pierre Caillin.

Une boete ou vase d'argent dans lequel on mettait cy-devant la ceinture de la Vierge.

Une figure de S¹ Jean-Baptiste aussi d'argent, dans laquelle il y a des reliques du dit saint.

Une figure d'argent de S¹ Sébastien, dans laquelle il y a des reliques du dit saint.

Une croix d'argent doré, fort ancienne, dans laquelle il y a la Vraye Croix de Notre-Seigneur.

Une custode d'argent doré avec un vitral au milieu, dont on se sert pour exposer le Saint-Sacrement, soutenu par deux anges aussi d'argent doré, avec de petits panaches de fil dor, d'argent et de soye.

Un vœu de l'image de S¹ᵉ Anne aussi d'argent, au col duquel il y a un cœur d'argent attaché.

Une petite image de la Vierge tenant une ceinture à la main aussi d'argent.

Il y a encore deux ou trois autres petits calices d'argent dont on ne se sert pas souvent.

Il y a encore devant le grand autel une lampe d'argent offerte par Madame la supérieure de la Fougereuse, pour reconnoissance de la guérison de ses religieuses en 1682, attaquées de maladies contagieuses, si grandes qu'elles furent obligées d'abandonner leur couvent et aller demeurer en un château appelé Touche-d'Illerin, proche Argenton, château où elles séjournerent sept ou huit mois, laquelle lampe elle adressa à notre chapitre comme il paroist par ses lettres dont voicy la teneur, et laquelle fut ardente un an durant.

A Mrs les doyens chanoines et Chapitre de l'église royale
de N. D. du Puy.

De la Fougereuse, le 6 sept^{bre} 1682.

Messieurs, la devotion que nous et notre communauté avons à la Sainte Vierge, et les assistances que nous en avons tirez, nous ayant porté à lui vouer une lampe d'argent, le respect que nous avons pour la sainte relique que votre église a l'honneur de posséder, et la pieté qui paroit dans votre célèbre chapitre, nous le fait preferer à tout autre, esperant avoir part à vos saintes prieres, c'est la grâce que nous vous demandons et celle d'agréer que cette lampe brûle jour et nuit, un an durant, devant le grand autel de notre église; nous avons donné ordre à notre procureur de satisfaire à ce qu'il faudra pour cela, je suis avec bien du respect, Messieurs, votre très humble servante, sœur Anne Turpin, prieure.

A Monsieur le Chantre du Puy Notre-Dame,

De la Fougereuse, le 6 septembre 1682,

Monsieur, je suis si persuadé de votre générosité et de celle de votre illustre Chapitre, que je me promets facilement que mon present sera bien venu; au moins vous est-il offert avec bien du zèle et de l'affection, je le souhaiterois plus considérable; il y auroit plus de joye à vous le presenter; vous nous obligerez fort que cela fut escrit sur les registres de votre chapitre, afin que nous ayons part à vos saintes prieres, je vous supplie très humblement de nous accorder la ...... que j'estime beaucoup; je suis très parfaitement, Monsieur, votre très humble servante, sœur Anne Turpin, prieure.

J'ai vu, dans l'inventaire fait par deffunt M. de Lamandier, que la ceinture de la Vierge fut portée trois fois à Paris, la première à la grossesse de la reyne, la seconde à son accouchement, de notre roy, à present regnant, et la troisième pendant la grossesse de la reyne, de Mr d'Orléans; je ne sais pas quelles ceremonies furent observées, mais j'ai ouy dire à Mr de Saint-Christophe, qui eut l'honneur d'y aller et de porter la sainte Ceinture, qu'on dressa une chapelle dans la chambre de la reyne et que lui-même eut l'honneur de luy ceindre la sainte Ceinture, et avant que le roy la fist entrer au Louvre, il l'envoya à M. le Cardinal de Richelieu qui fit monter ces Messieurs en carosse pour aller au roy avec grande ceremonie, la ditte reine etant à Saumur, il y a plus de quarante ans, et le dit de Saint-Christophe et autres chanoines estant allé saluer, elle reconnut le dit de Saint-Christophe, et luy dit en montrant le roy, voilà les fruits de votre ceinture.

La recompense qu'eurent les messieurs qui portèrent la ceinture fut le paiement de leur voyage, l'exemption de guerre pour le Puy, mais par malheur les habitants ayant confié leur lettre d'exemption au père Archange, capucin, frère de deffunt M. le prieur du Puy Chambonneau, elles ont été perdues, avec cent louis d'or qui furent envoyés à Paris à un autre frère du dit prieur pour les faire entheriner, il y a près de 18 à 20 ans; de plus les dits sieurs de Saint-Christophe et de Saint-Denis eurent des lettres d'aumônier de la reyne, on croit pourtant que ceux qui y allèrent ont reçu quelque somme d'argent pour leur voyage outre leur dépense.

Le prie-Dieu, le chapeau, la couronne et branche pendante à la couronne, les heures et l'espée pesoit cinquante huit marcs. La figure de Louis onze pesoit cinquante trois marcs, la figure du dauphin, qui fut Charles huit, 68 marcs, celle de Joachim 22 marcs, celle de François qui estoit en maillot 18 marcs, suivant le procès verbal qui en fut fait par M^{tre} Philippe Porcheron, prestre-doyen et archiprêtre de Thouars, le 14 mars 1690.

Les pièces cy-dessus furent portées à Poitiers, à la Monnoye, suivant l'ordonnance de M. l'official du dit Poitiers, le cinquiesme novembre 1690. Signée : PELISSON, prieur, Tristan-Jacques d'ARTOIS, curé, BAILLERGEAU, curé, BIENVENU-BLONDE, prêtre chanoine, BLONDÉ, Jacques, JOURDAULT, FALLOUX, ROGIER, official et vicaire général LOYSEAU, greffier pour collation.

Je n'ay peu savoir qui a donné la sainte Ceinture de la Vierge, sinon que l'on tient par tradition que ça esté Guillaume, comte de Poitou, appellés *Teste d'estoupe*.

Chapelle de Nantillé.

STATUTS DE LA CONFRAIRIE ÉRIGÉE EN L'EGLISE DE N. D. DE NANTILLÉ, A SAUMUR, 1402.

Ce sont les constitutions et ordonnances entièrement faites pour les frères de la frairie de N. D. de Mi-aoust fondée en l'eglise de Notre-Dame de Nantillé, près Saumur, et lesquelles sont encore gardées et observées, rédigées et mises en cette forme, en l'an de grâce mil CCCC et deux, par Jean Marquis, Jean Toustain, Macé Lemaire, Jean Morin, lors procureur de la ditte frairie.

Et premièrement que l'on y a de coutume de mettre quatre procureurs des frères de la ditte frairie, que les procureurs precedents élisent, puis leurs baillent ou envoyent à chacun son chapeau de verdure en signe de procuration, et ne leur en bailleront point d'autres, et y servent trois ans.

Item que les dits procureurs donnent de leur droit deux chapelles fondées en la ditte eglise, toutefois et quantes qu'elles vacquent et présentent celui ou ceux à qui ils les donnent, comme idoines et suffisants, au recteur de la ditte eglise, lequel les y institu et met ou fait mettre et instituer, et sont fondées au maître autel de la ditte eglise, et la première fondée de N. D. des vifs et l'autre des morts.

Item donnent comme dessus la chapelle St Julien, le patronage de laquelle a depuis été donné aux procureurs.

La première chapelle a tenu par longtemps, Messieurs Michau, Lemoine, prêtre, et puis après sa mort, en l'an mil CCCC et trois, les dits procureurs la donnèrent comme vacante à messire Philippe Le Testu, prêtre, et le présentèrent à maître Robert Levieil, recteur de la ditte eglise, qui le y mit et institua, laquelle chapelle entierement fut fondée de deux messes la semaine et y avoit de tres grandes rentes et possessions qui tant par la fortune des guerres que autrement, ont esté perdues et gastées, auquel chapelain les procureurs de ladite frairie lui payent par chacun an rente et cinq sols de rente, le lendemain que la frairie se fait, en outre les autres rentes et devoirs qu'il a à cause de la ditte chapelle que les personnes doivent. C'est à sçavoir un jardin sis au bourg de N. D. auquel souloit avoir une maison.

Et la seconde chapelle tient Pierre Garnier, clerc, lequel doit la grande messe de *Requiem* le lendemain de la frairie, quand il est trepassé une messe solennelle, après l'enterrement ou le service, et la doit faire crier par la ville afin que les parens et les frères et sœurs de la ditte frairie y aillent, auquel chapelain sont les terres et héritages qui en dependent, c'est à sçavoir une maison et ses appartenances sises en la rue de la Bretonnerie, près la maison.

Item un jardin sis près et joignant la maison de la ditte confrairie au-dessus d'icelle.

Item quand un des freres et sœurs est mort on doit premièrement après le curé appeler les chapelains perpetuels de la ditte eglise.

Item la ditte frairie doit continuellement tous les ans en l'autel de la ditte frairie, le dimanche prochain, après la feste Notre Dame Mi-aoust, auquel jour les dits procureurs doivent fournir de jonchere à la ditte église, et doit être refait le luminaire de la ditte frairie tout de neuf, c'est à sçavoir douze cierges lesquels doivent estre allumez et arder au service solennel de la veille de la feste d'Aoust, jusques après que le service sera fait, le lendemain que la frairie fut.

Item que tous les frères et sœurs doivent bient solennellement venir à vespres la veille de la feste, le lendemain à matines et puis à la grande messe, que sont tenus faire le prieur, le curé, les chapelains perpetuels et autres officiers beneficiers de la ditte eglise, et d'icelle iront disner tous ensemble en la ditte frairie si non quelques uns qui auront excuse raisonnable, lesquels envoyront querir leur mets et porteront ou envoyeront leurs sieges, ou quel mets le couple de personnes enverront une pièce de chair cuite ou crue, de pains de chacun d'eux deniers et une quarte de vin, et la personne la moitié.

Item, quand on dira la grande messe, l'on mettra les tables, nappes et touailles, sel, pain et vin en pichets, et les verres auprès eux....... en saucières, et comme chacun viendra il s'assiera où il pourra sauf et excepté à la haute table traversière où il ne s'asseoira sinon les prêtres quand ils viendront avec le batonnier.

Item seront servis deux à deux une pièce de chair de bœuf et du porc qui en voudra avoir, et quand ils auront presque disné, on leur servira des poires pour tous mets, ou du gros pain à desservice, chacun devant soy avec la chair qui leur sera demeurée du disner à mettre ou relief, ce que faisant ils payeront, auparavant que de sortir de table, chacun son siege selon qu'il sera taxé, autant le petit comme le grand, excepté le prieur, le curé et le chapelain perpetuels de la ditte eglise qui ne paieront rien parce qu'ils sont tenus faire le service comme dû est et ce fait chanteront les sieurs prêtres *Te Deum Laudamus* et ils iront à vespres et iront disner les procureurs.

Item, le lendemain que la frairie sera tenue, chacun des chapelains perpetuels, curé, prieur et autres officiers de leur eglise sera tenu dire une messe et faire service solennel de *Placebo et dirige* à neuf leçons pour les âmes des trepassez, et pour ce faire auront chacun deux sols six deniers pour toutes choses.

Item, le prieur de la maison Dieu et aumosnier de Saumur est tenu fournir le jour de la frairie de tout agrest tant à faire tailles que autrement.

Item, est tenu le dit prieur et aumonier fournir de très bon vin blanc, pur, franc et nouveau, pour tous les frères et sœurs, depuis que l'on met les touailles jusqu'a ce que les..... ayent disné.

Item, est tenu bailler ledit prieur à chacun mets bailler aux freres dehors qui ne sont au disner une quarte de vin, et un demi mets, une pinte.

Item, quand aucun des frères ou sœurs de la ditte frairie seront morts, les patenotres en seront criées par la ville, et pour les autres frères et sœurs les convier et ayder à le porter en terre, et ne sera porté de son houstel jusques en la terre sinon par les dits freres lesquels auront, chacun d'eux qui le porteront, une chappe vestue.

Item, le corps mort sera mis audedans du chœur de l'eglise de Notre Dame sans que le prieur ne le curé prennent aucune des choses qui seront environ le corps, soient luminaire, draps ne autre chose quelconque.

Item, que le foussier sera tenu de fournir de ferrements à faire la fosse, et être diacre aux trois messes solennelles, et dire une messe en contant, et pour ce faire doit avoir cinq solx pour touttes choses.

Item, s'il y a trois grandes messes, soit en la ditte eglise de Notre Dame ou ailleurs, en la banlieue de Saumur à chacun corps il y aura pour trois messes quatre des cierges de la ditte frairie qui arderont tant comme l'on les chantera tant seulement, et s'il n'y a que deux messes, il y aura six cierges, et s'il n'y en a qu'une il les aura tous douze avec les vêtemens, un drap de soie, la croix, le crucifix d'argent et autres choses de la ditte frairie à ce necessaires, sans rien en payer.

Item, il y en aura autant et par la manière au jour du service, et s'il en est fait service tous les douze cierges seront allumez à la messe que doit le chapelain dont pardessus est fait mention.

Item, que nul ne sera reçu en la ditte frairie s'il n'est de bonne renommée, et qu'il ne donne à la ditte frairie de ses biens selon sa faculté et puissance.

Item, que les dits procureurs ne sont et ne seront tenus compter de leurs receptes, et mises et despenses ne autre chose touchant la ditte frairie devant aucun juge ne seculier, fors seulement devant les procureurs qu'ils auront instituez après la fin de leurs trois ans appelez avec eux quatre ou cinq des suffisants de la ditte frairie à ce connoissants, lesquels comptes seront mis en ecrit en ce present papier.

Item, que les procureurs, par avant la feste......, c'est à sçavoir à 80 et 14 pauvres messagiers où ils verront qu'ils seront le mieux employez et au prieur de l'aumosnerie d'effect six pour les pauvres malades de la ditte aumonerie soustenir, lesquels verront ou envoiront le dimanche au matin avant que la frairie siet, et leur donnera à chacun une pièce de chair et un pain brun du prix de deux deniers tournois et un denier tournois en argent, pour l'amour de Dieu, pour les frères et sœurs de la ditte frairie morts et vifs.

Item, il y aura un office de sert de l'eau qui se baillera à faire et fournir des choses qu'il y appert, s'ensuivent au rabais, et premièrement qu'il sera tenu nettoyer tous les houstesses (1) et la cour de la ditte frairie.

Item, fournira d'eau à toutes les festes, veille, jour et lendemain.

Item, nettoyera toutes les chaudières, poêles, plats vaisselles et autres vaisseaux nécessaires à la ditte frairie, paravant la feste.

Le jour d'icelle et le lendemain les rendre tous nets.

Item, fournira, au jour et veille que la frairie siet, de toutes choses à l'église Notre Dame et à la frairie.

Item jettera et portera hors de la frairie aux champs les ordures des bœufs et pourceaux, et aura ledit sert d'eau, en outre la somme du dernier rabais, une iangue, le foye et le poulmon d'un bœuf, tel comme les procureurs lui bailleront.

Item, portera en la cuisine de la frairie tout le bois qui sera apporté dans la salle pour la ditte feste.

Item, aydera à porter la chair crue et chaudiere, et la cuite des chaudières au dressoir.

---

(1) *Hostéis* (vieux langage.)

REGLEMENT DE M° L'EVESQUE D'ANGERS ENTRE LE CURÉ DE SAUMUR ET LES PRÊTRES HABITUEZ DE L'EGLISE PLEBAINE ET PAROISSIALE DE NOTRE DAME DE NANTILLÉ.

Henri, par la misercorde de Dieu et du Saint Siège apostolique, evêque d'Angers, au curé, chapelains, chapitre et communauté de l'eglise plebaine et paroissiale de N. D. de Nantillé de Saumur, prestres et habituez, officiers et paroissiens de laditte église, Salut en Notre Seigneur J. C.

Quoique nous voions bien que tous nos soins n'ont pu jusques ici mettre fin aux contestations qui nous divisent depuis longtemps touchant certains droits et anciens usages de laditte église, nous ne cessions pas pourtant de nous souhaiter la paix, et voulons employer toutes sortes de moyens pour nous la procurer, et établir le bon ordre dans notre église pour la gloire de Dieu et pour l'édification des peuples, c'est pourquoi nous voulons avoir égard aux remontrances qui nous ont été faites de part et d'autre, et sur l'abus qu'on pouvoit faire de quelques articles de nos deux reglements du vingt six avril mil six cent quatre vingt et du treizieme decembre mil six cent quatre vingt un, et apres avoir examiné les demandes, les raisons et reponses et titres que vous avez produits de part et d'autre, et nous être informé des droits par nous pretendus respectivement et des usages de la ditte eglise, nous avons statué et ordonné ce qui suit.

1° Nous ordonnons que le curé dira la grande messe et fera les prones dans chacune des trois églises alternativement, à commencer par celle de Nantillé, et pour ce qui est des catéchismes et instructions, il les fera ou fera faire également dans les trois paroisses.

2° Tous les baptêmes des enfans qui naîtront dans l'etendue de la ditte paroisse, seront faits dans l'église et seront escripts dans le registre d'ycelle.

3° Tous les mariages, lorsque les deux parties seront de laditte paroisse, se feront dans la ditte eglise, et, lorsque pour quelque raison considerable pour notre dispense, ils se feront dans Saint-Pierre ou dans celle de Saint-Nicolas, ou ailleurs, un des procureurs de fabrique sera adverty par celuy qui celebrera les mariages pour y recevoir les oblations, et en cas qu'une des parties soit de la paroisse de Nantillé, et l'autre d'une autre paroisse, ils auront la liberté de choisir laquelle des deux paroisses que bon leur semblera pour y recevoir la benediction nuptiale en gardant les formalitez ordinaires.

4° Tous les corps qui decederont dans l'etendue de la ditte paroisse même ceux des petits enfans, seront enterrés dans l'eglise ou cymetière d'icelle, fors ceux des personnes qui auront autrement disposé par leur testament.

5° Le curé établira un prêtre approuvé de nous pour son vicaire, qui sera tenu d'administrer les sacrements à tous les paroissiens dans toute l'étendue de la paroisse, qui fera sa demeure dans la maison presbiterale au dit Nantillé.

6° Les messes pour la benediction des femmes accouchées seront dittes dans la ditte eglise, par le curé ou par ceux qu'ils commettra, si ce n'est pour quelque raison considérable il les en dispense, sans le droit du prieur, s'il lui en appartient pour ce regard.

7° Ceux qui administrent les sacrements aux malades de la ditte paroisse prendront le St Sacrement, et les Saintes huyles dans la ditte eglise, dans le cas de necessité, au quel le curé et son vicaire les pourront prendre dans les autres eglises de la ville et faux bourg, ce que on laisse à leur bonne foy.

8° Lorsqu'il y aura quelque ordonnance ou mandement emané de nous pour les actions de grâce, processions generales, et autres prieres publiques auxquelles les ecclesiastiques de chaque paroisse doivent assister, le curé portera en chapitre, ou enverra par son vicaire à l'ancien chapelain, lequel ensuite deputera deux de son corps lesquels deux deputez et deux de chacune des deux autres communautés se trouveront dans la maison presbiteralle de Nantillé pour y prendre l'heure et le temps le plus commode pour l'exécution des dittes ordonnances et mandements.

9° L'estole etant le symbole de l'autorité des curez, il la portera dans toutes ses fonctions, sans qu'aucun des chapelains sous pretexte d'ancienneté ou autrement la puissent jamais porter que de son consentement.

10° Dans les precessions generales et particulieres, quoique le curé ne soit pas trouvé au commencement de la marche, il pourra prendre l'estole à l'entrée de l'eglise.

11° Le curé pourra dire les grandes messes des festes solennelles, tant de celles qui lui appartiennent que de celles qui appartiennent au prieur dans l'absence dudit prieur, quoi qu'il n'ait pas assisté aux premieres vespres ny a matines, mais il en advertira ou fera advertir la vigile le poncteur, et il assistera à tierce.

12° Aux sepultures le curé prendra l'estole à l'arrivée du corps quoiqu'il n'ait pas sorti de l'eglise, avec le clergé, et lorsqu'il n'aura pas levé le corps, il la pourra prendre à l'entrée de l'eglise.

13° Au regard des festes et autres offices qui seront purement de fondation et qui ne seront pas affectées au prieur, ny au curé, l'office entier avec la messe sollennelle sera célébré par le chapelain qui sera en ordre, si ce n'est que lesdits offices de fondation arrivent au dimanche, auquel cas le curé pourra faire l'office entier et dire la grande messe de ces fondations quoiqu'il n'ait pas assisté au reste de l'office, pourvu qu'il advertisse ou fasse advertir le poncteur le jour précedent et qu'il assiste à tierce, si elles sont solennelles, et nous ordonnons aussi que chaque heure de l'office sera continuée par le chapelain qui l'aura commencée, mais d'autant que nous avons remarqué qu'il y a des abus dans la reception des fondations où l'on change l'ordre des offices réglés par l'Église, nous renouvelons sur ce point notre ordonnance de l'an mil six cent cinquante quatre, que nous voulons être exactement observée selon sa forme et teneur.

14° Le curé pourra dire la grande messe aux sepultures quoiqu'il n'ait pas assisté à la levée du corps ni aux offices qui précèdent, pourvu qu'il advertisse ou fasse advertir le poncteur, et le dit curé pourra dire la grande messe quoique la sepulture se fasse avant ou après la messe de casuel, tant du service que le bout de l'an se diront selon l'ordre du tableau.

15° Le curé pourra assigner l'ordre des sepultures et autres offices casuels et en donnera advis au poncteur, et en cas que ledit poncteur lui fît sçavoir qu'il y auroit une fondation à l'heure assignée, le curé en assignera une autre.

16° La place affectée au curé ne sera jamais occupée par aucun chapelain, mais elle sera toujours laissée vide tant en l'absence qu'en la presence dudit curé.

17° Le vicaire aura seance dans les hautes chaises et du chœur après ceux du corps du chapitre, et le sous-diacre d'office quand il sera prêtre, avant les psalteurs.

18° Aucun chapelain ne s'ingerera dans les fonctions curiales sans le consentement du curé; neantmoins les chapelains feront les fonctions solennelles comme les sepultures où ils seront appelez en corps, les benedictions des fonts, des chandelles, des cendres et des rameaux et les autres offices solennels, lesquelles seront faites par le doyen en l'absence du curé conformément à l'usage.

19° Le vicaire portera l'estole à la procession des dimanches avant la grande messe qu'il doit celebrer, comme il avoit toujours fait sans qu'aucun chapelain l'en empesche, sauf le droit du prieur, s'il y en a en ce point, et s'il en est en ce point, et en personne au regard de la requête tendant à ce que le dit curé réside actuellement et personnellement au presbytère du dit Nantillé ou à la division des 3 paroisses, nous avons remis l'affaire pour être statuée ainsi qu'il appartiendra, et sera le present reglement lu et publié au chapitre dûment assemblé, et à cet effet executé, nonobstant opposition ou appellation quelconques et sans prejudice d'icelles.

Donné à Saumur au cours de notre visite le 25e juin 1682. — Signé HENRY, Év. d'Angers, et plus bas HUZARD, avec le sceau de mon dit Seigneur.

Notre Dame de Nioyseau.

MÉMOIRE TIRÉ DU LIVRE DE LA FONDATION DE L'ABBAYE.

Dans l'onzieme siecle, Dieu conduisit deux grands personnages dans le pays Craonois, diocèse d'Anjou, sçavoir l'illustre Robert d'Arbrissel, dans les forets de Craon ou de la Roë, et le pieux et devot hermite Salomon dans les bois et affreuses vallées de Nioyseau ; c'est là que Dieu se communiqua à ces saintes ames depouillées de toutes affections terrestres ; c'est là que Dieu inspira à l'un l'institution de ce saint ordre de Fontevrault, et l'autre l'établissement de l'abbaye de Nioyseau, où ce pieux et saint hermite après avoir quitté tous ses biens menoit une vie plus angelique qu'humaine, comme nous avons trouvé dans l'abbaye de Saint-Serge, chapitre 47, où il en est ainsi parlé.

Il faut sçavoir que ce maitre Salomon, dont il est parlé au titre de la donation de l'eglise de Soucelles aux..... de Nioyseau, avoit esté un homme riche, lequel, après avoir quitté tous ses biens et distribué aux pauvres, vivoit religieusement comme un anachorete dans la forest de Nyoiseau, ce qui est même reconnu dans l'histoire d'Anjou par Hiret en ces termes, en l'an 1115 : Salomon déjà vieil vint demeurer en un hallier de bois sur la rivière d'Oudon, lequel fut envoyé querir par M. Gautier de Nioyseau, chevalier, seigneur du dit lieu, et par Mathilde sa femme, lesquels lui offrirent moyens pour vivre à cause de la bonne vie ; il les remercia disant qu'il avoit tout quitté pour vivre saintement. Il n'est point parlé en tout cecy, de son nom, de ses parents, de sa condition ni de sa patrie ; ce sainct personnage ayant voulu imiter le patriarche Abraham, se retira dans une terre que Dieu lui avoit montrée, terre deserte, retraite des voleurs et des bestes sauvages, de laquelle Dieu par son ministère fit un lieu de sainteté et une habitation de ses Vierges pour le servir et bénir à jamais et duquel l'on peut dire, *ibi super abundant gratia ;* c'est en ce lieu qu'il persuada à Gautier de Nyoiseau et à Mathilde sa femme, desquels il avait refusé les aumosnes pour sa personne ne cherchant que la plus grande gloire de Dieu, de bastir et dotter un couvent dans lequel on put establir de saintes moniales pour y vivre saintement, comme il se voit au titre de la fondation.

Or il est a remarquer que dans ce titre il n'y a aucune date, ni de mois ni d'année, mais qu'il est que le dit Gautier investit de son don le docte et pieux Marbodus, lequel après avoir été 27 ans evesque de Rennes, se fist religieux à Saint-Aubin d'Angers, et auquel pour ses rares vertus fut confié le gouvernement du diocèse d'Angers pendant l'absence de Renault de Martigné, qui etoit allé à Rome, lequel etant revenu vint à Nioyseau pour benir l'autel ondé par Gautier ; ce bon evesque vint un an après pour benir les reliques, laquelle benediction fut solennelle par le concours des personnes de qualité et la multitude du peuple qui accouroit de toutes parts pour entendre la predication de leur bon prelat qui les exhorta de s'y assembler tous les ans à pareil jour pour le remede de leurs ames, et de dotter selon leur pouvoir le dit lieu fondé depuis peu, exhortation si efficace qu'un chacun à l'envi elargissait de ses biens à cette nouvelle maison ; les peuples circonvoisins emus et ravis de la sainteté et devotion de Salomon, et de cette sainte colonie des Vierges vinrent en ce lieu de tous costés, mesme les pieds nus comme il se lit de Geoffroy, fils de Gautier de Pouancé aussi fondateur de cette maison, qui vint de cette sorte avec des gens de guerre pour adorer la Sainte Croix le vendredy, depuis Pouancé jusques à Nyoiseau, eloignés l'un de l'autre de 4 lieues; sous la protection de ces saints pontifes l'on ne pouvait esperer qu'un heureux succes, ainsy qu'il est arrivé, car nonobstant ce que dit Hiret dans son histoire, feuillet 496, et à la medisance des mondains, cette maison a toujours eté en très grande reputation de vertu et de sainteté, quoique la closture ne fut pas gardée.

L'ANCIENNE MANIÈRE DE PRISE DE POSSESSION DES ABBESSES.

Les abbesses avoient un officier sous le titre de connetable qui estoit obligé de conduire madame l'abbesse, au jour de son entrée, depuis la porte appellée la porte du couvent, tenant la bride de la haquenée sur laquelle elle estoit montée jusques à la porte de l'eglise, et à l'entrée d'icelle porte y recevoit le serment de fidelité de la ditte dame de garder et observer les privilèges, franchises, et libertés de ses subjets telles qu'elle les trouvoit, et pour cela dans la declaration que le seigneur de la Touzeliere passe à cette seigneurie a cause de son lieu de la Touzeliere et declare les choses cy-dessus et qu'il a droit de prendre la ditte haquenée.

Il y a quelques années qu'on envoya un memoire touchant les processions qui se trouvent ici le jour St Marc, et touchant le rvice solennel que Mesdames les abbesses font faire dans le dehors de notre eglise par des ecclesiastiques, le jour de la Conception de Notre Dame, dans laquelle solennité on chante neuf grandes messes; si ce memoire est perdu on envoira un plus grand detail de ces deux articles.

Les religieuses ayant toujour vescu selon l'ancien institut de leur etablissement, dans lequel temps la cloture des religieuses n'avoit encore lieu ; aussi n'a-t-elle été etablie dans cette maison qu'en 1618, par la vertueuse abbesse Anne Françoise Roy qui y establit une reforme mitigée qui s'y est depuis religieusement et estroitement observée.

Il se voit par les noms des religieux, des hermites et des freres associés marqués dans le livre de la fondation de cette maison qu'il y eut autrefois de ces trois sortes de religieux; mais on n'y peut connoistre en quelle maniere ils y estoient; on a lieu de juger qu'il y avoit quelque chose de conforme à l'ordre de Fontevrault, touchant les religieux, le fondateur de cette abbaye et celuy de celle cy ayant esté si unis.

Les antiquitez de cette maison n'ont pas esté assez exactemen remarquées pour en estre suffisamment informez; nous trouvons cependant une chose singuliere qui est un mandement d'un evesque d'Angers, par lequel il se voit que lorsqu'il y avoit quelque chose d'importance à deliberer aux assemblées du clergé, les abbesses de cette maison y estoient appellées.

MANDEMENT.

François de Rohan, par la misericorde de Dieu archevesque et comte de Lyon, primat des Gaules, et evesque d'Angers, salut en Notre Seigneur, à la vénérable abbesse de Nioyseau, ordre de St Benoist, de notre diocèse d'Angers, comme ainsi soit que a cause de quelques affaires nous ayons fait convocation de notre clergé au jour de mardy prochain à 7 h. du matin dans notre palais episcopal d'Angers, c'est pourquoi nous vous mandons que le dit jour de mardy prochain vous ayez à envoyer deux de vos conseillers par devers nous, sages et advisés, qui ayent pouvoir de notre part pour proposer et dire ce qui sera a propos, autrement vous serez accusée de négligence de toutte l'assemblée du dit clergé. Donné sur notre seing et scellé, le 29 du mois de juillet mil cinq cent cinquante sept.

FIN.

NOTRE-DAME ANGEVINE

TABLE DES MATIÈRES

                                                      Pages.

Préface 1

LIVRE I

LE CULTE DE LA SAINTE VIERGE DANS L'ÉGLISE D'ANGERS

Ch. I. D'où vient ce mot *Notre-Dame Angevine*. 7
Ch. II. Dévotion des évêques et du clergé d'Anjou envers la Sainte Vierge Marie, mère de Dieu. 12
Ch. III. Dévotion des comtes et des peuples d'Anjou envers la Sainte Vierge Marie, Mère de Dieu. 15
Ch. IV. La Sainte Vierge a toujours protégé les Angevins. . . . 18
Ch. V. Le diocèse et toutes les villes d'Anjou sont consacrés à Notre-Dame 19
Ch. VI. La cathédrale d'Angers est dédiée à Notre-Dame. . . . 23
Ch. VII. D'où vient que la cathédrale d'Angers, étant dédiée à Notre-Dame, s'appelle l'église de Saint-Maurice. . . . 30
Ch. VIII. Des différentes dédicaces de l'église d'Angers. 34
Ch. IX. Que l'église de Saint-Maurice a été de tout temps la cathédrale et le siège de nos évêques. 37
Ch. X. Des anciens bâtiments de l'église d'Angers et des différents accidents qui lui sont arrivés 44
Ch. XI. Où l'on examine si Charlemagne est fondateur de la cathédrale d'Angers, et s'il l'a fait bâtir. 47
Ch. XII. L'église de Saint-Maurice est rebâtie par Hubert de Vendôme, et peu de temps après brûlée, et ensuite recommencée, et peu à peu achevée. Énumération de toutes ses différentes parties 49

	Pages.
Description de l'église d'Angers telle qu'elle était avant le changement du grand autel, fait en 1699, par Maurice-Michel Le Pelletier, évêque d'Angers	54
Ch. XIII. Du palais épiscopal joignant l'église d'Angers. Pourquoi elle est appelée la Chapelle des Rois de France	68
Ch. XIV. D'où vient que les rois de France sont appelés Premiers chanoines de la cathédrale d'Angers ? Quels sont les rois qui y ont fait leur entrée, et les cérémonies qu'on observe pour les y recevoir.	71
Cérémonies observées à l'entrée de Charles VII.	73
Quels sont les empereurs et rois qui ont été reçus dans la cathédrale d'Angers, en qualité de chanoines ?	75
Ch. XV. Privilèges accordés et dons faits à l'église d'Angers par les empereurs, les rois de France et les comtes d'Anjou	79

LIVRE II

LA CATHÉDRALE D'ANGERS

Ch. I. De la cathédrale d'Angers, premièrement dédiée à Notre-Dame.	83
Ch. II. Diverses particularités qui rendent la cathédrale d'Angers l'une des plus considérables du royaume.	96
Dignités de la cathédrale d'Angers.	97
De l'origine des chanoines de la cathédrale d'Angers, de leur manière de vivre en commun et de leur nombre	100
De la prébende sacerdotale	109
De la prébende théologale.	110
Question curieuse, savoir si le roi a eu autrefois la nomination des prébendes de la cathédrale d'Angers	111
En quel temps la manse épiscopale a été séparée de la manse capitulaire	113
De la juridiction du Chapitre et de sa loi diocésaine, exempte de celle de l'évêque.	117

LIVRE III

ÉGLISES ABBATIALES DÉDIÉES A NOTRE-DAME, EN ANJOU

Fondation de l'abbaye de Notre-Dame de la Charité du Ronceray, en la ville d'Angers.	123
Autres étymologies du nom de l'abbaye de Notre-Dame de la Charité du Ronceray.	126
Du gouvernement de l'abbaye du Ronceray.	129

	Pages.
Notre-Dame de la Roë	136
Notre-Dame de Fontevrault	142
Notre-Dame du Louroux	149
Notre-Dame de la Boissière	153
Notre-Dame du Perray-aux-Nonains, près Angers	157
Notre-Dame de Pontron	160
Notre-Dame du Perray-Neuf	163
Notre-Dame de Nydoiseau	165
Notre-Dame de Chaloché	177
Notre-Dame de Bellefontaine	179
Notre-Dame d'Asnières	181
Abbaye de Toussaints, à Angers	186
Abbaye de Saint-Aubin d'Angers	194

LIVRE IV

ÉGLISES DES MONASTÈRES DÉDIÉS A NOTRE-DAME EN ANJOU

Notre-Dame de Recouverte (Jacobins d'Angers)	203
Notre-Dame des Carmes d'Angers	207
Notre-Dame du Chef-du-Pont et le Monastère des Carmes à La Flèche	213
Église et Couvent de Notre-Dame-des-Gardes, en Anjou	218
Notre-Dame des Anges, près Paris	227
Notre-Dame des Anges, en Anjou	228
Notre-Dame du Calvaire d'Angers	232
Notre-Dame de Grâce de Baugé	243
Les Carmélites d'Angers	251
Notre-Dame de la Fidélité, à Saumur	256
Mystères de la Sainte Vierge représentés en emblèmes et par devises	262

LIVRE V

ÉGLISES COLLÉGIALES DÉDIÉES A NOTRE-DAME EN ANJOU

Notre-Dame de Saint-Maurille d'Angers	267
Notre-Dame du Puy	275

LIVRE VI

ÉGLISES PAROISSIALES DÉDIÉES A NOTRE-DAME, EN ANJOU

Notre-Dame de Nantilly, à Saumur. 293
Notre-Dame de Doué. 303
Notre-Dame des Rosiers 305
Notre-Dame de Sarrigné 311

LIVRE VII

PRIEURÉS CONVENTUELS DÉDIÉS A NOTRE-DAME, EN ANJOU

Notre-Dame de Cunault 313
Notre-Dame de la Réale 324
Notre-Dame des Champs 328
Notre-Dame des Vertus, du Lude. 331
Notre-Dame de l'Evière. 339
Notre-Dame du Geneteil, près Châteaugontier 343
Notre-Dame de la Papillaye. 350
Notre-Dame de Beaulieu, près Candé. 353

LIVRE VIII

CHAPELLES DÉDIÉES A NOTRE-DAME, EN ANJOU

Notre-Dame du Marillais 357
Notre-Dame de Béhuard 364
Notre-Dame des Ardilliers, à Saumur 375
Acte d'union de la cure de Nantilly de Saumur, et de Saint-Pierre
    et de Saint-Nicolas, ses annexes, à la Communauté du
    Collège des Pères de l'Oratoire de ladite ville 393
Notre-Dame du Chesne 397
Notre-Dame de Montplacé 408
Notre-Dame de Lorette, en Anjou. 411
Notre-Dame de la Crue. 416
Notre-Dame de la Tremblaye 422
Notre-Dame du Fondis, près Bourgueil 424
Notre-Dame de Beaulieu 426
Notre-Dame du Pinelier, près Segré 427
Notre-Dame de la Croix-Marie. 429
Notre-Dame de Liberge 431
Notre-Dame des Alleux-Pajot, paroisse de Louvaines 433
Chapelle du Séminaire d'Angers 434

PIÈCES DIVERSES CONCERNANT LES ÉGLISES OU CHAPELLES DONT L'HISTOIRE EST RAPPORTÉE DANS *NOTRE-DAME-ANGEVINE*

	Pages.
Notre-Dame du Ronceray d'Angers	441
Notre-Dame-sous-Doué	453
Notre-Dame des Rosiers	454
Notre-Dame de Sarrigné	458
Notre-Dame de Cheffes	463
Notre-Dame de Sainte-Catherine	465
Notre-Dame de Béhuart	471
Saint-Maurille d'Angers. Dédicace	479
Abbaye de Notre-Dame d'Asnières-Bellay	480
Notre-Dame de Pontron	489
Notre-Dame du Louroux	491
Abbaye de la Boissière	498
Processions faites dans la Cathédrale d'Angers, dans les églises dédiées à Notre-Dame, où l'on portait son image	505
Acte touchant la translation d'une image de la Sainte Vierge de la paroisse de Belle-Poigne	506
Arrêt du Conseil d'État du Roy, pour le rétablissement du petit office de la Sainte Vierge dans l'église de Beauvais (1676)	508
Acte concernant l'office de Notre-Dame qui se dit dans les églises cathédrales ou collégiales de la province de Touraine	510
Pièces concernant la fondation du Couvent des Gardes	514
Acte concernant la fondation des Jacobins d'Angers	524
Chapelle de Notre-Dame de Pitié sur le Tertre Saint-Laurent, à Angers	525
Notre-Dame de la Gachetière d'Angers	530
Notre-Dame de Grâce des religieuses bénédictines de Baugé	533
Notre-Dame de Lorette en la paroisse de Saint-Jean-des-Mauvrets	534
Prieurés de Saint-Eusèbe et de Saint-Vétérin de Gennes, en Anjou	539
Ordonnance de Nicolas Geslant, évêque d'Angers, en 1385, pour l'accommodement d'un procès au sujet des sépultures de la paroisse de Restigné	559
Sermo Roberti Arbrissellensis sive Hildeberti episcopi Cenomanensis in dedicatione ecclesiæ sancti Nicolai Andegavensis (1095)	566

	Pages.
Notre-Dame de la Grezille.	569
Notre-Dame-du-Champ, en la terre du Pineau, paroisse de Thouarcé	576
Église Saint-Martin de Parcé	580
Collège et Chapitre de Jarzé.	583
Notre-Dame du Puy, en Anjou	592-596-607-613
Notre-Dame de Nantilly.	630-634
Notre-Dame de Nyoiseau.	638

ERRATA

Page 408, ligne 20°, au lieu de *1610*, lisez : *1510*.

Page 409, ligne 9°, au lieu de *voué*, lisez : *voues*.

— ligne 10°, au lieu de *fut guéri*, lisez : *furent guéris*, et supprimez les mots : *il est devenu père ensuite*.

— ligne 10°, au bas de la page, à la fin de la note, lisez : *que de ce miracle augmenta la dévotion à la chapelle; qu'on fit une quête pour la bâtir; que lui, Martinière Le Gras, mit la première pierre avec une truelle d'argent, et en grande cérémonie. Il est devenu père ensuite.*

Page 623, ligne 32°, au lieu de *dernier*, lisez : *denier*.

www.ingramcontent.com/pod-product-compliance
Lightning Source LLC
Chambersburg PA
CBHW071152230426
43668CB00009B/920